金 融 法 提 要

(預金・融資・決済手段)

柴 崎 暁
2019

Manuel du DROIT BANCAIRE JAPONAIS
DEPOT-CREDIT-CHANGE

par
Satoru SHIBAZAKI ©
professeur de l'Université Waseda

2019

はしがき

　この小著は、金融法・銀行取引法分野の法律問題を、前半においては銀行の基本業務である預金・融資を軸に体系化し、後半はその手段である手形・小切手を中心に論じるものである。専門職大学院等での講義用の教材として以前より計画していたものである。伝統的な論点についても、変遷著しい現代的状況についても、できるだけ触れたつもりではあるが、必ずしも当該領域の全問題を不足なく包含できているわけではない。一世紀半余りにわたる本邦先学の蓄積に十分言及できているかも疑わしく、現時点にも活躍されている諸賢の研究状況を反映しているかも自信はない。前もって不明をわびておく。

　また、全編にわたり、民法（債権法）改正法にも触れたが、十分に消化しかねた。電子記録債権法と手形法の叙述の一体化は断念した。各種の特別立法が次々と現れる時代に書物を編むことの難しさを感じている。それにもかかわらず現時点での思考を一旦整理するべく刊行した。江湖の批評を得て、機会があれば加筆し完成をめざしたいと思う。

　表題の「提要」は寺尾元彦先生の名著『手形法提要』から拝借した。教科書は偏なく網羅的で私見を控えるを理想とするなら、本書は論点の選択も扱いの軽重も均衡整然に遠く、旧い議論や廃止法令に言及し非効率的な書物かもしれない。だが、現行法を知る補助線も時には必要であろう。

　凡例・略符は、慣例に拠った。

　成文堂・刑事法ジャーナルの田中伸治編集長には、企画の段階からご支援を頂き、基本法制の大改正があった時期とはいいながらも、延々と続く著者の校正を気長に我慢して頂いた。心より感謝申し上げたい。成文堂社主阿部耕一会長・阿部成一社長は、本書のような経営上の利益にさほど貢献しないとも思われる出版にさえも、学術的意義の観点から寛大な姿勢で支援を惜しまれなかった。社主らの出版人としての高い見識を示すものに他ならない。深謝申し上げたい。本書が成るについては、実に多くの友人に助けられた。その人々の名は、本書の脚注に、あるいは、著者の公式サイトのビブリオグラフィーにおける書物の編者・被贈呈者・共著者・翻訳者等の欄に、刻まれている。お一人ずつ名を上げないが、ここで感謝申し上げておきたい。

　研究室にて
　2019年4月

目　次

第一部
預金と融資

序節　金融法総説
　第 a 款　金融取引の沿革と法源（2）
　第 b 款　「銀行取引」の概念、その客体および主体（貨幣と銀行）（15）
　　第 1 項　銀行取引の客体 - 金銭および有価証券（15）
　　第 2 項　銀行取引の主体 - 銀行（20）

第 I 編　預金

第 A 章　預金契約の種類と性質
　第 i 節　預金契約の性質（28）
　　第 a 款　預金契約の性質、その寄託性（28）
　　第 b 款　預金保険制度（31）
　第 ii 節　普通預金・総合口座、当座預金 - 手形交換 - 交互計算（33）
　　第 a 款　普通預金・定期預金・その他の預金（33）
　　第 b 款　当座預金およびこれに関連する制度（36）
　　　第 1 項　当座預金・手形交換（36）
　　　第 2 項　交互計算（44）

第 B 章　預金の変動
　第 i 節　預金の成立と帰属（56）
　　第 a 款　預金受入方法の諸態様（57）
　　　第 1 項　金銭・有価証券による受入（57）
　　　第 2 項　為替による預金の受入（62）
　　第 b 款　預金債権の帰属者（「預金者の判定」）（76）
　第 ii 節　預金の移転と消滅（82）
　　第 a 款　譲渡・質入・相続・差押・転付（82）
　　　第 1 項　譲渡・質入とその禁止特約（82）
　　　第 2 項　相続・差押・転付（85）

第 b 款　払戻
　　　　第 1 項　払戻の態様（*92*）
　　　　第 2 項　払戻と銀行の免責（*98*）
　第 C 章　派生商品など
　　第 ⅰ 節　金融債・金銭信託（未稿）（*106*）
　　第 ⅱ 節　派生商品とその適法性（*106*）

　　　　　　　　　　　第Ⅱ編　融資契約

第 A 章　融資契約総説
　第 ⅰ 節　融資契約の種類と条件（*117*）
　　　第 a 款　融資予約、利息の制限（*123*）
　　　　第 1 項　融資予約の性質（*123*）
　　　　第 2 項　利息の制限（*128*）
　　　第 b 款　担保（*133*）
　　　　第 1 項　非典型担保・代理受領（*138*）
　　　　第 2 項　消極担保と非遡求型融資・資産流動化（*141*）
　第 ⅰ 節 bis　私募債・社債・国債（未稿）（*150*）
　第 ⅱ 節　債権の動化（*150*）
　　　第 a 款　手形割引（*150*）
　　　　第 1 項　手形と融資の関係総説（*151*）
　　　　第 2 項　手形貸付・手形割引、買戻請求権（*157*）
　　　第 a 款 bis　電子記録債権法（*166*）
　　　第 b 款　指名債権譲渡担保・指名債権質（*166*）
　　　　第 1 項　指名債権譲渡担保・質権設定、対抗要件の特例（*166*）
　　　　第 2 項　一括支払システム（*171*）
　　　第 b 款 bis　信用状（*173*）
第 B 章　回収
　第 ⅰ 節　回収の開始とその方法（*178*）
　　　第 a 款　期限の利益喪失（*178*）
　　　第 b 款　簡易な担保実行（*181*）
　第 ⅱ 節　差引計算（*188*）
　　　第 a 款　差引計算条項（*188*）
　　　第 b 款　一括清算と倒産（*195*）

第二部
手形または決済手段

第Ⅲ編　実体手形法・小切手法

　序節（204）
　　第 a 款　手形・小切手の経済的機能（204）
　　第 b 款　手形法・小切手法の沿革と法源（207）
　　第 c 款　手形・小切手の有価証券的性質（212）
　第 A 章　手形・小切手上の法律関係の発生
　　第ⅰ節　手形行為の種類と意義（217）
　　第ⅱ節　手形行為の有効性（221）
　　　第 a 款　手形行為の形式要件（基本手形、署名、記載事項の修正、欠缺と補充）（221）
　　　　第 1 項　基本手形（221）
　　　　第 2 項　記載事項の修正（228）
　　　　第 3 項　記載事項の欠缺と補充（229）
　　　第 b 款　手形行為の実質要件（237）
　　　　第 1 項　手形行為と公序良俗、行為客体と行為目的の適法性（237）
　　　　第 2 項　手形行為への民法総則意思表示規定の適用（238）
　　　　第 3 項　手形能力（242）
　　　　第 4 項　法人の手形行為（244）
　　第ⅲ節　他人による手形行為（248）
　　　第 a 款　代理による手形行為の要件・効果（248）
　　　第 b 款　無権代理による手形行為の要件・効果（250）
　　　第 c 款　他人による手形用紙の交付と署名者の責任（254）
　第 B 章　手形・小切手上の権利の消滅
　　第ⅰ節　支払呈示・支払（256）
　　　第 a 款　支払呈示（256）
　　　第 b 款　支払（259）
　　第ⅰ節 bis　小切手の支払に関する特殊な制度（264）
　　第ⅱ節　消滅時効・失権・利得償還請求権（266）
　　　第 a 款　手形・小切手上の権利の消滅時効（266）

第 b 款　失権・利得償還請求権（269）
第 B 章 bis　支払を担保する諸制度
　第 i 節　手形行為による支払の担保（271）
　　第 a 款　支払拒絶に拠る遡求・合同責任（271）
　　第 b 款　為替手形の引受・手形行為独立の原則（274）
　　第 b 款 bis　手形（小切手）保証、小切手の支払保証、参加支払・参加引受（280）
　第 ii 節　手形外の法律関係による支払担保（282）
　　第 a 款　手形資金・利得償還請求権（282）
　　第 b 款　（荷為替信用状の利用）（283）
第 C 章　手形・小切手上の法律関係の移転
　第 i 節　裏書（総説-正裏書-特殊の裏書）（283）
　第 ii 節　裏書以外の方法による有価証券上の法律関係の移転（292）

第Ⅳ編　手続手形法小切手法

第 A 章　手形金請求訴訟・小切手金請求訴訟
　第 i 節　通常の判決手続における手形金・小切手金請求訴訟（295）
　　第 a 款　総説、変造と立証責任（295）
　　第 b 款　裏書の連続の要件と効果、裏書不連続手形による請求　善意取得（300）
　第 ii 節　手形訴訟・小切手訴訟（306）
　第 iii 節　手形抗弁制限の法理とその例外（306）
第 B 章　その他の手続と手形・小切手
　第 i 節　公示催告手続（316）
　第 ii 節　倒産・執行と手形・小切手（320）
第 C 章　抵触手形法・小切手法

第Ⅴ編　電子記録債権

第 A 章　電子記録債権制度の概要（323）
第 B 章　電子記録の種類と効果（325）

事項索引（331）
判例索引（339）

頻出文献略符

木内宜彦・**手形法小切手法**〔第二版〕（1982年、勁草書房）

木内宜彦・**金融法**（青林書院、1989年）

小橋一郎・**手形法・小切手法**（1995年、成文堂）

服部榮三・**手形小切手法綱要**（2004年11刷、商事法務）

西尾信一編・**金融取引法**（2004年、法律文化社）

神田秀樹＝**神作**裕之＝**みずほ**フィナンシャルグループ・**金融法講義**（2013年、岩波書店）

民法判例百選Ⅱ**債権**〔第7版、別冊ジュリスト224号〕（2015年、有斐閣）

手形小切手判例百選〔第7版、別冊ジュリスト222号〕（2014年、有斐閣）

第一部

預金と融資[1]

---

[1] 参考文献：いわゆる教科書として、西尾信一編・金融取引法〔第二版〕（2004年、法律文化社）、平出慶道＝山本忠弘編・企業法概論 II 有価証券と新しい決済制度（2003年、青林書院）、松本貞夫・銀行取引法概論（2007年、経済法令）、神田秀樹＝神作裕之＝みずほフィナンシャルグループ・金融法講義（新版2017年、岩波書店）、神田秀樹＝森田宏樹＝神作裕之・金融法概説（2016年、有斐閣）、島田法律事務所・基礎からわかる金融法務（きんざい、2016年）。今日では入手できない文献でも参照の価値があるものが少なくない。竹田省・商法の理論と解釈（1959年、有斐閣）、西原寛一・金融法〔第3版〕（有斐閣、1973年）、田中誠二・銀行取引法〔新版四全訂版〕（1990年、経済法令）、木内宜彦著・金融法（青林書院、1988年）。辞典：伊藤進＝吉原省三他編・金融法務辞典第14版（銀行研修社、2010年）。全集類：幾代通＝広中俊雄編・新版注釈民法16巻債権7（1989年、有斐閣）、鈴木禄弥編・新版注釈民法17債権8（1993年、有斐閣）、加藤一郎＝林良平＝河本一郎編・銀行取引法講座（上・中・下、1976-1977年、金融財政事情研究会）、鈴木禄弥＝竹内昭夫編・金融取引法大系（全六巻、1983-1984年、有斐閣）。論文集として、遠藤浩他監修＝淡路剛久他編・現代契約法大系第5巻金融取引契約（1984年、有斐閣）、石田・西原・髙木三先生還暦記念論文集刊行委員会編・金融法の課題と展望（1990年、日本評論社）、中田裕康＝道垣内弘人編・金融取引と民法法理（2000年、有斐閣）、岩原紳作・商事法論集 II（2017年、商事法務）。実務書：西村あさひ法律事務所・ファイナンス法大全全訂版（商事法務、2017年）。定期刊行物として、金融・商事判例（経済法令研究会）、金融法務事情（きんざい）、銀行法務21（経済法令研究会）、NBL（商事法務研究会）等。民商法・民事手続法の体系書は無数であるうち敢えて挙げれば中田裕康・契約法（2017年、有斐閣）、債権総論〔第三版〕（2013年、岩波書店）、北居功＝高田晴仁編・民法とつながる商法総則・商行為法（2013年、商事法務）。手形法に関しては（明治32年商法手形編関係）岡野敬次郎・日本手形法（1910年、信山社日本立法資料叢書として2009年復刻）、（昭和7年手形法関係）大橋光雄・新統一手形法論上下（1932年、有斐閣）、木内宜彦・手形法小切手法〔第二版〕（1982年、勁草書房）、小橋一郎・手形法・小切手法（1995年、成文堂）、（電子記録債権法関係）萩本修＝仁科秀隆監修・逐条解説電子記録債権法（2014年、商事法務）。外国文献：BONNEAU, Thierry, Droit bancaire, 11e édition, L.G.D.J, Précis Domat, 2015; CAPOBIANCO, Ernesto, I contratti bancari, UTET, 2016; GRUNDMANN, Stefan/ RENNER, Moritz, Bankvertragsrecht 2, Großkommentar, Bd. 10/2: Bankvertragsrecht 2. Zahlungs- und Kreditgeschäft 5. Aufl. 2015; GUGGENHEIM, Daniel A. et Anath, Les contrats de la pratique bancaire suisse, 5e éd., Stämpfli, Berne, 2014; WOOD, Philip R., QC (Hon), Law and Practice of International Finance Series [vol. 3 : International Loans, Bonds, Guarantees and Legal Opinions. / vol. 4 : Set-Off and Netting, Derivatives, Clearing Systems], 2nd Ed., Sweet & Maxwell, 2007.

[2] 岩田規久男・金融（東洋経済、2006年）。本文中の直接金融と間接金融はいずれも「外部金融」

序節　金融法総説
　　第a款　金融取引の沿革と法源
　　第b款　「銀行取引」の概念、その客体および主体（貨幣と銀行）
　　　第1項　銀行取引の客体‐金銭および有価証券
　　　第2項　銀行取引の主体‐銀行

[00000] **緒言—第一部の構成**　第Ⅰ編では預金契約を中心に論じる。預金の種類と法的性質、成立とその特殊な態様とりわけ振込による成立、預金の帰属、預金債権の譲渡・質入、払戻と免責といった主題を扱う。派生商品にも言及する。第Ⅱ編では銀行取引約定書による融資契約を中心に講じる。伝統的な約定書取引による融資契約の枠組み、担保として、代理受領のような変則的な担保や、機能上担保に類する役割を担う資産流動化等を扱う。債権の動化現象である手形割引のほか、債権譲渡による金融を扱う。最後に、回収をめぐる問題として、期限の利益喪失、簡易の担保実行、相殺による回収として約定書の差引計算、派生商品のネッティング（一括清算）に言及する。

序節　金融法総説

　　第a款　金融取引の沿革と法源

[00101] **金融法の対象領域としての「金融」**　金融という現象は、<u>赤字主体が黒字主体から対価を支払って余剰の貨幣を借り受け返還する一連の過程である</u>[2]。赤字主体が**本源的証券**を発行して（ここではとりわけ**株式・社債**を）黒字主体から直接に余剰貨幣を集める方法を**直接金融**と呼び、赤字主体が**金融仲介機関**（銀行）を介して余剰貨幣を入手する方法を**間接金融**と呼ぶ[3]。間接金融の場合には

である。これに対して、企業や家計が貯蓄や内部留保という形式で保有する資金をを以て投資や購入に充当することをさすのが内部金融ないし自己金融である。この他、徴税という強制的な資金調達を中心にする分野は「金融」ではなく「財政」と呼ばれる（川口弘・金融論（1977年）4頁）。

3　直接金融の市場では必ずしも供給者の望む形態の金融商品が需要されるわけではなく、需要者の望む形態の金融商品が供給されるわけではないので、この需給のギャップを埋めるために、供給者の望む形態の金融商品を通じて自己の計算で受入れた資金を、需要者の望む形態に転換して供給する主体が必要となる。この主体が金融仲介機関である。木内宜彦・金融法（1988年、青林書院）5頁。現金通貨を発行する中央銀行とならんで、銀行は、現金通貨量を超えた貸出による

赤字主体は主として**手形**を本源的証券として金融仲介機関に向けて発行し、金融仲介機関は黒字主体に対して**間接証券**（**預金証書**など）を発行する。これらの過程を法学的に分析するものが**金融法**である。

[00102] **私法における金融法の体系**　私法学において、直接金融の本源的証券は**会社法**、間接金融の本源的証券は**手形法・小切手法・電子記録債権法**により規整される。また、手形小切手等に記載し得る事項が法律によって制限されているため、貸出の確実な回収のための特約を合意しておくためにあわせて**銀行取引約定書**が用いられるが、この分野は民法中**債権総則**における金銭債権、利息法制、債権の消滅、**債権各論**中の金銭**消費貸借**に関して論ぜられ、**民法総則**の期限にかかわる部分で論じられ、担保や保証の問題には民法の**物権編・債権編**の随所が関連する。担保の実行に関しては、**民事執行法**や**破産法**が関連する。間接証券に相当する預金等の金融商品は民法学の債権各論中**消費寄託**として扱われ、その成立・変動・消滅のそれぞれについて民法の財産法が関連する。これらを総合的に扱う分野には「銀行取引法」「金融法」といった名称が用いられてきた（「銀行法」という名称は、銀行への行政規制を体系化した単行法と混同されるおそれがあるので、私法の分野を示すものとしては用いられない）。制定法令がこの分野に基軸となる体系を与えているわけではないが、受信業務与信業務を兼併する金融仲介機関たる銀行業のあり方が前提となって、関連する私法各分野の断片を体系的に配列叙述するものといえる[4]。第Ⅰ編・第Ⅱ編では、銀行取引に含まれる**預金契約**（**預金取引**）と**融資契約**（**貸出取引**）とを講じる。

[00103] **商法の歴史的発展と金融**　一般に、金融活動の大きな部分は企業を資金需要者とする金融であり、その法規制は企業活動に関する法領域である。従って金融法の歴史は、企業活動に関する法領域である商法[5]の発展のなかに見出さ

　信用創造を可能にするところから、貨幣組織 monetary system と呼ばれる（木内・前掲書5頁）。
4　上述の金融仲介機関には銀行の他、協同組織型金融機関等があり、黒字主体＝資金供給者側との間での預金を中心とした方法で資金を受入れる他、保険会社が保険料の形で、信託会社が金銭信託の形でやはりこれを受け入れ、赤字主体＝資金需要者との間で融資取引その他を締結して資金を供給している。
5　金融法も含めた法分野を、一般民事法から独立した「商法」という体系で整理することはなぜ必要なのか。商事法律関係は迅速を専らとし（契約の方式の自由等）、特に信用を保護しなければならず（会計情報の開示、公平な倒産処理）、一般民事法と異なる規整を要するがゆえである。ところが、近代では一般民事法自体が「**商化**」し、契約の方式の自由を広く認め、消滅時効の期間を短期化し、一般破産主義を採用する等、民商領域の区分は相対化され、**民商二法典並立の形式は既に沿革上の遺制**である。中世・近世では「人民数多ノ種族ニ分レ各法律法術ヲ異ニセシカ商民ハ別ニ市区ヲ造リ其間ニ行ハレシ習慣漸ク法律トナリ尤商業ニ便ニシテ大ニ羅馬法ノ迂ナル所

れる。商法の起源は商業の歴史⁶共に古いが、金融、特に銀行業は貨幣商として、

ヲ矯正セシカ新タニ法典ヲ作ルニ至リテハ之レヲ民法ヨリ分離シテ別ニ一法典ヲ作ルノ要アラサリシト雖トモ因襲ノ久シキ之レヲ改ムルニ憚カリ歐洲諸國大率皆ナ民法ノ外ニ商法ヲ作レリ」（梅謙次郎＝本野一郎・訂正再版日本商法義解巻之一（1891年）5頁）。じつは、スイス連邦（1881年債務法典）やイタリア共和国（1942年民法典）では、商法典という形式を廃棄して、商業登記、商業帳簿、会社、手形といった個別の制度を一般民事法典のなかに規定する**民商二法統一主義**が実施されている。米国では一般民事法は州法により不統一であるが、通商の観点から模範法ながら連邦法というべき統一商法典が存在している。欧州連合では、手形小切手、海上運送など伝統的に法統一が進行した分野をはじめ、信用状、信託抵触法、動産売買、競争法等個別の分野につき域内法統一が進行している。商法は「**固有の商**」（「生産者と消費者との中間にあって財貨の流通轉換を媒介する行爲（Goldschmidt）」西原寛一・商法学（岩波全書、1952年）18-19頁）を対象とする規整から出発している。そこでは売買と運送が本質的であるが、現代の絶対的商行為の例に見られるようにその行為類型の利用目的は必ずしも商との関係を持つものではない。歴史的発展説で保険や問屋・倉庫等のような補助商までは説明できても、場屋営業や印刷業等、類型商に至ってはもはや商ではなく、固有商との事実における連続性もない。利潤追求行為の反復性・集団性および個性喪失という「**商的色彩**」を基準に考える立場や、理論的統一を放棄する立場も主張された（実証し、戸田＝中村・商法総則・商行為法（1984年、青林書院）16頁〔倉澤康一郎〕）。現在の商法の対象論は、**企業**（「不定量の財産増加を実現するために経済上の諸力を投じること」（WIELAND）、「私経済的自己責任負担主義の下に継続的意図を以て企画的に経済行為を実行し…存続発展のために収益を挙げることを目的とする、一個の統一ある独立の経済的生活體」（西原寛一））概念を軸に把握がされている。学術的には「商法の規律する生活關係が統一ある一體をなすものであり、發展には必然の法則が支配する…經濟上の商と法律上の商との不一致の根據や兩者の關連を吟味し、近代商法の對象を確定すること」（西原寛一・商法学18頁）は有益である。ただし、現行法自体が「企業」という概念を法適用の要件にしているわけではなく、商人・商行為を連結点にして商法が呼び出される。商事に関する事項で、商法に規定がない場面では、**商慣習法**（法適用通則法の「慣習法」よりも効力が強い）を、（公序規定との優劣については議論があるが）民法に優先して適用し、さらに準則がない場合には一般法である民法を適用することが宣言されている（商1）。

6　商業 commerce とは、利潤を目的とした財貨の転換行為である。原始社会は基本的に共同体による農耕を中心にした自足経済であり、構成員が他の構成員との間での財貨の転換によって利益を得ることは認められず、共同体の内部において商業が発達する余地はなかった。「彼らは贈り物を悦ぶ、しかし贈ったものを勘定に入れないし、受入れたものによって縛られることもない」（タキトゥス＝國原吉之助訳「ゲルマニア」ゲルマニア　アグリコラ（ちくま学芸文庫、1996年）56頁）。商業、交換ないし交易は、戦争とともに、専ら共同体の外部との**偶発的接触**においてのみ発見された。「商品交換とはその本質において共同体と共同体とのあいだの関係であり、一方の共同体にとっては『兄弟』ではないもの、すなわち『**外部者**』あるいは『**異邦人**』との関係の仕方にほかならない」（岩井克人・ヴェニスの商人の資本論（ちくま学芸文庫版、1992年）19頁）。最も原始的な商品交換は、沈黙交換である。「ニューギニアの一種族が自己の生産物を森の中に持って行って大聲を發して去り、この聲に應じて隣りの部落の者が他の生産物を携えて現れてまた去り、この間に両者直接顔を合すことなくして交換を成立せしめたという」（新庄博・貨幣論（岩波全書、1952年）43頁）。しかし、民族間の接触の機会が増加し、相互に略奪するだけであった民族間で、一時的にせよ和平が成立すると、そこは**市場 market, marché, Markt, mercato** となった。中立地帯が設定され、そこを訪れる者は敵人ではなく、賓客となる。やがて交易状態が継続すると民族間に信頼が生まれ、さらにこの状態が維持される。HUVELIN が述べるように、商法の淵源

固有の商の発展を支えてきた。商法の歴史的起源は古代[7]にまで遡ることができるが、近代商法と直接に系譜が連続するのは9世紀イタリア諸都市の自治法[8]であるとされている[9]。近世では、絶対王政型中央集権国家が登場し、団体法・自治法が国家法に吸収されてゆく[10]。次いで近代革命で法典という立法形式が普及する[11]が、現代において民商二法の領域の区別は相対化されつつある[12]。金融に

は、**市場法** droit du marché, Marktrecht および賓客優遇法 droit de l'hospitalité, Gastrecht である。集団の範囲が拡大し、分業が発達すれば、交易は民族間、あるいは同一の民族の内部にも発展する。交換の反復は貨幣経済を発展させる（西原寛一・商法学3頁）。財貨転換による利潤は、安価に仕入れた財を販売する機会における当該財の希少性を条件とする。遠隔地貿易では産地の遠隔性が、定期市では産品の取引解禁の時限性がこの希少性を与えた。

[7] 古代社会は基本的に奴隷制・農奴制であったとはいえ、古代エジプト、バビロニア、フェニキアなどの諸国においては、既に商業が、限られた領域であれ発達し、BC20世紀頃バビロニア王令（Hammurabi法典）は、既に売買・寄託・運送・消費貸借・代理・コンメンダ等に関する規定を持つ。古典古代ギリシャ・ローマもまた農業経済を中心とした社会であったが、海上商業はギリシャ時代より既に発達を遂げており、紀元前三世紀にはロードス海法が知られている。また、ローマにおいては、4世紀に入って貨幣経済が中心的地位を占め（西原寛一・商法学4頁）共和制時代に至って発展した。商人階級にだけ適用されるような商人法は存在しなかったが、イタリア市民に適用される市民法 jus civile のほかに、国籍を異にする者の間の取引に適用される万民法 jus gentium が発展し商取引の需要に適応していた。

[8] 9世紀イタリアの諸都市、アマルフィ、ピザ、ジェノヴァ、ヴェネツィアなどでは、商人によって構成された同職組合 collegia mercatorum, corporazione, Gilde が、営業特権を維持すべく、組合内部に適用する自治規約 statuta mercatorum を制定し都市当局に認可させた。商人間紛争は都市裁判所ではなく同職組合裁判所によりかつ自治規約に従い解決されるようになる。初期には懲戒的・営業警察的事項、組合員とその使用人との関係に権限が限定されていたが、やがて懲戒色を失い刑罰権を喪失する反面、近代商事裁判所と同様、商人相互で生じる私法関係をめぐる争を、次いで員外商人を当事者とする裁判を含め管轄するに至る。ビザンチンローマ法は、古典期のような弾力性を失って取引制限的な体系と化し、ゲルマン部族慣習法は、農耕社会を反映した法体系で、教会法は、正当価格の理論 juste prix、邪利息 usure 教理等原理上商取引に敵対的であり、教会等の介入を避け都市国家貴族の保護を受けた商人階級は固有の自治法・自治裁判権を持つ必然性があった。

[9] この時代の発展を観察すると、商法は慣習起源的で、**階級法**にして地方法であり、その一方で国際的普遍性があると指摘される。商法は非国家的自治法の伝統をもち、都市ごとの個性を有すると同時に、教会法との対抗を意識して各地の商法が共通の原理を必要とした。やがてこの法体系の叙述は16世紀までには体系化されてゆく。西原寛一・商法学8頁は、16世紀の名著としてSTRACCHA (Benvenuto), Tractatus de mercatura seu mercatore, Venezia, 1553.を掲げる。

[10] 主権の絶対性を主張する国家が、その版図に独立した司法権（時に立法権）を持つ部分社会的団体の存在を認めるものではないからである。代表例がルイ14世の商事王令 Ordonnance（1673年、起草担当者の名から **Savary 商法典** とも呼ばれる。その原理は概ね1807年商法典に受け継がれる）・同海商王令（1681年）であり、近代商法典の嚆矢とされる。地域ごとに慣習法を有していたフランスが、この王令によって通商に関しては法統一を実現し、国内統一市場を形成したのである。1世紀遅れるがプロイセン一般ラント法（das Allgemeine Preussische Landrecht, 1794）には手形・海商の規定が見られる。

[11] それまで地域慣習法に委ねられていた一般私法をも統一する1804年仏民法典 Code civil は、私

関していえば、民法典が編纂されるまでの約千年、欧州の一般私法の分裂は著しかったにもかかわらず、階級法としての商法の発展のなかに、普遍性の高い規則が形成されてきた傾向を指摘することができよう。

[00103bis] **西欧等における銀行業の歴史的発展**　貿易の手段として発展した手形（注655）は17世紀には国内取引にも応用され、手形割引の国内市場が形成される。この担い手たる近代資本制における銀行の典型とも考えられる1694年に設立されたイングランド銀行は、政府に対する貸付を重要な業務としながらも、発券による信用創造を通して、割引歩合の引き下げ、農業地域の遊休資金を工業地帯に供給する等、資金循環の効率化に寄与した（石坂昭雄＝壽永欣三郎＝諸田實＝山下幸夫・商業史（有斐閣、1980年）103頁）。当初は地方銀行も発券業務を行っていたが、1844年のピール条例により発券業務がイングランド銀行に集中された（同176頁）。

[00104] **日本における銀行業の沿革と法規整の発展①近代的金融制度の確立**
初期明治政府[13]は、新国家建設のため乱発した政府発行不換紙幣の整理を控え[14]、

人全階層を包括的に規制するに至り、民法の法源と商法典とがはじめて一般法と特別法との関係になる。商事王令が商人法主義（主観主義）＝階級法を採っていたのに対して、営業の自由と階級制度の廃止の表現としての商行為法主義（客観主義）を採用した1807年仏商法典は、世界的に模倣され白、蘭（1838）、西（1885）、葡（1888）、伯・亜等南米地域の商法が仏法系に属し、旧日商（1890）も一部はこれに近い。他方、ラントに細分されていたドイツでは、関税同盟の成立によって、法統一が推進された。その代表的な例が、通貨同盟の構想のもと編纂された普通独手形条例（ADWO, 1848）（後の独帝国手形法（1871））であり、資格証明力の制度等、現在の統一手形法（1930）にも影響を与える。さらに普通独商法典（ADHGB, 1861）が成立（公法規定を排し、破産編を持たず、商事裁判所制度を前提にしない、純粋な商私法立法を採った。適用範囲はいわゆる折衷主義による）。独民法典（BGB, 1900）による私法統一のため、一部規定は民法典に移され、帝国商法典（HGB, 1897）となり、商人法主義が復活、商人概念に大規模営業を含めることにしてその適用領域を拡大した。

12　やがて民法が「商化」する傾向が指摘され、商法の対象が「固有の商」から「企業」の概念で把握されるに至り、民商二法典の融合が図られる。そのほか金融に関する分野では、金融商品が取引される「市場」という規整対象に着目した、固有の法領域の形成が顕著である。法典の形式としても採用されている例がある（日本の金融商品取引法など）。

13　明治維新時点での金融の実態に言及しておけば、徳川時代にも手形取引（下為替・浮為替）が行われていたという。小山省三「最近の判例にみる主要な金融法務上の諸問題（上）」金法168号193頁。また、本文の国立銀行条例以前における銀行の先駆形態として1869（明治2）年通商司の推奨により設立された両替・為替金・貸付金の取扱を業とする8つの「為替会社」が存したが、政府紙幣（太政官札）の不信用を反映してほどなく廃業に追い込まれている（木内・前掲書31頁）。

14　世界は金本位制の時代であり、兌換の裏付がない太政官札は、いずれ信認を失い交換手段として通用しなくなることが危惧された（後に金本位制を確立する貨幣法（1897（明治30）年）の制

その手段として発券銀行の設立が1871（明治4）年頃より調査・検討され[15]、**国立銀行条例**[16]に結実する。国立銀行は普通銀行業務も営むと共に発券機能を有する株式会社組織であった。不換紙幣の整理は当初の期待通りにはゆかず[17]、1877（明治10）年西南戦争時の戦費調達もあって不換紙幣が激増しインフレーションを引き起こしていた。そこで大蔵卿松方正義の発議により、兌換券発行権を国立銀

定を以て通用禁止になる）。そこで1869（明治2）年布告は、太政官札等を1872（明治5）年に正貨（金）又は兌換金券に交換する旨定め、引換漏れについては翌年から年6分の利子を支払うとしたが履行の見込みは希薄であった。同時に政府は財政難に逢着、公債を消化させる方策が懸案となっていた。小山嘉章・詳解銀行法（2004年、きんざい）2-3頁。

15　1870（明治3）年伊藤博文大蔵少輔の上申書に端を発し、福地源一郎らの調査団が渡米の後建議書を提出。金本位制を採り金札引換証書を発行する米国の**連邦国法銀行**を範にした発券銀行を設立するよう提言。米国の国情が斟酌されたのは南北戦争に際して乱発された不換紙幣の整理・インフレ収拾の実績があったためであるという。伊藤は、不換券保有者に銀行を設立させその資本金払込を不換券でなさしめ、銀行に金札引換公債を引受けさせその払込を通じて不換券を回収するとともに、これに紙幣を発行させて殖産興業のための資金供給を賄うというオペレーションを構想したが、**商業銀行主義**の立場から吉田清成らが反対、紙幣発行主体が分散する体系は州の独立性の強い米国と異なり日本には適せず、この構想では不換紙幣が増加するだけであるとして英国銀行型の金兌換紙幣発行を主張した。同じ頃、大蔵大輔井上馨は紙幣寮附属書記官として銀行実務家 SHAND（Alexander Allan, 1884-1930）を招聘。その啓蒙活動は銀行簿記精法（日本金融史資料明治大正編第5巻695頁以下）の形で残っている（なお SHAND については、小山・前掲金法168号194頁にも言及がある）。SHAND は、大蔵少丞渋沢栄一らに、米国流の発券機能重視の制度とも、長期資金も供給するドイツ流の機関銀行主義とも異なる、英国流の商業銀行主義、即ち、当座貸越や手形割引により短期資金を供給することを業務の中心におく方式を説いた。SHAND の教育がその後の銀行実務に指導的な役割を果たすことになる。井上は伊藤構想を基本としつつ国立銀行券の券面上金兌換を謳うという折衷案を以て両者を妥協させた。小山・前掲書2-5頁。

16　1872（明治5）年太政官布告、全28ヶ条全161節からなる。国立銀行は5万円を最低資本金とする民間株式会社ではあるが、発券銀行であり、調達した資本金の6割にあたる太政官札を政府に上納し、同額の金札兌換公債証書の下付を受ける。この公債証書を担保に、同額の正貨兌換紙幣を発行し、資本金の4割相当の正貨を兌換準備とする。預金・貸付・為替の業務を営み得る。商工業の兼営は禁止、大口融資は規制され、預金支払準備の義務を負う。小山・前掲書7頁。なお、当時未だ日本においては株式会社制度一般は法整備もされておらず、むしろ国立銀行条例を以て、株主有限責任と株式自由譲渡性を承認した日本における近代会社法の嚆矢とみるのが法史家においては常である（福島正夫・日本資本主義の発達と私法（1988年、日本評論社）28頁。また、条例の施行令条文自体の中に、融資判断の心得の如き「教科書」的な叙述もありかつこれを書肆で売捌くこととしていた等法令を以て国民啓蒙の手段としても用いていた側面があって興味深い）。条例施行翌年、第一銀行をはじめ各地に国立銀行が設立される。

17　当時日本の貿易は輸入超過のため金が外国に流出、国立銀行兌換券の信用は薄く、兌換要求が各銀行を襲った。そこで1876（明治9）年、条例は改正され、発券上限を資本金の6割から8割に引上げ、かつ正貨兌換ではなく政府不換紙幣兌換によるも可とした。この改正後国立銀行の経営は改善し官金受託の特権を目当てに新規の設立が相次いだが、不換紙幣は増加した。そこでさらに翌年・翌々年にも条例は改正され、不換紙幣総額を3億4422万円と定め、1888（明治21）年

行から剥奪し日本銀行に専有させるべく1882（明治15）年、**日本銀行条例**が制定される。国立銀行は設立から20年で普通銀行に転換させられた。1890（明治23）年、旧商法公布[18]に伴い、**銀行条例**[19]が制定され、先行して発生していた国立銀

の第百五十三銀行を以て国立銀行の設立は打ち切られる。

[18] ここで、旧商法施行までの商法の立法史を概観しておこう。日本にも、徳川時代の商業発展を通じて商慣習法が発達していたが、これらの商事法制と明治商法との間に歴史的関連が欠けているため、日本商法史は明治期以降の発展を考察することで足りると考えられている（西原寛一・商法学13頁）。明治初年には、上述の国立銀行条例の他、株式取引条例（1874（明治7）年）、米穀取引所についての大蔵省令である米穀取引会社規則（1875（明治8）年）等が制定され、明治4年頃より各種の会社・組合の設立が流行するも、法制度が不備で、政府はその取締に苦慮していた（志田鉀太郎・日本商法典の編纂と其の改正（1933年、明治大学）5 -24頁）。そこで1876（明治9）年、大木喬任司法卿が商法典編纂を上奏。1880（明治13）年、会社並組合条例の審査委員と審査局を置き、「会社条例」が太政大臣に上進された。その一方で、海法関係では、海上運送営業の自由を宣言する1869（明治2）年帆船蒸気船所持差許の布告以降相次ぎ「商船規則」（民部省外務省布達、1870年）の施行（後の「商船法類集」（1883年））、海上法律取調掛による「日本海令草案」の海軍卿上進（1879（明治12）年）等法整備が進行する。国立銀行創設に伴い手形取引が盛んとなったので、1881（明治14）年、主任参議山田顕義は、手形・破産の立法を推進すべく、太政官に商法編纂局を設け、以上の会社条例・海令草案の制定作業を中止させた。当時司法省法学校では教頭 Gustave BOISSONADE が仏語でフランス法に基づく法学教育を担当するとともに、並行して刑法典・治罪法典・民法典の編纂にあたっていたため、商法については財政学者として来日していた普人顧問 Helmann ROESLER を起用、商法草案起稿を命じることとした（志田・前掲書26頁）。彼は英仏をはじめ諸国法例を斟酌して商法典の「起稿」にあたった。手形の章は1882（明治15）年先んじて上奏裁可を経て太政官布告「**為替手形約束手形条例**」となった。手形条例のみが先行的に施行されているのは、上述のとおり国立銀行券が兌換券としては不十分であったことも考えられる。一般に、通貨制度の不備な社会でも、手形が流通し、その支払をさらに将来を期限とする手形の授受（更改）であるとか、集団的な差引計算（相殺）でなし得るならば、商品交換は可能であって、手形は商業振興に不可欠である（じじつ、手形条例の制定よりも前の1879（明治12）年に日本初の手形交換所が大阪に、1887（明治20）年には東京手形交換所が設置された。法整備が完成すると、これらの手形交換所では手形交換尻を日銀当座預金の振替によって決済する方法が開始されている。東京では明治24年、大阪では明治29年である。木内・金融法33頁）。1884（明治17）年には全3編1064ヶ条の商事法各分野の規整を総合的に包摂する**商法草案**（ROESLER (Hermann), Entwurf eines Handels-Gesetzbuches für Japan mit Commentar, 1-2 band., 1884〔復刻1996年、新青出版〕）が完成をみる。当時の経済界では、大阪紡績会社、共同運輸会社、大阪倉庫会社、電灯会社、大日本鉄道会社といった大会社が開業しており、同年、制度取調局長官参議伊藤博文の上申により、会社条例編纂委員会（商法編纂局は閉鎖）、次いで破産法編纂委員が任命され、商法草案に基く起案が決定された。1885（明治18）年、太政官廃止、内閣が設置され作業は内閣法制部の手に移り、会社条例編纂委員・破産法編纂委員は廃止（1887（明治20）年）、商法編纂局一度復活の後、外務省所管法律取調委員会に引継がれる（法典編纂事業は安政不平等条約の改正を目指して行われた外交的事業であった）。**商法**が元老院総会で可決を経、翌年施行すべく1890（明治23）年公布されたが、ここで法典論争が生起、同年の第一回帝国議会において民法典商法典の施行延期法が可決され、明治26年まで施行延期が確定した。1892（明治25）年第三回議会ではこれを明治29年まで延長する法案が可決されたが、商法典中、「第一編第六章商事会社及び共算商業組合、第一編第一二章手形及び小切手、第三編破産」に関しては、

行の資格のない金融仲介者である普通銀行や銀行類似会社の認可監督に関する実質規則を設けることとした。同条例の対象とする銀行とは、公衆から預金を集めこれを貸出・割引で運用するものである。11ヶ条の条例であるが、銀行を定義（銀条1）[20]し、設立許可の手続・要件を定め（銀条2）、報告義務（銀条3）、大口融資の制限（銀条5）[21]、当局の検査権（銀条8）を定めている。与信のみをなす貸金業者に類する者も「證券ノ割引」専業の銀行とする本条例はフランス法に範をとったものという[22]。従前の銀行類似会社も含め大蔵大臣の開業許可が必要となった[23]。銀行条例は相次ぎ改正[24]されている。大口規制の廃止と引換に他業兼営や銀行が当事者となる会社合併を大蔵大臣の認可を要するものとした[25]。この

社会的需要の大なることにより、翌1893（明治26）年の施行とされた。政府は民商二法典を全面修正する作業に着手、民法典の総則物権債権の各編は1896（明治29）年可決。同年商法典残部の施行再延期法が可決されたが、その後、議会は政争のためにしばしば解散し、再延期法の期限が切れて1898（明治31）年7月1日より自動的に施行された（「朝野驚愕の裡に」－志田・前掲書54頁）。

19　国立銀行の設立と並行して、発券機能を持たない普通銀行と同じ業務を内容とする組合型の金融組織が登場しており、1876（明治9）年の条例改正時に「銀行」を商号中に用い得るものとしているが、これらは国立銀行ではなく発券はできなかった（明治25年までには410行が設立されている）。三井銀行、住友銀行、安田銀行、三菱合資銀行部等が知られる。この他、1882（明治15）年通達で「銀行類似会社」なるものが認められ（明治17年には741行に到達した）、預金、貸出、割引、為替等の一部のみを専業とするものであった。大蔵省は通達で設立の認可を内規で裁量的に行い、営業報告を徴していた。小山・前掲書13頁。

20　第一条「公ニ開キタル店舗ニ於テ營業トシテ證券ノ割引ヲ爲シ又ハ爲換營業ヲ爲シ又ハ諸預リ及貸付ヲ併セ爲ス者ハ何等ノ名稱ヲ用キルニ拘ラズ總テ銀行トス」

21　対資本金額比で一割を超えて一顧客に貸付・手形割引をしてはならないものとされたが、後に削除される。しかし、この規定は銀行の倒産リスクを回避させるための原則であるだけでなく、銀行業の公共性を示す重要な規定であった（小山・前掲書16頁）。

22　小山・前掲書15頁。

23　日本銀行、横浜正金銀行、国立銀行は適用除外である。

24　明治28・32・33・大正5・9・10年に改正がなされている。明治32年改正では罰則規定の整備が行われたにとどまるに過ぎないが、この同時期にはいわゆる新商法が施行されていることに注意したい。旧商法から新商法に至る過程を略述すると以下のとおりである。即ち、法典修正方針をうけ法典調査会を1893（明治26）年設置。民法商法法例及び附属法律の修正案を起草審議する。商法起草委員には帝国法科大学教授**岡野敬次郎**、法制局長官**梅謙次郎**、司法省参事官**田部芳**の三名が宛てられた。1896（明治29）年から翌年迄審議が行われ各地商業会議所に諮問・商慣調査が行われる。商法修正案は議会の解散に阻まれたが第三草案が第13回帝国議会で可決（1899（明治32）年法律第48号）。旧商法は、第三編破産を除き廃止された。破産法・民事訴訟法の改正は、条約改正問題の終息とともに見送られ、法典調査会第二部が1902（明治35）年（法典記事129・130）起草した破産法草案（一般破産主義による）を公表するも議会に提出されずに法典調査会は廃止（志田・前掲書104、114頁）。司法省法律取調委員会による改正作業再開は1913（大正2）年で、新破産法が制定され施行を経たのは1923（大正12）であった。

25　明治28年改正では大口与信規制の銀条5を削除、営業時間の延長（銀条6）が施された。当時

ほか、各種の特殊な資金需要をまかなうため個別立法により金融機関が設立された（＝分業体制の起点）[26]。

[00104bis]（承前）②大正恐慌から戦時体制・戦後処理へ　銀行条例による銀行は、その過当競争が問題化[27]していた一方、大正恐慌以降の慢性的不況によって倒産が相次いでおり、1920（大正9）年の銀行条例の改正による銀行合併手続の簡素化も伴い、銀行合同が本格化した[28]。金融制度調査会が提出した法定準備金の引上げや支店出張所開設規制の厳格化等を柱とする1926（大正15）年の答申をもとに、政府は銀行法案を衆議院に提出、1927（昭和2）年**銀行法**が成立、翌年施行された。同法は、銀行を受信業務と与信業務とを併せ行うものと定義し、合資会社銀行や個人銀行を禁止して強行法的に株式会社化し、最低資本金を100万円（東京・大阪に本支店を有するものは200万円）、法定準備金は利益の10%とし、他業兼営と役員兼任を禁止、内部監査を強化し、営業所の設置変更を認可事項とした。普通銀行は整理統合が進んだ[29]。他方、大正以降の不況に対処すべく農業組合中央金庫法（1923（大正12）年）、商工組合中央金庫法（1936（昭和11）年）が制定され、これら中央金庫が設置された[30]。

1929（昭和4）年大蔵省令により、大正6年からおこなわれていた金輸出措置

の銀行設立は、事業会社が資金調達をする目的で設立するものが多く銀条5の削除が要求された。銀行の公共性確保の観点からは望ましいとは思われないが、大口規制は昭和56年新銀行法制定で復活するまで姿を消す（小山・前掲書18頁）。この他顕著な改正は大正5年改正で、他業兼営・他業兼営会社との合併に大蔵大臣の認可を要するものとした。銀条8ノ2において行政命令の制度も導入した。大正9年改正では銀行の合併手続の簡易化が導入された。

26　大衆の零細な貯蓄を保護するため貯蓄銀行条例（1890（明治23）年。のちの貯蓄銀行法（1921（大正10）年））、不動産抵当金融による農工業のための日本勧業銀行法および農工銀行法（1896（明治29）年）、北海道拓殖銀行法（1899（明治32）年）、貿易金融のため横浜正金銀行条例（1887（明治20）年）、植民地銀行として台湾銀行法（1897（明治30）年）・朝鮮銀行法（1911（明治44）年）が制定されている。木内・金融法33頁。

27　銀行条例に基づく普通銀行は、みな零細で預金獲得競争に明け暮れ、支店規制を潜脱して出張所が濫設され、銀行役員の責任感は低く、他業兼営の結果情実融資や危険な投機が横行し、支払準備の不足等が問題化していたという。小山・前掲書20-22頁。

28　木内・金融法33頁。明治34年の1867行から大正10年には1331行に減った。小山・前掲書20-22頁。なお、貯蓄銀行条例が改正され貯蓄銀行法となった時点で貯蓄銀行にも最低資本金や他業兼営の禁止が導入されたため、636行（大正10年）から72行（昭和11年）へと減少した。木内・金融法34頁。

29　法施行時に1400行が最低資本金を充足しない状態にあったという。銀行数でいえば、銀行法施行前後で約半減、1936（昭和11）年には418行にまで減少する（木内・金融法34頁）。その後の昭和14年・18年・26年・37年・49年の改正はいずれも商法改正を反映したものである。

30　木内・金融法34頁。このほか、信託業法（大正11年）、無尽業法（大正4年）が制定される。

を解除して金本位制に復帰したものの、世界恐慌の影響で不況が却って深刻化し、翌々年には金輸出再禁止・金兌換停止を決定した。1932（昭和7）年には満州事変を契機に、**赤字補填国債発行ニ関スル法律**による日銀引受の国債発行を行うとともに、正貨準備による日銀券発行限度を事実上解除した。昭和12年日中戦争開始以降、金融法制も戦時体制に移行してゆく[31]。1942（昭和17）年には、日本銀行条例を廃止、ナチスドイツのライヒスバンクに範を求めた**日本銀行法**が制定され、日本銀行は国家的性格の強い特殊法人になった。

　大日本帝国の「無分別ナ」戦争はその無条件降伏に帰し、世界の民主勢力の勝利に終った。日本国民は「理性ノ経路」[32]に立戻り戦後処理を開始、連合国の占領政策に[33]沿って戦時体制は解体され、多くの戦時立法が失効した[34]。同時に、経済再建のための改革が行われる[35]。1949年（昭和24）年には、日銀法が改正され、日本銀行政策委員会を設置し、日本銀行の自主性を高めることとなった[36]。

---

[31] 同年の資本逃避防止法、昭和8年外国為替管理法、軍需資金供給拡充のための昭和12年臨時資金調整法、昭和15年銀行等資金運用令、昭和20年軍需金融等特別措置法が制定された。昭和18年「普通銀行等の貯蓄銀行業務または信託業務の兼営等に関する法律」は戦局の緊迫に伴い、消費規制と表裏をなす貯蓄増強の効果を挙げようとするものであったが、これにより明治以来独自の営業分野を守ってきた各金融機関の主体的限界が失われた（木内・金融法36頁）。

[32] ポツダム宣言（1945（昭和20）年）第4項。

[33] 1945年9月22日の「降伏後における米国の初期の対日方針」において、日本軍国主義の経済的基盤である財閥の解体が示された。四大財閥構成員の産業界からの追放と、財閥持株会社の保有する株式の処分を目的とした持株会社整理委員会令（1946（昭和21）年）に基づき財閥解体が実行された。

[34] 1946（昭和21）年から1948（昭和23）年にかけて、国家総動員法、臨時資金調整法、軍需金融特措法の廃止のほか、外地銀行・特別戦時期間・横浜正金銀行等の閉鎖が総司令部「覚書」のかたちで指令された。しかし、財閥解体が進行する一方で、金融機関一般は経済力集中排除法の適用対象から除外されていた（木内・金融法36頁）。

[35] 経済危機突破緊急措置として、1946（昭和21）年の金融緊急措置令と日本銀行券預入令により、現金・預貯金を流通面から凍結し、インフレーションの高進を阻止しようとしたが、これのみでは足らず、同年、金融機関経理応急措置法・会社経理応急措置法・戦時補償特別措置法の制定により、戦時補償請求権に100％の課税をする方式によって戦時補償を実質的に打ち切る措置が執られるなどした。他方、基幹産業の再建のために1947（昭和22）年には、**復興金融金庫**が設立され、経済復興に寄与した（その反面、その融資が放漫に流れ、資金調達が復興金融債の日銀引受に依存する等の結果、インフレは却って進行した）。同年、蔵相の諮問を受け金融制度調査会が金融機関の民主化と整備を内容とする答申を行う一方、総司令部からは「ケーグル案」による金融機構の全面的改編に関する「覚書」が発令され、財政健全化と単一為替レート設定を目的とするドッジ・ラインが実施され、復興金融金庫は活動を停止する（木内・37-38頁）。

[36] この他、旧特殊銀行は、総司令部の指示で、普通銀行に転業するか、預金受入に制約のある債券発行銀行に改組するかの選択を求められた。1950（昭和25）年、債券発行限度の特例が銀行一般に拡大されるなどして債券発行銀行の特権は一旦消滅するが、長期資金は日本興業銀行一行の

同時期の1954（昭和29）年に、出資法（「出資の受入、預り金及び金利等の規制に関する法律」）の制定[37]がおこなわれている[38]。

[00105]（承前）③新銀行法と金融制度改革　1981（昭和56）年、旧法を廃止し新しい**銀行法**が制定された[39]。新しい銀行法は、信用秩序の維持・預金者の保護・金融の円滑化・これにより国民経済の健全な発展に資すること、を法の目的[40]に掲げた（銀1）。銀行の**業務範囲**も詳細に定められることになり、旧法では保護預りのみを例示する付随業務も、その内容を11項目列挙する（銀10Ⅱ）[41]。付

みが供給していた実態から、1952（昭和27）年、**長期信用銀行法**が制定され特権が復活する。このほか各種特殊金融機関は占領政策によって閉鎖されていたが、新しい機関に改組承継される。国民金融公庫（旧恩給金庫・庶民金庫）、住宅金融公庫、日本輸出銀行、日本開発銀行（旧復興金融金庫）、農林漁業金融公庫、中小企業金融公庫などである。庶民金融としては、1905（明治38）年創設の産業組合制度は、1947（昭和22）年から1951（昭和26）年にかけて農業協同組合・水産業協同組合・信用協同組合・信用金庫等に、無尽業は1951（昭和26）年相互銀行制度に再編される。

37　同法制定にあわせ、銀行法にも、新たに創設された罰則（銀33-36）のなかに両罰規定（銀34ノ2）が設けられたことなどが特徴的である。

38　戦後処理のなかでも、戦時立法を除けば、銀行法制の体系は他の分野と比して激変を免れた。その理由は、事柄の技術的な性格もあろうが、銀行法自体の大幅な改正がなかったのは、銀行法の規定が簡潔で、行政指導は当局の裁量に委ねられており、事実上実効性が高かったうえ、必要に応じて特別法（「臨時金利調整法」「金融機関再建整備法」等々）が制定されてきたことにより銀行法が補われてきたことが事情としてあげられる。小山・前掲書22-25頁。

39　低金利・長期信用の銀行貸出で企業の資金需要を賄う高度成長と比べて、安定成長期においては、企業の自己金融力が高まり、預金金利鞘が縮小し、銀行は本業での収益力が低下していた。世界的にはインフレ下で資産の運用において収益と流動性を選好する傾向が全般的に顕著になる一方で、資金需要は企業よりも公共部門と個人部門の比重が増大していた。また、公債発行の増大に伴い、証券業務の解禁が要請されるとともに、外銀自由化・金利自由化の国際的趨勢も無視できなかった。健全経営の確保のためには、銀行の**業務範囲の弾力化**が要請されていた。また銀行監督を行政指導ではなく法律上根拠を明示するよう改め、法令通達の改廃の他、空白部分は基本的には銀行の自主的判断を尊重するものとする改正が要請された。以下新銀行法の改正経緯に関するこのパラグラフは小山・前掲書25-38頁による。

40　経済法の分野では法令の冒頭に目的規定が置かれることがおおい。それ自体は直接には権利義務の発生等一定の法効果の発生には直結しないが、当該法令の解釈にとって指導的な原理を示すものであるから、法的に意義が乏しいということにはならない。

41　当初の11類型に加えて、後の改正により次々と業務が拡大されており、現時点では以下のとおりとなっている。（1）債務の保証または手形の引受、（2）有価証券の売買または有価証券関連デリバティブ取引、（3）有価証券の貸付、（4）国債・地方債・政府保証債の引受または当該引受に係る国債等の募集の取扱い、（5）金銭債権（譲渡性預金証書など）の取得または譲渡、（5の2）特定目的会社の特定社債の引受・募集、（5の3）短期社債の取得または譲渡、（6）有価証券の私募の取扱、（7）地方債または社債その他の債券の募集または管理の受託、（8）銀行その他金融業を行う者の業務の代理または媒介、（8の2）外国銀行の業務の代理または媒介、（9）国・地方公共団体・会社等の金銭の収納その他金銭に係る事務の取扱い、（10）有価証券・貴金属

随業務以外に、後に**証券業務**（投資助言業務等）を認められるに至っている。明治期にひとたび存在した**大口信用供与規制**も導入されている（銀13）[42]。決算期を一年とするほか、休日を弾力化すること、国民に対する**財産状況開示義務**（貸借対照表・損益計算書・業務財産状況説明書が公衆の縦覧に供される）等が導入された。1993（平成5）年の金融制度改革[43]では証券業との**相互参入**が導入され、**自己資本比率規制**が行政指導から法律に基づく規制に[44]なったほか、企業組織の柔軟な再編成を容易化するため1998（平成10）年改正では独禁法改正による**持株会社解禁**が導入され、これに伴い、情報開示・資本比率・大口信用供与等に関する従来の銀行規制は単体ではなく会社集団を対象とした**グループ規制**へと改革される[45]。証券投資信託や有価証券店頭デリバティブの販売が可能になったのもこの時点である[46]。2002（平成14）年改正では事業会社等による銀行業参入規制が整備される[47]とともに、銀行株主に関する規制も整備された[48]。

その他の物品の保護預り、(10の2) 振替業、(11) 両替、(12) デリバティブ取引、(12の2) デリバティブ取引の媒介・取次・代理。

42 資産運用における安全性の確保と銀行信用の適正な配分のため、それまでは、行政指導の形（昭和49年12月銀行局長通達）をとっていたものである。

43 この時点までの日本における金融業は、普通銀行・長期信用銀行・協同組織金融機関・信託銀行・農業金融・外為・中小企業金融・証券会社のように、専門に分化した**分業制**を取っていたが、産業が成長して資金余剰の局面に至った。そこで、分業制を改め、各々が業務範囲を拡大する形で相互参入し、市場を**効率化**させるというのが改革の趣旨であった。とりわけ銀行と証券が子会社を通じて相互参入することが可能になった。CPが証取法上の有価証券となり銀行がその仲介業務を行うことも許容され、社債制度も改革された。このような規制緩和の反面、自己資本比率規制が法令による規制として導入され、相互銀行は普通銀行に転換、銀行の最低資本金額は10億円から20億円へと引上げられる。なお、金融制度改革前後の時期における日本の銀行の収益構造の特徴については、川本裕子・金融機関マネジメント－バンカーのための経営戦略論（東洋経済新報社、2015年）28頁以下。企業・銀行関係の通史は、蟻川＝宮島・組織科学49巻1号19-31頁。

44 小山・前掲書37頁。

45 銀行持株会社ならびに銀行は、銀行・長銀・証券会社・保険会社・従属会社・金融関連業務を営む会社の株式を保有でき、この株式保有によって形成される銀行グループは合算株式保有制限を受ける。また、グループ内部での取引についても市場での取引条件と同等の取引を行うべきものとして利益相反的な行為を予防する措置（特定関係者取引-銀13の2）が導入されている。

46 この時期は、住専処理が問題となった1995（平成7）年の直後にあたり、金融破綻が問題化し、相次ぐ特別立法によって銀行法は補われている。自己資本比率についていえば、日本長期信用銀行の経営難を発端とした金融危機に対応すべく制定された1998（平成10）年「金融機能の早期健全化のための緊急措置に関する法律」で、自己資本増強等の**早期是正措置**が導入され、情報開示規制に関して言えば、健全化法に引き続き制定され一時国有化を伴う「**特別公的管理**」を導入した1999（平成11）年「金融機能の再生のための緊急措置に関する法律」により、債務者区分に基づく査定債権のディスクロージャーが義務付けられた。

47 ネット銀行等「新しい形態の銀行」の開業条件に関する規定整備の他、免許審査での地域の需

[00106] **銀行業と私法**　銀行の活動は、銀行と行政庁の関係においては上述のように**銀行法**が適用されるが、銀行と預金者・取引先の関係または銀行相互の関係は、私法が支配する社会的関係である。私法的関係の基本法は民法であるが、特別法として商法典は、後述のように、**銀行取引**（商502（8））を**営業的商行為**と定義し、これに商法の商行為編通則を適用する。商事適用法規として商法典に規定がなければ商慣習法[49]が、これもなければ民法が適用される（商1Ⅱ）[50]。約款・規定の類も多く用いられる[51]が、それらを単に契約として定義することに満足せず、**銀行自治法**[52]という概念を援用する論者もある。この他、**消費者契約**

給調整につき規定を削除、営業所の設置変更・外銀の支店の移動等を許可制から届出制とした。なお、他業禁止規制の変遷について神田＝神作＝森田編・金融法概説52頁。

48　銀行・銀行持株会社の発行済株式総数5％超を保有する者は「銀行株式所有届出書」およびその変更報告書の提出義務を課され、議決権20％超を保有する「主要株主」となるためには内閣総理大臣の認可が必要であり、銀行の業務の健全かつ適切な運営を確保するため特に必要があると認められるときはその必要の限度において銀行主要株主に対して銀行の業務または財産状況に関する報告徴求・立ち入り検査を行うことができる。さらに、発行済株式総数の50％超を保有する者は「大口主要株主」と呼ばれ、当局は銀行の業務の健全かつ適切な運用のため必要と認めるときはこの株主に対して業務改善計画の提出を求めることができる。銀行と銀行主要株主との取引は特定関係者取引として規制される。

49　商1Ⅱの定める「商慣習法」は民法規定が存する事項でもこれを排除し適用される。民92の「事実たる慣習」は民法中任意規定に反する契約が有効に成立し得るのと効力の根拠は同じレベルにあると考えてよい。なお区別すべきものに「慣習法」（法適3）がある。これは法令によって指定される慣習がある場合、法令に何らの規定がなく法欠缺がある場合のいずれかにおいて認められる法源であり、民法の任意規定が定める場合には、これに抵触するものとしては成立しない。

50　前述の明治26年商法には「信用」と称する章をおき、詳細な規定があったが、明治32年商法に改正された時点ではほぼ全面的に削除された。民法の契約各論規定や担保保証に関する規定が充実し必ずしも商法典に規定する需要は大きくなかったかもしれない。手形に関しては1930年・1931年条約による手形法小切手法の制定に至るまでは商法典手形編が用いられたが、詳細は手形法に関する叙述に譲る。

51　約款解釈においては、個別利用者の利益を離れ一般的な利用者全体の利益を考慮すべきこと、作成者である銀行側と相手方である顧客との利益の優劣が不明であるときは顧客側の利益を優先すべきこと（**作成者不利の原則**）、銀行に有利な規定の解釈においてはこれを制限的に解釈すること、顧客に不利益を課する変更は無効と解することの四点が主張されてきた（木内・金融法143-144頁）。ドイツの約款規制法でも同様の趣旨が採用されてきた。2017（平成29）年民法改正法では、定型約款に一定の定義を与えその取扱いにいくつかの規定をおき（改548の2以下）、消10同旨の規定と内容変更の制限を定めた（改548の2・改548の4）。ところで銀行取引約定書の担保や相殺に関する規定は、多くの場合顧客ではなく顧客の債権者と銀行との利害対立において銀行の優先を定めるということになるので、作成者不利の原則とはひとまず無関係ということになるのであろうか。

52　銀行取引にあたる契約・合意には、預金契約・融資契約その他が含まれるが、多くの場合、それらはいわゆる普通取引約款またはそれに準じる約定書・規定といった、附合契約の形式をとることが多い。これらには、当座勘定規定、普通預金規定、銀行取引約定書が含まれる。さらには、

法⁵³の適用もある。

第 b 款　「銀行取引」の概念、その客体および主体（貨幣と銀行）

第 1 項　銀行取引の客体 - 金銭および有価証券

[00201]　**概念**　「**銀行取引**」（商502（8））は、商法に定められている営業的商行為⁵⁴であるが、その内容や定義は法文から明らかではなく、理論に委ねられている。学説では、銀行取引とは、**金銭または有価証券の転換を媒介すること**と説かれている⁵⁵（銀行と顧客--事業者であれ消費者であれ、銀行の預金・貸出・為替その他役務を需要する者--との取引である場合と、銀行と銀行との取引とがあり得る⁵⁶）。この性

銀行間の各種協定があり、各地の交換所規則、振込に関して利用されている内国為替取扱規則等が含まれる。一部のものは、本文にいう商慣習法や事実たる慣習に該当する（例えば割引手形買戻請求権は明示の特約がなくとも事実たる慣習に基づき認められるという）。一部には「**自治法**」の呼び名を用いてこれら約款類とりわけ銀行間協定類の性質を説明する学説も見られる（「もともと特別な制定法規がなく、多くの取引が商慣習法に依存しているこの分野においては、…普通取引約款…〔は〕、取引の通念ないし条理に照らして妥当性を有するかぎり一種の自治法規として」（木内・金融法10頁）、制定法によって作成が義務付けられていることを条件に、法源性を認める、というのである。私見は、さしあたりその「法源性」には留保を付しておきたい）。勿論、かかる諸規則は立法としての資格を法律によって付与されたものではない。ある規則が法であるとされた結果伴うことになる帰結を考えたときに、このような呼称は避けたほうがよかろう。例えば手形交換所規則による取引停止処分が適法であるといわれるのは、手形交換所規則が「法」であるからではない（注129）。

53　銀行取引であっても、それが消費者契約にあたる場合には、民商法の任意規定が、それを破る特約で消費者に不利なものとの関係では強行法化されていることに注意しなければならない。「法令中の公の秩序に関しない規定の適用による場合に比し消費者の権利を制限し又は消費者の義務を加重する消費者契約の条項であって、民法第一条第二項に規定する基本原則に反して消費者の利益を一方的に害するものは、無効とする」（消契10）からである。例えば、当座勘定規定ひな型における「過振り」の規定は、民法が定める本人の意思に反する事務管理の場合における事務管理費用償還請求権を本人の受益の範囲に限定する規定－民702Ⅲ－に比して預金者の義務を加重しているから、民法の任意規定に反する定めである。しかし、事柄を事務管理ではなく受任者の応急義務と解すれば問題は解消しよう。

54　双方にとって商行為である必要はない（一方的商行為の原則、商 3）。従って、取引先や預金者が非商人であっても商行為編が適用される。また、銀行取引を業とする者が他人との間でその営業のために行う取引行為は、商行為である（商503）。しかも銀行法上、銀行は株式会社でなければならないため、会社の事業として行う行為としても商行為と性質決定される（会 5）。この迂路を通って商法の条項が適用されることになる。

55　表現は論者によって区々であるが、例えば、「金錢又は有價證券の轉換を、媒介する行爲をいふ。兩替は、銀行取引の一例であつて、甲から得た貨幣を、乙の提供する異種の貨幣と交換する行爲である」（小町谷操三・商行爲法（1943年）44頁）。条文の表現は、「両替その他銀行取引」としているので、両替契約が銀行取引の一種として含まれることは明らかである。

質決定の結果、商行為法の通則が適用になる[57]。銀行法上の銀行の業務範囲（[00302]）と関連付けられて説明されることがあるが、両者の概念は相互に独立のものである。結論からいえば、商法の「銀行取引」が想定している概念は、銀行法上の銀行の業務範囲に含まれる取引とほぼ重なり合うものの、必ずしも与信業務と受信業務とを併せ行うことを厳密には要求するものではなく、金銭または有価証券の転換過程の一部を担う以上は、与信業務のみを行う貸金業の行う貸付もこれに含めるものであり、他方、銀行法上、銀行の業務範囲に含められている取引であっても、例えば貸金庫（寄託ないし賃貸借）のようなものは、金銭または有価証券の転換を媒介するものとはいえないのであるから、これに含まれないといえるであろう[58]。

[00202] **客体としての金銭と有価証券**　ここにいう「**金銭**」とは、銀行券および補助貨幣であり、外国通貨も含め、法定の強制通用力を付与されたものをいう[59]。本来動産として扱えばよいはずであるが、法定通用（日銀46Ⅱ）のため、いかなる条件において交付されても交換手段として機能する（追奪されない）ことが要請され、代替物性が一層強力なものとなる（→[13102]）。経済学の定義する「貨幣」はその機能に着目しているため、支払手段だけでなく、価値測定手段や価値を保存する機能を担うものが含まれる（従って預金債権を含める）のと対照的である。金銭を目的とする債権が**金銭債権**[60]である。「**有価証券**」は、講学上「私権を表章する証券で、その権利の利用が証券に結び付けられているもの」と

---

[56] 銀行どうしの取引のほうを、「銀行間取引」としてさらに特別な範疇とする考え方もないわけではない。木内・金融法138頁は、「銀行取引」は、顧客の地位の特別な考慮を必要とするのであるから「銀行間取引」とは区別されるべきであるという。少なくとも、銀行間に独自の慣習や「自治法」等が適用される場合が多く、それゆえに生じる特殊性は認めねばなるまい。

[57] 代表的な通則を挙げれば、商人間留置権の発生（商521）、商事代理行為の非顕名主義（商504）等である。なお、商事短期消滅時効（商522）は、平成29年民法改正法では、一般に債権の時効期間が権利の行使をし得べきことを知ったときから5年（権利の行使をし得べきものとなったときから10年）となる（改166Ⅰ（1））のにあわせて廃止となる。

[58] 貸金庫は8号の銀行取引に含まれなくても1号の投機賃貸には該当するといえよう。

[59] 厳密に言えば、強制通用とは発券機関を兌換から法によって免除することであり、法定通用とは、債権者に弁済としての受領を拒否する権利を法によって奪うことである。GRUA (F.), Monnaie - Monnaie légale. JurisClasseur Civil Code App. Art. 1235 à 1270, Fasc. 10 (2004), nos 1 et 3. 日本国内において金銭とは、日銀券〔日銀46Ⅱ〕及び補助貨幣〔通貨2Ⅲ〕のことである。

[60] 民法が金銭債権としているものは典型としては「金額債権」である。強制通用力のある「各種の通貨」でこれを支払うことができる（民402Ⅰ本文）。金銭を目的（客体）とするものであっても、「特定金銭債権」は特定物債権である。銀行券・補助貨幣の種類を限定するものは金種債権（絶対金種債権・相対金種債権）である（民402Ⅰ但）が、特定されたものが通用を止むときには別の金種で支払う義務がある（民402Ⅱ）。

定義され（[30002]）、有価証券に関連する諸私法規定の適用対象は、ある証書がこの概念に該当するか否かによって決せられる[61]。有価証券概念は、主として手形小切手をモデルとして抽象された概念であるが、この形式的定義においては、株券・社債券等をも含める[62]。

[00203] **貨幣論**　貨幣とは交換（流通）を媒介する特殊な財である[63]。民事法学における「金銭」は一般的交換手段、「現金」である。経済学者の言う貨幣の機能（交換手段・価値測定手段・価値保存手段[64]）を担う仕組みのごく一部分をなすものであるに過ぎない。貨幣の起源を商品交換における等価形態の発展[65]にみる

---

[61] 従って公示催告制度が必要となるようなものがおおよそ有価証券であるといってよい。なお平成29年民法改正法改520の2-改520の20には、指図証券・記名式所持人払証券・その他の記名証券・無記名証券の規定はあるが、一般的に有価証券を定義しているわけではない。

[62] また、却って、有価証券の語を用いる私法規定には、典型的には株券・社債券を念頭に置いているものと伺える規定も少なくない（商521）。他方、刑法（刑162等）、税法、金融商品取引法（金商2）等において、それぞれに異なった「有価証券」の定義がある（注672参照）。銀行取引で扱われる有価証券の代表的なものは手形・小切手であり、しばしば商業証券と呼ばれる。「商業証券」とは為替手形・約束手形・倉庫証券等のような、短期から中期の信用を媒介し、非大量証券として発行される商事有価証券を示すフランス法のeffets de commerceの訳語をその起源とする。主として短期の信用証券を示し、小切手は制度上信用証券性を剥奪されているためこれを含まない（Pierre LESCOT et René ROBLOT, Traité de droit commercial, tome 2, 16e éd., 2000, LGDJ, par Philippe DELEBECQUE et Michel GERMAIN, no 1912.）。日本商法旧手形編では、小切手は手形の一種として定義されており、商501が「手形」の語に手形・小切手の双方を含めるものという前提で定められたのであるから、ここから小切手を省くべきではなかろう。商業証券に関する行為は形式による商行為すなわち絶対的商行為である（商501（4））。

[63] いかなる経済現象の記述を目的とするかによってまたは貨幣の語を以ていかなるその機能を指称するかにより、見解が多様でありうることは歴史的に知られている。さしあたり代表的な貨幣学説については新庄博・貨幣論（1952年、岩波全書）10-30頁。また近時の多元的貨幣論については黒田明伸・貨幣システムの世界史（2003年、岩波書店）10-16頁。同書には、オーストリアのマリア＝テレジア銀貨が廃貨となった後もエジプトから東アフリカの地域で、商人間の大口取引の決済手段として流通している事実を指摘し、法令の力のみが貨幣の流通の基礎ではないことを示す。

[64] 後述の一般的交換手段が磨滅しない鋳貨等の形式を具備すれば、その使用期限が限定されない限り、価値保存手段に転化する。貨幣の機能のうち価値の保存手段としての機能を意図的に欠落させたものが地域通貨である。ゲゼルの「自由通貨」では、発行してからt日後の当該通貨一単位の購買力は1-dt（dは発行契約で定める一日あたりの価値の減少割合）へと減少し、最後に全減する。また、地域通貨は他の一般的交換手段との交換が禁じられるので、このような通貨を保有する経済主体はいち早くこれを用いて何等かの交換手段性のない財やサービスを購入しようとする。これによって、商品流通の速度を上昇させ当該地域的経済圏の活況を期するのである。

[65] 貨幣は何よりもまず交換より派生する手段である。交換においていわゆる「二重符合の困難」（交換される財の等価性を認識することが双方にとって困難であること）を克服する「間接交換」（仲立をする財の数量によって交換対象の財の等価性を認識させる過程）には、手段（一般受容性）が必要である（堀内昭義・金融論（1990年、東京大学出版会）7頁）。交換の起源は不可知

か信用売買における代金債務の相殺[66]に見るかでその観点は大きく異なる。しかし実際には両者の貨幣機能は内在的には結びついている。

　現代の管理通貨制度のもとでは、貨幣流通の根拠は兌換性ではなく法令自体にもとめられ、交換手段性も価値尺度性もすべて「制度」にその根拠が求められる。債権者は法定通用する通貨を受領したならば、それ以上の給付を求めることが許されない（最終性）。管理通貨制度では中央銀行が通貨の購買力を調整するため、その流通量を制御する。また、私法学上の要求払預金債権（消費寄託）は、経済学においては預金通貨 deposit currency と呼ばれ、「通貨」と称されるが、その法的性質は「金銭債権」であり、それ自体が交換手段なのではない[67]。また

の世界とも言われるが、偶発的な共同体の接触によって発生したと考えられている。最も原始的な民族においては沈黙交換といった形式が採られていた。貨幣がない社会（自然経済）において財の交換はいわゆる「欲望の二重の一致」（岩田・前掲書1頁）が偶然生じる場合にしか生じない。市場が成立しているといい得るには、単なる消費の客体の直接的な交換ではなく、交換の媒介が介在し、各商品の間にはそれぞれ唯一の交換比率が支配する（一物一価の法則。新庄博・前掲書40頁）。布と衣服の交換が貨幣の媒介によって間接交換の形をとり（「20ヤールのリンネル＝純金1瓦（オンス）＝1着の上衣」）、この貨幣に1000円との価格が付与されているとするならば、「20ヤールのリンネル＝1着の上衣＝価格1000円」との関係が確認され、交換は売買に転ずる（貨幣形態の誕生）。かような等価関係は無数の商品の間に存在することになる。一見貨幣制度が不整備であるような社会でも、事実上ある財（米・小麦等の穀物、塩、貝殻、一定の貴金属）が一般的交換手段として承認されているならばそれは既に貨幣である。間接交換を媒介する等価関係は、貨幣称呼を異にする国際間に跨る市場においても存在することになる（新庄・前掲書同所）。

[66] この立場では、銀行券とは発券銀行の貸借対照表上の負債として定義される。HAWTREY, Currency and credit, 1919. をもってその代表的論者とする。内藤敦之・内生的貨幣供給理論の再構築（日本経済評論社、2011年）。価値尺度としての貨幣＝numéraire〔計算貨幣〕（IMFのSDR（船貰２Ⅰ（７））等がその例）には交換手段性はない（流通手段として働く通貨は monnaie〔流通貨幣〕と呼び区別する。WALRAS, Eléments d'économie politique pure. 1874-77. chap. 11, 手塚壽海訳・純粋経済学要論上、142-147頁）。架空の通貨単位で作成された手形で決済が行われていた定期市の時代や、相殺だけですべての決済が可能となる SOLVAY の提唱した「貨幣なき社会 comptabilisme」でも、このような意味での貨幣は存することになる。「貨幣を経済過程の内部に生み出す過程を促進させるのは、国家権力と民間との貨幣創出をめぐる対抗関係であった。権力が押し付けてくるいいかげんな貨幣を忌避して、民間は、独自の貨幣を生み出す」（本山美彦「中世西ヨーロッパの内生的貨幣」長崎大学経営と経済82巻1号1-21頁、3頁）。

[67] 預金通貨は、小切手や振込取引を通じて交換手段としても用いられることになる。現金通貨（銀行券および補助貨幣）と即時払預金（当座預金＋普通預金）即ち預金通貨との合計がM1、これに定期預金を加えたM2、これに譲渡性預金を加えたM2+CD、さらにこれに郵便貯金等の貯蓄を加えたM3等がマネーサプライの指標として用いられている（M1、M2の概念については、堀内・前掲書81頁）。M1はマネーストック（M）とも呼ばれ、そのなかから法令に基づき定められる一定割合＝預金準備率（r）（準備預金制度に関する法律、昭和32（1957）年制定、昭和47（1972）年改正に基づき、対預金残高で20％・対預金増加額で100％の範囲内で日銀政策委員会が決定する）で市中銀行が中央銀行に保有すべき当座預金（高権通貨、ハイパワードマネーないし

貨幣のなかでも交換手段として機能することを国家的に保証されたものが通貨であるが、一部の法令では通貨ならざるものに一種の比喩として「通貨」の語を用いるものもあるので注意が必要である[68]。

マネタリーベース。＝中央銀行の負債）（H）として預け入れられる。M1のうち現金で保有される比率（c）が与えられれば、MとHには「M＝m・H　ただしm＝(c＋1)/(c＋r)とし、r＜1である」との関係が認められる。mを貨幣乗数と呼び、rを政策的に引下げてmを、したがってMを増大させることができる（vice versa）（事実上この方法による通貨供給量の調整はあまり用いられておらず、むしろ手形・社債・公債を市中銀行との間で売買する公開市場操作が用いられている）。ハイパワードマネーについては、堀内・前掲書84頁。

[68] 2016（平成28）年改正資金決済法における「仮想通貨」（資金2V）の定義は問題が多い。①「物品を購入し、若しくは借り受け、又は役務の提供を受ける場合に、これらの代価の弁済のために不特定の者に対して使用することができ」、②「かつ、不特定の者を相手方として購入及び売却を行うことができる」③「財産的価値」で、④「電子的方法により記録されているもの」で、⑤本邦通貨・外国通貨・通貨建資産でないもの、という。なお「通貨建資産」とは、「本邦通貨若しくは外国通貨をもって表示され、又は本邦通貨若しくは外国通貨をもって債務の履行、払戻しその他これらに準ずるものが行われることとされている資産」であるとされているから、預金をはじめとする金銭債権は仮想通貨たり得ない。この定義の①②は潜在的にでも交換・購買の客体となり得る（不融通物でなければよい）というにとどまる。ある仮想通貨建ての交換対価商品のリストが形成されていれば、あたかも真の通貨のように交換を媒介する手段となり得るであろうが、現状では、仮想通貨には一般的受容可能性はない。仮想通貨が騰貴目当てで購買される状況の下では交換手段として普及しない。「不特定の者に対して」通貨が通用することと、P2Pネットワーク参加者の不特定多数性とは区別すべきであろう。また、ここにいう取引所（仮想通貨交換業者）が仲介する「購入及び売却」は、参加者の共有する分散台帳（ブロックチェーン）に記録されるが、かかる「通貨」に一般受容性がない以上、対価を払って仮想通貨を取得したとの記録を証明できても、現実に財貨を取得したわけではなく、その記号の偶発的購入者が現れる期待の獲得以上の意味はなかろう。仮想通貨を客体とする「購入及び売却」の性質は売買というより賭博契約に近い。③にあるようにその単位に「価値」（何らかの交換比率をさすものと思われる）があることは、法律の規定から直接導かれる効果ではなく、かような機能の反映でしかない。裁判例では、仮想通貨には有体性・排他的支配可能性がなく所有権の客体とならず、破62の取戻権の対象ともならない（東京地判平成27・8・5LEXDB25541521。なお小林信明「仮想通貨（ビットコイン）の取引所が破産した場合の顧客の預け財産の取扱について」金融法研究33号、特に76頁）とされ、預託者「は、コイン債権について、破103Ⅱ（1）イの『金銭の支払を目的としない債権』として…破産債権として届け出」をなし得るにとどまる、とした（東京地判平成30・1・31金判1539号8頁）。同じ法律に登場する「前払式支払手段」については有価証券に準じた「発行」という概念が用いられているにもかかわらず、「仮想通貨」についてその「発行」の態様を定める規定がなく、これにより発生する「債権」に言及がない。前払式支払手段や電子マネーは、発行体への債権を前提としている。例えば2009年9月16日欧州電子マネー第二指令（JOUE no L. 267, 10 oct. 2009, p.7）を構成国法化するフランスの通貨金融法典L. 315-1条は「電子マネーは、電磁的なものも含めた電子的形式のもとでストックされ、発行者に対する債権créanceを表章するものであり、同法典L. 133-3条に定義する弁済行為〔同条パラグラフⅠ-弁済行為とは、弁済者と受領者のいずれかにより命ぜられる、両者間の基礎にあるすべての債務から独立した、資金fondsの払渡・移転または引出に存する行為をさす〕のため資金の交付と引換に発行されるものであり、電子マネー発行者以外の自然人および法人に受容される貨幣価値をいう」と定めている。

[00204] **銀行券**　銀行券はもともと銀行業者がその信用を背景に発行した一定量の金を払渡す旨を記載したラウンドナンバーの無記名式一覧払約束手形であった（兌換券）。日銀券は、1931年以降不換券であるが、政府紙幣と異なり、日銀が発行額と同額の見返り資産（商業手形、貸付金、国債、外国為替、金銀地金）を保有していることを以て発行限度とし、それを超えて必要あるときには、限外発行（excess note issue）の措置をとることができた。財務大臣の許可があれば限度外発行税納付を条件に15日を超える超過発行が許されてきたが、1997年に発行限度制度自体が廃止された。

[00205] **手形・小切手と銀行**　手形・小切手は、金銭の支払を目的とする有価証券であるから、その利用の大半の場面で銀行（金融機関）が介在する。約束手形の振出人と支払場所である銀行（金融機関）との関係、小切手の振出人と支払人である銀行（金融機関）との関係はいずれも、当座勘定取引契約であり（これらの関係を約束手形については「**準資金関係**」、小切手については「**資金関係**」とも呼ぶ）、銀行は当座勘定を開設した取引先に、支払場所ないし支払人として銀行名支店名が不動文字で印刷されている規格化された統一用紙を交付する。振出はこの用紙を用いてなされる。満期前に手形を換金するためには銀行取引約定書を用いて締結される与信契約に基づく手形割引によって手形を銀行（金融機関）に買取ってもらうのが通常である。取立受任銀行に持ち込まれた手形小切手は**手形交換所**に持出され、差引計算の方法で決済される。不渡事故が発生した場合には、取引停止処分という制裁（交換所加盟金融機関による口座解約・新規取引の停止）がもたらされ、以て手形小切手の決済の確実性を確保する。

第2項　銀行取引の主体 - 銀行およびその他の金融機関

[00301] **金融機関**　金融法の対象である金融活動の担い手である**金融機関**には、預金を取り扱うことのできる、銀行法に基づく**普通銀行**がある（資本金20億円以上の株式会社-銀施令3）。銀行取引の本質を与信受信の併営と見れば銀行法の定義する基本業務と一致し、これを営業として行うことができるのは普通銀行のみということになるが、**長期金融機関**（長期信用銀行・信託銀行）は、預金にかえて金融債・金銭信託等の形式で資金を受け入れるのでこれも銀行取引ということとなろう[69]。さらには、会員による出資金の拠出によって創設されつつも預金を受け入れることができる類型の**協同組織型金融機関**として**信用組合・信用金**

庫・労働金庫、農林漁業協同組合があるが、営業的商行為として銀行取引をなすものとは資格づけられているわけでない[70]。さらには、資金調達をこれらの金融機関から行って貸出に回す**貸金業・質屋営業者**をどう捉えるかが問題となる（[00304]）[71]。

[00302] **銀行の基本業務・付随業務・銀行関連業務**　銀行法は、その目的として「この法律は、銀行の業務の公共性にかんがみ、信用を維持し、預金者等の保護を確保するとともに金融の円滑を図るため、銀行の業務の健全かつ適切な運営を期し、もつて国民経済の健全な発展に資すること」を掲げる。そのため銀行業は**営業免許主義**を採っており、無免許で銀行取引を業として行うことはできない[72]。かかる免許付与の効果として当該銀行がなしうる営業の範囲を規定するのが銀2である。同条によれば、銀行業とは、「預金又は定期積金の受入れと資金の貸付け又は手形の割引とを併せ行うこと」（1号）、「為替取引を行うこと」（2

---

[69]　「金融機関の合併及び転換に関する法律」に基づき2006年に普通銀行に転換したあおぞら銀行を最後に、長銀は消滅し、金融債の方法による資金の受入は転換から10年間有効な経過措置の終期には終了することになる。資金の受入方法には、このほか**信託銀行**によって営まれる**金銭信託**があり、長期運用はこちらに担われることになろう。

[70]　これらの組織は、明治33（1900）年の産業組合法に端を発し、構成員の相互利益のための協同性を基礎にしているため、員外預金・員外貸付について根拠法令毎に区々の制限がある（木内・金融法73-83頁）。協同組織の原点たるロッジデール原則（購買高配当、頭数多数決、教育条項等）につき中川雄一郎・協同組合のコモン・センス（2018年、日本経済評論社）1-48頁、村本孜・信用金庫論（きんざい、2015年）66頁。協同組織金融機関のなかで最も金融機関機能の拡大が論じられているのが、昭和26（1951）年信用金庫法に基づく信用金庫である。協同組織金融機関とりわけ信用金庫のあり方（業務範囲の拡大と、相互扶助性の希薄化、いわゆる「同質化」）については議論が続いてきた（村本・前掲書71-163頁）。例えば、1966年の金融効率化を目的として金融機関の合併に関する制度等を改革した「金融二法」制定の段階で、ひとたび信用金庫を株式会社化するという提案（滝口試案）がなされた。しかし信用金庫を基礎づける理念である相互扶助原理とその歴史的意義を考慮しない提案であったため、当時の金融制度調査会では、小原鐵五郎らを中心に反対論が優勢を占め採用されなかった。この間の経緯については吉原毅・信用金庫の力（岩波書店、2012年）29-31頁。

[71]　この分類は、松本貞夫・銀行取引法概論（2003年、経済法令研究会）5-10頁。さらに、金融商品取引所市場における有価証券の売買の媒介・代理・取次、売出・募集をおこなうことを業とする**証券会社**、本来は保険料として徴収する資金を積立型保険という類型の金融商品によって受入れ、事実上貯蓄同様に運用し、解約返戻金として払戻すことで、金融仲介者類似の機能を営む**生命保険会社**などにも言及があるが、それぞれ取次営業・保険業に分類され、商法のいう「銀行取引」を業としてなすものの範疇に含められるわけではない。なおまた金融機関の分類については、神田秀樹＝神作裕之・みずほ銀行・金融法講義（岩波書店、2013年）4頁〔神田＝神作〕の表も参照のこと。

[72]　「公共の福祉」による営業の自由の制約。憲29。小山・前掲書50頁。銀行業類似行為は行政的取締・処罰の対象となろうけれども、その私法的効力についてはなお別に論じ得よう。

号）の**少なくともいずれか**を行うものをいい、内閣総理大臣の免許を受けて銀行業を営むものである。銀行は免許付与によりこれらの業務を許される一方、異質なリスクの排除・産業への支配の抑止・利益相反の回避のため他業兼営が禁止される。これらの業務は銀10Ⅰに列挙された「**基本業務**」と呼ばれるものであり、このほかに、**付随業務**として債務保証、手形の引受（これらを支払承諾業務と呼ぶ）、保護預り、両替、公債の引受・募集・売出の取扱等各種が列挙され（銀10Ⅱ、注41）、さらに証券業務の一部（投資助言業務等、銀11）を認められるに至っている（金商28、33ⅠⅡ。弊害防止措置については銀13の2、金商44の3）。また、ファイナンスリース、ファクタリングなどは**銀行関連業務**と呼ばれて、銀行が子会社を通じて行うことが許されている（銀16の2）[73]。なお近時、銀行業務が部分に分解され別々の主体に担われる現象（アンバンドリング）が観察される[74]。

[00303] 銀行の一般的義務　銀行は、顧客の返済能力に関する情報をはじめ、プライバシー等に関する情報を取得する地位にあるため、**秘密保持義務**を負う[75]。平成10年改正銀12の2に基づき、預金者等に対する**情報提供義務**（説明義

---

[73] さらに、平成20年6月の、金融商品取引法の改正に伴う銀行法改正で、「証券会社・銀行・保険会社間のファイアーウォール規制の見直し」と称して、顧客利益保護の体制整備義務（銀13の3の2）を課した上で、付随業務としては外国銀行の業務代理・媒介（銀10の2（8の2））、証券業務として投資助言業務（金商28Ⅵ）（銀11（1））、排出権取引（「算定割当量」）の取得・譲渡の契約締結・媒介・取次・代理、銀11（4））、銀行関連業務として保険会社の子会社化（銀16の2Ⅰ（5））、イスラム金融の手段であるムラバハ等各種の利付貸借代替手段的取引（イアル）を営む場面を念頭において、銀行子会社として「**経営の向上に相当程度寄与すると認められる新たな事業活動を行う会社**」が認められることとなった（銀16の2Ⅰ（12）、銀52の23。[21308]）。

[74] 神田＝神作＝みずほFG・前掲書10頁〔神田＝神作〕。資金移動は、従来銀行業にその基本業務の一つとして許されている為替取引に相当する行為であったが、「**資金決済に関する法律**」（平成21（2009）年）により、資金移動・資金清算の業務が、保証金の積立義務の遵守を条件に、銀行等金融機関以外の主体にも解禁された。同法は2016（平成28）年改正され、「仮想通貨」（資金2Ⅴ）という概念が導入され、仮想通貨の売買、他の仮想通貨との交換、これらの行為の媒介・取次・代理、利用者の金銭又は仮想通貨の管理をなしうる「仮想通貨交換業」（資金2Ⅶ）が登録制（資金63の2）で認められることとなった。債権の回収は金融機関が自ら行うべきところ、バブル崩壊後における不良債権の回収が効率的に行われる必要があり、回収の担い手が弁護士のみ（弁72・73）では不足するところから、「**債権管理回収業に関する特別措置法**」（平成10（1998）年）が弁護士以外の者（サービサー）にも回収業務を可能にするものとした。資金の受入は行うが貸付をしない業を行う場合には「みなし銀行業」（銀3）として扱われ（神田＝神作＝みずほFG・前掲書5頁〔神田＝神作〕）、これも銀行業の許可を要する。平成29年銀行法改正では、電子決済代行業（預金者等の委託を受けて為替取引の指図や情報を伝達する業務を営むもの。登録制）に関する規定が新設された。

[75] 大阪地判平成4・6・25金法1357号62頁、信義則を根拠とする（ただし、①国政調査権、裁判所の令状に基づく押収・捜査、滞納処分等のため税務職員が行う質問検査・捜索等のように、法

務）が課せられる[76]。また、金融商品販売法（平成13年）においても、金利、元本

令の規定に基づいて公権が発動される開示、②銀行が自らの利益を守るため顧客に対し訴訟を提起する等の為の利用、③顧客の明示黙示の承諾がある場合、という三つの例外を除く。木内・金融法148-149頁）。その後制定された**個人情報保護法**が（2003（平成15）年）適用される。銀行は「個人情報取扱事業者」である。銀行は、顧客が「生存する個人」である限りその個人情報を、同法及び金融庁ガイドラインの定めるところに従って、取得・保存・管理・利用・第三者提供・廃棄するものとなっている。他の業種と比較し、個人情報取得の同意方法が書面による点、安全管理措置について業界団体（全銀協）が自主ルールを定める等厳格である点等に特徴がある。事実たる慣習として、銀行はそれが支払場所になっている手形の授受を受ける側の第三者からの**信用照会**に応じるなどの実務を行なってきたが、個人情報保護法施行以降は、このような実務に関しても、個人である取引先に関しては、いわゆる第三者提供に該当するため、本人の同意を要することになる。なお、顧客が事業者であるなしを問わず「生存する個人」（自然人）である限り同法は適用されるが、自然人でない場合には適用がない。ただし、取引先が事業者である場合には、それが自然人であっても法人であっても、営業秘密の秘密保持もまた銀行の義務となる。その違反についての処理は不正競争防止法等に委ねられる。

76　複雑な金融商品の販売・勧誘の方法に問題があった場合には、販売者の賠償責任が認められる。銀行が販売者である事例として、プレーンバニラ型金利スワップ取引について説明義務が十分果たされていなかったものとして賠償を命じた最判平成25・3・7金法1973号94頁が著名である。証券会社が販売者である場合には、金商法上の適合性原則（金商40）が適用されるが、この原則の適用がない場合においても、これとは独立して説明義務違反はなお課せられており、これに違反があった事例において販売契約の錯誤無効を認め、無効であるがゆえに損害が発生してないものとした事例として大阪高判平成22・10・12金判1358号31頁（仕組債の販売に関する事例。錯誤無効として問題を解決したので、説明義務違反の法効果を認めた事例ではないかもしれないとする同判決の評釈、金融商品取引判例百選〔別ジュリ214〕（2013年）58頁〔川地宏行〕）。このように複雑な構造を持つ金融商品とは異なり、比較的単純な出資契約であっても、「契約締結に先立ち、信義則上の説明義務に違反して、当該契約を締結するか否かに関する判断に影響を及ぼすべき情報を相手方に提供しなかった場合には、〔この一方当事者は〕相手方が当該契約を締結したことにより被った損害につき、不法行為による賠償責任を負う」（最判平成23・4・22民集65巻3号1405頁、民法判例百選Ⅱ債権7版〔別ジュリ224〕（2015年）10頁）とされている。この事案は、平成11年、中小企業協同組合法に基づいて設立されていたY信用組合に関する事件で、Yは、平成8年に監督官庁の立入検査で実質的な債務超過であることを指摘されており、問題を解消できないままであったにもかかわらずこのことを説明しないまま、普通銀行への転換を企図し自己資本比率の増強をはかるとの目的で組合員Xに追加出資を勧誘、出資契約を締結し出資を履行せしめたものである。Yは平成12年に前記緊急措置法に基づき金融整理管財人による業務・財産の管理を命じる処分が発令されて破綻、平成14年には総代会決議で解散している。Xが不法行為による損害賠償、予備的に詐欺取消・錯誤無効による不当利得、さらに予備的に出資契約の不履行を理由とする損害賠償を求め、原審は債務不履行責任を理由とした請求について一部を認容したものであったが、最高裁は自判、契約の無効をいうのであれば、債務不履行責任は論理的に成立しないこと、本件で請求し得るとすれば不法行為責任であるところ消滅時効が完成していることを理由として、請求を全面的に棄却した事件である。説明義務違反を問題とせずに契約の効力を争わず契約不履行のみを請求原因として提訴された場合であれば認容されるべき事案であって、複雑な金融商品に関する議論とは性質を異にするものであったことは確認しておく必要がある。破綻処理のなかでこの請求に対応する債務を承継する者からの回収が考えられる以上、解散した組合を債務者とした債務名義をとっておくことの利益はあるものの、請求が理事個人を相手取っ

欠損のおそれ、権利行使期間等の重要事項を説明すべき義務があるものとされ、勧誘方針を定めてこれを公表した上、これに従って勧誘等を行なうべき義務がある（金販3）。**消費者契約法**（平成13年）においても、顧客が消費者である個人のときは、本法を適用し、民法の定める詐欺強迫だけでなく「**誤認・困惑**」による意思表示の取消が認められ（消4）、不当条項を無効とする原則（消8、9、10）が導入され、このような主張を受忍しなければならない。独占禁止法の適用に関していえば、取引先との関係において**優越的地位の濫用**とならないよう行為しなければならない[77]。また、犯罪収益の隠蔽のために銀行の預金が用いられることを禁止するための、**本人確認法**（平成14（2002）年。同法は後に平成19（2007）年**犯罪による収益移転の防止に関する法律**となる）により、継続的取引の開始、一定金額を超える現金取引、本人特定事項の真偽に疑いある場合などにおいては、金融機関は公的書類を用いて本人の同一性を確認し、「**本人確認記録**」を作成・保存（7年間）する義務を負う。なお、本人の同一性を確認できなかったとしても当該契約の効力は原則として害されることはない[78]。また、国民に対する公法上の各種の義務がある。おそらく最も重要な義務は、**健全経営**の義務である（銀4Ⅱ（1）、7Ⅱ、8Ⅲ等）[79]。外銀に対しては、国内資産保有義務（銀29）が規定される。また、転業の制限がある（銀43Ⅰ）。また、銀行自体ではなく、銀行役員の銀

　　て行われたものでないことにも注目しておきたい。この事案でXはもともと組合員で、現行の中小企業協同組合法であれば、組合員代表訴訟制度を用いて理事の任務懈怠賠償責任（中協39・中協38の2Ⅰ）あるいは対第三者の悪意重過失責任（中協38の3Ⅰ）を行使し、また法定倒産手続においては責任査定の申立により救済を求める筋合いであろう。

77　公正取引委員会勧告審決平成17・12・26審決集52巻436頁（三井住友銀行事件）は、融資を申込んできた取引上の地位が劣っている取引先に対して、金利スワップの購入を提案し、購入が融資の条件である旨または購入しなければ融資に関して不利な取扱いをする旨を明示又は示唆したことが優越的地位の濫用（独禁19、公取一般指定14（1）、当時。現行の独禁2Ⅸ（5））に該るとして排除措置（独禁20。なお課徴金について独禁20の6）を勧告したものである。

78　法人税ほ脱の手段としてなされた仮名預金契約は直接的な手段目的の関係になく脱税額に相当するものでない部分が特定されない限り、公序良俗に違反するとまではいえないとした東京地判平成18・6・7判タ1249号102頁がある。

79　銀行は一般に、自己資本比率約9％（製造業の約1/5）の過小資本業種である。ところで、預金は消費寄託であり目的物の所有権は移転してしまい、信託受益権者のような権利は預金者にはない。一般的な社会通念としては、預金者は銀行に預金を「預けた」のであって「譲渡した」のではないが、銀行の財産の上に、かれらは物権を持つことがない。したがって銀行の破綻は預金者にとって直接のリスクであり、そのために預金保険の制度等が存在するが、破綻を回避するため、貸出債権の確実な回収をはかり、経営難を回避する工夫と努力とが要請される。それゆえ、銀行取引私法で多く議論される論点は担保の制度と取引先の倒産に関する法律問題に集中する傾向があるのである。

行に対する責任も、その業務内容の特殊性に基づき相対的には一般の事業会社より厳重な注意義務を負っていると考えられる[80]。

[00304] 貸金業・質屋営業　既に述べたとおり、しばしば議論されるのが、貸金業者・質屋営業者の活動の「銀行取引」性、したがって、営業的商行為該当性である。貸金業者・質屋営業者の活動は、専ら与信するだけで、公衆から資金を受け入れるものではない（これらの業者による公衆からの資金の受入は原則として禁止されている。出資2）。この活動は、商502（8）の解釈として主張される講学上の銀行取引の要素である「金銭および有価証券の転換の媒介」の一部をなすものであっても、その取引単独では、「与信業務と受信業務の双方を併せ行うこと」には該当しない。判例[81]は商行為性を否定する立場を採る。しかし学説は必ずしもそのように解していない[82]。仮に判例に従うとしても、会社が事業の範囲で行う

---

[80] 銀行は銀行法上必要的に株式会社であるから、その業務執行役員である取締役は、会社に対して善管注意義務・忠実義務を負う。一般の事業会社と違った考慮が必要である場面として、融資における担保の評価等に際して慎重をつくす義務等が考えられる（最判平成20・1・28判時1997号143頁・北海道拓殖銀行栄木不動産事件）。しかし、この注意義務は、他方において銀行業務の公共性との緊張関係にたっている。取引先である債務者が倒産することを予防し、取引先の経営難回避策を講じることも時として要求されよう。銀行取締役は、株主利益を最大化することのみを追求していても法的義務を果たしたことにはならない。これを具体的に示した行政庁の指針として知られるのが、平成11年に公表された金融庁検査局「金融検査に関する基本指針」であり、これに基づき策定されている「金融検査マニュアル」は、金融機関に経営管理体制の基本の要素の充足の確認を求め、「金融機関に求められる社会的責任と公共的使命等を柱とした企業倫理の構築を重要課題として位置づけ」るととともに「金融円滑化、法令等遵守、顧客保護等及びリスク管理を経営上の重要課題の一つとして位置づけ」なければならないものとしている。公共性を満たし得ない事業体は銀行業を営んではならない。また、公共性の充足を監視する公的制度が必要となるゆえんである（市場は放任しておくと公正にならない）。

[81] 判例は相次いで貸金業についても（最判昭和30・9・27民集9巻1444頁）質屋営業についても（最判昭和50・6・27金判466号13頁・判時785号100頁）その商行為性を否定している（投機貸借は賃貸借のみを対象とする）。商行為法主義という立法のあり方自体への批判はともかくも、列挙された事項の便宜的拡張は、限界を不明確にするだけであって、却って取引安全には役立たないとの批判がなされている（龍田節「貸金業の商行為性」別ジュリ129号＝商法（総則商行為）判例百選（第3版・1994年）79頁）。

[82] 取引安全の保護の見地からこれを商行為としてよいという考え方が、学説では広く支持されていた（竹田省・商法総則160頁以下、小町谷・商行為法論45頁、森川隆「商法502条8号の「銀行取引」と金銭貸付行為」法学政治学論究38号227-260頁（1998年））。商502自体は営業的商行為の列挙のひとつに「両替その他の銀行取引」とするだけで、それが「金銭および有価証券の転換の媒介」でなければならないかどうかについては定めてはいない。銀行取引を「金銭および有価証券の転換の媒介」（受信与信の併営）と定義する理解は、昭和2年以降の銀行法が定義する銀行業の概念であって、前述のように明治23年銀行条例のもとでは、預金の受入をしない割引専業の貸金業（公衆の預金を貸出債権の形式に「転換」する作用は担わない）も銀行として許容されていた。その実態を前提に明治32年商法が営業的商行為として「銀行取引」を規定しているとすれば、

貸金業や質屋営業は商行為となる（会5）[83]ので商行為性が認められない場面は必ずしも多くはなかろう。また、既に別の営業的商行為のために商人資格を得ている者が事業のために行う金銭貸借は商行為である。

それが貸金業のような営業をも包摂するという理解があっても差し支えないはずである。昭和2年の銀行法の制定は商法の改廃を意図するものではない。他方、この考え方をふえんすると、例えば信用金庫に商人性を否定する判例の理解にも疑問が生じるであろう。信用金庫もまた、金銭または有価証券の転換の媒介の一部を担っているのであるから、それが「銀行取引」と性質決定されれば、信用金庫がこれを業としてなせば商行為ではあるが、信用金庫の非営利性により商人性は否定されよう。

[83] 商法会社編の規定では、会社は商行為を業とする社団であったが、商行為を業としない社団であっても営利行為を目的とし商法に基づいて設立されれば会社となり、いわゆる擬制的商人として商人資格を与えられてきた（平成17年改正前商4Ⅱ）。会社が事業としてまたは事業の為に行う行為が商行為である以上（会5）会社はつねに自己の名を以て商行為を行うことを業とする者（商4Ⅰ）となり、したがって商人である。また、「商人」を連結点とした商法の規定（商512、商521など）が適用される。

第Ⅰ編　預金

第A章　預金契約の種類と性質
　第ⅰ節　預金契約の性質
　　第a款　預金契約の性質、その寄託性
　　第b款　預金保険制度
　第ⅱ節　普通預金・総合口座、当座預金-手形交換-交互計算
　　第a款　普通預金・定期預金・その他の預金
　　第b款　当座預金およびこれに関連する制度
　　　第1項　当座預金・手形交換
　　　第2項　交互計算
第B章　預金の変動
　第ⅰ節　預金の成立と帰属
　　第a款　預金受入方法の諸態様
　　　第1項　金銭・有価証券による受入
　　　第2項　為替による預金の受入
　　第b款　預金債権の帰属（「預金者の判定」）
　第ⅱ節　預金の移転と消滅
　　第a款　譲渡・質入・相続・差押・転付
　　　第1項　譲渡・質入とその禁止特約
　　　第2項　相続・差押・転付
　　第b款　払戻
　　　第1項　払戻の態様
　　　第2項　払戻と銀行の免責
第C章　派生商品など
　第ⅰ節　金融債・金銭信託（未稿）
　第ⅱ節　派生商品とその適法性

第A章　預金契約の種類と性質

第 i 節　預金契約の性質

第 a 款　預金契約の性質、その寄託性

[11101]　**預金契約の種類**　預金は大別し、当座性（即時払、要求払）のものと定期性（期限付）のものとがある。前者は現金の保管・授受の危険・煩雑さの回避を目的とするのに対して、後者は貯蓄・投資の対象としての性格が強い。前者では銀行が現金の保管・授受に代わる役務（手形小切手の支払・自動口座振替等）を提供する側面が強調され、従ってより低率の利息が付せられあるいは無利息であり、場合によっては受寄者としての保管料、支払・為替の事務取扱費用に相当する報酬を徴する場合もあり、他方、後者ではその性質はむしろ貸借にさえ比せられ、より高率の利息が付せられる[84]。なお、このように預金の種類に名称を付して区分する必要があるのは、主として公法的観点からの規制の必要性からである[85]。公衆から資金を受入れることについては、出資法による規制があるが、その例外として、銀行は銀行法によって預金の受入を許されている。そこで許される範囲に含まれる金融商品を列挙しておく必要がある。他方、その私法上の取扱については必ずしも公法上の種類・類型ごとにその性質が決定されるわけではないことに注意を要する。

[11102]　**預金契約の性質**　預金契約とは金銭を目的とする**消費寄託**（民666 I）であるといわれている[86]。受寄者による受寄物の消費は黙示的に合意されている

---

[84]　木内・金融法155頁。
[85]　木内・金融法159頁。
[86]　消費寄託は、原物の返還義務はなく、受寄者が目的物を使用できるとともに、受寄者の側にも利益がある契約たり得る。典型的な寄託であれば、保管を委ねることで自ら保管する労を省き、所有物の価値を維持できるという、専ら寄託者に利益のある契約であるところ、これに対して預

ものとみる[87]。その有償性に関しては、民法に規定がないが、銀行が株式会社であるところから、営業的商行為として行われる消費寄託である以上、商512が適用されるため、口座維持手数料等報酬が特約されていない場合に当然に無償となるわけではない。また、かつて預金契約は、銀行にとって相手方が誰であるかについて関心の低い取引であるとされていた[88]が、既述のとおり本人確認法導入後は、誰が預金者であるかについて無関心でいることは許されなくなった。

[11103] **消費寄託性の希薄な預金**　通知預金のようにいつでも即時に払い戻す義務がない類型のものは、返還時期の点だけでいえば消費貸借にも接近する。また、当座預金の場合には、消費寄託というよりは委任の要素が強い。預金一般を消費寄託とした上で、特殊な類型には別の性質決定をすることが合理的であろう[89]。

金の場合、銀行は受入れた資金を貸出に回して収益を得ることができ、銀行自身の利益のために用いられるのである。この点をとらえ、消費寄託と消費貸借との中間的な性格を持つものと解する立場も有力である。幾代通＝広中俊雄編・新版注釈民法（16）債権（7）（1989年、有斐閣）390頁［打田峻一＝中馬義直］。寄託の通則的規定の文言は、旧民財206Ⅰ「寄託ハ一人カ動産ヲ交付シ他ノ一人カ之ヲ看守シ要求次第直チニ**原物**ヲ返還スル契約ナリ」をあらため明治29年民657「寄託ハ当事者ノ一方カ相手方ノ為メニ保管ヲ為スコトヲ約シテ或物ヲ受収ルニ因リテ其効力ヲ生ス」としたものであるが、これは銀行預金を典型とする消費寄託を含めて規定する趣旨で「原物」の文言を削除したものであった。旧法時代には商法典にも条文があり、旧商619「反對ノ明約ナキトキハ封セサル金錢又ハ貴金屬ノ寄託物ハ常ニ受託者ノ所有物ト看做シ又封セサル有價證券ノ寄託物ハ其證券ヲ寄託者ヨリ定マリタル相場ニテ受託者ニ交付シタルトキニ限リ受託者ノ所有物ト看做ス」のように受寄者へ移転する類型のものも認めていた。明治29年法の起草過程では消費寄託の観念を廃止して消費貸借として扱えとの主張が相次ぐが、梅委員は、①寄託は要求払が原則（民666Ⅱ）で、これに対して貸借は期限の定めがなければ期間を定めて返還を催告する必要があるものをいい、②受寄者はなお随時返還できるように**支払準備**をしておかねばならず、③支払準備に違反があるときに、刑法の適用法条が異なる（「受寄物費消罪」）、等の取扱の相違を述べて消費寄託の観念を主張し、最後には民666に相当する条文を追加することをもって議論を収拾している。預金契約にも寄託的性格が残存し、それゆえにこそ、物権的保護のないことの代償として銀行法上の健全経営の義務があり締結強制の**預金保険**制度があり、預金の返還困難を回避すべく**準備預金**が強制され（注67参照）、**短期資金市場**に拠る迅速な資金の融通が可能になっているというべきであり、このような条件を整備するために協力するのは行政上の規制や要請によるというだけではなく、預金者との関係において銀行の寄託契約上の保管義務の代償としての義務であり、これに違反する銀行は、保管義務の違反に類する契約不履行をしているといえるのである。そうすると、預金の性格が消費寄託であるか消費貸借であるかは、決して無意味な呼称の問題なのではない（後掲注321、柴崎・比較法学47巻2号）。

87　また不定期預金は要求払（民666Ⅱ。改666Ⅲは改591Ⅰ［予告払性］を準用せず）。
88　渋谷光子「預金の意義・機能・種類・特色・規制」鈴木＝竹内編・金融取引法大系第二巻預金取引（1983年、有斐閣）22頁。
89　業務報告書（銀19）の記載方法を定める**銀行法施行規則**18Ⅱに関する別紙様式に従うと、預金取引は以下のように分類される。まず、一覧払性のあるものとして当座預金、普通預金、**貯蓄預**

[11104] **枠契約と狭義の預金**　　預金契約（消費寄託）自体が締結されるか否かにかかわりなく、それに先行して口座管理契約という委任・準委任ないし無名契約たる継続的な事務処理を内容とする**枠契約**[90]が締結されることが多い。枠契約とは後続の同類型の契約締結の反復の前提をなす基本契約のことである。金融機関はこの枠契約に基き元帳を作成し、預金者のために入金出金の管理、即ち預金契約の締結を受任する[91]。ここには委任関係があるから、それに伴い銀行は受任

金（1993年創設。基準残高別の優遇金利条項付きの無期限の預金。口座振替等は利用できない）である。次に、告知払の旨が約定され据置期間の経過をまって払い戻される**通知預金**（企業等の大口預金を想定した流動性預金。予告があるため資金効率が高い）、期日をもって払戻が可能になるものとして定期預金。その他の預金として、納税準備預金（後述）、別段預金（[12105]）、自己宛小切手、非居住者円預金・外貨預金、定期積金（後述）、**譲渡性預金**（1979年創設。指名債権として譲渡できる。最低預入額5000万円が一般的。臨時金利調整法の適用を受けず、市場実勢を反映した金利設定ができる）がある。**定期積金**は、旧貯蓄銀行法１Ⅰ（4）の制度で、1943年同法廃止以降普通銀行に取扱が許可されその業務（銀10Ⅰ（1））に吸収されたもので（「期限を定めて一定金額の給付を行うことを約して、定期に又は一定の期間内において数回にわたり受け入れる金銭」）、その契約法的性質は消費寄託ではなく、契約者の掛金の払込（多くは月掛積金--廃止法令である無尽業法・相互銀行法で認められてきた相互掛金のように払込が義務付けられるのではない）を停止条件として満期に銀行が契約給付金（「給付填補金」という）を支払う義務を負う片務・諾成の無名契約と解されている－松本貞夫・銀行取引法概論80頁－。給付済み掛金の合計額と給付填補金との差額が事実上利息としての意味を持つが、契約法的性質は定期預金とは異なる。預金の預入が一個の契約締結と観念されるのと異なり、払込掛金を不払いの状態に放置する場合には停止条件不成就確定による無効を来して既往の掛金は不当利得返還の対象となる。死亡・転居等の事情があるときには解約に応じているがこの場合には解除に伴う原状回復として既往の積立金は返還される（木内・金融法241-243頁。これに比して、**積立定期預金**は、「個々の預入金ごとに預金債権が独立に成立するのではなく、一個の包括的預金契約に基づき複数の預入を一個の預金債権の形成として取り扱う」--木内・金融法208頁--定期預金と解され、預入不履行による解約時には既往の積立総額が寄託金銭として返還されるものである）。この場合にも、実務上は特約で給付填補金の利回りよりも低額の割合（例えば普通預金金利に準じる割合）等により利息を支払うことが定められている（木内・金融法242-243頁）。**納税準備預金**は、臨時金利調整法２Ⅰに基づく昭和23年大蔵省告示4号で優遇金利を許可されたもので、金融機関の経理上区分され、租税特別措置法５Ⅰでその利子につき非課税とされている。払戻にあたっては、租税納付書・納税告知書による払込、または、納税用の小切手を用いることとし、納税目的以外で払戻をすると割増利息と非課税の恩典が消滅する（木内・金融法156頁）。

90　Contrat-cadre / Rahmenvertrag. 前契約 avant-contrat の語も用いられる。STORCK (Michel), Juris-Classeur Civil Code, 1er App. Art. 1134 et 1135, Fasc. 10 CONTRATS ET OBLIGATIONS, Promesse de contrat. Introduction et notion, 2007.

91　証券による受入の場合には、預金者が取立委任を行うなかで、契約の申込をしていることになるが、振込による預金の場合には、振込通知という第三者からの意思表示が到達するに過ぎない。受取人が直接には関与しているようには見えないのに預金契約が成立する。店内振込であっても、窓口に来ている第三者は預金者自身ではなく、預金者から代理権を授与されているわけではない。受取人から枠契約により授権を受けた金融機関が、預金契約を自己契約として締結しているとでも考えるしかないのではないか（第三者が目的金銭を出捐し--この出捐が実行されないと預金は

者としての義務を負う[92]。

第b款　預金保険制度

[11201]　**預金保険制度概略**　　預金保険制度は、預金保険法（昭和46年）（以下「預保」）に基づいて設立された預金保険機構が保険者となり、金融機関との間に預金契約を締結したすべての者を保険金受取人とし、金融機関の破綻（支払停止）を保険事故として発生する預金者の損害を保険金の支払[93]によって填補すること

不成立に終わる--、これを預金者名義の預金として預かってほしい旨の意思表示がなされることは、かかる自己契約による預金契約締結の停止条件となり、このような場合には銀行は受任者として預金者のために預金を成立させる義務を負っている）。無論、一方当事者の意思表示のみで契約を成立させる場面には、形成権の付与等別の観念を用いた説明が妥当することもあるかもしれない。他方で、自己契約という観念は代理権授与行為を前提としており、またその基本関係である委任の存在を推認させる。形成権のほうは権利である以上、別段の合意がなく、信義則違反や権利の濫用等でなければ、どのように行使しようとその権利行使は相手方を害することがない。これに対して、この場合の金融機関が自己契約締結の代理権を授権された受任者であるとするならば、そこには名義人の利益に適するべく行為する受任者としての義務の履行とされる側面が認められ、善管注意義務違反に該当する不適切な行使が行われれば、損害賠償請求権の発生根拠ともなるであろう。

[92]　なお、近時、最判平成21・1・22民集63巻1号228頁は、預金契約に基づいて金融機関の処理すべき事務には、預金の返還（消費受寄者の義務）だけでなく振込入金の受入れ（振込指図への代諾・入金処理）、各種料金の自動支払（将来の所定の期日における振込指図）、利息の入金・定期預金の自動継続処理等、（準）委任事務の性質を有するもの（入金処理については、受任者としての注意義務を伴う自己契約の締結の形式をとることになろう）も多く含まれるとした上で、民645に基づき、相続人Xの求めに応じ、信用金庫Yに、Yに開設された被相続人A名義の預金口座における取引経過の開示義務があるものと判断した。原審が信義側上の義務としてのみかかる開示義務を基礎付けたのと対照的である。判旨が、「枠」合意に基き開示義務を認めたことは注目すべきであろう。この結果、開示の対象となる取引は枠合意の効果が及ぶ取引全件とならざるを得ないからである。

[93]　原始預金保険法では、保険金の支払の上限は、預金者一人あたり100万円であったが、昭和61年には1000万円に引き上げられるとともに、第1種保険事故の際保険金支払財源に相当する金額（ペイオフコストと呼ぶ）の財源に基づいてなされる**資金援助方式**に基づく救済が行なわれうることとなった。さらに、平成8年改正で、5年の時限措置として預金の全額保護のため、ペイオフコストを超える財源による特別資金援助が導入され、財源として特別保険料が徴収されることになった（平成14年には特定預金への切り替え期間として2年再延長）。同時に、整理回収機構を受皿金融機関として、破綻処理を行うことが導入された。制定以降、預金保険制度は保険金支払方式によって実施されたことがなかった。平成8年に金融機関の破綻が現実化する中で、行政指導により、金融機関の救済は、資金援助方式とりわけ営業譲渡方式によるべく誘導されていたこと、平成9年の大蔵大臣と日銀総裁の共同談話によって預金を全額保護することが確認されたこと、平成11年に金融審議会答申が、金融機関の破綻処理は、社会的混乱を最小限にする趣旨で保険金支払方式にしないことを公表したこと、に基づく。しかし、金融危機が沈静化した後は、資金援助方式が不健全な金融機関の延命を可能にする面も指摘されるようになった。そこで、平成14年改正においては、（1）**保険金支払方式**を解禁、（2）全額保護をあらため、法律の原則どおり、

を目的とする、金融機関（保険契約者に相当する＝保険料拠出者）と預金保険機構との間に**法律上当然に成立する第三者のためにする損害保険**である（金融機関は保険料を営業年度毎に納付する（預保50））。ただし、次の各点において厳密には損害保険契約とは異なるとされている。すなわち、損害発生の原因である「金融機関の破綻」は「偶然の事故」といいがたい——この点は信用保険・保証保険における債務者の債務不履行についても同様に論じられ、特に、債務者が保険契約者になる場合には事故招致性の問題となる——こと、保険事故の発生率が算定できない—保険数理が機能しない—こと、損害は実損ではなく預金額を損害と看做すこと、等である[94]。

［11202］**保険事故**　預金保険金支払の第一種保険事故にいう、金融機関が預金等の払戻の停止をすること（預保49Ⅱ（1））とは、債務者たる金融機関が「弁済

　1000万円を上限とするものとし、（3）決済性の特定預金の全額保護の原則を導入することとしてこれら特定預金への切り替えに要する期間を置いて平成17年4月1日から施行された。2010（平成22）年の日本振興銀行の破綻は保険金支払方式適用の最初の事例である。

[94]　預金保険の損害保険性が論じられる実益の一例として、質入されていた預金の預入先金融機関が破綻した場合における**物上代位**（民304）の適用という問題がある。質権者は、預金保険金に物上代位できるであろうか。物上代位の根拠は、滅失した目的物の代物性である。目的物が第三者の不法行為で滅失したとき、当該目的物の所有者は所有者としての利益が失われたことに基づき毀損者から損害賠償金を得て満足すべきものであり、これはまさしく「代物」である。法的な建前として、不法行為があった場合には、被害者は当然に損害賠償を受けるべきだからである。ところが民304の文言は慎重にも保険金を除外している。これは、未必的保険金請求権は確定的保険料支払義務の射倖的対価であり、付保物の所有者が必ずしも保険金に対する内在的な権原を持つ者ではないことを考慮した結果である（大森忠夫「担保物権の物上代位と保険金」勝本正晃＝村教三編・私法学の諸問題（石田文次郎還暦）第2巻（1955年、有斐閣）35頁）。差押債権者にとって、債務者がたまたま保険に加入しているかどうかで物上代位の利益が生じたり生じなかったりすることは合理的ではない。確かにそのような意味において損害保険金に対する物上代位を否定することが正しいと思われる（自衛手段として、例えば、不動産や海運の実務において行われているように、付保物の購入費用を融資した金融機関は保険金債権について保険者から保険証券上に異議を留めない質入承諾を得て質入をなさしめるという方法を採るほかにない）。しかし、預金保険は随意の契約によるものではなく、法律上当然に成立するものである点を考慮すれば、それはむしろ保険というよりは、付保物を滅失した所有者に対する国家補償などに近い性質を持っているのであり、この点で、保険金債権一般に関する物上代位性に関する議論が妥当しない面があるのではなかろうか。類似の問題として、例えば事業譲渡で承継されたが名義変更も譲渡通知も未了の預金が金融機関の破綻により預金保険の保険金請求権となった場合に、それは譲渡人に固有の財産になるのではなく、譲渡される事業用財産の一部として譲受人に承継されるべきものとなるのであろう（代償請求権。最判昭和41・12・23民集20巻10号2211頁、民法判例百選Ⅱ債権7版〔別ジュリ224〕22頁〔田中宏治〕（2015年）。改正債権法では、改422の2として、「債務者が、その債務の履行が不能となったのと同一の原因により債務の目的物の代償である権利又は利益を取得したときは、債権者は、その受けた損害の額の限度において、債務者に対し、その権利の移転又はその利益の償還を請求することができる」との規定がおかれる）。

能力の欠乏のため即時に弁済すべき預金等にかかわる債務を一般的かつ継続的に支払わない旨を表示した客観的状態」をいう[95]。これは破15Ⅱの支払停止概念と同一のものと考えてよかろう。破産原因としての支払停止は、あくまでも支払不能[96]を推定させる事実として破産原因とされているのであって、支払不能でないことが証明できれば当該破産者には破産原因がないものとして開始決定は下されない。弁済禁止の仮処分が発令されている場合で、かつ取付け予防目的の保全処分である場合には、その申立行為自体が弁済能力の欠乏のため支払わない旨を表示する行為と評価される。預金保険における保険事故の発生に関しても同様であろうか。第二種保険事故は金融機関が営業免許を取消された場合である。

[11203] **保険金の支払手続**　保険事故発生に際しては、預金保険機構は預金者にその請求に基づいて保険金を支払う（預険53Ⅰ）。第一種保険事故の場合には、機構が保険金支払をなすべき場合にあたるかどうかについて判断をする。保険金の支払は預金設定方式（他の金融機関に預金をしてこれを債権譲渡する方法）によることができる（預険53Ⅲ）。名寄せ・保険金額の確定等に期間を要するため、仮払が認められる（預険53Ⅳ）。外貨預金・譲渡性預金・無記名式預金・他人名義預金は適格預金（預険54）から除外されている[97]（付保預金の相殺につき注605）。この他支払をした機構による預金債権の取得が規定されている（預険58）。

第ii節　普通預金・総合口座、当座預金−手形交換−交互計算

第a款　普通預金・定期預金・その他の預金

[12101] **普通預金**　普通預金は、預入自由、払戻自由の即時払預金であり、金額制限はない。往時は「特別当座預金」の名があった[98]。金銭の所持に伴う危険を避け、決済事務を代行させることを主たる目的とする[99]。多くは利息付であるが、「決済用普通預金」は無利息型である（預金保険法による全額保護の適格預金と

---

[95]　預金保険法研究会・逐条解説預金保険法の運用（2003年、金融財政事情研究会）111頁。
[96]　債務者が現実に財産を以って債務の履行を客観的になしえないこと - 現実の財産がないということであって、財産の換価が困難である場合など、貸借対照表上は債務超過でない場合であっても破産原因となる。
[97]　他人名義預金は「資金洗浄の防止の観点からは解消されるべきもの」であるというだけでなく「名寄せを阻害する」から、と説かれている（預金保険法研究会・前掲148頁）。
[98]　渋谷光子・前掲大系第二巻17頁。昭和20年まで用いられていた名称である。
[99]　渋谷光子・前掲大系第二巻9頁。

なる)。

[12102] **承前**　最初の預入によって口座が開設され、個々の預入ごとに当該金額につき消費寄託が成立する。その金額は既往のものと一体となり、残高合計を一個の預金債権とする(「預入自由」とは預入の時期金額につき預金者に裁量を与える約旨をいう)。これと比較すると、当座預金は、預入期間や金額に制限がなく、即時払預金であり、利息が発生しないという点では無利息型普通預金と同様であるが、払戻の方法としては取引先からの店頭での払戻請求書の呈示による方法を許さず、事前に交付した手形帳・小切手帳の用紙を利用して手形・小切手を振出さしめ、代わり金を別口の預金に入金するといった方法で行なわれる点が異なる。

[12103] **総合口座**　普通預金は支払サービスと組み合わせて用いられている。「**自動口座振替**」(顧客が予め指定する取立権者からの請求に応じて払戻をする約定[100])「**自動支払**」(顧客が予め指定する金額・受取人・期日による振込を委託する約定)、「**一括引落し**」(複数の自動口座振替を利用している場合に、月内に到達した受領者からの請求につき銀行が立替払をしておき、月末に同月の立替金の総額を支払人の口座から引き落

---

[100] 「振替」は、異なる口座間における資金移動(一方の残高を減じる出金記帳と同額を他方の口座に追加する入金記帳とを同時に実行すること)を一般的に意味する語であって、同一銀行の同一預金者の異なる口座間での移動(普通預金から定期預金への組入れ等)も、同一銀行の異なる預金者の口座間での移動も含める。さらに異なる銀行間の異なる預金者の口座間での移動には内国為替として行われる振込等が存在する。「自動口座振替」は、この分類でいえば振替・振込の双方を含み、都度振込依頼人による意思表示が行われるものではなく、一定期間存する予め締結された約定に基づき、預金者に都度許諾をとらずに実行される預金取引の総称である。クレジットカードの立替金、月掛の保険料、公共料金等の支払等、継続的に支払義務が発生する場面で利用されることを想定している。受取人となる者は「受領者」、受領者に対して金銭支払義務を負担する者を「支払者」と呼ぶ。金融機関B1と受領者Rとの間には基本契約があり、これに基づき支払者Sが自動口座振替契約を自己の口座を開設した金融機関B2との間で締結し、請求額が確定した旨の通知兼請求がRからB1を介してB2に到達すると、B2は予め定められた条件においてSの口座から残高に不足なき限り(木内・金融法233頁)金額を引落し、他方B1はRのために同額の預金債権を成立せしめる意思を以て入金記帳を行う。それが都度都度Sの意思表示を要求しない連続的に履行されるものである点を除き後述の「振込による預金の成立」と同じ事柄である。分析すれば、かかる入金記帳は振込と同様に指図の引受であるとともに許諾された自己契約締結の形式を以て行われる準消費寄託(近藤「預金契約の成立」金融取引法大系第2巻59頁)によりその被指図人債務が履行される過程であると考えることができる(木内・金融法233頁注2は、占有改定(民183)の迂路を介してこの現象を説明しようとするが、目的物の性質にかんがみて、占有の効果と結びつける必要性には疑問がある。また、木内・金融法232頁では、自動口座振替契約が預金者でない無権限者によって締結されていても、準占有者への弁済に準じて有効に資金移動が成立するとしているが、この点についても疑問である(契約の締結という事柄に本人効があるとするならそれはひとまず表見代理として考えるべきであろう)。なお、偽造振込に関する事例である最判平成20・10・10については後述[13211]参照)。

とすサービス)[101]、「**総合口座**」(普通預金・定期預金・公共債の保護預り・定期預金および公共債を担保とした当座貸越[102])などの役務と組み合わせられている。

[12104] **定期預金**　以上の即時払預金と対照的に、期限が定められている金融商品である。期限の長短や、満期到来時の自動継続の有無等を基準にいくつかの小区分に分類される。預金の払戻時期の問題と関連が深いので、詳細は払戻に関する箇所([14302]以下)で論じる。

[12105] **別段預金**　未決済・未整理の保管金や預り金を整理するために設けられた銀行の債務勘定科目上の呼称である。日銀代理店・歳入代理店としての受け入れた歳入金、株式会社から取扱委託を受けた株式配当金、株式会社および発起人から取扱委託を受けた株式払込金[103]、自己宛小切手を振出した場合に購入者が

101　木内・金融法233頁。
102　この約定を「**普通貸越**」と称することもある(木内・金融法234頁)。自動振替等に際して普通預金残高の不足額を補う約定である。この取引を行おうとする預金者は併せて定期預金・公共債保護預り・金銭信託等を購入し、これに担保設定し、銀行がこれを以て相殺回収する旨を約定するものである。銀行法に定める業務報告書の記載としては当座貸越の範疇に含めて扱われるが、私法的性質という観点からいえば、当座貸越とは、手形小切手の支払を目的とする当座勘定取引の一部としてなされるものをそう呼ぶ以上、こちらのほうは「普通貸越」と称することが適切であるともいわれる(木内・金融法235頁)。「**総合口座取引規定**」が用いられ、これにより、①限度額は、定期預金の残高×掛目とされ(神田＝神作＝みずほFG・前掲書32頁〔砂山晃一〕)、②回収に充当される定期預金等の順序も合意され(低利のものから順に・同率の場合には預入日順に)、③この回収方法が質権を意味することをうかがわせる定めがおかれている。この質権設定合意は、質権設定の予約としての性格を有しており、質権の客体は、後日成立するものも含めた定期預金等である。被担保債権は、限度額の範囲内で生じたすべての貸越を含む。性質としては根質となる。しかしながら、質権設定の対抗要件である確定日付が具備されないため、第三者に対して対抗できないという(木内・金融法236頁。しかし同書は、相殺の担保的機能が承認されるから問題はないとしている)。貸越による貸出金の発生の法的性質は諾成的消費貸借や消費貸借の予約として説明されることがある。自動振替の立替になるような場合には、預金者自身がその都度関与して意思表示を行わないが、普通貸越の合意には立替払の委任が含まれ、委任事務の処理により費用償還請求権が発生すると解釈すれば足りよう。消費貸借予約の完結権が黙示的に発生し黙示的に行使されているとの構成が主張されている(木内・金融法237頁)。
103　発起人はその名義で銀行または信託会社に口座を開設し株式の払込をなさしめる。払込取扱機関は、発起人との合意に基づき設立登記まで株式引受人のために保管する義務を負っている。それのみならず、とりわけ募集設立においては、発起人の個人財産との混和を回避し以て株式引受人を保護する点が重視され、会社法上、取扱機関は払込を履行した引受人に**保管証明書**(会64Ⅰ)を交付しなければならない。これを交付した場合には、成立後の会社から払戻しを求められた場合には、金銭の返還に関する制限を合意していたとしても、これを拒むことはできない(会64Ⅱ)ので、銀行は事実上この預金の会社成立前の払込金の払戻を拒むことになる。会社成立前に発起人または取締役に返還してもその旨を成立後の会社に対抗することができず(最判昭37・3・2民集16巻3号423頁)、また、払込取扱を受託した銀行は、その融資金を用いて取引先が会社を設立するにあたり、成立後の会社に対して融資金を返還しないとの約旨のもとで払込金を預かっ

払込んだ支払資金もここに含まれる。預入期間・返還時期も定めがなく（但し法令上制限のある場合も認められる）、無利息の場合が多いとされるが、統一的にその性質が決まったものではない。

第 b 款　当座預金およびこれに関連する制度
第 1 項　当座預金・手形交換
[12201]　**当座預金・当座勘定**　**当座勘定契約**とは、手形・小切手を利用しようとする預金者が、支払場所として指定する金融機関の本支店との間に締結する交互計算類似の契約である。当座勘定契約を締結した取引先から金融機関が資金を受入れた結果発生する預金債権（ただしその返還は、もっぱら手形小切手の支払という方法による）を「**当座預金**（債権）」と呼び、当座勘定契約締結のために利用される、全国の金融機関でほぼ共通の契約内容を予め印刷した書面が、「**当座勘定規定ひな型**」である[104]。その締結にあたって、銀行は特殊な調査義務を負うとされ

てはならない。この禁止に違反すると預合罪（会965）に問われ、5年以下の懲役もしくは500万円以下の罰金またはその併科とされる。銀行側は同条にいう「応じた者」となり、罰則の適用との関係でが取締役など業務執行機関を処罰する（会972）。なお、刑の執行を免れるために合併を行うとその脱法手段自体が処罰の対象（法人ノ役員処罰ニ関スル法律）となる。同法については小澤隆司「法人役員処罰法（大正4年法律18号）に関する一考察」札幌学院法学31巻2号1頁。なお法人処罰一般については芝原邦爾＝古田佑紀＝佐伯仁志・経済刑法（商事法務、2017年）117頁以下。

[104]　「当座勘定規定ひな型」は全国銀行協会連合会が昭和49年に策定したものであるが、契約法的な性格をどう捉えるかについては議論がある。銀行取引約定書は取引先・銀行双方の調印という形式を践むようであるが、こちらは調印・書面の授受を待たずに当座勘定取引契約が締結されることによって自ずとその内容に取り込まれているとされるところから「規定」と呼ばれ、この点をみれば普通取引約款とみてよい側面があるが、保険約款のように監督官庁の認可が必要とされているわけではないので、厳密を期して敢えて約款の語を避ける。現代の手形実務では、自宅払手形というものは事実上用いられず、手形交換所で決済されているが、交換所に加盟しているのは銀行をはじめとする金融機関であるので、手形小切手を用いるためにはこれら金融機関との間で、不可避的にこのひな型を用いて当座勘定契約を締結することになる。同規定にしたがって銀行は、顧客が入金（現金のほか手形・小切手、郵便為替なども受入れる。当1）した当座預金を資金として、顧客が振出した手形・小切手を決済する（当7 I）。なお、預金契約は概ね「規定」の形式で行われるものであるが、そのひな型が平成29年民法改正法で導入される**定型約款**に該当することはほぼ疑いがない（民法改正法の「定型約款」は監督官庁の許認可のようなものを要件としていないから、従来の議論にみられる自治法的性格のある普通取引約款と少々趣を異にする）。預金契約は「ある特定の者が不特定多数の者を相手方として行う取引」で「内容の全部又は一部が画一的であることがその双方にとって合理的」ではあるから、「定型約款を契約の内容とする旨の合意をしたとき」にあたり、「個別の条項についても合意をしたものとみな」される（改548の2）ことになりそうである。その効果として、金融機関は定型約款を提示する義務を負う（改548の3）上、準備者の相手方に有利なまたは必要相当にして合理的な**内容変更の形成権**を認められ

てきた[105]。

[12202] **当座勘定の機能**　当座預金は、預金者が振出す手形・小切手の支払資金として預入れられる。小切手については法律上義務的（小３）に支払人を銀行とし、支払人店舗を支払場所とする[106]。約束手形については準資金契約と呼び、手形は第三者方払手形（手77、手４）になり、銀行は支払担当者、元帳保管店が支払場所となる[107]。当座勘定取引契約はこの（準）資金契約の部分と、証券の支払事務を委託する部分とからなる契約である。契約締結に際しては手形帳小切手帳が交付される[108]。当座勘定の利用は現金の節約に資する[109]。非事業者用の特殊

る（改548の４）ので、定型約款該当性の認定は個別の事情をふまえて慎重に行われるべきであろう。
105　当座勘定取引は「小切手や手形の濫発による不渡などの結果を招来し、信用取引を混乱に陥れるおそれがある」から「当座勘定契約の締結にあたって、名義の盗用や信用状態などについて銀行が通常期待される程度の慎重な調査を怠った結果、第三者に損害を発生せしめた場合には、不法行為にもとづいて損害賠償の責任を負う場合がある」（いわゆる当座開設屋と知って取引した銀行の責任につき東京地判昭和49・８・８金法749号36頁は、かかる民事責任を法律論として肯定はしているが、当該事案につき担当行員の悪意重過失の立証が果たされていないことから請求を棄却している）。
106　小３。**資金契約**の強制。ただしこれを遵守しない場合であっても過料となるだけで、当該小切手の私法上の効力には影響しない-小３但。また、日本では小切手に「資金 provision」制度が設けられていないため、小切手の所持人が当座預金債権に対する物権や優先権を主張できず、銀行に対する直接の請求権もない。「特段ノ約定ノ存セサル限ハ第三者タル小切手ノ所持人ノ爲ニスル趣旨ヲ包含セス」大判昭和６・７・20民集10巻８号561頁。木内・金融法217頁。
107　民484Ⅰ・改484Ⅰ（持参債務の原則）は適用されない。証券的手段を用いることから必然的な解釈である。
108　当座勘定取引契約を締結すると、電算的処理に対応した規格化された**統一手形用紙・統一小切手用紙**が交付される（当８）。ここで交付されるのは手形帳・小切手帳といい、統一約束手形用紙・統一小切手用紙を束ねた切取り式の冊子である。一律に、日付・金額・振出人署名を除いた必要的記載事項のほか、支払委託文句（約束手形であれば支払約束文句）、受戻文句、裏書欄には、支払拒絶証書作成不要文句が記載されている。満期日の記入のための「　年　月　日」が不動文字で印字され、金額欄は文字または数字で記入するための枠囲いになっている。銀行の支店ごとに、小切手であれば支払人・約束手形であれば支払場所たる（当座勘定口座のおかれている）銀行名・支店名（これが当該手形帳・小切手帳を交付した銀行支店ということになる）、その所在地が支払地として記載され（為替手形については引受人の当座勘定から支払われるのだから、用紙を交付した時点では支払場所も支払地も空白である）、手形交換のためのソーターリーダーで読み取るためのコードが印刷されている（したがって為替手形についてはコードもない）。手形法・小切手法の規定自体は用紙に言及せず、いわゆる「私製手形・小切手」であっても私法上有効である。ところが、当座勘定取引のない者が手形・小切手を振出して不渡になるという「事故」が続発したため、昭和四〇年に全国銀行協会連合会がこの規格を採用した。加盟銀行がこの用紙を当座勘定口座を開設した顧客に交付し、統一手形用紙を用いたものでなければ、手形交換にかけることができず、銀行は受入・取立・支払に応じない（当８）ことを取り決めた。当座勘定規定では、用紙所定の金額欄に記載された金額を支払う（当６）こととしている（欄外に記載された

な当座勘定も用いられた[110]。無利息である（昭和23年大蔵省告示4号「金融機関の金利の最高限度に関する件」）。

[12203] **当座勘定の法的性質**　当座勘定契約の法律関係は預金の成立に先立つことがあり、**当座貸越**[111]（残高不足の場合に銀行が行う一時的立替払サービス）が定められている場合には入金がなくとも手形小切手の支払が行なわれる[112]。当事者の

金額は記載のないものとして扱うということである）が、手形法小切手法では、金額の記載する位置については何も規定していないし、金額が複数記載ある場合には、文字と数字では文字を優先し、文字または数字で複数記載あるときは金額の低い方を以って手形金額・小切手金額とすることになっており（手6・小9）、当座勘定契約の約定どおりの取扱をしたとしても証券上の法律関係においては支払拒絶となる場合があり、その逆の場合もあることにも注意する必要がある。なお「私製」という用語法も精密に言えば問題がある。仮令全銀協が規格化したものであるとはいえ、それは「官製」ではない。「私製」であろうがなかろうが手形小切手の有効性には関係がない。取引停止処分で当座を解約され本来は返還すべき手形帳を用いて作成したものであっても、「開設屋」から購入した無口座の振出人が作成したものであっても、銀行の営業店から交付を受けずに見本のコピーを改竄して作成したものであっても、それらはすべて有効な手形小切手になり得るということに注意が必要である。

109　振出人が決済にあたり自ら資金を手元に用意しておく必要がなく、銀行から見れば、手形交換を通じて支払呈示が行われ、（取立受任銀行におかれた所持人の当座勘定口座への入金という形式で）決済がなされるので、現物通貨が節約され、貸出のための資金に回すことができ、他方、借入をなす者が当座勘定取引をしていれば、これもまた借主の当座勘定口座への入金という形式をもって貸出をなしうるので、ここでも現物の通貨を取り扱う必要が大幅に節約される。これによって用いることのできる通貨量は実際に発行されている中央銀行券および補助貨幣の量をはるかに上回ることになる（預金通貨〔deposit currency, monnaie scripturale〕を通じた信用創造）。当座預金は、①無利息、②受入・払戻に金額制限がない、③現金での払戻に応じないで手形・小切手を振り出させ手形交換を通じて払戻に宛てる、④通帳・証書は発行されないかわりに入金帳と手形帳・小切手帳とが交付されるという特徴がある。

110　当座勘定取引は商取引をする事業者のためのものであるが、パーソナル・チェックを振り出すための「**個人当座勘定取引**」があり、割賦代金の支払のためにのみ用いられる「専用約束手形口座当座勘定取引」―いわゆる「マル専」口座なるものが往時は用いられた。「マル専」取引では、顧客が、割賦販売業者から発行された「割賦販売通知書」を添えて申し込むと、「〇（マル）」の中に「専」の字が印字された約束手形用紙が交付される。銀行は、この「通知書」記載の売買の代金支払のために振り出された約束手形以外について支払をせず、完済になれば口座を閉鎖する。現代では販売信用の普及によりクレジットカードが用いられる例が多いものと思われる。

111　木内・金融法273頁以下。取引先の振出した手形小切手（為替手形については取引先が引受した）につきその当座預金残高を超えて約定の一定限度までの範囲で支払をすることでなされる貸付であるとされる。

112　当座貸越では、立替金等が発生すると、その後残高不足等で相殺ができなかった場合には、遅延利息が発生し、決済日毎に元本組入されてゆく。預金者がその口座を解約しないまま放置することは一般には考えにくいが、銀行側が定期的な通知義務を遵守して預金者に通知しているにも拘らず、何らかの理由（例えば、預金者が所定の通知をせずに転居した場合等）で通知書が返送されるようになったとしても、銀行はこれについて免責を受けるべく預金規定にその旨約定がされており、利息が発生し続け、預金者に予期し得ない過重の債務を発生させ得る（東京地判平成17・4・27金判1228頁45頁）。

追求する目的にてらせば、単純な預金契約ではなく、手形支払事務処理委託の側面に着目してこれを委任契約または準委任契約として性質決定することが正当である[113]。当座預金の預入を**委任事務処理費用の前払**（民649）と説明することができるからである。当座預金の無利息性も、この理解により説明可能である。あるいは**交互計算**の概念の修正を認めるならば、そのようなものとして解する可能性もあろう[114]。

[12204] 承前　委任説をとると、ひとたび委任事務の履行を引受けた以上、これを処理するために預入られた預金については、委任事務の遂行のために用いなければならない。銀行が顧客に対して別口の融資による貸金債権を回収する方法として、当座預金債務との相殺をすることは認められないはずであるところ[115]、取引先と銀行とは多くの場合当座勘定を行なうとともに銀行取引約定書を取り交わしており、銀行取引約定書ひな型7条は、**差引計算**の表題のもと、法定相殺・相殺予約・払戻充当等相殺の担保的機能を利用した債権回収の手段をおいており、相殺によって残額が不足する場合には、取引先がさらに資金を追加しないか

113　前田庸「当座勘定取引」現代契約法大系第5巻・金融取引契約（有斐閣、1984年）、小橋一郎「預金契約の成立」銀行取引法講座（上）113頁等。必ずしも多数説ではない。多数の見解によれば、当座勘定取引は、当座預金の預入による消費寄託ないし消費貸借契約と、手形・小切手・手数料・公共料金などの支払委託契約とからなる複合（混合）的契約である。典型契約としては委任が最も近いことは認められよう。当座勘定契約には、「当座預金の受入についての合意、小切手の支払事務についての合意、さらに当座預金をもってその小切手の支払資金とすることについての合意」が包含される（木内・金融法213頁）。それぞれの合意は「相関連して一つの経済的目的」を達成するという構造を持つという意味において「包括的契約」であり（木内・同書同所）、過振り等の場合における求償のことをも考慮すれば、そこに「段階的交互計算が含まれている」と考えるべきであるといわれる（木内・同書215頁）（次注）。

114　当座預金が現実の払戻を許さず、手形小切手の利用を通じて擬制的な払戻がなされる（当7Ⅱ）のが、当座預金の性質上当然の帰結である（西原寛一・金融法〔第3版〕（有斐閣、1973年）88頁、田中誠二・銀行取引法436頁）かについてはなお留保すべきと思うが（木内・金融法224頁、中馬義直「預金契約」契約法大系Ⅴ（1963年、有斐閣）21頁、我妻榮・債権各論中巻二（民法講義Ⅴ3、1962年、岩波書店）739頁））、往時はこの点をとらえて当座勘定を商529の定める交互計算であると解する立場が支配的であった。しかしながら、現在の当座勘定では、その残高は随時に差押を許し、不可分の原則（[12308][12309]）と相容れず、商法の交互計算のような「期間」の観念はなく、当座勘定照合表ないし当座勘定報告書等の呼称の下で金融機関が顧客に四半期等定期的に明細書を送付していたとしても、商532の計算書承認の効果も生じることはないと考えられている（木内・金融法221頁）。ただ、少なくとも、預金者側にも銀行側にも債権が発生する可能性が常に存在し、残高は逐次の差引計算によって変動するのであるから、交互計算に近い取引であることは認めるべきであろう。段階的交互計算という呼称が示す事柄とはかようなことを意味するにとどまる。さしあたり当座勘定に関して具体的な法律効果を問う場面では、委任契約の取扱を出発点として考えることが最適かと思う。

115　田邊光政「当座預金」金融取引法大系第二巻159頁、民651Ⅱ参照。

ぎり、銀行は手形・小切手を支払う義務を免れるものと解すべきであるから、委任説は採用できないと批判する論者が多い。しかし、当座勘定とともに約定書取引が併存する場合には、<u>当座勘定上の委任は、期限の利益喪失を解除条件とし、費用前渡を停止条件とするもの</u>と解するならばなお委任説をとる妨げにはならない。直接に取引先に預金の返還がなされない（当7Ⅱ）ような「現在の仕組みでは、当座預金はもっぱら手形、小切手等の支払資金としてのみ受け入れられており、したがって支払委託契約が解消すれば当座預金の受入れの面も消滅することは否定できない」[116]のであり、当事者の意思に近い合理的な理解であろう。免責約款の利用で銀行の支払事務に関する注意義務はかなり定型化され軽減されているとはいえ、<u>原則としては善管注意義務（民644）</u>であるといいうること、さらにまた、<u>取引経過報告義務（民645）</u>が適用されるなどの帰結が導かれる。

[12205] **免責条項**　当座勘定規定には、**印鑑照合による銀行の免責**（当16Ⅰ）をはじめ、手形・小切手用紙の偽造・変造・流用による損害についての免責（当16Ⅱ）、手形小切手用法違反に基づく損害からの免責（16Ⅲ）、振出日・受取人について記載のない手形小切手の支払がなされる旨、かつ、その結果についての免責（当17Ⅱ）、線引小切手（小37）の「裏判」（預金者による線引解除または持参人への取立代理権授与の意思表示）あるときの払戻における免責（当18）、自己取引手形の支払における免責（当19Ⅱ）などを規定する[117]。

116　前田・前掲大系116頁。
117　とりわけ問題になると考えられるのは、振出偽造手形を印影の一致を機械的に確認して支払を行った支払担当銀行が振出人との関係において当座勘定契約上、免責されるべきか否かという点であろう。被偽造者である口座名義人は何ら支払委託をしていない。したがって支払人ないし支払担当者と擬せられた銀行は、手形小切手上の免責（手40Ⅲ、小35）を期待することができない。しかし、当座勘定の合意により、相当の注意を以て印鑑を照合し相違ないものと認めて支払をした場合には、あたかも民478の善意無過失の債務者による支払と同様に、口座名義人の計算に帰せしめる（当16Ⅰ）ことができる。手形法上の善意免責でも預金の準占有者弁済による免責でもなく、預金者が危険を支配できない弁済受領被授権者たる外観を呈する者への弁済による免責を規定したものである。判例は、偽造証券の支払につき、当座勘定契約に基づき、印鑑照合による銀行の免責を認めてきた（最判昭和46・6・10民集25巻4号492頁、河本一郎＝奥島孝康編・新判例マニュアルⅢ（三省堂、1999年）手形・小切手87事件）。近時、裁判所は、模造技術の普及の結果続発する不正払戻請求の事例において、印鑑照合だけで銀行を免責しない場合もあるとの法理を、主として普通預金の払戻の場面で認めつつあるが、偽造振出の事例にこれを及ぼすことには留保が必要であると思われる。手形小切手の振出偽造の場合には、店頭における払戻請求とは異なり、請求者の同一性を確認するための対面的接触がなく、交付した用紙を用いない振出等外形的異常がなければ偽造の介在を発見することが困難だからである。このほか、①振出白地手形小切手の呈示、②あるいはまた裏判による線引解除小切手の取引先でない所持人による呈示、③会社取締役間利益相反取引の手形小切手の呈示があった場合にも、免責約款が定められており（当17、

第A章　預金契約の種類と性質　41

[12206] **過振り**　同時に交換にかかっている手形・小切手の総額が、当座貸越の利用可能金額も加算した当座勘定口座の残高を超える場合には、支払委託（当9）の範囲を超える支払になる。この支払委託の範囲を超えて行う支払を「**過振り**」という（当11）。銀行は義務なくして裁量的に支払を行う、即ちこれが事務管理（民697）であるとすると、それが顧客の意に反している場合には顧客が現に利益を受けている限度における求償のみが認められるにすぎない（民702Ⅲ）（例えば白地手形呈示に支払をした場合、債務は未発生の段階にとどまり顧客は利益を受けているとはいえない）。そこで、規定は過振りをした場合の償還請求権を定めた。とはいえそれが委任となるわけではなく依然事務管理であって銀行が支払を拒むことも可能ではある[118]。

[12207] **手形交換**　手形小切手の呈示は**手形交換所**[119]において行なうことができ（手38Ⅱ、小31）、内国手形小切手のほとんどは手形交換所で呈示されているのが実情である。交換所での呈示に対しては、集団的差引計算の方法によって支払がなされる（債権者は取立委任者、債務者は手形の支払人であるから持出銀行と支払銀行との間に債権債務関係が対立するものでなく、従ってしばしば「相殺」と呼ばれることがあったとしても私法学的には相殺ではない）[120] [121]。

18、19）、①については振出日がなお手形要件（手75）・小切手要件（小1）であり、③については利益相反手形が無効（最大判昭和46・10・13民集25巻7号900頁、手形百選7版76頁〔田中亘〕）とされ、②線引解除が真実口座名義人の意思に基づかないのであればそれはなお線引小切手というべきであるから所持人が取引先でなければ小切手法上銀行は支払うべきではないのであって、いずれも支払委託としては無効であるところ、これに対して支払ってもこれを名義人に帰せしめることができる（木内・金融法219-220頁）。

118　似て非なるものであるが、不動産バブルの時期、一部の金融機関では、「他店券過振り」と称する一種の融通小切手の操作が行われていた（最判平成20・1・28判時1997号143頁（拓銀訴訟栄木不動産ルート事件））。被融通者は資金を欠いた小切手を融通者に交付、融通者が自分の取引銀行で取立委任を行い預金を成立させるも、当該銀行は故意にこの小切手を交換所で呈示せず、資金の裏づけなく成立した表見的な預金残高を利用して融通者が見返り小切手を振出し、被融通者に交付、被融通者は自分の取引銀行で取立委任を行い預金を成立させ、この小切手は交換所で先の表見的な預金残高から支払われている形をとる。被融通者は何等の資金もなく元手を手にし、担保不動産の過大評価によって融資を繰返し受けていたが融通者の取引銀行が破綻、整理回収機構に承継され、この操作が発覚、銀行取締役らは商266Ⅰ（会423相当）責任を追及された。

119　各地域の金融機関は当該地域に存する手形交換所に加盟している。手形交換所は法務大臣の指定を受け、官報に告示される（手83、小69、司法省令「手形法第八十三条及小切手法第六十九条ノ規定ニ依ル**手形交換所指定ノ件**」）。各地の指定手形交換所は、銀行協会が運営している。支払場所の手形交換所に非加盟の銀行が持出銀行であるときは、加盟銀行に依頼して手形交換をなさしめることができ、これを代理交換という（例えば、東京の営業店で大阪を支払場所とする手形の取立受任を受けた銀行が、大阪の交換所に加盟する支店を持たない場合には、代理交換によらざるを得ない）。

[12208] **不渡および取引停止処分**[122]　呈示期間内に呈示がなされたにもかかわらず手形が支払われなかった場合には、これを「不渡」[123]と称し、不渡事由を不渡手形返還添票（不渡付箋）に記載し、交換日の翌営業日の不渡返還時限までに持出銀行に返還して代わり金を受取る（または「逆交換」を行う。東京交換所規則52）。支払銀行から交換所に**不渡届**が提出される（不適法呈示[124]の場合には「0号不

120　各加盟金融機関は日々営業店の窓口での業務が終了すると、交換に付する手形・小切手等を相手方別に仕分けし、金額・枚数を記入した交換表とともに当該金融機関の代表者・代理人（交換方）が交換所に持出し、相手機関の交換方に配付し、配付を受けた交換方は貸借計算の上、交換残高表を作成して交換所の監事に提出、監事はその金額を点検して交換決算簿に記入し、各加盟者のある相手方に対する受取総額と支払総額とが集団的に差引される。その差引残高を交換尻といい、地域の日本銀行本支店内にある各機関名義の当座勘定の振替によって決済される。呈示された手形には交換済であることを示す交換印が押され、支払担当銀行が店舗に持ち帰り振出人（支払人）に返還される。

121　かつて、チェック・トランケーション（手形交換業務の電子化）の導入が準備されていたことがある（平成14年3月19日全国銀行協会「チェック・トランケーション導入に関する基本方針について」）。チェック・トランケーションとは、全国1つの「電子手形交換所」を設置し、取立受任者である持出銀行が現物を店舗にとめおいたまま、当該手形等の振出人の口座番号や金額等のデータのみを受入銀行から支払（担当）銀行に通信手段を用いて伝送することにより手形・小切手決済を処理することである。従来の交換でも、受入銀行は手形・小切手を点検後、「MICRデータ」（支払場所、金額等）および「券面画像データ」を送信、交換所はMICRデータに基き、交換尻を算出のうえ、日銀当座勘定決済を行う。データは交換所が登録・保有しており、支払銀行はこれらデータに基づき、口座引落処理を行う他、必要に応じて券面イメージデータを照会して印鑑照合を行っている。しかし手形の現物が交換所を通して支払場所金融機関に到達しないと、法的には呈示の効果が生じたことにならない。そこで、法令を改正し現物券面を受入銀行に留め置くことを可能にすれば、（1）証券の搬送や保管に要するセキュリティ管理コスト、交換所への持出し・持帰りのための搬送や期日までの管理の事務が不要となり（経済的）、（2）自然災害・交通事故・盗難等により、持出が不可能となりあるいは遅延する危険を回避でき（安全）、（3）電子データによる決済資金の顧客口座からの自動引落しや顧客台帳との自動照合、券面画像データによる印鑑照合が可能となる（便利）―ただし、この利点のために法改正を伴うチェックトランケーションを導入する必要はない―、（4）取立てた手形・小切手の資金化までの日数を短縮することで取立依頼人の利益にもなる（迅速－その結果、論理的には反射的に倒産の可能性が減少する）、また、（5）手形交換参加金融機関の破綻による決済尻不払に際しては、現状ではその証券が当初から呈示されなかったものとして扱って計算をやりなおす方法（繰戻）によっているが、チェック・トランケーションにより、現物の繰戻しを伴わない迅速な再計算が可能となる（BIS策定の決済システムの安全性、効率性向上のための国際的なガイドライン「決済システムに関するコア・プリンシプル（基本原則）」参照。なお、手38は改正の必要が出てくるが、国際条約に基く統一法であり、一締約国の都合で変更できないとの問題が残る）。その後、電子記録債権法が制定されることとなったので、議論の実益がないものとされるに至った。

122　木内・手形法小切手法266-267頁、金融法227-230頁。

123　不渡手形とは「持帰手形のうち自行宛の手形で支払に応じがたいもの」（東京手形交換所規則53 Ⅰ）である（西尾編・金融取引法80頁〔淺木愼一〕）。

124　「形式不備」「裏書不備」「呈示期間経過後」「支払委託の取消」「除権決定」「該当店舗なし」等。

渡」として不渡届を提出する必要はない)。不渡事由は1号不渡[125]と2号不渡[126]とに分類され、いずれもが**不渡報告**に記載される[127]。2号不渡に対しては、不渡報告の搭載前に**異議申立**をなしうる[128]。1回目の不渡が不渡報告に記載された後6か月間内に2回目の不渡が搭載された者については、当座勘定契約を解約され、手形交換所の自主的な措置として、2年間、手形交換所加盟金融機関はこの取引先に当座勘定・新規の貸付・手形の割引を禁止される（**取引停止処分**[129]）。

---

[125]　「資金不足」・「取引なし」等もっぱら振出人の責に帰すべき事由によるもの。

[126]　偽造・変造・詐取・盗難・手残手形の呈示等振出人の責めに帰すべからざる事由によるもの。なお、2号事由については、交換所規則にもとづき、「**依頼返却**」の制度が認められている。これは交換所における取扱として呈示を撤回するものである。「真にやむを得ない理由あるとき」、例えば原因債権の完済などの後に手残手形が誤って呈示された場合には所持人が振出人から不渡届を回避すべく懇請される場合が多いと考えられる。所持人としても事後的に損害賠償責任を追及されることを免れようとしてこれに協力して、呈示を撤回するであろう。既に呈示が行なわれてしまっていれば、呈示そのものの私法的な意味での撤回はできない（最判昭和32・7・19民集11巻7号1297頁。手形百選7版150頁〔久保田安彦〕）が、交換所内での不渡としての取扱を撤回することは可能であり、このために行なわれる手続が依頼返却である。依頼返却がなされた手形に関しては、**不渡付箋**が付されているが、これが付されている手形であっても、期限内裏書をなしうるし、その裏書を受けた者が必ず手17但にいわゆる「債務者ヲ害スルコトヲ知リテ」手形を取得した所持人となるわけではない（最判昭和55・12・18民集34巻7号942頁、手形百選7版122頁〔若林泰伸〕）。

[127]　不適法呈示（白地手形未補充のままの呈示など）については0号不渡といい、不渡報告に搭載されない。

[128]　異議は振出人から支払場所銀行を通じて交換日の翌々営業時限内に行なわれ、振出人は異議事由が認められなかった場合の支払にそなえて手形金額を交換所に寄託する（**異議申立提供金**。申し立てた振出人が、異議申立銀行の委任事務処理費用を前渡するものが異議申立預託金である）。ただし、この金額は証券の支払を担保するものではなく、不渡が解消されれば提供金は申立銀行に返還される（東京手形交換所規則67）。申立に係る振出人やその債権者が、交換所に対して提供金の払戻を請求できる性格のものではない（大阪高判昭和43・4・26金法515号28頁。手形の支払を担保する金銭でもない）。裁判等によって異議事由の存在が確定した場合にもこの金額は交換所から申立銀行に返還される。審査により申立に理由あるものと認められれば搭載を回避できる。異議申立預託金もまた、手形の支払を担保する金銭でない（最判昭和45・10・23金法602号54頁、東京地判昭和43・6・28金判119号15頁）。これもまた不渡の解消により申立銀行から振出人に返還される（最判昭和45・6・18民集24巻6号527頁、東京地判昭和45・11・6金判236号15頁）。この金銭債権は他の預り金と同様、振出人＝当座勘定の口座名義人の債権者による差押を当然に排除するべきものではないが、銀行が貸金債権を以てする相殺の対象となる（最判昭和45・6・18民集24巻6号527頁）。

[129]　このような処分を、自治的な主体により形成された規則である交換所規則で課することについては、憲法の定める適正手続の保障や法の下の平等の保障に照らして問題であるとされたことがあるが、不渡手形の発生が多い国情に徴して憲法違反とまではされなかった（東京高判昭和27・12・4下民集3巻12号1721頁）。しかし、かかる処分の決定は重大な結果を招くから、銀行が不渡届を提出する場合、不渡事由を十分に調査確認しなければならず、これに反したときには不法行為責任を負う（大阪地判昭和49・1・24金判425号11頁）。支払銀行が、「契約不履行」との事由が

[12209] **当座勘定契約の終了**　　預金者の死亡、預金者法人の解散・破産、銀行の解散・破産、解約告知によって終了する（委任契約の終了原因に準じる）[130]。

第2項　交互計算

[12301] **交互計算**　　既述の通り、当座勘定と酷似する決済制度に交互計算がある。一般に商人の営業は同種・類似の取引を継続的に繰返すもので、取引先との間には多数の債権債務を生じその各々の弁済期に都度現金での弁済をすることは、労力・費用・危険を生じ、弁済に必要な資金の無用な固定化、一国の資本を死蔵させる結果となるので、これを回避することに利益が存する[131]。このため、ある期間に発生した債権債務を一括して差引計算し決済を簡易化する技術が用いられる。これが交互計算[132]である。

虚偽であると知りつつ不渡返還すること（福岡高判昭和51・9・8判時852号106頁）を許されないものとした事例がある。銀行の過誤で不渡取消の依頼が伝わらず、取引停止処分に至った事例でも債務不履行責任が肯定され（木内・金融法228-230頁）るなどしており、銀行には不渡処分回避義務があるとされているという（名古屋地判平成8・12・18金判1035号11頁、西尾編・金融取引法85頁〔淺木愼一〕）。他方、取引停止処分は、それに違反した銀行に過怠金支払義務を負わせるなどの強制力のある措置であって（東京手形交換所規則62、64）、独禁法の「不公正な取引方法」の一「共同の取引拒絶」と疑われたが、独禁法適用除外法2Ⅲ但の手形交換所の「固有な業務を遂行するのに必要な範囲」とされた（東京地判昭和57・9・27金判663号35頁、東京高判昭和58・11・17公取審決集30巻161頁）。また、手形制度の信用秩序維持という公益的性格等に鑑み公正競争阻害性（独禁2Ⅸ）がないとの解釈も示されている（西尾・金融取引法85頁〔淺木愼一〕）が、適用除外法は平成11年に廃止され、法令上の根拠は不明となった。不渡処分制度廃止論（神吉・流経法学3巻1号39頁）も主張されている。

130　解約告知は到達主義の原則に従うと解されるが、届出住所宛の通知が延着・不着のときは通常到達すべき時に到達したと看做し（当23Ⅱ）、不渡処分解約の場合には発信時に解約されたものと看做す（当23Ⅲ）。預金者は手形用紙小切手用紙を返還する義務を負い（当24Ⅱ）残高の返還とは同時履行関係に立つ（西原・金融法90頁）。手形小切手の支払事務委託の効果は将来に向けて失効するから、銀行としては既往の振出されている手形小切手の支払をしない（当24Ⅰ）。しかし、委任契約終了後の応急義務が観念できる範囲で、なお銀行は呈示された手形小切手の支払をしなければならない。後述［14201］）。残高返還債務は通例、預り金（別段預金）となる。

131　青木徹二・商行為論全（1906年、有斐閣）170頁、大隅健一郎・商行為法（1967年、青林書院）74頁。利用例として当座預金を掲げる大濱信泉・商行為法要論205頁。本文に述べるように、当座勘定取引を「段階的交互計算」であるとし、交互計算の一種であるとしても、その効果がどのように交互計算的であるのかと考えると、このような性質決定に積極的な意義を見出すことは難しい。他方、銀行取引約定書に規定する差引計算の場合には、判例・学説がある種の物権的な効果をも付与せんばかりに「相殺をなしうるとの合理的期待」を説くものの、約定書取引で追及されている目的を考慮すると、期間を定め計算書の承認で確定する債務の総額相殺を行うという交互計算の制度とはやや懸隔がある。他方、運送の分野では、複合運送の発展の結果、交互計算が利用される。運送人の一が荷送人から徴収した運賃を他の運送人に支払い、その逆に運賃を受領するべき関係にある場合に、これを交互計算で総額相殺することは合理的である。

132　Laufende Rechnung, compte courant.

第A章　預金契約の種類と性質　　45

[12302]　**概念**　　交互計算の語は既に旧商法の「商法草案」に Laufende Rechnung（不可分性を特質とする compte courant と同義）の訳語として登場する[133][134]。当座貸越契約は一種の交互計算を含むといわれる[135]。

[12303]　**古典的交互計算と段階的交互計算**　　商法が規定する交互計算は「古典的交互計算」とも呼ばれ、計算期間とその間の不可分性を特質とするが、これに対立するものとして逐次組入の都度相殺が生じるものを段階的交互計算と称する[136]。後者は当座預金・当座貸越をその典型とし、期末における一括相殺の方法によらず、支払・貸越・取立・入金の都度逐次相殺により残額が変動するものである。貸越にはこれに応じた利息を付する（なお商533）[137]。

[12304]　**沿革**　　交互計算は13世紀イタリア諸都市の銀行取引における慣習法として発達したともいわれる[138]。イタリア起源説[139]の真偽は疑わしく[140]、少なくとも近代法学の分析を経た概念として確立したのは19世紀以降の判例学説によるところである[141]。19世紀、交互計算は制定法上は間接的に言及されているにとどまった[142]が、伊商（1882年）345-348条、独新商355-357は比較的詳細な規定をおく。現在最も規定が詳細な法典の代表的なものは伊民（1942年）1823-1833条である。

133　ROESLER (Hermann), Entwurf eines Handels-Gesetzbuches für Japan mit Commentar, 1884, S. 16.
134　しかし、Lauf. Rech.は計算書承認による更改効のない延計算 offene Rechung なる慣行をも指称する用語であるとする論者もある。神戸大学外国法研究会編・独逸商法１商行為法〔八木弘〕（有斐閣、1956年）20頁。
135　大判昭和7・7・29法学2巻242頁。
136　前田庸「交互計算の担保的機能について」（一）法協78巻6号628頁以下・（二・完）79巻4号34頁以下（以下、「機能」）。
137　古典的交互計算の場合には取引による組入債権は都度加算されてゆくので累増形式 progressive Form をとるが、後者は都度相殺されてしまうので貸借の額が随時増減する段階形式 Staffelform（ハンブルク方式とも）をとる。この処理は記帳方式の相違のみならず、それが法的な権利の実質的変動を反映したものと解される場合がある。西原・商行為法166頁。
138　GRUNHUT, DELAMARRE et LE POITEVIN など一部の論者は、ローマ法において既に存在した Codex accepti et expensi、家財管理の日記簿 liber kalendaria、Argentarium の帳簿等が交互計算と比定したが、後の学説（GREBER ら）は類似はしていても発達の経路は連絡がないとしていたようである。竹田省「交互計算契約に就て」商法の理論と解釋（1959年、有斐閣、以下「理論」）285頁。
139　西原寛一・商行為法164頁によればGOLDSCHMIDTの説とされる。
140　濱田一男「交互計算の法理」九大法政40巻1号37頁。
141　CALAIS-AULOY も19世紀の DELAMARRE et LE POITEVIN が、交互計算を単なる会計技術ではなく法律的な制度として認識した最初の文献の一つとしている。
142　例えば仏商原始規定575、独旧商291条、瑞債117条。

[12305] 組入、目的債権の範囲、期間と終了事由、総額相殺、残高債権　　商人間又は商人と商人でない者との間で平常取引[143]をする場合において、「一定の期間内の取引から生ずる債権及び債務の総額について相殺をし、その残額の支払をすること」を約する諾成契約[144]である（商529）[145]。当事者の少なくとも一方は商人であるから交互計算契約自体は商行為（商3、商503）である[146]。目的債権は一定の期間[147]内の取引から生じる債権債務[148]である[149]。「一定の期間」は交互計算

---

[143]　志田鉀太郎・日本商法論第三編商行為（1903年第7版、有斐閣）74頁は、将来取引をしようとしているが目下取引を始めているのではない者について適用すべきか疑問が生じるので要件とすべきかはなお考慮を要するとしている。竹田省・商行爲法（弘文堂、1931年）69頁はこの点につき「債権債務を生ずべきことが予定されてあればよいのであつて、後に一方にのみ債権を生じ又は全く債権債務を生ぜざることありとしても、交互計算契約たるを妨げない」としている。大隅健一郎・商行為法（1967年、青林書院）72頁は竹田説を前提にしつつも、小売商と得意先の関係のような一方に債権のみを他方には債務のみを生じる場合に交互計算は成立するものでないとする立場を通説とし、独仏における「一方的交互計算」（当座貸越の約定されない当座勘定はこれにあたるであろう）の実務に言及する小町谷操三・商行為法論（1943年、有斐閣）149頁を以て反対説と解している。同じく反対説、柳川勝二＝柳川昌勝・改訂商行為法（1950年、厳松堂）95頁、田中誠二・商行為法概説（1949年、有斐閣）197頁。

[144]　青木・前掲174頁（黙示の交互計算契約の成立も認めるという）、松本烝治・商行為法（1922年・第13版、中央大学）128頁、青山衆司・商行為法（1925年・改訂四版、巌松堂）104頁、大隅・前掲書74頁。商人の制度であるため、会計帳簿として何らかの文書が作成されることが一般的であろう。

[145]　具体的な適用場面としては、銀行相互間又は銀行とその得意先との間の当座勘定取引で、預金契約ないし与信契約及び小切手契約とともに交互計算が存するのが常であるという。大隅・前掲書72頁。法条適用の関係からいえば、いわゆる古典的交互計算のみを以て交互計算の概念とするのが適切である（田中誠二・商行為法概説199頁）。段階交互計算による残額交互計算は、独自の内容の委任契約とすべきであろう。これも交互計算の一種と解すとの説（平出慶道・商行為法（第二版1990年、青林書院）304頁、前田「機能」79巻4号392頁以下）を採ったとしても、交互計算期間や計算書承認・総額相殺といった観念を前提にしない取引に対して商法典の規定が適用される範囲は限定的である。銀行間決済（[13204]）は別として、手形交換、あるいはマルチラテラルネッティングも、多数間の差引計算決済ではあれ交互計算を含むやは区々であり、各論じることが正しいと思われる（田中誠二・商行為法概説199頁）。

[146]　少なくとも一方が商人であるから一方的商行為の原則により、常に附属的商行為となる。青木・前掲書175頁、大隅・前掲書72頁。しかるに、志田・前掲書75頁は、商行為でない場合もあると述べるが、商人にとってそれが附属的商行為にもならない場合（例えば商人の家事上の取引）として交互計算が行われるという場合は稀であって考慮する必要はない（青木・前掲書176頁）。

[147]　交互計算契約の存続期間とは異なり、計算の閉鎖されるまでの対象期間をさし、閉鎖後も交互計算契約が継続する場合には残額債権が次期に繰り越される。田中誠二＝喜多了祐＝堀亘＝原茂太一・コンメンタール商行為法（勁草書房、1973年）205頁および212頁。

[148]　ただし、(i) 決算期前に弁済すべき合意のある貸金債権、(ii) 消費貸借の予約のように即時または現実の履行を要する債権、(iii) 金銭債権でない債権のように性質上あるいは合意上総額相殺に適さない債権、(iv) 手形上の権利等のように、特殊の権利行使（証券の呈示等）を要する債権、(v) 事務管理・不当利得・不法行為による債権・第三者から譲受けた債権、(vi) 通常の取引

期間と称し、特約がなければ六月（商531）であり[150]、当事者は取引の都度生じる組入債権を発生順に記帳する[151]。交互計算契約は所定の期限の到来により終了する[152]。期末に組入債権の合計額（総額債権）を算出の上、対立する総額債権と総額債権とを一括相殺[153]し、残額（solde）はこれを支払うべきものとなる[154]。当事者が合意すれば一旦組入れた債権を除外することは可能である[155]。この他法は項目除去権を定め、手形授受の対価関係である割引金を交互計算に組み入れた場合において、その商業証券の債務者が弁済をしないときは、当事者は、その債務に関する項目を交互計算から除外することができる（商530）[156]。また、交互計算契

によらない異常な債権、を除く。なお「期間内ノ取引ヨリ生シタル」ものでない債権債務、「同種ノ目的ヲ有セサル債権債務」「（期限の利益が放棄されているものを除く）辨濟期の到來セサル債権債務」「差押ヲ禁セラレタル債権債務」も相殺に適さず、商慣習法が相殺を許さないものも組入されないとする志田・前掲76-77頁、「実際上金銭債権に限られる」趣旨を述べる青木・前掲173頁、松本烝治・前掲130頁、西原寛一・商行為法（第3版・1973年、有斐閣）165頁。債権債務のみならず、「支払項目」も含めて計算項目に含める竹田・理論295頁、大隅・前掲書75頁。民事上の取引から生じた債権を除外すべきではないと解する柳川・前掲97頁。担保付債権については見解が分かれる。原則として組入は起こらず、特約または慣習がある場合に限り組入れられるというのが学説のようである。組入され計算書が承認されると更改が生じ、これにより担保が消滅し、次いで行われる総額相殺の結果確定する残額債権にこの担保が承継されない。担保の喪失は推定されず、組入がないのを原則とみる。田中誠二・商行為法概説203頁、大隅・前掲書73頁。しかし、判例は組入を原則と解している。大判明治42・12・20民録15輯997頁、大判大正9・1・28民録26輯79頁。また、学説として石井照久＝鴻常夫・商行為法（商法v）（勁草書房、1978年）88頁。仮に判例のように解したとしても、計算書承認の前の時点で民518に基づき担保権移転を合意すれば残額債権にも同じ担保を移転でき、実害はない（平出慶道・商行為法（1989年・第2版、青林書院）307頁）。

149　取扱営業所・取引の種類等を基準に客体となる債権債務を当事者間の明示黙示の合意によって適用範囲を決めることができる。大隅・前掲書73頁。このように、一定の基準を設けつつも交互計算が合意されると当然に組入の対象となることを、「交互計算の吸収力」と称する。小町谷操三・商行為法論（1943年再版、有斐閣）150頁。

150　六ヶ月という期間は、「吾國ノ商慣習上六ヶ月即チ半季ヲ以テ諸般ノ決算期トスルノ常ナルヲ以テナリ」（青木・前掲174頁）。

151　交互計算給付 remise。remise によって既存債権を項目債権とすることを組入といい、一旦組入れた項目債権を計算から除去するためには相手方の同意が必要である（旧商358）。西原・商行為法169頁。また、項目除去の権利について後掲。

152　交互計算を閉鎖したときは、当事者は計算書を作成するが、作成は当事者双方いずれによるものであってもよい。当事者が各々作成し照合の上、計算に相違ないことを認めるのが通常であろうが、便宜上一方のみが作成し他方がこれを利用することも可能である（青木・前掲書178頁）。なお旧商法では相互に計算書を送付する義務を規定していた（後述）。

153　竹田省・商行為法（弘文堂、1931年）74頁。
154　または次期に繰越（report）とする。明治26年商法360条。
155　大隅・前掲書75頁。
156　商法の文言では「手形その他の商業証券から生じた債権及び債務」とあるが、項目除去の対象

約そのものについて、(差押債権者はこれを行使できないと解されるが―不可分性)随時の解除(商534)[157]が認められ、破59により、当事者いずれかの破産手続開始によって終了する[158]。終了事由があるときは直ちに総額相殺が行われ、残高債権の弁済を請求できる。

[12306] **法的性質**　交互計算契約は、組入債権の発生原因とは区別され、その性質はさまざまに論じられてきた[159]。交互計算契約には、後述のように組入債権が凍結される面(消極的効力)と総額相殺[160]による債務消滅の面(積極的効力)と

となるのは手形上の権利ではなく、手形授受の実質関係上の法律関係である(「商業証券ノ授受ニ関シ其対価(Valuta)トシテ支払フベキ金銭債務」青木・前掲書183頁。竹田・商行為法72頁)。法文の文言自体は適切ではない(少数の反対説があるが正当ではない。田中誠二・商行為法概説204頁)。この制度が実益を持つのは、割引手形が不渡になった場合である。割引時には、手形の価額が計算に記載され、現実の割引対価の支払ではなく、割引対価交付の交互計算給付がなされる。支払人の不渡に続き相手方が破産に至ったとき、割引した当事者は、無価値な対価と引換に割引金を交互計算上交付したものとなり、遡求権は破産債権となって不十分な弁済しか受け得ない反面、反対の割引金払渡債務は計算に組入れられて総額相殺されしまう。そこで、往時より割引手形の取立の失敗を以て遡及効のある解除条件とする割引契約の慣行(salvo incasso, sauf encaissement、伊商345等)が認められてきた(VASSEUR et MARTIN, Banques et opérations de banque, tome 1, Comptes en banque, 1966, no 295.)。やがて、特にこのような条件を明示に特約せずともかかる割引金を交互計算から除去する効果を認めるべき慣習法が確立し、それが法文化され、当事者を対価払渡前の原状に復せしめ不当な出捐を回避させる制度となったものである(大隅・前掲書75頁、松本烝治・前掲書138頁)。

157　志田・前掲書81頁は「當事者カ相互ニ信用ヲ失ヒ其他交互計算ヲ繼續スヘカラサル事情出來スルトキハ何時ニテモ」とあり無条件で随意に解約できるわけではないかのような理解を示唆する。しかし後代の学説によると、単純に「何時でも解約できる」(大隅・前掲書78頁)と解され、「信用の変更に備え」てかかる解約権が定められている(石井＝鴻・前掲書93頁)ということを述べているに過ぎないようである。なお、当事者間の合意でこの解約権に制限を加えることも可能であるという(石井＝鴻・前掲書94頁)。担保的機能を重視する当事者であれば、随意解約権の制限を合意すべきである(制限がある場合でも「やむことを得ざる事由」があれば解除し得る。松本烝治・前掲書142頁)。法文自体は解約に遡及効がないことを明言していないが、「直ニ計算ヲ閉鎖シテ残額ノ支払ヲ請求スルコトヲ得」という文言からいえば解約は将来に向かってのみ効力を生じるものと解されるべきであり(志田・前掲書81頁)、解約時点までの既往の項目債権の利息についてはこれを支払うべきものであろう。

158　破産手続の開始により履行期未到来の債権も当然に期限が到来するからである。小町谷・前掲書163頁。なお、当事者の一方の死亡、破産、禁治産〔現行法では後見開始に相当〕を民653の類推適用により終了事由とする柳川・前掲105頁。なお、死亡による終了は旧商366が定めていた。

159　相互貸借(PARDESSUS, MASSE)、相互委任(MITTERMEIYER, CRYZENACK)、相互信用開設(GRUNHUT, LEVY)、猶予契約(GREBER)、相殺予約・相殺契約(LEHMANN)等諸説法律構成が主張されてきたが、主として信用の観念＝期限の利益の付与に拠る構成が有力とされてきた。竹田・理論286-287頁。既成概念に無理に当てはめることはできず、sui generis な契約(DELAMARRE et LE POITEVIN)であると解する立場が一般的であろう。松本烝治・前掲書131頁、大隅・前掲書74頁。

160　ここに「相殺」の文字を用いるも、それが民法典の相殺といかなる関係にあるかはあまり言及

が存在するが、貸借・信用開設等の観念を以て説明しようとする立場は前者の面に、相殺・弁済等の観念を以て説明しようとする立場は後者の面に着目した説明である。いずれもの側面が制度に本質的であり、いずれかの契約類型のみで交互計算契約を説明することは困難であるといわれる[161]。

[12307] **消極的効力—行使・処分の不可能、時効の扱い等** 組入債権は不可分の全体に結合され各別の処分（弁済の請求、相殺[162]、譲渡、質入、差押）をなし得ない[163]（交互計算の不可分性）。履行期は猶予されるので消滅時効も進行せず[164]、履行せずとも債務不履行とならない[165]。項目の債務を弁済した場合であっても組入債権が消滅するのではなくこの出捐も交互計算給付として計算組入される[166]。また、期中の組入債権に利息を付することもできる。しかし組入により債権が更改で消滅するのではない[167]ので抗弁権・解除権は維持され、確認の訴が可能である[168]。

[12308]（承前）**—不可分の原則** フランス法は組入時更改説を採り、更改の帰結として項目債権について個別の権利行使が制限される（「**交互計算の不可分性**

されていない。志田・前掲73頁は、交互計算を相殺の予約であるとしたうえで、「新民法第五百六條ノ規定ニ依ラスシテ相殺ヲ爲スノ豫約ナリト謂フヘシ」としている。
161 交互計算を一般私法上の典型契約に還元することは不適切で、固有の契約類型であるとする竹田・理論288頁。
162 相殺は弁済と同視すべきであるから、と説かれるが、THEUSNERらの反対説は債権が対立する度に相殺が行われ期中に逐次相殺が生じ、先ず元本が消滅する点でのみ民法に従わない特質がある、と説く（竹田・理論290頁）。これらの説は、組入債権発生の都度残高を計算し応当期間の利息を付するいわゆるハンブルク方式による記帳慣行にとらわれたあまり生じた誤った見解としてLEHMANN, GRUNHUTなど多数説から斥けられているという（竹田・理論291頁）。
163 大隅・前掲書75頁、竹田・理論288-289頁。弁済と相殺の不能については債権が弁済期に達せざるものとされるからとの説明ができるが、譲渡・質入・差押の不能についてはこれらを排除（凍結）する特殊な制度であるとしか説明できない。
164 往時は、解約権の存在をとらえて、時効の進行を認めようとする学説があった（COSACK）が、これは採り得ない（松本烝治・前掲書134頁）。時効は「停止」（平成29年改正債権法では「完成猶予」）するという、竹田・理論291頁。
165 手形債権の時効も停止するが、為替手形の所持人と引受人との間で手形債権の交互計算組入が行われた場合にも、他の手形当事者との関係は影響を受けないから、拒絶証書を作成して権利を保全することができる。竹田・理論292頁。
166 大隅・前掲書75頁。
167 西原・商行為法169頁。よって、担保の請求をなし、代金債権が組入れられていても売買目的物の給付を求めることもできる。大隅・前掲書75頁。
168 ドイツ法においても同様である。前掲独逸法〔八木弘〕22頁。伊民1827条は、組入は項目債権の発生原因に関する請求も抗弁も妨げず、無効の項目は除去しうる旨を定める。担保権の存続についていえば、独民356、伊民1828は、組入債権の担保が残額債権のために存続する旨を定める。組入の更改的効力が存しないからである。

Unteilbarkeit, indivisibilité（の原則）」）ものと解している[169]。ドイツ・イタリア法系の交互計算概念では、組入は期限の付与の効果を伴い、これにより債権の行使処分が期間内はこれをなし得ないものとするものである。しかしそのことは更改に拠るとは説明されていない。瑞債117Ⅰも交互計算組入に組入債権の更改効がないことを宣言する。さらにすすんでイタリア民法典のように計算期間中も項目債権に関する訴権の行使を妨げないとの規定（将来給付の請求か）を置くに至っては、不可分性が制限され、更改と性質決定することは難しいのみならず、特殊な担保としての性格は希薄化している。近時趨勢としては不可分性の帰結は立法・判例により緩和され、組入後期限到来前の残高債権は不可分で履行請求できない non exigible が、いわゆる仮残高 solde provisoire は処分可能である disponible との理解が採られ、その差押も許されるとされているようである[170]。翻って日本商法においては、不可分の原則それ自体は法規の定めるところではないものの、旧商法関係文献以降の原則である[171]。思うに、不可分性を肯定したからといって、第三者の権利が全く保障されていないわけではなく、債権者代位権により交互計算契約自体の解約権を行使し、以て回収をはかることができないわけではない[172]。多数の学説はこのような第三者の負担を合理的でないと考えているようである[173]。この原則は「制度的」なるものであって、債権譲渡の合意による譲渡禁止の対第三者効とは別の次元に属するものと思われる。

[12309]（承前）―**交互計算と差押**　ところで、これら不可分性の帰結が契約関係の効力であるに過ぎないとすれば、第三者の権利義務には影響を与えないもので、契約当事者による組入債権の処分は契約当事者間における合意違反の行為

169　CLAIS-AULOY (M-Th.), Compte courant, JurisClasseur Banque-Crédit-Bourse, Fasc. 210. (2001), nos 23-40. 小町谷・前掲書156頁。

170　フランス法では判例が仮残高の差押を認める。破毀院商事部1973・11・13, Bull. civ., IV, no 325, BONNEAU (Thierry), Droit bancaire, 10 éd., 2013, no 437.

171　明治26年商法の解説書いわく、「其一期間ニ於ケル數口ノ計算ハ盡ク一物一躰ト看做シ決シテ之ヲ分割ス可カラサルモノトス」、岸本辰夫著述・商法正義第3巻（新法註釋會）365頁。ロエスレル・商法草案も「「サルドー」ハ細目ヲ云フニ非ス其期中総債目ノ合額ニシテ分離スヘカラサルモノトナリ」（ロエスレル氏起稿・商法草案624頁）として不可分性を伺わせ、項目除去権の制度から鑑みて個別処分が不可能との趣旨を述べるものと解されよう。あわせて当事者の倒産時における解約を立法する例を挙示している。この時期から学説においては確立した理解であったといえよう。ただし、これらの解説を以てしても倒産時の項目債権の個別執行が可能かどうかについては明確には言及はない。

172　民423Ⅱ（しかし改423Ⅱにより、差押禁止の権利を被代位権利とできなくなるので、この説は根拠を失うこととなるのかもしれない）。石井＝鴻・前掲書90頁。

173　平出・前掲書311頁。

となるにとどまり、善意の第三者との関係においてはかかる抵触処分の効力は否定されないはずである[174]。交互計算組入債権を差押さえた第三者が不可分性を理由にその差押・転付を認められなかった事例において、これを不当であるとした上告を斥けた大判大正11・3・11民集15巻320頁[175]が知られ、事柄を単純に民466の譲渡禁止特約の帰結として解するべきものではない趣旨を説いて不可分性を認め、これによって組入債権の差押ができないものとした[176]。この判断は目下判例として維持されているといえる[177][178]。

[12310] **積極的効力—計算書承認による更改、総額相殺と残額債権**　交互計算期間満了・閉鎖時には、当事者は、交互計算契約の効果として、計算書を承認する義務を負い、承認によって残額支払債務が発生し、これに引き続き当然に総額相殺の効力が発生する[179]。残額確定は計算書[180]の承認の方法により行なわれる[181]。計算書を作成することはそれだけでは法律上意義がなく、意思表示により

174　西原・商行為法169頁。交互計算は民466Ⅱ本文（改466ⅡⅢを併せ読むと、不可分の原則の基礎を譲渡禁止特約に求めることは一層できないというべきであろう）に規定する当事者の「反対の意思表示」であると解し、抵触処分を以て損害賠償の対象となるにとどまるとする大隅・前掲書75頁、小町谷・前掲書154頁。反対、石井＝鴻・前掲書90頁。

175　「各個ノ債権ハ…〔総額相殺の〕方法ニ依リテノミ決済セラルヘキ運命ニアルカ為各別ニ之ヲ取立又之ヲ他人ニ譲渡スコトヲ得サルモノナレハ、其ノ譲渡不許ハ当該債権カ交互計算契約ノ下ニ於ケル取引ヨリ生シタルコトノ当然ノ結果ニシテ当該債権ニ付当事者間ニ特ニ譲渡禁止ノ契約ヲ為シタルニ因ルモノト解スヘキニ非ス」と判示する。商法（総則・商行為法）判例百選（別ジュリ194号）162頁〔高田晴仁〕、倉澤康一郎＝奥島孝康編・判例ハンドブック商行為法・手形法（1997年、日本評論社）48頁〔鳥山恭一〕。

176　私人間の契約は、債権を差押禁止にすることを認められていない。最判昭和45・4・10民集24巻240頁。

177　大阪高判平成14・1・31裁判所ウエブサイト。損害保険代理店委託契約に基づいて発生した手数料債権が交互計算に組入れられ、その差押は許されないとした原審を支持。

178　日本においては、仮残高差押権の法定が提言されるなどしている。神作裕之「交互計算の対第三者効についての覚書」曹時62巻4号1-17頁、6号1-29頁。しかし、積立型の保険解約返戻金請求権の差押において解約権を差押債権者が行使できるとの理解の延長上に、当事者が有する解約権（商534）を差押債権者が行使し得るとの理解はあり得なくはなかろう。なお破59。

179　小町谷・前掲書157頁。相手方に対して残額の承認を求める権利があるが、計算を求める権利があるわけではない（岡野敬次郎・商行為法及保険法（1928年、有斐閣）96頁）。

180　計算書の作成について明治26年商356が次のように規定する。「各当事者ハ毎期間ノ終ニ計算ヲ閉鎖シ且約定又ハ相当ノ期間ニ其計算書ヲ承認又ハ異議申述ノ為メニ互ニ送付スル義務アリ」。よって、相手方が計算書の承認を遅滞・拒否するときは、債務不履行となるが、「自動決済」が生じるものではなく、交互計算契約を解除して損害賠償による救済を求めることができるにとどまる。石井＝鴻・前掲書91頁。おそらく、承認は黙示的であってよいので、多くの場合、送付された計算書に相手方がすみやかに異議を述べず取引を継続するときは、承認の意思あるものと解釈されるであろう（平出・前掲書314頁）。

181　西原・商行為法170頁は、この承認による総額相殺は「目的の変更される更改」であるとする。

承認（更改）され[182]相殺を経て決算となる。期中の支払は弁済者を貸方にした交互計算給付として記帳され、総額相殺によって決済消滅したことになるが、その性質を相殺と解するか否かについては議論がある[183]。残額債権には--項目債権に利息を付していた場合であっても--計算閉鎖日以降の法定利息を請求することができる（商533Ⅰ）[184]。残額債権はそれ自体の消滅時効に服する。

[12311]　**計算書承認の異議権喪失効**　　計算書に各項目が記載され[185]、当事者が異議を述べなかった場合には、承認[186]後は、各項目につき異議を述べることができない（商532本文）が、錯誤脱漏があったときは例外とされる（商532但）[187]。計

なお明治26年商357は計算書送付時に「異議ヲ起サス又ハ異議ヲ起シタルモ留保ヲ爲サスシテ交互計算ノ關係ヲ繼續スルトキハ計算ヲ黙認シタルモノト看做ス」としており、明治26年商358が「交互計算ニ屬スル各債權ハ交互計算ノ關係ヲ解キ又ハ計算ニ對シテ異議ヲ述フルトキニ非サレハ各箇ニ之ヲ主張スルコトヲ得ス」と定めている。

182　承認に権利を創設する効果を認めることについては、これを更改（松本烝治・前掲書139頁は、商法草案414条修正理由に拠り、新商法は、更改説に立って起草された明治26年商359の趣旨を改めるものではないとしてこれを肯定する。また、小町谷・前掲書157頁、伊澤孝平・商行為法保険法海商法（1955年、法文社）52頁、大森忠夫・商法総則・商行為法（1981年、三和書房）211頁）とすべきかは別として、通説では争いがないようである。また、更改の帰結として担保・抗弁の消滅、担保の合意による移転、新たな時効の起算、等が肯定される（松本烝治・前掲書140頁）。なお交互計算に組入れられる債権全部を担保する根抵当権は、交互計算期間の更新とは無関係に、残額債権及びその後の債権の担保として存続する（田中誠二・商行為法概説208頁）。昭和46年改正民法によれば、交互計算期間更新は、元本確定事由ではない（民398の20Ⅰ）。承認の性質を観念の通知であると解する松岡熊三郎・商法綱義下（巌松堂、1951年）439頁を除き、論者は債務承認（勝本正晃・債権法概論各論（有斐閣、1949年）184頁、保住昭一「交互計算の諸問題」法律論叢１巻２号105頁）と考えているようである（また、計算書の承認は「一種の契約」であるとする松本烝治・前掲書137頁）。以上、吉川義春「無因債務契約をめぐる若干の研究（３・完）」判タ347号25頁による。然るに、項目債権につき無効が確認されているにもかかわらず当初の残額債権の履行請求がなされた場合に、残額債権の債務者側は、不当利得の抗弁を以て対抗し得ることとなろうか。

183　竹田・理論295頁。
184　重利禁止（民法405条）の例外。大隅・前掲書77頁。
185　志田・前掲書80頁。
186　ドイツ商法学説が計算書承認を独民781の債務約束と解していること（前掲独逸商法〔八木弘〕23頁）に倣い、日本法でも承認は手形行為のような「不要因的」の行為とみる（青木・前掲書180頁）。大隅・前掲書77頁は、計算書承認は更改にあたり、法定追認（民125）であるから、項目債権の取消を援用して残高を争うことはできず、無効の場合には遡及効なき追認とされ、事後的に不当利得返還を許すのみであるとする。なおスイス法では、計算書承認はOR/CO17に定める抽象（無因）債務承認で、原因欠缺の場合にその立証責任を転換する点のみが特殊とされる（連邦裁民事第２部1979年６月28日、ATF105 Ⅱ 183, p. 187. ETTER,Contrat de compte courant, 1994, Schultess, pp. 195-196.）。
187　項目債権の存否ではなく、計算書上に記載されている項目の金額の合計額が計算の間違いによって誤っている場合等、計算そのものの誤りについてのみ異議が当然に留保されるとの趣旨と

算が一度確定すると、項目債権が更改によって消滅し、双方向に総額債権が成立し、それが相殺によって対当額において消滅するもので、この操作の効果を覆すことはできないことになる。項目債権の消滅原因を更改であると解する限り、これによって計算書項目の訂正を求める権利は消滅するが、異議の留保された項目についてはこの権利が残存する。項目に留保のない計算書に異議が主張できない状態で残高債権の成立が認められるものの旧債務欠缺の帰結として行われるべき利得清算の権利は計算外において行使されねばならない。原状回復ないし不当利得返還請求権の行使という方法に拠ることとなろう。なおまた、承認の意思表示自体の錯誤・詐欺・強迫等の場合には一般原則によるという[188]。

[12312]（承前）　当事者は、異議を述べれば計算書を作り直させることができるが、異議喪失効は、かかる作為義務から相手方を免責するだけであって、誤って記載された無効の項目債権が有効に転換するわけではない。かかる過剰の金額を含んでなされた計算が事後に不当利得を残すことを否定するものではない。立法例には伊民のように即時の異議喪失効を認めず、異議権の期間的制限を設けるものとしているものもあるが、日本商法はドイツ商法典に倣い、即時喪失を認めている。これは一種の法定効果であって、意思効果ではない。なお、計算書承認承認を無因的債務承認契約とみる者は、計算書承認には無因意思が必要であると説く[189]。

[12313]　**積極的効力その他の問題――金融派生商品の一括清算**　金融派生商品（デリバティブ）に関して、マスター契約書と称する約定書を用いた取引において定められるオブリゲーション・ネッティングまたはクローズアウト・ネッティング[190]は、一括清算法[191]3条に基づき、管財人に対して主張し得る効力[192]を認めら

する、青木・前掲書179頁。沿革的には「S.E. et O（錯誤脱漏なき限り）」との計算書への記載の効果として留保されていたものである。計算上の錯誤以外の異議権は計算書承認後喪失し残高債権が成立するが、不当利得は残る。異議権とは、<u>交互計算契約の効果として双方が要求できる計算訂正請求権なのであって、異議権喪失効は、意思表示の実質的有効要件に関する民法総則規定の修正ではない</u>。西原・前掲書170頁、大隅・前掲書77頁。ドイツ法においてもS.E. et Oの計算書への記載の有無を問わず計算書承認の更改力は存するが、計算書承認行為自体の錯誤無効の主張は認められるという。前掲独逸商法〔八木弘〕23頁。他方、伊民1832Ⅰ第1文は、計算書承認にも異議権喪失効のようなものを認めず、誤記・計算違い・記載漏れ・二重記載等における異議権は失われないものとしており、第2文で異議権の行使期間を6カ月に短縮することで処理している。

188　松本烝治・前掲138頁。
189　吉川・前掲判タ347号25頁。
190　ISDA Master Agreementにおいては、二種類の差引計算nettingが定められている。第一が、

れているが、これもまた交互計算の一種であると考える立場がある[193]。金融派生商品の代表的なものには通貨スワップがある。これは変動相場制移行とともに為替変動のリスクを回避し、あるいは、外国市場で直接に調達するよりも有利な金利で外貨を調達する（国内市場での有利な金利で見返りの資金を貸渡すことと引換に）ための手段として用いられる契約である。それぞれのスワップ契約には満期があり、満期が到来した時点での為替相場および金利を原資産価格として損益を確定し、それが支払われるものである。しかし、満期未到来の（損益不明の）時点で当事者の一方が倒産した場合に、システミックリスクの拡大を予防するため[194]、

平常取引における相殺（または「債務の履行方法の合意」（平出慶道＝山本忠弘・企業法概論Ⅱ有価証券と新しい取引決済制度（青林書院）241頁〔久保田隆〕）を意味する第2条第c項第1文のpayment netting（相殺そのもの）であり、第二が、期限の利益喪失時における一括清算である第6条の close-out netting である（HARDING (Paul), Mastering the ISDA Master Agreement (1992 and 2002). A Practical Guide to Negotiation, Financial Times.）。一部の解釈では、後者の条項を obligation netting 即ち期限を前倒しして行う相殺（平出＝山本・前掲書242頁）を含めるものと解する立場もある。第二の類型に属するネッティングは、単なる期限未到来の、債権額が確定した債権の前倒し相殺なのではない。デリバティブは満期が到来するまでポジションが未確定の取引である。したがって、ネッティングとは、満期日における原資産価格の関数として算定されるべき金額未確定の射倖契約上の地位を仮想の擬制的な偶然性に基いて算出された額の債権に置替する（＝更改）操作を一段階いた上での相殺であることがほとんどであろう。

191　神田秀樹「一括清算法の成立」金法1517号18頁。ネッティングの合意に基づく清算の効力を管財人に主張できるとする規則を定める。

192　管財人は職責上、更生会社の「益」が見込まれる取引は継続し、更生会社の「損」が見込まれる取引を解約してできる限り更生会社の経営状態を回復させる任務を負っている。予めマスター契約で一括清算に組み入れられている取引をばらばらに解体されると相手方はネッティングによってエクスポージャーを圧縮することができなかったことになり、最悪の場合にはシステミックリスクを制御できず連鎖的破綻を来すことになる。

193　前田庸＝神田秀樹「オブリゲーション・ネッティングについて（オブリゲーション・ネッティングの意義：ネッティングおよび一括清算と英米法：わが国における法律問題）」金融法研究資料編6（1992年）2頁以下）。

194　国際決済銀行（BIS）バーゼル銀行委員会の銀行の資本規模・資本基準に関する国際的収斂に関する報告書（1988年）以降、国際金融制度の健全・安全を維持しながら競争条件を平準化するため、国際的業務を行う銀行はその「危険資産 risk asset」による危険負担 exposure 額に対して最低自己資本比率が8％以上あることを求めており、1993（平成5）年以降、日本においてもこれが適用されている。1994・1995年の報告書以降に至り、危険資産の算定にあたり、保有する派生商品が生ぜしめる危険負担 exposure を反対の派生商品取引で打ち消し得る場合には、「再構築費用」（期中で打ち切った取引でカバーされていた取引の残期のリスクを、別の契約でカバーするための新契約の締結に要する対価）を新契約者との間で決済し差引計算に反映する（西村総合法律事務所編・ファイナンス法大全上（商事法務、2002年）591-596頁）。ただしそのためには、金融機関が相手方との間で倒産時に市場価値に基く1個の債権を生じさせる差引計算 netting を行う旨の合意を結び、差引計算契約の準拠法にてらして銀行の危険負担額が差引計算尻となることの法律家の意見書を徴していることを条件としている。日本の金融機関では多く約定書 ISDA マ

期限の利益喪失事由発生時点においてスワップ契約を強制的に終了せしめて清算すること（クローズアウト・ネッティング）がマスター契約書で合意されている。法定倒産手続におけるこの類型のネッティングの管財人との関係における効力[195]と、ネッティングを実行する価額[196]が問題となる（なお［25201］以下）。

スター契約が利用されており、これがここにいう合意にあたるものと認められている。
[195] 管財人が解約選択権（会更61Ⅰ）を行使して利益の出た取引のみを履行せしめようとするいわゆるチェリーピッキングが行われるとこの清算による決済が妨げられる。スワップ契約においては、危険負担の状態給付は、契約の開始とともに履行されていると見るべきであるから双方が履行を完了していない契約にはあたらないのではなかろうか。新堂幸司「スワップ取引における一括清算条項の有効性」新堂幸司＝佐藤正謙・金融取引最先端（商事法務、1996年）135-174頁は、判例が、銀取約定書の相殺予約を差押債権者に対して主張できると認めていることを根拠としてネッティングの効力を認めるものであるが、ここには飛躍がある。ペイメント・ネッティングは相殺と言ってよいかもしれないが、オブリゲーション・ネッティングは単なる相殺ではない。期限未到来の派生商品を人為的に見積価格で損益を確定したものと看做し、一旦更改の経路を通して債権の置き換えを行った上で差引計算がなされる部分を含めるのである。むしろ事柄としては一旦債権を項目債権と言う特殊な形態に置き換えた上で総額相殺を行う交互計算のほうが、民法相殺よりはオブリゲーション・ネッティングには近い。詳細は、後掲［25201］-［25209］参照。
[196] 額面が確定し変動しない債権であれば契約期間の中途で清算するとしてもこのような問題は生じないが、満期未到来のスワップは損益を決することができない。計算を実行すべき時点における当該商品の理論価格を統計学的に算定できるので、多く用いられている方法は、複数のディーラーに見積を依頼しその平均値を採用する「マーケットクオーテーション方式」による。もう一つの算定方法が「損害方式」であるが、いずれを用いるかも約定書の定め方いかんである。倒産の事案では、事務負担が過大であることを理由として、損害方式が用いられるが、破綻した当事者の相手方が計算を行うので、自己の利益を優先することがないように善意かつ誠実に算定するよう義務付ける条項が定められている。損害方式が採用されたと思われる東京高判平成9・5・28（判タ982号166頁、金法1499号32頁、金判1032号28頁）は、日本円とスペインペセタとの金利スワップによって債務を負ったＹの債務不履行によって本件契約が解除されたことに伴ってＸが被る損害は、Ｘが将来の各決済日に得べかりし利益であり、通常の損害であって、特別の損害ということはできず、Ｙはこれを賠償すべきであるとした。ネッティングを実行することによって、当該派生商品は履行期が繰り上げられるだけでなく、計算実行時点で認識される理論価格は、満期の原資産価格の関数として得られる値とは異なる。元の商品と、期中でネッティングが実行された債権とでは異なる偶然性 aléa によって損益を定めていることになる。これは債務の要素を変更することを意味する。

第B章　預金の変動

第 i 節　預金の成立と帰属 [13001]

[13001] 預金の成立と帰属―序説　当座預金を除き、普通預金をはじめとする預金契約は（口座の維持管理という事務を委任する部分の枠契約の部分は別として）消費寄託であるとの解釈が優勢であることは既に示したとおりである。ところで、消費寄託は契約であるから当事者間における**申込と承諾**の意思表示の合致がその成立に必要であることは他の契約一般と変わるところはない。これに加え、**預金債権**が成立するためには**預入**がなされなければならない[197]。要求払である点で寄託性が強い当座勘定も、これを委任と解すれば、その成立の態様は元来、諾成契約である。その他の預金に関しては、なお、現実の金員の交付によらないで預金債権が成立する場合（例えば、為替による資金の受け入れ）の法律構成を考える必要がある。

　また、預金の帰属について議論がある。預金契約の当事者以外の者を預金債権の帰属者とする契約（第三者のためにする預金契約）が理論的に考えられないわけではないが、原則として預金契約者＝預金債権者である。しかし、この問題に関して一般私法では認められていない原則を採用したかのような判例が存在する。

　まず、はじめに預金の目的物の交付方法に着目した問題（第 a 款）を扱い、次に、預金契約の当事者・預金債権の帰属者に関する問題を扱う（第 b 款）。

---

[197] 明治29年民法以来、消費寄託を含め寄託は**要物契約**であった。民法改正法では寄託一般が諾成契約化され、その原理が消費寄託にも適用される。しかし、寄託物の交付が行われるまでは保管義務も返還義務も発生しない。口座維持手数料等を徴さない金融機関は、通帳等書面を交付していない限り、預金を受取る前であれば解除できる（改657の2）。他方、口座管理に関する準委任に基づく義務は枠契約によって成立するが、この枠契約自体が諾成的寄託契約であるとされるならば、この義務は寄託契約自体に基づき成立するといえる。

第 a 款　預金受入方法の諸態様

第 1 項　金銭・有価証券による受入

[13101] 金銭による預金の受入の場合の預金成立の時期および場所　預金契約は消費寄託であるから、要物契約とされてきた。諾成的消費寄託が容認されるようになっても、返還債務の発生は、寄託物の交付に条件づけられる。目的物の交付が完了するまでは、預金債権は成立していない[198]が、銀行は預金の受入に必要な事務処理を行うことを枠契約において受任している。預金の受入も払戻も、その場所は元帳保管店である。枠契約としての預金契約上、払戻については全店払扱（当該銀行の全店舗において払戻請求を受け付ける）を約定して、元帳保管店以外での払戻も認めるものであるが、受入については店舗での受入れが原則である[199]。

[13102] 預金の目的物としての盗取金銭　盗取金銭による預金契約も有効である[200]。金銭の所有権は占有に付従する（最判）[201]というのが日本民法の理論であ

---

[198] 預金を申し出て、銀行の窓口のカウンター上に現金をおいたところ、何人かにこれを窃取された場合には、預金は未だ成立していないものと解される。預金の依頼申出とともに、現金および小切手と預金通帳とが窓口内に差入れられ、執務中の行員が右申出に肯くことで承諾の意思を示した事実のもとで、大審院は、一種の寄託関係が成立したものとして銀行の保管義務を認めた原審判決を「其ノ所謂一種ノ寄託契約トハ果シテ何ヲ意味スルカ漫然トシテ之ヲ確知シ難シ」として破棄している（大判大正12・11・20新聞2226号4頁、窓口一寸事件）。しかし、問題は「交付」の概念をどのような事実があれば足りるとするかにかかっている。「窓口」という、金融機関側が支配可能な領域に入った財物について金融機関側がリスクを負担しないという結果を認めてよいかどうかはなお議論の余地がある。「預金として受け入れる意思で現金を受領し」た事実が明瞭でないとしても「いったん顧客から差し出された金銭について、窓口が混んでいるなどの事情で、窓口係員が一応預って積んでおくなどの事情があるときには、金銭の占有は銀行に移ったとみることができ」、内容未点検の単純な寄託が成立するものとみる説も多くの論者によって説かれている（木内・金融法165頁、並木俊守・手research96号64頁座談会発言、河本一郎・銀行取引判例百選49頁、中馬義legacy「預金契約」契約法大系Ⅴ49頁、田中誠二・銀行取引法〔新版4全訂〕（1990年、経済法令研究会）81頁。西原寛一・金融法108頁は「単純保管義務」の語を用いるが、事務管理人としての管理継続義務なのか受寄者としての義務なのかは明らかでない）。商594Ⅱも適用されない。

[199] 店舗外の預入として、外務員が集金した預金については議論がある。金融商品取引法上の外務員による契約締結が制度上登録制度によって正当化されているのと異なり、銀行の場合には当然に得意先係の外務員に契約締結の代理権を認め得るものではないとされている（集金時に預金契約が成立するのではなく、店舗に持帰り預金係の手元で入金記帳がなされる時点で預金契約が成立することになる。木内・金融法172頁）。また、現金自動預払機（ATM）による受入の場合には、このような受入が可能であることにつき約定があらかじめなされていなければならない。ATMによる受入においては、予め約定された用法に従って機械を操作し現金を投入することによって、預金契約の締結を意味する意思の合致と金銭の授受を履践しているものと看做される。

[200] A銀行の輸送中の現金がBによる盗取にあい、Bは右盗取金銭を用いて、Y銀行の預金口座に

り、現金の物権的追及ができないものと考えられているからである[202]。また、民194は、市場・公売において商品を「購入した者」について特にこれを保護しているが、この商品を販売した側の者が受領した金銭について同様の保護を与えていない事実は、即時取得制度自体が初めから金銭所有権について念頭においていないことの現れである[203]。しかし判例は「金銭価値」の追及を認め得る例外的な場面があると考えているようである[204]。物権的追及ができない場合にも債権者代

預金を成立させた。盗難事故による損害は X 保険会社の運送保険により填補されたので X が被害者 A 銀行に保険代位して、Y に対し、民193（盗取動産の追及権）を理由として、右預金の払戻しを求めた。裁判所は、①通貨の特定性が証明されていないこと、仮にこれを証明し得たとしても、②通貨はその流通手段としての特殊性から、特段の事情がないかぎり追及ができないとして請求を棄却した（青森地判昭和32・11・28下民集8巻11号2211頁）。この預入は不法原因給付にもならない（木内・金融法165頁、西原・金融法108頁、田中誠二・銀行取引法76頁、同判決・銀行取引判例百選新版（別ジュリ38）76頁（1972年）〔高窪利一〕）。

201　最判昭和39・1・24判時365号26頁、民法判例百選総則・物権第7版〔ジュリ223号〕（2015年）150頁〔川地宏行〕。なお、金銭所有権の占有への吸収は、金銭所有権移転行為の無因化ないし非法律行為化（占有の要件さえ具備すればよいのであるから）を結果し、そのことを通じて金銭出捐のすべては、「法律上の原因」を欠くとき、出捐無効とならず、かかる機械的な権利移転に必然的に伴わざるを得ない給付不当利得返還請求権を法が付与することになる（我妻榮・債権各論下巻一（民法講義Ⅴ4、1972年、岩波書店）940頁、943頁）。

202　種類物一般の場合でさえ、混和（民245）によって所有権は移転し、「償金」へと化する。物の識別可能性がなくなる場合には客体支配の権利の物権的保護は別の法形式に変容せざるを得ない。商事有価証券一般について商519が小21の準用（改520の5）を通じて民193（盗品追及権）の適用を排除し（「事由ノ何タルヲ問ハズ」）しているが、金銭はそれ以上に流通性の高い財貨であり、勿論解釈として民193による追及ができないものと解される（ただし封金は動産性があるものと解されよう）。久保欣哉＝関英昭・銀行取引契約（叢書民法総合案例研究29、一粒社、増補版・1989年）1頁。通貨の流通を法定通用によって強制するとの必要から、銀行券及び補助貨幣がいかなる条件の下であっても最終的な（追奪のない）交換手段として機能することを保障しなければならないからである。

203　末川博「貨幣とその所有権」所有権・契約その他の研究（1939年、岩波書店）48頁。

204　金銭の追及不能性については、例外がある。最判昭和49・9・26民集28巻6号1243頁（民法判例百選Ⅱ債権7版〔別ジュリ224〕（2015年）146頁〔平田健治〕）は、Y（国）の金員を横領していたA（農林省官僚）が犯跡隠蔽のためX（農業共済組合）からその従業員Bを教唆して詐取した金銭を用いて（過払金返戻手続に仮装して）穴埋めをしていたという事案で、騙取金銭はBの手による入金、Aへの小切手の送付、Aによるその換金という過程を経ている。混和や、小切手の換金（取立委任における受領物の前渡）等を通じて金銭は厳密な意味での同一性を失っているが、社会通念上、BによるXの金銭の騙取と、Yによる利得との間に因果関係があり、Yが悪意であれば、不当利得を根拠とする「金銭の追及」が可能であるという判断を示した（本件では悪意の立証なし）。思うに、Yによる金銭受領が法律上の原因（AのYに対する賠償債務の弁済）を有していると解されるならば、もともと不当利得の適用場面でなく、因果関係の問題自体が生じる余地がなく、かような法律上の原因が存在しない場合には、二重欠缺不当利得等の場合を別として、XYが直接に利得当事者とならない。また、Aの他の債権者に優先してXの回収を認める実定法上の根拠も存しない。

位権を行使することが考えられるが、他方、窃盗事後処分の預金は不法原因給付となって返還請求ができなくなる余地もある[205]。

[13103] **現金によらない受入―証券による受入** 各種預金規定は、現金による「受入」のほかに、証券（手形・小切手・利札、郵便為替証書、配当金領収証その他の証券類の総称）による受入を認めている。後述の為替による受入とは異なり、証券の授受（隠れた取立委任裏書[206]）が伴うため、消費寄託として説明することは不可能ではない[207]。しかし、金銭の消費寄託であるという点を厳密に解するなら

---

[205] 前記青森地判では、金銭所有権の特殊性の問題の他に、（趣旨は必ずしもあきらかではないが）預金契約は窃盗の事後処分であるから不法目的を持った公序良俗違反の無効な契約であるとし、そのうえで民708を根拠に払戻義務がないものとの主張がなされた。判旨はこの主張を不要なものとして採用せず、「そのような預金契約に基づく給付が不法の原因のための給付であるというためには預金者たるＢ〔盗犯〕が贓金を預け入れたその一事を以てしては足らず（民708但）、相手方銀行の側に於てもそれが贓金であることを諒知しながら受領した場合の如く、給付の原因たる預金契約自体が公序良俗に違反するため無効と解しうる場合でなければならないものというべきである」と判示した。最判昭和49年におけるＢを介したＸからＹに至る給付の過程も、横領の事後処分という不法性を帯びることになりそうであるが、民708但のこのような解釈によれば、給付の受領者側が悪意であれば却って返還請求が認められないことになるのであるから、最判の解決とは全く逆でなければならないことになってしまう。

[206] 多くの場合、証券の授受は**隠れた取立委任裏書**であろう。判例・学説は隠れた取立委任裏書の場合には、これを公然の取立委任裏書と同視する説（大隅健一郎「手形の隠れたる取立委任裏書」法学論叢25巻5号44頁、6号62頁‐資格授与説）もあるが、現在は信託の裏書と解する。ここにいう「信託的」とは信託法上の信託の特質をすべて具備する行為ではなく「信託行為（fiduziarisches Geschäft）」（三潴信三・民法総則提要〔第三冊〕（1921年、有斐閣）341頁）である。それが「訴訟信託」に当る場合には裏書自体が信10（平成18年改正前信11）違反により無効となるが（最判昭和44・3・27民集23巻3号601頁）、実質的に対価授受がないなどの事情があるときには「固有の経済的利益を持たない所持人」として人的抗弁の切断を否定する（最判昭和54・4・6民集33巻3号329頁。統一手形法の成立過程を見ると、ハーグ統一規則16条は裏書人・被裏書人の詐欺の通謀あるときに悪意の抗弁を認め、それは対価の著しい欠缺等によって特徴づけられるものと考えられていた。統一手形法17条においてはいわゆる抗弁事由単純了知説との妥協で「害意」とされたものの、隠れた取立委任裏書の場面は典型的な通謀の類型と考えられ、害意の抗弁の対象となると考えられていたようである。なお19世紀の学説として、THALLER, Traité élémentaire de droit commercial, à l'exclusion du droit maritime, Paris, 1904, 3 éd., no 1470, p. 707）。銀行側には取立が完了するまでは固有の利益主体としての地位がなく、本文に説くように裏書をした時点では預金が成立していないと解するべきものである。これに対して手形割引の割引対価を依頼人の預金口座に入金するときには割引契約の成立時に当該預金が成立することになる。

[207] 消費寄託の要物性が、預入金額と同額の経済的価値を有する有価証券を交付することによって満たされるからである（**譲渡説**）。小橋一郎「預金契約の成立」加藤一郎＝林良平＝河本一郎編・銀行取引法講座上巻（1976年、金融財政事情研究会）123頁。譲渡説では、証券交付の時点で預金が成立する。裁判例でもこれを支持するものがあった（大阪地判昭和27・10・30判タ25号61頁、東京高判昭和34・9・29高民集12巻8号401頁）。手形の移転自体が経済的出捐であるという事実

ば、証券の授受は預金の目的物そのものの授受とはいえない[208]。自店券（支払場所が自行自店である証券類を預金として受入れる場合）については、支払資金の存否は容易に確認が可能であるから問題は少ないが、同じ銀行でも他の本支店や他行が支払場所であるときは、当座残高の存否は交換が終了するまで不明であることが事実上避けがたく、それまでに預金が成立してしまうような解釈では、銀行側が不渡におけるリスクを何らかの形で負担しなければならなくなるかもしれない。

ところで、寄託の対象たる「物」は代わり金であって証券そのものではない。受入の趣旨における証券交付は、銀行への**取立委任**の意思表示が伴い（**取立委任説**）、取立が実行されれば取立金につき**受取物引渡債務**（民646）が発生する。次に銀行は、この債務を旧債務とし、枠契約でなされた授権に基づき、自己契約として預金者のために**準消費寄託**（民588、民666Ⅰ[209]）を成立させ、これによって、取立金債権が預金債権に更改される[210]。この解釈であれば預金の成立時期を取立

に基礎をおく。

208 それはなにより当事者の意図に合致するものと思われないということが、譲渡説の採用を妨げる（木内・金融法168頁。なお当座勘定規定ひな型2Ⅰ）。

209 渋谷光子「預金の意義・機能・種類・特色・規制」金融取引法大系第2巻（1983年、有斐閣）2頁、我妻榮・債権各論中巻2（民法講義Ⅴ3、岩波書店、1962年）736頁等に準消費寄託への言及がある。また、取立委任のみならず、貸付または手形割引を実行する約旨のもと、金銭の授受なくして即時払預金を成立せしめるような場合にも、準消費寄託の方式で預金が成立する（木内・金融法165頁、中馬義直「預金契約」契約法大系Ⅴ特殊の契約1（1963年、有斐閣）36頁、来栖三郎・契約法（1974年、有斐閣）614頁）。しかしながら、平成29（2017）年民法改正法は、「消費貸借の章」全体を準用する従来の民666をあらため、個別に条名を挙げて準用規定を限定した。「中間試案」の段階ではここにリファーされていた民588が、「要綱仮案」に関する作業のなかで唐突に削除が提案され、さしたる議論もないままに承認された。しかし、かかる改正にもかからわらず、依然として準消費寄託の観念は論理的必然により不可欠な制度であって、これを廃止したものと考えるべきではない。預金の殆どが振替によって成立している実情から考えれば、賢明な読者においてはそのことは容易に理解できよう。入金記帳を金銭の交付と同視し得るものではない。他方、振替により生じた預金のすべてをうけとめる準消費寄託の観念がもし認められないとすると、別の名目で生じた債務を片務的返還約束を伴う行為によって新債務に置き換えるこの操作は、法典に用意された概念としてはさしあたり準消費貸借によるものとならざるを得ない。ところが、消費貸借は期限の定めがない場合には要求払いではなく予告払である。このような取扱は、普通預金・当座預金には不適合である。したがって、かかる規定削除は、起草者の主観的誤謬に過ぎず、今後の民法解釈において積極的な意味を持つものと解釈されてはならず、そこには、即時払と解するべき種類の預金が現金授受以外の方法で成立するときには民588の準用により準消費寄託の観念が認められるという当然の前提があるから、敢えて定める必要がなかったがために削除されたものと解釈する以外にはないであろう。

210 木内・金融法168頁は「取立金引渡債務をもってする準消費貸借」とされるが、要するに「預金契約の締結は取立が完了し要物性が満たされるまで時間的な経過をたどるものというべき」とされ、最判昭和46・7・1判時644号85頁、大阪地判昭和25・4・22下民集1巻4号598頁、大阪地

完了時と見る預金規定の考え方と調和する[211]。

[13104] **承前—他店券による場合**　金融機関が受入れた証券が自店券[212]であれば、当座預金の残高を速やかに確認することが可能であり、支払資金を確認した状態で新たな入金記帳を行うことが可能である。しかし他店券であるときには、手形交換所で呈示することになり、支払の完了の確認には、時間を要する。そこで、預金規定類は、他店払証券が支払資金になるのは、取立が確認された時点であることを確認し[213]、銀行自身が資金を負担しないことを定めるとともに、預金受入事務の遅滞の責任から銀行側を免除している。取立の結果を知る前の時点で、預金者の振出している別の手形小切手が呈示された場合等において、銀行が

判昭和34・2・23下民集10巻2号373頁、田中誠二・銀行取引法79頁、銀行取引判例百選2版（別ジュリ38）50頁〔鈴木〕、河本一郎・ジュリ176号71頁を挙示する。ただし、木内・同所は事柄を「停止条件付」預金契約とすることを正当でないとされる。改正債権法で消費貸借ないし消費寄託が要物契約でなくなっても、金銭返還請求権が成立するのは貸越・預入といった出捐行為が実行される時点であることにかわりはなく、現行法のもとでも改正法のもとでもこの点は同様に解してよい。事柄は「準消費寄託」であるとおもうが、その点を除いて私見もこれに左袒する。

211　内国為替（振込取引）の場合には、受取人が振込という一つの指図の指図受取人となり、被指図人である被仕向銀行に対して受取人が有する指図引受に基く給付請求債権を、これもまた準消費寄託によって更改するものと解すべきである。

212　受入店舗自身が約束手形支払場所または小切手支払人として指定されている場合。他店が指定されていれば「他店券」である。

213　当座勘定規定ひな型2Ⅰ、普通預金規定3条1項等。この規定は取立委任説を採る場合には確認規定であるが、譲渡説を採る場合には銀行を保護する上で不可欠な創設規定となろう。ところで、譲渡説は他店券による預金を解除条件付預金と解する。「包括的意味における手形交換が、交換差額の決濟と同時に前記の解除条件附にて効力を発生するとせば、交換の目的であつた各個の手形の決濟的効力も、これと同時に発生すると解するのが自然である。ただその決濟的効力は、全體としての交換の効力と運命を共にするほかに、〔交換所の〕規約が不渡手形の個別的返還を認むる結果として、更にこの種の解除条件を附せられたものと解しなければならぬ」（西原寛一・手形交換法論（1942年、岩波書店）164頁）。解除条件付であれ、預金は一旦成立することとなるが、処分（例えば払戻）した後に解除条件が成就した場合で、黙示の合意に基づき条件成就の効果が遡及するときには（民127Ⅲ）、はじめから存在していなかった預金債権を払渡したこととなって不当利得が発生する。条件成就の効果が遡及すると否とにかかわらずこの仮想的預金債権に担保権を設定した場合には担保権者に別の差替担保を提供しなければならない。預金の存在を前提にした他の法律関係をすべて巻き戻さなければならない。他方、他店券の受入を取立委任とみる説では、取立の完了—交換決済の終了する時点—の後に、預金が成立することになる（最判昭和46・7・1金法622号27頁）。「支払資金として扱いを開始する時点」と「預金の成立の時点」とが一致する。木内・金融法169頁。銀行は証券所持人としての固有の利益主体としての地位を持つのでないにもかかわらず、預金者が証券の支払人との関係で人的抗弁を対抗される場合であっても受入の趣旨で証券に正裏書をすると人的抗弁の切断が生じるとされてしまうかもしれないが、これは不合理である（前田庸「当座勘定契約」現代契約法体系第5巻（1984年、有斐閣）126頁）。勿論、公然の取立委任裏書（手18）により受入がなされるならばこのような問題はおこらない。

当該預金者における不渡を回避すべく、「他店券過振り」「他店見込払」と称する立替払いが、一種の当座貸越ないし事務管理として行われている。この場合、受入れていたほうの証券が不渡になれば、かかる立替金の回収は危ぶまれることとなろう。その場合に、預かった証券類に対して銀行が担保権を有すると考えられているようであるが、その根拠は様々論じられている[214]。銀行が交換所での取立を懈怠しあるいは取立ができなくなるような事態を生じることにつき過失があった場合の処理については、結果的に預金の成立を認めるといわれている[215]。

第2項　為替による預金の受入

---

[214] 譲渡説はその利点として、銀行が、証券の決済を見込んで決済が確認される前に当座預金の支払資金とする取扱（見込み払い）が可能になることを挙げる。当座勘定の名義人は多くの場合銀行の融資先でもあり、不渡処分を回避させることで回収に支障を来さないようにこれが行われてきた。取立委任説よりも譲渡説を採ったほうが、預金の成立時期が早くなり、この実務の説明としては合理的である。取立委任説の場合、取立委任が撤回され同時に手形の売買（割引）が成立し、割引対価としての入金が預金を成立させるとの擬制的な構成によるしかない（高窪利一・手研180号9頁）。見込払等立替払をすることによる「求償権を確保するための独自の利益」（木内・金融法169頁）が発生する結果、銀行が人的抗弁切断を主張できる地位を得るという（このほか河本一郎「小切手の受入と預金の成立」ジュリ176号71頁）。撤回説をとらず、他店払手形が不渡になっても、見込払いをしているときには、預金は事務管理的に当座貸越によって成立したものと解し、手形は貸越金返還請求債権の（黙示的な合意による）担保となると解するものもあった（鈴木竹雄編・当座預金－銀行取引セミナー1（1962年）206頁）。思うに、預金の成立時期を早めるこれらの諸説は、真実の委任の履行前に受取物の引渡が義務付けられるということを意味し、この委任の性格を、単純な取立委任ではなく、「訴求額交付委任」のようなものへと変じることになりはしないか。それは当事者の意思に副うものなのであろうか。取立未了であれば預金不成立との解釈を修正せずとも、問題になっている立替払という事実は事務管理で説明できよう。その償還請求権は、多くの場合当座勘定契約と併せて調印される銀行取引約定書の包括担保条項に基づき当該手形で担保されていると考えてはいけないのであろうか（西原寛一・金融法108頁。なおこのような立替払金を担保する質権が成立するという見解を技巧的に過ぎると批評する我妻榮・債権各論中巻二（民法講義V3、1962年、岩波書店）733頁。しかし現代の判例はむしろ担保権構成に傾斜している。[23204bis]）。なお、第三者と預金者との間に人的抗弁が存する場合には、隠れた取立委任の合意の存在から、人的抗弁の切断はおこらないことは覚悟しなければならない（木内宜彦・手法法小切手法第二版（1982年）162頁。なお、最判昭和31・2・7民集10巻2号27頁）。また、電子記録債権の場合には、債権の履行期日に口座間決済制度によって即日支払が行われるので、「見込み」の問題はその限りでは生じない。しかし、コベナンツ違反等の理由で取立側の債権の履行期が前倒しになり、その「見込み」で成立した預金から払出そうとする場合に類似の問題が生じる可能性はあろう。

[215] 仮に持出ができたであろうときも、支払人が倒産していた場合にまでそのような結果を認めるべきかは別段の考慮を要すると思われる。受任者の債務不履行による損害賠償債務を以て預金とする、いうなれば民130の適用による預金の成立を認めた東京地判昭和43・12・21下民集19巻11・12号821頁、仙台高判昭和40・8・30高民集18巻5号402頁。しかし、「取立に成功したら預金にする」というのは本来の意味での条件ではない（せいぜいそれは「類推適用」である）。事柄は条件成就妨害法理適用の結果成立するのではない、とする木内・金融法171頁。

[13201] **為替** 現金を送付することなく第三者が依頼人となって隔地間で資金移動を実現させる取引のこと[216]を為替と呼び、銀行法は銀行の基本業務の一種として**為替取引**を認め、銀行法の文言は、少なくとも預金と貸出の併営をするかまたは為替取引を行えばそれは銀行業であるという理解に立って起草されている（銀２Ⅱ）。為替業務は**内国為替（送金・振込）**と**外国為替（信用状取引等）**とに分類される。

[13202] **他人の手による預金契約** 預金契約が消費寄託であるとしても、これを成立させるための意思表示（ならびに、要物契約としての預金契約の効力要件として、金銭の交付）を預金者自身の手によって行うことを必ずしも要せず、他人の手をかりこれを成立させることができるのは、一般私法において認められるところである。そこで預金規定ひな型には、そのような取引を定めている[217]。

[13203] **内国為替の種類—送金と振込** 送金取引は、送金依頼人から為替金の払渡を受けて送金依頼を受けた金融機関（**仕向銀行**等と称する）が、遠隔地の受取人に**為替通知**を到達せしめ、受取人がその近傍の金融機関の営業店（仕向金融機関のコルレス先[218]、**被仕向銀行**等と称する）に赴いて通知を呈示すると送金の対象となる金額を受領できる仕組みである。仕向銀行等が発行し依頼人に交付した小切手を以て通知としこれを依頼人が受取人に郵送し、これを受取った受取人が被仕向銀行等に取立に赴くものが**普通送金（文書為替）**であり、仕向銀行等から電信的方法で受取人に向けた表示として為替通知が被仕向銀行等を介して送付され、

---

216 小山・前掲書153頁。最判平成13・3・12刑集55巻2号97頁。為替取引を行うこととは、「顧客から、隔地者間で直接現金を輸送せずに資金を移動する仕組みを利用して資金を移動することを内容とする依頼を受けて、これを引受けること、又はこれを引き受けて遂行することをいうと解するのが相当である。」高橋康文・詳説資金決済に関する法制（2010年、商事法務）140-142頁。

217 店舗内での第三者による振込が**店内振込**（当座規定4）（これは内国為替の「振込」にあたらない可能性がある）、為替を利用して第三者による他の本支店または他の金融機関をつうじてなされるのが**他店振込**である。他の本支店における本人振込（例：当座規定3）は、銀行と預金者との二者間の契約であるとも考えられるが、当座預金・普通預金契約の締結は口座単位で行われるものとみて、第三者による振込と同等に扱われる（木内・金融法173頁）。

218 両銀行の間にはコルレス契約が締結される。その合意の対象となる事項は、交付される小切手等証券類の形式と取扱、被仕向銀行への為替通知を伝達する手段に関する条件、当事者の権利義務、銀行間決済の方法等、相互的委任ないし相互的準委任を内容とする契約である。これを加盟金融機関の各が他の全ての加盟金融機関との間でとりむすぶ契約関係の集積からなる集団的な会員組織に編成したものが、全国銀行内国為替制度である。この制度は東京銀行協会により設置された内国為替運営機構を通じて運営され、これを実施するため制定された同機構の「内国為替運営規約」とこれを前提として全構成員間で締結されている多数当事者間相互委任契約たる「内国為替取扱規則」が適用される。西原寛一・金融法203頁、田中誠二・銀行取引法200頁、森本「為替の意義と機能」金融取引法大系第3巻18頁、木内・金融法320頁。

これを受取った受取人が被仕向銀行等に取立に赴くものが**電信送金（電信為替）**である[219]。これらは直接に預金を成立させる取引ではない。仕向銀行等から電信的方法で被仕向銀行に通知が到達するところまでは電信為替と同じであるが、受取人において予め預金規定を用いた枠契約的合意においてなされている受入れの委任に基づき、被仕向銀行等がそのまま為替金相当額の預金を元帳上の処理によって成立させるところまでを実行する仕組みを**振込**と呼ぶ。これによって生じた銀行間の貸借を回収させるのが銀行間決済の仕組みである[220]。

[13204] **銀行間決済**　　送金・振込いずれであれ、被仕向銀行等は仕向銀行等に対して払渡為替金・入金記帳相当額の事務処理費用償還請求権を有することになる。仕向銀行等は依頼人から払込まれた為替金を預かっていて、被仕向銀行にこれを給付しなければならない義務がある。そこで、各銀行が日銀支店内に有している当座勘定残高間の振替が、集団的銀行間交互計算である日銀金融ネットワー

---

[219] 送金の契約的性質は委任ないし準委任と解してよい。普通送金の場合には仕向銀行が被仕向銀行を支払人とする小切手を、送金依頼人との間に存する委任ないし準委任に基づいて送金依頼人に交付するので、その法律関係は二方向の委任関係を実質関係とする小切手の効果として説明が可能であるが、他方電信送金の場合には証券こそ交付されてはいないものの、仕向銀行から被仕向銀行に対して発せられる為替通知は引受のない支払指図（Anweisung）（木内・金融法328-329頁）または支払委託（mandat）である。これらは被指図人の債務負担を要素とする指図ではなく、支払委託だけで完結する取引を想定していると思われる。結局、事柄としては受取人への金銭給付が送金依頼人から仕向銀行に委任され、被仕向銀行はその復受任者としてこれを実行するものと解してよかろう。普通送金であれ電信送金であれ、送金受取人の地位は、振込の場合のように被仕向銀行への債権を取得するという効果に結びついていない（木内・金融法329-331頁）。東京高判昭和29・9・17高民集7巻9号678頁など、旧時の裁判例や学説--我妻榮・債権各論上巻（民法講義Ⅴ1、1954年、岩波書店）119頁ほか--は、仕向銀行・被仕向銀行を要約者・諾約者に擬してこれを第三者のためにする契約と解していたが、上記東京高判昭和29年の最後の上告審（事件は上告後最高裁と差戻審との間で二回往復した）である最判昭和43・12・5民集22巻13号2876頁を以て第三者のためにする契約説を否定することで決着したという。被仕向銀行はあくまでも受任者として金銭給付をすべく仕向銀行との関係において義務付けられるにとどまり、送金受取人との関係で給付すべき権限を付与されているというにとどまる。送金受取人が為替金を受領したときに、その給付保持力の根拠は元の委任者である送金依頼人との間でこの受取人が有する実質関係（原因関係）をおいてほかにない。上記裁判例の事案の真の争点は、被仕向銀行が、為替金を以て送金受取人と当該銀行との間の貸金債権との間で相殺回収を図ることの可否であった。受取人の他の債権者を排除して銀行が回収原資を独占できるためには、受取人が依頼人に対して有した原因債権を差押えるなりしなければならない。ここには相殺適状はない。被仕向銀行はむしろ原因債権の債務者の復受任者として金銭を受取人に届けるという「なす債務」を免れ得ない。

[220] 振込が決済の手段として最もよく用いられ、全銀協決済統計年報によれば、2017年の「振込」に分類される他行為替の年間取扱高は2785兆円で、同年の手形交換金額374兆円の7.4倍に相当する。

クシステム（1988年稼動）によって実行される[221]。

[13205] **振込の定義**　「振込」は、内国為替業務の一つで、**振込依頼人**が**仕向銀行**（仕向店）に、受取人の取引銀行（**被仕向銀行被仕向店**）にある**受取人名義の当座預金・普通預金等の口座に一定金額を入金**（**入金記帳**）することを**委託**し、これを受けた仕向銀行がそれに必要な事務処理を行う為替取引である[222]。仕向銀行から被仕向銀行へ銀行間ネットワークである全国銀行データ通信システム（「全銀システム」、1973年稼動）[223]によって振込の意思表示が伝達され（**振込通知**）、被仕向銀行は、このシステムの運営を担当する東京銀行協会の内国為替運営機構の策定した、**内国為替取扱規則**上の義務としてこれに従い**入金記帳**を行う。入金記帳がなされた以上預金が成立し、原因関係上の事由[224]も、資金関係上の事由[225]も、これを抗弁して預金の成立を否定することはできなくなる。

[13206] **振込取引の法的性質**　振込を通じて成立する預金もまた、消費寄託により発生した債権と解すべきであろう[226]。ただし、それは、預金者と被仕向銀行

---

[221] 全国銀行内国為替制度を利用するためには、加盟金融機関は日銀との間に為替決済取引を結ばねばならない。仕向銀行と被仕向銀行との間では、日々相互に無数の準委任が行われていることになる。この委任事務処理費用債務が総額相殺され、相殺尻が「日銀ネット」で清算される。往時その決済は、各取引日の16時15分から17時00分までの「為決時点」において一括実行されていたが、Lamfalussy 委員会の推奨する方法に従い、2001年以降、1億円超の決済については RTGS（同時グロス決済）が導入された。これ以降は、振込通知があり入金記帳がなされる都度決済が実行され、以てシステミックリスクを制御している。なお RTGS について、川本・前掲金融機関マネジメント93頁。小口 RTGS は分散台帳実証試験の段階にある（全銀ネット18.10.29発表）。

[222] 松本貞夫・実務内国為替入門（1995年、経済法令研究会）18頁。ただし、依頼人・仕向間の関係は「振込取次契約」というべきものである。

[223] 松本貞夫・銀行取引法概論（2003年、経済法令研究会）240頁。

[224] 最判平成 8・4・26民集50巻 5 号1267頁（後に詳述）。

[225] 各国の内国為替の実像も法理も一様ではないので、単純な比較にはならないが、例えばフランスにおいて、virement は、必ずしも資金 provision を必須のものとして成立するものではない（但し運営規則は通貨金融法典 L.330-1 Ⅲ・EU 指令98/26所定の撤回不能性を資金収納時からと定める。破毀院商事部 2007・9・18, Juris-Data 040411）。GAVALDA（Christian）et STOUFFLET（Jean）, Insrtument de paiment et de crédit. Effets de commerce, chèque, carte de paiement, transfert de fonds. 6 éd., 2006, Litec., no 458, p. 412; CABRILLAC（Michel）, Le chèque et le virement, 5 éd., 1980, Litec, no 376. 他方日本法においては、振込依頼人と銀行との間の資金関係上の事由は善意の受取人に対抗できないとされる。我妻榮・債権各論中巻二（民法講義Ⅴ 3、1962年、岩波書店）732頁は、大判昭和 9・5・25民集13巻829頁とともに、銀行が取引先甲の依頼を受けて通謀し、甲がその債務者乙の口座に振込を行ったことにして、銀行から乙に「入金通知」をしたとしても、乙の預金債権は成立しないが、「乙が善意なる限り」銀行は甲との間の通謀虚偽表示無効を乙に主張し得ない、としている（注釈民法（3）総則（3）（有斐閣、1973年）173頁〔稲本〕、川島武宜・民法総則279頁）。虚偽表示が振込自体を無効としない限り資金契約の如何は預金の成立を害さない。

との契約から直接に発生する債権ではない。預金者と被仕向銀行との間には金銭の授受がないことにかんがみれば、この二当事者の関係だけでは寄託物返還請求権の行使の条件を満たしているとはいえない（もし寄託物返還債権が発生しているとすれば、どこか別の場所で、例えば、振込依頼人が銀行との間で一旦発生させた債権を受取人に取得させる何らかの権利移転行為があるはずであるが、そのような説明は[227]、振込の実像とは適合していない）。振込の実行にあたっては、振込依頼人から仕向銀行に、仕向銀行から被仕向銀行に、順に**復委任**が連続して行われているという説明がよくきかれ、これを以て振込取引の本質と見る考え方もある。確かに受取人が

---

[226] 本文に説くように、消費寄託の成立前の段階と、消費寄託それ自体との区別が必要である。論者は必ずしもこの問題を意識して消費寄託であると論じているわけではないようであるが、振込取引そのものを消費寄託契約締結の過程ととらえるのには少々無理がある。振込による預金成立の過程の特徴に、予め被仕向銀行との間でなされる預金に関する枠合意以外の部分では、振込のいずれの段階でも受取人がその過程に関与していないという点が挙げられる（後述）。

[227] そのような発想に基づく理解として、例えば、①振込依頼人ないし仕向銀行（要約者）が、被仕向銀行（諾約者）との間で受取人という**第三者のためにする預金契約**を締結していると解釈してはどうか。受取人が**受益の意思表示**をしない限り日本民法では受取人の権利が成立しないので、受取人不在の場面では預金は不成立となる。受取人の権利の内容は当該要約者諾約者間の合意の内容に従属する。寄託者である要約者側の預入給付が未実行の状態である限り要約者諾約者において随意の解約が可能であるところ、為決時点までは銀行間決済が終了していないという制度を前提にすると、入金記帳が終わっているのにもかかわらず受取人の同意のないままに一方的に預金債権が奪われることになり、預金成立の効果が不安定なものとなり、振込取引に通常期待される効果は保障されない。我妻榮・債権各論中巻二（民法講義Ⅴ3、1962年、岩波書店）732頁は、大判昭和9・5・25民集13巻829頁ともに、振込を第三者のためにする契約であるとの前提に議論しているようであるが（しかし、同論者自身は同時に、要約者諾約者間の契約自体が無因契約でありうるとの前提が日本法ではとれないかもしれないとも述べている）、第三者のためにする契約では、受益者は虚偽表示規定における第三者ではなく、無効原因も含めてすべての瑕疵を諾約者が受益者に対抗できるものと考えられてきた（同様の理解はフランス法でも採られてきた。TERRE, SIMLER et LEQUETTE, Droit civil, Les obligations, Precis Dalloz, 2013, 11e ed., no 526.）。もし解決としての抗弁対抗不能を是とするならば、それは第三者のためにする契約ではなく指図でなければならない。入金記帳は指図の引受により成立した債務を準消費寄託によって預金化したものであるから、資金関係の欠缺はもともと対抗不能である。②それでは、同じく依頼人ないし仕向銀行と、被仕向銀行との間に、いったん消費寄託契約が締結され、これによる消費寄託債権を**指名債権譲渡**の方法で受取人に取得させる過程であると解してはどうか。まずなにより対抗要件の不具備が問題となる。抗弁不対抗の問題に関しても譲渡構成は難しい。仮に無異議承諾を被仕向銀行が行っているものと解釈でき、抗弁不対抗を根拠づけ得たとしても、当該債権譲渡契約の原因関係が無効・不存在の関係であったときには、日本私法の物権変動の理論から言えば、譲渡契約自体も効力を失い、民468の抗弁制限は作用しないから、受取人が無権利者となり、判例の認める結論とは正面から抵触する。③振込依頼人ないし仕向銀行を委託者、被仕向銀行を受託者、受取人を受益者とする**信託**が成立するものと考えてはどうか。今度は受取人の権利の効力が強すぎる。預金者には受寄者である銀行の破綻に際して物権的保護が与えられることになり、性質として信託受益権となるが、これも実際の取扱と異なる。

預金規定に同意することを通じて銀行に受入（預金契約の締結）を授権しており、その銀行が内国為替取扱規則に加盟していることを通じて被仕向銀行との間で振込の取次を相互に委託しあっているという点は争いがなかろう。ところが、これだけでは、被仕向銀行が振込の実質関係上の事由を対抗できないという争いのない解決を説明できない。振込依頼人が受取人に負った債務の弁済を銀行に委任しているとすれば、預金の成立はこの債務の存在に従属する[228]。これらの委任関係と併存し得る、しかし受任者から外部に向けた出捐を正当化する実質関係から独立的な、即ち被仕向銀行が受取人に対して金銭給付の債務負担をすることを内容とする被仕向銀行・受取人間の約諾の存在を観念しなければならない。その独立的な別の行為によっていったん生じた債権を、預金者と被仕向銀行との間の「**準消費寄託**」（の予約）とでもいうべき合意（とそれに基づく予め本人の承諾のもと授権された権限を被仕向銀行が行使してなす**自己契約**としての入金記帳---その存在ゆえに受取人が知らない間に預金が成立する）によって預金契約による債権へと更改している結果として振込の過程は説明されるべきである[229]。そこで、ここにいう実質関係

---

[228] 契約の効力を享受する主体が自ら関与せずに権利義務を得喪する場合があるとすれば、それは**代理人または使者**を通じた契約の締結であり、そのような契約締結過程があり得るということについては預金契約であっても変わるところはない。ところで、受取人甲が振込依頼人乙を代理人とし乙が仕向銀行丙を復代理人とし、丙が受寄者である被仕向銀行丁との間で預金契約を締結するとしよう。この場合、甲乙間・乙丙間いずれかの順次の代理権授与が欠けていれば無権代理行為になろう。しかもかかる権限に基づいて締結されるのが、預金契約＝消費寄託契約であるとすれば、寄託金銭の払戻請求権が確定的に発生するのは、受寄者に対して預入が履践された後でなければならない。ところが、実務上の取扱を見れば、一旦振込通知に従った入金記帳がなされた以上、日銀ネットによる銀行間決済が履行されようとされまいと既に預金が成立しているものとして扱われている。復委任構成ではこの点が説明できない。運送契約であれば、運送人は労務は提供するけれども、自らは出捐を行うものではない。これと比べて、被仕向銀行は入金記帳を行うことで必ず受取人に対して出捐を行っているのである。この出捐に給付保持力を付与するためには、何らかの「法律上の原因」が与えられなければならない。誰かが出捐を「委任」しているということは、それだけでは直ちに「法律上の原因」があるものとはならない。この出捐は、本人と、取引の相手方との間の具体的な契約関係に従属し、この契約関係が「法律上の原因」を与えるのである。このようにして復委任説の解決は現実に実定法が振込自体の効力の説明として採用しているものとは異なる。これに対して他人が出捐を「指図」しているとなれば、そこには特殊な形で「法律上の原因」が与えられることになる（後掲）。また、振込依頼人を受取人の代理人または使者と見立てるこのような説明では受取人自らは何人が代理人ないし使者であるのかを知らないままにかような行為をさせていることになってしまう。委任契約は受任者の個性を考慮して締結されることが通常の契約であるため、何人が受任者であるかを要素とするものというべく、このような説明には適さない。

[229] この更改契約は、預金規定を内容とする枠合意における「為替による資金も受け入れます」という約款の形式で予約されている。予約が完結するには被仕向銀行が入金記帳という形式で表示行為を行うことが必要であり、ある種の**自己契約**の成立と同様にして発生する更改である。

から独立性のある債務負担行為として考えられるものとしては、**無因（抽象）債務承認**[230]があり得よう。しかしながら、実体的な無因債務承認の効力は、被仕向銀行の過誤により行われた入金記帳や、偽造の振込依頼のような場合にまで預金を成立させる可能性があり、これでは当事者の意思から乖離した解釈となってしまうであろう。そこで最も適切と考えられるのは**指図の引受**[231]である（「指図」自

---

[230] 入金記帳を以て単独行為による被仕向銀行の受取人に対する**無因債務承認**（独民781）であるとする理解もある。日本私法がかかる類型の実体的抽象債務を認めているかにつき明確とは言えない（柴崎暁・後掲手形法理と抽象債務）。そして、入金記帳にそのような効果があるとすると、振込依頼人が重過失のない錯誤に陥って振込を依頼していた場合でも、なりすまし偽造による振込依頼であろうと、仕向銀行の何らかの過誤によるものであろうと、全銀システムのエラーによるものであろうと、被仕向銀行の入金記帳だけで預金が発生することになる。誤記帳訂正請求権を約定しておかねば過剰行為は回避できない。この説に立つと、振込規定における「組戻し」はそのようなものとして定められていることになる。しかし、かかる解釈はいささか入金記帳の効力を強力なものとしすぎてはいないか。預金規定には、例えば「この預金口座には、現金のほか、手形、小切手、配当金領収証その他の証券で直ちに取立のできるもの（以下「証券類」という。）を受入れます。為替による振込金も受け入れます。」（普通預金規定ひな型2（1））といった定めが置かれており、「為替」が取引行為として何らかの形で存在していることを前提にしている。上述の、振込依頼人による指図がいかなる意味においても存在していないものを「為替」が存在している場合といえるかはなお疑問である。

[231] 欧州大陸法系各国の民法典に規定される「**指図**」（Anweisung / délégation / delegazione）は明治23年日民財489以下で「嘱託」とされ、大判大正6・5・19民録23輯885頁もその存在を認める（柴崎暁・手形法理と抽象債務（2002年、新青出版）238頁。また、隅谷史人・独仏指図の法理論（慶應義塾大学出版会、2016年）。イタリア法については柴崎暁「主観的更改と純粋指図」池田眞朗＝平野裕之＝西原慎治編・民法（債権法）改正の論理所収（新青出版、2010年10月）415-461頁。また、スイス法における指図の具体的な適用場面である振込に関して柴崎暁「スイス私法における振込学説」上村達男＝尾崎安央＝鳥山恭一＝黒沼悦郎＝福島洋尚編・企業法の現代的課題ー正井章筰先生古希祝賀（2015年、成文堂）295-311頁）。指図人指図受取人間の**原因関係**と指図人被指図人間の**資金関係**という二組の実質関係の実現を目的として結び付けられた三人の当事者が同意を与えることにより成立し、指図人の指示に基づき、被指図人が指図受取人に対して実質関係から独立した一定金額の給付を約束する取引である。これにより生じた効果を利用して二組の実質関係は満足される。満足されるが、それらの実質関係のいずれかが欠落しても指図が無効となることはない（抗弁の制限）。各々の実質関係の満足は、**弁済・与信・恵与**のいずれをも意味する場合も可能である（組み合わせが9種類あり得る）。原因〔cause〕を合意の要素とする法の下ではかかる構造を持った三角取引であること自体の中に causa が存するとの理解が採られている（指図だけでなく、現代における請求払ギャランティーにおける cause にも、この思想をみるものがある。POULLET（Yvés）, La garantie à première demande: un acte unilatéral abstrait?, Mélange Jean Perdon（AEDBF）, 1996, Bruxelles.）。指図として成立している限り抗弁の制限が原則であるとともに、有効な指図の欠缺する場合の無効の処理のほか、二重の実質関係の欠缺の場面・受取人と指図人の事実上の同一などの場面では、実質関係上の抗弁が対抗可能とされる。このような処理はそのまま振込取引に適用すべきである。ATMやインターネットバンキングの取引実態から考えると、振込の場合の指図の指図人は振込依頼人自身であり、被仕向銀行が被指図人となり、仕向銀行はそのような指図の jussum の伝達を補助する使者としての役割を受任して

第B章　預金の変動　69

体は抽象的な概念であるが、他の決済制度の多くは指図を応用した制度である[232]）。実質関係に基づく抗弁を被仕向銀行に主張させないという判例の態度や、振込通知の記載事項（被仕向金融機関の当該預金口座に、記載の当該金額の預金を成立させる**入金記帳の単純な委託**）[233]に鑑みて、このように考えるべきであろう。

[13207]　**原因関係を欠く振込**　判例によれば、原因関係を欠く振込取引が行われた事例[234]においても、受取人の口座に入金記帳が行なわれた時点で預金債権は

いる。かかる委任契約の内容として仕向銀行が振込依頼人に対して有する委任事務処理費用償還債権を預金残高と相殺する合意が含まれ、資金が引落されると同時に振込通知という形式で指図人としての意思表示が伝達される。被指図人である被仕向銀行は仕向銀行との合意（内国為替取扱規則を内容とする）に従い、振込通知どおりの入金記帳をすることで指図を成立させるとともに、仕向銀行に対して費用の償還を請求する（[13204]）。被仕向銀行は、被指図人としての引受をするとともに、受取人との間の預金契約の附款である予約に基づき、これを直ちに預金債権へと更改する。

232　なお、指図の理論が商法的に応用されたものには、振込取引以外に、為替手形、商業信用状、カード取引、前払式証票などがある。前払式証票は免責的債務引受であるとか、債務者の交替する更改であるとかいわれているが、もしそうだとすると、発行体の加盟店への支払義務は利用者・加盟店間の売買契約の効力に付従することになる。ところが、「前払式証票発行事業規約」等の利用例の多くでは、発行体は、加盟店の端末に登録された利用記録が存在することさえ確認すれば、取引の内容については一切調査も関知もせず、直ちに利用代金相当額を支払い、他方、利用者と加盟店との間の商品の売買契約等についての効力をめぐる紛争には一切関与しないものとされている。免責的債務引受は、引受人において、旧債務者の抗弁すべてがひきつがれる制度である（我妻栄・新訂債権総論（民法講義Ⅳ、1964年、岩波書店）570頁。改472の2Ⅰ）からこれに適さない。カード取引は抗弁接続が特約されることもあるが、利用者の発行体への償還は事後となるので、改472の3（安永＝鎌田＝能見監修・債権法改正と民法学Ⅱ（2018年）277頁〔柴崎〕）との関係での説明が難しい（なお、「資金決済に関する法律」（平20）は、資金決済業務を規制する業法であって、以上のような問題につき手掛かりになる私法規定をおくものではない）。

233　おそらく、現行の実務を前提にする限り、①振込依頼人名、②仕向銀行名、③被仕向銀行名、④預金種別、⑤口座番号、⑥受取人名、⑦入金日、⑧金額のみを、仕向銀行の電信センターから全銀システムを通じて被仕向銀行の電信センターへと送信することを以て行われるのが振込通知である。仕向銀行が振込依頼人から為替金を受領したことも、原因関係上取引が存したことも、何等預金成立の要件にはなっていない。

234　最判平成8・4・26民集50巻5号1267頁・判時1567号89頁（民法判例百選Ⅱ債権7版〔別ジュリ224〕（2015年）146頁〔岩原紳作〕）。Xは、C（「東辰（トウシン）」）から建物を賃借し、賃料の支払は、「東辰」のD銀行大森支店の当座預金口座に振り込んで支払っていたが、平成元年5月分の賃料については誤って、訴外B（「透信（トウシン）」）が有するA銀行上野支店の普通預金口座を指定してしまった。XはかつてBから通信用紙を購入するなど取引があり、その代金をBが有するA銀行上野支店の同口座に振り込む方法で支払っていたことがあった。Xはその誤りに気付いてAに「組戻」を申し入れた（当座勘定規定ひな型3条2項、これを準用する4条2項における「入金記帳の取消」は、仕向銀行の過誤ある場合を念頭においており、本件のような事例には適用がない）が、Aは受取人の承諾がないと入金記帳の取消はできないと回答。Bは倒産し連絡がとれないので、Xは受取人「透信」に対する不当利得返還請求権保全のため、右預金債権を仮差押した。直後、Yは、BがAに対して有する普通預金債権を差押。Xは、Yが差押えた

成立し、かつ、受取人に帰属する[235]。したがって、この預金は受取人の責任財産であり、振込依頼人は受取人に対する不当利得返還請求債権を有するにとどまり、受取人の差押債権者の行った強制執行を第三者異議の訴によって排除することはできない[236]。振込依頼人の意思表示と錯誤の関係について論じつくしていな

Bの預金債権は、Xの誤振込によるもので「右振込依頼は要素の錯誤によって『無効』である」「依頼人と受取人との間に原因関係がなければ預金債権は不成立 (ママ) である」「かかる差押えはXのBに対する不当利得返還請求権の侵害である」と主張、本件差押の有効性を争う第三者異議の訴（民執38）を提起。Aは払戻における紛議を回避するため右債権額を執行供託。原審は「BのAに対する本件預金債権は成立していない (ママ) 」と判断し、「Xの振込金が透信の預金口座に入金記帳され、その金銭価値がBに帰属しているように取り扱われていても、実質的には、右金銭価値は、なおXに帰属しているものというべきである。」Xは「右金銭価値の実質的帰属者たる地位に基づき、これを保全するため、本件預金債権そのものが実体上自己に帰属している場合と同様に、右預金債権に対する差押の排除を求めることができる」としてXの請求を認容した。Yが上告し原審取消破棄自判。

235 原因関係が欠缺する場合に、預金が成立することを認めた上で依頼人に帰属しているとの立場は斥けられている。改477は、預金通貨の権利移転による弁済の発効を定義するが、このことは、預金通貨取得者が追奪されないことを保障される（決済最終性）ことが前提になっている。

236 この請求権にある種の物権的な救済を認めようとする努力も主張されてはいる。しかしながら、その多くは解釈論として難がある（最も精密に構成された試みとして、例えば、川地宏行「原因関係が欠如した振込における預金債権の帰属」法律論叢85巻6号（2013年）131頁。その独自の見解はとりわけ186-187頁に現れている。この説は、預金の「帰属」に関する出捐者説（いわゆる客観説）に依存しつつ、その帰属関係の判定につき「金銭価値所有権」が振込依頼人に帰属するか否かを基準とし、その適用の帰結として原因関係を欠く振込依頼人において受取人の債権者による執行に対して第三者異議の訴えを行使し得るというものである。論者は、原因関係必要説には立たず、受取人に属する預金債権の成立は認めるが、その差押に対して誤振込人がその排除のために援用するべき「引渡を妨げる権利」（民執38）が何なのかを必ずしも示していない。振込依頼人が例えば「金銭価値所有権」等の名下に、受取人に本権が属する権利の上にある種の他物権を有すると考えることはできよう。しかしながら、論者は「契約法上の預金者とは別個に物権法上の預金者を認め」ない、とするので、かかる物権を想定することもできない（これに類似する「物権的アプローチ」として、岩原紳作・商事法論集Ⅱ金融法論集上-金融・銀行（2017年、商事法務）311頁。なお、同書は、領得行為の被害救済を意識するものであるが、それは預金の帰属を操作することにではなく、預金の成立の次元に解決を求めるべきではなかろうか。後掲注245・246・247）。結局は不当利得返還請求権を以て「引渡を妨げる権利」と擬するという以外にはなさそうである。そうであれば差押債権者との関係は対等なものとなって、結局執行において先んじた差押債権者による執行を排除することはできないことになる。また、差押債権者は「金銭価値所有権」に基づく第三者異議が認められないことを正当化するために、預金者が「金銭価値所有権」を取得したことを証明しなければならないはずであるが、かかる権利はどのようにして立証できるのであろうか。そもそも、一旦適法に生じたはずの受取人による預金債権取得の結果を給付不当利得による取戻を超える力で覆すことが許されるのであるとすれば、そのことは金銭給付、また従ってその代替手段である預金通貨の法的保護に要求される「最終性」を害さないであろうか）。基本的には、振込依頼人が原因関係の欠缺から被る財産の無原因な喪失は不当利得返還請求権によって回復される他にない。最判平成8年の判旨は次のように説く。「振込依頼人から受取人の銀行の普通預金口座に振込があったときは、振込依頼人と受取人との間に振込みの原因となる

い面が否定できない（当該事案は表意者における重過失の認定が必要であったかもしれない）[237]とはいえ、いわゆる原因関係必要説（そこにいう「必要」が、預金の成立にとっての「必要」を意味するのか、預金の帰属にとっての「帰属」を意味するかによっても所説の内容は全く異なるものの）からの批判は決済最終性保護の見地から斥けられるべきであって[238]、当該事案の解決は合理的であると思われる[239]。それにもか

法律関係が存在するか否かにかかわらず、受取人と銀行との間に振込金額相当の普通預金契約が成立し、受取人が銀行に対して右金額相当の普通預金債権を取得するものと解するのが相当である。けだし、前記普通預金規定には、振込みがあった場合にはこれを預金口座に受け入れるという趣旨の定めがあるだけで、受取人と銀行との間の普通預金契約の成否を振込依頼人と受取人との間の振込みの原因となる法律関係の有無に懸からせていることをうかがわせる定めは置かれていないし、振込みは、銀行間及び銀行店舗間の送金手続を通して安全、安価、迅速に資金を移動する手段であって、多数かつ多額の資金移動を円滑に処理するため、その仲介に当たる銀行が各資金移動の原因となる法律関係の存否、内容等を関知することなくこれを遂行する仕組みが採られているからである。」「また、振込依頼人と受取人との間に振込みの原因となる法律関係が存在しないにかかわらず、振込みによって受取人が振込金額相当の預金債権を取得したときには、振込依頼人は、受取人に対し、右同額の不当利得返還請求権を有することがあるにとどまり、右預金債権の譲渡を妨げる権利を取得するわけではないから、受取人の債権者がした右預金債権に対する強制執行の不許を求めることはできないというべきである。」

[237] 最判平成8年の判旨は、振込依頼人による錯誤の問題を無視している（前田達明「本件判批」判評456号33頁）との批判がある。この説は、振込依頼人の有効な意思表示が存在することを以て預金の成否を左右する要件とみており、その点で私見と軌を一にする。委任契約の連鎖＋無因的な入金記帳が振込の本質だとすれば、錯誤無効（平成29年改正法のもとでは錯誤取消）は振込依頼人の意思表示のみに及ぶもので、「振込取次契約」の部分だけが効力を損なわれ、入金記帳は無傷ということになるが、これでは当事者の意思とは乖離し、振込の効力が過剰である（注230）。指図の構成で考えると、有効な振込通知が被仕向銀行に到達しない限り、入金記帳にも効力はない。問題を原因関係についての錯誤ではなく、受取人の同一性に関する錯誤であるととらえたときには、確かに、上記論者のいうように、振込取引が全体として錯誤無効となる場合が考えられてよいであろう。テレックスで為替通知を送信して預金を成立させる仕組みが取られていた時代には、振込依頼人が受取人の口座番号・法人名について記憶が曖昧であったため、窓口で銀行員が推測し誤って他人名・他の口座番号を教示し、結果としてこれを振込依頼人が振込依頼書に記入した事例（名古屋高判昭和51・1・28金判503号32頁。いわゆる「豊和産業」事件）では、過失といっても表意者のみに帰責すべきではない落ち度と解する余地があり得たであろうが、ATMおよびインターネットバンキングが普及した現在、仕向銀行のシステムに不具合があった場合を除けば、受取人の同一性について十分な確認をしないことは、重過失ある錯誤（民95但）であり、振込依頼人に一層の裁量と比例し一層の危険が帰する仕組みに変貌している（本件はそのような事例と解される）。

[238] 預金者の判定基準として「出捐者説」を採用している判例との整合性がない（菅原胞二「原因関係を欠く振込取引の効力（上）預金債権の成立と免責理論」銀法515号26頁）との批判があるが、「出捐者説」は、本人確認義務を前提にした現代の預金実務では否定されるべき運命にある（[13306]）。預金は「成立」するがなお依頼人に「帰属」している（牧山市治「本件判批」金法1467号16頁）とする説は、振込を債権譲渡であるとの前提で最判を批判しているが、前述のとおり振込は債権譲渡ではない。預金者が債権の譲受人であるとするならば、預金の払戻を銀行に請

かわらず、最高裁の刑事事件の決定例および下級審裁判例において、これと矛盾する判断がしばしばみられる。

[13208] **誤振込と詐欺罪**　誤振込の受取人となった預金者が、その情を秘して預金払戻し請求をした場合において、これを横領罪または詐欺罪で罰するというのが裁判例であったが[240]、最高裁は平成15年の刑事事件決定において詐欺罪説を確認したという[241]。しかし、この最高裁の刑事事件決定は「誤振込」とは何かを

求するときにも、その残高の成立に寄与したと思われるすべての原因関係の成立を原告が立証しなければならない。他方、<u>「不成立」の預金が受取人以外の者に「帰属」しているという説明（原審）は、論理的破綻を来しており、実定法の認めるところではないことについては争いがないようである。</u>預金債権が不成立であるというのであれば、そもそも第三者異議の訴が不適法で排除されるべきであるとの申立において、その理由は原告における所有権またはその他引渡しを妨げる権利を侵害することになるからではなくて、かかる執行は客体を欠いているからという理由でしかなく、結果として原告は係争利益を有さないことを自白していることになる。他方差押債権者が被仕向銀行に対して取立訴訟（民執155以下）によって満足を得ようとしても被差押債権の実体的不存在によって敗訴し、転付命令が被仕向銀行に送達（民執160）されても被転付債権が存在しないので、差押債権者は満足を受けたことにならない。上告理由も、この点については指摘している（判時1567号96頁）。

239　この判決への批判が、第三者異議の訴を認めなかったことであたかも受取人が預金を独占するかのように解した上でなされているとすればそれは誤解である。振込依頼人も、不当利得返還請求債権者として、**配当要求**することができ（民執154）、差押債権者だけがひとり満足を受けるわけではないことにも注意しなければならない。

240　過去の裁判例においても、他人の金銭を委託されこれを保管する者が保管の方法として預金した場合に、その払戻を受けて領得する行為は委託物横領罪に当る。大判大正元・10・8刑録18輯1231頁。横領は、自己が占有する他人の物を奪取する行為である以上、この場合の預金者は「占有」する者でなければならない。この点は「横領罪における占有は法律上の支配関係で足りる」ということで解決しているようである。大谷實「誤振込による預金の払戻と刑法上の取扱い」研修662号8頁。誤振込の受取人が、その情を秘して預金を引き出す行為は、「他人の」金銭を保管する者による領得の一種であり、委託の要素を欠くので**占有離脱物横領罪**（東京地判昭和47・10・19研修337号69頁、大谷實「旧説」「キャッシュ・カードの不正使用と財産罪」判タ550号84頁。前掲研修662号12頁で改説され、窓口で払戻すと詐欺罪、CD機で払戻すと窃盗罪であるという）だとされ、これに対して一部の裁判例は**詐欺罪**説（札幌高判昭和51・11・11判タ347号300頁）を採った。ところで、この札幌高判昭和51年の事件において問題の「誤振込」とは、<u>有効な振込の意思表示が存在しない事例に関するものであると考えなければならない。これに対して、民事の裁判例で単に「誤振込」と呼ばれている多くの場合は、原因関係を欠く有効な振込であって、受取人に対する不当利得返還請求権を発生させるものの、受取人に預金債権という権利を取得せしめる取引行為である。したがって、そこで受取人が「占有」（債権であるから「準占有」というべきであるが）するのは、他人の物ではなくて自己の物である。よってその払戻請求を、横領で罰し得ない</u>（但し刑252Ⅱ。受取人が不当利得金の管理を誤振込人に対して約束していた場合の刑事責任は別に論じ得よう）。これに対して、狭義の誤振込ではなく、有効な指図が存在しない振込の場合であって預金も不成立であるのに、被仕向銀行の元帳上の表示に預金残高が存在する場合には、これを詐欺で論じることができるであろう。

241　最決平成15・3・12刑集57巻3号322頁は、誤振込により成立した預金の受取人は、「銀行との

正しく定義しているとは思われず、学説からの批判も強い[242]。この問題を論じるためには、「誤振込」には、「振込依頼人の意思表示の不存在・偽造・重過失なき錯誤無効などを理由とする無効な振込」と、「原因関係が欠けるにとどまり出捐行為としては有効な振込」とを区別しなければならない。誤振込に関しこれを何らかの犯罪として処罰しようとしてきた下級審の刑事裁判例のほとんどは有効な振込の意思表示が存在しない事例に関するものであると考えなければならない。

[13209] 誤振込依頼人による被仕向銀行への不当利得返還請求　振込依頼人が受取人の同一性について誤認し、インターネットバンキング上、別人の預金口座に振込を行ったのとほぼ同時にこの受取人が取引停止処分を受けた。被仕向銀行は預金が成立したのを奇貨として当該受取人に対して有していた貸金債権を相殺回収したが、振込依頼人は被仕向銀行が振込依頼人の財産によって不当利得したものとして不当利得返還請求を認められるであろうか。下級審ではこれを認める判決が数件散見される[243]。

間で普通預金取引契約に基づき継続的な預金取引を行っている者として、自己の口座に誤った振込みがあることを知った場合には、銀行に上記の措置〔組戻し〕を講じさせるため、誤った振込みがあった旨を銀行に**告知すべき信義則上の義務**があると解される」とした上で、「誤った振込みがあることを知った受取人が、その情を秘して預金の払戻しを請求することは、詐欺罪の欺罔行為に当たり、また、誤った振込みの有無に関する錯誤は同є罪の錯誤に当たるというべきであるから、錯誤に陥った銀行窓口係員から受取人が預金の払戻しを受けた場合には、詐欺罪が成立する。」と判示した。

242　振込依頼人の振込通知発信の錯誤無効や被仕向銀行の過誤による誤記帳のように、預金がそもそも不成立になるような場合はともかく、受取人における預金の取得の原因関係が欠けるというだけの場合には、前掲最判平成8・4・26にあるように預金が成立しているのである。自己に権利が属する財物の引渡を求める行為が何ゆえに詐欺なのであろうか。もし受取人が誤振込金を引き出して逃亡したり、費消してしまったときには、被害（らしきもの）を受けるのは振込依頼人なのである（無資力による債務不履行一般の問題）から、銀行を被害者として財産犯罪を認める判例は、この被害実態を反映していない。民事では適法で許容される行為が刑法で違法とされて禁止されるという矛盾は、「法秩序の統一性」に反し認められるべきでない（松宮孝明「誤振込と財産犯の解釈および立法」立命館法学278号）。預金の払戻しが認められる者に対して払戻を拒むことは債務不履行であって、違法であり、最決平成15年は「**払戻しを拒む違法な利益を詐欺罪で保護する**」（山口厚「誤振込と財産犯」法教283号87頁）ものとさえ非難される。民事的に有効に預金を成立させた振込では受取人を処罰できず、**三角詐欺**として説明することも難しい。最判昭和45・3・26刑集24巻3号55頁は、他人より財産処分を授権された者を欺罔する場合を三角詐欺として論じるが、誤振込の被仕向銀行は自己の債務を弁済する者なのである。

243　名古屋高判平成17・3・17金判1214号19頁。受取人（A）の不渡処分（午前10時22分、被仕向銀行Yに通知）のあった日に、インターネットバンキングを通じて、別人と誤ってAの開設した当座預金口座に振込依頼をしたことに気づいた振込依頼人（X）がYに組戻を要求（午後1時30分）したが、既に入金記帳（午前11時42分）が行なわれ、当座勘定は強制解約（午後1時11分）され組戻に応じなかったため、XがYを相手に金員の返還を請求した。その5ヶ月後に、Aは、

[13210] 承前　かかる事例では、XとしてはAに対して不当利得返還請求すべき筋合のものである。幾つかの裁判所は、このような「相殺が無効である」といっておきながらYが利得しているというのであるが、相殺が無効であればYには利得はないはずであって論理が尽くされていない。仮に相殺が有効であったとしても、Yが相殺したこととXが損失を被ったこととの間には因果関係はなく、Xの損失と因果関係にあるのは誤振込によって生じたAの利得なのである[244]。

[13211] 承前　ただし、この論断にはいくつか留保が必要であろう。①同様の事例でも、振込依頼人の意思表示に要素の錯誤があり、重過失があるとはいえない事例であるとしたら、それは「有効な指図が存在しない場合」[245]として扱われ、

YおよびX宛に「本件振込金に対する権利はなく、Xに返還されても異議を述べない」との「確認書」による意思表示をしている。さらにその6ヶ月後に、YがAに対して有する貸金債権を自働債権として本件誤振込によって成立した預金を相殺したという事例で、判決はXからYへの不当利得返還請求を認容したものである。

244　名古屋高判の事例では、「確認書」がAのXに対する預金債権の指名債権譲渡等の意思表示であるとするならば別段、そのような認定はない。確認書が被仕向銀行Yに対するある種の授権と解しても、YがAの代理人としてXへの譲渡契約をしたことも認定されていない。然らば本件ではAのYに対する預金債権はAに帰属しており、Yは民法所定の相殺適状において相殺を行なったものであって相殺の効力を原則として問題にできない。相殺には配当要求の制度もない。せいぜい**相殺権の濫用**法理または倒産法制上の相殺制限による解決しかない（他方、手続開始後の不当利得は財団債権・共益債権とされてきたことにも注目したい）。これに対して、東京地判平成17・9・26金判1226号8頁では、受取人の取引停止処分から9日後の、受取人の同一性を誤ったインターネットバンキングによる誤振込であり、さらにその3日後に振込依頼人から組戻が要求されていたのに、被仕向銀行はこれに応じず翌月には相殺による回収を行なった。その3ヶ月後、振込依頼人は受取人を被告として不当利得返還請求訴訟の勝訴判決を得て差押を申立てた。被仕向銀行は相殺による消滅を理由に弁済しないので、振込依頼人が被仕向銀行に対し（敢えて取立訴訟ではなく）不当利得返還請求を行い、裁判所がこれを認容したものである。相殺の意思表示がどの時点でなされたのかも厳密にいえば問題であるが、相殺の意思表示自体は処分ではなく既に発生した法状態の「援用」であると考えれば相殺遡及効により相殺適状の始期がこの差押よりも以前であるため、この事案でも振込依頼人にこのような請求を認めることは困難である。

245　重過失なく無効を主張できる錯誤の場合も同様であるが、偽造の振込依頼がなされても預金は不成立である（「誤振込」ではなく「偽造振込」である）。しかるに、最高裁は偽造の振込依頼にあたかも預金を成立させる効果があるかのような解釈を採用している（最判平成20・10・10（破棄差戻）民集62巻9号2361頁）。本件は真正の振込通知がなく預金不成立が疑われ、仮に預金が成立していると解しても被仕向銀行は免責されており、被害者は仕向銀行に求めるべき事例と解される。事例は次のとおりである。資産家宅に盗犯Aが侵入、窃取した印章や預金証書を用い、被害者である預金者本人Bになりすましてc銀行に定期預金の中途解約を求め、その払戻金を資金としてB振込依頼人名義で、別銀行YにあるBの妻Xの名義の普通預金口座に振込をさせ、今度はその受取人である妻Xになりすました者Dが預金全額の払戻を得て行方知れずとなった後、X本人が当該預金の払戻をY銀行に請求した事例である。事案の解決そのものは、過失によって

給付関係当事者が利得当事者となり、他方振込依頼人は仕向銀行から資金を回収することができるものといえよう。特に、インターネットバンキングによる場合に、システムの不具合で無効の振込が外形上成立する場合には、振込依頼人が資金を失ういわれはない。②被仕向銀行が知り得る受取人の信用状態につき、振込依頼人が情報を得ておらず、誤振込により不当利得が発生し利得返還の困難を生じているとすれば、何らかの救済は考えられてよい。③受取人の詐欺によって誘導された振込の場合にも、同様に受取人に属する預金を振込依頼人が掴取する途が考えられてよい[246]。④犯罪利用口座に係る資金による被害回復分配金の制度が平成19年に導入されており、とりわけ③の事例の解決に重畳的に適用される[247]。

預金者ならざる者に払戻をした仕向銀行Ｃへの定期預金の払戻請求または確認請求を以て果たすべきではなかったか（Ｙへの請求は棄却で良い）。盗犯Ａは、原告Ｘの夫Ｂの定期預金を、なりすまして中途解約したもので、それを資金として本件振込をなした。この中途解約に軽々に応じた仕向銀行Ｃの過失が問題となる。定期預金の中途解約は、即時払預金の払戻請求とは異なり、解約を必要とする事情を聴いた上、請求者の同一性を十分に確認する慣行を前提に行われるからである。本人確認法の適用関係でも、Ｂ名義のほぼ全額に及ぶ定期預金1100万円もの払戻をしているのであるから、本人確認記録を作成しなければならない。この払戻には免責約款による軽減の適用がなく、調査義務を尽くさず過失をおかして定期預金解約金を処分したＣは原告の夫Ｂ及びその承継人に対してはこれが有効な処分であったことを以て免責を主張できないものというべきである。他方Ｙは、偽造者の発信した真正でない振込通知に基き入金記帳しているから本来預金は不成立で、誤記帳訂正権を援用し得べきところである。ＸはＹに不成立の預金の払戻を求めることはできない。ところで、最判解説民平成20年度489頁を筆頭にすべての評釈が振込依頼人の意思表示の真正性の欠如を問題としていない。口座名義冒用であることにつきＹが不知であることや（民93本文類推）、Ｂ承継人ＸがＡの無権限振込を追認（民116）していると見るのであろうか。しかしそのため預金の成立が争えないとなれば、却ってＹからＤへの払戻は、身元確認と印影照合を適正に行った上での準占有者への弁済としてＹを免責する。他方Ｃは、民478の過失により誤ってＡがＣに負担する為替金債務とＸの預り金債権とを相殺したためＸは未だ債権を有していることとなり、Ｃから回収することができる。

246 ②につき前記東京地判平成17・9・26において、もし被仕向銀行が速やかに解約手続に入っていたら、かかる誤振込は発生しなかった。この点についてなお非難の余地はないものか。速やかな解約義務があると解される特段の事情があるならば、それを放置した結果については因果関係がある限り損害賠償をしなければならないかもしれない。③について、東京地判平成19・10・5金法1826号56頁は振り込め詐欺被害者が受取人への不当利得債権保全のため預金債権を**債権者代位権**によって代位行使することを認めた。このような救済方法の容認は、受取人が行方不明であるとの事実を受取人の無資力と看做し得るかという点さえ克服できれば十分正当であるといえる。ちなみに、債権者代位権の行使の効果は、債務者の責任財産（共同担保）の保全にあるから、行使の結果は総債権者の利益とならねばならず、代位権者に優先的な弁済受領を認める制度ではないはずである（林＝石田＝高木・前掲債権総論178頁）が、判例によれば代位権者は、第三債務者の債務者への履行として自己への給付をなさしめることができるとされてきた（大判昭和10・3・12民集14巻482頁）。改423の3はこれを明文化した。よって、振込依頼人は被仕向銀行から自己への払戻を請求できる。このような途がある以上、利得と損失との間の因果関係の存在について疑わしい「不当利得」という迂路を用いるよりも穏当であろう。

[13212] **外国為替**　　（未稿）

第 b 款　預金債権の帰属者（「預金者の判定」）

[13301]「**預金者の判定**」　　本款では、預金債権の帰属者＝預金者が何によって決定されるかを考察する。原則として「預金契約者」と「預金債権者」との資格は一般には同一人格に帰する[248]。金融機関の締結する預金契約は、公法的取締の観点から、「金融機関等による顧客等の本人確認等に関する法律（**本人確認法**）」[249]

247　平成19年12月21日に**犯罪利用預金口座等に係る資金による被害回復分配金の支払等に関する法律**（被害回復）が制定され翌年 6 月21日施行されている。同法では、捜査機関等から預金口座等の不正な利用に関する情報の提供がある等の場合（被害回復 3 ）に、金融機関は預金保険機構に当該口座につき取引停止措置の公告（被害回復 4 ）を求め、口座名義人が公告記載の期間内に届出をすべき失権戒告（被害回復 5 ）に応じた届出をしなかった時には、口座名義人の預金は消滅（被害回復 7 ）し、金融機関は、この消滅額を原資として振込利用犯罪行為の被害者に対して被害回復分配金を支払う（被害回復 8 ）（届出があれば被害者は加害者の身元を知ることができ民事的救済を求めることができようから取引停止措置は終了する）。これによる救済が認められる限り、債権者代位権の転用は必要なくなった。被害回復 3 Ⅰによる口座凍結措置を執った金融機関またはこれを申し立てた者またはその依頼を受けた弁護士に、犯罪事実がないのに措置を執らせた等の過失があれば、かかる措置は違法となって口座名義人が預金の払戻を請求し、あるいは、口座凍結の結果生じた営業上の損害を賠償請求できることになろう。口座名義人が凍結措置を無効であると主張して金融機関に払戻を求めた事例において、"弁護士からの日弁連の統一書式により情報提供等がされた場合には、それのみで口座凍結等の措置を執ると"する全銀協ガイドラインは、「当該情報提供が明らかな客観的事実と齟齬しているなど、その内容が虚偽であることが一見して明らかであるような特段の事情のない限り」適法なものというべきである、と判断し請求を棄却した東京地判平成24・10・ 5 金判1403号24頁、金法1971号124頁、判タ1389号208頁がある。払戻拒否は、犯罪利用預金口座の疑いあるため預金口座が解約（又は取引停止後に解約）された場合、預金者は通帳を持参し取引店に申出るものとし、「当行は相当の期間をおき必要な書類等の提出を求める」ことがある、とする預金規定に基き認められる（東京地判平成27・ 2 ・20LEXDB25523582）。強迫による準消費貸借公正証書による強制執行に関する債務不存在確認訴訟で敗訴した自称被強迫者の依頼による情報提供の事例で、犯罪利用預金口座の疑いがなく口座名義人への払戻を命じた事例として大阪高判平成28・11・29金法2063号72頁。

248　一定の要件を具備すれば、権利の帰属者は必ずしも締約の主体であるとは限らない。生命保険契約のように、契約者（締約主体）と権利の帰属者（保険金受取人）とが異なる契約（**第三者のためにする契約**）も一般私法においてこれを認める。「第三者のためにする預金契約」なる実務があれば、契約者と債権者が異なるという議論も成り立つ余地があろう（高木多喜男「預金者の認定」加藤一郎＝林良平＝河本一郎編・銀行取引法講座上巻（1976年、金融財政事情研究会）130頁）。しかし、そのような実務は確認できない。従って代理人による締約の場合を除き、いちおう原則として常に「契約者＝債権者」の命題が成立するものと考えるべきであろう。

249　犯罪由来資金隠し・資金洗浄に利用されることを防ぐ目的で、平成14（2002）年に制定、平成15年 1 月 6 日より施行（平成19（2007）年から「犯罪収益移転防止法」の一部。[00303]）。金融機関は、継続的な取引の開始時や、巨額の現金取引に際して身分証明書等による取引先の氏名・住居等の確認、取引記録の保存を義務付けられている。代理人を用いて取引をする場合には代理人本人双方を確認する。

の適用を受ける。勿論、このような本人確認の義務があろうと、これに違反する契約が無効となるわけではなく、他人から金銭を託された代理人ないし使者が、自己名義の預金の形式で管理することを許諾されているならば、そのような契約も可能ではありうる。しかし、それが名義人に帰属しない預金になるのではないか[250]。

[13302] **出捐者＝預金者**　我が国の判例は、預金取引一般に付いて、預金契約の当事者を表意者・金銭授受の当事者に限ることなく「**出捐者が預金者である**」との理論[251]を認めている

[13303] **判例の展開**　裁判所は、1950年代から60年代にかけて、「**無記名式定期預金**[252]」につき、出捐者Ⅹのための預金であることを銀行Ｙが認識していた

---

[250] 名義人と実質的な利益の帰属者とが異なる場面として、取引停止処分を受けた商人が、他人名義を借用して当座勘定取引を開始するが如き場合がある。前掲本人確認法が遵守される前提のもとでは原則としては稀有であろう。また、**導入預金**と称される実務の場合にも同様の問題が生じる。信用のある顧客Ａが、銀行員甲から誘導されて裏金利の支払を受けることを前提に協力し、信用のない他の顧客ＢのためＢ名義で預金口座を開設し、ここに一定の金額を入金しておき、甲がＢを伴って、窓口の融資係乙に、この預金を担保にＢへの貸付をするように指示する。銀行としては担保になる預金があるから、これで回収できることを期待するであろう。Ｂが融資を得たところで、Ａはそこから裏金利の支払を受け、すみやかにＡがＢを通じて右預金を引出して回収してしまう。与信の審査時には、預金を担保とする貸付としていたが、かような操作の結果、不良貸付だけが残る。担保に不足がある場合には、銀行は銀行取引約定書に基づきＢに担保提供を要求するであろうが、既にその段階ではＢはおそらく担保に供すべき財産もない状態であろう。資金の引出には法的には何らの制約もなく、名義上は登場しないＡを相手に責任追及するわけにもゆかない。このような実務は、銀行経営を不健全にするので、特別法で禁止されている（預金等に係る不当契約の取締に関する法律（昭和32年）２Ⅰ「金融機関に預金等をする者は、当該預金等に関し、特別の金銭上の利益を得る目的で、特定の第三者と通じ、当該金融機関を相手方として、当該預金等に係る債権を担保として提供することなく、当該金融機関がその者の指定する特定の第三者に対し資金の融通をし、又は当該第三者のために債務の保証をすべき旨を約してはならない」。第２項で預金媒介者にも拡大。違反には３年以下の懲役若しくは30万円以下の罰金）。ここでＡがＢ名義でした預金のように預金の名義と経済上の利益主体が異なる場面をいかに解するかについては、取締対象となっているかどうかとは別に、契約解釈の問題とされてきたのである。

[251] 「自らの出捐によって、自らの預金とする意思で、銀行に対して、自らまたは使者・代理人を通じて預金契約をした者を預金者とする」（高木多喜男「預金者の認定」前掲銀行取引法講座上巻134頁）主義（東京地判昭和27・6・12下民集3巻6号807頁）。これを「**客観説**」と呼ぶことがあるが、私法学において一般に名義と異なる内心の意図が基準となって帰属主体が決定されるような法現象は「主観説」「主観主義」と呼ばれることが多いので注意を要する。

[252] **無記名式定期預金**は、戦後のインフレ対策として、貯蓄増強を促すために許可されたもので、事実上譲渡禁止特約を無意味化するような性格の（木内・金融法177）特殊な預金であった（1988（昭和63）年に廃止。西尾信一編・金融取引法〔第二版〕（2004年、法律文化社）39頁〔西尾信一〕）。金融機関には、預金者の同一性を示すものとして氏名や住所が知らされることはなく、単

事例で、Yは証書と印章を占有する同銀行の支店従業員Mの預金として扱ったりMに対する割引手形買戻請求債権との間での相殺に供して自らの免責を主張することが許されないとした[253]。次いで同じく、無記名式定期預金について、他人から自己の名で預金を成立させることを委託された者が、銀行に向けてことさらに自己を預金者であるとの表示した事例についても、委託者の利益保護ならびに銀行との利害調整の観点から出捐者を預金者として扱うとした[254]。

───

に、印鑑のみが届出され、金融機関側は届出印鑑を持参する者に支払うという形式を採った。しかし、それは単に銀行が預金者の同一性を探索する手段を持たないだけであって、私法上は、無記名債権ではなく、指名債権であるといわれている（最判昭和32・12・19民集11巻3号2278頁、東京地判昭和25・10・24下民集1集10号1684頁、東京地判昭和27・6・12下民集3巻6号814頁、東京高判昭和28・8・22下民集4巻8号1185頁、東京高判昭和29・5・1下民集5巻5号600頁。木内・金融法209頁）。「無記名」という名称は債権の譲渡方法に着目した名称ではなく、証書の形式をそう呼んでいるだけである。三宅正男・契約法（各論）下（1988年、青林書院）1083頁、高木多喜男「預金者の認定」前掲銀行取引法講座上巻131頁、我妻栄・債権各論中巻二（民法講義V3、1962年、岩波書店）735頁。ただし払戻にあたって、証書の呈示だけではなく、届出印鑑の押捺を要求される（前出東京高判昭和28・8・22下民集4巻8号1185頁等。木内・同書同所）。

[253] 最判昭和32・12・19民集11巻2278頁。判旨は、代理に関する民商法の適用を、何ら顧慮することなく預金の帰属を論じている。しかしながら、そのような民法の原則との関係を不問とする解釈は、法令上の根拠に乏しい。契約者が代理権の範囲内で代理の趣旨で行為し（代理意思の存在）、本人のためにする意思が現れていれば民99が適用される。それが表示に現れているとはいえないならば、相手方において代理の趣旨であることを知りまたは知り得べかりし場合かどうかによって預金契約の効果帰属主体が異なってくる。事案は民100但を適用して代理人による預金とすれば何等問題はないはずである。しかし、無記名定期預金の場合に限り、その特殊性を強調して、「無記名定期預金にあっては、…通常の記名預金と異なって、預入行為者が自己を預金者とする旨の表示をしたと事実上の推定をさせるだけの外部的事実があるわけではないから、むしろ、金融機関の側で、預入行為者以外の出捐者が存在して預入行為者に預け入れをなさしめている事実を了知しているかぎり、出捐者との間に預金契約が成立するものと解すべきではないか」（木内・金融法177頁）とする解釈もある（同・178頁は、これとの対比で、記名式預金で出捐者の使者が自己の名を以て預金者としている場合には、自己のためにする行為であるとの「事実上の推定がはたらく」等とし、「自己名義で出捐者のために預金する旨を明示しているかあるいは預入行為の名義でもって預け入れることに特別な事情があることを金融機関の側で了解している場合に、はじめて右の推定はくつがえされる」としているが、それが民100但の適用の結果であるのかどうかは不明である）。

[254] 最判昭和48・3・27民集27巻2号376頁。事案は、Eが融資を受けるため出捐者Fに預金を依頼し、出捐者の妻を事務員に仕立てて金融機関Bへの無記名定期預金をなさしめ、Eがこれを担保として融資を受けたという事例で、民478または免責約款を根拠に、真実の預金者はFであるとの前提のもと、判旨は、「預入行為者が右金銭を横領し自己の預金とする意図で無記名定期預金をしたなどの特段の事情の認められないかぎり」との留保をつけて「表見預金者に対する貸金債権と無記名定期預金債務との相殺を以て真実の預金者に対抗しうる」とし、本件銀行が尽くすべき相当の注意を用いて表見預金者と確定したかどうかの審理をすべく差戻とした（この点、それ以前の裁判例、東京高判昭和29・5・1高民集7巻9号633頁およびその上告審最判昭和32・12・19民集11巻13号2278頁も同様に留保をつける）。Eは他人の信用を利用して手形割引を受けること

[13304] **承前**　この解釈は、受任者名義の「**記名式定期預金**」にも及ぼされた[255]。しかし、名義人無資力の状況のもとでの委託者本人からの預金払戻請求に対する支払について、民478類推を根拠に銀行が免責されるという[256]。

[13305] **批判**　出捐者説は、その指導的な裁判例の口吻を以てすれば、自らの出捐を以て他人をして預金を成立させることを認めるが、預金者の同一性が契約上重視すべき要素となった現在身元不明者の預金は好ましくないものである。表示を重視する現代の取引安全に関する考え方にも反する[257]。それだけでなく、他人を用いてする法律行為に本人効が認められるために顕名を要求する民法の原則に反する。問題は一般の民商法の原則によることで十分解決できる[258]。民478の適用による免責として判例が説明する場合の多くは、別段、準占有者の迂路を通って銀行が免責されているわけではなく、民100本文の定める場合にあたり、名義人自身の預金であるから、その者との間で払戻をしても相殺をしても免責を得られるというものではないのか。他方、免責を得られない場合とは民100但の適用される場面であって、本人のためにする行為であることを知りまたは知り得べかりし場合を意味し、そこに善意無過失を要求するというのは、制限的に失するのではあるまいか。さらに、預金契約が預金者にとって商行為であれば商504

ができる利益を享受する趣旨でこの取引を行ったものであるが、この事例も、民法の原則によれば、本人（出捐者F）のために名義上の預金者Eが主観的には代理人として締結したものの本人のためにすることを示さない代理で（民100本文）、銀行がその事実を知り得たか否かを認定すべく差戻すべき場合にあたるとの解釈も可能であった。

255　最判昭和52・8・9金法836号29頁。銀行が、他人Aの金銭の受託者である口座名義人Bとの間で、右名義人への貸付金債権と預金債権とを相殺したが、「右事実関係のもとにおいては、本件記名式定期預金は、預入行為者であるB名義のものであっても、出捐者であるAを預金者と認めるのが相当であって、これと同旨の原審の判断は、正当として是認することができる」として相殺の効果を認めなかった原審を支持して上告を棄却した。

256　最判昭和59・3・30金法1058号41頁。

257　本間喜一「預金契約」新民法演習4債権各論（1968年、有斐閣）166頁。

258　預金契約者＝預金契約締結の意思表示の表意者ならざる者に預金が帰属するとすれば、そのような取引は、代理（民99）か、第三者の為にする契約（民537）か、信託（信2）か（「受託者に形式的に帰属する預金が受益権者に実質的に帰属する」という表現を許されるとすれば）、または、預金行為者による預金契約の締結と同時に指名債権譲渡（民467）が行なわれている場合であるかのいずれかであるが、判旨はこれらの制度のいずれをも問題としていない。「出捐者」という私法上何らの定義もない概念を持ち出して「帰属者」を定義することはいささか恣意的な法解釈に思われ、金融取引における法的安全にとっても望ましくない。仮に代理とすれば既述の様に民100によることとなろうし、第三者のためにする預金契約の実務の存在は確認できず、指名債権譲渡であるとしても裁判例に登場する事例のいずれにおいても対抗要件が具備されているとは認めがたい。信託の可能性については[13307]。

による解決もあり得よう[259]。往時の学説には判例を支持するものもあったが、本人確認法の施行以降は、預金者の同一性に無関心な預金契約の解釈は正当化が難しい[260]。

[13306] **近時の裁判例—出捐者説の黄昏**　近時の裁判例として、注目されているのが最判平成15・2・21民集57巻2号95頁（保険代理店の保険料保管目的の普通預金）[261]および最判平成15・6・12民集57巻6号563頁（弁護士の預かり金保管目的の普通預金）[262]である。いずれも出捐者説を考慮せず、名義を以て預金の帰属を確定しようとしている。下級審にも類する傾向がみられ、青森地判平成16・8・10金判1206号53頁[263]は保険金受領のために開設された普通預金口座について、預金は

---

[259] 一方的商行為の取扱に関する原則（商3、小町谷・商行為法論17頁、竹田・商行為法4頁）にもかかわらず、商506の起草趣旨が、本人が商人である場合を念頭においていたなどの理由からみれば、代理人を使う側の当事者にとって商行為であるかどうかによって商504が導かれると解することが穏当であろう。最判昭和51・2・26金法784号33頁（定期預金返還請求事件、谷原・ひろば29巻8号54頁）は「商法五〇四条但書は、代理人の行為が本人にとつて商行為となる場合において適用されるものと解される」と判示している。銀行との預金契約は商人も非商人も行うことができるから、預金者本人に商人資格がない場合には商504を適用できない。

[260] かつては「預金契約は、金融機関の窓口において行われる大量取引であり、いちいち預入れごとに、預金者が誰であるかということを意思表示し、確認するということをしないのが通常である。預金者側も、預金証書ないし通帳と届出印鑑を持参すれば、預金の払戻を受けることができるし、金融機関の側でも、これらを持参する者に支払えば、少なくとも民法四七八条ないし免責約款によって免責されるのであるから、金融機関としても、いちいち個々の預金契約について預金者を明確にしておくという必要性の存しないのが普通である」（高木多喜男「預金者の認定」前掲銀行取引法講座上巻130-131頁）とする見解があったが、金融機関が預金行為者の背後にある内部関係を事実上確知することができないというだけであって、契約当事者が不確定なままに成立し得る法律関係があり得るということを意味するものではない。そしてなにより、本人確認法の下では、預金開設後の取引で「いちいち預入れごとに」確認がないとしても、少なくとも預金契約開始時点の「枠」契約の締結の段階では主体の特定を行っている。預金契約をもって当事者の同一性に無関心な制度とみる理解は過去のものというべきであろう。

[261] 民法判例百選Ⅱ債権7版（別ジュリ224）（2015年）148頁〔加毛明〕。損保会社Aの代理店であるBが契約者から収納した保険料の保管目的で「A代理店B」名義で開設した普通預金口座に関する事例である。①AはBに普通預金契約のための代理権を授与しておらず、②Bのみが通帳と印章を保管して預入・払戻を行っていたとの事実から、当該預金はBに帰属するとの判断をしたもので、最高裁は、普通預金について出捐者説を採用した原審をとりあわなかった（尾島・ジュリ1256号177頁）。「A代理店B」は代理関係の表示ではなく、Bの業務内容を示すにとどまるものと解すればB自身のためにする行為と性質決定されるからである。

[262] 債務整理を受任した弁護士Aが依頼人Bから委任事務処理費用として交付された預り金を保管するための、A名義の普通預金口座に関する事例である。判旨は当該預金債権をAに帰属するものとした。信託と解釈する余地もある等の指摘がある。本件とは異なるが、弁護士が「甲野太郎・乙山次郎相続財産口　弁護士丙川三郎」という名義で預金をするとき、そこに相続財産の共有者甲乙両名を本人とする代理意思が表示されているとの解釈も可能ではあろう。

[263] 雇主AがB保険会社との間で従業員Xを被保険者として自動車搭乗者傷害保険を締結、保険

名義人である受取人Xに帰属するものと判示している。

[13307] **信託に基く預金の例**　　代理の場合を除き、名義人以外の他人のために預金が行なわれその帰属主体を受益者たる当該他人の信託受託者とする信託契約（旧信〔大正11年〕15、新信〔平成18年〕25）の成立を認めた事例として、公共工事前渡金返還保証制度という特殊な事例についてであるが、最判平成14・1・17判タ1084号134頁がある[264]。さらに、下級審でも、非事業者自然人である複数人が

料はAが負担していた。この保険契約の受取人はXであったが、AX間には「この保険の保険金および労災給付金は、Aがいったん受領し、Xは、この保険契約に基づいて支払われる保険金のうち一部の金額に相当する金額のみについてAから支払を受け、保険金の残額と、労災給付金の全部に相当する金額に付いてはAが受領し、XはAに対して何らの異議も述べない」との約定があった。Aは、保険金および労災給付金を受取るためX名義の普通預金口座をXに無断でC銀行に開設した（事務管理または追認を受けた無権代理行為と認定された）。Aは、この口座の預金通帳と届出印を保管し、保険金・労災給付金はXの妻に送金した後、残額はA自身のために保管・使用・費消されていた。国税庁YはAの債権者としてX名義の預金を差押え、払戻を受けた。XはYに対して不当利得として右払戻金員相当額の返還請求。Aは預金契約の締結に関してXの代理人（使者？）で、追認の結果この預金債権はXが権利者となった。最判平成15・2・21が拠り所とした印章の保管態様が決定的であったとすれば、Aが預金債権者のはずであるが、本件で裁判所はXを預金債権者とした。裁判所は保険金請求権の帰属を問題にしているかのようであるが、それは預金を成立させる取引の原因関係の問題であって、預金の帰属はこれとは別に考えなければならない。

264　公共工事の前払金保証事業に関する法律5に基き、請負人Aが受領した前渡金の返還について、東日本建設業保証株式会社Cが注文主B（愛知県）を受益者として保証を行なった。保証約款はABCの三面契約で、AはBから受領した前渡金を指定金融機関Yに別口普通預金として預け入れ、払戻に際しては都度、使途をCおよびYに明示し、資金の流用を予防するものとなっていた。Aが破産、破産管財人XはYに預金の払戻を求めた。Yは、この預金債権上に「求償債権を被担保債権とするCを質権者とする指名債権質が設定されている」ことを理由としてXへの払戻を拒んだので、Xは対抗要件の不具備を主張しつつ預金払戻請求訴訟を提起すると同時にCを被告としてかかる質権の不存在確認の訴も提起している。原審は請求を棄却、控訴審も控訴棄却、上告棄却。判旨は、この預金につき、Aを受託者としCを委託者・受益者とする信託が成立した（預金名義は信託受託者のAであるが、その受益権はCに属する）ものとした（新信25Ⅰ）。ただしこの「信託」はその成立が明示された契約によるものではなく、いわゆる「構成信託」となるので、日本の信託法では認められていないのではないかとの疑問が生じる。一部学説は当事者の意思表示の解釈として信託契約そのものが成立した事例と解する（北居功「信託と民法」新井＝神田＝木南編・信託法制の展望（2011年、日本評論社）47頁）。信託の客体が金銭であるとすると、登録・登録の方法がない財貨に関する信託（旧信3・新信14）に該り、対抗要件の履践は不要である。判旨はそのように考えているようにも読める。しかし本件の事実にかんがみれば、事柄は預金債権への信託設定と解すべきであろう。そうであれば信託設定行為の要素となる財産権の移転に相当する指名債権譲渡について対抗要件が必要となるはずである（仮に質権であったとしても、その客体は金銭ではなく、債権質である。金銭所有権は占有に付従する特殊な財産権であるとの原則からいえば、物権の混同を来すので、定義上「金銭質」は存在し得ない法範疇であって、かかる呼称は比喩にとどまる。預金債権の質入と解した上で、質入の対抗要件の履践がないことを前提に問題の解決を考えるべきではないか）。

共同で用いるべき金銭を管理する手段としてそのうちの一名の名義で開設された銀行普通預金口座に関してこれを信託であるとした事例が見られる[265]。

第ii節　預金の移転と消滅

第a款　譲渡・質入・相続・差押・転付

第1項　譲渡・質入とその禁止特約

[14101] 譲渡・質入の禁止　　預金債権は指名債権であり、その譲渡については

---

[265] 東京地判平成24・6・15判時2166号73頁、金判1406号47頁、木村仁「判批」私判リマ48号42頁は、受託者の名義により成立する預金債権が信託財産であるとし、払戻を受けた受託者の差押債権者に対して受託者が行った当該預金相当額の不当利得返還請求を認容した事例である。Aら友人関係にある自然人3名（委託者兼受益者とされた）は同様に友人である自然人Xに委託して、旅行代金を共同の預金の形式で積立てる目的でB銀行に普通預金口座を開設せしめた。XはBの窓口担当者の指示に従い「すみれの会　代表者X」を名義とした。通帳・カードはXが保管し、Aらは継続的に積立金を入金・送金し、XがAらの集まりに通帳を持参し確認を得ていた。本件口座はXのその余の一般財産とは分別して管理され、Aら各人の持分につき各別に計算を明らかにした状態で管理され信託財産としての分別管理の実質を備えていた。Xへのクレジット債権を債務名義として有するYがこの預金を差押え、Bに対して払戻を求め、Bがこれに応じた。XおよびAはBに対しては預金払戻を、Yに対しては不当利得返還を請求した。XのYに対する不当利得返還請求のみが認容された。裁判所は、「信託財産たる預金債権について、的確な公示手段やこれに係るルールが存在しない現状においては、当該預金が信託財産であるか否かや、具体的にいかなる権利関係にあるかは、Bとしては、通常これを容易かつ的確に知る立場にはないから、特段の事情がない限り、預金債権の差押えやこれに基づく取立てにおいても、Xを預金債権者として扱えば足り」とし、このため、Yからの取立に応じてなしたBによる払戻は有効な弁済であって、預金債権は消滅し、XはYが差押え取立てた本件預金につき信託受託者として損失を被り、Yは、これを法律上の原因に基づかずに利得したことになるところから請求認容としたものである。ここで信託の対象たる財産は預金債権と考えるほかないから、本来ならばまずAら委託者兼受益者が共有者として（Xという共通の代理人を通じてでもよいから）預金契約を締結し、金融機関に譲渡禁止特約を解除してもらった上で委託者から受託者への債権譲渡が行われ、その旨の通知・承諾（登記はXが法人ではないので利用できない）がなされるのでない限り、この旨をYには対抗できないはずであり、そうではない本件では当該預金はあくまでもXの預金債権という他になく、このような条件下でBがXを預金者として扱ったことも、権利の帰属関係どおりの処理であって、Bにおける信託たる事情についての事実上の認識可能性があったかどうかの問題ではない。上記のような手順を履んだ信託設定がなされ対抗要件が履践されていたとすれば、受託者XはYによる差押を第三者異議（民執38）の方法で阻止すべきところであり（狭義の信託財産独立性--新井誠・信託法〔第4版〕(2014年、有斐閣)103頁)、それを無視して行われた実体法上不当な執行の成果は不当利得返還請求の対象となる。しかし、本件ではそのような信託設定もなく、また対抗要件も不具備であって、クレジット債権の満足という法律上の原因を有する預金債権への執行は信託財産独立性を侵害するわけではなく適法であり、またしたがって不当利得返還の対象にもならないはずであろう。

民法の指名債権譲渡に関する規定が適用される。指名債権は譲渡性を有するのが原則である（民466Ⅰ）が、当事者の意思表示により、譲渡を禁止することができる（民466Ⅱ）。譲渡禁止特約が存する場合には、譲受人が善意者でない限り（民466Ⅱ但）、債権譲渡は物的に無効であるとされていた（最判昭和49・7・19民集27巻7号823頁）[266]。後に判例（最判平成21・3・27民集63巻3号449頁）および学説では譲渡禁止特約は債務者の保護のみを目的とする制度であるから、譲受人からの取立を拒否できる限り[267]、債務者は害されず、他方譲渡人自身には譲渡無効を主張する固有の利益がないので、特約違反の譲渡は物的に無効ではないとする理解が説かれるようになった。特約を後日解除することを期してなされる違約譲渡の効力の説明が複雑に過ぎることに因る（注269）。そこで、少なくとも債権一般については、平成29年民法改正法の改466では、「譲渡制限の意思表示」が存していても、その性質による譲渡性がある債権の譲渡は、なお有効であり（改466Ⅱ）、ただし、悪意重過失ある譲受人との関係においては債務者は履行拒絶権を有すると同時に、譲渡人（原債権者）に対する弁済を以て対抗できる（改466Ⅲ）ものとされることとなる。これに対して、従来、預金規定の類は、譲渡性預金（Certificate of Deposit）[268]等一部の商品を除き、概ね譲渡・質入を禁止（当座勘定規

---

[266] 動産は性質上譲渡不適格のもの（不融通物）についてはともかく、その所有権の譲渡について私人間の合意を以て制限を加えることができない。他方、手形のような有価証券については指図禁止文句（手11）が認められる。電子記録債権は抗弁制限排除文句（電債16Ⅱ（10）。なお自然人は事業者文句を記録しないことで抗弁対抗可能。電債20Ⅱ（3））、譲渡記録排除文句または譲渡回数制限文句（電債16Ⅱ（12））をおくことができ、譲渡制限会社の株式または譲渡制限種類株式については譲渡の相手方を選択する自由の制限（会136）が、それぞれ認められている。これらの比較において指名債権の譲渡禁止は、電債16Ⅱ（12）と同様譲渡の「禁止」で、効果の一部や相手方選択の制限ではない。これは、債権が元来は流通しない人的な「法鎖」として発祥した歴史的事情による。債務者は、相手方の属性を考慮してこの相手方を選ぶ。したがって、そこで考慮された期待、例えば、債権者が協調と手心の精神を持った人物であることは債権関係の要素であった。THALLER (E.), De la nature juridique du titre de crédit, Annales de droit commercial et industriel, français, étranger et international, 1906, no 42.

[267] 譲渡禁止特約付債権の譲渡の効力を直接に規定したものではないが、かかる譲渡は被譲債務者との関係においてのみその効力を否定すればよいとの発想に立脚した制度が既に存在していた。いわゆる特例法登記がこれであり、対債務者対抗要件不具備の譲渡が他の者との関係で効力を有することを確認した。改正債権法は譲渡禁止特約付債権の譲渡もこれに準じたものと考えるのであろう。「動産及び債権の譲渡の対抗要件に関する民法の特例等に関する法律」（平成10年、以下「動特」）4Ⅰの対第三者対抗要件を得た段階では、譲受人としては債権への譲渡人の債権者による差押を排除することができるので目的を達成できており、他方第三債務者は譲受人からの請求を拒むことができ、譲渡人に対して弁済することで免責を得られる。動特4Ⅱの登記事項証明書の対債務者交付までは、債務者は譲渡人に弁済でき、譲渡人による資金利用の権利が確保される。債権譲渡担保の実務的要請を満足させるためである。

定22、普通預金規定8等）していることが常であったので、平成29年改正法は、預貯金債権で「譲渡制限の意思表示」を伴うものについては、債権一般におけるような物権的無効の廃止を免れ、当該意思表示を以て悪意重過失ある第三者に対抗できる旨を定めている（改466の5。したがって、意思表示に違反する譲渡は、預貯金債権に関する限りは物権的次元で無効と解すべきであろうか[269]）。また、預金規定には、譲渡禁止特約の効果につき「銀行の承諾があればこの限りでない」との旨が規定されている（この形をとれば、譲渡承認権が留保され、承諾された譲受人以降の更なる譲渡にも都度銀行の承諾を要する）。譲渡の範囲に事業譲渡は含まれるが、会社分割による権利承継がここに含まれるかはなお論じるべきか（なお、譲渡禁止特約をめぐる問題は、売掛債権に譲渡担保を設定して行う融資に関して再論する→[23401]以下）。

[14102] **譲渡禁止特約の存在意義**　　特約は、銀行が**相殺による債権保全の機会**を確保[270]し、**預金者の同一性確認**の手段を重視する観点から、預金者が変動する可能性をできるだけ制限しようとするものである[271]（当座預金についてはその性質

---

[268] 譲渡性預金においては証書が発行されるものの、それは指図証券や無記名証券といった有価証券の形式をとるものではなく、民467以下の指名債権譲渡の方式を履践しなければならない（木内・金融法184頁）。譲渡性預金規定ひな型では、譲渡にあたっては、譲渡通知書に確定日付（民施5）を付し記名および届出印による押印を調し、預金証書とともに銀行に提出（「通知」にあたる）すべきものとされ、銀行は預金証書に確認印を押印して返却（「承諾」にあたる）する。

[269] これに関連して、譲渡禁止特約付き債権が譲渡され、その後になって債務者がこれに事後承諾を与えた場合の効力をいかに解するべきかが論じられている。この「事後承認」は、非権利者による処分行為の追認に準じて遡及効があり、ただ第三者の権利を害することはできないと解された（最判平成9・6・5民集51巻5号2053頁、民法判例百選Ⅱ債権7版〔別ジュリ224〕（2015年）56頁〔野澤正充〕）。改正債権法においては、本文のとおり譲渡禁止特約の効力観につき債権的効力説が採られ、この遡及効を論じることは不要となり、事後承認は特約の抗弁の事後放棄となるだけである。ただし、預金債権に関しては既述のとおり改正前と同様に譲渡禁止特約は物権的効力を有するため、上記最判平成9年の説くところが今後も妥当することとなろう。このような譲渡の対抗力も遡及効を認められることになる（野澤・前掲百選7版57頁）。

[270] 仮にこの約款がなかったとしても、無断で預金を譲渡する行為は、担保の減少であり、期限の利益の喪失事由に該当する可能性はあろう。判例上、銀行相殺予約が認められている（最大判昭和45・6・24民集24巻6号587頁）のでこの特約は必要ない（前田庸「預金者の変更と差押・転付」鈴木禄弥＝竹内昭夫編・金融取引法大系第2巻（1983年、有斐閣）123頁）という批判もあるが、この判例自体に疑義がある以上、特約は無意味ではない。むしろ特約の最大の存在理由は相殺適状を確保してその担保的機能を維持することにこそあるといえる。

[271] 本人確認手続が法的に強制され、預金保険における名寄せの必要を考慮すれば、同一性確認の重要性は争うべくもない。しかしそのために預金債権の譲渡を禁止するというのは行き過ぎであって、改印届で対応することを以て足りるという（前田庸・前掲金融取引法大系2巻123頁）。改印手続に要する費用を回避することが望ましいことは否定しないとしても、改印の費用は預金の譲渡が伴わない場合でも同様に発生するところ譲渡を伴わない改印は随意に可能で、譲渡に伴い改印のみが過大な費用であるとされ制限を受けるべきであるということには積極的な理由がな

上譲渡に適さないといわれる)²⁷²。特約には様々な批判があった²⁷³。民466Ⅱ但を根拠に特約の効力を縮小しようとする見解があるが、判例学説ともに容易には受入れようとしていない²⁷⁴。立法過程の検討に基づく特約効力否認論もあるが、かかる解釈の正当化は困難であると思われる²⁷⁵。

第2項　相続・差押・転付

[14201] **預金債権の相続**　　預金者の死亡は相続の開始原因である（民882）。預

いように思われる。目下の実務では預金譲渡の需要は当座預金の存在と譲渡性預金の許容とによって充足されていること、同一性確認の手段は印鑑照合以外にもATMにおける暗証番号とカードの利用等多様なものが登場しむしろ今日ではそちらが主流であって、印鑑の方法による管理により発生する費用の割合が金融機関の事業全体からみれば相対的に縮小しつつあること、判例によれば払戻免責の場面で印影の同一性以外の要素も考慮されつつあること等を考慮すれば、預金者の同一性確認の必要性を理由として譲渡禁止を課する意義は希薄化しているといえるであろう。

272　当座預金は経済的にいえば小切手の授受をもって預金を移転せしめる仕組みであって、「当座勘定契約という当事者間の信頼関係を基礎におく基本契約と一体となっているものであるので、当座預金債権は性質上譲渡性を有しない」（木内・金融法182頁。intuitus personaeな契約関係）。

273　例えば、貯蓄預金を換価したい場合に、預金者としては中途解約するほかなく、受領できる利息は普通預金金利で日割り計算し直して支払われるため預金者には不利益が生じる。解約せずに両建取引によって借入をすることが可能であったとしても、金利の如何によっては逆鞘による損失が避けがたい。これとの比較において預金債権の譲渡を認めれば、セカンダリ・マーケットが形成されることを前提に、満期解約時の元利金合計額から満期までの平均利率による利息を控除した対価で預金債権を売却することも可能となり、預金債権自体の付加価値の減少を防ぎつつ流動化することができる。そこで**譲渡性預金**なる商品が許諾されるに至っている。この商品の登場以降は、特約の存在を非難する十分な論拠があるともいえないであろう。

274　大判昭和13・12・17民集17巻2663頁は「単ニ預金通帳ニ不動文字ヲ以テスル債権譲渡ノ禁止約款アルノ故ノミヲ以テ直チニ該約款ガ当事者間ニ成立シタル」ものではないとしており（いわゆる「例文」解釈）、東京高判昭和46・9・30下民集22巻9-10号987頁は、預金証書が銀行の手元にあって譲受人が譲渡禁止の特約あることを知らずに譲渡を受けたものであることが明らかであれば譲渡は有効であるとした。しかし、現代において、「譲渡禁止特約は預金約款の条項として広く周知されているから、譲受人が善意を主張するのは事実上困難である」（木内・金融法182頁）。最判昭和48・7・19民集27巻7号832頁、金法639号24頁、高木多喜男「本件判批」民商70巻6号1019頁は、特約を重大な過失によって知らなかった譲受人を、民466Ⅱ但にいう善意の第三者ではないとしている。

275　民466Ⅱは、前近代的自力救済の横行していた時代に構想され、弁護士法73、旧信託法11とともに「譲渡屋」対策として、債権者の交替による厳しい取立から債務者を守ることを配慮した立法である（米倉明・債権譲渡―譲渡禁止特約の対第三者効（1976年・学陽書房）60-90頁）。同条は、特約を援用する者として、庶民金融の貸たる自然人、即ち「弱い債務者」を念頭においており、金融機関のような強い債務者が特約を利用することは予定されていなかったという。譲渡禁止特約には、当事者がこれにより追求する利益により種別がある。当事者間の特殊な関係を維持しようとしてなされるもの（恵与の意思で締結された終身定期金契約の場合等）であるときには保護に値する。特約の理由がそれ以外であるときは、(悪意者も含めた) 第三者に対する効力が否定されるというのが論者の主張である。

金契約は相続人に包括承継される。民665・改665は寄託に委任の規定である民653（1）を準用していないが、原則としては、寄託として性質決定される預金についても終了するものというべきであろう[276]。金融機関は委任事務の残務処理（例えば既往の振り出された小切手の支払）を履行するとともに、解約手続を進め、払戻すべき金銭は預かり金（別段預金）として保管しなければならない[277]。預金債権は金銭債権でありながら、単一性の指標として口座番号があり、ある考え方によれば、当座預金のみならず[278]、普通預金も定期預金も、ある種の不可分な財産として認識される（**合有説**）[279]。判例（**共有説**）によれば預金は可分債権であって、法律上当然に分割され、各相続人はその相続分に応じて権利を承継する[280]とされてきたが、学説からは批判が多かった[281]。この預金債権の可分性ゆえに、銀行は相続の事実を知りながら払戻請求者が相続人であることとその相続分の如何について相当の確認を怠って払戻に応じれば免責されないおそれがある。そこで、この危険を回避するため、銀行実務上は、相続預金の払戻請求は共同相続人全員でしなければならないとする旨の取扱が**事実たる慣習**[282]ないし黙示の合意に

---

[276] 当座預金の場合には当座勘定契約自体が委任であるから原則として契約が終了するということになるが、預金者の相続人が銀行に死亡を通知しない限り銀行は呈示された証券を支払って当座預金から引落すことができる（民655、小33。松本・銀行取引法概論133頁）。

[277] 一般に相続財産は、遺産分割（民906）が終了するまでは、相続人の特殊な「共有」（民898。講学上「合有」と称する）に属し、個別に権利を処分し弁済を求めることは許されない。東京地判平成7・3・17金法1422号38頁。

[278] 当座預金の場合は、口座の残高が一体として機能するものなので、分割債権関係一般と同視し得ない側面がある。当座勘定の場合、名義人の死亡と同時に当座勘定は解約され、残金は別段預金（当座解約口）の形式で一時的な預り金となり、死亡前に振出された手形小切手の呈示に備えるものとされている（前田庸・前掲金融取引法大系第2巻113頁）。

[279] 不可分債権の各債権者は総債権者のために全部の履行を請求し（民428。なお改428で準用する連帯債権に関する改432）、訴の提起・強制執行も、自己の名のみによってなしうる（林＝石田＝高木＝安永・債権総論〔第三版〕（1996年、青林書院）389頁）とはいえ、預金の払戻請求は共有物の変更に準じて、相続人全員の同意を要する（民251）。

[280] 最判昭和29・4・8民集8巻4号819頁。

[281] 相続財産合有説の観点から、個人主義的共有説に立脚し続けた戦後の判例を批判する中川善之助＝泉久雄・相続法〔第4版〕（有斐閣、平成12年）223頁。

[282] 木内・金融法186-187頁、西原・金融法114頁注8。不可分債権と解したとしても、民428の全部履行請求の権利は事実たる慣習または黙示の合意等で停止しているものとみることができる（松本貞夫・銀行取引法概論136頁）。理論的な立場はいずれであれ、相続人の一部が承諾を与えていない場合にも払戻を認めるべきであると解する反対説も散見されるが、その根拠は、契約解釈の問題として、被相続人には、「相続人の払戻請求は全員でなすべし」との慣習による意思があったとまではいえないからというものである（名古屋高判昭和53・2・27金判550号42頁）。この立場では、金融機関が免責を確実にしたいのであれば、預金規定においてこの慣習を採用する旨を明示しておくべきことになるが、この定めさえ「例文」とされてしまう危険はある。

より行われている[283]。投信販売者に対する受益者の有している投信償還金・解約返戻金の引渡債権についても同様の問題が生じる。信託受益権を共同相続した者が、相続開始後に生じた販売者に対する満期償還金払戻請求権を遺産分割のなされる前に請求できるかについて判例は否定に解している[284]。

このような状況の中、最大決（遺産分割審判に対する抗告棄却決定に対する許可抗告事件）平成28・12・19裁判所時報1666号1頁は判例変更し預貯金を遺産分割の対象とした[285]。これを受け、平成30年7月改正は、旧判例に配慮し法定相続分の1／3に限り預貯金債権の看做し分割による単独行使を認める民909の2を新設、同時に改正家事手200Ⅲで相続預金仮取得の制度を創設した。

283　一部の金融機関では、葬儀費用等について限定的に、予め定められた親族が引出をする権限を与えられるというタイプの預金契約の条項を挿入するというサービスを開始している。また、最大決平成28・12・19の大谷裁判官らの意見は仮分割仮処分（家事手200Ⅱ）の活用を示唆する。
284　最判平成26・12・12裁判所時報1618号1頁、金判1458号16頁。相続開始後に満期償還となった投資信託につき共同相続人の各人が販売会社を被告として償還金の払戻請求をした事例である。本件事案の訴訟物は投信受益権ではなく、投信販売契約上の預り金債権である。原告は確かに信託受益権の相続による共有者であった者の一人であるが、本件の被告は受託者ではなく委託者兼投信販売者であって、信託財産の取戻請求権が訴訟物となっているのではない。ところで、投信販売契約とは単なる有価証券の売買契約ではなく、販売者は、顧客に販売した受益権証券を保護預かりし、投信法上は受益者自身が証券を呈示して行うべきところの解約権行使等の取次を受託するほか、収益金の引渡等をも取次ぐ、受益権管理契約ともいうべき一種の委任ないし準委任を引受けた者としての地位を有している。本件訴訟はこの委任関係上の受任者である販売者に対する、受取物引渡債務（民646）の履行を請求する給付訴訟であり、解約権行使のような行為を訴訟物とする形成訴訟でなく、あるいはまた直接に受託者を相手取ってなされる償還金の支払を求める給付請求のような信託関係そのものを訴訟物とする事案ではないことに注意すべきである。第一審および控訴審の判旨において援用された東京高判昭和63・12・21判時1307号114頁によれば、相続財産の性質については相続開始時において判断すべきものとのことであるが、同判決は、共同相続人の一が占有していた現金を、相続人全員のためにする意思を以て一種の事務管理として独断で預金化した場合の取扱にかかわる判断であって、遺産分割の時点では、預金化する前の原状に復せしめて取り扱うべきものであることは論を俟たない。これに対して、本件最判平成26年の事実関係においては、満期到来のあかつきには受益権が償還金に変ずることは相続開始時以前に販売者と被相続人との間の合意において確定していたことである。また、26年12月判決の判旨には信託受益権は当然分割される財産ではないと判示した最判平成26・2・25民集68巻2号173頁裁判所時報1598号2頁を援引する部分もあるが、後者の事案は相続財産の分割を求める形成権が訴訟物となっていて、両事件は別種の係争利益をめぐる判例として評価されるべきであって、判旨におけるかかる引用は適切とはいえない。信託受益権は満期償還により消滅し、販売者に対して被相続人が有していた販売契約（信託受益権の管理を委任する内容を含む契約）上の法的地位を共同的に承継した相続人らは、当該契約ならびに償還に基づく受取物引渡債務という分割債権関係の債権者となった。しからば事柄は単純な預り金の返還請求権同様に論じるべき事柄であり、本来は分割可能な権利であるが、前記事実たる慣習により、相続人全員の承諾がなければ返還できないと解された結果であるに過ぎないというべきではあるまいか。
285　預金一般を遺産分割の対象として扱うべきであるという立法論の合理性はともかくも、現行法

[14202]　**預金債権の差押・転付**　債務者が任意に債務を履行しない場合に、債権者は国家機関への申立により強制的に債権の満足を得ることができる（民414）。執行債権が金銭債権である場合には、債務者が第三者に対して有する債権（被執行債権）を差押え、**取立訴訟**を提起するか、続いて**転付命令**[286]を得て満足に充当する方法による。この場合の被執行債権が預金債権である場合に他の債権と異なった問題を生じる（なお相殺との関係につき[25103]以下）。

[14203]　**差押の客体としての預金の特定**　差押は、執行力ある債務名義（請求権の存在を確認する公文書。民執22）の正本を添付して申立てられ、**差押申立書**には第三債務者（銀行）、債権を特定する指標（支店、預金種別、口座番号）、一部差押の場合にはその範囲を記載する。預金は、受入・払戻によって金額が変動するものであるから、その記載は、これを反映したものとなる[287]。預金債権に対する仮差押・差押の手続について、第三債務者である金融機関の複数の店舗に預金が分散している可能性があるときに、差押命令申立書・仮差押命令申立書にどのような記載をすれば適法であるかについて議論がある[288]。

を前提にする限り、当然分割を認めない根拠とされている説示の預金類型に対する理解には疑問がある。当座勘定は委任・準委任の性格を有しているから、名義人の死亡は終了原因であり（民653）、一般的に言えば、一体のものとして決済手段機能を営む預金契約上の不可分的な地位がそのままの形で残存することはない。事案は定期貯金に関するもので、むしろそのような預金通貨を利用させるための仕組とは一番遠い類型の預金である。

[286]　大審院時代には譲渡禁止特約を理由に預金債権への転付命令を無効と解するものが判例のうちにもみられ、ドイツ法に倣い取立命令のみが認められるとの学説もおこなわれたが、最判昭和45・4・10民集24巻4号240頁を境に譲渡禁止特約の有無にも差押債権者の善意悪意にもかかわらず預金債権への転付命令は有効と解されている（後述。木内・金融法186頁）。

[287]　「債務者がA銀行F支店に対して有する当座預金・普通預金・定期預金の各預金債権のうち、右記載の順序に従って、かつ同種の預金の間では弁済期の到来する順に従って金千万円に達するまでの各預金債権」という例が多い。前田・前掲金融取引法大系・141頁）。差押命令は、執行債権額を超える金額の被執行債権（ただし、個数として一個の債権）について発せられうる（超過差押。民執146Ⅰ）。

[288]　店舗ごとの債権額を表示するいわゆる**割付方式**を採用せよとする決定例も少なくない（例えば、東京高決平成18・4・27金法1779号91頁）。民保21・民保50の趣旨から、送達を受けた第三債務者において目的たる債権を他の債権と誤認混同することなく認識し得る程度になされなければならないとの要請があり、このような割付を行なわずに支店の順位のみが付せられているいわゆる**支店順位方式**では、同じ預金者の他の債権者が回収のために執行の対象となしうる目的物の範囲が特定困難となるからであるという。しかし銀行は当該預金者の支店別の預金保有の状況を知り得べき地位にある。陳述義務（民執147）は第三債務者一般にも課されるが、民執改正要綱（平成30年8月）は、財産開示手続における情報提供を金融機関に強制すべく提案している。この点で、顧客情報管理システムを利用して預金の存否の確認が容易に可能であるような大手金融機関が第三債務者であるときには、社会通念上合理的な範囲を超える負担を課するものではないから、取扱店舗を特定しない方法によることさえ可能であると判断した東京高決平成18・6・19金法1782

[14204] **差押の効果**　差押は客体たる権利を凍結する[289]。元本債権について差押命令が発令されれば、将来の利息債権についても効力が及ぶ（**基本権的利息債権の随伴性**）。しかし、既に発生期日の到来した利息債権については差押申立書に表示することを要する（**支分権的利息債権の独立性**）[290]。民89Ⅱは、利息は日割で発生していると看做す[291]。差押債権者は取立のほか、預金には常に券面額があるため、**転付命令**（民執159）により執行債権を満足させ得る[292]。複数の差押債権者が順次同一の預金債権の一部を差押えた場合には、各差押の効力はいずれもが債権全体におよぶ（民執149）。この場合には、第三債務者である銀行は、いずれの債権者に対して弁済しても免責を得ることができないので執行供託の義務がある[293]。

[14205] **差押禁止債権と預金**　差押の対象である預金債権の原資が法令上**差押**

　　号47頁が注目される。
289　銀行は預金者への払戻を禁ぜられ、預金者は預金の払戻請求、譲渡その他の処分を禁ぜられ（民執145Ⅰ）、預金証書は差押債権者に引渡さなければならない（民執148）。差押債権者は、第三債務者（銀行）に対して、執行債権額＋執行費用の範囲で、取立権を有し（民執155Ⅰ）、第三債務者が任意に支払をしない場合には、これを被告として**取立訴訟**を提起しうる（民執157）。
290　なお、基本権と支分権の区分について、林＝石田＝高木・前掲債権総論44頁。
291　例えば、二年定期預金債権を6ヵ月経過した時点で差押え、一年目に中間利息が支払期日を迎える場合には、当該期日の中間利息債権額のうち半分（差押以前に発生した部分）を預金者が、残部（差押以降に発生した部分）を差押債権者がそれぞれ収受する。満期に至り、その後利率の引き上げが行なわれた場合など預金者が中間利息として既に受領した額が満期までの2年分の総利息の4分の1に足らざる場合には不足分は預金者に支払われ、残額は差押債権者に支払われる。
292　民執160。転付命令は発効すると送達時に遡り執行債権を券面額で消滅させ他の債権者の配当参加を阻止する効用がある。第三債務者の無資力は差押債権者の危険ではあるが、預金の場合には第三債務者の資力に不安はないので預金は取立より転付命令に適する。第三債務者が預金者に対する貸付金債権を自働債権として相殺をした場合には被執行債権が消滅するから、この場合には被執行債権が存在していなかった場合の転付命令の無効に準じて扱い、執行債権は満足されていないと解するべきであろう（以上前田庸・前掲金融取引法大系147頁）。
293　差押命令の送達または配当要求文書の送達を受けたうえで取立訴訟の訴状送達を受けた第三債務者は、差押の競合の場合には全額を、差押と配当要求との競合の場合には差押えられた部分に相当する金銭を供託しなければならない（民執156。執行供託という）。預金債務が弁済期前であれば具体的に供託をするまでもない。供託の効果は、債務者の免責（民494。但し、改494は「債務は消滅する」、としている）、ならびに、差押・配当加入の阻止（民執165Ⅰ）である。弁済期が到来しているのに供託を怠った第三債務者は、他の債権者の差押・配当加入等により優先的地位を保全できなかった差押債権者に対し得べかりし利益を賠償しなければならない。また、執行抗告中の転付命令について、他の債権者が差押をした場合には、転付命令が確定するか取消されるかは不明であって、そもそも差押の競合といえるかどうかも議論の余地もあるが、かような不安定な状況から第三債務者を解放する機会を与えることを制度の趣旨としているから、既にこの未確定な状態が発生した段階で供託義務が生じるものと解される（以上前田庸・前掲金融取引法大系149頁）。

禁止債権に係る給付であったとしても、預金自体の差押を妨げるものではないのが原則である[294]。しかし、原資の特定性が窺えるような事例では、差押禁止の趣旨が預金債権に及ぶとしている例がある[295]。「年金受給用特定口座」というような預金口座を創設するなどの支給実務があれば、受給権保障は一層確実であろう[296]。また、譲渡禁止特約のある預金債権について転付命令が認められるかにつ

---

[294] 東京地判平成12・10・25判タ1083号268頁は、社会保障給付を原因関係として、受給者の残高がほとんど存しない普通預金口座に対して地方自治体の依頼による振込がなされたが、これを信販会社が差し押さえたものである。預金債権は原因債権の属性を承継しないものであること、民事執行法によれば裁判官が**差押禁止債権の範囲の変更**をすることができ、その申立が可能である限りは、救済はこれに拠るべきものであること等を判示した。なお、財産開示手続を導入する平成15年の民事執行法の改正に際して、「標準的な世帯の必要生計費を勘案して政令で定める額の見直し」が行われ、差押えが禁止される金銭の範囲について「標準的な世帯の一月間の必要生計費を勘案して政令で定める額の金銭」（民執131（3））とされているのを、「標準的な世帯の二月間の必要生計費を勘案して政令で定める額の金銭」に拡大する改正が行われた。

[295] 東京地判平成15・5・28金判1190号54頁は、「年金受給権者が受給した年金を金融機関・郵便局に預け入れている場合にも、当該預・貯金の原資が年金であることの識別・特定が可能であるときは、年金それ自体に対する差押えと同視すべきものであって、当該預・貯金債権に対する差押えは禁止されるべきものというべきである」とした上で、この預・貯金債権の差押が許されるというためには、①受給権者が別の財産を所有し、これを費消して生計を立てている、②当該財産が隠匿され、顕在化している財産としては年金を預け入れた預・貯金しかないという事情を証明しなければならないものとした。また、広島高判平成25・11・27金判1432号8頁は、個人事業税・自動車税未納者であるXが処分庁（鳥取県）Yより滞納処分を受け、X名義の預金口座を差押えられて配当処分がなされたことにつき、これを違法として配当処分の取消・不当利得返還請求・国家賠償請求を求めた事例で、「児童手当法15条の趣旨に鑑みれば、処分行政庁が、差押処分に先立って、差押えの対象として予定している預金債権に係る預金口座に、近いうちに児童手当が入金されることを予期した上で、実質的に児童手当を原資として租税を徴収することを意図した場合において、実際の差押処分（差押通知書の交付）の時点において、客観的にみても児童手当以外に預金口座への入金がない状況にあり、処分行政庁がそのことを知り又は知り得べき状態にあったのに、なお差押処分を断行した場合は、当該処分は、客観的にみて、実質的に児童手当法の精神を没却するような裁量逸脱があったものとして、違法なものと解」されるとして、Xの請求を認容（不当利得返還請求については処分の対象額全額）した。事柄が税務当局の処分に係る問題ではあったが、従来の裁判例でも仮定の場合として差押禁止の趣旨が及ぶ場面として論じられてきた原資の特定が可能な振込の場面であって、一般民事法における預金差押にもこのような考え方を拡張することが予想される。

[296] 年金支給者以外の者からの振込による資金を受けいれない特約のある口座を別に設けることは可能である。また、そもそも預金債務者である金融機関なり郵便局自身が当該差押禁止金支給者と事実上一体というべき地位にあるような特殊な場合であれば、預金原資の特定性を認めることが可能であろう。そのような制約のない一般の預金口座で受入をしているときには、それが年金であるのか、ここにいう「他の財産」であるのかは判然区別は難しい。立法例によっては、差押禁止制度の趣旨を貫徹するためには、例えば、「差押禁止債権は、それが権利者の預金債権となってもなお差押禁止である」が、それは「給付後〇ヶ月以内でかつ給付金額の〇〇パーセント以内に限り認める」といったような限度を設けている（フランス法の例。柴崎暁「（前出東京地判平成12・10・25の）判批」銀法623号86頁）。これは、預金債権そのものが、一定の範囲で差押禁止に

いてかつては議論があった[297]。

[14206] **払戻・解約請求権と差押－投資信託受益権の場合**　投資信託の受益権は、定期預金によく似た経済的機能を営む。しかし元利金の償還に保証はなく、投資対象の運用実績に連動する。反面、分別管理が義務付けられ、受託者の破産においても破産財団に含められずに独立した責任財産となる、等の点で預金債権とは異なった性質を持つ。また、投資信託は投信法上アセットマネジメント会社を委託者・信託会社を受託者とし、約款上、解約等の処分は販売業者を介して委託者に通知する等の方法が定められている（差押命令の宛先も委託者である）。さらに、投信法上受益権は有価証券化するか振替制度を利用するものとなっているため、受益権が強制執行の対象となった時に、その解約請求は預金債権の差押とは異なった考慮を必要とする場合がある[298]。

なることを定めたものであって、差押禁止債権の属性が預金債権に及ぶためなのではない。問題を解決するために、「受給専用口座」を設けるという方法は不可能ではない。ドイツでは差押制限口座（Pfändungsschutzkonto）が導入されている（ZPOss850k。商事1800号56頁。2019年改正法は範囲変更申立を保障すべく取立権発生・配当実施までの期間を4週間とする-民執155Ⅱ）。

[297]　各種預金規定ひな型の譲渡禁止特約は、それが悪意の第三者との関係では有効である〔対抗できる〕と考えると、転付命令も、国家機関による強制であるとはいえ、個別的・能動的権利移転という形成的効果を発生するものである点で、私人の意思表示による譲渡と何等変わるところがないであろう（我妻栄・債権総論（1947年）250頁、於保不二雄・債権総論276頁、青山・ジュリ銀取百選（初版）174頁）。しかし判例はこれと異なった理解を示した。最判昭和45・4・10民集24巻4号240頁が従来の大審院判決（大正4・4・1民録21輯422頁、昭和6・8・7民集10巻783頁、昭和9・3・29民集13巻328頁）を変更して説くところ、民466Ⅱの趣旨は私人の合意による譲渡に限定されて適用されるのが合理的であり、民事執行法が明文で差押禁止財産を法定し、被執行債権について差押債権者の選択によって取立か転付かを選べることを定めた法意に反する、というのがその主たる論拠である。

[298]　募集販売者である訴外A（第一勧業アセットマネジメント）を信託委託者＝受益権証券の発行者、訴外Bを受託者（みずほ信託銀行）とした証券投資信託（投資信託および投資法人に関する法律2Ⅳ）（商品名MMF）について、Aからその販売を委託されたY（みずほ銀行）は、この受益権証券を購入した訴外Cの債権者にしてこの受益権証券に関する解約金払戻請求権を差押えたXから、本件投資信託を解約して生じる解約金を支払うべく請求を受けた。この受益権証券は自動継続を内容とし、Yが保護預りし、Cはこれを引き出すことのできないものとされていた。約定によれば、一部解約はAまたはYを相手方として、受益権証券の呈示を伴って行うものとされていたが、Cは受益権証券を占有していなかったので、Xは、Yに対して、一部解約の効果からただちにYは解約返戻金をCに（すなわちXに）支払う義務があるとした。第一審（東京地判平成16・3・29金判1192号15頁）は、「末端の受益者を把握していないことから、〔Bは〕第三債務者としての適格性に欠ける」などと判示してYに対する請求を認容した。控訴審（東京高判平成17・4・28金判1224号43頁）は正当にも請求棄却とした（後に最判で逆転。最判平成18・12・14金判1262号。条件成就妨害の法理を用いてYが解約返戻金を支払うべきであるとした）。当該投資信託は有価証券を発行するものであった。よってX=Cは証券を、AまたはYを相手方として呈示しなければ一部解約もできないはずである。そこでX=Cが保護預りされている証券の

第b款　払戻

第1項　払戻の態様

[14301]　**払戻－預金の払戻時期**　　現金を払戻す場合には弁済の一態様である。預金契約を消費寄託と構成する理論が支配的であるので、払戻を行うべき時期は、返還時期の約定されている定期預金[299]等を除き、原則として随時可能ということになる[300]（払戻請求は「告知（意思表示により継続的給付契約を将来に向けて終了させること）」である[301]）。なお、口座振替等の方法で「払戻」が履行されるときには、預金債務は弁済によって消滅するのではない[302]。

占有を回復することがまず必要である。ところで、Yによる受益権証券の保護預りは受寄者の容仮占有であって、X=Cは随時に証券の引渡を請求できる。これを引出せないとする特約がある（と判旨がいうが）としてもその有効性は、受益者の利益保護の観点からきわめて疑わしく、当事者の推定される意思からも合理的に説明できるものではない（もし販売者側に保護預かり証券を担保として利用したいとの意図があるならば、それはもはや質権設定行為であるから、その旨の特約を立証しなければならない）。したがって、受益者（あるいはまた受益者の差押債権者）は、一旦保護預りに付している受益権証券の引渡を求めた後（受寄者が任意に「提供」または明示黙示に執行を承諾すれば、そのまま執行官占有による強制執行に移行できるが、仮にYが引渡を拒んだとすれば、まず受益権証券の引渡を求める債務名義を取得しなければならない。中野貞一郎・民事執行法〔増補新訂五版〕（2006年、青林書院）596頁）、Yが既に証券を占有していない限り、約定通り証券を呈示し信託を解約し以て解約返戻金を請求すべきであった。現在では社振法により券面廃止となっており、強制執行方法についても同法に規定されているので、往時ほど強制執行に困難が伴うとは思われない。振替受益権に対する執行に関しては、山田誠一「債務者が有する投資信託受益権からの債権の回収」金法2023号65頁以下。

299　定期寄託はその期限の如何を問わず随時告知可能である（民662）が、民662は任意規定であって、少なくとも、受寄者の利益のためにも行われている寄託は、委任に関する判例などから類推するに、告知権の制限に合理的な理由があるため、期限前不告知の特約は有効であると解かれている（幾代通＝広中俊雄編・新版注釈民法（16）債権（7）（1989年、有斐閣）352-354頁〔打田畯一＝中馬義直〕）。この理を及ぼせば、預金契約では一般に、銀行が受寄物である金銭を貸出に利用することは黙示的に合意されているところから、受寄者の利益においてもなされている契約として考えられ、以て期限前の告知権放棄は有効な特約である。

300　民666Ⅱ。木内宜彦・金融法188頁、中馬義直「預金契約」契約法大系Ⅴ。寄託であるとはいえ、預金者が定期預金における期限を無視して常に期限前解約払戻を主張し得るわけではない。典型的に寄託性が認められるのは一覧性預金である。定期預金の場合には、前述の通り、定期寄託の随時告知権は約定で排除できるとの理解から、中途解約は強制できず、支払準備（注86）から金融機関を解放する（[14406]）。

301　木内・金融法188頁。

302　債務発生原因の交替による更改か、更改性のない準消費貸借ないし準消費寄託のいずれに該るかは議論がある（なお[14308]）。受領無権限者の求めに応じた振替に民478の趣旨が類推されて銀行は免責されるであろうか。弁済そのものであれば改478の要件で免責を認めてもよいが、振替は更改または準消費寄託という契約の締結であるから、その本人効は民109に委ねるべきで民478の類推は疑問である。預金規定上の免責条項が必要なゆえんである。

[14302] **預金の預入期間**　　期間[303]の定めなき即時払預金以外は次のように分類される。〔α〕**定期預金**。確定期限付の預金である。預金債権一般が取立債務（民484）と考えられている関係上、満期日の到来により当然に銀行が履行遅滞になることはない（民412Ⅰ）。この類型はさらに4分類され、〔α1〕**普通定期預金**（預入期間は3月、6月、1年、2年等）、普通定期預金の期日到来時点で、従来と同じ条件の普通定期預金に自動的に**書替継続**される特約をつけたものが〔α2〕**自動継続定期預金**[304]、普通定期預金の四種類の満期以外に合意で満期を決め得る〔α3〕**期日指定定期預金**[305]、期日は預入後に預金者が指定する（後日の変更も可能である）〔α4〕**新型期日指定定期預金**[306]、この他、利息約定の種類によって「自由金利型」「市場金利連動（変動）型」が認められる[307]。7日据置き2日前予告で払戻を請求できる〔β〕**通知預金**等[308]。

[14303] **預金契約の強制解除**　　預金者が取引停止処分などの事由に陥った際は、金融機関は**枠契約**の部分も含めて預金契約を解除でき、以て役務提供義務から免責される[309]。全銀協の普通預金規定ひな型では架空名義口座（規定11Ⅱ（1））、犯罪に利用されるおそれがある口座（規定11Ⅱ（3））、不活動口座（規定11Ⅲ）いずれの場合にも、口座の停止・通知の上行う解約の権利を定めている[310]。

303　期間計算に関しては銀行取引固有の商慣習法により、民142・143は適用されない。特に民143Ⅱによれば、応当日の前日を期間満了日としているが、この商慣習によると、暦に従い応当日自体が期日となる（月の応当日なきときは月末日とするとの原則については同じ）。また、民142によれば応当日が休日であればその翌日が期日であるが、この商慣習によれば休日が期日となる（木内・金融法190頁）。

304　書換時の元利金を新規の元本とするので複利となる。書換継続時に利率の引き下げがあり、書換継続後払戻通知があったときでも、書替時点までの部分は旧利率によって計算し、書換継続後通知までの部分は、書換時の元利金に新利率による利息を加えて払戻を請求できることになる。継続毎に新たな擬制的預入が行なわれ（元帳保管店の帳簿上の処理）、新たな預金債権が発生する。継続停止の申入れがあれば、その直後に到来する満期を以て払戻が行われる。

305　利率は3-6月の場合には3月ものに準じる。

306　昭和56年に個人預金優遇の目的で登場、1年据置、最長預入期間3年、1月前通知による払戻、期日経過後には自動継続。解約に際し一部払戻一部継続という方法を認める。利息は1年毎の複利計算。昭和63年の一般〇優制度の廃止で非課税恩典はない。

307　加藤一郎＝吉原省三・銀行取引52-53頁。

308　払戻を受ける2日以前の予告を要するのみならず7日据置とされている。木内・金融法190頁注5によれば、締約2日前に予告しておいて締約日に預入をすることを認めてしまうと、定期預金が事実上要求払化してしまう。預入直後の数日間を据置期間とする約定を要するのはこのためである。また、西尾信一・金融取引法40-45頁。

309　中田裕康・金法1746号16頁。

310　この他、振込を利用した詐欺犯の続発を受け、2007（平成19）年に「犯罪利用預金口座等に係る資金による被害回復分配金の支払等に関する法律」が制定され、口座停止義務を金融機関側に課

[14304] 定期預金の中途解約　　前述のように定期預金では中途解約権は放棄されている。確かに、定期預金規定の利息の約定に関する部分に、中途解約の可能性を認めるかのような条項がある[311]とはいえ、この規定は、銀行側が同意すれば満期前に払戻をすることもあり得るという趣旨に読むべきである。預金者側からの解除の権利を合意したものとの趣旨は読み取れない。ところで、銀行は、期限前解約利率を店頭に掲示し、歴史的経緯を見れば嘗ての中途解約に応じない旨の銀行間協定が破棄され[312]ており、実際に中途解約に応じていること等の事実はある。その結果、預金者には中途解約の可能性を期待させる結果となっていることは否定し難い。そこから、商慣習法上の預金者からの中途解約権が存すると帰結する論者もある[313]が、さしあたりかかる商慣習法は認められていないと見るべきであろう[314]。民663Ⅱにもかかわらず、銀行側からの一方的な期限の利益放棄は認められている[315]。

し、被害者に回復分配金を付与する制度が導入されている（注247）。この措置の準備段階として預金規定に基づき「金融機関は、当該金融機関の預金口座等について」捜査機関等からの情報提供等を勘案して「犯罪利用預金口座等である疑いがあると認めるときは、当該預金口座等に係る取引の停止等の措置を適切に講ずるものとする」（被害回復３Ⅰ）。

311　「当行がやむをえないものと認めてこの預金を満期日前に解約する場合には、その利息は、預入日（継続をしたときは最後の継続日）から解約日の前日までの日数について次の預入期間に応じた利率（小数点第　位以下は切り捨てます）によって１年複利の方法により計算し、この預金とともに支払います」（自動継続期日指定定期預金規定ひな型４条５項〔例示１〕）

312　昭和２年の昭和恐慌を契機として原則として中途解約に応じない旨の銀行間の協定がなされたものの、戦後の独禁法の下で破棄されている。

313　金融機関の側には、平時は支払資金準備のための切羽詰まった期限の利益があるとはいえないこと等から、「銀行は預金者の側に相当の事由があるかぎり、中途解約の申出を拒むことができない商慣習が形成せられている」（木内・金融法190-191頁。来栖三郎・契約法616頁、結論同旨）とする。

314　金融機関の窓口で解約の必要な理由を聴くなどを条件として慣例上なされてきたのは合意解除（銀行に対する期限利益放棄の依頼とこれに対する承諾）であって、一方的な満期前解約権が特約がなくても一般的に商慣習として存在するという解釈には無理がある（前田庸「金融取引の法律問題」竹内昭夫他編・現代の経済構造と法（1975年）415頁。田中誠二・銀行取引法三全訂版125頁。判例も同様、最判昭和41・10・４民集20巻８号1565頁。差押債権者による解約払戻請求の場合も同様である。東京地判平成20・６・27金法1861号59頁、牧山市治「判批」金法1861号20頁、梶山玉香「判批」金判増刊1336号208頁）。合理的な範囲を超えて支払準備の増強を強いる結果にもなろう。定期預金により高率の利息を支払われることの根拠も崩れてしまう（末川博「銀行預金に関する若干の問題」民法上の諸問題（1936年、弘文堂）266頁）。銀行側からみれば、定期預金に誘導することで、資金効率が高まる（渋谷光子・前掲金融取引法大系第２巻10頁）。

315　田中誠二・銀行取引法125頁、大判昭和９・９・15民集13巻21号1839頁。これについては、預金者の期待権を奪うものであるから、少なくとも定期預金にあっては、銀行は期限までの利息を支払わなければならない（木内・金融法191頁、民136Ⅱ但）。しかし、銀取約定書では利息等は計算実行の日までとされているため、相手方への賠償は排除される。また、預金契約とは別の問題で

[14305] **預金債権と消滅時効**　預金債権も消滅時効によって消滅するが、とりわけ、期限の定めのない預金契約において、①起算点と②時効期間とをどのように考えるかが問題とされる。期限の定めがない寄託では、寄託者からの告知がないと受寄者は無期限に保管を継続しなければならず、受寄者は容仮占有[316]者であって取得時効の進行はない[317]。衡平の観点から民法は、期限の定めがない寄託につき受寄者側からの随時の返還権を認める（民663Ⅰ）。目的物が金銭のような代替物 chose fongible である消費寄託たる預金契約において、同様の規則が全面的に適用できるであろうか。目的物である金銭の所有権は完全に受寄者に移転し、寄託者の権利は債権であるから、消滅時効が問題となる[318]。

[14306] **承前**　そこで、①についていえば、返還債務 obligation de restitution は、定期預金であれば満期より、当座預金・普通預金であれば払戻請求時より、その消滅時効が進行するものというべきであろう。日本の判例[319]は、期限の定めのない特定物寄託契約については、寄託契約成立の時点から消滅時効が進行するとし、また同じ論法を預金にも及ぼす[320]が、返還請求をしないで相手方に保管させるという状態を維持すること自体が債権の行使であると考えるならば、この構成は採ることができない[321]。学説は、預金払戻請求を告知[322]と看做し、預金返還

あるが、社債契約や投資を目的とする組合契約のように、資金拠出者が複数存在し、期限・利率・担保などが同一条件で、期限の利益の放棄などにつき各人が平等に扱われることを条件としている場合に、個別の一方的な期限の利益放棄が許されるかは、単に債権者債務者間の関係であるにとどまらず、資金拠出者間の平等・公平（例えば、社債の繰上償還は抽籤による等の条項の存在）という別の要請を考慮しなければならない。長銀法上の金融機関が発行した金融債の相殺による償還に関して最判平成15・2・21金判1165号13頁は社債の集団性にもかかわらず相殺を認めたものであるが、これに関して柴崎暁「判批」早法79巻3号203頁以下。

316　「占有者カ他人ノ為メニ其他人ノ名ヲ以テスル物ノ所持又ハ権利ノ行使」（明治23年民訳185Ⅰ）。
317　寄託物返還請求権はもともと時効に服さない。MALAURIE et AYNES, Droit civil - Les biens, Defrenois, 2003, nos 500 et 577. それでも預金債権に債権の消滅時効までもが否定されるかどうかは別である（次注）。
318　フランス法にいわゆる不規則寄託 dépôt irrégulier の場合には受寄者による返還債務の相殺禁止・容仮占有者による時効不享受は適用がない。不規則寄託では受寄物の特定性はないが返還義務を負担する数量に相当するそれを保管しなければならない（預金は不規則寄託ではなく、商業銀行連帯制度が適用され、支払準備は預金の総額に満たないこともありうる。LIBCHABER (Remy), Recherches sur la monnaie en droit privé, 1992, LGDJ, no 204）。消滅時効に関しては、不規則寄託と同様、預金受入機関はこれを援用できる。
319　大判大正9・11・27民録26輯1797頁、打印・前掲280頁。
320　判例は普通預金に関しては、「債権者ノ入用次第何時ニテモ返還スベキ約束ヲ以テ預金ヲナシタルトキハ、右預金者ニ於テ何時ニテモソノ返還ヲ請求スルコトヲ得ル消費寄託契約ナルヲモッテ其消滅時効ハ、預金当日ヨリ進行スルモノトス」（大判大正5・6・2判例体系7巻869頁）としてきた。

請求債権は告知の発効から5年（商522、改166 I（1））の消滅時効に服する[323]ものと解するとともに、告知をなしうる形成権にも固有の消滅時効が存在するとし[324]つつも、計算書類の開示の都度時効が中断するものとみている（民147（3）、改152-「更新」）。期限の定めのない寄託受寄者の随時返還権は消費寄託についても適用される（民663 I）と解するべきであろうか。

[14307] **自動継続定期預金と消滅時効**　　自動継続条項付の定期預金の場合、その定義上、期限の定めのない寄託としての扱いはありえない。継続停止申入がなければ銀行は永久に書換を続けなければならないことになる。ところで、永続的な債務の存在は認めるべきではないことから、初回の継続時から消滅時効が進行すると解する裁判例[325]があったが、その控訴審東京高判平成17・1・19金判1209号4頁により、自動継続の停止の申入れ後、最初の満期を起算点として時効が進行するとの解釈のもと原判決は取消され、これを最高裁（最判平成19・4・24民集61巻3号1073頁）も支持している[326]。

[14308] **債務消滅原因一般と預金**　　預金債権も、弁済（払戻）、相殺、更改（振

---

[321]　末川博「銀行預金に関する若干の問題」民法上の諸問題300頁を根拠に、独民199を根拠に、解約がなくも解約したに等しい事情があれば権利行使の可能な状態と見て消滅時効の進行が認められ得ることを説きつつも、そのような事情がなければ、「保管を爲さしめる権利の不行使といふ状態はないのだから、消滅時効の進行を認めることはできぬ」（同302頁）とする。この立場が妥当であろう。なお柴崎暁「預金契約の寄託性と消滅時効」比較法学47巻2号1頁。

[322]　木内・金融法205頁。

[323]　西原・金融法117頁、木内・同書同所。

[324]　末川・前掲305頁。20年時効である（民167 II、改166 II。木内・同上）。

[325]　千葉地判平成16・7・22金判1198号5頁。

[326]　この事案に関しては、消滅時効に関する理解は控訴審・最高裁の示したところが正しい。確かに金融機関側からの継続を停止する権利が定められておらず、預金者から継続停止申入がない限り、永続的に消滅時効に服さないことになるかに思われる。しかし、この考え方には誤解があるように思われる。書替継続とは、更改の性質を持たない準消費寄託契約の締結、即ち法律行為である。自動継続条項とは、満期の都度顧客に来店してもらう煩を省略するため行われていた「起算日扱い」（顧客の利益を慮って、満期某日以降に来店し書換える際証書上は遡って当該某日を預入日とする）の実務が臨時金利調整法に違反するとされたことから創設されたもので、このような由来から当事者の意思を解するに書換は新契約の締結であって単なる期限の延期ではない。金融機関の側が一方的に契約再締結を授権されているのであるから、これは委任契約であり、その履行方法は、自己契約（民108但）として新たな預金契約を締結するということを意味し、そのための授権を伴う枠契約が自動継続の合意である。書換事務は、継続的な委任事務であるから「権利の行使されていない状態」を想定しがたく、時効になじまない（委任契約と観念しないで継続停止の申入を約定の形成権としてしまうと、今度はこの形成権が時効に服することになってしまう）。とはいえ、このように委任契約であるから、受任者は随時解約権（民651）を行使して、この義務から免れることができるはずであり、受任者による解約権行使以降に到来した満期を以って、預金は確定的に払戻されるべきものとなり、その時点から消滅時効が進行する。

替・振込)、免除、混同によって消滅する。弁済(払戻)については、準占有者弁済による免責の問題に議論が多い([14401]以下)。相殺に関しては、貸出債権との相殺が多く論じられる([25101])。更改に関しては、定期預金を普通預金に振替えるなど金融商品の種類の交替を生じる場合などが論点となろう[327]。「振替」の概念については法令上特段の定義があるわけではないが、旧預金の現実の払戻に代えてその払込を省略して新預金を成立させることを指称する[328]。

[14309] **預金払戻の場所と方法**　預金債権は、預金を受け入れた営業所である元帳保管店が履行場所である(取立債務)[329]。他店・他金融機関営業所での払戻を約定することもできる[330]。預金証書は有価証券ではないが、二重払の危険を回避すべく、預金者は、預金証書(預金通帳)と届出印を押印した所定の払戻請求書・受取証を提出すべきこととしている[331]。無通帳・印章相違でも弁済をすることに妨げはない[332]から(便宜扱[333])、そのかわり、銀行は免責を得るために調査・確認をするための時間的猶予を与えられよう[334]。払戻は現金通貨を以て行うのが

327　交互計算の計算書承認の更改的効力については[12310]。
328　更改に該当するか否かは契約解釈の問題である。旧預金債権自体が担保の目的であったような場面で新預金に担保権が及ぶかも問題となろう。この問題につき、学説は、定期預金を普通預金に振り替えるような場合にはこれを否定し、定期預金の継続の場合にはこれを肯定する(幾代通=広中俊雄編・新版注釈民法(16)債権(7)(1989年、有斐閣)391頁〔打田畯一＝中馬義直〕)。
329　これは確立した商慣習法である(木内・金融法192頁、田中・銀行取引法104頁、西原・金融法116頁)。民484・改484Ⅰは適用されない。
330　現金自動支払機の導入されている現在では、全店払い・他金融機関払の約定がされることが通常となっている。他金融機関は金融機関の履行補助者となる(金融機関相互の費用償還は内国為替として集団決済されよう)。
331　普通預金規定ひな型5Ⅰ、通知預金(証書式)規定ひな型4(証書に受取欄があってそこに捺印する)、同(通帳式)4(払戻請求書に添えて証書受領)、自動継続期日指定定期預金規定ひな型5Ⅱ・・・)。ただし、通知預金の場合も、証書が流通するものではないので、債務者は証書の受戻がないからといって履行を拒みうるのではない(対比、手39は「支払ヲ爲スニ当リ」とあって引換給付、民487は弁済が先履行でしかるのちに証書の返還請求権を与えるにとどまる。西原・金融法116頁、田中誠二・銀行取引法113頁、木内・金融法193頁、大塚市助・銀取百選58頁。反対説としてこれらをも有価証券と扱う高田源清・証券法469頁。なお、郵便貯金法55では貯金証書との引換が定められているところ、証書と引換に支払うべき旨を判示した東京地判昭和45・5・26下民集21巻5・6号711頁)。払戻に用いられた印章が届出印と異なっていても、真実の預金者に返還したのであればそれは弁済として有効である。印影違いであるにかかわらず真実の預金者ではない者に払戻した場合においては、民478の適用に関して過失を問題とされる。
332　印影違いにつき、東京高判昭和50・10・6金判491号25頁。
333　銀行が譲渡質入を承諾した事実がない場合、担保として預金証書を占有する第三者があっても、預金者からの預金証書の呈示のない預金返還請求につき、支払義務を認めた事例として大阪高判昭和48・11・26金判410号17頁。
334　木内・193頁。

原則である[335]。

第2項　払戻と銀行の免責

[14401] **序説—債権者ではない者への弁済**　弁済一般は、債権者自身に対して行われることで効力を持つ。しかし、債権者が自ら受領をすることに伴う費用を回避するために、①他人（代理人・取立受任者）を用いて受領しても弁済は有効であるし[336]、②その他人に代理権も受領権限もない場合であったとしても債権者が満足を得られる限りこれは有効な弁済である（民479）。③真実の債権者ではないが債権者を称し債権者らしき外観を具備する者が受領する場合でも、真実の債権者への弁済と同様に、債務者が免責[337]される（**債権の準占有者に対する弁済**、民478。原始規定は表見的債権者のみを対象にし弁済者の善意のみを要件としていたが、やがて判例が表見的受領権限者にも適用を拡大したため弁済者の無過失も（平成16年改正）求められるに至った。）。④受取証書の持参人に対する弁済（民480-平成29年改正で廃止）も同様に扱われる。

[14402] **預金債権の準占有者**　民478の適用されるためには、弁済する債務者が、受領する準占有者が真実の債権者でないことにつき善意（平成16年改正以降は善意無過失）たることを要する。「**準占有者**」とは、取引の観念からみて真実の債権者らしい外観を有する者をいい[338]、債権証書自体の物的な所持者との意味ではなく、無効な譲渡による債権譲受人、表見相続人、預金通帳と印章の占有者[339]等である[340]。指名債権は有価証券上の債権とは異なり、「占有」が不可能である為、その権利者としての外観を具備することを「準占有」と称する（2017（平成29）年

335　預金小切手（銀行の発行する持参人式の自己宛小切手）による弁済については、判例によると、一般の取引において有効と解される（最判昭和37・9・21民集16巻9号2041頁、最判昭和48・12・11判時731号32頁）としても、預金の払戻に関しては預金者がこれによることを特に依頼した場合でなければ払戻としての効力を持たないと解される（木内・金融法193頁）。

336　一部の弁済受領権限者（不在者の財産管理人・債権質の質権者・破産管財人）については、この者らへの弁済が有効であるばかりか、債権者への弁済が禁じられさえしている。

337　金融機関が免責される結果、真の債権者は受領者から委任・事務管理に基き取戻を行わねばならなくなる。受領者の無資力危険を真の債権者が負担することにもなる。ただしあくまでも問題は「免責」であって、本来、いかに預金通帳・届出印の所持者であっても無権利者であれば払戻を求め得ないのは当然である（最判昭和40・5・7手研96号45頁、東京高判昭和49・9・10金判429号18頁、木内・金融法193頁）。

338　奥田昌道・債権総論〔増補版〕500頁。

339　通帳・印章の占有者は自己のために証書の占有を行うものでなければならない。受寄者としての通帳・印章の占有は他主占有＝容仮占有で、準占有者とはならない。

340　一回だけ配当金領収証に偽造印を捺印した者の場合—大判昭和2・6・22民集6巻408頁—のように、債権利用行為の継続性も必要ないといわれる。林＝石田＝高木＝安永・前掲書264頁。

民法改正法により、この概念は「**受領権者としての外観を有するもの**」(改478) の一種として包摂された。本条の「準占有者」は民205と違い「自己の為にする意思」を要せず仮に要するとしても民478の趣旨は詐称代理人にも及ぶとの説が林立してきた。中田・債権総論 (2008年) 310頁以下)。

[14403] 自称代理人への拡張・債務者側の「過失」　判例は、明治29年原始規定の民478の文言を拡張して、本人として債権の行使をなす者に限られず、自称 (詐称) 代理人を含める場合にも同様の効果を与えるものとしてきた[341]。しかし、このような場面は、本来—弁済は準法律行為といわれる以上—当時の民109等によって規律されている事項であって、当時の民478の対象としているものではなかった[342]。判例はこのように適用範囲を拡大する一方で、平成16年改正以前の民法の規定では「債権ノ準占有者ニ為シタル弁済ハ弁済者ノ善意ナリシトキニ限リ其効力ヲ有ス」とあるところ、最判昭和37・8・21民集16巻9号1809頁は、債務者の無過失をも要求し (平成16年改正で明文化)、これと並行して、原始規定が想定していない自称代理人にも適用範囲を拡大した。平成29年の改正法でついに準占有者という用語そのものを放棄し、それと同時に権利者またはその代理人らしき外観を有する者への弁済に関する規定へと、同条を文理的にも拡大するに至った。しかしながら、代理人としての外観と権利者としての外観とは質的に異なるのであって、それぞれの外観に対する信頼が違った要件のもとで保護されること自体は不合理と考えられていたわけではない。自称代理人と比して、債権者たる外観の作出には本人の関与 (実印の貸与等) が一層大きいのが一般であるところから弁済者をより広く保護する必然性がある。

[14404] 債権者側の過失　民478は、債権者側において準占有者の外観を創出

---

[341] 最判昭和37・8・21民集16巻9号1809頁 (民法判例百選Ⅱ債権7版〔別ジュリ224〕74頁〔中舎寛樹〕(2015年) は関係官吏の捺印した書式が調達局の管理不備で盗用され、納品業者の従業員を称する者に連合軍用物資代金を弁済した事案で、真実の債権者の関与はなかった)、最判昭和41・10・4民集20巻8号1565頁、最判昭和42・12・21民集21巻10号2613頁。拡張を主導する議論は、表見代理の規定によるとすると、真実の債権者本人に帰責性があることの立証を必要とされる等の点で弁済者の保護に欠けるという。なお、民478の適用範囲の拡張の論理については、中舎寛樹・表見法理の帰責構造 (2014年、日本評論社)。

[342] 民478は旧民財457 (「眞ノ債権者ニ非サルモ債権ヲ占有セル者ニ爲シタル辯濟」が有効な弁済として扱われるとする趣旨の規定) を引き継いだもので、明治29年法以降も受領者が代理人として呈する外観への信頼を保護する規定ではない (杉之原舜一「表見的受領権者に対する弁済者の保護」法協46巻8号1頁、同9号49頁)。債権者の自称代理人の場合に民109を適用せずに民478を適用ということは、債権者の無権限の代理人への弁済を本人が後日追認 (民113Ⅰ) するという可能性も失われることになり合理的ではない。

したことへの寄与を要件とはしていない（平成29年改正債権法もこの点を踏襲）。上記立法でも、他人に代理権を与えた旨の「表示」（民109）は要求されないが、特別法（［14408］）や判例（後掲注354の最判平成15・4・8）では本人の帰責性を問題とする傾向が指摘できる[343]。

[14405] **免責約款の利用**　　前述のとおり、預金の払戻に民478が適用され、判例がこれを自称代理人による払戻請求にも拡大し、かつ債務者（銀行）に要求される主観的態様が善意だけで足らず善意無過失に拡大されているため、銀行に要求される無過失の内容如何では、銀行は払戻請求者の身元確認のために大量の顧客を相手にして不合理な労務を強いられる結果にもなりかねず[344]、他方において、預金者は、金融機関との間において自己の同一性を証明するために予め合意された手段に関して管理を怠らない限り権利を失うおそれがないとの保障が必要である。そこで、注意義務の内容を客観化するため免責約款が用いられている[345]。免責約款を以て商慣習法であるとする立場もある[346]。さらに、準占有者や無権代理人の事例だけでなく、本人が来店しておらず、さりとて代理人による払

---

[343] 林〔安永〕＝石田喜＝高木多・前掲265頁。自称代理人による受領の場合には、本来は代理による法律行為の取扱を類推すべきであったから、債権者側の過失は当然に考慮されたはずである。預金通帳や印章が存在する場合には、これらの手段がなければ準占有者としての外観は生じないのが一般であるところ、通帳・印章が盗取・拾得されたものである場合には本人の責に帰せしめるべき関与はないのであるから、本人が危険を負担すべきではなかろう。かような判断は、後に見るようにATMによる払戻（暗証番号を運転免許証に記載の生年月日としていた通帳機械払式による払戻の事例）に関する判例においても、預金者保護法における本人の故意過失や親族の行為の場合等における補塡請求権の制限規定等においても同様に採用されている（後掲注354、［14408］）。

[344] このように身元確認の実務的物理的困難のみが免責約款の必要性の基礎であるということは、現行法において免責約款の正当性が部分的には失われつつあることを意味する。現行法では、払戻請求金額如何では本人確認手続の適用があり、その場合には身元確認が事実上不可能である旨の抗弁は通用しなくなった。後述のように、外形上適式な印章と通帳を占有するしかし他の要素から身元に疑うべき要素を呈する請求者に関して形成されてきた裁判例のために、免責約款の効果は、対面取引とならない手形交換・ATM・インターネットバンキング以外では減殺されることになる。

[345] 前田庸「金融取引の法律問題」現代の経済構造と法（1975年、筑摩書房）410頁。なお、約定例としては、普通預金規定ひな型5Ⅰ「（預金の払戻し）　この預金を払戻すときは、当行所定の払戻請求書に届出の印章（または署名・暗証）により記名押印（または署名・暗証記入）してこの通帳とともに提出してください」、同8「（印鑑照合等）　払戻請求書、諸届その他の書類に使用された印影（または署名・暗証）を届出の印鑑（または署名・暗証）と相当の注意をもって照合し、相違ないものと認めて取扱いましたうえは、それらの書類につき偽造、変造その他の事故があってもそのために生じた損害については、当行は責任を負いません。」

[346] 約款がなくとも、商慣習法として、かかる取扱が存在していると解する裁判例も見られた。東

第 B 章　預金の変動　　101

戻請求であるともいえない、性質決定が曖昧な場合（使者による請求というべきか）にも、銀行の免責を確保するうえで重要な役割を担っているといえる[347]。免責約款を機械的に適用してしまうと、印影が偽造された場合も含めるので、**真実の預金者は印章を十分に管理するというだけでは偽の払戻請求によって権利を失うことを防ぐことができない**（印影の安価・簡便な複製技術が公衆に普及してからの判例の転換については後述）。さらに、預金担保貸付への免責約款法理の適用についても議論がある[348]。

京地判大正 8・10・8 判例評論 9 巻商法105頁、東京地判大正13・11・13新聞2339号19頁、大阪高判昭和29・5・1 高民集 7 巻 9 号633頁、木内・195頁。
[347] 免責約款が印影照合を以て銀行を免責していることを以て一律に「自称代理人の場合にも民478による銀行の保護がはかられている場合がある」と説明することが一般的であるが、より精密にいえば、届出印鑑は、預金者が自らの意思表示を行う手段として届出ているものであるから、銀行店舗窓口において預金者本人ではないことが明らかである者が押捺するときには、この者は準占有者ではない。代理であるためには、来店者が本人の届出印を調えた委任状を持参し、来店者自身の署名を以て払戻請求書が作成され、かつ、**本人のためにする意思**（**顕名**。民99）が表示されていなければならない。しかし現実に用いられる名義も印章も本人のものであるとすれば、これはある種の「**使者**」**を用いた預金者本人の意思表示**と解するしかない。かかる場面の銀行の善意を保護する約款とは、もはや民478の適用範囲を超えたものであって、**特殊な態様における本人からの告知**＝払戻請求に関する私人間の合意となる。神戸地判昭和47・9・26判時681号17頁は、預金者と来店者が性別が明らかに違う別の人物（配偶者）であって、典型的に使者による払戻請求の事例である。ちなみに、同判決が、平成期における下級審裁判例の転換を先導している先例の一つであると考えられている。配偶者に無断で持ち出された証書と印章を用いた払戻請求で、定期預金の払戻について判断された事例で、3 口 2 種類の預金から全額を払戻したこと、中途解約が含まれていること（中途解約部分については免責約款の適用がもともとないものと考えられているが、少なくとも満期を迎えた定期預金の部分に関しては免責約款が適用される点に注意）、中途解約の理由が「出産」なのに払戻金額総額が93万円余りであること、印章が違っていたので別の印を押し直していること、解約依頼書の住所が住居表示変更後のものであること等複数の疑わしい事情が存在するときには、それを全体的にみると、払戻請求者が正当な権限を有する者であるかどうかを疑うべき相当な理由があるとして銀行の過失を認めた。免責約款があるからといって、単純に印影の照合のみによって機械的に金融機関を免責するものではなく、金融機関側の悪意重過失は具体的に判断され得ることを示した重要な先例である。
[348] **預金担保貸付における相殺回収への民478の類推適用**について、最判昭和48・3・27前出（無記名定期預金の事例）、最判昭和53・5・1 金判550号 9 頁等裁判例は問題を肯定してきた。最判昭和59・2・23民集38巻 3 号445頁は「貸付債権を自働債権とし右預金債権を受働債権として相殺をした場合には、少なくともその相殺の効力に関するかぎりは、これを実質的に定期預金の期限前解約による払戻と同視することができ」「第三者を預金者本人と認定するにつき、金融機関として負担すべき相当の注意義務を尽くしたと認められるときには、民法四七八条の規定を類推適用し」相殺を以て真実の預金者に対抗することができる等としている（民法判例百選Ⅱ債権 7 版〔別ジュリ224〕78頁〔野田和裕〕（2015年））。上記最判昭和59年につき、最判平成 6・6・7 金法1422号32頁の原審大阪高判平成 2・6・12判時1369号105頁の判批である池田眞朗・私法判例リマ1991下48頁も、民478を類推により適用するのであれば少なくとも本人の帰責性にあたる要件を加

[14406] **承前―中途解約の扱い**　また、免責約款による銀行の注意義務の客観化は、履行期前の弁済を対象とするものではなく、専ら、預金契約の寄託性から速やかな払戻を義務付けられる一覧払または履行期到来後における免責を問題としている[349]。定期預金の中途解約の場面は、本人確認法の制定以前より、大量の

えるべきであると指摘する。最判昭和59年の事例は、預金通帳を預金者から預かっていた受寄者が預金者に成り済まして届出印の印影を偽造した証書を作成して預金担保貸付を受け、貸付が実行された直後に支店長が預金者本人を呼び出して事情を照会する等の経過を経ている事例で、銀行側の過失があると考えることが合理的ともいうべき事例であった。理論的にも、相殺は「弁済や代物弁済ないしそれらの亜種とみるべきではなく」「債権に内在する強制実現可能性ないし摑取権能の私的執行」（林良平＝石田喜久雄＝高木多喜男〔安永正昭補訂〕・債権総論〔第3版・青林書院、1996年〕331頁）であるから、民478を類推するための障壁はより大きいものといえる（新潟地判昭和34・11・26下民集10巻11号2496頁、東京高判昭和38・4・16下民集14巻4号719頁）。付言すれば、最判昭和59年は成り済まし・私文書偽造の事例であって、自称預金者と銀行との契約の有効性にも疑いがある。「他人の預金」による担保貸付があるとすれば、以下のような場合が考えられよう。①EがTの名義を用いて行為し、Pに赴いて口座を開設し、預金の預け入れを自ら行い、併せてこの預金を担保として融資を受けたが如き場合が考えられる。しかしこのとき、Eは自らを表示する名称としてTの名を用いてはいるが、預金契約の締結主体も、預金債権の帰属主体も、そしてこれを担保とした貸付を利用した借主もすべてEであって（民100）、実体的な効果の帰属先はあくまでもE自身であり、それゆえに事柄は真実の相殺である。そこに利害関係人としてTが現れる余地はない。②PにおいてEがT（代理関係における本人）のために契約を締結している趣旨であることを知りまたは知りうべき場合となると、本人効が認められることになる（民100但→民99）。ただしその場合には預金契約も貸付も、すべてTに効果が帰属することになり、ここでもそれゆえに事柄は真実の相殺である。しかし、③預金の契約締結・預入れの過程ではTが行為しているかまたはTの名を用い代理人の資格でEが行為し、Pもこれを認識し同意しているが、その後になってこの預金を担保にE自身が自己のためにする意思で借入れるといった場合が問題である。預金発生の時点ではTが効果帰属主体であるが、貸付実行時点では、Eが契約の主体であり、これがTの承諾を得ずに行われているならば、無権代理人ないし無権限使者となる。Eによる預金担保の設定がTに効果帰属することを説明するには、表見代理法理によるほかなく、民110を持ち出す必要を説く中舎寛樹「預金者の認定と銀行の免責」名古屋大学法政論集971号101頁の論旨は正当であると思われる（このほか、北川善太郎・債権総論〔第3版〕（2004年）69頁、潮見佳男・債権総論〔第4版〕（2012年）350頁）。ただし、このような効果はEによる「預金証書と届出印の所持」を放置したTの態度が、TがEに代理権を授与したものとPをして信ぜしめるに足る「正当な理由」と評価され、他方、Eが自らの債務を担保するためにTに属する財産である預金債権を、Pを第三債務者兼質権者として買入する（そこでは依然として預金債権者はTであって、混同はおこらない）質権設定契約をPとの間で締結していると言い得る場合にのみ認められるべきであろう。外形上は「相殺と見える」効果を「金銭質」の観念で説明しようとする説は賛同しかねるが、Tに意思に基く通帳印章の委託がある限り「預金証書と届出印の所持」に権利の外形を見出し「一種の（債権）質権の即時取得と同等の効果」を認めようとする木内・金判701号51頁、木内・金融法200頁などが穏当であろう。なお留保を要するのは、上記引用文献の少なくない部分が、現代と異なり、本人確認法の施行以前の法状態、すなわち金融機関がEの真実の資格を知ることができない場合の存することを前提にした議論であるという点である。なお、表見代理を正面から援用した大阪地判昭和38・4・26下民集14巻4号851頁。

取引の「定型的な処理」ではなく、免責約款の対象外とされてきた。ただし、銀行側が期限の利益を放棄することで満期を到来せしめて相殺回収をはかる、あるいは自己を第三債務者とする債権買入の結果生じる取立充当権の行使の必要性がある場合には、満期が到来した預金に準じて考えるべきであろうか。

[14407] **近時の判例の動向**　平成15年頃より、銀行による払戻免責を否定する判断が相次いだ。一部の事案は印影の照合が不適切に行われて銀行が免責を得られなかったということを示すにとどまるが[350]、印影照合以外にも身元確認を十分行なわなかったことで銀行が免責を得られなかった事例[351]が続出した（無論同時

349　木内・金融法195頁。
350　印影の照合に不注意があった例として、大阪地判平成14・9・9金判1163号8頁、東京高判平成15・7・23金判1176号13頁、横浜地判平成15・9・26金判1176号3頁。いずれも、印鑑と相違する印影を不注意で看過した過誤払の事案で、判断手法自体に新規性はない。副印鑑の模造事案である東京地判平成14・4・25金判1163号24頁・名古屋高判平成15・1・21同誌号8頁は、来店者による不審な挙動等「特段の事情」を考慮して過失を認定しているが、その他の事例では、伝統的な判断が繰り返された。大阪地判平成16・7・23金判1207号34頁も、通帳窃取後の偽造印影による払戻請求に対してなした払戻の無効を認めた事例である。「印鑑届の時に円縁の欠けていた届出印が払戻請求の時点では欠けていない」という事例であり、「肉眼で発見し得るような印影の相違」があったものとし、本人確認を怠った金融機関の過失を認めている。福岡地判平成16・8・30・福岡地判平成16・9・1金判1207号17頁も、通帳窃取後の偽造印影による払戻請求に関する事例で、金融機関の過失を認めた。このような事例の連続したことを機に多くの銀行が通帳に押捺された「副印鑑」を廃止した。副印鑑廃止はある程度は意味があった。偽造印での払戻の被害を受けたと預金者が主張したが預金者の払戻請求を棄却し銀行を免責した事例として東京地判平成15・6・25金法1176号29頁がある。盗難に遭ったのは預金通帳だけで、印章は預金者が継続して保管しているところ、払戻請求書に捺印されている印影は、この印章を用いて押捺された届出印鑑と同一であった。原告らは、払戻請求書に押捺されている印影は、預金通帳の副印鑑をパソコンによって転写したものであると主張したが、預金通帳は副印鑑が廃止された後のものであった。他に請求者の同一性を疑うべき事情がなかったため、免責約款規定のとおり、印影の照合で足りるとされた事例である。
351　東京地判平成15・12・3金判1181号12頁は、労働金庫に関する事件で、預金者は平成11年8月から11月までの間に、副印鑑廃止前の通帳を窃取されていた。預金者がこの盗難に気付く直前の平成11年10月、この通帳上の印影をスキャナー等複写機器を利用して複製したと「推測される」払戻請求書を利用した、預金者以外の者による、店舗での払戻請求が行われたという事例である。払戻請求書への押捺を店舗の従業員が目視していないようであり、当該請求書上の印影は不鮮明であった。判旨はスキャナー等複写機器の発達、ピッキング盗難被害（本件）の多発などの社会状勢に言及し、これまで取引実績のない、元帳店以外の他店での払戻請求であったこと、払戻金額がほぼ残高の全額であったこと、払戻手続に際して請求者が白手袋をしたままであったこと、勤務先をきかれたときに曖昧な返事をしていたこと等にかんがみて、本人確認の方法は、本件届出印影と本件印影との同一性の確認のみならず、身分証明書などの提出のほか、住所氏名を記載させるといったことが必要である旨を述べて銀行の過失を認めた事例である。名古屋地判平成16・9・17金判1206号47頁は、これも通帳窃取後の偽造印影による払戻請求であり、閉店直前に駆け込んで来た者が400万円の普通預金の払戻を求め、窓口担当者が健康保険証を用いて本人確認

期にも、十分な身元確認がなされた上での払戻と判断された事例がないわけではない[352]）。また、明らかに本人ではない者による払戻請求の場面では本人の授権に基づく使者として請求しているのかどうかを確認すべきことは従来から変わらない[353]。これら店舗窓口での払戻の場面だけでなく、ATMによる引出しでも類似の問題が生じる。特に、カードが窃取拾得され暗証番号が盗み見られる等の結果、銀行の免責を認めるのが相当でない場面があらわれる。また、ATMの使用方法に関する周知説明が不十分であるために預金者に誤認を生じ、不正払戻を導いた場合に金融機関の免責を否定する判断も出ている[354]。

を行ったが、保険証上の年齢が64歳であるところ、請求者の実年齢は46歳で、注意義務違反があるものとして、金融機関の過失を認めた。

352　東京高判平成14・12・17金判1165号43頁は、権利能力なき団体のために管理者が預金者となって自己名義で預金した預金通帳と届出印章が盗難に遭い、その1時間後に盗犯により被害現場近くの銀行店舗で、盗取した印章を用いて作成した払戻請求書と預金通帳の呈示をもってする請求に対して払戻がなされていた。預金者が銀行に預金の払戻を求めたのが本件である。窓口の担当者は来店者に生年月日と払戻金の使途について質し、このさい「A〔盗犯〕は、B〔担当者〕の質問に対し、X〔預金者〕の生年月日を答え、これが届けられた印鑑票の生年月日の記載と合致していたこと、資金の使途についても厚生省に持っていくと具体的に答え、特に不審な態度がみられなかったことからすれば、証印者であるBとしては、窓口に来たAに預金の払戻について正当な受領権限を有しないのではないかとの疑いを生じるような事情がなかった」として銀行の免責を認めたものである。大阪地判平成18・4・11判夕1220号204頁は、強盗被害者が、強盗直後に、盗難通帳と氏名の漢字の誤記ある・マンション名号室名が省略された払戻請求書の提示による普通預金の他店口座のほぼ全額の払戻を行った銀行の過失を否定した。

353　自称代理人について民478の準用があるとしたうえで、東京地判平成15・2・28金判1178号53頁（損害賠償本訴請求事件）は、真正な預金証書および届出印を用いた定期預金の期限前解約払戻の請求につき、来店者（本人の内縁の妻）が本人の委任状を持参せず銀行もその確認をせずに払戻に応じた事例であり、請求一部認容、担当者に過失があるとされた。このほか、福岡地判平成17・6・3判夕1216号198頁は、預金者と性別の異なる、預金者の妻を自称する者が、店舗での捺印をせずに事前に記載がなされた（預金者住所の地番は記載されず、印影は届出印と異なったものであった）払戻請求書と、盗難通帳とを用い、帽子を被り、大きなサングラスをかけ、手には白い包帯を巻くなどしたまま、預金のほぼ全額である2000万円を、現金で（半額を小切手でできないかという窓口担当者の懇願にもかかわらず現金に固執して）払戻を請求した事例であり、店舗次長は漫然と払戻をしたとして、免責を否定している。

354　（運転免許証とともに）盗難に遭った預金通帳（カードは盗難に遭わなかった）によって何者かによって預金の払戻がなされた後、（カードが手元にあり安心し銀行への通知が遅れた）預金者が預金の返還を求めた事例で、最判平成15・4・8民集57巻4号377頁（民法判例百選Ⅱ債権7版〔別ジュリ224〕78頁〔河上正二〕（2015年））金judgments1170号2頁は、現金自動入出機による払戻についても民478が適用されることを前提に、「債権の準占有者に対する機械払の方法による預金の払戻につき銀行が無過失であるというためには、払戻しの際に機械が正しく作動したことだけでなく、銀行において、預金者による暗証番号などの管理に遺漏がないようにさせるため当該機械払の方法により預金の払戻しが受けられる旨を預金者に明示すること等を含め、機械払システムの設置管理の全体について、可能な限度で無権限者による払戻を排除し得るよう注意義務を尽くし

第Ｂ章　預金の変動　105

[14408] **預金者保護法**　以上の状況を受けて、平成17年に「偽造カード等及び盗難カード等を用いて行われる不正な機械式預貯金払戻し等からの預貯金者の保護等に関する法律」（「預金者」と略称）が制定され、準占有者弁済の取扱を大幅に変更した。

　偽造の「カード等その他これに類似するものを用いて行われる機械式預貯金払戻し及び機械式金銭借入れ」には民478（または免責約款[355]）を適用除外とする（預金者3）。偽造の場合には、本人に何らの帰責事由はないからである。他方、金融機関はICカードの導入等によって偽造防止措置を執ることが可能である[356]。偽造カードによるATMでの払戻が①預貯金者の故意によるとき、②預貯金者の重過失により、金融機関が善意無過失であるときは、金融機関を免責する（預金者4Ⅰ）[357]。盗難された真正カードによるATMにおける払戻においては、従前通り民478または免責約款が適用されるが、金融機関が無過失であっても、預金者は、真実盗難被害者であるらしい場合[358]には、金融機関に対する**補填請求権**を取得する（預金者5Ⅰ）[359]。補填が不要になる場合[360]についても規定をおく。

　ていたことを要する」としたうえで、「被上告人は、通帳機械払のシステムを採用していたにもかかわらず、その旨をカード規定等に規定せず、預金者に対する明示を怠り、上告人は、通帳機械払〔という当該銀行に特有の、通帳の挿入と暗証番号の入力のみによって払戻が可能な仕組み〕の方法により預金の払戻しを受けられることを知らなかった」との理由で銀行の過失を認め破棄自判とした。

355　同法の規定に反する「特約で預貯金者に不利なものは、無効とする」（預金者8）。反対に預金者に有利な特約は有効であろうが、その利益享受と引換に拘束条件を課する場合「不公正な取引方法」となるが、私法上無効となるかは議論の余地があろう。

356　再発行の郵送途中第三者が詐取した預金者に未交付のカードは預金者4Ⅰの「偽造カード等」である（大阪地判平成20・4・17判時2006号87頁）

357　偽造カードによるATMカードローン（借入）についても同様の厳格な要件のもとで、貸借が成立するものとする（預金者4Ⅱ）。貸借不成立となった場合には法文では金融機関が「責任を負う」とある。騙取金銭は偽造カード行使者から回収すべきものとなる。貸借の成立に関する問題であるから、民109以下の規定の特別法というべきであり、少なくとも預貯金者故意の場合には独自の要件のもと認められた本人効と解してよいが、「重大な過失」の場合は「預貯金者が…責任を負う」とあるので、その性質は契約の効果というより特殊な不法行為責任と見るべきか。

358　預金者は金融機関に、①盗難の速やかな（盗取から2年内‐預金者7）届出をなし、②「盗取が行われるに至った事情その他の当該盗取に関する状況について十分な説明」をし、③捜査機関に盗難届を提出（またはそれに代わる府令所定の措置）した事実を申出ることが条件となる。

359　補填請求権は以下いずれかの場合には縮減される。①払戻が盗難カードによらざることまたは預貯金者の故意によるものであることを金融機関が証明した場合（預金者5Ⅱ本文）は全額を免れる。払戻が盗難カードによるものであることに金融機関が善意無過失であることが証明されたときでかつ、払戻が預貯金者の、②軽過失によることが証明された場合（預金者5Ⅱ但）補填額は3／4に減じ、③（a）重過失によることが証明されたとき（預金者5Ⅲ（1）イ）、（b）配偶

さらに、金融機関を名宛人とした各種の措置義務を定めている[361]。

第C章　派生商品など

第 i 節　金融債・金銭信託（未稿）

第 ii 節　派生商品とその適法性

[15001] 派生商品（デリバティブ）の定義　　銀10Ⅱは「デリバティブ取引」を付随業務の一部として認める[362]。その契約法的性質は、給付の目的物が金銭であ

者同居親族等の行為によるとき（預金者5Ⅲ（1）ロ）、または（c）盗難状況の説明に偽りがあるとき（預金者5Ⅲ（1）ハ）は全額を免れる。④払戻が戦争・暴動等に乗じてなされた場合にも全額を免れる（預金者5Ⅲ（2））。盗難カードによる機械式金銭借入れについては預金者5ⅡⅢと同様の要件のもとで借入金債務を免じる（預金者5ⅣⅤ）。

[360] 約款の効果を以ってしても金融機関の免責が認められなかった場合（預金者6Ⅰ（1））、預金者から盗犯（受領者）への損害賠償請求が行使された場合（預金者6Ⅰ（2））等においては、補填請求ができず、補填金を受領していた場合には後から免責が認められない場合であったことを理由として重複的に預金の払戻を請求できないこと、補填金を支払った金融機関は一種の賠償者代位によって盗犯への損害賠償請求権を取得する（預金者6Ⅲ）。

[361] 最判平成15・4・8が示したような金融機関の預金者に対する情報提供義務、不正払戻予防のための認証技術開発義務、漏洩防止のための情報システム整備義務、不正防止のための知識普及義務（預金者9Ⅰ）、規格統一義務（預金者9Ⅱ）。国・都道府県には措置義務（預金者9Ⅲ）を定める。他方、預貯金者を名宛人としてカード・暗証番号の適切管理努力義務を定める（預金者9Ⅳ）が、不適切な管理により補填請求権が喪失することを他の箇所に規定しているから法的には無意味な規定である。

[362] 「14. 金利、通貨の価格、商品の価格その他の指標の数値としてあらかじめ当事者間で約定された数値と将来の一定の時期における現実の当該指標の数値の差に基づいて算出される金銭の授受を約する取引又はこれに類似する取引であつて、内閣府令で定めるもの（次号において「金融等デリバティブ取引」という。）（第5号及び第12号に掲げる業務に該当するものを除く。）／15. 金融等デリバティブ取引の媒介、取次ぎ又は代理（第13号に掲げる業務に該当するもの及び内閣府令で定めるものを除く。）／16. 有価証券店頭デリバティブ取引（当該有価証券店頭デリバティブ取引に係る有価証券が第5号に規定する証書をもつて表示される金銭債権に該当するもの及び短

るものの、損益が確定するまではいずれの契約当事者が給付義務を負うことに決するかが確定しないところから、消費寄託・消費貸借いずれの観念にも該当せず、契約当事者が双方に危険負担給付を行う関係にある、双務・諾成・射倖[363]の無名契約である[364]。危険負担給付の価値は、双方において評価済みの上で承諾を与え、約定の原資産価格の関数として確定した損益は当事者がこれを引受ける（指標の捏造等のない限り、損益が如何なる値であれ、瑕疵担保責任も不当利得も発生しない）。

[15002] **派生商品の類型**　価格を契約締結日の原資産価格を基準に決めた将来の日を履行期とする売買である**先物・先渡**、甲乙間で、甲が有するものと仮定する固定金利金融商品（原資産）の満期日における元利合計と、約定日において同額の元本につき乙が有するものと仮定する変動金利金融商品（原資産）の満期日における元利金合計との差額の絶対値を高いポジションをとった側が相手方に支払う**金利スワップ**[365]がある。為替相場の変動に際して生じる外貨建債務の弁済に

期社債等以外のものである場合には、差金の授受によつて決済されるものに限る。次号において同じ。）（第2号に掲げる業務に該当するものを除く。）／17．有価証券店頭デリバティブ取引の媒介、取次ぎ又は代理」

363　射倖契約（contrat aléatoire. 仏民1104参照）とは、当事者間の損益が**偶然性（aléa）**に依存する双務有償契約の一類型である（詳しくは後述）。西原慎治・射倖契約の研究（2011年、新青出版）。日本の銀行法にいうデリバティブと概ね同義であると思われるフランスの"Instruments financiers à terme de gré à gré［相対の合意による期限付き金融手段］"につき、AUCKENTHALER (Franck), Instruments financiers à terme de gré à gré, JurisClasseur Banque - Crédit - Bourse［Fasc. 2050］, 1999. nos 11-13. はこれを射倖契約とする。ただし、二当事者が物の引渡を義務づけられ、当事者間における給付義務の牽連関係が期日まで持続する場合には、実定契約であり得るという。

364　経済学者による定義であるが、「デリバティブとは、リスクを移転するために利用される契約」（BOYLE＝今井訳・後掲書17頁）である。デリバティブと呼ばれているものの中には、かように包括的な定義のもと、期限付売買である先物取引等も含まれるとする文献もある。後述の通貨スワップも、取引を全体として把握するときは一個の無名射倖契約であるかもしれないが、その要素を分解してみると、消費貸借などを包含している場合もある。

365　ある金融機関が、貸出取引においては固定金利で貸付を行っているのに対して、それが受け入れる定期預金、社債等他者からの借入等につき、変動金利によるものがほとんどであったとする。この金融機関の収支は釣りあっていない。金利水準が上昇すると、金融機関は預金者・社債権者等により多くの利息を支払う一方で、収入は固定されている。他方金利が低下すれば利鞘が期待できるが、それを金利上昇局面における損失の填補のために貯蓄する方法がうまくゆくとは限らない。キャッシュフローを釣り合わせたいと望むこの金融機関は、金利低下局面での利鞘を譲り受けることと引換えに金利上昇局面での損失の填補をしてくれる相手がいれば好都合である。そこでこのような需要を有する他の金融機関との間で、キャッシュ・フローを「交換」する（契約法的に言えば危険負担給付の交換の負担）のである。ただし、実際に利息債権を債権譲渡したり利払いの負債を債引受によって移転してしまうのではなく、法的には、その結果生じる差益金

伴うリスクを移転する先渡の一種である**為替予約**[366]、為替相場と各国の市場金利との金利差を利用して合理的に資金調達を行うために行われ、為替相場を原資産としてペイオフが決せられる**通貨スワップ**[367]、ある約定の資産を所定の期間内であれば約定の価格で購入できる契約で、多くの場合その引渡を行わずに予約完結を行使した時点における市場価格との差額の決済のみを以って結了する**オプション**が挙げられる[368]（金商法もまた、独自の定義規定[369]を有する）。

の払渡をするというだけである。BOYLE (Phelim) et BOYLE (Feidhlim), Derivatives: The tools that changed Finance, 2001.〔日本語版：今井潤一訳・はじめてのデリバティブ（日本経済新聞社、2002年）27-28頁〕。変動金利には多くの場合 LIBOR が用いられ、一定期日に上限基準金利と変動金利の差額を支払う取引であるキャップ（cap）、下限基準金利と変動金利の差額を支払う取引であるフロアー（floor）、キャップとフロアーとの組み合わせであるカラー（トンネル）がある。LIBOR 等のような原資産価格＝指標は当事者間のペイオフ（損益）を支配する「偶然性」（射倖契約における aléa）であり、当事者間の損益は満期まで未確定になる。取引の類型によっては、損益が当事者間に直接生じるのではなく、契約者が有する別の見合い取引との関係で損益を生じる場合もあり得る（「隠れた引受〔reprise interne〕」。GAUDEMET (Antoine),Les dérivée, Economica, 2010, nos 71 et s.）。

366　神田＝神作＝みずほ FG・金融法講義276頁〔福島良治〕。
367　欧州の企業 E は米国進出の準備として米ドルを調達したいが、取引のある自国の銀行 Be でドル借入をするには、普通のユーロ建の借入が年利4.5％であるのに対して、年利9％がかかるとしよう。このような企業は、ユーロを需要している（あるいはそのような投資を希望する）米国内のカウンターパーティー A を見つけて資金調達コストを最小限にすることができる。この米国企業は、自国の取引銀行 Ba から年利6.5％でドル建借入をすることができる（他方ユーロ建の借入には年利6％を求められる）とする。E は、Be から74万4410ユーロ（その日の為替レートで100万米ドル相当）を4.5％で借入れ、他方 A は Ba から100万米ドルを年利6.5％で借入れる。E と A とは以下のような条件で相互に自国の通貨を貸与え合う双務契約を締結する（この脚注の設例が、COURET, LE NABASQUE et al., Droit finaicier, Dalloz, 2012, 2e éd., no 1097.）。両者は①資金調達コストを衡平に分配する条項を合意する。欧米二つの市場での各通貨の金利差は、ユーロについては 6-4.5=1.5（％）、米ドルについては 9-6.5=2.5（％）である。そこで各当事者は各市場での調達金利に金利差の半分を上乗せした利息を互いに請求できるものとする。即ち、E は A に、74万4410ユーロを元本として貸与え、これに年4.5+0.75（1.5/2）=5.25％の利息が伴う。A は E に、100万米ドルを元本として貸与え、これに年6.5+1.25（2.5/2）=7.75％の利息が伴う。②契約の履行は次のような段階を履む。まず、契約締結日に、（双方は自国の銀行から自国通貨を調達するなどして）、「元本交換」と称して双方が元本の貸渡しのための送金を相互に行う。③約定の時期に、相互に上記の条件での利息を支払う。④契約の終期に、相互に元本を互いに返済する（それぞれの給付を履行する時点までの為替相場変動リスクは各当事者が自らの危険で管理する）。上記の条件では結果的に、E は本来年利9％がかかった米ドルの調達を年利6.9％で果たし、A は本来年利6％がかかったユーロの調達を年利4％で実現したことになる。1980年頃、世銀がその米ドル建債務と、為替差益の獲得を希望していた IBM のドイツマルク・スイスフラン建債務との間でスワップ取引を行ったことが発端であるらしい。上記の例のように金利差を利用した外貨調達の技術として用いられている。
368　西尾信一編・金融取引法（1999年、法律文化社）216頁〔森下〕。平出編・企業法概論Ⅱ（青林書院）232頁〔久保田〕によれば、先物取引・先渡取引・スワップ・ネッティングという類型が挙

げられている。満期における原資産価格が所定の行使価格を超えるか超えないかによって損益（ペイオフ）が決定されるものを「デジタル・オプション」という。①「3か月後の原油価格が110USD以上のとき、権利1単位につきAはBに110USDを支払う」も②「3か月後の原油価格が110USD未満のとき、AはBに110USDを支払う」も可能な約定である。①と②とを組み合わせるとBがつねに3か月後には110USDを入手できるという無リスク契約になる。満期にBが110USDを入手できる確率は100％であるから、そのオプション1単位の現在の価格は110USDから3か月分の利息を割引いた金額となる。コール・オプションおよびプット・オプションは主として売買契約の予約完結権である（会社法上の新株予約権は株主側から会社に対するコール・オプションであり、取得請求権付株式はプット・オプションである）。③「甲は、乙から、3か月後に、A社の株式を€110で購入することができる」（コール）、④「αは、βに対して、3か月後に、A社の株式を€110で売りつけることができる」（プット）等。権利行使日に株価が€140であれば、甲は③を行使して取得した株式を市場売却することにより€30の差益を得る。株価が€80であれば、αは市場より€80で株式を調達し、④を行使して€30を利得できる。約定の期日に権利行使できるものが「ヨーロピアン・オプション」、約定の期間の任意の時点に権利行使できるものが「アメリカン・オプション」、約定の期間のうち、特定の数回の時点にのみ権利行使できるものが「バミューダ・オプション」、約定の期間内の平均株価に基づき権利行使できるものが「エイジアン・オプション」と呼ぶ（以上、BOYLE＝今井訳・前掲書46-55頁）。③と④とを組合わせたものがストラドルで、⑤「Pは3か月後にA社の株価が€120超であるときは€110でこれをSから購入でき、3か月後にA社の株価が€100未満であるときは、€110でSに売却できる。Sは3か月後にA社の株価が€100以上€110未満であるときは€110でこれをPに売却でき、3か月後にA社の株価が€110以上€120以下であるときは、これを€110で売渡すよう求めることができる」。この場合、Sは株価変動の幅が小さいほど利益をあげ、Pは大きいほど利益をあげる。前者が「ショート・ポジション」、後者が「ロング・ポジション」であり、ロング・ポジションをとる当事者にとって、ストラドルは、きわめて射倖性の強い取引である。

369　金商2XXIが「市場デリバティブ取引」、金商2XXIIが「店頭デリバティブ取引」を規定している。前者に定める6類型をここに掲げれば、（1）「売買の当事者が将来の一定の時期において金融商品及びその対価の授受を約する売買であつて、当該売買の目的となつている金融商品の転売又は買戻しをしたときは差金の授受によつて決済することができる取引」（有価証券先物・有価証券先渡）（2）約定数値と将来の一定の時期における現実数値と「の差に基づいて算出される金銭の授受を約する取引」（指標先物・指標先渡）、（3）一方の意思表示により取引を成立させることができる権利を付与し、一方がこれに対して対価を支払うことを約する金融商品の売買（オプション）、（4）元本として定めた金額について取り決めた金融商品の利率等又は金融指標の、約定した期間における変化率に基づいて金銭を支払うことを相互に約する取引（スワップ）、（5）当事者の一方が金銭を支払い、これに対して、法人の信用状態に係る事由、当事者がその発生に影響を及ぼすことが不可能又は著しく困難な事由で当事者その他の事業者の事業活動に重大な影響を与えるものが発生した場合において相手方が金銭を支払うことを約する取引（クレジット・デフォルト・スワップ）。この他、（6）として政令で定める類似の取引を追加することができるものとされている。かかる規定の起源をいえば、証券取引審議会が発表した報告書（1984年）に端を発し、機関投資家が、金利自由化の環境下で債券を対象として計画的資金運用をする場合、金利変動のリスクのヘッジが必要であるが、これを低コストで実行するために派生商品の解禁が要請され、上記報告書も、現物市場の安定化と価格形成へのよい影響を考慮して解禁が望ましいとされ、この報告書に基づきなされた翌年の証券取引法改正によってこの規定の前身規定にあたる有価証券先物取引に関する証取2Ⅱが新設されている。また、この他に、保険の法規整との関係が論じられている。天候や地震という自然事象を原資産とするリスク契約が現存する（保険デ

[15003] **法規制の必要**　経済学上の派生商品の定義は広範に及ぶが、法令はそのうち一部の類型を選択して規定する。法が派生商品を定義しその存在を明らかにする目的は、金融機関が当該商品を取扱うことが許されるかという業法上の意義があるだけでなく、当該取引自体の違法性の疑念を払拭し、私法的な効力特に倒産法上の扱いを明らかにし、投資被害を回避すべく情報提供義務を規定し、当該商品の会計上の処理や課税根拠を明らかにする必要があるからである。

[15004] **派生商品の合法性**　派生商品が賭博罪に該当するおそれがないかが論じられている。賭博とは「偶然ノ輸贏ニ関シ財物ヲ以テ博戯又ハ賭事ヲ為ス」（平成7年改正前刑185）ことをいう[370]。ところで、給付内容は条件も含め締約時に定義され、当事者間の損益が将来の時点における偶然の事象の成否に依存する双務契約は、射倖契約と呼ばれる（反対概念は「実定契約」）[371]。民事法的に言えば、

リバティブ）。保険デリバティブは定額保険とされず従ってこれに利得禁止原則は適用がないが告知義務については類推適用の余地がある旨を指摘する土岐孝宏「天候デリバティブ・地震デリバティブの商法上の地位」中京41巻3・4号317頁（論者自身は利得禁止原則が強行法ではないことを前提にしている――土岐孝宏「損害保険契約における利得禁止原則」（1）立命291号217頁（2・完）293号256頁――が、多くの説は利得禁止原則の強行法性を認めた上で、保険デリバティブはその原資産に人為的な影響を与えることができないことから、これを保険契約として扱う必要がないとする）。これと並んで金融指標を原資産とするデリバティブも指標に意図的加工のないことが保証される限り利得禁止原則と無関係と考えるようである。なおLIBORに関する指標不正と呈示行の不法行為責任について金融法研究31号40-41頁〔井上聡発言〕。

[370]　前田雅英・刑法各論講義（第2版、1995年、有斐閣）466頁。「偶然ノ輸贏」とは、結果が偶然の事情にかかっていることを意味し、偶然の事情とは当事者にとって不確定なことを以って足り、客観的には確定していることでもよい。一方当事者にとって勝敗の結果が確定的である場合を除く（そのことを秘匿して賭博に参加させる場合には詐欺罪として論じる。最判昭和26・5・8刑集5巻6号1004頁）。

[371]　より精密には「出捐の偶然性」をも帯びる。西原・射倖契約の法理（2011年）127頁。また、近代法典ではその原則的有効性が確認され、禁止されるのは spéculation である（民法典審議におけるPortalis の発言 - Fenet, t. XIV, p. 535 s. - cité par BENABENT (Alain), JurisClasseur Civil - Art. 1964. - Fasc. unique, Contrats aléatoires. Généralité., 1986, nos 74 et 75.）。明治23年民法はさらに詳細な規定を置いていた。日旧民財301Ⅲは「合意ノ成立又ハ其効力ノ全部若クハ一分カ偶然ノ事ニ繋ルトキハ其合意ハ射倖ノモノナリ」とし、同取157は「射倖契約トハ当事者ノ双方若クハ一方ノ損益ニ付キ其効力カ将来ノ不確定ナル事件ニ繋ル合意ヲ謂フ」と定義する（富井政章・民法論綱財産取得編中（1893（明治26）年）137-138頁は、財301と取157とが異なる定義を置いたことを批判するとともに、精密にも仏国学説とともに、射倖契約とは当事者の授受する「價額」、当事者の利害につきその「結果」が不確定なる事件に繋がるもの、と説く）。日旧民取158Ⅱは、「性質ニ因ル射倖契約」として、「博戯、賭戯」「終身年金権」「終身権利ノ設定」「陸上、海上ノ保険」「冒険貸借」の5類型を挙げている。博戯は競技者自身が賭の当事者である場合で、賭事は他人の競技の結果について当事者が賭けを行う場合を言う。同158Ⅲは「此他成立又ハ効力ヲ停止又ハ解除ノ偶成ノ条件ニ繋ラシムル契約ハ当事者ノ意思ニ因ル射倖ノモノナリ」と定める。射倖契約として性質決定されると、仏民の過剰損害、瑕疵担保、日借32等の適用が排除されると考えられる。

「賭博」も、射倖契約の一種であり、博戯 jeu と賭事 pari を総称するものである。終身定期金契約[372]や損害保険契約も射倖契約のひとつであるが、特に損害保険は損害填補性を基準に賭博と区別されてきた[373]。射倖契約はむしろ「偶然性」が作用する故にこそ正当性を持つ構造の契約である。現在でも射倖性のある取引は類型毎に違法の疑念を払拭すべく立法がされる場合が多いが、旧民法財産取得編は、中でも賭博について、これが充足すべき一般的実質的な正当化事由を掲げた。当時の起草者らは、産業振興のため、例えば「航海者に航海技術の改良」を「馬主に良馬の産出を奨励するとき」にこれを有効としていた[374]。旧民法はこの他、訴権を認められる射倖契約類型として**富籤**、商品・証券の**差金決済**を列挙し

偶然性（aléa）は射倖契約の不可欠の要素である。保険契約において保険事故が締約時に既存のものであった場合は偶然性の欠缺が理由として契約の効力が損なわれる。明治29年民法はこのような契約の分類を法文上は削除してしまった。法律行為は一般に、その内容が実現可能・確定可能・社会的相当・公序適合的でなければならない。射倖契約が問題とされるのはまず確定可能性であろうが、当事者が義務負担する射倖的給付（例えば保険金支払義務）は「未必的」であるが、これを「危険負担給付」として定義すれば、保険事故の定義が不明確でない限り、確定した「状態給付」を持つ有効な行為である。公序適合性については本文中項を改めて説く通りである。

[372] 現行民法の典型契約として定められる終身定期金（民689以下）は、以下のようなものである。契約者が「元本」を終身定期金債務者に対して給付し（例えば不動産の所有権）、これに対して終身定期金債務者が定期金を契約者の死亡まで支払うことを約する。最終的な終身定期金債務者の支払総額が元本の価値を上回るか下回るかは、定期金の各回の支払額と契約者の死亡までの期間に依存する。余命が長ければ長い程、受給者は益のポジションに立つことになり、支払者は損のポジションに立つことになる（vice versa）。年金生活者甲が、1800万円の土地建物の所有権を元本として信託会社乙に移転し、乙は甲に月額15万円の終身定期金を支払う旨を約束する。甲の生存する期間120カ月を境に両当事者の損益が分かれる。

[373] 同じく将来において定まる偶然性によって契約当事者間の損益が決定される取引といっても、損害保険の場合には、契約者が契約締結時点で有する被保険利益の損害が填補されるという機能をその本質とし、賭博と区別する。派生商品の場合には、原資産価格の価格変動リスクを移転すること（注364）を以て、その本質的な機能とみることができる。

[374] 西原慎治「我が国の私法における『賭博』概念の生成と発展について」法研82巻12号547頁。細分すれば博戯（賞金）は体育の奨励（日旧民取160Ⅰ「博戯ハ博戯者ノ勇気、力量、巧技ヲ発達ス可キ性質ナル體軀運動ヲ目的トスルニ非サレハ其義務履行ノ為メ訴権ヲ許サス」）、賭事（投票）は農商工業振興（日旧民取160Ⅱ「賭事ニ基ク訴権ハ右ノ如キ體軀運動ヲ為ス人ノ為メ又ハ賭者ノ直接ニ関係スル農工商業ノ進歩ノ為メニ非サレハ亦之ヲ許サス」）を促す社会効用を期されていた。近代法典の多くは賭博契約に訴権を拒む原則を示しつつ上記のような条件付で訴権を許容してきた。これら条件を満たさない賭博債務は履行強制できないだけでなく、更改も保証もできず、任意に弁済すると取戻が許されない（日旧民取161）。明治29年法への修正過程で博戯賭事は「賭博」と略記され「各自未タ知ラサル事實ノ到来…ヲ期シ事實ノ到来ヲ確知シタルトキ或給付」をなす約束（民法第一議案703、西原・前掲法研549頁）との抽象的概念に短絡された。然も、注371のように豊富な具体的内容を伴う旧民の射倖契約概念のほうがこれに同視され忘却されてゆく（西原・前掲同所）。

ていた[375]。

[15005] 承前—賭博罪との関係 派生商品取引については刑法の賭博罪規定における構成要件との関係において、①「偶然の勝敗により財産上の利益の得喪を争う」行為と解される虞があり、他方賭博罪の保護法益が抽象的であるところから構成要件の外延を明確にすることが容易ではなく、構成要件に着目して派生商品取引が一般に可罰性がないとすることは困難である。②他方、正当行為の観点からの違法性阻却については、法令上注意的に適法性が示される可能性があっても、すべての場合において派生商品取引の方法・範囲につき技術的な制限をおいて逸脱を防止しているわけではない。とはいえ、社会観念上正当と認められる業務上の行為として、当該取引の第一次的な正当性の根拠としてその法令の規定を援用することは考えられる、との理解が示されている。そのうえで、この社会観念上の正当性をあらかじめ抽出しておくことは賭博罪の解釈適用・各種の特別立法・行動指針等を論じるにあたり有意義である（日本銀行金融法委員会「金融デリバティブ取引と賭博罪に関する論点整理」、平成11年11月29日）。仮に賭博罪の構成要件に該当したとしても違法性の阻却されるために、派生商品取引が社会観念上正当性を有するかどうかを判断するにあたり考えられる要素には各種存するが[376]、その中でも、①当該取引の**目的の相当性**[377]と②当該**取引自体の相当性**[378]の2つの要素

---

[375] 日旧民取162「官許ヲ得サル富講ハ訴権ナキ博戯及ヒ賭事ト同視ス／2　商品又ハ公ノ証券ノ投機ノ定期売買ニ付テモ初ヨリ当事者カ諾約シタル金額又ハ有価物ノ引渡及ヒ弁済ヲ実行スルニ意ナク単ニ相場昂低ノ差額ヲ計算スルノミヲ目的トシタルコトヲ被告ノ証スルトキモ亦同シ」。銀10Ⅱや金商2ⅩⅩⅠ・2ⅩⅩⅡの規定するデリバティブに該当する取引である。旧民法が「官許ヲ得サル」場合「訴権ナキ博戯及ヒ賭事ト同視ス」べきものとし「自然義務ヲモ生セス且其債務ノ追認、更改又ハ保証ハ総テ無効」となるとしていたものである。現行法のもとで「官許」に相当するものが銀10Ⅱや金商2ⅩⅩⅠ・2ⅩⅩⅡであるとすればひとまず訴権の伴う契約として効力を認められることであろう。しかし、現行法においてもなお、法律行為が公序良俗に違反する目的を有する場合や、既成解除条件・不法条件・不能条件・純粋随意条件の法律行為は依然として無効であって、銀行法や金商法が規定されているからといってこれらの取扱に例外を設けるものではない。

[376] 日銀・前掲「論点整理」（平成11年11月29日）によれば、金融デリバティブ取引の実質的な正当性ないし相当性を判断する要素としては、(i) 取引当事者の属性（金融機関その他の資力・知識を有する当事者かどうか）、(ii) 当該取引を行う目的（ヘッジ目的か、投機目的か）、(iii) レバレッジ（倍率）が高いかどうか、(iv) 損失の最大値がどの程度か（取引金額の多寡）、さらに場合によって (v) 損失のリスクを負担しているのが業者の側か、顧客の側か等の要素がある。

[377] 「取引の目的の相当性」については、「金融取引や金融資産の価値、市場の変動リスクの回避・軽減・分散といういわゆるヘッジ目的による金融デリバティブ取引は基本的に相当性があると考えられる。」としている（佐久間修「デリバティブ取引（金融派生商品）に対する刑事規制」経済と刑法−中山研一先生古稀祝賀論文集2（1997年）221頁）。この「目的」の存否は、主観的に行為者について判断されるべきではなく、取引が類型的に、そのような目的を客観的に有するかど

が重要であるとされている。とりわけ外国為替証拠金取引について、①②双方の観点から、合法性を否定した裁判例も散見される。顧客の投資意向にかけ離れた賭博性の高い取引である場合（目的の不適合）や[379]、損益が一方的に業者によって決定されていた疑いのある事例（取引自体の不相当）[380]であった。[381]。また、会社

うかによって決定されるべきである（「例えば金融機関が自らまたは他の当事者が保有するリスクを分割・商品化して販売し、かかるリスクを分散ないし回避する取引も、一般的に正当な目的を有するものといってよいのではないかと思われる」)。

378 「取引自体の相当性」とは、「当該取引がその目的（例えば、為替リスクのヘッジなど）に照らして相当な効果をもたらすものであるかどうか、当該取引による最大損失・利益の規模、いわゆるレバレッジ（倍率）の高さ等により判断されるが、経済的合理性が全くみあたらない場合などのように極端に不相当でない場合には原則的に相当性ありと考えるべきであろう。」「また、取引が金融機関およびその他金融取引一般ないし金融デリバティブ取引に関する知識・経験を有し、相応の資産規模を有する当事者（いわゆる機関投資家等）の間で一定のルールに則り行われる限りにおいては、原則として相当性ありと解してよいと考えられる」というものである。

379 東京地判平成17・4・22判例体系28101060は、証拠金の50倍の想定元本を基本に為替レートを引用して損益を決し差金決済を行う外国為替証拠金取引契約につき、これは通貨の売買でないとし、「公に認められた取引所を通じて行うもの以外は原則として公序良俗に反する違法な行為」とした。判旨によれば、外国為替証拠金取引を営む業者が登録制とされていても取引の合理性自体を認めたものではない。取引所外相場に準拠した差金授受の取引所外取引を禁じる（当時の）証取201、商取145に鑑みれば、法律上特に許可された主体の業務行為として賭博としての違法性が阻却されるという法体系が採用されているものと解する。そして、「外国為替証拠金取引が一般に社会通念上合理的な経済活動であると認めるに足りる証拠や原告らが同取引によって外国為替相場の変動によるリスクを回避する必要に迫られていたと認めるに足りる証拠はなく」（前記目的の相当性の欠如)、「機関投資家でない個人が、100万円もの初回預託証拠金を支払い、倍率50倍の証拠金取引によって為替変動リスクのヘッジを行う合理的必要性は見いだし難い」とし、「取引は賭博行為として違法である」としている。

380 顧客が証券会社との間で行った外国為替証拠金取引が、為替取引の裏付けのない差金決済取引であり、著しく射倖性が高く、賭博性を有するものであったとして、公序良俗に違反する、と判断したのが仙台地判平成19・9・5判タ1273号240頁である。「被告会社は、外国為替証拠金取引は、証券会社としての法令に基づく取引であって、賭博行為の議論の対象となるべきものではないと主張するが、外国為替証拠金取引が証券取引法34条2項5号に該当する取引として、証券会社の兼業業務として認められていることから直ちに本件取引が適法であるということにはならない」とした。事案の取引は証券会社と個人投資家との間で締結されていて、この投資家は為替リスクのヘッジを目的としていたのではない（弁論において被告証券会社は本件外国為替証拠金取引を「一般人の行う利殖行為」として行ったと述べている)。レバレッジについていえば、証拠金の約10倍という高額の損益が生じることが認定されている。裁判所は、これを「著しく射倖性が高い」ものと評価している（判旨は、取引の経済的合理性等については何ら立証されていないとしている)。ただし、裁判所はそれだけでなく、当該取引における損益の発生の根拠が明示されていなかったという点を重視していた。「インターバンクレートを参考にすると言うものの、その基準自体明確ではなく、被告会社が一方的に定め」る変数に基づいて損益が決定されるという（偶然性〔aléa〕の欠如)。事柄は、単なる公序良俗違反にとどまらず、詐欺取消が可能で、偶然性の欠如する契約でもあった。

381 デリバティブと賭博罪との関係について判例の変遷等総合的に検討するものとして、須藤「デ

法には「投機取引罪」[382]が定められており、投機取引概念との関係も論じる余地がある。

なお、派生商品に関しては、一括清算、いわゆるネッティングの倒産手続に対する効力の問題が法律問題として重視されて来た。この問題は、融資契約における差引計算と問題の性質が類似するので、融資契約の最後に論じることにしたい。

リバティブと賭博罪の成否--刑事規制と民事救済の交錯」（2）志林110巻1号1-76頁、特に43頁以下をみよ。

382 会963V（3）「株式会社の目的の範囲外において、投機取引のために株式会社の財産を処分」すること。化粧品雑貨卸売業を営む株式会社の代表取締役による、穀物等の商品取引を行うためになされた会社財産の処分は、商489（4）（当時）の罪にあたるとされている。最決昭和46・12・10判時650号99頁。

第Ⅱ編　融資契約

第A章　融資契約総説
　第ⅰ節　融資契約の種類と条件
　　第a款　融資予約、利息の制限
　　　第1項　融資予約の性質
　　　第2項　利息の制限
　　第b款　担保
　　　第1項　非典型担保・代理受領
　　　第2項　消極担保と非遡求型融資・資産流動化
　第ⅰ節bis　私募債・社債・国債（未稿）
　第ⅱ節　債権の動化
　　第a款　手形割引
　　　第1項　手形と融資の関係総説
　　　第2項　手形貸付・手形割引、買戻請求権
　　第a款bis　電子記録債権法
　　第b款　指名債権譲渡担保・指名債権質
　　　第1項　指名債権譲渡担保・質権設定、対抗要件の特例
　　　第2項　一括支払システム
　　第b款bis　信用状
第B章　回収
　第ⅰ節　回収の開始とその方法
　　第a款　期限の利益喪失
　　第b款　簡易な担保実行
　第ⅱ節　差引計算
　　第a款　差引計算条項
　　第b款　一括清算と倒産

第A章　融資契約総説

[20101]　**序**　「貸付」「手形の割引」は総称して「貸出」と呼ぶ。貸出は預金の受入・為替（両替）とともに「基本業務」（銀〔行法〕10 I）といい、銀行に本来的な業務である。これ以外を「付随業務」（銀10 II（1））といい、「支払承諾」[383]や「保護預り」[384]などが認められる。ここでは「貸出」の法的問題を、銀行取引約定書との関連で論じる。信用金庫・信用組合等でも、同様の業務の枠組みで、同様の約定書を用いた取引が行なわれる。これらの金融機関と銀行とでは、監督法制の相違はあるが、それらの預金・貸出取引の私法上の構造は概ね同様であるので、銀行に代表させて論じる。

[20102]　**貸出の安全性**　貸出に際しては、顧客の単名手形を振出させたり、借用証書を作成するが、このほかに、回収を確実ならしめるために、各種物的担保の設定や保証人の差立を徴求することが行われている。銀行をはじめとする金融機関にとって債権の回収は重要な責務である[385]。銀行は一般に過小資本[386]であっ

383　債務の保証・手形の引受などをいい、有価証券の貸付--銀10 II（3）--とならんでこれも広義の与信である。資金の交付を伴わないという点で、貸出とは区別される。木内・金融法245頁。
384　銀10 II（10）。貸金庫預り・開封預り・封緘預りの三種がある。西尾編・金融取引法206頁〔内藤泰介＝吉岡成充〕
385　「安全性」「収益性」「成長性」「公共性」が必要である。銀行融資の四原則と呼ばれるもので、「安全性」の要請から担保の徴求がもとめられる。鈴木禄弥＝竹内昭夫編・金融取引法大系第4巻貸出（1983年、有斐閣）61頁、75頁、149頁〔三菱銀行〕。近時はこれに「流動性」を加える。ところで、顧客とのリレーションシップを基礎として顧客のデフォルトリスクを慎重に見極める伝統的な融資とは異なり、平成16年に開業し、その後経営難に陥って後に他行と経営統合される「新銀行東京」は、「主として顧客の財務諸表から客観的に算出される信用評点をもとに、個別取引ごとに採算性を判断する経営手法を採る」、いわゆるトランザクションバンクで、その新規性のある商品としてスコアリングシステムを用いた「小口定型3商品」と称する取引を扱ったが、デフォルト率が開業前に想定された2～3％とは大きくかけ離れ、平成18年8月に実績デフォルト率が12.9％に及んだ。同行は、開業直後執行役に就任し平成19年6月に退任した者が、取締役会から委任された取締役会議案において取引の中止提案をしなかったことは任務懈怠にあたるとして会423に基づく損害賠償を請求したが、東京地判平成27・3・26判時2271号121頁はこれを棄却している。

て、銀行の破綻は預金者にとって深刻なリスクであり[387]、これを回避すべく貸出債権の確実な回収が要請される。

[20103] **銀行取引約定書ひな型**　銀行取引約定書ひな型とは、貸出取引を開始する際に銀行と取引先との間に締結される基本契約の書式である。利息、担保、回収などに関する取決めは、相対の当事者間で個別に約束しておけばよいことであるが、業務の適正を担保するために全国銀行協会連合会が1962（昭和37）年導入し、1977（昭和52）年の改訂を経て全国の銀行で同じひな型が用いられてきた[388]。規制緩和の要請から2000（平成12）年全銀協はこれを廃止し、各銀行において約定書を個別に策定することとした。以下全銀協「ひな型」を念頭におきつつ[389]も、現在使用されている実例を一部紹介しながら、重要な項目を解説する。

第 i 節　融資契約の種類と条件

[21101] **総説**　融資契約の概念に含まれるのは主として貸付と手形割引である（手形貸付・手形割引の概念については次節）。契約法的にいえば、前者は片務・有償契約である消費貸借（貸付）、後者は双務有償契約である売買（手形割引）である。両者は経済上共通した構造を持つ。銀行が取得する利息または割引料は、返済期または手形の満期までの信用供与の時間に対する対価である。

386　「預かる」客体たる金銭の所有権が占有に吸収されるというその特殊な性格ゆえに生じる過小資本である。なお、神吉正三「銀行取締役の注意義務再論（1）」龍谷法学41巻3号（2008年）。
387　かれらは「預けただけ」であるはずの預金の所有権を失っており、債権者であるに過ぎない。物権的な権利保障（差押における第三者異議の訴、破産における取戻権）がない。一般に寄託の受寄者には、保管義務があるが、保管義務を尽くすことに相当する義務は、銀行においてはいわば「破綻しない義務」に置き換えら得ていて、健全経営は一見公法上の義務である（銀4Ⅱ（1）、7Ⅱ、8Ⅲ等）に過ぎないかにも思われるが、その本質は元来は契約上の地位に基く義務であったともいえないであろうか。預金の性質決定の問題はここでは展開しないが、預金の寄託性はこのような特殊な表現をとってなお保存されている（柴崎暁「預金契約の寄託性と消滅時効－比較法的接近」比較法学47巻2号1-26頁）。
388　西尾編・金融取引法96頁〔三上徹〕
389　全銀協ひな型が廃止されてもなお重要性があるのは、今日用いられている各銀行の約定書の内容は基本的には全銀協ひな型を踏襲しているからである。銀行法上銀行がなし得る業務の内容が限定されており、適用される私法も基本的には日本の民商法であり、判例の形成も全銀協ひな型の文言を前提になされてきたという条件は依然として変わっていない。他方、実務上は、約定書の規定が結果的に妥当であるかどうかを判断するにあたって、金融庁検査局の公表する指針や、これを詳述する「金融検査マニュアル」が重視されよう。なお現時点では「マニュアル」と呼ばれる文書の取扱は解消されたが、なお「指針」に基づく規範は存在している。

[21102] **証拠方法による分類** 融資契約を貸付と割引に分類することは、その契約法的性質の相違に着目した分類であるとともに、そこで作成されあるいは授受される書面の証拠方法による分類でもある。貸付においては証書あるいは手形が徴せられ、割引においては手形は裏書（譲渡裏書または正裏書）される（[23201]以下）。**証書貸付**は、借主から借用証書（金銭消費貸借契約の証拠[390]）を徴してなす貸付である。執行認諾約款付公正証書で証書が作成されていれば、これはそれ自体が債務名義であるので、履行遅滞の発生とともに強制執行が可能である[391]（ただし、無因債務契約ないし準消費貸借の執行証書を作成した当座貸越取引において、完済した債務者への執行は実体的に違法で、かかる執行証書の債務名義性は否定される-福岡高決昭和33・5・12判時153号25頁、大阪地判昭和45・4・22判タ251号304頁。柴崎・手形法理と抽象債務 [2205]）。手形を徴する（約束手形の振出の形式をとる場合が多い）ものが**手形貸付**である[392]。これらの呼び名は契約性質決定の問題ではなく、業況を行政が把握するための業務報告上の分類である。実際、証書と手形が併用される貸付もあるのでその分類は相対的であるし、いわゆる単名割引の場合には手形貸付なのか手形割引なのかは必ずしも明瞭に分類できるものではない。

[21103] **貸付の態様に着目した分類** 証書の作成・担保の設定は取引開始時点の一回で行なわれたとしても、金銭の授受（「融資の実行」と呼ぶ）は数回に分けて行われることがある。予め定められた総額を（所定の事業計画にあわせて順次生じ

---

390 民法改正法による新債権法では、書面による消費貸借は諾成契約とされるので、目的物である金銭の授受がない場合には、書面の作成は証拠であると同時に契約の成立要件の充足を意味する。書面消費貸借の要件となる証書は、消費貸借の内容を記載した書面である必要がある。手形貸付であっても履行期や金額が手形の満期や額面と同一であるなら手形を以て消費貸借の証書そのものと看做して書面消費貸借と解することができる。貸借の履行期・金額が手形のそれらと異なるときには、書面消費貸借は成立しておらず、要物的消費貸借の予約と解すべきか。書面消費貸借または貸渡義務の確定した要物的消費貸借の予約と性質決定された場合に、貸渡が実行されるまでの間の法律的状態をどう解するはなお問題である。いずれの場合にも、貸主は借主に返還請求できない状態にあることは間違いない。

391 木内・金融法252頁。

392 **商業手形担保貸付**は、手形貸付の一種であり、手形の金額が小口であったり、満期がばらばらで、満期までの期間が長期に及ぶようなものを含み、振出人の信用力が不確実である等の事情があるときには、これを手形割引の対象とすることは実務上難しいところ、これを一種の集合担保として扱うことで与信をすることができるような場合に用いられる。持込まれる商業手形には正裏書がなされて銀行に交付され（隠れた質入裏書ないし信託的譲渡裏書）、満期が到来すると順次取立てられる。取立によって発生した代わり金は別段預金に入金される。この預金は、貸金債権の残高が存する限りその範囲で返還を拒みうるもので（西尾編・金融取引法107頁〔宮川不可止〕）、第三者による差押の対象とならない（東京高判昭和37・9・20下民集13巻9号1912頁）といわれているところから、この別段預金上に銀行が質権を有しているものと解すべきか。

る資金需要にあわせて、等）分割して交付するものを**分割貸付**、一定の融資枠を設定して借主がその上限まで順次借り受けを申し入れる度に融資が実行されるもののうち、貸出の単純な合計額が上限に達するまで貸し付けるものが**限度貸付**、返済があった場合には一度使った枠は復活し、その都度一定の時点の貸付残高が上限以下であればよいとするものを**極度貸付**と呼ぶ。

[21104]　**コミットメントライン（特定融資枠契約）**　形成権付与型の消費貸借予約である極度貸付の一種で、銀行取引約定書とは別の契約書によるもので、借主に、財務状況の報告義務・担保設定行為の禁止（ネガティブプレッジ（消極担保）条項）など各種作為義務および不作為義務を課する合意（コベナンツ（誓約事項））を伴い、合意違反においては予約が失効するもので、特定融資枠契約に関する法律（1999（平成11）年）の適用により、利息制限法及び出資法の利息に含められない貸付義務負担手数料を徴することが許されているものをコミットメントライン契約と呼ぶ[393]。貸付義務負担手数料の元本との比率は実効貸付高の増減如何によって利息制限に違反する割合となるため、特例が設けられた[394]。

[21105]　**多数当事者が関与する融資契約**　①**提携ローン**　融資契約は、本来は、その融資金の使途の如何とは無関係に独立して効力を発生すべきものである。しかし資金の利用目的に従って効力の発生を別の取引行為の効力に依存させる条項を持つものがある。住宅ローンなどの契約書はこのような条件（民127以下）を付した貸借の形式を利用して行われる。貸借の条件に主契約の有効性が含まれているときには、主契約が無効であれば当該貸借の停止条件が不成就となり失効することになろう。ここにいう条件は、必ずしも明示のものである必要はない。融資一体型の変額保険[395]をめぐる事例等では、契約の連動的な無効が認めら

393　西尾編・金融取引法126-127頁〔森下哲朗〕。
394　例えば貸付義務負担手数料を極度額に比例して計算するファシリティフィー方式でゆくと、ファシリティフィー料率が年0.15%・極度額が60億円とすれば、フィーは年額900万円である。この借主が期首に3000万円のみを利用し、これを一年後に一括返済したとき、3000万円を900万円の利息で貸付けたこととなる。これは年利3割での営業的貸借となるため、特定融資枠契約法がなければ出資法にも利息制限法にも違反することになってしまう。また、実務上、借入人が万が一に備えて手元流動性を確保するためにコミットメントライン契約を結ぶ場合もあるといわれている（神田秀樹＝神作裕之＝みずほFG・金融法講義（2013年、岩波書店）221頁〔新田真紀〕）。契約期間中に全く利用がなく借入額0円であったとしても、ファシリティーフィーは支払わなければならないことを利息の観念で説明することもできない。
395　銀行から保険料相当の融資を受け変額保険に加入するという融資一体型（Pay Free）変額保険スキームは、平成元年頃から相続税の負担が発生するおそれのある不動産保有者を対象に普及した。相続税法上の扱いを狙った手段である。即ち、相続財産の評価額を借入金により減少せしめ、

れている[396]。割販法上の「個別信用購入あっせん」のようにある種の契約連結が明文で規定されている場合であってさえ、売買契約が公序良俗無効であった場合に当然には立替払契約が無効となるものではないとされている[397]ことからすれ

他方プラスの資産となる変額保険のそれは、どれほど運用利回りが上昇しても払込保険料相当額の範囲に固定されるというものである。

[396] 例えば、東京高判平成16・2・25金判1197号45頁は、変額保険契約が錯誤無効となり保険料を融資する提携ローンも連動的に効力を失ったものと判断した判決である。平成2年6月頃、金融機関Y1と生命保険会社Y2の従業員らは、Aに対して、変額保険の勧誘に訪れる際、Aの資産につき毎年相続税の課税価額が上昇するものとして過大に評価し、相続税法の非課税枠を用いた対策が必要であると強調したうえ、過大に想定された運用利回り（年12％。当時の実勢は既に約8％であった）に基いてシミュレーションを示した。Aは解約返戻金が銀行借入債務を下回らないことを条件として加入する旨を述べた（積立型生命保険一般と異なり、変額保険は運用実績に応じて解約返戻金が払われる制度で、その決定的な相違についてAが認識していなかったことを示すものと考えられる）が、従業員らは「運用益は銀行金利を上回るので経済的な損害を被ることはない」と説明し、Aはこれを信じて、Y1から保険料の融資を受けてY2との間で本件変額保険契約（終身型）に加入した。しかし、変額保険の運用実績はその後低下し、平成9年にAは保険を解約。解約返戻金は5776万円で、融資された保険料7583万余円に及ばず、返戻金を融資金の返済に充当した差額の債務が残った。その後Aは死亡したが、遺産は相続税法の特例により、相続税は納付を要しなかった。Aの相続人Xは、保険料を融資したY1を相手取った債務（発生済みの利息債務部分）不存在の確認、ならびに、民715に基く、従業員らの不法行為を理由とする、使用者であるY1およびY2に対する、弁護士費用相当の損害賠償の支払を求めて本訴に及んだ。第一審（東京地判平成14・2・27金判1197号55頁）では、X全面敗訴であったが、控訴審の東京高判は、「本件のシミュレーションは、そもそも当初から実現不可能なものであった疑いが強く」、「本件保険契約は、契約締結当時から、相続税対策として有効に機能する可能性に乏しい」とし、Aは本件保険契約および融資契約を締結するにあたり、その相続税対策としての有効性について見とおしを誤っただけでなく、「そもそも有効性を欠いていた本件保険契約の効果を誤信して、本件各契約の締結に至った」ものであって、「本件保険契約及び本件融資契約の締結の意思表示は、要素の錯誤により無効であるといわざるを得ない」として、Xの債務不存在確認請求を認容したものである。判旨は、効力の連動を定義する契約条項の存在に一切言及していないが、この融資は専らY2への保険料の払込に用いられることを前提に行われ、これを黙示の停止条件とみて、保険契約が要素の錯誤によって無効であったため、融資契約がこの停止条件の不成就確定により失効したと解したものと見る他になかろう。ところで、Xは、保険契約についてはY2を相手に無効確認請求をしておらず、保険料の返還も求めていないので、Y2とXの関係における原状回復は問題となっていない。保険契約が併せて無効となっているのであるとするならば、Y2に対して保険料の返還を求め、これを以て融資金を（融資契約の無効に伴う原状回復として）返還するというのが正しい解決ではないのか。融資契約がいくら無効であったとしても元本を返還する義務が存在しなかったことになるわけではない。これについて判旨は満足のいく法的構成を示していない。判旨は不明瞭であるが、おそらくY1は、Xから本件保険契約につき解約返戻金の受領等の代行を授権されており、償還の際は受領した返戻金からXが負担する融資金返済額を差引いた清算金をXに引渡す義務を負っており、保険契約の無効が確認された後の原状回復による返還保険料の受取についてもこの委任は撤回されず、返還保険料はXがY1に負う元本債務と差引されて消滅したと見られ、債務不存在訴訟の対象は、この委任に基づく清算金債務のことをさすものと思われる。

ば、このような黙示の条件の認定は一般には厳格なものというべきであろう。また、条件不成就による貸借の効力はあくまでも条件の法理を通じて喪失するのであって、主契約の要素についての錯誤がそのまま融資契約の要素の錯誤となるのではない。また、融資契約が保険契約と不可分に結びついた資産管理請負契約のごとき様相を呈する場合には、当然に両契約が一体のものとして錯誤無効となる可能性はあろう[398]（さらには、課税に関する法律行為の当事者の誤認がいわゆる表示された動機についての錯誤による無効をもたらすとの法理が判例上認められ[399]、その影響が伺えるともいえる）。

[21106] 多数当事者が関与する融資契約　②シンジケートローン　シンジケートローンとは、一人の借入人に対して複数の貸付人が同一契約〔書〕に基づいて貸付を行うことを言う[400]。金融機関の側は一取引先に集中して融資を行うことに

---

[397]　最判平成23・10・25民集65巻7号3114頁（民法判例百選Ⅱ債権7版〔別ジュリ224〕（2015年）114頁〔山本豊〕）。「販売業者による公序良俗に反する行為の結果をあっせん業者に帰せしめ、売買契約と一体的に立替払契約についてもその効力を否定することを信義則上相当とする特段の事情があるときでない限り、売買契約と別個の契約である購入者とあっせん業者との間の立替払契約が無効となる余地はない」。

[398]　融資一体型変額保険の勧誘の実態を一部の事例についてみると、むしろ融資を持ち掛ける金融機関の側が主導権をとってかかる経済上の目的を達成するためのスキーム策定作業に積極的に深く関与し、商品設計も、ある種のコンサル契約を基礎にした一個のスキームの中に融資と保険とが不可分に結びつけられているように思われる。そうすると、当該スキームに組み込まれた契約は、全体として一個の目的の実現のために締結されており、そのスキームのどこか重要な点について錯誤があれば、意思の欠缺は、それぞれの構成契約をひとしくおかすことになる。前記東京高判平成16・2・25と類似する事例において、大阪高判平成15・3・26金判1183号42頁は、「解約返戻金が提携ローンの返済すべき元利金を下回らない商品であるかどうか」についての契約者の認識を問題にするのではなく、「相続税対策として有用かどうか」が、「本件変額保険のみならず本件消費貸借契約の要素で」あると判示し、この目的が達成できなかったことを以て変額保険保険料融資契約の錯誤無効を認めている。判旨は、融資と保険が偶々組み合わされた別個の契約なのではなく、相続税対策スキームを提案する上記の契約集合体の中に取込まれたものとして扱っているようにも思われる。ただし、このような性質決定をとるとなると、節税効果がいくらかでも存した場合には、運用利回りが融資元利金との関係でマイナスになっても錯誤無効を認めない結果になったかもしれない。

[399]　東京高判平成3・3・14判例時報1387号62頁は、XYの離婚に伴う財産分与につき、分与者に2億円が譲渡所得課税されるということを双方ともに知らなかった事例につき、「Xにおいて自己に課税されないと信じたればこそ本件土地建物全部をYに分与することを承諾したことは明らか」で、「Yにおいても理解し得た」ところ、「本件財産分与契約に当たっては、Xが自己に課税されないことを当然の前提とし、かつ、その旨を黙示的に表示していたものと認めるのが相当である」と判示し、錯誤無効となった財産分与に基づいてなされた建物所有権移転登記抹消登記手続請求を認容した。

[400]　神田＝神作＝みずほFG・前掲書212頁〔新田真紀〕。LOMBARDINI (Carlo), Droit bancaire suisse, 2 ed., Schulthess, 2008, no 111, p. 862. は、DOHM (Jurgen), La nature juridique de la

伴うリスクを回避するとともに、他方で、借入人側は貸付人の間に競争原理が働くことを期待できる。シンジケートローンはしばしば「市場型間接金融」と呼ばれる[401]。

[21107] (承前) アレンジャーとエージェント　契約締結過程には、借入人の受任者として「アレンジャー」が介在し[402]（準委任の双方的仲立[403]か）、ローンの組成に向けて提案や助言を行い、参加者の招聘[404]、貸付条件の交渉・調整を請負う[405]ものである。「引受方式」と「ベストエフォート方式」がある[406]。アレン

---

syndication des prêts, La Société Anonyme Suisse, 1984. p. 9（特に pp. 14 et s.）とともにシ団をスイス債務法典の単純組合 société simple と解しているようである。

401　金融機関は一つの取引先に巨額の融資を集中的行うことにより惹起されるリスクを回避するため、一取引先あたりの限度額を低く抑え、多数の取引先に分散して運用することができる。借入人の側が事業内容や財務状況を説明し成長力等をアピールしなければならず、企業情報の透明化がはかられる。他方、借入人から見れば、競合する貸付人が存することによって貸出金利が合理的な水準で折う場合に見られるような市場メカニズムが働くといわれている。日本では1990年代より金融機関のリスクシェアリング機能を実現させるために普及している。参加する金融機関が、借入人から見て既存の取引金融機関である場合にはクラブディール、それ以外の金融機関をも含める場合にはジェネラルディールと呼ばれるが、後者の場合には「市場型」的性格はあきらかである。さらに、貸付債権売買市場が成立することで「市場型」的性格は完全なものとなる。この「市場」は、特例法による対抗要件を具備した指名債権譲渡や電子記録債権を利用することでシンジケートローンによって成立した貸付債権を流通させるものである。債権者が譲渡を通じて交替するため、貸付債権を担保する担保権を担保信託（セキュリティ・トラスト）の形式で設定・管理する。

402　銀行法上は、「金銭の貸借の媒介」（神田＝神作＝みずほFG・前掲書213頁〔新田真紀〕）であり、商行為の類型としては仲立営業ということになる。ただし、アレンジャーが組成のための尽力義務を負うかについては特約次第であろう。結約書交付義務（商546Ⅰ）・日記帳作成・同謄本交付義務（商547Ⅰ・Ⅱ）は当該取引の内容に照らして適用があるというべきであろうが、氏名・商号秘匿義務（商548）が課せられることは事柄の性質上ありえないものといえる。なお黙秘義務規定一般の立法論的批判については、北居功＝高田晴仁編・民法とつながる商法総則・商行為法（第二版、商事法務、2018年）316頁以下〔横尾亘〕。

403　北居＝高田編・前掲書305頁以下〔横尾亘〕。

404　招聘先に対してインフォメーション・メモランダムおよび契約書案を作成し送付する（神田＝神作＝みずほFG・前掲書223頁〔新田真紀〕）。

405　交渉の結果、参加を希望する場合に被招聘行が行う申込の意思表示をコミットメント・レターと称する。JSLA の「ローン・シンジケーション取引における行為規範」（2003年）によればこの申込は、本契約締結前の準備的な合意と解されるもののようではあるが、明示の条件として許される場合を除き、事後生じた想定外の事情の変化がない限りは、撤回しあるいは内容を覆すに至る重大な変更を加えることができない（神田＝神作＝みずほFG・前掲書223頁〔新田真紀〕）。

406　前者は組成を確約するもので、後者ベストエフォート方式は組成に向けた勧誘を実行する義務などの手段債務を負うにとどまる。前者の場合には問屋の介入権にも似た地位が認められる。後者であっても、アレンジャーの善管注意義務は想定でき、事柄はなお準委任である。さらに、引受方式でも、アレンジャーが、予定した被招聘行の全員が揃わなかった場合に、単独で全額を引受ける方式と、被招聘行の一部による引受の後、不足部分のみを引受ける場合とがあるようであ

ジャーは借入人との合意によって、招聘される参加金融機関に対して開示する情報の範囲について制限をすることができるが、JSLAの「行為規範」「実務指針」等が一定の限度を設けている[407]。債権管理の段階においては「エージェント」が介在し、借入人からの借入申込書の取次、返済金の受領・分配も、シ団構成行に代わってこれが受け付ける[408]。

第 a 款　融資予約、利息の制限

第1項　融資予約の性質

[21201]　序説　上述のように、限度貸付や極度貸付では、融資実行以前に基本契約が締結され、これに基づいて融資する義務が発生する[409]。この基本契約を融

る。LOMBARDINI, op. cit., no 97, p. 858. は、組成の方式には、直接方式 directe ／間接方式 indirecte、部分方式 partielle ／総額方式 totale、顕名方式 apparente ／非顕名方式 occulte の区分がある、としている。

[407]　アレンジャーは借入人の受任者であるから、借入人の利益をはかるべき地位にあるが、それ以上にアレンジャー自身が当該取引先に対して有する既往の債権の回収をはかるために、情報を秘匿して他の金融機関を招聘しようとするインセンティブがはたらきやすい。JSLA「行為規範」「実務指針」等(神田＝神作＝みずほFG・前掲書227頁〔新田真紀〕)は、参加者招聘段階での情報の非開示については、借入人アレンジャー間の合意に拠ることができるとはいえ、参加金融機関にとって参加の可否を判断するにあたり重要性の高いネガティブ情報については、その秘匿を認めないという取扱を推奨し、判例(最判平成24・11・27金判1963号88頁)は、借入人における決算の不適切な処理(粉飾)についての情報が秘匿されたまま組成されたローンが行われ、借入人が倒産に至った事例につき、かかる情報の秘匿を一般不法行為とし、参加金融機関への損害賠償の支払をアレンジャーに対して命じた原審判決を支持している。

[408]　エージェントの職務は、これらの債権管理を機械的に実施することにあり、裁量の余地がなく、他方、表明保証(representation and warranty)の責任を負わないものと約定され、以てエージェントの責任が拡大されることを回避するよう定められていることが多い。その反面、裁量の余地がないことにより、利益相反を引き起こす余地は少ないので、シンジケートローン外において借入人との間で別の銀行取引を行うことができ、この取引によって得た借入人に関する情報をシンジケートローンに参加した貸付人に対して開示する義務を負わないとされる(JSLA「行為規範」でもこの考え方が採用されている。神田＝神作＝みずほFG・前掲書240頁〔新田真紀〕)。しかしながら、借入人の信用状態の悪化について知りながら、自己の有する債権の回収を貸付人に優先して行うとなれば、これを利益相反的な行動として非難する余地はある。そこで平成21年改正銀行法13の3の2において利益相反管理体制整備義務が定められ、その対策として、上のような状況においてエージェントは自己の債権の回収につき貸付人の同意を得るか、エージェントを辞任することが推奨される(神田＝神作＝みずほFG・前掲書244頁〔新田真紀〕)。社債管理者の利益相反に関する会707、会710Ⅱ、会711、会713等の取扱は参考とすることができよう。

[409]　例えば、シンジケートローンをはじめ、事業者向け融資契約に用いられる、日本ローン債権市場協会(JSLA)推奨のJSLAリボルビング・ファシリティ・クレジット約定書は「第2条(貸付人の権利義務)」「(1)　貸付人は、貸付義務を負担する。／(2)　本契約で別途定める場合を除き、貸付人の本契約に基づく義務は互いに独立したものであり、貸付人は他の貸付人がかかる義

資予約と呼ぶことにしよう[410]。貸付契約は消費貸借であるところ、これが要物契約であるときには貸渡実行前の状態は消費貸借の未成立となり、諾成的消費貸借である場合でも、貸渡実行前に返還債務は成立していない。要物契約であるときには必然的に予約の観念が必要となるが、成立ずみの諾成貸借でも、その性格は貸渡し以後の貸金債権が成立している状態とは違った、ある意味で予約的性格を内在させた段階にある。ただし、**消費貸借の予約**[411]が、借主側に予約完結権が留保され（改587の2Ⅱ参照）、貸渡債務の内容が時期・金額につき確定しているとは言えない段階をも含めた概念であるのに対して、**諾成的消費貸借**は、貸渡義務の内容が、実行期日と金額を含めて既に確定しており、貸付金交付未了の状態が一時的に存在し得るにとどまる、いわば効力の強い融資予約である[412]。JSLA約定

務を履行しないことを理由に自らの本契約に基づく義務を免れないものとする。また、貸付人は、他の貸付人が本契約に基づく義務を履行しないことについて一切責任を負わないものとする。／（3）貸付人が貸付義務に違反して実行希望日に個別貸付を行わなかった場合、当該貸付人は、かかる貸付義務違反により借入人が被った全ての損害、損失及び費用等を、借入人から請求があり次第、直ちに補償する。但し、かかる損害、損失及び費用等の借入人に対する補償は、実行希望日に個別貸付が行われなかったために別途借入を行った場合に支払を要した、あるいは要するであろう利息その他の費用と、実行希望日に個別貸付が行われた場合に支払を要したであろう利息その他の費用の差額を上限とする。／（4）本契約に別段の定めがある場合を除き、貸付人は本契約に基づく権利を個別かつ独立して行使できる。」として貸付人の融資実行義務を定めている。貸付人は、契約期間中、借入を予約した取引先から融資の申込があった場合に、所定の方式で貸付の実行をしなければならない（推7）。したがって、推5に定める借入人による「申込」は、「予約完結権の行使」である。この約定書の合意は、形成権付与型の予約に該る典型的な（破産で失効する）融資予約であり、改正債権法における「書面でする消費貸借」となる。申込書は、「実行希望日の〇〇営業日前の〇〇時まで」に、「総貸付極度額の〇〇％／〇〇円以上でかつ〇〇％／〇〇円単位」で、実行希望日における各貸付人の未使用貸付極度額の範囲内で作成され、返済期間は所定の基準貸付期間のうちから選ぶものとする（推5）。貸付のためには、このほか、貸付人の貸付義務免除がなされておらず、「表明及び保証」を伴う監査済会計書類等について真実・正確であることを条件としている（推6）。推6所定の条件が満たされていない場合には貸付人は貸付を拒否できるが、条件が満たされているにもかかわらず貸付を拒否する通知を行い、貸付が実行されなかった場合には、「不実行貸付人は貸付義務違反による責任を免れることはできない」（推8Ⅰ）。

410　中田裕康「貸付をする義務」継続的取引の研究（2000年、有斐閣）、特に259頁。
411　「消費貸借の予約」（民589）は、破産によって当然失効する等の効果と結びつけられた明文の根拠を持つ法典上の用語である。他方、消費貸借のために合意し、貸付金の交付のみを待つだけの状態を当事者が維持することは契約自由の原則から許容されよう。かねてより「消費貸借の予約」は未熟な契約関係を示すものとし、他方、貸付金の交付のみを残して他の条件がすべて確定している状態に至ったものを「諾成的消費貸借」（木内・255-256頁）と呼ぶ。後者の類型は書面による消費貸借たるを要するともいわれる（中田・契約法358頁）。
412　貸出実行義務の成立時期--明文で定める場合を別として、一般に、金額も実行日も利率も返済計画も既に確定しているような場合でも、貸渡が未実行である法律状態をどう説明するのかは議

書に定められた融資予約はここにいう「消費貸借の予約」である。借入人に借入の選択権が留保されており[413]、融資実行日と貸付希望金額を指定して意思表示すれば、貸主を確定的に拘束する効果を生じる（諾成的消費貸借の成立）が、それまでの状態は文字通りの「消費貸借の予約」として遇される[414]。なお民法改正法で書面消費貸借が「諾成契約化」されるというが、書面を用いた契約であっても、これらのように契約内容に未確定な部分が残っていて、これを借主の意思で決定することが留保されていれば、そこに従来にいうような諾成的消費貸借がが存在するわけではない[415]。

[21202] 融資予約の性質　融資予約のうち、上記のとおり「諾成的消費貸借」

論されてきた。少なくとも、借主としては金融機関からの融資の実行が確実に行われる拘束力が得られないとその段階で融資を前提にした行動をすることができない一方、担保未設定等回収の不安が残るなかで貸主が貸付金の交付を義務付けられるというのは不合理であり、調和点として少なくとも「金融機関が貸付金回収のための法的手段を確保した段階で」「貸付金交付義務」が確定的に発生するといわれる（木内・金融法255頁）。銀行が回収の法的手段を具えた段階にあれば、貸付義務が確定的に発生している段階にあるとはいえ、なお融資条件の詳細に未確定な部分があるとき、とりわけ借主に借入をしない自由が残っている段階では、未だ差押の対象となるような諾成的消費貸借ではない。

413　この選択権は貸付人の貸渡義務を確定的に（期日と金額とを決定して）成立させる**形成権（予約完結権）**である。これが行使されると、他に要求されている条件が満たされる限り、金銭貸渡義務が確定的に成立する。

414　借入人が貸付実行を求めたにもかかわらず貸付人がこれを不履行に放置した場合の賠償についても、JSLA約定書に規定がある。貸渡義務成立後、借主側に期限の利益喪失事由がある等正当な理由がないのに金融機関が貸渡を不履行に放置した場合である。これは債務不履行であって、民事責任の発生原因ともなる。

415　立法例として瑞債（1911年）312は「消費貸借は、貸主が一定金額またはその他の代替物の所有権を借主に移転する義務を負い、借主は貸主に同じ種類かつ同じ数量を以てこれを返還することを負担するものである。」と定義する。しかしながら瑞債315が「約束された物の引渡を請求する借主の権利およびその受取を要求する貸主の権利は、他方当事者の遅滞の日より6月で時効に罹る。」としているところから、諾成的消費貸借に基づく貸渡請求債権が長期間存続するような事態は想定されていない。また、瑞債316Ⅰは「契約締結時以降に借主が無資力となったときは貸主は約束された物の引渡を拒みうる。」と定めている。この予約の失効は、期限の利益喪失規定と並んで、貸渡債務の性質が信用を本質とすることを示している。また、2001年改正後の独民488Ⅰも諾成的消費貸借を明定した。さらに日本民法改正法でも書面消費貸借は、非要物化されている。改587の2（書面でする消費貸借等）Ⅰでは、「…一方が金銭その他の物を引き渡すことを約し、相手方がその受け取った物と種類、品質及び数量の同じ物をもって返還をすることを約する」とだけ定め、金額数量やその実行の期日などの記載については特段要求するところではなく、しかも借主には（第2文で期待利息の賠償義務が定められているにせよ）改587の2Ⅱ第1文で、融資実行前の解約権が留保されている。したがって、これは従来「諾成的消費貸借」と呼ばれてきた効力の強い契約（[21204]）をさすのではなく、（2項の解除権を特約で放棄しない限り）従来の用語法で「諾成的消費貸借の予約」とされてきたものである。改正法の「書面でする消費貸借」があっても、この貸渡請求権は差押の対象となし得るような財産権ではない。

は貸付金交付請求権を発生させるいわゆる<u>請求権付与型</u>の予約である。他方、「消費貸借の予約」は、<u>形成権（予約完結権）付与型</u>の予約であり、その行使によって内容を確定させるものである[416]。貸渡は多く預金口座への振替入金等の方法によって実行される[417]。

[21203]　**融資予約の効果**　本貸借成立前の合意に一定の拘束力がある場合には、既に法的保護の必要があるので、①金融機関は、貸付の実行前、一定の上限額を記載した借用証書を**公正証書**（特に執行証書）の形式で作成できる。②金融機関は、**根担保**を設定できる。③取引先も、融資実行への権利が生じるので、予定された融資を受けることができるという期待を前提にして他の取引を開始することができる（**信用の利用**）[418]。④貸出をサボタージュすれば、金融機関の**債務不履行・不法行為責任**の原因となる[419]。融資実行について借主側の選択権があって

---

[416]　予約には形成権付与型の予約と請求権付与型の予約とがあるが、法令上の根拠がある予約概念はみな形成権付与型予約である。民556は形成権付与型の売買予約である。会社法においては新株予約権（会282）が形成権付与型の予約である。ここで形成権（予約完結権）付与型の予約を中心に論じるとしても、予約完結権の帰属主体をめぐって観念上は双方予約・二種の一方予約という三種類が考えられ、成立すべき契約が諾成的消費貸借か要物的消費貸借かをめぐり二種類が考えられるから、その組合わせで六種類が観念できる。とはいえ、実際上検討の必要があるのは、借主に予約完結権が属する諾成的消費貸借の予約と、貸主が本契約締結という給付を義務付けられる要物的消費貸借の予約、という二種類である（この整理は、中田裕康「貸付をすべき義務」継続的取引の研究（2000年、有斐閣）259頁以下による）。一般に融資予約とは、前者に属する熟度の高い形成権付与型予約であって、その典型は当座貸越を典型とする信用開設契約（contrat d'ouverture de credit. 信用約束ともいう。1893（明治26）年商597「信用ヲ与フル約束ハ之ヲ取消サハル間ハ他ノ契約ニ附従トシテモ独立ノ約束トシテモ其効力ヲ有ス」）である。

[417]　貸出金の授受に代えてする当座勘定への入金は借主側の同意に基づくものでなければならない。入金記帳の実行は受任者の費用償還請求債権を発生させるが、双方合意のもとこの債権と貸金交付債務とを相殺することによって経済上は金銭の交付と同じことが実現できる（振替入金への同意がこの相殺への同意を含むと解釈されよう）。

[418]　予約であれ法的に拘束力のある確約がとれればその資金を原資とした他の契約の締結に入れる。それだけでなく、今日では、将来債権の譲渡・買入を認める理解がとられているため、この契約上の地位をかような処分の対象とすることも可能となろう。

[419]　ただし、①についていえば、執行証書を作成する場合には、融資が実行されていないと債務名義性は否定される（民事執行法学説は「超過差押以上の弊害」と指摘し、「無因債務契約執行証書」「準消費貸借執行証書」といった、現実に貸渡が行われていない額面を以て執行を申立てる実務については、戦後の下級審判例において債務名義性が否定されている。前出［21102］参照。少なくともかような証書による執行が認められる場合として、現実にいくばくかの貸渡は実行されていて、その部分につき債務不履行があった場合で、予約賠償額を表示して証書を作成していた場合につき、かかる賠償額の範囲内における執行が許容される（柴崎・前掲書［2208］）。なお、拘束力ある融資予約は立法的に根拠づけられている。例えば昭和46年に民398の2以下が新設されて根抵当の設定が、平成17年に民465の2以下の貸金等根保証契約が、成立における付従性を緩和したかたちで可能になった（極度額の合意さえあればよい）。民398の2Ⅱなども、拘束力ある融

もそれは既に信用開設契約として法的保護の対象となるべきである[420]。⑤一定の条件のもとでは（「諾成的消費貸借」が完結成立しているときは）、融資実行請求権は**差押又は処分の対象となる**（次パラグラフ）。

[21204] 融資実行請求権の差押・処分　融資予約の法的保護があるということと、融資実行請求債権が独立の財産権となるということとは区別を要する。独立の財産として処分し得るということは、前述の諾成的消費貸借としての意味を持つ融資予約が存し、融資時期・融資実行について借主の選択権が留保されず、期限の問題を含めて条件が確定しているものであれば、貸付金引渡前の段階で、取引先の有する債権のひとつとして[421]譲渡・質入・差押の対象とすることが可能である[422][423]。

[21205] 当事者破産による失効と性質決定　消費貸借の予約（民589）、または、改正法の書面消費貸借は、当事者の一方の破産で失効する（改587の2Ⅲ）。その本質は委任であるから破産時当然失効となるべきである[424]。

　　資予約を「継続的取引契約」と呼んでその存在を認める。
420　「(諾成的)消費貸借の予約の予約」は法的拘束力がなく、事実上の期待しか生じていない段階の合意、「交渉契約」である。契約内容の諸条件について個別的にまだ交渉されるべき要素が残存している場合にはこれにあたり、JSLAに見られるように、諸条件が確定しているが、借主が金額・期日について留保する場合が「諾成的消費貸借の予約」である。「交渉契約」のように期待権を生じるという意味しかない場合でも、銀行が誠実に融資成約に向けて努力しなかったために取引先が倒産したような場合には「融資実現への努力をする義務」に違背するものとして民事責任を考えることはできる。なお、椿久美子「消費貸借予約」椿寿夫編・予約法の総合的研究328頁。
421　理論上、形成権は独立して強制執行の対象となることができない（鈴木忠＝三ヶ月・注解民事執行法4（1985年）367頁）。形成権の行使によって生じる給付請求権の極度額を額面とする財産としての債権が成立していると考えられる場合には、一般の債権執行として論じることができる。この原則に例外を設けるには、特別の立法が必要であると思われる（例えば、会609、保険60）。
422　借主が返済義務を負担し続けるのであるから、第三者が借主の意思に反して融資実行請求権を行使することで借主の負債が増加することは合理的ではないというべきであろう。
423　仮差押についてこのような意味での処分可能性を否定に解した新潟地決昭和30・1・22下民集6巻1号93頁。同決定は、薬種商が医薬品売掛債権を有し、債務者たる医院が、院長の養子名義を用いて財産を隠匿するおそれがあったので、売掛債権支払請求の本案訴訟を提起準備するとともに、第三債務者である金融機関に対して有する「中小企業金融公庫に対する資金借入契約に基く請求権」を客体として仮差押を求めた事例に関するものである。決定はこの請求権を「消費貸借の予約」と呼び、未成熟な法律関係を意味するものと定義し、「諾成的消費貸借約」の語を、金額・履行期が既に確定していて、第三債務者である金融機関に確定的な融資金貸渡債務が生じ「金銭その他代替物の給付それ自体を目的とする請求権」が成立している法律関係を示すものと区分したうえで、「消費貸借の予約においては借主は貸主に対して、消費貸借契約の成立を目的とする請求権を取得するけれども、諾成的消費貸借契約におけるごとく、金銭その他代替物の給付それ自体を目的とする請求権を取得するものではない」「消費貸借の成立を目的とする請求権は契約当事者間の信頼関係に基礎をおくものであるから、差押の対象に適しない」としている。

第2項　利息の制限

[21301]　**利息の約定（約定書ひな型3条）**　銀行取引が営業的商行為であるところから銀行が取引先に貸出す場合には特段の定めがなければ法律上の一定割合による利付貸借となるところ（商513）であるが、一般に利率は特約されている[425]。利息は元本利用の対価であり、要物的消費貸借では消費貸借成立の日から[426]、諾成的消費貸借では貸渡実行日から利息を支払うべき義務が発生する。即ち、元本を受取ったまたは元本を受取ったものと看做し得る法的地位[427]を得た日から生じるとすべきであろう[428]。約定書ひな型では、遅延損害金も約定されている[429]。

[21302]　**利率変更の形成権**　利率に関しては、約定書ひな型3は「金融情勢の変化その他相当の事由」を理由とする割合の引き上げを取引先が予め同意する旨を定めていた。その法的性格は銀行の形成権[430]であるとされていた。「金融情勢の変化その他相当の事由」が存することを条件とし、「一般に行われている」金利に変更することへの同意であって、これらの要件を欠く場合にはかような変更をもたらす形成権は発生しないというべきであろう[431]。銀行取引約定書の見直しに伴い、このような批判の多かった形成権の定めを改め、金融情勢の変化に応じた引上げについてはなお権利構成をうかがわせる定めが残り、かかる形成権は銀

424　諾成的消費貸借が成立している段階では、未履行双務契約の処理を及ぼすことになる（破53）。書面消費貸借は「予約」ではなく既に本契約であるとされるものの、その実質において予約的委任的性格を蔵しているところから破産時当然失効扱いとなっている。現行法下においても、諾成的消費貸借の予約には民589を類推適用するものとされてきた（木内・260頁。ただし、我妻榮・債権各論中巻一（民法講義Ⅴ2、1957年、岩波書店）355頁は、借主の破産の場合にのみ失効するとみる）。

425　約定書もこのことを前提にして規定をおいている。三菱東京UFJ銀行取引約定書「第3条（利息、損害金等）①甲乙間で定めた利息、割引料、手数料（以下、「利息等」という。）、これらの戻しについての割合および支払の時期、方法の約定は、金融情勢の変化その他相当の事由がある場合には、甲および乙は相手方に対し、一般に行われる程度のものに変更を請求できるものとします。／②甲の財務状況の変化、担保の価値の増減により、乙の債権の保全状況に変動が生じた場合には、甲および乙は相手方に対し、利息等の割合の変更につき、一般に合理的と認められる範囲において変更の協議を求めることができるものとします。／③〔略〕」

426　最判昭和33・6・6民集12巻1373頁。

427　諾成的消費貸借における貸主が貸付金を交付すべき場合にこれに代えて要求払預金を成立させることで借主に流動性を得せしめる場合がこれである。

428　木内・金融法262頁。

429　計算方法は365日の日割計算とされている。木内・金融法259頁。

430　鈴木禄編・注釈民法（17）債権（8）（1969年）229頁〔中馬〕。

431　客観性・合理性。中馬・前掲注民230頁。他方派生商品等射倖契約は、予め引用された指標に限り損益に反映できるが、この引用がない相場変動に給付額を連動させる変更義務は排除される。

行と取引先の双方において行使し得る、即ち、取引先側からも金利引下げの形成権を行使し得るものとし、取引先の財務状況や担保の減少等個別的事情に起因する引上げの場合には協議義務としている[432]。協議義務といっても銀行は期限の利益喪失事由のひとつとして「本約定に従わないとき」を援用できるため、間接的には強制が働く[433]。

[21303] **金利の上限**　利息制限法・出資法が適用される[434]。出資法は、不特定人からの資金の受入を禁止する（出資1）他、貸借一般につき金利上限を設ける。原則は年109.5%、営業貸付は29.2%（平成22年より20%）を上限とし、これに違反した契約をした場合には、5年以下の懲役1000万円以下の罰金（業者が109.5%規制に違反する場合には懲役10年以下・罰金3千万円以下）が適用される（出資5）。

[21304] **利息制限法**　利息を目的とする消費貸借における利息の契約は、その利息が元本額10万円未満においては年2割、10万円以上100万円未満においては年1割8分、100万円以上においては年1割5分の利率において計算した金額を超えるときは、その超過部分について無効としている（利1）。また、不履行による遅延賠償の約定は、利1所定の割合の1.46倍を超えると超過部分について無効としている（利4）。2006（平成18）年改正前には利1に第二項があり、「<u>債務者は、前項の超過部分を任意に支払つたときは、同項の規定にかかわらず、その返還を請求することができない</u>」と定め、改正前利4Ⅱで準用されていた[435]。改正

432　条理上取引先にも利率変更形成権を認める東京地判平成5・8・26判タ861号250頁。近時の約定例ではこれを明文化する。「一般に行われている」利率を定めるには、短期および長期プライムレート、LIBOR または TIBOR 等の市場基準金利にスプレッドを上乗せする等の方法による（森田＝神田＝神作編・前掲金融法概説129頁〔中原利明〕）。

433　但し公取委は、金融機関が取引先に協議を要請すると「今後の融資等への影響を懸念して」服従・応諾する取引先は多く、「優越的地位の濫用」と見られる場合には、厳正に対処する方針を表明している（金融機関と企業との取引慣行に関する調査報告書（平成18・平成23）。森田＝神田＝神作編・前掲書129頁）。

434　臨時金利調整法は日銀政策委員会の決定による告示による金利上限の規制を定めたものである。1994年の金利自由化により、当座貸越のみを適用対象とすることとなっている。しかしこの法令の適用のために生じた慣行等が残って間接的な影響を与えている。例えば、定期預金における自動継続条項がある。本来は預金者が期日到来ごとに証書・印章を銀行に持参して書替継続の手続をとるべきところであるが、書替を失念することが多く、そこで顧客の利益を考えて満期日以降に書替に訪れた顧客に、その日付ではなく、満期に遡及して新たな預入れがあったものとして扱う「起算日扱い」が考案されたが、これが臨時金利調整法に反するとされたため、満期日に預金者が何も言わずとも満期日において新たな（準）消費寄託が締結されたものとして扱う旨を定める自動継続条項が導入されたといわれている。自動継続の法的構成については［14307］。

435　利息制限法（昭和29年）1Ⅱは、旧利息制限法（明治10年太政官布告、改正明治31年・大正8年）2条に淵源を持つ。旧利息制限法には「裁判上無効」の語で超過利息の取扱を定めたが、こ

でこの利1Ⅱは削除され改正前利4Ⅱは改正されてこの「任意弁済」規定は廃止された[436]（同時にいわゆるグレーゾーンは廃止。貸金業法に罰則を設け、営業的貸主による利制法違反金利利息の受取・請求を処罰し、出資法上限を引き下げる）。貸主からは履行請求できないが、債務者が任意に弁済すると給付保持力がある超過債務の性質論については諸説あった[437]。とりわけ債務者がこの無効部分を返済した場合の法律効果については議論があり、1954（昭和29）年法以降の判例は違法部分の元本充当および過払金の返還を認めている[438]。この判例の適用範囲は、貸金業規制法

の概念は無効一般と異なるのか等、要らざる議論を呼び、その実体的法律関係を不明確にするおそれがあったため昭和29年法で改められ、履行強制が認められない趣旨であることが明文化された。その利息制限法1条1項は、超過部分の無効を宣言し、2項は、超過利息を「任意に支払ったとき」はその返還請求をなしえない旨を定めた。明治10年法時代には2項部分の規定がなかったため、判例は、既払超過利息の返還請求を認めないことを民法708条ないし705条に根拠づけていた。しかるに借主が不法に関与したと言っても生活困窮者が止まれず借り入れるときにまで708を適用すべきではない等の理由から、民705による説が穏当であったと思われる。

[436] 立法の趣旨としては超過債務は任意に支払っても返還を求めることができるということである。この条文の姿が「裁判上」の形容詞のない点を除き1954年改正以前の旧利息制限法と同じ状態に復したものであるとはいえ、民705等に基く超過利息の返還拒否の法理が復活するわけではない。仮に民705を適用しても債務不存在の不知につき弁済者に過失があっても過払金返還請求ができ（大判昭和16・4・19新聞4707号11頁）、非職業者の場合には一層過失が許容されよう。

[437] 昭和29年利制1Ⅱ所定の「任意弁済」の法的性質として、ある立場は、これを自然債務の弁済と解した。この説では、更改等を利用した脱法に理論上の防壁がない（自然債務は履行強制はできないが、更改や保証をすることができる）。しかし学説は、利息制限法違反利息債務は、その任意弁済の給付保持力が認められるという限りにとどまり、超過利息債権の元本組入契約、更改・準消費貸借・担保設定さえいずれも無効となると解しており（奥田昌道・債権総論［増補版］（1992）65頁）、超過利息債務は自然債務でさえないと考えるべきであろう。元本充当を認めた昭和40年代の最高裁の取扱（次注）も、超過利息債務を自然債務以下の存在としていたことの結果であるといえる。民491の定めている法定充当が適用される給付とは、弁済の目的に向けられたものでなければならない。利息制限法違反の超過利息債務の弁済には、その意味における「弁済目的」が伴わない。では、他方、往時の貸規43は、超過利息を合法化し、通常の債権と効力をひとしくする趣旨の規定だったのであろうか。一部にはそのような見解（適用除外説）もあったようであるが、貸規43の適用される場合に利1Ⅱ（平成18年改正前）が排除されるわけではなかったと考えるべきであろう。貸規17所定の法定書面の交付は、改正前利1Ⅱにいう「任意」性を推定させる法定的証拠方法であり、他の方法で任意性の欠缺を主張し得ない性質のものであったと解すべきであると思う。

[438] 元本と利息とが存するときに、超過利息の任意の支払の取扱について、民491（改489Ⅰ）の原則では、利息付の債務について弁済として提供された給付が総額を消滅させるに足りない場合で、充当について当事者の意思が不明である場合には、費用・利息・元本の順番で法定充当されることになっているにもかかわらず、最大判昭和39・11・18民集18巻9号1868頁が、超過利息債務の弁済として支払われた出捐を、残存元本に充当することを認め、最大判昭和43・11・13民集22巻12号2526頁が、元本充当で計算すると既に元利（適法な範囲の）全額が消滅していたのになお弁済された金員あるときはこれを返還請求できると認めた（超過利息債務の弁済を利息の弁済では

(1983 (昭和58) 年) 制定以降は大幅な制約を受けることになった[439]が、2006 (平成18) 年「貸金業法」制定に伴う同法の廃止により再び一般的に適用されることとなった。

[21305] **脱法行為の禁止と手数料の扱い等** 既存債務がある同一当事者間で「重ねて」、または、同一当事者間で「同時に二以上の」貸付がなされたときに利息の制限を判断する場合には、既存残元本と新貸付元本との合計額を以って「元本」の額と看做すものとして、債権者が小口化することで高い制限利率を享受することを禁圧する（利5（1）（2））。カードの再発行の手数料その他政令指定費用（利6Ⅰ）、公租公課・強制執行等費用・ATM等利用料が、利3但の適用される「費用」である。これら以外は「費用」とはならない（利6Ⅱ）。

[21306] **貸金業法による規制** さらに、貸金業法が「第二章 営業的金銭消費貸借の特則」を設け、債権者が業として行なう金銭消費貸借への利1の適用については、超過利息受領行為・支払要求行為（貸金12の8Ⅳ）が禁止行為とされ罰則の適用がある。利6および利7の規整は貸金業者の監督に関する貸金12の8で反復され、違反行為を処罰することとしている（貸金47以下）。また、年109.5%を超える利息を約定した消費貸借は、それ自体が全部「無効」となる（貸金42)[440]。この規定は元本部分も含めて借主の返還義務を免ずる趣旨である。貸金

ないものと看做す点をとらえて、反制定法的解釈と呼ぶことがある）。理論的にこの原理を説明するためには、民491にいう利息とは適法の利息をいうものとの限定がついたものと見るか、弁済者における合理的意思解釈として、当該弁済には超過利息に相当する部分については元本充当の意思があり、過払金になる場合には返還を条件に留保付弁済をしていると看做すとの趣旨であろうか。民489（2）（改488Ⅳ（2））の趣旨からもこの扱いが正当であろう。

[439] 貸金業者は借主から利息の支払を受けるときに貸規17に所定の記載事項を記載した書面を交付すれば、利息制限法の上限利率に違反していると否とにかかわらず、同法の「任意に支払われた」弁済と看做され（貸規43）、その結果、元本への充当も、過払金としての返還も認められないことになる。利1Ⅱ（当時）にいう「任意に」とは利息の支払に充当されることを認識し自己の意思によってこれを支払ったことをいう（支払った額が利息制限法超過額であることに対する弁済者の認識は不要である。最判平成2・1・22民集44巻1号332頁）。貸規43の看做し弁済規定は利息を天引きする場合には適用されない（最判平成16・2・20金判1188号2頁）。法定記載事項の省略は一切認められず、これを認めるかに思われた貸金業法施行規則15Ⅱは貸金業規制法の委任を逸脱した無効の内閣府令とされるなどした（最判平成18・1・13民集60巻1号1頁。なお同判決では、制限超過利息債務の履行遅滞による期限の利益喪失約款はその部分について無効となり、この違法な期限の利益喪失約款により事実上強制された超過利息の弁済には任意性がないとされた）。

[440] 法施行前の先例として、出資法上限金利の最大1860倍の利息を約定した事例で元本も含め返済済の金銭の返還請求を認容した事例である最三判平成20・6・10金判1298号22頁。元本部分の返還請求も認められていることをどう正当化するかが問題となる。このような借主は、貸主から不

業に関しては利率の規制だけでなく、契約締結の態様に関する諸制限[441]があるほか、付随的な諸義務[442]が法定されている。

[21307] **銀行取引との関係**　以上の制度の下の金利規制が、銀行の約定書取引につき考察を要する論点の一つは、「拘束された即時両建預金」の場合であった。銀行その他受信業務を許された金融機関が、貸出した金員を直ちに預金として預入することを条件に貸付を行うことにより、借主が現実に利用できない資金についても利息が発生するという問題である。利息とは、「元本たる金銭その他消費物の使用の対価として、元本額と使用期間に応じて、一定の利率により支払われる金銭その他の代替物」[443]であるから、このような取引においては約定利率による利息債権の発生を認めるべきかを議論する余地がある。預金はあくまで借主の意思によるもので、他に担保があればこれを拒み得るのであるから、「使用の対価性」の点は問題とならないと考えられているようであるが、上限利率を脱法する行為と看做される可能性はある。事実上強制された預金額を貸付額から控除した実質貸付額の実質金利を算定すると利息制限法の制限利率を上回る場合に、判

法原因給付として元本の金銭所有権を取得しており（藤原正則「判批」法教338号8頁（2008年）、特に12-13頁）、本来返還すべき筋合いのものではないのに、自らが義務のないものと知らず返還義務あるものと誤認し返済と称して金員を支払ったのであって、これを回復するため不当利得返還請求をなしうるものである。事案は不法行為に基づく損害賠償請求であるというものの、その実質はいわば金銭所有権侵害の物権的救済を債権的方法で実現するものである。本件においてXらが、不法原因の贈与において708条適用の反射的効果として目的物の所有権が受贈者に帰属する旨を示した最大判昭和45・10・21民集24巻11号1560頁を引用している点が注目される。

441　貸借契約の形式にかかわる制限としては、貸金業者はいわゆる執行証書（「特定公正証書」）の作成嘱託を禁止される（貸金20）。契約締結自由に関する大幅な規制として、貸金業者は債務者の返済能力（「顧客等の収入又は収益その他の資力、信用、借入れの状況、返済計画その他の返済能力に関する事項」）を調査する義務を負い（貸金13Ⅰ）、借主が個人である場合には、この調査は「指定信用情報機関が保有する信用情報」を使用し（貸金13Ⅱ）、貸付元本または極度額50万円超、当該貸金業者・他の貸金業者合算額100万円超となる取引については源泉徴収票等を確認する（貸金13Ⅲ）義務があり、過剰貸付（住宅ローン・リボルビングローン以外の個人顧客を相手方とする貸付で、債務の個人顧客合算額が年間給与の3分の1を超えることとなるもの）が禁止（貸金13の2）（「契約を締結してはならない」）されている。

442　看做し保証料の規制に抵触する「債務履行担保措置」（保証・保険）を貸付の条件として要求する行為（貸金12の8Ⅴ）、「貸借の媒介」（いわゆる紹介屋）による手数料徴収行為（貸金12の8Ⅹ）も同様に処罰の対象となる。虚偽情報・重要情報不提供取引（貸金12の6（1））、誤認誘発行為（貸金12の6（2））、誤認誘発保証（貸金12の6（3））、その他の不正行為（貸金12の6（4））、自殺死亡保険締結（貸金12の7）も禁止される。さらに、相談助言義務（貸金12の9）、誇大広告禁止（貸金16Ⅰ）、保護義務（貸金16Ⅲ）、拒否された勧誘の禁止（貸金16Ⅳ）、保証契約締結前書面交付（貸金16の2）、極度方式保証契約前の書面の交付（貸金17ⅤⅥⅦ）などを規定する。また、貸金業務取扱主任者制度（貸金12の3）の導入によって行政的監督を強化している。

443　奥田昌道・債権総論〔増補版〕（1992年、悠々社）51頁。

第A章　融資契約総説　　133

例は、右超過部分は残存元本に充当されたものと解している（最判昭52・6・20民集31巻4号449頁）。なお利息制限法は手形割引には適用がない（最判昭和48・4・12、[23205]参照）。割引は売買である。複利契約は原則的に違法ではない（大判昭和11・10・1民集15巻1881頁）が、利息制限法を潜脱するような手法は許されないといわれる[444]。

[21308]　**イスラム金融**　　2008年に銀行法が改正され、銀行子会社として「経営の向上に相当程度寄与すると認められる新たな事業活動を行う会社」が許容され（銀行法第16条の2、第52条の23）、いわゆるイスラム金融業務が可能となっている。イスラム法においては喜捨が善とされ、特にその厳格な適用がなされている地域（サウジアラビア、リビア、イラン、パキスタン）においては、金額・利率の如何を問わず、利子（riba）が禁止されるため、利子の概念によらず金融を可能とする法的仕組みが発展している。ムダラバ（mudharaba: シャリア適格事業への投資を行う匿名組合）、ムシャラカ（共同事業組合）、ムラバハ（金融機関を介在させる売買）、イジャラ（リース）等の諸類型で行われる代替手段（イアル hiyal）が知られている[445]。

第b款　担保

[21401]　**総説**　　銀行貸出における担保の重要性（安全性の原則）を考慮し、約定書において担保に関する条項を置く。継続的な与信取引の開始時に担保差入義務や包括担保とする条項を合意しておくことが便宜である[446]。

444　木内・金融法258頁は、一カ月ごとに元本組入れを行う旨の約定がこれにあたるとしている。
445　月岡崇「日本法の下でのイスラム金融」証券アナリストジャーナル46号58頁以下。イスラム金融という概念が自覚的に確立されたのは1970年前後といわれている（CAUSSE-BROQUET (Geneviève), La finance islamique, 2009, Revue Banque Ed., p. 20は、制度としてのイスラム金融の起点として1963年のエジプトにおける Ahmad Al Naggar による貯蓄銀行の設立を挙げる）が、一部の伝統的技法はイアルとして知られていた。そのひとつが、例えば、往復売買であるムクハタラ（mukhatara: mohatra (Sp.)）――例えば、金1000の資金需要者は、金融機関を相手に商品を金1000で売却して代金を受領し、特約に基き一定の期日において同じ商品を金1100で買戻すというものである。事実上元金1000を1割で貸し付けるのと同様の結果となる――である（18世紀のPOTHIER, Oeuvres éd. Bugnet, tome V, no 89は、これを usure に該当する取引としていたという。MALAURIE et AYNES, Cours de droit civil français, tome 8, 10eme ed., 1997, no 940)。
446　最判平成21・11・9刑集63巻9号1117頁（いわゆる旧拓銀特別背任事件上告審決定）によれば、「銀行業が広く預金者から資金を集め、これを原資として企業等に融資することを本質とする免許事業であること…等を考慮すれば、…銀行の取締役は、融資業務の実施に当たっては、元利金の回収不能という事態が生じないよう、債権保全のため、融資先の経営状況、資産状態等を調査し、その安全性を確認して貸付を決定し、原則として確実な担保を徴求する等、相当の措置をとるべ

[21402] **担保条項**（約定書ひな型4条）　法律の特別規定や慣習等がない限り、一般に債務者が担保を供する義務を負うことはないが、取引約定書では、将来の融資の条件としてあらかじめ担保の提供を合意しておくことが通常である。

[21403] **担保差入請求権**　請求権といっても、担保差入義務の履行自体を強制しうるものではない[447]。債務者が担保差入を拒絶すれば、法定の期限利益喪失事由（民137（3））となって、債務者を遅滞に付することができるにとどまる。なお、民137の期限の利益喪失一般についても、それ自体が期限を到来させるのではなく期限を到来させる形成権が生じると解されており、「喪失させる意思表示」を要する。この点、全銀協銀行取引約定書ひな型は、「喪失させる意思表示」の省略できる場合を規定（銀取5Ⅰ）してきた－いわゆる「当然喪失」。いずれにせよ、期限利益の存在のために、担保の提供に向けて事実上債務者を心理的に圧迫する[448]から十分であり、それを間接強制（民執172）で強制的に実現することもな

き義務を有する」とし、「例外的に、実質倒産状態にある企業に対する支援策として無担保又は不十分な担保で追加融資をして再建又は整理を目指すこと等があり得るにしても、これが適法とされるためには客観性を持った再建・整理計画とこれを確実に実行する銀行本体の強い経営体質を必要とするなど、その融資判断が合理性のあるものでなければならず、手続的には銀行内部での明確な計画の策定とその正式な承認を欠かせない」としている。なお天野佳洋監修・銀行取引約定書の解釈と実務（2014年、経済法令）91頁以下〔安東克正〕、特に94-95頁。

[447] 鈴木禄彌編・新版注釈民法（17）債権（8）314頁〔鈴木禄彌＝山本豊〕。給付訴訟で担保の引渡を求めることはできない。昭和37年約定書の「債権保全のため必要と認められるとき」を昭和52年に改めた。近時、東京高判平成19・1・30判タ1252号252頁がある。平成2年に増担保約定を含む合意に基づき（492筆の土地所有権のうち10分の8を有する債務者Yの共有持分を目的とする）極度額50億円の根抵当権付で56億円の融資を実行したリース会社Aが、Yの破産手続開始（平成5年）後、訴外Bに当該貸金債権を譲渡するとともに根抵当権の極度額を20億円に変更した。BはYが同時破産廃止（平成11年）となった後に、上記土地の根抵当の客体でない10分の2の部分を共有する共有持分権者Xを譲受人として当該貸金債権を譲渡（平成16年）。その後共有物分割による各共有者の単独所有権の取得と共有物分割を原因とする共有持分全部移転の登記を命じる判決が確定した。そこで、分割後のYの単独所有権を客体とした抵当権の設定を予期したXは、順位保全のためにまず抵当権設定仮登記を申立て、これが行われ、次いでXが増担保約定に基づく形成権の行使として抵当権設定本登記を命じることを請求した事件である。第一審は請求を認容したが、判決は、「本件約定のような、具体的な増担保等の対象となる物件、設定すべき担保の種類、内容等設定される増担保等を特定する事項が何ら定められていない状況で、本件約定をもって、債権者が増担保等の対象となる物件、担保の種類、内容を特定して一方的に増担保等の設定を請求する意思表示をするのみで、その請求が不相当でない限り、そのとおりの内容の増担保等が設定される形成権を債権者に与えたものと解することはできない」とした。請求権としてであればこれを認めるとの見解もあるようであるが（宮川不可止「増担保約定に基づく増担保請求権の効力」京都学園法学2008年2-3号1頁）、内容不確定の担保権設定の予約にどのような拘束力があるというべきなのかは一見定かではない。

[448] 融資予約または諾成的消費貸借について設定される担保が未提供であるときは、融資の実行を

じまない。いかなる場合に担保の提供が必要となるかは合意次第であるが、ひな型4Iでは、「債権保全を必要とする相当の事由が生じたとき」とした。本条項では、金融事情の逼迫等一般的な問題を理由とした増担保請求を許さず[449]、当該取引先について、取引先・保証人の資力、担保目的物の価額を基準として債権保全の確実性が減少した場合に限られる[450]。

[21404] **取引先の担保解除請求権**　取引先が信用を回復し増担保請求以前の状態に復したというべき場合には、銀行側の増担保請求権との均衡の観点から、取引先の減担保請求権・担保解除請求権を認めるべきであるものと解されている[451]。さらに、保証人・物上保証人など法定代位（民500）権者がいる場合に、主たる債務者または共同保証人の一人への担保権を放棄するなどした場合に、これが担保保存義務（民504）違反にあたるとされるときには、他の法定代位権者たるべき者への担保をも抹消しなければならなくなる場合がある。このような場面を想定して、物上保証人（少なからざる場合に、同時に連帯保証人として約定書に調印していることが多い）との関係で、金融機関は、担保保存義務を免除する特約（「根抵当権設定者甲は、乙（金融機関）がその都合によって他の担保もしくは保証を変更、解除しても免責を主張できないものとします。」等）を結ぶことがある[452]。判例はこのような特約を有効なものとし[453]つつも、取引通念にてらして客観的合理性を欠くとき

　　求める取引先側の権利行使に対し、金融機関側はある種の同時履行の抗弁を以って対抗し得ることになる。
449　鈴木禄彌編・新版注釈民法（17）債権（8）312頁〔鈴木禄彌＝山本豊〕。
450　その他の特殊な事情として想定されるのは、取引先が法人でありその役員が保証人であったが更迭された場合に、新役員を保証人となすことを請求できる場合である（鈴木編・前掲新版注釈民法17巻313頁〔鈴木禄彌＝山本豊〕）。保証人はその責任財産で債権の履行を担保するが、同時に、被保証人の機関であるような場合には、保証人となっていることの心理的な圧迫により、当該法人の経営を改善する努力に向かうという事実上の効用が期待されているからである。また、取引先の親族等による保証の場合には、当該保証人の資力が十分でないとしても、詐害的な財産の移転に備えるとともに、親族からの圧力による弁済の促進という実益がある。しかし、親族のような自然人保証人には、事業のため債務を負う者が保証または根保証の委託をする際に自身の財産・収支・他の債務履行状況等の情報を提供すべき義務があり、かかる義務の不遵守のため誤認を生じ、このため保証に同意した場合は、取消権（改465の10Ⅱ）を有する。さらに、事業に係る債務の自然人保証人の契約締結の厳格な要式主義の導入、経営者保証に依存しない金融への転換が要請されている事情については、注461を参照のこと。
451　鈴木編・前掲新版注釈民法17巻313頁〔鈴木禄彌＝山本豊〕。法令上も約定書にもそのような場面には言及はなく、その根拠をもとめるならば信義則（民1Ⅱ）というべきであろう。その場合でも、当然に担保権が消滅するわけではないが、取引先側からの解除権があるものといえよう。
452　神田＝神作＝みずほ・金融法講義167頁〔砂山晃一〕。
453　最判昭和48・3・1裁判集民事108号275頁、金法679号34頁。

には、信義則または権利濫用を根拠にかかる特約の援用が認められないこともあり得るとしている[454]。また、民504による免責は、担保の客体の第三取得者も、その後の譲受人もこれを援用できるものと解される[455]。特約により民504による免責を主張できなくなるという効果についてまで必ずしも同様の形で第三取得者に及ぼされるべきかはなお問題である[456]。この点、債権法改正により改504Ⅱが

---

[454] 最判平成4・2・14金法1255号6頁、最判平成7・6・23民集49巻6号1737頁（民法判例百選Ⅱ債権7版〔別ジュリ224〕86頁〔髙橋眞〕（2015年））。後者の事例は、次のようなものである。Aは、貸ビルの購入・内装工事代金に充てる目的で、B保険会社から1.5億円の第一次融資を受け、Y信用金庫がこれを保証、Aに対する求償権の担保のため、Aの実姉C所有の土地建物に、被担保債権をYのAに対する信用金庫取引債権・手形債権等とした極度額4億円とする根抵当権を設定（同時にCが求償権を連帯保証）。YC間の根抵当権設定契約には担保保存義務を免除する旨の特約があった（Cはこの特約の締結に事実としては直接に関与したわけではないが、Cを物上保証人とする上記「担保契約が締結された際、同時にYの担保保存義務を免除する旨の本件特約も結ばれたものと認めるのが相当である」（控訴審）と解される）。貸ビルがAに引渡されたので、共同担保としてこれにYのAに対する信用金庫取引債権等を被担保債権とする極度額4億円の根抵当権を設定のうえ、BがAに対し2.5億円の追加融資を実行。他方Cは上記土地建物をXに贈与し、所有権移転登記の後C死亡（Cの相続分はXが買受けた）。その後、Aが上記追加融資の残金1.78億円を弁済すると申出たので、Yは、C（即ちX）の不動産の担保を解除すべく内部的手続を執って赴いたところ、その場に臨んで突然Aから貸ビルのほうの担保解除を強く求められた。Yは、そのためにはXから了解を得る必要があること等を説明したが、「貸ビルの買主から追加融資の残債務相当額を出して貰える」旨の事情を説明されたので、「後日Xから本件放棄について異議の申立てをさせない」旨の念書の差入と引換に、売却に協力する趣旨から要請に応じ貸ビルの抵当権を抹消し返済を受けた。Aは銀行取引停止処分を受け行方不明となり、YはAの保証人として第一次融資分残債務9968万円余をBに弁済、Xに対し求償権を取得したが、XはYに対し、民504による免責の効果を主張し根抵当権設定登記の抹消登記手続を求めた。原審は請求棄却、Xが上告したが、最高裁は以下のように述べて上告を棄却した。「当該保証等の契約及び特約が締結された時の事情、その後の債権者と債務者との取引の経緯、債権者が担保を喪失し、又は減少させる行為をした時の状況等を総合して、債権者の右行為が、金融取引上の通念から見て合理性を有し、保証人等が特約の文言にかかわらず正当に有し、又は有し得べき代位の期待を奪うものとはいえないときは、他に特段の事情がない限り、債権者が右特約の効力を主張することは、信義則に反するものではなく、また、権利の濫用に当たるものでもないというべきである」。即ち、2回に分割された融資は、各不動産の担保価値に見合うものとしてその根抵当権設定と同時に実行されており、Aが貸ビルの抵当権の抹消を求めた時点でYがAによる売却に協力する趣旨から要請に応じた事情からすると、「金融取引上の通念から見て合理性を有し…（XのAに対する）本件追加担保への正当な代位の期待を奪うものとはいえない」から、「他に特段の事情のあることの主張立証のない本件においては…信義則に反するものではなく、また、権利の濫用に当たるものでもない」。判断枠組みとしては客観的合理性の如何を以て特約の援用の可否を決する点は確立されているが、具体的な事情として何を以て客観的合理的なる場合であるのかを一律に定義することは容易ではない。本件の場合、貸ビルが売却された価格が追加融資分の返済額を超える金額であった以上、その超過額はまず第一次融資の返済に充てるべきであろうところこの点が明らかでない等の指摘もある（髙橋眞・銀法513号4頁）。

[455] 最判平成3・9・3民集45巻7号1121頁。

[456] 前記最判平成7年の事案における生前贈与の受贈者Xのような第三取得者はその与り知らぬ特

設けられる[457]ため、特約の効果とは無関係に取引通念上合理的な銀行に拠る担保の放棄があった場合には他の法定代位権者は免責を主張できないことになる[458]。

[21405] **担保の適否の判断**　ひな型には「貴行の承認する」担保を提供する、とあるが、担保の適否は客観的に判断されるべきである（なお、民450Ⅰ）。物的担保・人的担保は無論のこと、厳密な意味では担保といえないものでもありうる[459]。

[21406] **被担保債権の範囲**　ひな型4Ⅱは、担保を約定書の適用される取引より生じるすべての債務の根担保とする（共通担保）。根担保は「成立の付従性」という担保の原則に抵触するものであるが、この点を解消するために民法は根抵当[460]と貸金等根保証[461]という二種類の根担保を規定し、融資予約に基く取引につ

約によって民504による保護を剥奪されるいわれはないはずではあろう（高橋眞・金法1403号9頁）。判旨は、Xは既に免責の主張できなくなった状態におかれた物件をCから取得した者であるがゆえに免責を主張できないとする。ところで、特約の成立しているというだけではいまだ第三取得者が免責を主張できないかどうかは未確定であろう。特約が成立しかつ銀行による担保放棄があってはじめて物上保証人は免責の主張できない状態におかれる。本件では担保放棄が第三取得者による取得後に生じた場合とみれば免責を主張できてよいはずである（この問題を扱う石田喜久夫・判時1549号180頁〔判評444号34頁〕）。

457　改504Ⅱ「前項の規定は、債権者が担保を喪失し、又は減少させたことについて取引上の社会通念に照らして合理的な理由があると認められるときは、適用しない」。

458　中間試案補足説明302頁は、判旨に登場したような担保保存義務免除特約が用いられていないような場合にまで、債権者が本条の適用を主張することを認めるとは明言しているわけではない。

459　例えば**代理受領**のような非典型的担保、信用保険、他の債権者に抵当権の順位を放棄することを説得することや、他の債権者のために担保を提供しない不作為債務の負担=**消極担保**であってもよい。以下本款。

460　民398の2以下。詳細は、松尾弘＝古積健三郎・物権・担保物権法〔第2版〕（弘文堂、2008年）000頁以下参照。

461　2004（平成16）年改正では、まず、保証の要式行為化（民446ⅡⅢ）が行われた。この点で問題視されそうなのは、手形貸付において手形裏書を隠れた保証の趣旨で行うと、その融資契約上の貸金債権に関する手形外の民法保証までもが成立を推認されるとした最判平成2・9・27民集44巻6号1007頁〔西山芳喜〕の妥当性である（この「推認」自体、所持人に呈示の労を惜しむことを許すための変則でしかない）。このほか、同年の民法改正で導入されたのが「**貸金等根保証**」（金銭の貸渡しまたは手形の割引を受けることによって負担する債務を保証する自然人が保証人となる根保証契約）である。この種の保証においては、極度額の定めがない場合の無効（民465の2Ⅱ）、契約締結日から5年を超える元本確定期日の定めは無効（民465の3Ⅰ）となり、これを含め元本確定期日がない場合には契約締結日から3年と看做す（民465の3Ⅱ）他、主債務者・保証人の財産への差押をもって元本確定事由とする（民465の4）。法人保証人からの求償権を主債務とする自然人保証に関しても保護を定める（民465の5）。付従性のない損害担保契約（民449）が利用される脱法には類推適用される反面、主たる債務には準消費貸借が含まれないとする見解（吉田他「民法の一部を改正する法律の概要（2）」NBL801号33-34頁）もあるが、準消費貸借を主債務とする取引にも類推適用されよう。さらに2017（平成29）年民法改正法では、極度額の定

いて主債務が未発生であっても、保証契約・抵当権設定契約を成立させることができる。

第1項　非典型担保：代理受領

[21501]　約定書取引における担保の多様性　既に述べたとおり、担保といってもそれは典型的な人的担保・物的担保に限られない。例えば、債権を譲渡担保や質権といった物的担保（手形割引・指名債権譲渡担保金融・指名債権質金融等、「第ⅱ節 **債権の動化**」で論じる）の対象とすることが何らかの理由で困難であるときに、これらよりは効力が弱いものの、債権をこれらに準じて担保の客体とすることがありうる。これが次に述べる**代理受領**である。他方、取引先が銀行以外の第三者のために担保の設定をするなどの行為を禁止し、あるいは、他の債権者との間である財産以外への執行を禁じる人的な特約を合意させる方法も**消極担保**と称する担保であるし、債務者がその責任財産の全部を一般担保としたうえでなお優先弁済効を特定の財産上に認める典型的な不動産担保等と異なり、真実の資金需要者が責任を負わず、その有する責任財産の一部を別の法人に移転し当該法人の財産が債権の引当となるもの（**非遡求型融資・資産流動化**）も登場している。

[21502]　代理受領　「債権者が債権の回収を担保するため、その債務者が第三債務者に対して有する代金債権について、委任状を用いて請求および受領することの委任を受け、第三債務者の承諾（奥書）を得た上、これに基づき受領した金銭を債権の弁済に充当する方法をとる債権担保の一手段である」[462]。内容不確定の債権・譲渡禁止特約付債権を担保化する技術[463]として、1950年代以降普及した

めや元本確定期日に関する一部の規定を「一定の範囲に属する不特定の債務を主たる債務とする」根保証にも拡張している。さらに、自然人保証人による「事業に係る債務についての保証」に関しては、根保証に限らず、口述等の方法を遵守した公正証書の作成によることを義務付けた（改465の6・改465の7・改465の8）。この制度は大株主等の「経営者保証」人を適用除外としたとはいえ、経営者保証の慣行はその解消が要請され、2013年には日商＝全銀協「経営者保証ガイドライン」が策定されている）。また、自然人保証人予定者に対して、保証契約締結前に主たる債務者が自らの財務状況に関する情報提供することを義務付け、この情報提供がなされない場合における保証人の取消権を法定した（改465の10）。

[462]　宮川不可止「代理受領論は、今後どういう方向へ展開されるべきか」講座現代契約と現代債権の展望第3巻担保契約（1994年、日本評論社）148頁。

[463]　将来債権譲渡に関する判例学説の態度が緩和されるにつれて、将来債権を担保にする技術としての実益は少なくなったといえる。譲渡禁止約款の対外的効果を否定的に解する判例の登場、新債権法によるこの立場の採用（改466Ⅱ）によって、この点でも実需が減少したと思われる。ただし、譲渡禁止約款を知っている金融機関は履行拒絶される（改466Ⅲ「前項に規定する場合には、譲渡制限の意思表示がされたことを知り、又は重大な過失によって知らなかった譲受人その他の第三者に対しては、債務者は、その債務の履行を拒むことができ、かつ、譲渡人に対する弁済そ

非典型担保である。

[21503] **法的性質**　定義上権利移転の効果も優先弁済効も直接の支払義務の発生も観念できない。代理受領に関する法令があるわけでも、統一的な設定契約書式が存するわけでもないので、論者がどのような合意を前提に性質論を述べているかも考慮しなければならない。争いのない帰結として、「受任者は第三債務者への直接の請求権を有さない」「担保の目的をもってなされる」「受領権限の付与を内容とする契約」とされているようである[464]。代理受領とは要するに、取立額引渡債務による相殺回収を動機としてなされた、<u>取立委任契約</u>というべきであろう。

[21504] この慣行では、第三債務者が代理受領に同意したにも拘らず設定者に弁済し第三債務者の設定者に対する債務が消滅したとき、担保権者は如何なる救済を第三債務者に対し求め得るか、との問が論じられてきた。判例の解決は、担保権者にも受領できる期待権ならあったといえるから金銭賠償を求め得るというものであった。ところで、代理受領と構造が近い制度に取立委任裏書（手18）がある。代理権授与行為は本人から権利行使の可能性を奪うわけではない[465]（判例)[466]。取立委任被裏書人の地位も容仮的なものでしかなく、裏書人が手形を回収すれば取立権を受任者から奪える。しかし事柄が証券の占有でありその受戻には被裏書人の協力が要るところから、代理受領担保権者とは異なり、取立受任者がこれを事実上担保として利用することが保護されている。

の他の債務を消滅させる事由をもってその第三者に対抗することができる」）。代理受領への第三債務者による侵害は損害賠償の原因になるとされ、現代でも意味がないわけではない。

464　債権譲渡、債権譲渡担保（危殆時には取立権を設定者から奪う約款がついているもの）、質入、第三者の為にする契約、はいずれも譲受人、質権者、第三者に何らかの権利を帰属させる契約であるが、代理受領の担保権者は、他人の債権を行使することのできる地位を与えられた無権利者である。

465　田中耕太郎・手形法小切手法概論（1935年）373頁。

466　取立委任裏書の被裏書人がさらに取立委任裏書を続行した場合には、これは復代理人の選任であって、裏書人が権利行使の代理権を失うわけではないので、裏書が抹消されなくても手形の占有を回復すれば取立委任裏書の被裏書人は手形上の権利を行使することができるという–大判昭和2・7・7民集6巻380頁。これと同様に、一般に取立委任裏書を行った手形上の権利を有する本人は取立委任裏書を抹消せずとも権利行使ができるということになる（ただ、手形上の権利であるので、証券の呈示がないと権利行使できないため、手形が取立受任者のもとにある限り本人が手形金を受領することはない）。抗弁対抗の関係についても、手形債務者は被裏書人との関係における抗弁は対抗できず、裏書人に対抗し得た抗弁は主張しうる。取立委任の受任者が、固有の権利を持たないことの反映である。仮にこれを担保の目的で利用したとしても、抗弁制限を伴った取立による回収は保障されない。

[21505] **抵触弁済の効力**　債務者が設定者に弁済してしまえばそれで消滅する担保であることを認めてしまうと、取立委任裏書と較べてさえ代理受領権者の担保権の実質は希薄であるといえるかもしれない。昭和61年の最高裁判決[467]は、第三債務者は、代理受領に同意した後でも、設定者に有効に弁済して免責されるとしたうえで、担保権者は請負代金の取立によって回収できるとの期待権を侵害された（不法行為）として第三債務者に担保権者への損害賠償の支払を命じた。ところが事実関係を見ると、第三債務者が与えた奥書には「設定者への弁済をしません」という旨の約束が担保権者に向けてなされており、これに設定者が同意を与えている[468]。委任は随時撤回可能な行為であるが、委任者は、第三債務者の与えた奥書を通じて受任者に向け撤回権を放棄していたものといえる。この三者間の合意により本件請負代金支払の履行態様は変更され、設定者＝請負人への弁済は禁じられ担保権者＝銀行＝取立受任者への弁済を義務付けられることを第三債務者＝注文主は承諾しているのである。取立受任者には固有の地位が存在し、この合意を解除しない限り、抵触弁済は本旨履行にならない。

[21506] **撤回不能取立委任と履行引受**　義務設定の内部性という定義にはむしろ「履行の引受」が相応しいが、奥書の実務を前提とすると、引受関係はもはや純粋に内部的なものとはいえない。受益通知があるまで譲渡担保権と同様事業への資金の活用を留保する第三者のためにする契約として理解してはどうか。履行引受も「受益者に権利を取得させる意思」をうかがわせる「特別ノ事情」（大判昭和11・7・4民集15巻1304頁。奥書はこの事情にあたる）があれば同時に第三者のためにする契約となり得る。判旨は第三債務者が設定者に弁済することで免責を受けることを認めているが、かかる解決も、受益者である銀行が受益通知を行う前の段階の話として説明できるように思われる。しかし問題であるのは、実務上、銀行があらためて自らの受益を通知するという管理方法は想定されていただろうか。むしろ、奥書付代理受領設定時点で同時に受益者は受益の通知を既に行って

---

[467]　最判昭和61・11・20判時1219号63頁。
[468]　本件では、A建設が上告人X銀行から金銭を借り受けるにあたり、Aが被上告人Y不動産に対して有するビル工事請負代金につき、「借受金債務の担保として、右請負代金のうち四〇〇〇万円をYから取り立てて受領する権限をXに授与するとともに、〔A〕自らはYから取り立てないこと及び右授権を一方的に解除しないことを約した」うえ、「Yは、右同日、Xに対し、AとXとの間の右代理受領契約の内容を了承〔いわゆる奥書〕し、本件請負代金をXに直接支払うことを約した」ものである（委任契約一般の随時解約権――民651Ⅰ――を放棄している点で特殊性のある委任）。

いたものと解釈するほかになく、その結果本件でも、請負代金は、既に設定者の自由に処分できる財産ではなく、担保としての実質は、権利を以て確保できる（勿論、最判の判旨とは相容れない）[469]。

[21507] 撤回不能委任と倒産・執行　撤回不能の取立委任との理解が可能であるとしてその性格について言及しておく。この種の委任は、改651Ⅱで言及されるに至った「受任者の利益（専ら報酬を得ることによるものを除く。）をも目的とする委任」の一種である。その解除において「賠償」が認められると表現しているものの、元来自由に解除できる契約の解除賠償と性格が異なる（本来であれば解除告知の無効等が定められていてもよい）。近世で請求額交付委任 mandatum in rem suam[470] と呼ばれていた行為に近い。旧民取252にも「間接的にしか」(BOISSONADE, Projet, nouv.ed., tome 3, no 784 ［art. 948］) 言及されていないが、大判大正9・4・24民録26輯562頁（第三者への債権を取立てた取立金引渡債務を乙の甲への債務と相殺する目的を以てする取立委任の事例。甲は乙を解任したと称するが、判旨は「シ得ザル」はずの解除を前提にした甲の乙への貸金返還請求を認容した原審を斥けた）が採用した。ただし、委任である以上担保としての機能に限界がある。受任者には、取立委任裏書においては認められていた任意的訴訟担当（裁判上の取立権限）は認められず、第三債務者から差押債権者または管財人に向けた弁済を妨げることができず、委任者破産時には強行的に終了（民653（2））する。

第2項　消極担保と非遡求型融資・資産流動化

[21601] 消極担保　消極担保とは、特定融資枠契約中に含まれる誓約事項（コヴェナンツ）として用いられることが多い（→「第B章　回収　第 i 節　回収の開始とその方法　第 a 款　期限の利益喪失　[25300]」参照）。誓約事項とは、多くの場合、期限の利益喪失事由の定め方の一態様である。次に掲げる責任財産限定特約と併せて用いられる。責任財産限定特約は、当該特約の当事者は債務者の特定された財産の上にのみ権利の実行をなしうるものとする特約である。<u>ある債権者とのこの特約の締結は他の債権者との関係では消極担保となる</u>（他の債権者を説得して責任財産限定特約付きに切り替えてもらうという融資条件もあってよい）。債務者は、残余

---

[469] 公共事業前渡金返還保証制度の適用がある預金は、口座名義人の権利でありながら自由に引き出して使用することが許されていない。代理受領にはこれと類似の性質があるといってはどうであろうか。

[470] 債権譲渡禁止則のローマ法の影響下にあった欧州近世法において、譲渡に近い効用を発揮することを期待されて用いられた技術である。於保不二雄・財産管理権論序説（有信堂、1954（昭和29）年）30頁。

の部分を利用した別の金融機関からの借入れが可能となる。この特約を用いて責任財産の分離を確保する金融を非遡求型融資と呼ぶ。非遡求型融資の手段を法人や信託の形式で実現するのが資産流動化である。

[21602] **責任財産限定特約**　私人はその負担する債務の履行を、差押禁止等の例外を除き現在将来の総財産を以て担保する。この対象となる財産を「**責任財産**」または「**一般担保**」[471]という。差押禁止財産は債務者の財産であるが責任財産ではない。集団的権利実行手続である破産に際しては、破産者の責任財産に団体性が認められるが、これを破産財団と呼ぶ。私人は勝手に差押禁止財産をつくり出せない。

[21603] **執行契約**　債権者が債務者の責任財産の一部分に対してしか強制執行できない旨の特約をするというのであれば、この原則に抵触することになるかもしれない。しかし、一般に、このような執行制限あるいは不執行の合意をはじめとする私人間の契約は、「執行契約」[472]と呼ばれ当事者間では有効である。「債務 Schuld‐debitum と責任 Haftung‐obligatio」とを区別する理解から言えば、これは一部分ながら「**責任なき債務**」である[473]。責任財産限定特約は、責任全部を否定する「責任なき債務」ではなく、責任財産の一部についてだけ「責任なき債務」化するものである。

[21604] **執行契約の種類**　その類型には**不執行契約・責任制限契約・執行方法制限契約**がある。責任制限契約はさらにその責任の対象の客体や範囲で限定を加えるものである。非遡求型融資に用いられるのはその一種である責任財産限定特約である。ある事業目的のために供せられた財産を予め特定し、当該事業による負債については、特定された財産に由来するキャッシュフローの範囲でしか回収できない[474]。利用例としては、資産流動化の媒体となる法人が発行する出資証券

471　明治23年民法債権担保編は、その第１条第１項で「債務者ノ総財産ハ動産ト不動産ト現在ノモノト将来ノモノトヲ問ハス其債権者ノ共同ノ担保ナリ但法律ノ規定又ハ人ノ処分ニテ差押ヲ禁シタル物ハ此限ニ在ラス」と定めている。この規定は現行法ではないけれども、いまもなお民事法の最も基本的な原則のうちのひとつである。

472　執行契約とは、「民事執行の追行に関する債権者・債務者間の合意」である（中野貞一郎・民事執行法〔新訂四版〕（2000年、青林書院）75頁）。

473　よく似たものに「**自然債務**」がある。時効が完成した債務等がこれにあたる。自然債務は履行強制を命じる基礎にもならないが、責任なき債務の場合には、債務名義の獲得までは許される。

474　立法例として、2002年法によるフランスの「公証差押禁止宣言」の制度は、登記簿で公示され、第三者に対して対抗力を持つ責任財産限定特約である。執行契約はこのような立法で第三者に対抗できる制度となる。信託などに準じた特別財産組織とみるべきか（柴崎暁「フランス法におけ

第A章　融資契約総説　　143

の条項としてこの種の定めが置かれる場合等がある[475]。

[21605] **責任財産限定特約付権利に関する請求認容判決の取扱**　　現在の判例においては、責任財産限定特約が締結されている取引に付いて債権者が給付訴訟の勝訴判決を得るときには、「被告は、被告の財産○○、および、○○の限度で、原告に対し、金○○円を、支払え。」との主文をもつ判決となる[476]。この債務名義で、主文に表示された限度を超えた強制執行は認められない[477]。

　　　る公証差押禁止宣言－責任財産の限定と私的自治－」亜細亜法学40巻1号（2005年）221-250頁）。
[475]　1つの資産流動化法による特定目的会社（SPC）が複数の種類の資産担保証券（ABS）たる「優先出資」あるいは「特定社債」を発行する場合に、ある種類の証券はある特定の資産のみを原資として利払・償還するとの合意が行われる（山田誠一「責任財産限定特約」ジュリ1217号47頁）。資産流動化法112Ⅰは「特定目的会社の特定社債権者は、当該特定目的会社の財産について他の債権者に先立って自己の特定社債に係る債権の弁済を受ける権利を有する。ただし、資産流動化計画をもって別段の定めをすることを妨げない」とし、38Ⅱ（8）では優先出資申込証の記載事項として「資産流動化計画に定められた特定資産の種類、当該特定資産を特定するに足りる事項」（これが優先出資引受契約の内容になる）他が要求されている。これらの規定は、対象資産ごとのキャッシュフローをコンパートメントごとに明瞭に区別しようとするためにおかれているものである。資産流動計画において、当該証券の保有者は、その対象資産から収益があがらない限り、当該特定目的会社が黒字でも利益参加できず、当該特定目的会社全体の収益が悪化しても、対象資産が十分な収益を実現する限り利益配当がある。特定目的会社破綻の場合にも、当該証券の保有者は、その対象資産からしか分配金を受けることは期待できないことになるが、それと引換に収益を享受するのである。
[476]　日本銀行金融法委員会「責任財産限定特約に関する中間論点整理」金法1625号7頁。
[477]　往時はこのような判決の形式が認められず、主文に責任財産の範囲が表示されず、単純に「被告は、原告に対し、金○○円を、支払え。」との判決が下されていたため、それを債務名義として特約で指定されていない財産に対し強制執行が行なわれるときにいかなる救済がありうるか議論されていた。執行契約一般に付いては、不執行特約に違反して行なわれる強制執行に対して、契約不履行による損害賠償のほか、不執行特約の書面を提出し執行停止・取消を申立てることになるが、その根拠は、**執行異議の訴**（民執11）または**第三者異議の訴**（民執38）または**請求異議の訴**（民執35）であるといわれてきた。執行異議説（方法異議説）は旧判例であった。然るに、実体法的関係は既に審理が尽くされている。債権の履行強制も執行手続も認容判決の主文通りに可能でなければならない。これを用いてなされる特約に違反する執行もそれ自体直ちに無効となるのではない。実体法上不当となるかもしれないが、手続そのものに違法がないので、執行異議事由とはならないという批判がありうる。また、執行異議は一審級限りの決定手続である。執行契約の存否といった実体上の事実の成否をこのような手続で確認することが想定された手続なのではない。その事由の審判には必要的に口頭弁論を要する等難があった。第三者異議の訴によるとする説（山田・前掲47頁。山本和彦「証券化と倒産法」ジュリ1240号15頁以下も、各シリーズのABSは他のシリーズの対象資産を債務の引当てとしない旨の取決めがされているときには、仮にそれに反して強制執行がなされるような場合には、「債務者は」第三者異議の訴えによって右執行を排除できるとする）に対しては、この訴権行使の資格を与えられるのは限定承認をした相続人のように債務者が「債務名義に表示された責任範囲との関係で執行目的物につき第三者たる地位を有する場合」に限られている（中野・前掲294-295頁）との疑問が呈されてきた。事柄は、特定の債務名義につきその執行力を排除すべき実体上の事由として、請求異議の訴えの適用を認める

[21606] 倒産時における証券所持人への配当に関する原則　このような特約のある取引をした当事者が倒産した場合の処理が問題となろう[478]。「責任財産限定特約付債権への配当は引当資産の価額を上限とする」（配当上限の原則）[479]との命題が是とされ、さらに、特定目的会社が複数の種類の資産担保証券を責任財産限定特約付で発行している場合に、「各シリーズは独立した責任財産を形成する」（シリーズ独立の原則）。さらに問題となるのは、そのような特定目的会社に、資産担保証券による債権者以外の債権者がおり、その者との間では責任財産限定特約が付されていない場合である。この場合には、かかる債権については、対象資産がそれぞれ連帯してこれを負担すると解するべきである（一般債権者に対する連帯の原則、破104）が、その場合に、それぞれの一般債権者への負担を対象資産の価額に応じて割付ける方法を採るかどうかで、配当額が変わってくる[480]。

のがむしろ自然である。ところが従来の請求異議説は主文が金額の支払を命じる文言のみで構成されることを前提にしていたため、執行契約の存在が認定されていたとしてもそのことが主文に反映しておらず、実体的に違法な執行は一応可能であり、差押等の段階になって、はじめて請求異議訴訟を提起するという訴訟不経済を認め、さらにはその場合にいったん生じた認容判決の効力を部分的に覆すこととなり、既判力の時的制限との関係が疑問視された。そこで、「債務者の財産に対する執行可能性としての責任の存否および範囲も給付訴訟の訴訟物に附属するものとして、これに関する事由を給付訴訟の口頭弁論において主張することができ、判決主文にも執行制限を表示すべきもの」であるとする新請求異議説（中野・前掲書78頁）が主張されるに至り、最判平成18・9・11金判1266号34頁は、新請求異議説を採用して判例変更を行った。

478　以下このパラグラフは山田誠一・前掲ジュリ1217号47頁以下による。

479　例えば、証券の引当資産が50、それ以外の資産が550、資産担保証券にかかる負債が100、それ以外の負債が900である特定目的会社において、責任財産限定特約がなかったならばこの資産担保証券への投資者は600×〔100÷(100+900)〕=60の配当をもらえる筈であるが、ここでは当該資産価額の範囲である50しか配当されないことになる。

480　仮に対象資産Aの価額が80、対象資産Bの価額が100、資産Aを引当とする証券の投資者甲が100、資産Bを引当とする証券の投資者乙が100、一般債権者丙が100の債権をそれぞれ有している場合に、「一般債権者に対するシリーズ連帯の原則」に従い資産Aは、甲に100、丙に100の、資産Bは、乙に100、丙に100の負債を負担するので、各資産の価額を債権額に按分すると、甲の配当は40、乙の配当は50、丙の配当は90（資産Aから40、資産Bから50を得る）となる（なお、民441、民430、破104）。ところで、共同抵当では民法は特殊な規定を設け、共同抵当の被担保債権者がその全額をいずれの物件からでも回収できることにしてしまうと、たまたまどちらかの物件からだけ回収がされたときに、各抵当物件に後順位抵当権者がいる場合には、その者らの間で著しい不公平が生じる。これを避けるべく共同抵当の成立している場合には、各抵当物件の価額に比例して負担を割付けることとなっている（民392Ⅰ。松尾弘=古積健三郎・物権・担保物権法〔第2版〕（弘文堂、2008年）349頁）。このような方法に倣って**対象資産の価額による負担の割付**が行われるべきか否かが問題となる。この方法に倣うならば丙の債権額100をABの資産価額の比率である4:5で割り付けることになる。資産Aは甲に100、丙に44の、資産Bは乙に100、丙に56の負債を負っていることとなり、それぞれの資産の価額を債権額に按分すると、甲の配当は55、乙の配当は64、丙の配当は61（うち資産Aから25、資産Bから36を得る）となる。この点の取扱

第Ａ章　融資契約総説　　145

[21607]　**資産流動化法**　　資産流動化法は、媒体（SPV）を利用した資金調達を可能にする立法である。資産の原所有者が、媒体たる法人を設立しまたは信託を設定しこれに当該資産の所有権を出資として移転し、媒体が発行する特定社債や優先出資証券を投資家が引受け、払込金から資産の取得代金が原所有者に支払われる。J-REIT 等が整備され証券の流動性が高く市場で売買の対象となし得る。当該資産を資本財として本来有する価値、将来のキャッシュフローを含めた評価で現金化でき、当該資産に基く事業は媒体が遂行するので、当該事業より生じる危険を原所有者が負担せず、責任関係は切断される。投資家としては原所有者の経営状況にかかわらず当該資産の期待されたキャッシュフローにより投資を回収できる。原所有者は対価と引換に資産を手放すが、流動化計画の終了とともに、一旦売却した資産を買い戻すといった特約を付ければ一種の所有権留保ないし譲渡担保契約と解する余地もある、複合的な性格の取引となる。

[21608]　**資産流動化の仕組み**　　資産流動化とは、**資産流動化法**自体の表現を借りるならば、「一連の行為として、特定目的会社が資産対応証券の発行若しくは特定目的借入れにより得られる金銭をもって資産を取得し、又は信託会社若しくは信託業務を営む銀行その他の金融機関が資産の信託を受けて受益証券を発行し、これらの資産の管理及び処分により得られる金銭をもって、特定社債、特定約束手形若しくは特定目的借入れ又は受益証券についてその債務の履行をすること、または、優先出資について利益の配当及び消却のための取得又は残余財産の分配をすること」である[481]。

　の詳細な約定もなく、本文にいう「一般債権者に対する連帯の原則」（破104参照）が適用される場合、ABS 所持人は法律の規定で後順位の債権者とされているわけではなく、一般債権者は対象資産の価額の如何と無関係にいずれの財産からの回収も許されるのではなかろうか。
481　資産の流動化に関する法律（平成10年、平成15年８月改正、以下「資」）２Ⅱ。資産流動化法に定義づけられた法人でなくとも、同法制定前より、類似のモンタージュは行われてきた。資産流動化法施行後であるが、私的整理の手段としての財産の清算に有限会社法に基づく有限会社の形式による SPC が用いられた事例もある。東京地判平成22・９・30判時2097号77頁：平成17年に締結された私的整理により解散した清算中の会社 X（原告）が、私的整理条項に基づき、債権者銀行 A に担保差入れしていた他社の株券を受戻しこれを売却して返済原資の一部とすることを条件に、有限会社 B の形式による SPC を設立し（恐らくその後に B がオリジネータとなって資産流動化法上の特定目的会社を設立して証券化する予定であったものと思われる）、これに X の複合施設の所有権を移転し、受領した売却代金をさらに残債務の弁済原資とする計画であった。しかし、A 銀行は本私的整理条項に基づく和解の対象となっている X への貸金債権をケイマン諸島法人である Y を譲受人として指名債権譲渡して回収し、X に担保株券の返還をせずこれを Y に引渡し、Y が返還を拒んでいるうちに担保株式が下落したので、X はこの差損の賠償を請求。請求棄却（民416）。本件では Y とともに Y を設立した親会社である銀行も被告となっていて、X

[21609] **資産流動化計画**　資産流動化を行うためには、特定目的会社は、「資産流動化計画」を作成し、これを内閣総理大臣（財務局）に提出しなければならない。資産流動化計画には、特定資産の詳細等を記載しなければならない。資産流動計画の作成権者は発起人およびその委任を受けたアレンジャー等である[482]。資産流動化計画は、本来に定款に記載すべき事業の「目的」の詳細を別の方式で表示する手段と考えられる。法人は一般に、定款その他基本約款に掲げる目的の範囲内において権利義務を有するものである（民34）。したがって特定目的会社の場合には、資産流動化計画の範囲内において権利義務を有する、と読み替えられることになる。このことは、特定目的会社がその機能を果たすために必須の条件である。財産の分離作用を主たる目的とする制度である資産流動化法上の特定目的会社や、投信法上の投資法人の場合には、目的による権利能力の覊束が強力であるとともに、法人格の否認についてもより認められにくいものであるとの推定が働く。営利事業一般を目的とする商事会社とこの点が異なる。

[21610] **法人格否認の法理と流動化**　資産流動化の目的は財産関係の分離にあるから、法人格否認の法理の適用もこのような融資技術の目的に大きな障害となる。媒体（SPV）の資本金は対象資産との比率だけでいえば過小資本（法人格否認

　　の主張によればＹの法人格を濫用したものとして法人格否認の法理も援用されていたが裁判所はこの主張を認めなかった。判文に「特別目的会社」とあるが事件当時会社法施行規則は未制定である。この他法人格否認の法理に関する準拠法が論じられたという点で興味深い。

[482]　原始資産流動化法（平成10年）は、資産流動化計画を定款の記載事項の一としていた。しかしながら、資金調達の最新の見通しを前提に、資産流動化計画を確定させるためには、特定目的会社を成立させる時点ではなく、成立後の一定の時期まで待たねばならない場合があり得る。そのため、後の改正で、これを定款の記載事項から外し（資18Ⅱ）、後日提出すべきものとした（なお資産流動化計画の変更は総会事項（資151Ⅰ）かつ優先出資証券所持人も議決権者となる（資152Ⅲ）もので、反対の所持人は優先出資証券買取請求権を有する。黒沼悦郎・金融商品取引法（2016年、有斐閣）137頁）。この改正後も取締役は作成権者ではない。大阪地判平成18・5・30金判1262号38頁は、この解釈を前提に、特定目的会社の取締役の業務は、資産流動化計画を「機械的に実施」することにあり、資産流動化計画の作成自体に主導的な役割を担う立場にはなく、よって取締役は資産流動化計画の作成につき悪意重過失による対第三者責任を負わないものとした。事案は売買契約不履行を理由としたオリジネーターによる取締役への賠償請求事件であって、優先出資証券等の募集を速やかに行わなかったことが悪意重過失であることに基づく請求である。特定目的会社の唯一の業務執行機関である取締役は、資金調達の実行には責任がある。この取締役は資産流動化計画を「機械的に実施」することさえできなかったのである。裁判所は取締役の報酬が低額である、証券の募集も含めてスキームの実現にかかる事務はアレンジャーが担当する実務慣例等を挙げているが、当該取締役が名目的な存在にすぎないとまでは言えないであろうし、募集につき取締役が無答責であることが特定目的会社制度そのものの特質であるとまではいえない。

の法理の適用要件のひとつである）であることもありえよう[483]。

[21611] **CMBSと倒産隔離**　賃料のキャッシュフローが配当原資となる商業用不動産を客体とする資産流動化で発行される証券がCMBS（商業用不動産担保証券）である。CMBSに限らず、流動化においては、媒体（V）が**資産流動化計画**を遵守し、計画された事業以外の負債がなければ、媒体が発行する証券の価値は、当該資産の収益から得られるキャッシュフローを反映したものとなるはずである。Vの規模が大きければ、そのうちの僅かな部分について賃料の滞納等が存したとしても解約して敷引をすれば終局的には回収できるから、個別の賃借人の倒産リスクを考慮する必要はないはずである。まして資産を売却した原所有者（オリジネーター: originator）の経営状態の悪化は、VにとってもCMBS所持人にとっても負担すべきリスクではない[484]。しかしながら、オリジネーターが資産を

---

[483]　東京地判平成7・3・28判時1557号104頁は法人格否認の法理の適用を否定した事例である。平成元年2月28日、Xは取引先Y銀行からの推奨により、D（Y銀行の関連会社Fが航空機リース業を目的として資本金100万円で設立した株式会社である。発行株式総数20株のうち13株をFが発起人として引受けている）との間で匿名組合契約を締結、①Xは4億400万円を出資し、②Dは、X以外に、Xと同じ条件（損益の分配・負担は出資割合に応じる）で出資する他の匿名組合員からも出資を受け、③P航空へのリースのため航空機購入に充てる。④Dにおいては、P航空からのリース料を以て利益、借入金の利息と減価償却費等を損失とし、⑤事業期間は12年間、年2期の事業期間ごとに損益を確定して組合員に帰属させる。⑥出資金額を超過する損害が生じたときは組合員は追加出資する、⑦Dは組合員に善管注意義務を負うが、成果は保証しないこと、が合意されている（当時の所得税法で、この投資による所得の発生は損益通算を前提にして行われていたため、契約初期には節税効果が大きく、契約後期になると小さくなる）。Xは出資金払込のためYから4億2000万円を2年の約束で借入れ、各月に利息のみを支払い、2年後に元金を一括返済する金銭消費貸借を締結し、借入元金のうち4億400万円を出資金としてDに払込。Dは航空機を購入してPに賃貸してリース料を受取り、毎期決算報告書が作成されている。Xは平成5年3月30日、内容証明郵便により、Dに対して本件契約を解除する意思表示をし（現行商540Ⅱ〔当時は平成17年改正以前の商539Ⅱ〕の「やむを得ない事由による」解約か？）、同年10月2日、解除に伴う原状回復として出資金を返還するよう裁判外でDに請求したが支払がないので、法人格否認の法理を根拠にYを被告として（D＝Yと同視して）裁判上請求し（予備的に、「いわゆるレバレッジドリースは節税目的で行われる取引であるところ、節税効果が減少したら解除できると誤信していた」とし、当該匿名組合契約の錯誤無効を主張）、請求棄却となった。判決は①法人格否認の法理の適用の要件が欠けている、②この契約はXの代表のような事業経営者であれば容易に理解できる内容であるとして錯誤の主張を斥けた。FはDの事業から生じた負債のうち、出資を引受けた部分についてのみ負担すればよく、同時にXらはDの資産がFの債権者からの権利実行から遮蔽されるとの利益を享受する（倒産隔離 bankrupcy remote）。Yとしても、出資金を貸しつけることで貸出業務の活況化をはかることができる。Xが解除を申出た具体的な動機が不明ではあるが、資金が必要になったが、他の金融機関から調達できなかったといった事情があったものと推測される。これが商540Ⅱにいう「止むを得ない事由」であれば解除が可能であったところである。そもそもYを被告としてこのような請求を行うということ自体が、法人格の否認を前提にしたものであることにも注目したい。

売却しているものの、Vから当該資産(例えばテナントビル)を一括借受し、テナントに転貸している事例では、オリジネーターの経営状態の悪化がCMBS所持人のリスクとなる場合もある[485]。オリジネーターの会社更生手続においては、Vの地位は、売却が真正売却〔true sale〕であったか否か(売買+賃貸借であるのか、その姿に仮託した譲渡担保金融であるのか)に従い、共益債権者となるか更生担保権

[484] 特定目的会社・特定目的信託(両者をあわせてSPVと略称しよう)が発行する証券は「優先劣後構造」、すなわち優先弁済を保障した部分と、主にオリジネーターが引受ける劣後部分からなり、前者の部分は優良格付けを得て低コストでの資金調達を可能にする(**信用補完措置**)。また、SPVにおいてキャッシュフローが滞留する(例えば不動産証券化の場合における賃料の滞納)事態に備えて、銀行とバックアップライン契約を結びデフォルトを回避する(**流動性補完措置**)(神田=神作=みずほ・金融法講義450-457頁〔大類雄司〕)。

[485] 原所有者が特定目的会社にテナントビル所有権を一括譲渡し、これが発行した証券を投資家に引受けさせ、代金を受領した上で、ビルを一括借上し、個別のテナントに転貸していた。テナントからの賃料は順調に支払われていたにもかかわらず原所有者の経営状態が悪化し、特定目的会社への賃料の支払ができなくなった。ほどなく原所有者は会社更生手続を開始。このような事例(いわゆるマイカル事件。判例雑誌等に公表の裁判例ではなく事実関係の詳細は不明)において賃料支払を原所有者による所持人からの借入金の返済とみなし、特定目的会社への所有権の移転は譲渡担保の設定(no true sale)とみれば、実質的には金銭の貸主である所持人(形式的にはその利益を代表する媒体)は**更生担保権者**(会更2 X)。更生会社の財産につき存する担保権の被担保債権で更生手続開始前の原因に基づいて発生したもの。更生担保権者は更生債権者とともに手続に参加することができる。会更2 XⅢ、会更135Ⅰ、会更136ⅠⅡⅢ)の順位に列せられる。他方、所有権移転は譲渡担保ではなく譲渡そのもの(真正譲渡・真正売却、true sale)であるとみれば、賃料は媒体が取得した財産を賃貸して得られる果実であり、賃料を以って媒体の有する「更生手続開始後の更生会社の事業の経営並びに財産の管理及び処分に関する費用の請求権」(会更127(2))たる**共益債権**であり(破産手続でいえば財団債権に相当する)、媒体への優先弁済を通じて所持人は満足を求め得る。山本克己・金法1646号、山本和彦・金法1653号等参照。譲渡価格の公正性、原所有者によるオフバランス処理、等幾つかの指標の充足時に真正譲渡とする見解が提唱されているが、少なくとも完備時における原所有者の買戻義務および原所有者の受戻権が合意され、原所有者の債務不履行がなければVが処分できない約旨(補充性)が認められる場合には譲渡担保であるとされよう。ちなみに、日本会計士協会の流動化実務指針(平成12年)によれば、原所有者から法的な形式として譲渡が行われるだけでなく、リスク・経済的価値も含めて譲受人への移転が生じていれば譲渡としてオフバランス処理をしてよいが、流動化実行後も当該不動産の時価の5%を超えてリスクを負担し続けるときは、金融取引(真正譲渡でなくVは更生手続で更生担保権者となる)として処理しなければならないものとしている。会計処理と民事法的性質決定は制度的目的が異なるので、必ずしもそれらが同一である必要はないが、参考とされよう。なお、当該実務指針では、子会社等がSPCへの出資を通じてリスクを負担しつづけるときはこれをリスク負担割合に加算して判断される。東京高判平成26・4・24金判1451号8頁は、ある流動化が金融取引とされるべきところオフバランス処理されていたことをとらえて有価証券報告書虚偽記載の疑いを証取委から指摘された原所有者が過年度決算を自主訂正の上、金融庁に課徴金納付命令を受けてこれを支払ったところ、これが取締役監査役の任務懈怠に因る会社の損害にあたるとして原所有者の株主が株主代表訴訟を提起した事例である。裁判所は当該流動化でSPCに出資していた原所有者の関係会社は、実務指針にいう子会社の要件を満たさず、その結果オフバランス処理が違法ではないとして請求を棄却した。

者となるかが決まる。前者であればVは優先弁済を受け得る。なお、この性質決定論の前提には、不動産譲渡担保にかかわる議論も参酌しなければならないであろう。**不動産譲渡担保**とは、仮登記担保法の方法も用いず、設定時から（「譲渡担保」を登記原因とした）所有権移転本登記を行う、法令の根拠のない（判例法上または商慣習法上の）担保物権である。所有権は担保権者に完全に移転してしまう[486]が、同時に設定者の利用権を確保すべく賃貸借契約が締結され、設定者が賃借人となる[487]。この賃貸借には特殊な性質があるとされる。形式的には所有権が移転するが、譲渡人は設定者であって、客体の利用のための占有を設定者に留保する権原が必要である。そのためこの取引においては必要的に「賃貸借」が伴うのであるが、その事実上の機能は、賃貸借一般の理解からは懸隔が著しい[488]。

---

[486] 仮登記担保法2条類推。

[487] 大審院が昭和8年に譲渡担保と民法の売買規定の適用を受ける「売渡担保」との区別を確立したものの、両者の判例上の区別は顧みられなくなり、昭和30年を最後に売渡担保の観念は用いられなくなった。道垣内・担保物権法〔第4版、2017（平成29）年〕303頁。

[488] 払渡される対価（賃料）には利息制限法の適用があり（大判昭和7・6・29裁判例6巻民200頁）、この賃貸借は被担保債権についての履行遅滞・期限利益喪失がなければ解約ができないと解されるという（同旨か、川井健・民法概論2物権（2005年、有斐閣）466頁。ところで、返済元利金を超える額を賃料名義で収受している場合に、この合意が真実賃料であるとするなら、その部分に利息制限法の適用はないはずであるが、この金額をも消費貸借の元利金の返済に含まれるものとして、利息制限法上の利息に含めるべきであるというなら、それは既に消費貸借の元利金の返済として性質決定されるべきものであり、そもそも上述の賃貸借は無償であって使用貸借であるといわねばならないであろう。他方期間賃料が年率に換算して利息制限法違反となるような賃料の改定請求は仮令借32に相当する事由があっても受け得ないことになろう）。設定者には占有に権原がある以上、判例によれば目的不動産の果実は設定者に属する（大判昭和17・6・11法学12巻241頁）。特約があればこれを利息に充当できる（大判昭和7・9・14新聞3463号7頁）。設定者は目的物の保管義務、公租公課・保険料（大判昭和20・11・22判例総覧民事編1巻15頁）・修繕費用を負担する（但し固定資産税は登記名義人の負担である。地方税法343Ⅱ）。設定者側に不履行がない限り、担保権者はその責に帰すべき事由による（原状回復の）履行不能を理由とする損害賠償債務を負う（大連判大正13・12・24民集3巻555頁、山林の売渡抵当権者が無断伐採をした事例に関する最判昭和35・12・15民集14巻14号3060頁）。弁済期前に担保権者が不動産を処分すると第三者は原則としてその善意悪意を問わず有効に所有権を取得し得るとするのが判例であるとされていたが（大判大正9・9・25民録26輯1389頁）、後に、譲渡担保権設定合意は**一種の虚偽表示**であるとの考え方から悪意の転得者には民94Ⅱを類推適用するという考えが採用されている（高木多喜男・担保物権法359頁、代物弁済予約に関して最判昭和46・5・20判時628号24頁。しかし、譲渡担保に民94が適用されるという以上、譲渡担保合意そのものが意思欠缺を来しており、これを無効視しなければならない。事柄を無効な法律行為と見ることは難しい。いずれかといえば**信託行為** fiduziarisches Geschäft--信託法による信託とは別のもので、表示と実質が異なる有効な行為--とされてきたものであろう。かかる取扱の根拠は信義則とみるべきであろうか）。担保権者破産時には設定者は債務を弁済して所有物を取戻すことができる（株券に関して、大判昭和13・10・12民集17巻2115頁）。第三者異議の訴（民執38）も行使しうる（川井・前掲書467-468頁）と

第 i 節 bis 　私募債・社債・国債 (未稿)

[22101]

第 ii 節 　債権の動化

[23101] **債権の動化**　抵当権等を用いる担保金融も銀行の重要な機能であるが、さらに重要なのは、手形割引（またはその変則である債権譲渡担保金融）に代表されるような、商業信用の銀行信用による置き換え[489]、即ち商業活動の結果商人間に発生した信用を動化 Mobilisierung して産業企業に流動性を供給する機能である。

第 a 款　手形割引

[23102] **手形割引**　手形割引とは、取引先がさらにその債務者から受け取った商業手形につき、銀行が取引先から裏書を受け、これを取得して割引対価として

いう。しかし目的物の所有権は、所有権移転構成によれば、破産者--差押手続における債務者--に属するものであって、何故にこれらの救済が認められるのであろうか。担保権者につき破産申立があった場合には所有権は一旦設定者に復帰するとでも言うのか。日本民法では取戻権の根拠になる設定者に残存する所有権と、担保権者に移転している所有権とに二重化するといった所有権概念は認めない。所有権の移転にもかかわらず当該不動産所有権は担保権者の破産財団に含まれないとするならかかる取扱の根拠を説明し得る法範疇は信託法上の信託 trust の観念をおいてほかにないのではあるまいか。所有権は移転してしまっているから、設定者は無権利者であり、したがって、設定者の債権者が譲渡担保不動産に対する強制執行を行うことはできない（登記原因が「譲渡担保」であるときには問題を肯定に解する--川井・前掲書468頁--という。論者はその上で、譲渡担保権者は換価金の中から優先弁済権のみを主張し得るという。国税徴収法24条はこの見解を踏まえて譲渡担保権者を「第二次納税義務者」としている）。代物弁済特約がある場合を除き、権利の実行として、譲渡担保権者は換価処分または適正評価をし換価金を元利残高に弁済充当するか評価額からこれを控除して残余あるときは残余金を設定者に引渡す義務がある（大判明治45・7・8民録18輯691頁、大判大正8・7・9民録25輯1373頁、最判昭和43・3・7民集22巻3号509頁。なお、代物弁済特約がある場合にもこの解決が及ぼされることとした最判昭和46・3・25民集25巻2号208頁）。

[489] 資本制商品生産においては、商品の販売・代金回収には時間を要する一方で資本は生産の連続性を要求する。商品の流通期間中に品切を生じ追加資本を調達できなければ利潤率が低下するという商業資本の限界を回避すべく、順な資本回流への信頼をバックアップすることが銀行信用の役割である。そのためには商業信用を銀行信用によって「代位」する技術が必要とされる（川合一郎・資本と信用 (1954年、有斐閣) 60頁以下）。これが、債権をあたかも動産のように流通せしめる法的諸技術であり、ここでは仮にこれを「動化 Mobilisierung」と呼ぶことにする。

額面より満期までの割引料を控除した額を交付して行う資金の供給である。

第1項　手形と融資の関係総説

[23103]　**序説**　　約定書ひな型は、銀行が貸金債権（または割引手形買戻請求債権）と手形債権とを併有する場合に、手形債権の先行使を銀行に免じる規定をおいている。呈示懈怠に拠る失権等を想定し、回収の機を逸することを回避するためである。このことは手形行為の設権性に関する理解を前提にした規定であるので、まず、手形とその基本関係に関する一般的な説明が必要である。また、ここでの議論は、同じく設権的行為である電子記録債権の発生記録（とその請求）についても妥当するものである。

[23104]　**出捐とその原因**　　手形が振出・裏書によって授受される理由には様々ある。出捐は一般に、相手方に債権を取得することに動機づけられる、credendi causa（**与信原因**。要物的金銭消費貸借において金銭所有権の移転を動機づけるのは貸金債権を取得せんとする目的である）の場合と、相手方に対して自らが負担していた義務から解放されることに動機づけられる solvendi causa（**弁済原因**）の場合（このほか、無償で出捐をなす donandi causa（**恵与原因**）の類型がある）とに大別される。手形や電子記録債権の場合にも同様の議論が可能である。

[23105]　**手形債務と既存債務**　　既存債務の弁済原因 solvendi causa の目的で手形を交付すると、既存債務が手形上に表章されるわけではない（手形上の権利は手形行為そのものによって発生する。書面の作成は借用証書のような証拠証券とは異なり、それ自体が自足的な債務発生原因である）。このとき、当事者の合意があれば、既存債務は、更改または代物弁済によりこの手形交付の時点で消滅する（**支払に代えて** in solutum / zahlungsstatt なされる手形授受）[490]。かかる合意がない場合には、既存債務は手形の満期まで消滅しない（**支払のために** pro solvendo / zahlungshalber なされる手形授受）。この後者の場面は、さらに下位区分として、債権者が手形上の権利を先行使すべき義務のある場合とない場合とに分かれる。回り手形・第三者

---

[490]　大判大正7・10・29民録24輯2079頁・新判例マニュアル117事件。一般に、権利の喪失は推定されてはならないので既存債務は消滅しないものと推定される。手形貸付（後述）においては、貸付期間が手形の満期と一致しない場合もあり、手形の満期が先に到来する場合には手形上の支払期日の書替を行うが、旧手形が回収される場合--より精密に言えば、「手形を回収してなされる手形の書替が手形債務を消滅させようとする意思表示を内容としている」（木内・金融法269頁、木内他・シンポジューム手形・小切手法362頁）場合--には旧手形債務は消滅し、新手形について手形債権が発生する。旧手形に抗弁や担保が伴うとき、このような旧手形債務の消滅の性質を更改と解すれば、担保権を承継させる合意（民518）を以てその承継を肯定することができるが、取消権等抗弁権の扱いについては別に議論を要する（後述 [23107]）。

方払手形では、特段の合意がない限り債権者は手形を先に行使する義務を負う。特段の合意があるときにはこれが免除される（**支払確保のためにする手形授受**）。以下分説する。

[23106]「**支払に代えて**」**する手形授受**　手形小切手の授受により直ちに既存債務が消滅するとの合意があるとき、これを「支払に代えて」手形が交付される場合、という。「代えて」の表現は平成16年改正前民513Ⅱ後段の文言にちなむ[491]。通説は、これを**代物弁済**（民482）と解しているが、これは**更改**（民513）と解すべきであろう。代物弁済説の論者らは、手形授受の場合、新債務の発生原因が手形行為であって、「更改契約」ではないという点が民513の規定の形式と齟齬を来している、とするが、民513と民517を併せ読めば、更改の合意は債務を消滅させる側面においてはその効果の必要的な発生原因であるが、それ自体が必ず新債権の発生原因であらねばならないと言っているわけではないことが解る[492]。ま

---

[491] 平成16年改正前民513「当事者カ債務ノ要素ヲ変更スル契約ヲ為シタルトキハ其債権ハ更改ニ因リテ消滅ス／2　条件附債務ヲ無条件債務トシ、無条件債務ニ条件ヲ附シ又ハ条件ヲ変更スルハ債務ノ要素ヲ変更スルモノト看做シ債務ノ履行ニ代ヘテ為替手形ヲ発行スル亦同シ」

[492] もともと民513Ⅰは、仏民1271を参考にして成立した旧民財489の「更改即チ旧義務ノ新義務ニ変更スルコトハ左ノ場合ニ於テ成ル／第一　当事者カ義務ノ新目的ヲ以テ旧目的ニ代フル合意ヲ為ストキ…」を受け継いだもので、債務の要素が変更されるあらゆる場合を要件として規定し更改と名づけ債務が消滅するとしたのであり、新民法はその趣旨を変更するものではなかった。現行法の「債務の要素を変更する契約」を行うとは、仏民のいう「le debiteur contracte... une nouvelle dette」をさし、必ずしも「それ自体で旧債務を消滅させ新債務を発生させる一個の法律要件」の趣旨に限るものではない（新債務を発生させる効果が別の行為の帰結であることも認められる）。消滅させる行為と創設させる行為とがそれぞれ別個の行為として評価されたとしても、事柄が更改と呼ばれることに妨げはない。梅謙次郎・民法要義巻之三債権編（訂正増補25版、1907（明治40）年、法政大学）249頁においても、歴史上更改の要件には要式行為を要求するものもあったことを述べた上で諾成契約によることもできる趣旨を述べているが、このことは却って要式行為が行われる場合も当然含むと読むことができる。通説いわく、更改契約は、それ自体によって旧債務を消滅させると同時に新債務を発生させる行為であるところ、手形行為はそれ自体が権利を創設する効果のみを有し、既存債務を消滅させる効果をもたらす別の合意が伴い、この別の合意が不成立であったとしても、手形行為によりつねに新債権が発生してしまうが、これは更改と矛盾するというのである。確かに、旧民財494Ⅰは、更改では新債権が成立しないと旧債務は消滅せず、旧債権がなければ新債権が発生しないとの双方の旨を定めていた。しかしながら、民517は、新債権が成立しなければ旧債権は消滅しないと言っているだけである（片面的牽連。なお、民法改正法による改正債権法では同条に相当する規定が削除される。これは実質改正をする趣旨ではないが、新規定だけを見るとこのように制度の理解に必要な規定が欠落するという事態を惹き起こしているようである）。旧民財494Ⅰが民517に改められたことにかんがみると、通説の理解は自明とはいえない。ローマ法においては更改が無因の設権行為である問答契約により生じた債務を新債務として行われていた（Digesta は更改の典型的方式としてまず verba による債務を新債務とする場合に言及する。GIDE (Paul), *Etudes sur la novation et le transport des créances en droit romain*, 1879, p. 17.）が、歴史上更改とされてきたものを更改の本質に反すると考えるべ

た、通説は、民513Ⅱ後段自体が不適切な立法であるとの批判を展開するが、同条項後段の起草趣旨による限り、これが批判として当を失するものというほかにないことがわかる[493]。そればかりか、代物弁済説に生じる難点が指摘されてきたことに注目したい[494]。

きではなかろう（小橋一郎・手形法小切手法講義（1982年）108頁、木村常信・民法異説の研究（恒星社厚生閣、1972年）202頁以下）。

[493] 通説は平成16年改正前民513Ⅱ後段を「手形制度への誤解に基く立法」と非難するが、この認識は起草過程を見れば同条項への誤解というほかにないことは明らかである。起草担当者の説明によれば、制定当時の明治29年に効力を有していた商法は明治26年商法であり、ここに「為替手形」というのはこの法典が採用していたフランス法系の手形資金制度を有する為替手形のことである。それゆえあえて法文は「為替手形ヲ発行スル亦同ジ」とし、約束手形と小切手を除外している。為替手形が「発行」されれば（引受がなくとも）、資金の存在が推定される。起草者はこれをとらえて、債務者の交替する主観的更改の一種と「看做される」取引として規定したのである（柴崎暁・手形法理と抽象債務（2002年）［2401］－［2405］）。後代の学説が約束手形の授受の場合を捉えてこれは更改ではない等と非難しても、民513Ⅱに対する批判にはなっていない。そして、資金制度を持った為替手形は明治32年に新商法の制定と同時に廃止され、統一手形法導入以降は、振出地法が資金制度を認めている為替手形（手91）の授受の場面以外に起草趣旨通りに適用される機会がなくなった条項である。他方、同じ更改説といっても、大審院判例は支払に代えてする約束手形の発行を、民513Ⅰに基き書面という要素が変更される客観的更改として扱った（原因または条件の交替する更改ないし看做し更改というべきである）。従って、しばしば「平成16年改正法による民513Ⅱ後段の削除は、手形授受に拠る既存債務の消滅につき代物弁済説を採用して更改説を斥けたためである」と説かれることがあるが、これは誤りである。

[494] 梅・前掲要義同所は、代物弁済を客体を変更し新債務が即時に弁済される更改の一変種とみた。問題の場面では「手形を交付する債務」は弁済されたことになるが、手形金を支払う債務は残存する。代物弁済と解しても、既存債務が存在していないのに手形が授受された場合には代物弁済としての有効性はなく、原因関係の欠缺を来す点では更改と変わらず、不当利得の抗弁権の可能性を開き、「躓きの石」となる。林良平＝石田喜久夫＝高木多喜男〔安永正昭補訂〕・債権総論（第三版・1996年、青林書院）360頁〔石田喜久夫〕。民482は債権者の同意を得てなされる「他の給付」であるが、金銭支払約束の履行に代えて別の金銭支払約束をすることが、「他の給付」といいうるかどうかはなお問題である。木内宜彦＝倉澤康一郎＝庄子良男＝高窪利一＝田邊光政・シンポジューム手形・小切手法（1979年、青林書院〔2007年、新青出版復刻〕）349頁〔田邊光政〕。民518は旧債務の担保を更改後の新債務に移転する合意を可能とする。抵当権の順位を変動させずに手形債務に担保を移す方法として実益がある。代物弁済では、文理上このような制度の根拠がない。論者は民518を類推適用すると言うが、それでは代物弁済との性質決定が無意味であることを自白するに等しい。高田晴仁「支払に代えてなす手形行為と更改——民法五一三条二項後段の意義」法学研究70巻1号135 - 166頁。旧債務につき原因不法の事由があるとき、更改であるとすれば原因不法の抗弁が成立するところ、代物弁済であるとすると（仮令手形が有価証券的方法で流通していない段階で手形行為の相手方の手裡に証券がとどまっている場合であっても）不法原因給付の法理によって抗弁が対抗できなくなる（柴崎暁「手形授受による金銭債権の満足」奥島孝康先生古希記念論文集編集委員会・現代企業法学の理論と動態下巻（成文堂、2011年）1139-1167頁、LESCOT (Pierre), De l'influence de l'émission ou de l'endossement d'une lettre de change sur l'obligation préexistante du débiteur cambiaire, in *Annales de droit commercial*, 1932, pp. 109-110.）

[23107] **手形の書換**　手形の満期が到来しても、さらに信用の供与を受ける必要がある債務者が信用を利用するときには、新たな満期を記載する手形を授受する書換[495]という方法が採られる。旧手形が回収される約旨を含む手形書換の場合は、「支払に代えてする手形授受」と同様に解することができる。この場合、原則として旧手形が更改ないし代物弁済で消滅すると解され、旧手形に付随する担保権・抗弁権（民125）が消滅することになる。他方、新旧手形に法律的な同一性があるとみるべきとき（例：一切の記載事項を変更せずに行う汚損証券の新品券面への切替）には、旧証券の表章する権利と新証券の表章する権利とは同一物である。更改が「債務の要素を変更する」もの（改正債権法では「給付の内容の重要な変更」をするもの）でなければならない以上、債務の要素たる部分に影響しない記載事項の変更は更改にならない可能性がある[496]。「手形の訂正」は、全手形署名者の同意を得て限定された記載事項の変更を行うものであるが、この操作に新手形の振出としての性質が認められず、旧債務をそのまま新しい証券に移すにとどまるということを言い得るとするなら、これによって手形に付随する担保権・抗弁権の一切が当然に新手形に承継されるであろう[497]。

[23108] **「支払のために」する手形授受**　既存債務につき手形が振出された場合に、既存債務が更改によって消滅するかどうかは、当事者の意思によって決せられ、当事者の意思が不明であるときは、既存債務の支払のために手形が発行さ

---

[495] 券面上の記載を抹消訂正する形式を採る場合もあれば、新たな証券を作成して旧証券と交換するという場合もある。旧証券は返還しないで担保として預かることとし、新証券の交付を求めるという場合もあろう（なお、新手形の授受ではなく複本を交付するためには複本文句が記載されなければならない）。いずれにせよ「旧手形がこれを回収することなく新手形に書き替えられ」た場合には、新旧いずれの手形によっても権利行使できる（「支払確保のためにする手形授受」）が、一方について支払を受けた場合にはもう一方によって支払を受けることはできない。最判昭和54・10・12判時946号105頁（手形百選7版144頁〔今泉邦子〕）。支払のためにする手形授受の停止条件付更改＋既存債務の期限付与説（後述）によると、新手形が支払われると更改の停止条件も成就して旧手形は更改により消滅し、旧手形が支払われると担保の趣旨で交付された手形は受戻すべき手残り手形となろう。

[496] 一般に満期は、債務の態様を意味する「期限と条件」のうち「期限」のほうに含まれ、「条件」が民513Ⅱで更改と看做されるのに対して、これを変更しても何ら債務の同一性が失われるわけではない。ただし、この論法でゆくと、電子記録債権のコヴェナンツの記載の変更は、「期限（の利益喪失事由）」に係る変更であって、要素の変更をする合意とはならないということになりそうである。他方大審院判例が「書面の交替する更改」を以て支払に代えてする手形授受であるとしたとしても、記載事項の種類を問わずどの部分を書替えても更改になる、とするのはあまりに形式主義的に過ぎる解釈であるように思われる。

[497] 最判昭和35・2・11民集14巻2号184頁（新判例マニュアル94事件）。「経済的同一性」説として説かれてきた事柄はこのことをさすと思われる。

れたものと認めるべきである[498]。この場合には、①手形を受取った者が、手形を取立てることによって、②あるいは、手形割引に出すことによって、代わり金を収受し、かつ、後者からの遡求・買戻請求などによっていったん収めた対価を再び奪われるおそれのなくなった（手形の支払、所持人の懈怠失権、利得償還請求権の不発生時効消滅、割引手形買戻義務の免責事由の発生）時点で、手形を交付した者は実質関係上本旨履行したものとして取り扱われる[499]。権利消滅時点までは権利が併存する。当事者の合意が明らかでない場合でも、一定の事情[500]があるときは債権

---

[498] 大判大正7・10・29民録24輯2079頁。なお、**預金小切手**の提供は金銭債務の本旨弁済の提供にあたる。預金小切手とは、銀行の本支店が振出す、自店を支払場所とする自己宛小切手をいい、その額面相当額を受取人である顧客の当座預金口座から引き落とす方法で発行される（当座13）。債権者の満足を受ける蓋然性が高く、判例は、売買契約の不履行解除との関係においてであるが、「かかる小切手は取引界において通常その支払が確実なものとして現金と同様に取り扱われ」るがゆえに、債務の本旨に従って現実に為された弁済の提供であると判断している（最判昭和37・9・21民集16巻9号2041頁、新判例マニュアル120事件）。

[499] 木内宜彦・手形法小切手法（勁草書房、第二版1982年）286-287頁。この場合の法律関係の性質については、日本法においては、「支払に代えてする手形授受」と比べると議論が少ない。この過程は、解除条件付物弁済ないし更改説、停止条件付代物弁済ないし更改説、信託説、等多様な解釈が提唱されている（SANTINI (Gerardo), L'azione causale nel diritto cambiario, 2 ed., CEDAM, Padova, 1968, p. 97.）が、**停止条件付更改と期限の利益付与とが併存した合意**と見るべきであろうか（柴崎暁「条件付更改の法理と支払のためにする手形授受」タートンヌマン9号105頁に紹介のALLARA (Mario), Contributo alla teoria della novazione condizionale nel diritto civile italiano. *Rivista di diritto civile*, Pubblicazione Milano Soc. Ed. Libraria, no 4 [1926], pp. 313-334.）。

[500] 債務者自身が手形上の唯一の義務者であって、他に手形上の義務者がいない場合、手形は担保を供与する趣旨の下に授受せられたものと推定され、従って債権者は手形上の権利の先行使を求めることはできない（最判昭和23・10・14民集2巻11号376頁、手形百選7版174頁〔白井正和〕）。「第三者方払手形でない場合」との要件を付加する学説もある（大塚龍児＝林竧＝福瀧博之・商法Ⅲ手形・小切手〔有斐閣Sシリーズ〕第3版（2006年）50-51頁）。支払のためにする手形授受と解されるときは、既存債務が持参債務であってもまず手形の取立を実行しなければ、遅滞の責に任ずることにならないと解されるであろう。この場合は、債務者としては、債権者が、先んじて手形債権を行使することを期待しているものと考えるのが合理的であるから、手形債権を先行使しなければならない（大野實雄・手形法・小切手法講座第2巻122頁）。単名割引の場合のように、支払場所が貸主の営業店であるときには結論に差異がない（店内呈示になる）のでいずれが先に行使されているかを議論する実益が小さいが、貸主以外の金融機関の営業所を支払場所にしている場合には、借主としては当該支払場所の当座預金を支払資金として用いたいと欲していると解するのが合理的である。いつなされるかわからない貸金債権に基づく請求にそなえて、同時に自己の営業所又は住所において資金を準備しておくことは借主に不合理な負担を強いるものであるから、この場合には手形の呈示をまず行なうべきであるとの主張が多数を占める（鈴木禄弥＝庄子良男「各種の貸付取引の法的構成」鈴木禄弥＝竹内昭夫編・金融取引法大系第四巻貸出（1983年、有斐閣）247頁、木内・268頁）。受取人が手形金請求訴訟で敗訴し判決が確定するまでは既存債務による請求を一切なしえないのであろうか。通例は呈示をすることでひとまず足りるようにも思われる。というのも、「先行使」の必要性とは、債務者が支払場所の当座預金を資金として支払うことを欲していることによる。したがって、呈示後は債権者の選択に従って請求をなしうる

者は先ず手形を呈示しなければならない。しかし、銀行取引約定書は、この点、先行使義務を免除する規定をおいている[501]ので、銀行が返済金の支払のために手形の授受を受けているときには、いずれかの権利を選択行使することができる[502]。

[23109] 既存債権の行使と手形の受戻　この場合、既存債権に基づく請求をするにあたり、債務者は、手形小切手の返還と引換に履行をする旨の抗弁をもって対抗しうると解される[503]。また、既存債権の弁済を受ける代わりに貸金債権を自

ものと解されよう。判例もまた、この「選択行使権」を認めるようである（最判昭和23・10・14）。このほか、手形上の権利が行使され、それが効を奏しないことの確定するまでの間における既存債務の地位については多様に解し得る可能性がある。既存債務についての保全手続も配当要求も不可能なのか、既存債務の発生原因について時効中断（更新）手続を執り得るのか、それとも時効が進行を始めていないと解するのかなども論じ得る。支払の手段として手形が授受されてしまっている既存債権を差押えても、差押債権者は、中間債務者による手形金の受領を妨げることができず（最判昭和49・10・24民集28巻7号1504頁）、手形金が支払われた結果として既存債務が確定的に消滅してしまった場合にも差押債権者に対する不当利得を成立させるものではない（東京地判平成10・3・31判タ1013号167頁）。このことは、手形による請求が不可能であったことが確定するまで既存債務が「休止」「凍結」しているということを意味する（更改または代物弁済の効果がただちに生じるわけではないが、既存債権が、手形授受のなかった場合と比較して何ら法的地位の変更を受けずにいるというわけではない）。

501　銀行取引約定書ひな型2条では、金融機関は、金銭消費貸借契約における貸主としての地位と、手形の所持人としての地位を兼ねるときに、そのいずれに基づいて請求するかは、貸主の側において選択することができるものとしている。手形貸付では借主の債務の持参債務性は失われないから、弁済期の徒過によって借主は自動的に履行遅滞に陥ろう。しかし、単名割引の場合にはどうであろうか。銀行取引ではかかる疑義を回避するためにひな型2条がおかれている。

502　なお「選択」の方法としては、いずれか一方の権利を主位的請求、他方を二次的請求として訴えを提起するという方法が考えられる。従って、判決としては両方の請求を認容することはできず、いずれか一方の請求原因に基づく認容判決を下さなければならない（柴崎・前掲書、[2308]注551）。

503　最判昭和33・6・3民集12巻9号1287頁（手形百選7版176頁〔松井智予〕）、同判旨が引用する大判昭和13・11・19法律新聞4349号10面。貸金債権の履行請求に際してその支払のために交付した約束手形が存するときに、債務者は引換給付の抗弁を主張できる。ただしこれは「衡平上の特別な引換給付の抗弁」であって、同時履行の抗弁そのものを主張できるわけではない。貸金債務の「履行があってはじめて生じることになる手形債権の不当利得にもとづく返還義務とは、理論的にいって同時に履行できる関係には立たれない」（木内・金融法268-269頁）からである。この結果、引換給付の抗弁で履行を拒んでいる間にも債務者は履行遅滞につき責任を負うものと解される（最判昭和40・8・24判時421号40頁）。この点、手形割引における割引手形買戻債務の履行と手形の返還は同時履行関係である（木内・金融法292頁、最判昭和50・9・25民集29巻8号1287頁（手形百選7版186頁〔鈴木千佳子〕））のと異なる。ひな型8は、貸金債権を自働債権とする相殺に際してはその支払のため交付された手形の返還を猶予する-他の債権を取立充当で回収する利益が残っている-が、手形債権を自働債権とする場合には、当該店舗が支払場所であるか取引先が所在不明その他止むを得ない事情がある場合にのみこれを猶予する。

働債権として相殺回収を図ることもある。このため、後述の銀行取引約定書ひな型8条は、受戻の抗弁の放棄などを定めている[504]。

第2項　手形貸付・手形割引、買戻請求権

[23201]　**手形貸付・手形割引**　　貸付（金銭消費貸借）のなかでも、借用証書のみを作成するものが証書貸付、借主から手形を徴してなされる貸付を手形貸付といい[505]、他方、手形を売買によって買取る行為が手形割引である。手形の所持人

---

[504] 手形債権は相殺の意思表示によっても消滅するが、証券を受戻さず呈示期間内に裏書が続行されれば相殺があったことは人的抗弁として無害意の取得者には対抗できない（手17）。貸金債権が相殺で消滅した場合には手形は手残り手形となり、重ねて手形債権で請求されれば債務者は不当利得の抗弁権を主張しうるところ、やはり裏書がされれば同様に抗弁切断が生じることもある。振出人としてはいずれにせよ速やかに証券の返還を受けることに利益がある。相殺によって手形債権が消滅する場合には、支払人は受戻（手39）の抗弁を援用できるはずであるが、これはあくまでも手形債権を自働債権とする相殺の場合であって、貸金債権を自働債権にする場合についてはそのような規定はない。そこで前注のように衡平上の引換給付の抗弁を認めてきた。ところで、手形が自働債権である場合には、手形の受戻が相殺の発生時期とする考え方もあり得る。銀行が主観的には貸金債権を自働債権として相殺しているつもりであっても、これが手形による相殺と看做されて受戻が済むまで相殺の効力を主張できないとなれば回収が滞るであろう。そこでひな型8Ⅰは、貸金債権を自働債権とした相殺が行われた場合には、相殺の効力が生じるのと「同時に」手形等を返還する銀行の義務を免除すると規定し、8Ⅱでは相殺後に取引先が受領に出向くと定め取立債務化している（鈴木禄弥＝庄子良男「各種の貸付取引の法的構成」鈴木禄弥＝竹内昭夫編・金融取引法大系第4巻貸出（1983年、有斐閣）247頁）。このときまでに手形が支払われるべき要件を具備していたにもかかわらず銀行が呈示を怠ったために遡求権の保全ができていない場合、または、授受された白地手形を補充せずに呈示したため遡求権保全がされていなかった場合には、銀行は、特約なき限りは、毀滅による担保保存義務違反の帰結を受忍しなければならない（民504類推）。貸金を相殺回収する前に第三者が支払人である担保の回り手形を取立てていた場合には、受領に訪れた取引先に代り金を引渡す債務を負う。

[505] 木内・金融法262頁。同時に借用証書も作成する手形貸付もあり、短期の場合には証書併用手形貸付、長期の場合には手形併用証書貸付として区別する（鈴木禄弥＝庄子良男「各種の貸付取引の法的構成」金融取引法体系2巻245頁）。ところで、手形が必要的記載を欠きまたは有害的記載がされる等、手形が方式の瑕疵により効力を生じないような場合に手形貸付は定義上成立しないものとするのが当事者の意思に即した解釈であろうが、木内・金融法265頁は「手形証券をいわば証拠証券とする一種の証書貸付」が成立するという。全銀協約定書ひな型10Ⅲでは手形の不備によって手形上の権利が成立しない場合でも「手形面記載の金額について責任を負う」旨の特約があり（要件欠缺で無効の手形を有効な無名支払約束証書として取扱う、証券外の書面に記載する万効手形文句というべきであろうか）、現在でも「危険負担・免責条項等」の条題のもと、同趣旨が各銀行の取引約定書に定められているようである（天野佳洋監修・銀行取引約定書の解釈と実務（2014年、経済法令）222頁以下〔安東克正〕）。しかしこの条項の効果として、手形貸付における消費貸借成立の証拠に無効な手形用紙を援用できるというのではなく、もともと手形貸付も含め、要物的消費貸借は目的物が交付される点を除き方式が法定されておらず、その証拠方法は自由であり、証書または手形の存否は、貸借の成否にかかわりがない（改正法の諾成的な「書面による消費貸借」では書面が必要となるが、そこで求められるのは貸渡債務にも言及がある消費貸借の証書であって、返還約束の側にしか言及しない約束手形の支払約束文句ではこの要件を充足

がその手形を期日前に資金化する必要がある場合に、銀行が手形所持人の依頼に応じ（割引の依頼人）、裏書譲渡の形で手形の交付を受け、これに対して依頼人はその手形金額から割引日以降満期日までの金利相当額（割引料）を差引いた金額（割引金額、割引対価）の交付を受ける取引である。これらの分類は行政監督上の必要によるものであるが[506]、私法的効力もその経済的機能も異なる[507]。さらに、証書貸付または手形貸付の貸金債権を、集合的な有価証券担保によって担保する取引である、**商業手形担保貸付**と称する類型が認められる[508]。

できない)。諾成的消費貸借成立の基準として金融機関が貸付金回収のための法的手段を確保したかどうかを問題とする立場からいえば、なおのこと無効の証書ではこの要件の充足にはあたらない。また、取引先に何らの帰責事由がないままに取引先を被偽造者として作成交付された偽造手形と引換に偽造者に貸付をした銀行は、回収にあたっては不法行為に基づく損害賠償請求を以て偽造者に責任追及すべきであり、この種の免責条項にもかかわらず、無条件でこれを取引先の負担とすべきではなかろう。この点は預金担保貸付における民478の類推適用に関する議論と同一の問題に属すると考えられる。

506　手形貸付と手形割引との区別の必要性はまず行政監督上の扱いにある。銀行は業務報告書を作成し監督当局に提出する義務を負う（銀行法19・20）が、この報告書においては、手形割引と手形貸付とを区別して記載されなければならない（銀行法施行細則18条に基づく別紙様式1号3号）。かつて大蔵省銀行局は、貸付の際にその証拠として手形を受け取る場合、すなわち手形予約ないし消費貸借予約の成立と同時またはそれ以降に手形が作成される場合を手形貸付、手形が商取引など別の原因に基づいて既に作成され、その後に手形予約ないし割引契約が成立するものを手形割引としてきた。手形の財産的価値――再割引の方法によって転売し、もって貸出金の回収を可能とする――を前提に取引がなされるような場合には手形割引、専ら取引先の信用のみを頼りに貸出金の回収を意図する場合には手形貸付、というべきであろうか（木内・前掲書280頁）。

507　手形貸付は、証書貸付との比較においては、①手形の支払場所を貸付銀行の営業所にすることで借主の当座預金から手形金の引去りを行って決済でき、②他行の営業所を支払場所とした手形を徴する場合には手形交換所を利用して決済が行なわれ（不渡処分を背景にした履行促迫の心理的効用がある）、③手形訴訟制度の利用により迅速に債務名義を取得でき、④証書貸付の場合の借用証書と比較して印紙税が節約でき、⑤担保手形は元利合計額を額面とし返済期を満期とするが、必要に応じ他金融機関での割引に供して現金化できるとの特長がある（さらに、かつては手形書換に際し、書換日における利息を新旧両手形について徴する「踊り利息」が、利点として挙げられていたが、昭和48年9月、全銀協ではこれを「廃止」した。木内・金融法268頁)。他方手形割引と比較すると、手形貸付は①消費貸借なので利息制限法が適用され（手形割引については議論がある）、②担保の客体の追奪は期限の利益に影響するのみで、担保物である手形の権利の瑕疵があってもただちに消費貸借の成立を妨げるものではない（手形割引の場合には契約不適合責任が発生する）、③貸金債務は持参債務であり、弁済期の徒過によって借主は履行遅滞に陥り（手形割引の場合には割引手形買戻請求権が発生するまで依頼人に返済期日というものがない）、④手形の呈示もせずに消費貸借契約上の義務の履行のみを請求することができる（木内・金融法265頁）。

508　手形割引のように割引適格性を一通づつの手形毎に審査することを省略して、満期も支払人もばらばらの商業手形を包括的に担保とする貸付契約である。被担保債権の満期前の取立手形金は供託を請求すべきもの（民366・改366）と解されるおそれがあること、国税徴収法により法定納期限以後の質入裏書の被裏書人が国税債権に劣後するものとされてしまうため、形式として質入裏書は避けられるという（木内・金融法270頁）。そこで設定者＝借主である取引先は、自らが有

第A章　融資契約総説

[23202] **割引適格手形**　割引適格手形は、**商業手形・銀行引受手形**[509]**・荷付為替手形**[510]である[511]。商業手形とは、実際の商取引に基づいて振り出されたものであって、商品が販売されて資金として回収されると、これを引当にして手形が支払われるため、信頼性が高い（**自動決済力**）。そのうちの一部のものは日銀による市中銀行からの再割引適格手形となる[512]。

する不特定の第三者から取得した手形を正裏書（手14）し、取立または譲渡により取得した手形金・代わり金は、被担保債権の満期到来前であっても銀行が取立をなして弁済に充当（期限前弁済となろうか）してよいとする旨を定める「商業手形担保約定書」が用いられる。実務上は、事務処理上の煩瑣を避け、取立の都度充当処理を行わずに、取引先名義の別段預金として留保し、一定期間ごとに充当する（ある種の金銭質 gage-espèce または金融担保物 garantie financière といえる）。この別段預金の払戻が可能かどうかについては、議論がある（東京高判昭和37・9・20下民集13巻9号1912頁）。貸付残高を超えない範囲で払戻は認められると解される（木内・金融法272頁）。

509　引受人が銀行であり、支払承諾業務（人的担保）として署名している場合には、依頼人の信用調査を十分に行なっており、支払われる蓋然性は高いところから、「**銀行引受手形**（BA: Bank Accepted）」として割引適格性・日銀再割引適格性があるものとされている。

510　荷付為替手形ないし単に**荷為替手形**は、その資金関係である国際売買などに基づいて発行された船荷証券など運送品引渡請求権を表章する船積書類を担保として添付して割引が依頼される手形であり（手形の種類ではなくその利用方法の通称）、担保が存在し、決済の確実性があると考えらえるところから割引に適するものと考えられている。とりわけ商業手形でも、その原因関係の如何によっては、低率の割引歩合の適用を受ける日銀再割引適格手形として扱われる（以上鴻常夫「手形割引と手形買戻請求権」銀行取引法講座中巻（1977年、金融財政事情研究会）22・23頁）。売主は買主に商品を発送するのと引換に船積書類を取得しており、買主はこの書類を手に入れなければ運送人から商品の引渡を受けることができないところ、銀行は支払呈示をなして支払または引受がないかぎり書類を渡さない。このことを通じて、発行委託者と手形を呈示する商業信用状（L／C）発行銀行との間においては、輸出代金為替手形の支払または引受と、船積書類の引換給付関係が成立する。後述のように、支払がなければ船積書類を処分して回収をはかることができる。それゆえこの発行銀行は信用状条件に合致する為替手形は必ず買取るとの確約を行う（信用状の発行。[23601]以下）ことができる。他方、この信用状の受益者たるべき輸出者からの依頼で割引をする確認銀行も、同様の条件で買取を確約している。受益者自身が直接調査できない国情の取引相手の信用を、信頼できる二つの銀行が介在することで供与することができるのである。不渡に際しては、手形を割引いた信用状発行銀行は、①自ら運送証券を運送人に呈示して商品の引渡を受けその換価金を割引貸出金の回収に充つる、②遡求権を行使する、③手形割引一般の様に買戻請求権を行使することができる。なお高速運送の出現により船積書類担保が無意味化し、貨物貸が行われる結果生じる法律問題につき、注545参照。

511　昭和50・10・1大蔵省銀行局長通達「銀行の業況報告について」別添様式一「日計表」割引手形の内訳による。

512　日銀が不渡手形を再割引すると、「銀行券の還流」が果せなくなり、インフレーションの原因となるため、とりわけ成長経済期には深刻な問題であった。近時でも、周期的な金融破綻、金融緩和による本業収益の悪化等、融通手形に代表される不健全な融資に金融機関を動機づける圧力は存する。なお、電子記録債権法は、発生記録に記載することのできる事項を広く認めるものの、発生記録の無因性ともいうべき性格は約束手形と同様であるため、支払約束は単純性を有してお

[23203] **融通手形**　商業手形とは逆に、商取引の裏付けを持たないもの（手形法上の手形の種類ではなく、手形の利用方法に付せられた通称）である。融通手形行為の原因関係となる合意を**融通契約ないし融通合意**と呼ぶ。割引依頼人（被融通者）から委託されて融通手形上に署名し、その信用を利用させる者を融通者と呼ぶ（融通者と被融通者が融通契約の当事者である）。一般には割引に不適格とされる[513]。融通者たる支払人は、被融通者からの呈示に対しては融通合意の効果として履行拒絶できるが、これを割引して裏書等で取得した所持人からの請求に対しては、「融通手形であること」のみを以て手形債務の履行を拒むことはできず、そこでは悪意の抗弁も成立しないとされている。他方、融通合意に約定された資金提供債務の不履行があり、融通合意が解除（民542、改542Ⅰ（4））されれば、融通者被融通者間の法律関係はいわゆる原因関係欠缺の抗弁となり、これについては悪意の抗弁が成立する可能性がある[514]。

[23204] **割引の実行**　手形割引は、貸出業務の一方法であって[515]、手形貸付・証書貸付における借主と同様に、割引依頼人の信用を調査する必要があり、割引

り、なお「融通電子記録債権」対策が必要であることに変わりがない。

513　融通者の支払能力が大きい場合には問題が少ない（銀行引受手形はその例）。信用に乏しい者が商取引の裏付けのない手形を持ち込んでも割引を断られるので、商取引の外形を捏造（例えば、真実の取引が存していることを奇貨として、売買契約書・発注書・納品書・請求書等の数値を水増しする等）し商業手形であると偽って金融機関を欺罔して割引に応じさせることがあるが、これは詐欺罪を構成するものと考えられる。同様に信用に乏しい者が商取引の裏付けなく相互に手形を振り出しあい、これを金融機関に持ち込んで金融を得ることがある。**手形騎乗・馴合手形・書合手形**等と称する。被融通者は融通者に対して「迷惑はかけない」との約束をしているがその担保として、被融通者が融通者を受取人として融通手形よりも一日満期の早い担保手形を交付し、これが呈示されて融通者の当座勘定に入金され、それを原資として融通手形が決済されるものであり、しばしば連鎖倒産の原因として知られ、不健全な実務と考えられている。

514　融通手形の利用の実態に鑑みれば、金融機関ないし貸金業者による融通手形であることへの認識の有無とは無関係に、持ち込まれた割引方における悪意の抗弁は成立しないと考えられてきた（「生来的に人的な抗弁」）。勿論、融通契約の当事者である被融通者が融通者に対して手形を呈示した場合には、融通手形の抗弁を以って対抗されるが、金融機関は、割引時点で当該手形が融通手形であるという事実を知るのみでは手17但にいう「債務者ヲ害スルコトヲ知」って取得する者とはならない。しかし、ここでの資金提供義務の履行の見込みがない等の事情のように「他の事情からする抗弁が附加されてはじめて」（河本一郎「手形法における悪意の抗弁」手形法における悪意の抗弁（2016（平成28）年、成文堂。1958年初出）91-92頁）「債務者ヲ害スル」ことを知ってした取得となり、融通契約違反に該当するような事情（書合手形の担保手形のほうが不渡になること等）の生じていたことまたはそのような事情の生じ得ることを確信してこれを取得する場合がこれにあたる。

515　銀行法施行規則18条に定める「別紙様式3号」等の貸借対照表の「貸出金」の内訳科目に記載される。西尾信一・銀行取引の法理と実際（1998年、日本評論社）116頁。

可とされた場合には、割引料を差引いた対価が交付される[516]。ところで、信用調査のために回り手形を預かっている間に依頼人が破産した場合に、銀行がどのような権利をこの手形上に有するかにつき、全銀協ひな型4Ⅳとこれに相当する現今の同趣旨の条項の解釈をめぐり、銀行に取立権限を付与することのみを目的とするものか、実体的な何らかの権利を付与することをも伴うものか議論がなされている。

[23204bis]（承前）**割引審査中の手形と商人間留置権** 同条項の取立権が意義を有するのは、とりわけ**商人間留置権**（商521）の発生する場合であるとされる[517]が、この適用要件（とりわけ双方当事者の商人性）を欠く信用金庫・信用組合が手形を占有する場合、あるいは、発生要件に問題がなかったとしても、破産手続開始決定によって商人間留置権が消滅してしまったような場合（破66Ⅰ＝**緊急留置権**）に、その手形はどのように扱われるべきであろうか[518]。

---

[516] 依頼人だけでなく、依頼人とその手形上の前者との間の取引関係に検討が加えられ、取引の真実性と決済の確実性が確認される（売買契約書、出荷証明書などと実際の商品の移動なども調査の対象となる）。商業手形として割引依頼されたものの中に、融通手形が紛れ込んでいる場合には不渡りになりやすい危険な手形であるから、これを除去する。また、支払人の信用の調査も行われる（興信所などその他の方法を用いて調査がなされるなどしているという）。依頼人は、融資申込書を提出し、融資の可否が判断され、可となった場合には初回の取引であれば、銀行取引約定書が調印される。割引に際しては、依頼人から割引料が徴収されるが、その計算方法は手形貸付の場合の貸付利息と同様であり、割引実行日から手形満期日までの両端入日数につき計算がなされる。割引料は日歩ではなく年利表示となっており（昭和44・11・12大蔵省銀行局長通達「利率等の表示の年利建移行に関する法令等の規定の整備について」）、他所（割引銀行の属しているのと別の交換所に属する支払担当銀行）払の場合には取立手数料を加えてこれを手形金額から差引き、これを割引金額として依頼人の当座預金口座に入金する。手形割引の計算事務・取立事務を事務センターに集中処理する実務が行われ、その場合には依頼人の預金口座にまず手形金額全額がいったん入金され、2－3日後に割引料および取立手数料が引き落とされるという処理をとっている。このために、取引先から「後取承諾書」（当座勘定規定における引き落としを授権する条項）を徴しているという（以上西尾・前掲115-116頁）。

[517] いちおう以下の行論では、商521に手形が含まれるとの前提で議論するが、するが、立法史的には、手形の上に留置権が生じるという解釈も疑う余地がある。商521（昭和13年改正までは商284）の留置権の成立する対象は、「物又ハ有価証券」（明治44年改正以降平成16年改正までの商法の文言）であるところ、本条の原始規定（明32）では、「有価証券」という文言が含められておらず、明治44年改正で新たに加えられた文言である。当時のドイツ法学説継受期の用語法では、「有価証券」（Effekten）は、株券・社債券のような大量証券（Massenpapier）をさす（青木徹二・手形法論改正増補七版（1914年、有斐閣）73頁。商事有価証券規定である当時の商278-282では「有価証券」という語は用いられず、「金銭其他ノ物ノ給付ヲ目的トスル指図証券又ハ無記名証券」との用語が用いられた）もので、手形小切手を含めない。大量証券ならば競売で換価すべきものとしても違和感がないが、手形には適さないといわれるゆえんである。

[518] 銀行が手形の取立委任を受けた場合と同様に、手形割引の依頼を受けこれに応じるかどうかのため調査をするために手形を預かる行為はある種の委任契約でありこれに伴う取立権能も受任者

[23204ter]（承前）**判例**　判例は、ひな形の条項を約定担保物権を設定する趣旨ではないとしたうえで[519]、商人間の取引の場合には商事留置権が成立し、破産法の規定にもかかわらず破産手続開始決定後に留置効が残存するものと解している[520]。類似の利益状況として、取立受任手形の委任者が民事再生手続を開始した事例でも取立充当権を認める等の判例がある。最判平成23・12・15[521]は、取立委任を受けて預かった手形につき、依頼人の<u>民事再生手続開始後</u>、これを取立てた

としての地位に基づく。委任は当事者一方の破産によって終了する（民653）。他方、商人間留置権が発生しているとしても、取引先が破産手続に入るときは、破66（大正11年破93）により留置権も消滅して、緊急留置権に置き換えられる。この制度趣旨は、破産手続遷延の危険を回避するために、留置権を喪失させるのと引き換えに、目的物の換価処分の可能性に道を開くものであるにとどまり、動産と異なり手形の場合には競売ではなく取立回収であるとの前提に立てば留置効は失効しているので手形は、管財人が占有し、取立をなすべきものとなる。これと反対に、全銀協通達（1962（昭和37）年8月6日）によれば、割引のために持参され割引いていない銀行が占有する手形がある場合には、「商事留置権の有無にかかわらず銀行においてそれを取立あるいは換価し、債権の回収にあてられるように銀行に取立、処分権を与えたものである」（「もとより、本項のとめおきうる権利は、商事留置権そのものではない」）とし、学説も、商事留置権がない場合にひな型同条項そのものに基づく占有型担保権が存在することを示している。

519　最判昭和63・10・18民集42巻8号575頁（手形百選7版118頁〔松中学〕）は、信用金庫に対する手形の取立委任（隠れた取立委任裏書）をした者の破産した場合において、信用金庫は銀取と類似の取引約定書ひな型4Ⅳを締結しており、これを根拠に手形に対する譲渡担保権が設定されているとの信用金庫の主張に対し、当該約定は、信用金庫にその占有する取引先の有価証券の取立・処分、これにより取得した金員を取引先の債務の弁済に充当する権限を授与するにとどまり、取引先破産の場合には民653によりこの権限は消滅すると解した原判決を支持したものである。

520　商人間留置権が成立し取引先が破産した場合で、手形割引に関しては最判平成10・7・14民集52巻5号1261頁（手形百選7版188頁〔吉本健一〕）が知られる。ここでは、銀行取引約定書に調印している商人資格ある取引先から割引を依頼され手形の調査のため占有を開始した金融機関が銀行であり、取引先は破産手続開始決定（当時の用語で破産宣告）を受けている。判旨は、破66（当時旧破93）を以て、<u>商人間留置権が消滅して特別の先取特権となるのではなく、商人間留置権が残存しなおかつ特別先取特権に伴う処分権・優先弁済権が発生する</u>と解し（手続の遷延防止という<u>立法理由</u>からいえばむしろそこで留置権は失効すると考えるのが合理的であるはずだが）、手形交換での呈示は、任意売却等のように回収額が裁量で増減するおそれがなく、「裁量の余地のない処分」であるから、管財人が手形の占有を回収せずとも実害はなく、よって銀行は、満期において取立権能を行使し得るものとした。しかし以上の判例の論理を総合すると、金融機関側に商人資格があるかないかで結論を異にすることになる。そのような取扱を回避するには、<u>約定書を以て質権を設定する約款とみるか、あるいはそのような商慣習法上の質権というべきものが存すると解釈するほかにない</u>のではないか。全銀協ひな型4Ⅳは、協同組織型を含む各金融機関の約定書で「取引先が債務を履行しなかった場合には、銀行が占有する取引先に属する動産・手形について、法定の順序・方法にかかわらず、取立・処分をなしうる」との趣旨を維持して引き継がれているが、もしここに定められたものが、かような約定担保権ではないとすると、銀行は取立受任者でしかなく、破産手続開始決定があれば当然に終了し（約定がこれを排除し得るとは思われず）、手形を管財人に返還すべきものとなろう。

521　最判平成23・12・15民集65巻9号3511頁、手形百選7版190頁〔伊藤雄司〕。

銀行は、当該依頼人への債権の弁済に充当できることを示した[522]。判旨は、銀取約定や慣習を根拠に取立権があるとしている。民事再生法には破66のような緊急留置権の規定はなく優先弁済権はない一方で商人間留置権が存続することに争う余地はなく、他方、委任の当然終了事由に民事再生手続開始決定は含まれていない。ただし、銀行が取立てた代わり金について自らの利益のために利用・処分する権原があるわけではない。即ち、最判の解決は、商人間留置権の存否とは無関係[523]で、問題は受任者としての受取物引渡債務を以て貸金債権と相殺することができるかどうか、という一点に絞られる[524]。

[23205] **手形割引の法的性質** 手形割引契約を消費貸借と解するか売買契約と解するかが問題となってきた。依頼人信用であることを重視して、**消費貸借**であると解すれば[525]、手形は貸金債権を担保する趣旨で交付されていることになる。

---

[522] 民事再生手続開始が問題であるので、委任の当然終了は問題にならず、満期まで占有を継続することに妨げはない(かつ、仮にこの銀行に商人間留置権が発生していた場合であっても、緊急留置権となっていないのでその優先弁済効を根拠に回収を正当化する余地がない)。銀行が手形を取立てた上代わり金の引渡債務と取引先に対する貸金債権とを相殺した結果生じた不当利得を取引先が銀行に返還請求(但し相殺を違法といえるなら請求原因は受取物たる代り金の引渡請求となろう)。原審(東京高判平成21・9・9金判1325号28頁)は、緊急留置権は成立しておらず、再生手続開始後に成立した債務で相殺をすることが禁止されていること(民再93 I (1))。留置権に基づく形式競売権(民執195)も根拠とできないこと)、弁済禁止の原則(民再85 I)は他の別除権者ではなく一般債権者との間での平等が問題となること、(前掲最判昭和63年を引用して)銀行取引約定の条項は譲渡担保権や質権等の担保権を設定する趣旨の定めと解することはできない等判示して請求を容認したところ、上告審の判旨は破棄自判とし不当利得返還請求を斥けた(最判への反対評釈として、山本和彦「民事再生手続における手形商事留置権の扱い」金法1864号)。

[523] この判決は、裏書が隠れた取立委任裏書なのか公然の取立委任裏書かを認定していないという問題を残している。事案は緊急留置権が生じておらず、取立受任者の受取物引渡債務による相殺が可能だとする根拠に留置権が援用されているわけでもない(手形は支払により消滅し留置権の客体はもうない)から、解決に直接結びつくものではないが、代わり金の上に留置権が引継がれこれを用いた相殺が可能となるとする説に立ったとすると、裏書の性質決定は決定的な意味を持つ。当該取立委任裏書が、隠れた取立委任裏書であった場合には、被裏書人が商人間留置権を取得することはない(民179)。

[524] 民再92 I 第2文は、再生債権者が再生債務者に対して負担する期限付き債務との間での相殺を認める規定をおいており、取立委任の完了＝手形の支払によって負担する受任者の受取物引渡債務はその限りで高度の蓋然性を以て実現されることが期待される債務で、期限付き債務ということに等しいから、再生手続開始決定前に自働債権も受働債権もそれぞれ銀行と取引先とにおいて取得されており、期限の到来が債権届出期間終了前であればこの相殺は適法であったということになろう。

[525] 割引依頼に際しては手形貸付の場合と同様に資金の使途・資金計画を明示させ、依頼人の信用調査を行って審査にかけるという点で、依頼人への与信を以てその主たる目的とする契約であるところから、これを消費貸借というべきであると説かれる。手形以外の十分な担保を提供すれば、何ら手形を交付する必要もない。割引依頼人は、その担保の毀滅や減少の場合に期限の利益を失

この立場ではとりわけ満期前の買戻請求権行使の説明がしやすい。しかし、売主の信用において行なわれる売買というものも一般的には存在しているといえるから、必ずしもそのことが消費貸借であることの理由にはならない。他方、手形割引は署名者信用である[526]とみて、**売買**と解する学説[527]が有力ではあるが、買戻請求権の説明が難しい。支払人の信用喪失を理由とした買戻の場面を割引契約の不履行解除に伴う原状回復とみることは難しい。割引依頼人は、裏書人としての責任は別として、債権の売主による債務者の資力担保（民569）、とりわけ将来の資力を担保する責任（改569Ⅱ）を特約しない限り、満期における資力までをも担保するものではない。他方、売買であるから契約不適合責任（手形が偽造であった場合など）や先取特権（割引金がすみやかに交付されれば問題にならないが）が発生する。利息制限法は消費貸借に限定されて適用されるので、原則として手形割引には適用がないということになりそうである[528]（議論がある）。破産においても割引合意は双方未履行の双務契約（破53）とも考えられ、当然に失効するものとは定められていないことになる。判例も売買説である[529]。現在約定書を用いない与信

う（民137）にとどまる。書面による割引合意でも消費貸借の予約的段階とされれば、当事者一方の破産時には失効し（改587の2Ⅲ）、書面によらないときでも民589を類推する。不定期予約は相手方が催告解除できる（民556準用）。

[526] ひな型6Ⅰの事由は5Ⅰの期限利益喪失事由を準用する。当該事由が手形の主債務者についてが生じた場合も含まれる。ひな型5Ⅰ（3）の「私または保証人の」は「私もしくは手形の主債務者またはそれらの保証人の」と読みかえる（木内・金融法293頁、石井眞司・新銀行取引約定書の解説（1977年、金融財政事情研究会）58頁）。

[527] 「手形割引において割引依頼人の合理的意思は、自己の有する手形を銀行に譲渡して割引代金を受け取ることにあるとみるのが、取引の実状の認識として自然であり、かつ、銀行も右の事実を認識して取引を行っていることは否定しがたいからである」（鴻常夫・銀行取引法講座中巻25頁）と説くものである（約款が整備されれば、性質決定はあまり重要な役割を演じるものではないかもしれないともされる）。

[528] 木内・金融法286頁。最判昭和48・4・12金判373号6頁、手形百選7版180頁〔梅村悠〕。

[529] 大阪高判昭和37・2・28高民集15巻5号309頁（いわゆる三菱銀行事件判決。第一審、京都地判昭和32・12・11下民集8巻12号2302頁）。国税当局が滞納処分によって納税者の預金を差押を行ったところ、これに対してこの預金の受入銀行である銀行が当該納税者である取引先に対する手形買戻請求権による相殺を主張（買戻請求権とは要するに貸金債権であって、期限の利益喪失事由があれば相殺に供しうる、と主張）。裁判所は手形割引は売買であって貸金債権は存在しないとして、この点で銀行側の主張を容れなかった。第一審では、割引手形買戻請求権は、事実たる慣習により成立しているものとして扱われるとしたうえで、「本件に於ける相殺の自働債権はいわゆる買戻請求権で…、この権利の性質は満期前遡及の要件を緩和した手形償還請求権と同様のものであることは既に縷述（るじゅつ）した通りであるからこれを自働債権として相殺する場合でも純然たる手形債権で相殺する場合と同様債務者が他日悪意又は重大なる過失なくして手形を取得した第三者から手形金を請求される危険があることに変りなく手形の授受なくして相殺することができない」ことを理由に相殺の効力を否定し、国税庁側の全面勝訴判決となった。控訴審では、第

取引は希であり、また、割引手形買戻特約が伴うことは事実たる慣習[530]または**黙示の合意**に基づくと考えられている。そもそも手形には遡求の制度があるが、白地手形または裏書不連続手形が含まれる場合も少なくないとの割引実務にかんがみ、手続懈怠失権に備え、遡求原因がない場合の回収や遡求金額に含まれない手形外の合意による遅延賠償金の請求を可能とするべく、買戻の特約が存在する[531]。割引料への利息制限法の適用について議論がある[532]。

[23206] **割引手形買戻請求権の性質**　割引契約の性質をどう解するかとは別に、買戻請求権の性質を説明しなければならない。ひな型は銀行側の通知不要な場合（6Ⅰ）と要する場合（6Ⅱ）とを区別して規定している。①失権約款もしくは解除条件成就（6Ⅰ）または約定解除権に基づく手形割引契約の解除（6Ⅱ）に基づく原状回復請求権[533]、②停止条件付再売買の条件成就（6Ⅰ）[534]または再売

　一審同様、割引手形買戻請求権の発生の根拠は事実たる慣習とこれに拠るものと認められる当事者の推認された意思であるとしたうえで、その支払義務の発生時期は客観的に確定することが望ましいとして、「銀行から割引依頼人に対し買戻の請求をなすことにより始めてその効力を生じるもの」とされて一部請求棄却となった。これを契機に受戻を免除するひな型が導入されることになったという（1962（昭和37）年8月6日）。また、最判昭和48・4・12金判373号6頁。
530　最判昭和40・11・2民集19巻8号1927頁、最判昭和46・6・29判時640号81頁。
531　ちなみに、割引依頼人の信用が失われたり、振出人が取引停止処分となった場合（いずれも手形法上の満期前遡求原因ではない）における**満期未到来手形買戻請求権**の根拠も慣習であるといわれている。最判昭和51・11・25民集30巻10号939頁〔手形百選7版182〔吉原和志〕〕は、満期未到来手形に関する買戻請求権につき明文の規定のない契約書を用いた取引であっても、事実たる慣習に基きこれが存するものとした。「手形割引は、割引手形の主債務者の信用が基礎にあるなどの点で、純然たる消費貸借契約とは性質を異にする一面を有するとはいえ、広い意味において割引依頼人に対する信用供与の手段ということができ、割引銀行としては、直接の取引先である割引依頼人に信用悪化の事態が生じた場合には、その資金の早期かつ安全な回収をはかろうと意図することは自然かつ合理的であり、その回収の手段として、一定の場合に、割引手形の満期前においても割引手形買戻請求権が発生するものとすると事実たる慣習が形成され、全国的に採用されている定型的な銀行取引約定書の中にその旨が明文化されているに至っていることは、公知の事実である」。同判決を受け、昭和52年改訂以降の約定書ひな型6条において、5条の期限の利益喪失事由を反復することとしたため、問題は肯定に解されることとなった（各行約定書の相当する条項も参照）。
532　売買説を採ると、利息制限法の文言との関係で言えば利息にあたらないと解されるかもしれない（木内・金融法286頁）。利息制限法が「金銭を目的とする消費貸借における利息の契約は」と定めるがゆえである。既に述べたように手形割引の「消費貸借的性質」に鑑みれば、たまたま手形貸付の名称を用いたか、手形割引の名称を用いたかという点で結果が左右されるのは不合理に思われる。利3には「割引金」など「いかなる名義をもってするかを問わず、利息とみなす」とあるのでかかる法の趣旨に照らせば、例えば単名割引のようなものは、その利益状況に鑑みて、むしろ手形貸付とみなし、これに含めるべきであろうか。
533　小橋一郎「手形割引」契約法大系Ⅵ（1963年、有斐閣）217頁、水田耕一・貸付取引（上）〔新基本金融法務講座〕（1971年、金融財政事情研究会）268頁、大阪高判昭和41・4・18判時463号54

買予約の完結権（民556）の行使（6Ⅱ）[535]との説明が可能かと思われる[536]。解除説は目的物損傷回避義務（民548・改548）を導く点で銀行の負担となるが、再売買予約説では取引先倒産時に再売買が未履行双務契約とされ管財人の買戻特約の解除を認めることにならないだろうか。いずれであれ手形上の権利は、解除学説の如何を問わず、自動的に前主に復帰するものではないから、割引依頼人が裏書を抹消するなり銀行が戻裏書を行うなり証券上の行為が必要となる。電子記録債権の譲渡記録についても同様であろう（ただし、条件付譲渡記録は禁止はされていないので、そのような特約が自動的権利復帰の効果をもたらすことを否定すべきではなかろう）。

第 a 款 bis　電子記録債権法（→「第二部」「第Ⅴ編　電子記録債権」）

第 b 款　指名債権譲渡担保・指名債権質

第 1 項　指名債権譲渡担保・質権設定、対抗要件の特例

[23401] **指名債権譲渡担保**　債権を担保の客体として行なう金融のためには債権質の制度があるが、敢えて指名債権譲渡（民法改正法では、単に「債権譲渡」の語が用いられるが、従来の議論との関係上、当面この用語を用いる）の形式を利用して担保の実質を確保する方法が好まれている。これは、質権が担保権者占有型の担保である[537]ため、取立（民366、cf. 民345（設定者による代理占有の禁止））は質権者が行うこととなっていて、質入の対象たる債権にかかる資金の利用が妨げられ、債権の回収が確実である反面、設定者の成長性が確保されないことに配慮したもので

頁、東京地判昭和43・9・6金法525号24頁。
534　田中誠二・銀行取引法273頁、鴻常夫・銀行取引法講座中巻31頁など。
535　東京地判昭和38・2・26金判337号3頁、西原寛一・金融法148頁。
536　①の解除説を採ると、民548により、遡求権保全手続に懈怠ある銀行は割引手形買戻請求権を失権する可能性がある。この点、大阪高判昭54・9・5判時953号118頁〔手形百選7版184頁〔山野嘉朗〕〕は、時効が完成し遡求権も消滅した手形についても買戻請求権の行使を認めている。これに対し学説（前田庸・ジュリ607号141頁）は、買戻請求権を喪失させるのではなく、銀行の故意過失を理由とした損害賠償請求権を認め、割引依頼人がこれを以て相殺することを認めるとしている。このほか、手形を再割引に供しているときに依頼人に信用喪失が生じても再割引契約について買戻請求権が生じるとは限らず、手形を取戻していなければ受戻させることができないから解除権の行使としての買戻請求については妨げられることになろう。この点、再売買と構成すると、停止条件成就も予約完結も妨げられることはない。他人物売買となるにとどまるから受戻すべき時期までに再割引方から手形を取戻せばよい。
537　ただし、平成16年改正では、いわゆる記名証券のある場合を除き指名債権質の成立要件として、要物性（証書の交付）を不要とするものとなった。

ある[538]。また、手形割引の場合のように第三債務者自身が証券上に署名して債務負担行為を行う必要もなく、取引先と銀行の合意だけで設定することができる担保である。流動化に伴う大量一括の譲渡など資金調達手法の多様化に応じ、動産債権対抗要件特例法が制定されており、登記の方式による対抗要件制度が導入されている。いずれの対抗要件の方式であれ、客体たり得る債権は譲渡禁止特約のないものに限られる（民466。なお、特約につき［14101］）[539]。民468には「異議を留めない承諾」の制度があったが、債権法改正で廃止される[540]。

---

[538] 指名債権譲渡担保にあっては、取立権を設定者に留保し、危殆の状況が発生してからこれを担保権者に移すという方法を採り得る（平時においては、その支払のために交付された手形も担保権者には引渡されない。東京高判平成20・9・11金法1877号37頁等参照）。

[539] 譲渡禁止特約の解除を交渉中である等の理由から、設定時に特約が残存している債権を対象とする譲渡も登記の対象となる場合がありうる。ところで譲渡禁止特約につき、譲受人である金融機関において悪意（重過失を含む）があるものとされた事例が目に付く（東京地判平成10・5・6金判1544号77頁等。なお、商社が譲受人であるときに集合債権譲渡担保取得において重過失が否定されている。東京地判平成13・3・13金法1626号142頁）。大阪高判平成16・2・6判時1851号120頁は、取引先が売掛債権の取引約定書の存在を強く否定したのでそれ以上の確認をなし得なかった事例であるにもかかわらず、「銀行は、独占的に銀行取引を業とする組織体として担保に関し実務上及び法律上の高度な専門的知識、経験、調査能力を有している以上、売掛債権の譲渡を受けるに際し、担保として確実に確保し得るよう万全の措置をとるべき地位にあるから、重過失は否定できない」としたものである。このような事象に対応すべく一括支払システムという実務が開発され、そこで「瑕疵担保特約」を設けることが要請されたのである。

[540] この制度の廃止によっても、抗弁放棄特約が可能であるといわれることがある。廃止の前後で制度の実質が変更されないという保証はない（従来は「異議を留めない」単純な承諾で足りたものであるが、承諾は観念通知であって、その抗弁喪失効が法定効果であったとすれば、規定の削除は抗弁喪失の根拠を失わせる。仮に改正により抗弁喪失の根拠が意思効果に改まったものだとしても、「一切の抗弁を放棄する」など具体性のない表現では放棄される抗弁の具体的な内容が不確定の意思表示となるので、かかる特約は無効となるおそれがある。債権の不存在の抗弁が放棄されるならばそれは最早債務引受等であり、譲渡契約の効力喪失も放棄される抗弁となればそれは第三者のためにする契約や指図である）。改正前の異議を留めない承諾でさえ、当該債権を担保する担保権の目的物の第三取得者との関係においては、権利の復活をもたらさない。最判平成4・11・6判時1454号85頁（民法判例百選Ⅱ債権7版〔別ジュリ224〕62頁〔森永淑子〕(2015年)）は、承諾前にあらわれた債権に随伴する担保権の客体の第三取得者との関係では、抗弁事由が弁済であるときには異議を留めない承諾によってかかる担保権が復活しないと判示した事案である。AはBに対する債務を担保するため、自らが所有していたが売却済で既に所有権が甲に移転していた所有権移転登記未了の土地につき甲に無断で抵当権設定登記を行った。その後所有権移転登記が具備された。甲は抵当権設定登記に気づき、ABらと協議の上これを抹消させるために債務を代位弁済で一旦消滅させたが、翌日付でBが該債権をCに譲渡、Aがこの譲渡に民468Ⅰの異議を留めない承諾を行った。甲はA及びCを相手取って所有権確認請求のほか抵当権設定登記の抹消を求めて提訴。原審は請求認容。異議を留めない承諾により債権は復活するから抵当権も復活したとするACが上告したところこれを上告棄却とした。この問題につき、判例学説ともに承諾した被譲渡債務者と譲受人との関係においては抗弁喪失効があるものの、第三取得者との関係では権利の復活を認めない傾向にあり、承諾を知り事後に現れた第三取得者についてのみ抵

[23402] **動産債権対抗要件特例法**　「動産及び債権の譲渡の対抗要件に関する民法の特例等に関する法律（平成10年）」は、法人譲渡人（動特4Ⅰ）に限って利用し得る**譲渡登記**制度（人的編成主義をとる）を導入し、担保実務を合理化している。民467は、指名債権譲渡について確定日付証書による通知・承諾を対抗要件としてきたが、これによれば担保の客体である債権の債務者は、必ず譲渡担保設定の事実を知ることとなる。取引先の有する売掛債権が担保取りされるとの事実が第三債務者を通じて伝わり他の取引先が取引先との取引を切るおそれ（"対抗要件倒産"）が生じるので、同法では、譲渡登記に民467の確定日付証書と同じ、ただしあくまでも**対第三者対抗要件**としてのみの効力を与える。平時には、債務者は設定の事実を知らずに[541]設定者に弁済して免責される旨が規定され、資金は設定者の事業に活用できる。一方、危殆時においては、**対債務者対抗要件**として、**登記事項概要証明書の交付による通知**（動特4Ⅱ）[542]を譲受人が行うことによって、譲渡担保権者による第三債務者への取立ができるものとされている。登記事項概要証明書は何人であってもこれを交付するよう請求できるものである（動特11Ⅰ）[543]。

当権の復活を認める。第三取得者が物上保証人となる意思表示がなされたのと等価といいうる行動があれば、そのような効果を認めてもよいかもしれない。債権法改正により民468Ⅰの異議を留めない承諾の制度が廃止されるとなると、この判例が同様に「抗弁権の放棄」特約に関する理解として引き継がれるかは確実ではない。かかる特約は、異議を留めない承諾以上に人的な効果しかなく、第三者との関係では何の影響も及ぼさないとの理解が示されている（前掲百選・63頁）。

541　いわゆるサイレント方式による担保取りを可能にするものである。登記制度とはいいながらも、関係人は通例その閲覧をしないものであるという事実上の期待を前提とした実務を確保するために導入された制度であるといえる。

542　対抗要件さえ具備すれば、譲受人は第三債務者に対して自らが権利者であることを主張できるとの民法譲渡の制度と異なり、特例法の制度では、通知を受けない債務者との間では依然設定者が債権者として扱われる。金融機関は、譲渡担保権設定契約によって、設定者の信用を棄損する行為を回避する義務を約しており、同時に、設定者の危殆時が来るまで撤回しない約旨で設定者に対して第三債務者に対する取立を為し得る権限を付与しかつ取立の委任をしていると解される（民479 a fortiori）。譲渡担保権者からの第三債務者への通知はこの取立委任の撤回と考えるべきではないか。特例法が参考としているフランスの立法例である職業債権明細書譲渡制度の解釈として説かれているところ（SIMLER et DELEBECQUE, Droit civil – Les sûretés / La publicité foncière, 5 éd. Précis Dalloz, 2009, no 669, pp. 588-589.）を参酌すれば、かく解するべきである。

543　原始規定では、譲渡登記の事実は商業登記簿への記載により債務者の認識するところとなるおそれがあったが、平成16年の改正では、商業登記簿への記載は行わないものとされた。これに加え、同改正において、将来債権に関しては、譲渡担保設定の客体たる債権の額について債権譲渡登記にこれを記載する必要はないものとされ（動特8Ⅱ（3））た。登記の存続期間は、債務者確定債権については50年、債務者不確定債権については10年とされている（動特8Ⅲ）。このような登記が可能であるのは、未発生の債権も債権譲渡の対象であり（最判平成11・1・29民集53巻

第A章　融資契約総説　169

[23403] **指名債権質**　　質権（gage, nantissemsent）は、動産・不動産・権利のいずれをも目的[544]とすることのできる占有型の約定担保物権である。担保物権としての性質は先取特権・抵当権等と同様で、優先弁済効、付従性を有し、あるいは、物上代位制度（民304）が認められる。指名債権の場合には対抗要件は通知承諾（民364）または特例法上の登記である。設定契約は要物契約であるが（民344）、権利質では要物契約性は緩和され、指名債権の場合には証書の交付を伴わずともよい（民363）。動産質に継続占有（民345、民352）が求められ、果実収取権や占有訴権が質権者に帰属することの結果、設定者の利用権が制限を受ける関係にあるが、これらと同様、金銭債権質権者は被担保債権額の範囲で取立権を有し（民366ⅠⅡ）、設定者は第三債務者から弁済を受けることができない。非金銭債権質の場合には履行期以降は質権者が取立権を行使して受領した給付目的物の上に質権を行使する（民366Ⅳ）。被担保債権の履行期より前に質入債権の履行期が到来するときは質権者が供託請求権を有する（民366Ⅲ）。質権者は取立金から優先弁

1号151頁、民法判例百選Ⅱ債権7版〔別ジュリ224〕85頁〔潮見佳男〕）、未発生の債権につきその譲渡の対抗要件の具備を可能ならしめんがためである（最判平成19・2・15民集61巻1号243頁）。ただし、目的物の存在しない準物権変動を内容とする法律行為に効力があるとすればそれは予約または停止条件付行為に他ならない。その場合に、将来債権の譲渡の効力を、PECLなどのようにはじめから移転していたものと看做すといういわゆる遡及構成に拠るのか、2016年改正フランス民法典1323Ⅲ（「前項の規定に係らず将来債権の移転は当事者間にても第三者との関係にても債権の発生の日にしか生じない」）のような債権の「発生時」に移転の効果が生じるものと解するかどうかについては議論がある（白石大「フランス法における将来債権譲渡と譲渡人の倒産手続との関係」比較法学43巻2号69頁、同「将来債権譲渡の法的構造―フランス法から示唆を得て」私法78号等参照）。

544　金銭を質入することはできない。金銭所有権は占有に付従してしまうから、質権者がすなわち所有者となり混同をひきおこす（民179）。金銭価値そのものを物権の客体とすることは日本民法の認めるところではない。したがって**金銭質**〔gages-espèces〕（不規則質 gage irrégulier の一種）という表現は比喩の域を出ない。少なくとも現金の占有に関しては、質権という性質決定を認めたとしても、自己のために所有する部分との区別は事実上不可能である（CABRILLAC, Les sûretés conventionnelles sur l'argent, Mélange Derruppe, Litec, 1991, p. 333.）。預金通貨 monnaie scripturale 上の担保なら権利質または譲渡担保 sûretés -propriété とされる可能性も排除されるわけではない。他方、担保目的で金銭の預託を受ける場合は、預託者が寄託者となり受託者が受寄者となった金銭消費寄託により生じた消費寄託物返還請求債権を客体として、受寄者＝第三債務者が質権者を兼ねる形でこれを質入したものと見るべきであろう。民520の混同は質権者としての地位と債務者としての地位の兼併の場合には生じない（他方寄託債権を受寄者に譲渡担保取りさせると混同を生じる）ただし、質権となると対抗要件の具備が問題となる。対抗要件を不要とする商慣習法が形成されているとも考えにくい。組入債権の範囲が著しく限定された交互計算契約とみることならできるかもしれない。相殺予約がそこにあると考えるとしても、例えば銀行取引約定書のようなものが伴わない場面で、それが差押を排除し得るなどその対第三者的側面での効果があらゆる場合に認められるとは限らないであろう。

済を受け得る（民342)[545]。敷金債権[546]に質権を設定して行う融資も実務上行われてきた[547]。

---

[545] 権利質にも動産質の規定である弁済充当（民354）等の規定が準用されるかは債権の性質次第であろう。流質（民349・商515）については適用があるものと考えるべきか。

[546] 敷金の性質は金銭所有権の信託的（停止条件付）移転と呼ばれるが、金銭所有権の特質からいえば、敷金への権利は債権にしかなり得ず、返還は種類数量の同一の物の返還を以てなされるところから、事柄は消費寄託契約であり、付款としてこの寄託金銭返還債権を第三債務者である賃貸人自身が担保取りする行為である。事柄が譲渡担保であるとすると債権の混同が生じてしまうから、この担保権は質権であるというべきである（中島玉吉・民法釋義巻二ノ下〔第11版〕（大正14年）975頁、三瀦信三・全訂擔保物權法（昭和10年）182頁）。これに対して、大判大正15・7・12民集5巻616頁（幾代通「敷金」総合判例研究叢書民法1（有斐閣、1956年）169頁）は停止条件付金銭所有権移転契約とみる。工場の賃貸人が敷金を受取っておきながら延滞賃料の支払を請求し、原審がこの請求を認容した部分につき失当であるとし、破棄差戻としたものである。同判決は「敷金ナルモノハ①賃借人カ其ノ債務ヲ擔保スル目的ヲ以テ②金銭ノ所有権ヲ賃貸人ニ移転シ③賃貸借終了ノ際ニ於テ賃借人ノ債務不履行ナキトキハ賃貸人ハ其ノ金額ヲ返還スヘク④若不履行アルトキハ其ノ金額中ヨリ当然弁済ニ充当セラルヘキコトヲ約シテ授受スル金銭」であるとしている。ここから学説は敷金の「金銭所有権の停止条件付移転」という定義を導いている。質権説のうち、規則質説については、金銭所有権が敷金差入とともに賃貸人に移転してしまう以上、賃貸人の所有物の上に賃貸人の質権が成立する結果となり採り得ない（民179）。他方、債権質説については、その成立において当時の民363で要求されていた要物性（「債権ヲ以テ質権ノ目的ト為ス場合ニ於テ証書アルトキハ質権ノ設定ハ其証書ノ交付ヲ為スニ因リテ其効力ヲ生ズ」）を充足しないためにこれも採り得ないとされそこでやむなく無名契約説を採るなどされていたのである（末弘厳太郎・債権各論（1919（大正8）年、有斐閣）642頁）。しかしながら、平成16年改正で民363の指名債権質につき要物性が緩和されて以来債権質であることを認めるに妨げはない。大正15年判例の性質決定は清算されたといってよい。また、敷引の合意により延滞賃料に当然充当される点が（敷引を以て第三債務者兼質権者としての賃貸人による擬制的な取立権行使であると解すれば）特異であるわけでもなかろう（他方、債権譲渡担保説は担保取りするや債権の混同が生じるのでこれも採り得ないことはいうまでもない）。質権設定の前提としてその客体を成立させなければならないが、これは敷金差入時になされる金銭寄託に基づく。正確に言えばかかる寄託金銭返還請求権は既に成立しているが、返還時期が未定である。判例・学説が「敷金返還請求権の発生時期」と称している（最判昭和48・2・2民集27巻1号80頁、民法判例百選Ⅱ債権7版〔別ジュリ224〕（2015年）124頁〔岡孝〕）のは、この寄託金銭の返還の条件が充足される時を指すものと解する。しかし他方もし敷金を以て質権設定と見ると、そのほとんどが対抗要件を具備していないことから、かかる質権を対抗し得る根拠を商慣習法等に求めるしかない（金銭の信託とする説はこれを意識している）。なおまた、敷金を預入れた旧賃貸人が賃貸借関係を離脱した場合には、敷金承継の合意がある等特段の事情なき限り敷金は当然にはあらたに賃借権を取得した建物競落人への賃貸人の権利を担保するものとはならないので、賃貸借関係からの右離脱前に敷金債権差押者との関係で賃借権の承継の合意を以て対抗することができない（最判昭和53・12・22民集32巻9号1768頁、民法判例百選Ⅱ債権7版〔別ジュリ224〕（2015年）128頁〔小林和子〕）。差押が可能である以上は、そこに何らかの権利が存在している必要があるから、「敷金債権の発生」時期を問うならばそれは預入時と考える以外にない。ちなみに、平成29年民法改正法で改605の2Ⅳは、賃貸人の地位が譲受人又はその承継人に移転した場合における敷金の承継を定めるが、逆に賃借人が離脱する場面については規定を新設しない。

[547] 最判平成18・12・21判時1961号62頁（不当利得返還請求事件、認容）では、「建物の返還後、一

第A章　融資契約総説　　171

第2項　一括支払システム

[23501] 一括支払システム　　1980年代中頃より、取引先（「納入企業」）が継続的取引により発生する売掛債権を包括的に金融機関に指名債権譲渡しこれを担保とした当座貸越を利用し、他方第三債務者（「支払企業」）が金融機関に対して売掛債権の追奪に備えて債務引受を併存的に行う与信の仕組みがこの名において用いられてきた。取引先は銀行との間では当座貸越の特約された当座勘定を合意し、当座貸越債権の支払を担保すべく取引先と支払企業との間の商取引によって将来発生する売掛債権に包括的に譲渡担保を設定し、発生した売掛債権の総額の範囲内で当座貸越から資金を引出すことができる。売掛債権の履行期が到来すると、支払企業の取引銀行が仕向銀行となって貸越銀行を受取人とする振込を実行し、支払が行われる。債権譲渡担保金融一般と異なり、取引先に取立権を付与せずに銀行自身が代わり金を一旦受領しているという点で、既に担保権者占有型担保ともいえるものの、代わり金を取引先の口座に入金して当座貸越による貸出の形式を通じて利用させ、その貸越枠が取立金の総額に比例して変動することなどからすれば、経済上は設定者占有担保としての実質を有するものといえる。それだけでなく、<u>支払企業からは債権譲渡担保への確定日付のある無異議承諾をとり、売掛債権が差押等によって「追奪」[548]されることを停止条件として支払企業が銀行に対して直接に一定金額の支払をなすべき約束が行われる</u>（実務上「瑕疵

切の債務を控除した残額を返還する」との約定がなされている（金判1707号109頁）事案で、シンジケートローンにおける担保として銀行が貸ビル賃貸人への敷金返還請求債権を質取、賃貸借契約書と敷金領収書は幹事行が占有していた。賃借人が破産、参加行は債権を届出で確定している。賃貸借契約が合意解除され敷金が未払賃料に充当されたため別除権者である質権者の損失において破産財団が財団債権である賃料債権から免除されるという利益を悪意の利得者として得たとして不当利得の返還を管財人に求め、請求が認められたものである（なお、同様の事件に関し、判決年月日を同じくする最判に民集60巻10号3964頁がある。民法判例百選総則・物権第7版〔ジュリ223号〕（2015年）162頁〔藤澤治奈〕）。賃貸人が敷金返還請求債権に対するある種の質権者であるとすれば、対抗要件をめぐってこのような取扱の説明の困難があった。しかし、平成29年民法改正法で622の2Ⅱは賃貸人の敷引の権利を明文で定め、大正15年の大審院判決の帰結を直截に法文化し、それが別段の対抗要件を具備せずとも法律上当然に対抗できる権利質であるかのように解し得る可能性に道を開いたといえるのではないか。

[548]　実態調査によれば、隠れた譲渡禁止特約の存在する場合のほか、包括的な譲渡担保設定契約の対象としている債権の範囲が不明である（取扱支店を異にするものを含まないとされている場合や、担保設定の対象となる期間が必ずしも明らかでない等）場合、あるいは、差押通知と譲渡通知の同着で先後が不明である場合等が問題となっているようである（商事法務・債権譲渡の対抗要件制度等に関する実務運用及び債権譲渡登記制度等の在り方についての調査研究報告書（平成25年3月））。特例法の譲渡登記が人的編成主義であることから生じる制度設計の限界というべく、その反省から後述の電子記録債権は物的編成主義をとる。

担保」と呼んでいる。仮令無異議承諾をとっていても、包括的な譲渡契約の対象とならない債権を、対象となる債権と誤認した場合には、譲受人の期待にも関わらずその譲渡に効力がないから、かかる債権が差押を受ければ「追奪」されたものとなろう）[549]とともに、当座貸越の期限利益喪失事由発生と同時に売掛債権が代物弁済のために移転する趣旨[550]を合意しておく。支払企業を当事者として関与させ、一種の人的担保として債務負担をなさしめる点に特徴がある。商業手形担保貸付として行われてきた仕組みを、約束手形を用いずに実行し、支払企業における手形の発行・交付・管理に係る事務を削減し、手形に貼付する印紙代・手形用紙代等の経費の削減、納入企業においては手形集金事務・手形受取領収書発行事務を削減し、領収書に貼付する印紙の削減及び手形取立手数料を節約できるという経済的効用があるといわれているが、二重払いの危険[551]など解消されない難点が指摘されているところ

---

[549] この約束は、法的性質としては、併存的債務引受と考えてよいであろう。
[550] 一括支払システムはさておき、譲渡担保においては、目的物の所有権は設定の時点で移転し、それゆえ設定者に拠る占有の権原として不動産については賃貸借が（注488）、債権については取立委任が必要となる。不動産に関しては既述のとおり設定者の地位は信託受益者に擬せられるべきものと思われるが、債権譲渡担保の場合にも、設定者の有する、取立受任者的地位は信託受益者的性格のものであろう。担保の客体である債権が履行期を迎えて設定者に弁済されれば、担保権としての実質はこの時点で消滅するところ、回収に備えて予め合意しておいた代物弁済予約が完結すれば、設定者の取立権限も失われ、第三債務者は担保権者に弁済しないと免責を受けられなくなる。代物弁済予約の問題は、客体債権が将来債権であると債権が成立するまで予約が完結せず、担保権者が対抗要件を先に具えても、債権がその後に発生すると、一旦滞納処分の効力下に捕取されたうえで代物弁済の経路に入ると解される点である。国税徴収法によれば、納税者の財産が譲渡担保に供されているときは、譲渡担保権者も二次的納税義務者となり、滞納額に回収の不足が認められるときに限り、譲渡担保財産からも徴収することができる（国徴24Ⅰ）（これは、譲渡担保権自体をある種の他物権として認め、未だ納税者の責任財産から完全に逸出した財産ではないことを前提にしている規定である）。この場合、税務署長が譲渡担保権者に対し徴収の告知をし、納税者にも通知し（国徴24Ⅱ）、10日以内に完納がない場合には、譲渡担保の客体である債権につき滞納処分として執行できる（国徴24Ⅲ）。告知の後は、被担保債権が弁済以外の理由により消滅した場合でも当然に設定者に本権が復帰するのではなくなお譲渡担保財産として存続するものとみなす（国徴24Ⅴ）。この手続により滞納差押処分がされた場合に、譲渡担保権者は、客体たる債権を代物弁済として取得しているものと看做す旨を定めた合意の効果を、国税債権者に対して主張できないとされてきた（最判平成13・11・27金法1640号37頁、最判平成15・12・19民集57巻11号2292頁、東京地判平成17・6・13金判1219号36頁）。この解決は、譲渡担保の客体たる債権が対抗要件具備の時点で未発生である事例を契機に修正され、対抗要件が法定納期限より先なら譲受人が優先するとの遡及構成に改まった（最判平成19・2・15民集61巻1号243頁。なお、民法改正法466の6は、将来債権が事前に譲渡契約の対象となっていた場合における債権取得の態様を譲受人が「当然に」取得するものと定めている）。
[551] 東京地判平成17・6・13金判1219号36頁では、二重払の危険の問題が争われている。既述のとおり、対象債権の範囲が不明な約定がなされているような場合には、ある一個の債権が国税徴収法に基づき差押さえられ、それが金融機関には担保取りされているものと認識され、国税庁と金

から、今後は電子記録債権の普及に伴いこれに代替されることが想像される。

第 b 款 bis　信用状

[23601]　**信用状の開設**　　信用状は貿易金融の手段で、その確認銀行は、輸出代金を資金債権とする輸出者が振出す為替手形を買取り、輸入国側の発行銀行は支払人輸入者に手形を呈示すべくこれを買取る義務を負う。貿易取引を開始するに際して、輸入者＝買主は、取引銀行に依頼して、信用状を開設してもらう。銀行は信用調査の上、当該輸入者を支払人とする為替手形を買取る旨の債務負担行為を、輸出者に向けて行なう。この債務負担行為は、所定の条件を満たす書類が呈示された場合には、一定の金額を支払ってこれら書類を買取る、という約束の形式をとる。これを信用状の開設といい、この銀行のことを信用状**発行銀行**（issuing bank）という。輸出者は、発行銀行の信用において未知の輸入者とも貿易取引を開始できる。輸入者は自己の取引銀行である信用状開設銀行を通じて、輸出者国内の銀行に依頼し、輸出者から持込まれた輸入者を支払人とする荷為替手形の買取義務を約諾させる。これを信用状の確認といい、この銀行を信用状**確認銀行**（confirming bank）という。輸出者は、自国の銀行が手形の買取を担保してくれる以上、決済の確実性につき安心して貿易取引をすることができる。銀行が介在することで、信用調査の困難な国情の相手とも取引ができる。銀行は信用状の発行や確認を外国為替業務として行うことができる。発行委託者と発行銀行との間の法律関係は委任契約であるが、信用状取引約定書ひな型（1988年）によることが多い。同ひな型について江頭憲治郎・商取引法（第7版2013年、弘文堂）188頁。[552]

融機関の双方から請求された支払企業としては債権者不確知供託の方法によって対応するのが一般的であるが、差押が勝った場合には、金融機関からの瑕疵担保約定の履行請求に晒される。支払企業は金融機関に対しては「瑕疵担保」と称して債務引受の名下で直接の支払約束をしているから、その債権が結局譲渡担保の対象ではなかったということが明らかになった後には、相当する金額を弁済しなければならなくなる。そこで当局の示唆のもと、銀行業界は支払企業にこのような意味での二重払の危険があることを支払企業に説明することとなったが、その結果一括支払システムの利用が事実上拒絶されるという事態に立ち至り、商品としての取扱いができなくなり、手形利用を再開するか電子記録債権の方法へと移行せざるを得なくなった。もともと二重払の危険がない有価証券を利用した金融取引のスキームを敢えて有価証券を使わない方法で、証券的技術がもたらす安全機能なしに実行することから必然的に生じる問題であったといえる。

552　信用状の発行・確認、これに基づく手形の買取は銀行の主な外国為替業務の一つである。為替とは隔地者間の決済を正貨現送によらずに実現することであり、外国為替（foreign exchange）は、外国の金融機関が関与する異なる通貨間の為替取引である。この場合の隔地者がそれぞれ異

[23602] **荷為替手形の担保メカニズム**　荷付為替手形ないし単に荷為替手形は、その資金関係である国際売買などに基づいて発行された船荷証券など運送品引渡請求権を表章する**船積書類**を担保として添付して割引が依頼される手形であり、担保が存在し、決済の確実性があると考えらえるところから割引に適するものと考えられている。とりわけ商業手形でも、その原因関係の如何によっては、低率の割引歩合の適用を受ける日銀再割引適格手形として扱われる[553]。売主は買主に商品を発送するのと引換に船積書類を取得しており、買主はこの書類を手に入れなければ運送人から商品の引渡を受けることができない（船荷証券の呈示証券性）ところ、発行銀行は輸入者に輸出者振出の取立為替手形の支払呈示をなして支払または引受がないかぎり船積書類を渡さないので、支払呈示の場面において、一種の同時履行関係を作りだすことができる[554]。不渡に際しては、信用状発行銀行は、①自ら運送証券を呈示して商品の引渡を受け、これを競売するなどし

なる国に属する場合が多いが、同一国内でも異なる通貨をもってする取引もあり、必ずしも国際取引になるわけではない。現金を収受して異通貨の現金を払渡す両替（manual exchange）も為替業務であるということになるが、多くは外貨債権の売買であるという。代表的な外国為替取引は、輸出における荷為替手形の買取であり、輸入における信用状の発行である。前者の取引は、取立為替の応用であると同時に、手形割引であって、輸出業者への与信取引である。後者の取引は、輸入業者の委託を受けた手形の支払を担保する一種の保証ともみることもできるが（支払承諾勘定をたてて処理している）、信用状発行銀行は、荷為替を買取って最終的には輸入業者から回収するという与信の側面もある。輸入者・輸出者の信用力の如何では、信用状を用いない輸出手形の取立（B/C）が行われる。日本貿易実務検定協会編・貿易実務ハンドブック-アドバンスト版第5版（日本能率協会MC、2016年）170頁以下。

[553] 以上鴻常夫「手形割引と手形買戻請求権」銀行取引法講座中巻（1977年、金融財政事情研究会）22-23頁。

[554] 輸出者は運送人発行の船荷証券（B/L）等船積書類を添付し確認銀行に輸入者宛為替手形の買取を、確認銀行は輸入者の発行銀行に手形と船積書類の買取を求める。発行銀行は手形を輸入者に呈示し支払と引換に船荷証券を引渡すが、不渡時は運送品の競売代金を手形支払に充当できる。ところで、運送品は輸入者自身の手に委ね円滑に流動性に転換させることが輸入代金回収のためにも合理的である。銀行が特に信用に問題のない輸入者からの依頼でユーザンス（猶予）を与える場合には、既着の運送品をその代金未払の輸入者に引取らせるためB/Lを先に引渡し、見返りにT/R（担保荷物保管証）を徴する（貨物貸）。他方、運送の迅速化により、B/Lよりも前に運送品が到着する状況が発生した場合にも、輸入者はB/Lの呈示なしに運送品の引取りを求めることになる。運送人は真のB/L所持人への賠償責任の負担に備え担保を求めるので、銀行はUCP14bに基き補償状（L/G）を発行し引取りに便宜を提供する（保証渡。この状況を解消するためのB/Lの電子化に併せ、発行銀行による書類点検日数7営業日がUCP600では5営業日と短縮されている）。L/Gを銀行が発行すれば信用状取引約定に基づく貨物上の譲渡担保権を確保したうえで輸入者に引取らせることができるが、輸入者が銀行に無断で発行するシングルL/Gによって運送人から引渡を受けてしまう場合がある。この場合に銀行は、B/Lに基づき、運送人に対し譲渡担保権の侵害を理由とする損害賠償を請求し回収を図ることになる（神田他・金融法概説230頁）。民事再生手続を開始した輸入者の有する貨物の売払による代金債権を銀行がこのよう

て割引貸出金の回収に充てうる、②遡求権を行使する（白地手形を認める法域では正当な補充の上呈示を要する等、権利保全が容易でない場合がある）、③他の手形割引一般と同様に買戻請求権を行使する。かかる為替手形の買取を銀行から確約してもらえれば、輸出業者は安心して商品を出荷し代金の取立を行うことができるわけであるが、他方銀行は所定の形式的条件に一致する書類のみにつき買取に応じる。条件を定めておかなければ、買取をすべきか否かの判断に逡巡し、審査の時間を要することになって貿易の円滑が害される。どのような条件を満たすものを買取の対象とするかについての個別の取り決めが信用状条件である。これを満たさない手形は、いかに真実当該国際売買の当事者の取引のために振出されたものであっても買取の対象とならない（**厳格一致の原則**。江頭・商取引法182頁）。

[23603]　**信用状統一規則**　　信用状統一規則（UCP）とは、国際商業会議所が既存の貿易慣行を斟酌して策定した、国際的な信用状に関する統一規則である。ジュネーヴ統一手形法条約の成立をうけて策定され、1933年以来国際商業会議所（ICC）の統一規則が用いられている。数次にわたる改訂を経て、現在では2007年発効の「荷為替信用状に関する統一規則および慣例」（UCP600[555]）となっている。1993年改訂によるUCP500の時代において既に、電子呈示に対応すべく、改訂規則（eUCP）が2002年から実施されている[556]。UCPは法律またはこれに準じる国家的規則ではないから、その拘束力の性質は契約と同様である。UCPは信用状の本文としてUCPが含められることによってすべての荷為替信用状 documentary credit（および可能な範囲でスタンドバイ信用状 standby letter of credit[557]

な譲渡担保権に伴う物上代位権に基き差押えたところ、対抗要件不具備を理由として輸入者が執行抗告した事例で最決平成29・5・10民集71巻5号789頁は、銀行が占有改定の方法により引渡を受けたものと解した。
[555]　国際商業会議所日本委員会・ICC荷為替信用状に関する統一規則および慣例（2007年改訂版）〔飯田勝人訳〕（2007年3月）。
[556]　テレトランスミッションを用いた信用状とその後送付された紙によるコンファーメーションとの齟齬がある場合にはテレトランスミッションのほうが原本と看做され、「full details to follow」またはこれと同旨の文言を明記するときまたはコンファーメーションを原本とするとの明記があるときはこの限りとしない（UCP第11条 a）。電子的方法、例えばSWIFTによるメッセージ伝達を利用した信用状などが登場するに至っている。
[557]　国家が注文主になっている請負工事を外国企業が請け負うような場合には、施工能力などについて不安が生じるが、国家の事業に失敗は望ましくない。そこで、入札をする段階から、一定の事由（落札後の契約不締結、成約後の履行遅滞、工事引渡後発見された欠陥など）によって発生し得る損害を填補する目的で、銀行が注文主を受益者とする信用状を発行する。受益者が必要な事項を記入した形式的に条件に一致した請求書を呈示するだけで（この点では商業信用状の信用状条件と共通する）、直ちに一定金額が支払われる。過剰な給付になった金額はあとから不当利得

にも）に適用される。適用される人的範囲は、信用状に異なる定めをしていなければすべての当事者に及ぶ（UCP1）[558]。ここにいう信用状creditは、いかなる名称が付されているかに拘わらず、銀行が顧客（発行依頼人applicant。例えば国際売買の買主＝輸入業者）からの依頼に基づき、第三者（受益者beneficiaryという）に対して、手形の買取negotiation（船積書類などの担保を受け取ってする一種の手形割引）、手形の支払・後日支払・引受（総称して「履行honour」という）を約束する行為、あるいは、この履行・買取を他の銀行に授権することを約束する行為である（UCP2）。これは、「撤回不能な確約 irrevocable undertaking」でなければならない（UCP500で認められていた「撤回可能信用状」に関する規定はUCP600においては廃止[559]）。

[23604] 信用状の独立抽象性　信用状は、上にみたように国際売買契約など輸出入契約を前提にしているが、信用状にどのような参照事項が書かれていたとしても、信用状は当該契約から独立した存在である。信用状を発行することで銀行が負担する債務は、信用状が指定している書類が厳格に一致する限りにおいて買

で清算する。直ちに支払があるところからICCのルールの日本語訳は、「請求払保証」、それが無因債権であると考えられるところから英法起源のDemand Guaranteeの日本語訳として、「請求払無因保証」と称している（江頭・商取引法180頁）。スタンドバイ信用状の名は、米国の国法銀行がかつて保証業務を禁止されていた関係で生じた名称であり、欧州の文献・判例・約定書等ではGarantie à première demande / First demand guarantee（請求払ギャランティー）, Garantie bancaire / Bankgarantie（銀行ギャランティー）, Gratie indépendante / Independent guarantiee（独立ギャランティー）, Garantie autonome（自律的ギャランティー）などの名称が用いられている（いずれにせよ、付従性をその本質的属性とする各国の民法上の保証契約 surety /Bürgschaft /cautionnemantという用語を回避している。また、証書にはstandby creditと題された債務負担行為を裁判官がことさらにGarantieと性質決定する例もある。なお、フランス民法典は、第2321条において「自律的ギャランティー garantie autonome」の表現を採用している）。現在のところ、1993年にその初版が策定された欧州型のICC請求払保証に関する統一規則（URGD758）、欧州型米国型折衷の国連国際商取引法委員会（UNCITRAL）策定による「独立ギャランティー・スタンドバイ信用状条約」（1995年。富澤＝柴崎訳・国商27巻3号）、ICC＝米国銀行研究所の国際スタンドバイ規則（1998年、ISP98）が並立している。詐欺・濫用の場合、発行委託者はその指図権を被保全権利とし発行銀行を債務者として支払差止の仮処分を請求でき（江頭・商取引法193頁）、発行銀行は抗弁援用の義務を発行委託者に負う（柴崎・前掲書［4301-4316］）。

[558] 信用状の当事者：依頼人、発行銀行、受益者のほか、「指定銀行」は、書類の買取義務を負担する銀行である（UCP2）。「確認銀行」は、履行・買取の義務を負担する銀行である（UCP8）。

[559] UCP600のもとでは、信用状はすべて取消不能（irrevocable）信用状である。有効期限（UCP 29）内は継続して効力が維持される。その義務の内容による区分としては、一覧払で利用できるもの、後日払で利用できるもの、引受で利用できるもの、買取のいずれのタイプのものであるかを示さなければならない（UCP 6b）。信用状自体の流通可能性に関して言えば、信用状は本来は譲渡になじまない性質の取引であるが、譲渡可能（transferable）信用状が認められる（UCP 38）。

取・引受・支払を行うことを内容としている抽象債務である。したがって、依頼人・発行銀行間の実質関係から生じる抗弁、依頼人・受益者間の実質関係から生じる抗弁は、いずれも銀行が援用できないものとされている（UCP4）。詐欺・濫用の抗弁が援用できる場面は、抽象性の限界として位置づけられる（江頭・商取引法192頁）。

[23605] **書類の点検と信用状条件の不一致**　銀行は信用状に定めたすべての書類（手形・小切手のほか、UCP18-28所定の船荷証券、シーウエイビル、陸上運送書類、航空運送書類、インボイス、保険証券など）が文面上、信用状条件に一致しているかどうかを相応の注意をもって（5銀行営業日以内に）点検しなければならず（厳格一致の原則。手形の資格証明力よりもさらに支払者の法的安全を保障するものといえる）、一致を欠く書類の呈示に対して履行・買取を行っても、発行委託者に出捐の償還を求めることができなくなる（償還の条件については、発行委託者と発行銀行との間の、荷為替信用状取引約定書によって定まる）。発行銀行・確認銀行・指定銀行は書類の信用状条件の一致を点検する義務（UCP 14）を負い、信用状条件の不一致の場合（discrepancy、しばしばディスクレという）には、発行銀行は依頼人に対して信用状条件の不一致を通知する（UCP16）。しかしながら、信用状条件に不一致の態様で作成された書類が売主等関係人の過誤で混入することがあったとしても、その不一致にもかかわらず、手形の買取拒絶等を撤回させ代金の円滑な決済を完了させることは、むしろ関係人全員に利益であり、かれらの同意を容易に得られることが通常である。そこで、依頼人は、信用状条件の修正（amendment、しばしばアメンドという—その方法については UCP 9・10・11）を行って、信用状条件を書類にあわせて変更することができる（ディスクレはこのようにアメンドの方法で解消すべきであって、この方法を採らずに発行銀行に責任を負わせることは一般的には認められない。ところが、形式上信用状条件に齟齬--石炭売買において、信用状条件として掲げられた石炭の固有水分「約13%」に対して、受益者が呈示した分析証明書の記載が「9.5%」である事例--がある場合であっても、「信用状における記載の意味が曖昧で、複数の解釈が可能である場合には、信用状の発行者の不利益に解釈すべきであるとされており、信用状発行銀行と受益者との関係では、そのような曖昧な内容の信用状を発行した発行銀行自身がその曖昧さから生じる不利益を甘受すべきであると解される。」「受益者の主張する解釈が不合理でおよそ成り立ち得ないものでない限り、発行銀行の主張する解釈が採用されるべきではない」等として、そもそも当該事案がディスクレの場合に該当しないという独自の見解を採用し発行銀行に支払を命じた東京高判平成24・9・26金判1438号20頁がある）。

第B章　回収

第ⅰ節　回収の開始とその方法

第a款　期限の利益喪失

[24101] 序説　ここにいう期限とは、履行期までの期間をいい、債務者にはそれまでは弁済を請求されないという利益がある。期限の利益は、一般には債務者のために存するものと推定されるが、利付貸借における期限は、期限の対価として利息が支払われるものであるから、債権者債務者の双方にとっての利益となろう[560]。取引先の成長性を損なわないことは重要な考慮事由であって、経営状態を好転させる可能性があるならば、むやみに回収に走らず、支援を続けることによって回収率が向上する場合もあろう[561]。それでも、債務者の信用悪化が深刻であるときには、安全性の観点から、貸出をすみやかに回収することもまた銀行の社会的責務となる。そこで民法の定める場合以外にも期限の利益喪失事由を列挙し合意し、相殺による回収をはじめ、回収にそなえておくための技術が用いられることになる（ひな型5）[562]。

---

[560] 期限の利益は債務者のために定めたものと推定され（民136Ⅰ）、期限の利益の放棄によって相手方の利益を害することができない（民136Ⅱ）ので、相殺回収で一方的に債権を期限前消滅させ期待された利息を失わせるときはこれを賠償すべきところ、約定書では利息等の計算期間を銀行側の相殺の時は計算実行の日まで、逆相殺によるときは相殺通知到達日までと定める。

[561] 債務者の信用状態につき、平成17年金融庁検査局の「金融検査に関する基本指針」に基づき策定された指針「金融検査マニュアル」は、預金受入機関が取引先を管理するにあたり、破綻先・実質破綻先・破綻懸念先・要注意先・正常先の5段階に分類して把握するように指針を設けている（マニュアル平成27年版210頁以下）。同「マニュアル」は、公共性や金融円滑化の要請の見地から、例えばコベナンツ違反を機械的に取扱って期限の利益を喪失させるような行動を戒める等指針を定めている。

[562] この他、法定的な期限の利益の喪失の例として、手43、会789Ⅴ等が知られる。破産手続開始決定による期限付債権の期限の当然喪失を定める2004（平成16）年改正前破17＝現行破103Ⅲも参

[24102] **当然喪失・請求喪失**　　民137の期限の利益喪失は、直接に喪失させるのでなく喪失の形成権を発生させるもの（旧民財405）と解されるが、ひな型５Ⅰは当然喪失[563]を定め、喪失事由が民137より広範囲に定められている[564]。ひな型５Ⅱでは請求喪失と称して、通知が行われると喪失に至る場合[565]を定めている[566]。喪失させる形成権には事柄の性質上消滅時効は存在せず、除斥期間もないが、合理的な期間内に行使すべきものである。一般には時効のようなものを観念する必要性はないものと考えられる。ひな型５Ⅱ（5）では「前各号のほか債権

照。

[563]　ひな型５Ⅰ（3）では仮差押までが列挙され、自動喪失の効果を導くが、仮処分に関してはあとから債権が存在しなかったことが明らかになる可能性が残されているから、そのような場合にまで期限の利益を失わせるのには問題があるといわれる（水田耕一・前掲貸付取引上229頁）。破産・民事再生・会社更生・特別清算の手続については、申立がすなわち倒産手続の開始ではなく、手続の開始要件を満たしていないことが明らかになって却下される場合もある。ひな型５Ⅰ（1）では、破産等法定倒産手続の「申立があったとき」が喪失事由とされてはいるものの、開始決定が下されるまで（前記「実質破綻先」とはこの状態をいう）は喪失が確定したわけではなく、開始決定に至って、申立時に遡って喪失として扱われるものであり、申立却下となれば期限の利益喪失とはならない（鈴木禄彌編・新版注釈民法（17）債権（8）（1993年、有斐閣）333頁〔鈴木禄彌＝山本豊〕）。この他、不渡処分[12208]、預金等の差押[25101]が当然喪失事由である。

[564]　双務契約において約定解除権が認められていることとの均衡において民137の列挙は、これ以外の喪失事由の約定を禁ずるものではないが、その内容が客観性を欠くものであってはならず（遠藤浩「期限利益喪失約款の妥当性」加藤＝林＝河本・銀行取引法講座中巻（1977年）4頁）、純粋随意条件契約を無効としている趣旨にてらして期限を与える側の意思のみに依存するものであってもならない。前出三菱銀行事件（大阪高判昭和37・2・28高裁民集15巻5号309頁）の第一審（京都地判昭和32・12・11下民集8巻12号2302頁）の理由中には当事者間において用いられた約定書の文言（「拙者カ貴行ニ対シテ負担スル総テノ債務ノ中何レノ債務ニテモ其履行ヲ怠リタルトキハ他ノ一切ノ債務ニ付期限ノ利益ヲ失ヒタルモノトセラルルモ異議無之候」）の他、当時の約定書例の文言が列挙検討されているので参考にされたい。

[565]　ここでは「貴行の請求によって…期限の利益を失い」という文言が用いられているが、精密にいえば「請求」と称するのは不適切である（遠藤浩・前掲銀行取引法講座中巻14頁）。一般に「請求」とは債権者が履行を求めることをいうが、期限付債権では期限未到来である以上いくら請求しても債務者が遅滞に陥るわけではない。ここで「請求」とは、期限の利益を失わせる解除権類似の形成権の行使の意思表示であって、法律上の「請求」ではない。消滅時効はかかる期限利益喪失の意思表示の行われたる時点より進行する（大判昭和15・3・13民集19巻544頁、最判昭和42・6・23民集21巻6号1492頁）。

[566]　ひな型５Ⅱ（2）について。担保不動産の競売開始決定が多くの場合取引先の事業の継続に著しい困難をもたらし、信用の悪化をもたらすことはいうまでもなく、債権保全の必要がある場合といいうるから、請求喪失の原因となる。しかし、このほかに、旧強制執行法（昭和55年廃止）のもとでは、担保不動産が競売され、銀行が配当手続に加入しようとするときに、被担保債権の履行期が到来していなければならなかったため、配当金を取得するために期限の利益を失わせる必要があったというのが、本号の意義であり、現行民事執行法にあっては、期限未到来の債権でも配当を受けることができるようになったため（民執88）、現時点で本号の存在理由は半減しているという。

保全を必要とする相当の事由」を挙げている[567]。喪失形成権も権利であるから、その濫用が許されないことはいうまでもない[568]。なお、民法改正法により、**保証人への情報提供義務**が新設される。保証人に対する関係において債権者は、主たる債務の履行状況に関する情報提供の義務（改458の2）を、主たる債務者が期限の利益を喪失する場合には喪失時から2カ月以内に通知をする義務（改458の3 I）を負うこととなっており、特に、後者の通知を怠った場合には喪失時から通知までの遅延損害金について失権する旨が定められている（改458の3 II）。

[24103] **誓約事項**　既述のとおり消極担保とは、特定融資枠契約中に含まれる誓約事項であり、多くの場合、期限の利益喪失事由の定め方の一態様である。社債発行契約にも用いられる[569]。米国起源の実務であるが、affirmative pledge（比例的な担保設定の予約[570]）は、他の債権者のために担保権が設定されれば、本約定の債権者も債権額に応じて比例的にその担保権を取得するとの約定であり、conditional negative pledge（条件付担保不設定条項）は、本約定の債権者がその担保権を債権額に応じて取得しない限り、他の債権者のために担保権を設定しては

---

[567] 本号の内容としては、取引先の営業の停止、無思慮な投資を始めたこと、保有する棚卸資産・保有有価証券の急激な値下がりなどを列挙することができる（遠藤浩・前掲銀行取引法講座中巻12頁）。

[568] 前出「金融検査マニュアル」においても、「信用リスク管理態勢」につき、とりわけ中小・零細企業に対する関係において、「経営改善の方策に係る協議に応じることなく、機械的に債権回収や債権売却を行」っていないか注意を喚起し、「ビジネスローン等からの撤退等に当たっては、債務者の置かれた状況を斟酌し、必要に応じて代替的な資金供給手段を検討」しているかどうかをチェック項目として挙げている（マニュアル平成27年版140頁）。利息制限法の上限利率を超える約定利息について、貸規43（当時）の要件を欠く場合に、制限超過部分を含む約定利息の支払を怠った場合には、元利全額について期限の利益を喪失することを約定している場合には、このような規定の結果、利息制限法1条1項によって支払義務を負わないはずの制限超過部分の支払も事実上強制されてしまうことになるので、同条項の趣旨にしたがい、制限超過部分の利息については、支払を怠ったとしても期限の利益を失うものではないことになるという（最判平成18・1・13民集60巻1号1頁。前出注439）。

[569] 松岡久和「クロスデフォルト条項・ネガティブプレッジ条項の民事法的検討」ジュリ1217号2頁以下では、日本興業銀行が作成した「無担保社債管理委託契約証書」が文例として検討されている。社債契約以外の融資契約にも広く用いられ、財務制限（純資産額・利益・配当上限・キャッシュフローカバレッジ等所定の指標の維持）を課する例が多い。

[570] 債務者による、約定の当事者以外の債権者のためにする担保権の設定を停止条件として、約定の債権者の権利を担保する同順位ないし同等の別の担保を債務者の負債総額中の当該債権者に対する債務の額面の比率に応じて設定する諾成的な合意である。担保価値2億円の不動産に3億円の債権者（A）のために債務者（B）が抵当権を設定するときは、条項の当事者である1億円の債権者（C）が「比例的抵当権」を取得することになる。ただし、日本の現行法の制度のもとでは、対抗要件を具備することができない。松岡・前掲5-6頁。

ならないとするもの、absolute no pledge（絶対的担保不設定条項）が、他の債権者のために担保権を設定してはならないとのみ定めるものである[571]。

[24104] **クロスデフォルト条項**　期限の利益喪失約款の一種として、「クロスデフォルト条項」が用いられることがある。債務者が他の債権者との関係で期限の利益を失ったときに、銀行取引約定書ひな型5Ⅱの「請求による期限利益喪失」のような意思表示を待つまでもなく、当然に、連動して当該債権についても期限の利益を失うものとさせる条項である。これが挿入されることによって債権者は早期の回収をなしうるが、当該債権者との間において不履行があったのでもないのに、契約における信頼が損なわれたとまでは言えない段階で回収を可能とする約定の妥当性はなお問題とする余地がある。

第b款　簡易な担保実行

[24201] **序説**　近代国家は私人の権利の公的な力による強制的実現を保障しているから、私力救済 justice privée は許されず[572]、一部の例外規定[573]を認めるのみである。

[24202] **非法定的権利実行方法の合意の効力**　では担保の対象を占有する貸主が、法定の権利実行手続[574]の存在にもかかわらずこれを法定の方法に拠らずに処分することは許されるか。とりわけ、不適切な価格での処分や剰余の横奪のおそ

---

[571] 松岡・前掲3頁。借手においてこの条項への違反があるときは、期限の利益を失わせることができる。一般に期限の利益の喪失事由として民137（2）は、「担保の毀滅・減少」を掲げるが、他の債権者への担保の提供が必ずしも当該債権者にとっての「担保の減少」となるかは多様に解されよう。

[572] 明石三郎・自力救済の研究241頁。フェーデ、決闘、私力差押等が歴史上の例として知られる。

[573] 民233Ⅱ（隣地竹木根剪除権）、民720（緊急避難）、刑36（正当防衛）、刑37（緊急避難）、刑238（事後強盗）反対解釈、会315等。古典的自由主義観に立てば、権利がある限りそれを国家機関の介入によらず直接実現することに何らの不正義もない。担保執行においても、公的な権利実行手続が整備されていない社会では、そのような理解がむしろ正当であるとされている。例えば19世紀の民法学者 TOULLIER は商事質権者の質物公売権（仏商93条原始規定）をはじめとする「事実上の執行 voie de fait」を適法視した（明石・前掲書156頁）。しかし現代の市民社会は、平和な秩序を尊重するものであって、窃盗被害者でさえ急迫緊急の場合を除き実力奪回はできない。刑242の「占有」に関し現代では平穏所持説が支持される。一定程度強力な取立であっても、債権が存する以上、貸金業法等に規定する場合を除き、ただちには違法ではなく、正当行為（刑35）ともなろうが、社会観念上一般に認められる程度を超えた自救行為は恐喝にあたる（大判昭和9・8・2刑集13巻880頁）。

[574] 抵当権・質権についていえば、民執181以下の規定する担保権実行手続・民354の簡易弁済充当、民367による債権取立手続など抵当権・質権についていえば、民執181以下の規定する担保権実行手続・民354の簡易弁済充当など。

れはある。しかし、金融取引においては回収を迅速・簡易・安価に行うため、非法定的な権利実行を許諾する合意が予め行われていることが珍しくない（ひな型4Ⅲ）[575]。一定の合理性があるために許容されている。

[24203] 権利実行方法等の適当性　銀行が担保の取立または処分をなすには、「**一般に適当と認められる方法、時期、価格**」[576]でこれを行うことを要する。銀行は権利実行方法の選択につき善管注意義務（民644）を負う[577]。不当な廉価処分は代理権の濫用等に準じ原状回復せしめ、少なくとも**差額**を賠償すべきものである[578]。一般に適当とされる「時期」における処分であるためには、取引先が銀行に対して履行遅滞（民412Ⅰ）に陥っていることを要する。銀行は、担保物を第三者に処分しうるというだけでなく本人の許諾を得た**自己契約**により自らを譲受人となしうる（代物弁済）[579]。

[24204] 抵当権の法定の権利実行　法定の権利実行方法は、民執180以下の規定に従い、抵当権者[580]が申立[581]を行い競売開始決定[582]を得て競売を開始する方法

---

[575] 約定書にそのような規定が置かれていても、約定書の当事者となっていない物上保証人との関係では、法定の権利実行方法を採らなければならないことはいうまでもない。また、この約定に関連して、手形の取立充当権が論じられているが、[23204ter]参照。

[576] 1960年の「ひな型試案」は「担保処分の方法、時期、場所、価格等はすべて貴行に一任します」としていたが、これは合理的な範囲を超えた裁量を許してしまうとして、適当性の条件が1962年全銀協ひな型以降は要求されることになり、1977年改訂・2000年ひな型廃止を経て各行の約定書に受け継がれている。

[577] 田中誠二・銀行取引法337頁。

[578] 動産処分に関して即時取得が成立し、不動産処分において表見代理が成立する場合には、処分の効果を覆し得ないので差額返還で処理し、これにあたらない場合には、無処分権者の行為として効果を否定しうる（鈴木禄彌編・新版注釈民法（17）債権（8）（1993年、有斐閣）322頁〔鈴木禄彌＝山本豊〕）。

[579] 鈴木編・前掲新版注釈民法17巻322頁〔鈴木禄彌＝山本豊〕。自己契約になることについての本人の承諾（民108）が、代物弁済（民482）が行われる場合にはその旨の合意が、必要である。

[580] 後順位抵当権者も申立は可能であるが、先順位抵当権者が満足を得ずに無剰余執行になる場合は取消され、無抵当権者による競売申立（不法行為である。川井健・民法概論2物権（2005年、有斐閣）354頁）に対して所有者は競売申立取下請求をなしうる（大判大正7・10・11民録18輯832頁）。

[581] 申立は、登記事項証明書等を添付し（民執規173Ⅰ、23）、債権・抵当権の存在につき疎明して不動産所在地の管轄裁判所（民執188、44Ⅰ）に対して書面（民執170）で行う。

[582] 競売開始決定に対しては、債務者・所有者は担保権の不存在・消滅を理由とする執行異議が可能（民執182）である（請求異議は債務名義を前提としてその執行力の排除を求める訴であって、抵当権実行手続には準用できない。最判昭和40・7・8民集19巻5号1170頁）。不動産の滅失等の事情あるときは取消（民執188、53）され、担保権のないことを証する確定判決等の提出があったときは停止（民執183Ⅰ）する。却下に対しては申立人から執行抗告が可能（民執10、188、45Ⅲ）である。

に拠る。競売は法定文書[583]の提出をまって執行裁判所が行う[584]。買受の申出[585]に対して執行裁判所は売却許可決定[586]を行う。代金の納付により法定効果として所有権が移転する[587]。

[24205] **法定の手続によらない場合**　法定の方法は手続が厳格で効力が安定し、評価についても裁判所が関与するので、不適切な売却は避けられる。しかしその反面、抵当権者の側は厳重な手続のために費用と時間を受忍しなければならない[588]。そこで多くの場合、銀行は、抵当権の客体である不動産所有権につき、

583　担保権の存在を証明する確定判決もしくは家手75の審判・これと同一効力を有するものの謄本、担保権の存在を証する公正証書謄本、担保権の登記事項証明書（民執181Ⅰ）。

584　民執188、45Ⅰ。債務者に送達（民執45Ⅱ）し、書記官が公告（民執188、49Ⅱ）する。執行裁判所は、債権者のため不動産の差押を宣言する（民執188、45Ⅰ。書記官の差押登記嘱託（民執188、48Ⅰ）の送達または登記の時より効力が生じ、抵触処分の効力を妨げる。大決大正4・12・14民録21輯2106頁）。仮差押債権者や他の物権を有する債権者らに対する配当要求の終期の公告・配当要求の届出の催告（民執188、49）、執行官の現況調査（民執188、57）、評価人の売却基準価額決定（民執188、60Ⅰ）、物件明細書（民執188、62）の作成・公衆閲覧がおこなわれる。執行裁判所は価格減少行為等・引渡妨害等の禁止命令（民執188、55Ⅰ、77Ⅰ）、あるいは地代の代払い等担保の保存措置命令（民執188、56Ⅰ）、売却妨害者の退場・買受申出の禁止等を命じ得る（民執188、65）。

585　買受申出は、債務者以外の者（抵当権者・設定者も含める）（民執188、68）がこれをなしうる。複数の抵当不動産買受人の一もなし得（大判明治38・5・8民録11輯777頁）、共同買受も代金を連帯して負担する限り可能（大決昭和11・3・17民集15巻483頁）である。競落許可決定（旧法）の不服は異議申立・即時抗告で争う。その錯誤を主張して別訴で争うことは認められず（最判昭和43・2・9民集22巻2号108頁）、無権代理人による買受申出による代金支払義務であっても、売却許可決定後においては拘束力がある（大判昭和12・2・9民集16巻23頁）。買受申出人は執行裁判所が定める額・方法による保証の提供を要する（民執188、66条）。買受申出人・次順位買受申出人が同意しない限り、競売申立人による申立取下は認められない（民執188、76Ⅰ本文）。

586　執行裁判所は売却決定期日を開いて売却（不）許可決定を言渡す（民執188、69）。超過売却の場合には、売却許可決定は留保となる（民執188、73）。売却（不）許可決定に対しては執行抗告が認められる（民執188、74）。

587　売却許可の場合には保証金は代金に充当される。売却代金の納付があった場合（民執188、78）には、これにより買人は権利を取得する（民執188、79）。また、売却に伴い抵当権・先取特権は消滅し、他の差押や仮処分の効果も消滅する（民執188、59）（消除主義）--。この権利取得は一種の法定効果であって、その効力は執行の基礎にある抵当権の不存在によって妨げられない。民執184。これは判例--大連判大正11・9・23民集1巻525頁、最判昭和43・2・16民集22巻2号226頁--が認めてきた担保権の消滅している設定者の物権的請求権を排除する趣旨で定められた規定である。本条の適用されるためには、競売不動産の所有者が競売開始を知りその停止申立等の措置を執り得ただけでは足らず、所有者が不動産競売手続上当事者として扱われたことを要するとされている--最判平成5・12・17民集47巻10号5508頁。競売でも担保責任は売買一般に準じるが、改568Ⅳは例外を新設した）ので、裁判所書記官が買人の取得した権利の移転登記・消滅した権利の抹消登記を行い（民執188、82）、配当表に基づき配当が実施される（民執188、84）。買受人は納付から6月内に目的不動産の引渡命令を求めることができる（民執188、83）。

588　法定の実行手続は、執行裁判所による換価であるから時間がかかるという一般的な難点が存在

任意の第三者買受人を相手に、予め与えられた処分権に基づき、この者に（あるいは自己契約の承諾を得た上で自己に）、設定者の不動産所有権を移転せしめることができるとされている[589]。**任意売却**と称する[590]。債務者（売主）・抵当権者（金融機関）・第三者（買主）の三面契約であり、買主から弁済された売買代金から抵当権者は満足を得て抵当権を抹消する義務を負う（弁済金の銀行による受領を条件とした抵当権抹消の義務負担が附款とされた売買契約）。しかし、一旦売主に代金が帰属するので、他の債権者が売主に対する債務名義を持っているときには、抵当権者は引渡前にこれを差押えなければ物上代位権を主張できない（民304）等の問題を生じる[591]。

[24206] 仮登記担保付代物弁済予約による場合 実務では抵当権の設定に併せて、**代物弁済の予約**が締結され、これによる処分権付与がなされることがある。これも私的執行の一種であって、その不完全性は完全に克服されているわけではない[592]。処分権の付与は、目的不動産の所有権を（A）**第三者に移転する権限の付与**である場合と、銀行自身に（B）**所有権を帰属**せしめる場合とがある。後者には、（B1）仮登記担保法の仮登記が付されている場合と、（B2）そうでない場合とがあり、仮登記を付した場合には、**仮登記担保法所定の方法による権利実行**[593]

したというだけでなく、平成16年改正までは、設定者と共謀した者らによる短期賃貸借による抵当権妨害が行われるなどしており、そのことが仮登記担保や不動産譲渡担保の進出を結果的にひきおこしたという。また、地価下落局面では抵当権こそが金融機関の不良債権を増大させる要因として意識され、抵当権有害論が説かれたり知財担保が称揚されるなどしたという。髙木多喜男・担保物権法（2005年、有斐閣）95-96頁。

589　鈴木編・前掲新版注釈民法17巻323頁〔鈴木禄彌＝山本豊〕。これを**抵当直流**（じきながれ）という。川井・前掲書353頁。

590　抵当権そのものの効果ではない。抵当権を実行しないことの代償として事実上設定者がこれに応じる場合があるというに過ぎない。

591　このほか、民394Iは、抵当権者が抵当権があるにもかかわらず一般財産に強制執行を行なう場合には、他の一般債権者を保護するため抵当権者の弁済を受ける権利に制限をおき、抵当不動産の代価により弁済を受けない範囲でのみこれを許すこととし、これに反する執行には他の債権者からの異議権を付与し、抵当権者には抵当不動産代価支払以前の配当加入権を認めつつも抵当権者配当部分の供託請求権を一般債権者に認める。

592　例えば、後順位担保権者が公力執行を開始すれば、仮登記担保権者もこの手続に参加しなければならない。また、代物弁済の予約の本質は債権契約であって、本来は予約完結による所有権移転の部分を除き実体的には物権としての効果はなかったはずのものであるので、仮登記担保権者には競売申立権がない。後順位担保権者には競売申立権があることと比較して均衡を欠くとし、立法論として米国統一商法典第9章に見られる自力引き揚げの制度に倣い、非典型担保権者の自力引揚権を認め、あるいは競売申立権も付与するとの提言があるが、競売申立要件の緩和にとどめるべきといわれる（中野貞一郎・前掲書750頁）。

593　仮登2、清算金見積額通知より2ヶ月後の所有権移転。剰余が出た場合には、判例で認められ

が認められる。仮登記が付されている場合には第三者にも主張し得るから、この場合には代物弁済予約自体が独立した非典型担保である[594]。この処分は所有権の移転であるものの、競売における優先弁済権の順位が抵当権とみなされる（仮登13)[595]。

[24207] **不動産の取得者と抵当権**　　前記の法定手続による競売では、抵当権の抹消登記は裁判所が職権的に行なうが、任意売却の場合、あくまで売買契約の附款としての債権的義務が存するだけであって、制度としては抹消が保障されているわけではない（そのまま抹消されなければ、買主は物上保証人となる）。強制競売では消除主義（民執59Ⅱ）を原則とし（一部の留置権・質権につき例外的に引受主義＝民執59Ⅳ）ているが、任意売却については依然として買主は追奪の危険に曝され続けてしまう。そこで、法は抵当権者の利益との衡平を考慮して、代価弁済[596]と抵当権消滅請求[597]の二種類の抵当権を消滅させる手続を定める。なお、平成16年改

てきた清算義務（仮登3）法定されているので代物弁済予約をした債権者による総取りは認められない。

594　伊藤進「典型担保の契約による修正」遠藤浩他監修・現代契約法大系第6巻担保・保証・保険契約（1984年、有斐閣）2頁。

595　往時の実務であるが、仮登記担保の手段を用いないでなされる代物弁済予約については、取引先が所有権移転の本登記申請に協力しないことを予期して、権利証・委任状・印鑑証明書を徴しておく方法が採られる（木内・金融法314頁）。印鑑証明書がすぐに失効してしまう（鈴木編・前掲新版注釈民法17巻323頁〔鈴木禄彌＝山本豊〕）、清算義務（仮登3）が根拠づけられない、といった問題点の指摘がある（学説はかかる任意処分の場合にも清算義務を認める。伊藤進・前掲現代契約法大系第6巻6頁）。

596　代価弁済（民378－平成16年現代語化以降の条名）は、抵当権者側からの請求に基き、売買契約を締結した買主がその金額を抵当権者に支払うことを条件に抵当権を抹消する制度である。旧民法にも、各国法典にも例がなく、唯一1865年イタリア民法典に条文があり、これを模範としたのが日本の代価弁済であるといわれている。所有権の転得者のための制度で、任意売却と似た構造の処分ではあるが、任意売却の場合、売買と抵当権抹消の手続とはそれぞれ別々の法律要件であって、それが連続的に行われるだけであるのに対して、この制度は買主から直接に債権者への弁済が行われ（売主を指図人とし買主を被指図人とする指図。抵当権者は指図受取人）、一体の行為として抵当権が抹消される。任意売却の場合、抵当権者が所有権売却代金上の物上代位権のみで満足を得られないときには残った債権に基いて抵当権を行使しうるため買主は追奪の危険から解放されていない。しかし、抵当権者の求めに応じて買主から直接に代金相当の金銭の払渡が行われる場合に限り、--抵当権者は権利を失うことを承諾しているのであるから--これによって抵当権を消滅させ、他方、設定者の他の債権者の強制執行から影響を受けないで代金を受領できる。これによって転得者の負担を除去する。買主が提示した評価額を抵当権者が承諾しないときには、抵当権消滅手続（滌除）の方法によるほかにない。

597　物件の時価が低下して被担保債権額に満たないような場合には、任意売却や代価弁済で代金を受領しても、満足を受けることができない。抵当権者は、時価が回復するまで処分を行わず抵当権を抹消しないのが普通である。しかし、それでは不動産所有権の転得者が追奪の危険を負担し

正では、抵当権の効力が及ぶ範囲を果実にまで拡張し、強制執行における強制管理を応用した収益管理執行手続[598]が導入された。また取引先が法定倒産手続を開

つづけることになる。そこで、所有権の第三取得者は、「抵当権消滅請求」（民379）の権利を行使できる。主たる債務者、保証人及びこれらの者の承継人はこれをなし得ない。この制度はかつて「滌除」と称した制度であり、改正法は、「滌除」の語を「抵当権消滅請求」と改めた（用語の現代化）。滌除の制度に対しては、不動産バブル経済の崩壊に伴い不動産売却の必要性が高まるなか、滌除制度の利用し難さ、とりわけ抵当権者側の負担の重さについて批判が興った。①滌除申立を受けた後1月内に競売申立をしなければならず、抵当権者から競売申立時機の判断の余地がない。②滌除権者が提示した価額に不服な抵当権者は、1割増で競売にかけ競落がなければ抵当権者が自らこの価額で買取る義務を負う（改正前民384）。③しかも、保証金として当該価額を提供しなければならない。そこで、平成16年改正は、滌除制度の改革を実施した（以下、平成16年民法改正に関しては、道垣内弘人＝山本和彦他・新しい担保・執行制度〔補訂版〕（2004年、有斐閣）による）。改正法は①消滅請求申立を受けた後、競売申立をすべき期間を2ヶ月に延長し、抵当権者が競売の申立てをしないときは、第三取得者の提供を承諾したものと看做すものとした（民384）。ただし、消滅請求権者の申立による競売において買受けの申出がなく最終的に競売手続が取り消された場合（民執63Ⅲ・68の3）、民384Ⅰの看做し承諾の効果が生じないものとなった（民384（4）括弧書）。②増額競売申立・増額買取義務は全廃された。③これにともない保証金も不要となった。④これに加え、従来抵当権者に課されていた滌除権者への抵当権実行通知義務を廃止して抵当権者の負担を軽減した。第三取得者は抵当権の存することを登記を通じて知ることができ、所有権取得の時点から消滅請求を申し出ることができるのであるから、というのがその理由である。⑤この通知はこれを以って滌除期限の終期となっていたが、通知の制度が廃止されるのにあわせ、抵当権消滅請求の期限を、競売開始決定に係る差押えの効力が生ずるまでとした（民382）。⑥滌除権者は地上権・永小作権の第三取得者も含められていたが、消滅請求権者は、これを所有権の第三取得者に限定することとした。

598　平成16年改正は、この他、抵当権の効力に関して重要な改正を行っている。短期賃貸借制度の廃止（併用賃借権による抵当権者側の自衛措置は判例＝最判平成元・6・5民集43巻6号355頁に否定されたため、抵当権の実行を妨害する短期賃貸借制度の詐害的利用が深刻に問題視されていた）、一括競売が可能な場合の拡大、企業再編・不良債権処理等の目的で抵当権を被担保債権の譲渡に随伴して移転させるための根抵当権者側からの元本確定請求などがあるが、このほか、担保不動産収益執行手続の導入が特筆すべきものである。本来抵当権とは、価値に対する支配があるのみで、目的物の使用・収益権能についてはなお所有権者に属するものと理解するならば抵当権者が収益に対する管理権限を有することはないが、効果的な被担保債権回収を可能とするため、判例は、抵当不動産の賃料債権に対する抵当権に基く物上代位権を認めていた（最判平成元・10・27民集43巻9号1070頁）。ところが、この判旨は、抵当権の定義に矛盾するものと考えられた。民371の改正前の規定は、原則として抵当権の効力は果実に及ばず、抵当不動産につき差押があった場合または第三取得者が抵当権者による抵当権実行の通知を受取った場合にのみ例外的にこれを認めるというものであった。そこで、平成16年改正による民371は「抵当権は、その担保する債権について不履行があったときは、その後に生じた抵当不動産の果実に及ぶ」ものとした。しかし、物上代位権があるというだけで、物件の管理権能は依然として設定者に属する。そこで判例は、競売妨害のため所有者から占有権原を与えられた者がいるために、抵当不動産の交換価値の実現が妨げられるような場合には、抵当権者自身が（債権者代位権の迂路を通してではなく）妨害排除請求をなし得るものとし、所有者自身が物件を適切に維持管理することを期待できない場合には、所有者への返還ではなく、直接抵当権者自身への明渡を求めることができるとした（最判平成17・3・10民集59巻2号356頁）、他方、民執188を改正し、民執93以下に定める「強制

始した場合に抵当権者は、破産であれば別除権者（破65）、会更であれば更生計画（会更168）の更生担保権者と遇され、場合により担保権消滅手続（会更104・民再148）に服する。

[24208] **動産執行**　動産担保についても民事執行法の手続以外に、約定書に私的実行が合意されている。ところで、質権に関しては、私的実行の約定は、**流質契約の禁止**（民349）の趣旨に抵触しないか論じられている[599]。

[24209] **充当の順序の適当性**　債務者が同一の債権者に対して同種の目的を有する数個の債務を負担する場合においては、弁済として提供した金銭給付が総債務を消滅させる額に足らないときは、充当が問題となる。民法の本則によれば、

管理」を、抵当権者による収益管理（担保不動産収益執行手続）に準用するものとしたのである。

[599]　流質契約とは、質権設定者が質権設定時または債務の弁済期において債務不履行の状態にあるときには、法律に定める方法によらないで質物を売却する旨を定める契約である。民法は、債権者が立場の弱い債務者から暴利を貪ることを予防する趣旨でこの原則をおいた。商事取引関係においては、却って商人は担保の客体の利用よりその交換価値の活用を希望するという理由で、商515が例外を認める（なお質〔屋営業法〕1・19Ⅱも同旨）。故に流質契約の許容される場合は、商行為による債権を被担保債権とする場合に限る（質権設定行為が商行為であるというのではない）。銀行取引の場合には、被担保債権発生原因の商行為性（一方的商行為の原則、商3）が満たされるが、協同組織金融機関の場合にはこれを満たさない場合があり得る。民法学説はこれに加重し、商515の文理にもかかわらず、債務者にとって商行為でないときは商515を適用せず民349の本則に戻るとする。民349は当事者の防衛能力の差異に配慮した規定でその趣旨からは当然かく解するべきであるという。一部の商法学者は、譲渡担保（松本烝治「賣渡抵當及動産抵當論」私法論文集（有斐閣、1926年）544頁）の慣行が容認されていることからこのような要件の加重を無用とし、のみならず「流質契約禁止の一般原則がすでに実効の乏しいものであるのみでなく、商人の貴重な営業資金から金融を受ける者は、たとい非商人でも多少の不利は忍ぶべく、しかも金融を受けやすくなる利点もある」（西原寛一・商行為法134頁）と説く。両者の問題は一応区別すべきものであろう。というのも質権は占有型担保であって、債務者の保護が要請される必要性が相対的に高い。譲渡担保の慣行の確立が必ずしも質権の原則を変更するのでないからである。また、平成29年商法改正により、倉庫証券は単券主義に改められた（改商600-「倉荷証券」）が、その裏書による譲渡・質入の、物品所有権に対する物権的効力は存続する（改商607）。ただし、質入裏書の一般的理解として後続の裏書による流質は不可能で、物品返還請求の受任者を選定する効果しかない。指図債権質、特に手形に関しては公然の質入裏書が行われている場合には、質権者は、取立委任裏書を続行するか、自ら取立をなす以外になく、手形債権の処分そのものはすることができない。ひとたび公然の買入裏書を受けている銀行は、流質を意図する時は、質入文句抹消権限の授与を受けておくか、質入裏書抹消権限・正書（譲渡裏書）続行の代理権授与を受けておき、処分にそなえる以外にない。これを回避するには、いわゆる隠れた質入裏書（債権担保の目的をもってなす正裏書）（最判昭和43・12・25民集22巻13号3548頁→[41312]）の方法が用いられる。質入文句・質入裏書の抹消はその外観から変造を疑われないよう隠れた質入裏書が好まれる。他方、質権設定記録には民366Ⅰ-Ⅲを適用する説（萩本＝仁科・前掲書202頁）があるが法文上明示の準用がない（電債36）。電子記録債権が指名債権ではない以上同条の適用はないはずだが、手19類・電債38勿で取立権を認めることになろう。

弁済者が給付時に弁済充当される債務を指定でき（民488Ⅰ）、これがなければ、弁済者の異議がなければ受領者側が充当をなし得る（民488Ⅱ）。いずれもない場合には債務者にとっての利益がより大きい債権（例えば担保の付せられた債権）等を先に（民489→改488Ⅳ（1）～（4））、利益が同等である場合には費用・利息・元本の順序による（民491→改489）。約定書ひな型4Ⅲは、受領者側の充当指定権を根拠として、諸費用を差し引いた残額は、（銀行が）「法定の順序にかかわらず債務の弁済に充当」する、との旨を定めているが、この充当の順序も客観的に適当と認めうる範囲内でなければならない。

第ⅱ節　差引計算

第a款　差引計算条項

[25101]　**差引計算**　約定書ひな型7は、取引先に対して銀行が回収すべき債権を有する場合に、これを自働債権とし、預金をはじめとする銀行の同じ取引先に対する債務を受働債権として差引計算をなし得る旨を定める。相殺予約（Ⅰ項）と払戻充当（Ⅱ項）[600]という類型に分類され、前者では「期限のいかんにかかわらず」「いつでも相殺することができます」としている。相殺適状があるならば相殺ができるというに過ぎないならば民法の規定の同義反復に過ぎないが、これは取引先の期限の利益を喪失せしめかつ銀行自らの期限の利益を放棄[601]して相殺適状を作り出し、相殺の意思表示を行うことができるという趣旨である[602]。民506Ⅰによって相殺は意思表示によってこれを行う（法定条件）のが日本の立法主

---

[600]　銀行は、相殺ができるときでも通知を省略し、払戻金を弁済に充当したことにできる。約定書では、取引先が、銀行自身に、払戻受領の権限を授与するものとしているので、自己契約禁止の法理（民108）との関係が想起されるが、この場合民108但の「債務の履行」に該当するものと解されるので問題はないといわれる。

[601]　銀行は、預金債権の期限を自ら放棄し（その限りで形式的にはなお意思表示を要する）、相手方の利益を奪う代償として、予定された満期までの利息を加えた元利合計金額を先んじて払戻す（民136Ⅱ）ことにして、債権の回収をはかることができるはずであるが、ひな型7Ⅲが計算実行の日（通知の発信日）までの利息を支払えば足りるかのように書かれており、同条項は利息の前倒しの支払義務を排除する趣旨と解されている（鈴木編・新版注釈民法（17）前掲359頁〔鈴木＝山本〕）。改591Ⅲが任意規定であるとしても消10には抵触し得る。

[602]　免除の意思表示を含む無名契約の予約である等、これと異なる説明もあり得よう。約定書相殺は「準法定相殺」とも呼ばれる。中山知己「相殺」円谷＝三林編・新たな法規律と金融取引約款（成文堂、2015年）175頁以下。

義であるので、相殺の意思表示をはじめから不要とする約定は不可能である。相殺は金融機関側からのみならず取引先側からもなしうる[603]。取引先からの相殺の実益のひとつに、割引手形の満期前の買戻の場合が考えられる[604]。また、金融機関破綻の場合における取引先の権利保護に役立てられるが、その一方、預金保険制度との関係が論じられる[605]。保証人も主たる債務者である取引先の相殺援用権

---

603 ただし、取引先側からの相殺の場合には、自働債権＝預金が「弁済期にある」ことを条件としている。ひな型7の2は、両建取引の慣行への批判を受けて発令された昭和51年銀行局長通達に基づき、昭和52年改訂により新設された取引先側からの相殺に関する規定である。取引先兼預金者は、寄託者の期限前返還請求権（民662）として、定期預金の満期が未到来でも中途解約を権利として行いうるとの前提で考えれば、この点あたかも逆相殺が当然に可能とも思われるが、定期預金では中途解約権は特約により放棄されており、法定・約定の金融機関の期限の利益喪失が生じている必要がある。ひな型7の2により取引先が債務の期限利益を放棄することは正当化できる。また、ひな型7の2Ⅴは、債権債務の利息は、金融機関からの相殺の場合に準じて、相殺通知到達の日まで発生するものとし、残期の利息債権を失わせる効果がある。

604 ひな型7の2Ⅱは割引契約の約定解除権も定めており、これと同時に相殺権が行使されるものと解されよう。満期前請求原因が生じた場合には取引先は買戻で手形を回収し遡求権保全をなし得る。買戻の法的性質をどう考えるにせよ、買戻債務の発生には、当然発生事由（ひな型6Ⅰ）または金融機関側の買戻請求が必要である（ひな型6Ⅱ）。貸付の場合には期限前弁済ができるのに、買戻債務を免れようとするには銀行側の喪失告知を待たねばならないのは合理的でない。そこでひな型7の2は取引先側の形成権を創設したのである。ひな型7の2但は、再割引等がなされて手形受戻の不可能な場合にはこのような相殺ができないと定める。組入債権が外貨建ないし自由円勘定（非居住者が日本国内に持ち込んだ外貨を転換して得た円資金で作った勘定。随時外貨に戻せる。開設行は払戻に備え外貨準備を要する）である場合の特例（ひな型7の2Ⅲ）については、外為法の改正を受け、目下の約定書で採用されていない。

605 預金保険法においては、「支払対象一般預金等」にかかる保険金の額は、預金者が保険金の支払を「請求した日において現にその者が当該金融機関に対して有する支払対象一般預金等に係る債権〔中略〕のうち元本の額〔中略〕及び利息等〔中略〕の額の合計額に相当する金額とする」とされている（預険54）。同条は、保険事故発生時に預金者が金融機関に債務を負うときこれを当然一律に保険金額から控除するとしていた取扱を平成8年に廃止し、保険金の限度額（1000万円）を適用する観点から、預金者が相殺を行ったかどうかで預金残高が変化することを前提に、保険金請求時における現有の預金の元利金額を保険金額とするというものである（預金保険法研究会・前掲逐条162-163頁）。この改正後規定では、「請求日」の時点で相殺が既に効力を生じているならば、相殺対当額を控除して保険金支払額が決まる。相殺適状があっても相殺意思表示がない限りこの控除はない。保険事故発生時、預金債権を有し、弁済期未到来の借入債務を負担する預金者であっても、全銀協ひな型にはなかった「預金保険法の定める保険事故が生じた場合、取引先は、満期日未到来の預金についても期限が到来したものとして期限未到来借入金債務を相殺できる」旨の定めがあれば、預金者はより有利な相殺充当を選択できる。預金者Aが金融機関Bに500万円の負債を負い同額の普通預金（付保範囲）と500万円の外貨定期（付保範囲外）とを有しており、外貨定期は満期を迎えた。Bは破綻したが倒産手続が開始されていない。取引先AはそのBに対する債務につき、約定書ひな型7の2を以て期限の利益放棄を予約していたといえれば、保険金請求時までに外貨定期と借入債務を相殺し普通預金を確保することができる。Bが付保された預金から相殺回収することでAは預金を失う。自衛のためにAが付保されていない預

を行使しうる[606]。

[25102] 組入債権　　差引計算の対象債権は、取引先と銀行との間に発生した金額が確定した取引上の金銭債権で、例えば、銀行側から見て、自働債権としては、期限の利益喪失（ひな型5）によって期限の到来した貸金債権、履行すべき状態の割引手形買戻請求債権（ひな型6）、受働債権としては、銀行が負担する定期預金債権・普通預金債権その他預金積金である[607]。差引計算の対象となるべき債権債務が複数存在するときは、相殺充当の問題が生じる（ひな型9）。いずれにせよ債権債務の対立が存在していなければならない[608]。他人に属する預金を名義上取引先の預金と誤認し相殺適状のように見えるからといって相殺処理を行っても、相殺の効果は発生しない。しかし、判例は民478の適用または類推適用により銀行を免責する[609]。

金を自働債権として先に逆相殺する利益は大きい。
606　保証人は自己の預金債権で相殺をすることは勿論のこと、主たる債務者が相殺適状にあることを以て対抗することが認められる（民457Ⅱ。なお改457Ⅲは履行拒絶権化）。これを認めると、保証のある部分は保証人から回収し、無保証部分を預金との相殺で回収しようとしていた銀行の期待は減少する。そこで実務では、「保証人は、本人の銀行に対する預金その他の債権をもって相殺はしません」との取引先・保証人・物上保証人連署の念書（昭和52年全銀協会長通達）を利用するようになった。保証の付従性に反するかかる抗弁放棄約款が有効であるかはなお議論の余地があろう。この場合には、主たる債務者が相殺権を有する場合には同一金額を支払う独立の債務を併せて約束する旨の損害担保契約（民449）などを締結するほかにはなかろう。
607　期限の到来したまたは期限の利益の放棄が可能な債権である。自動継続定期預金の場合には、自動継続停止届をしないと払戻ができないものであるから、停止届の後、期限の利益を放棄して相殺が可能となる（銀行からの書換債務について告知あるときも通常の定期預金と同様である→注326）。通知預金の場合には、据置日数の利益も含めて放棄しないとすぐに相殺できない。
608　銀行側から見たときの受働債権に関してであるが、事務処理上、預金のような形式を残している場合でも、債権そのものが消滅してしまっているような場合には、相殺の効果は生じているとはいえない。また、その差押との競合も問題にならない。銀行が「内部事務処理の都合から、帳簿上はただちに融資債権が消滅した形をとらず、その反面、取引先の名義を付した預金の形を残している」時は、「この別段預金は、なんら取引先の債権として実在するものではない…これに対する差押は、法的にはまったく無意味である」（鈴木編・新版注釈民法17巻325頁〔鈴木禄彌＝山本豊〕）。なお、いわゆる三者間相殺問題について［25209］。
609　取引先借主が、定期預金の真実の帰属者とは別人であるようなときに、これを相殺によって消滅させる場合でも払戻における注意義務を軽減する免責約款が適用される（前田庸「金融取引の法律問題」前掲現代の経済構造と法410頁）。「銀行が、無記名定期預金債権に担保の設定をうけ、または、右債権を受働債権として相殺をする予定のもとに、新たに貸付をする場合においては、預金者を定め、その者に対し貸付をし、これによって生じた貸金債権を自働債権として無記名定期預金債権と相殺がされるに至ったとき等は、実質的には、無記名定期預金の期限前払戻と同視することができるから、銀行は、銀行が預金者と定めた者（以下、表見預金者という）が真実の預金者と異なるとしても」、民478類推または免責約款により表見預金者との相殺を真実の預金者に対抗しうる（前掲最判昭和48・3・27民集27巻2号376頁）という。前述（［14406］）の通り中

[25103] **相殺の方法・相殺の効果・相殺と差押**　相殺の意思表示の方法ならびに同時に履行すべき証書の返還についてはひな型で詳細を定める[610]。相殺には遡及効がある（民506Ⅱ）[611]（このこととは別に、約定の方法で期間利息を清算する[612]）。その結果、取引先の銀行に対する預金等の債権が取引先の債権者によって差押えられた場合であっても、既に相殺適状が発生していれば相殺の効力が優先することは争いがなかろう。民511にあるように、差押の効力が生じてから自働債権を取得した場合には相殺ができないことも争いがない。しかし、対立する債権の何れかが未だ履行期の到来していない状態で差押が効力を生じた場合にはどうか。結論からいえば、この場合に判例（いわゆる無制限説）は、銀行の相殺予約が存する場合の相殺の効力を差押債権者に対する関係でも認めるものである。

[25104] **判例**　大判明治31・2・8民録4輯2号11頁は、差押時に被差押債権と第三債務者の反対債権との弁済期がともに到来しているときに限って第三債務者は差押債権者に対して相殺をもって対抗しうるとした（いわゆる制限説Ⅰ説）。

　途解約の場面は本来免責約款の対象ではないが、預金債務につき期限の利益が放棄されたと解されるがゆえに満期到来預金の相殺と同視し得る。この事例を、かかる「担保の設定」を金銭上の質権と構成して解決する理論がある（中舎寛樹「預金者の認定と銀行の免責」名古屋法政論集971号101頁）。木内・金融法200頁は、直截に「すでに銀行取引においては、『預金証書と届出印』の所持に、質権の設定に要求されている占有に相当する法的保護の前提としての『権利の外形』が形成されているといえるので、一般の債権の質権と異なって、ここに一種の（債権）質権の即時取得と同等の効果が権利外観法理によって基礎付けられることができるとみていい」とされている。

610　口頭の表示でも相殺の効果は発生する。ただし「逆」相殺通知は書面による（自働債権の証書・通帳は届出印押捺の上銀行に提出する。ひな型7の2Ⅳ）。証書の返還への言及は民487の反復である（鈴木禄彌編・新版注釈民法（17）債権（8）（1993年、有斐閣）380頁〔中馬義直〕等）。銀行側は、借用証書・割引手形、その他担保を返還する義務を負う（ただし、貸金による相殺の時は手形受戻は同時たるを要さず（ひな型8ⅠⅡ→脚注504）、手形による相殺では銀行が支払場所である場合等一定の場面で呈示・交付の免除を定める（ひな型8Ⅲ））（消10との関係がなお問題か）。保証人の預金を受働債権とする時は保証人に手形を引渡す（弁済者代位の類推）。一部相殺の場合には、銀行は完済まで手形を留置・処分できる（ひな型8Ⅳ）。

611　被相続人の負債が分割承継され全預金を一相続人に帰せしめる遺産分割がなされても、相殺の利益は民909で保護される（潮見・金法2071号54頁）。

612　利息の計算期間の終期は、ひな型では銀行による相殺の場合には「計算実行の日まで」であり、他方、取引先からの相殺においては「相殺通知到達の日」である。「相殺適状の日まで」とすべきであるとの提言がある（企業財務協議会）。外国為替相場に関しては「計算実行の日の相場」が採用されている。民法が外貨債権の邦貨による弁済を認め（民403）ているものの、その換算の相場が、履行期における相場なのか現実に履行を為すべき時点の相場なのか不明であるところ、通説によれば現実に履行をなすべきときであり、裁判上の請求に際しては口頭弁論終結時点における（最判昭和50・7・15民集29巻6号1029頁）履行地の為替相場によるとされている扱いに準じたといわれている。

しかし受働債権の債権譲渡[613]または転付命令[614]に関しては、受働債権の期限については譲渡通知・転付発効以前に期限の利益の放棄の意思表示をしている必要はないものとして態度を緩和していた。最判昭和39・12・23民集18巻10号2217頁[615]は、差押に関する事例に昭和32年判決の論理を応用し、受働債権差押時に自働債権の期限が到来していない事例につき、差押との先後ではなく自働債権の弁済期到来が受働債権のそれより先であれば相殺をなし得ることの期待を保護すべきものとした（いわゆる制限説Ⅱ説）。最大判昭和45・6・24民集24巻6号587頁に至り、差押の時点で第三債務者が自働債権を取得してさえいれば、自働債権および受働債権の弁済期は未到来でよく、かつその先後はいずれでもよく、第三債務者はその相殺を差押債権者との関係でも主張することができ、自働債権の弁済期が到来するに至れば、相殺をしてこれを対抗し得るとしたものである（いわゆる無制限説）[616]。

[25105] **検討** 差押の効力は一般に処分禁止・弁済禁止である。民505の定義

---

[613] 大判昭和8・5・30民集12巻1381頁。譲渡通知前に自働債権は弁済期が到来していることを要するが、受働債権については未到来で期限利益の放棄の意思表示をしていなくても「即時ニ其ノ弁済ヲ為スノ権利アル以上」直ちに相殺の意思表示をすることができ、これをもって債権譲受人に対抗することができるとした。

[614] 最判昭和32・7・19民集11巻7号1297頁は「債務者が債権者に対し債権の譲渡または転付前に弁済期の到来している反対債権を有するような場合には、債務者は自己の債務につき弁済期の到来するを待ちこれと反対債権とをその対当額において相殺すべきことを期待するのが通常でありまた相殺をなしうべき利益を有するものであって、かかる債務者の期待および利益を債務者の関係せざる事由によって剥奪することは公平の理念に反し妥当とはいい難い」とした。同判決河村判事補足意見は、債権譲渡通知当時相殺の原因が存在し、しかも自働債権の弁済期が受働債権の弁済期以前に到来するものについては、右自働債権の弁済期が譲渡通知の前後いずれにあるを問わず後日相殺適状を生じたとき、債務者は債権譲受人に対し相殺をなしうるとしている。相殺適状が未発生であるのに「相殺の原因が存在する」とは何をさすものか不明である。

[615] 「差押当時両債権が既に相殺適状にあるときは勿論、反対債権が差押当時未だに弁済期に達していない場合でも、被差押債権である受働債権の弁済期より先にその弁済期が到来するものであるときは、前記民法五一一条の反対解釈により、相殺を以って差押債権者に対抗し得る」。「これに反し反対債権の弁済期が被差押債権の弁済期より後に到来する場合は、相殺を以って差押債権者に対抗できない」。

[616] 本判決は8対7という僅差で多数意見が採用されたものであって、少なからざる有力な論者が、「確立した判例とは必ずしもいえない」と断じ（鴻常夫「手形割引と手形買戻請求権」銀行取引法講座中巻35頁）、預入を強いられて利用できない元本部分についてまで利息を得た上、その部分については貸倒の危険を負わず、私人間の契約で執行禁止財産を作り出すという違法を実質上認めることになりかねない（鈴木編・前掲版注釈民法17巻380頁〔中馬義直〕）、隠れた担保となって関係人の予測可能性を損なう、として批判する見解がある一方で、かような方法による相殺は社会的に公知性があり（奥田昌道・債権総論〔増補版〕588頁）、隠れた担保ではないとして判旨を支持する見解もある。

する相殺の概念による限り、差押前に取得した債権を自働債権とする相殺の場合であっても、相殺を処分と考えれば、相殺適状が発生していても差押によって処分ができなくなる。しかし、相殺意思表示自体が処分なのではなく、法が関係人の公平を害さない簡易な決済方法として特に許容した法効果を援用するのが民506 Iの意思表示であり、それゆえにこれが差押に後れても、相殺適状発生時に及ぶ遡及効を認められる。従って、相殺と差押の優劣関係を決するのは、相殺適状の発生すなわち双方の期限の利益の喪失時においてそれ以前に受働債権が差押えられた状態になっていたかどうかである[617]。昭和52年改訂前約定書を前提にする限り、差押時に自働債権の約定の弁済期は未到来であったかもしれないが、約定書に拠る期限の利益喪失によって差押申立時には既に自働債権は履行期到来債権となっており、法律論として「差押時において自働債権の期限が到来していない」ものであっても相殺を認めるといった例外をわざわざ容認する必要はなかったはずである。後の－昭和52（1977）年改訂の－全銀協ひな型でも、「差押の通知が発送されたとき」としているから発信時と読むことができ、差押の効果が生じる一瞬手前で喪失がおこる。これならば、制限説 Iを採ってもなお相殺の効果を差押債権者に主張できる。<u>ひな型7の「いつでも相殺することが」できるという文言は、受働債権が期限未到来の定期預金その他の債務である場合における、その期限の利益の放棄の効果を取引先の期限喪失の時点まで遡及（民127 Ⅲ類推）させるための特約である</u>。問題は期限の利益喪失事由の定め方如何であり、昭和45年の事例は昭和52年改訂前約定書により差押申立が喪失事由となっていたから、民506の枠組で相殺遡及効を正当化できる[618]。昭和45年判決に積極的な意味

---

[617] 制限説－岡松參太郎・註釋民法理由下巻。差押えられた債権で相殺をできると期待することは、法の帰結を知る者において正当に有することが難しい期待というべきである。他方相殺予約という名の免除を含んだ無名契約も不可能ではないが、相殺予約を一律にこう解すると、当事者の意図した法効果から遠ざかり、性質決定を歪め関係人の期待を裏切ることになろう。昭和52年改訂以前の約定書ひな型は、期限の利益の喪失に関する規定において、「仮差押・差押の申請のとき、租税公課の滞納をして督促を受けたとき」等としており、差押申立時点で喪失効が生じるものと解されるため差押が効力を生じる前に相殺適状が発生しその後の相殺意思表示がなされれば、この時点に遡って債権は消滅していたことになる。改訂後のひな型（鈴木禄彌編・新版注釈民法（17）債権（8）344頁〔中馬義直〕）は、期限の利益の喪失を「差押の通知がされたとき」と改めた。しかし改訂後も相殺適状発生に先んじて差押が効発するとの意味ではなく「通知発信時」と解すべきである。

[618] 昭和52年改訂後のひな型の文言を以て、差押通知の到達時に期限利益喪失となる解釈も示されているものの、「差押通知の発送されたとき」を「発信時」と解することに文理上妨げはない。また、ひな型5 I（3）でことさらに預金差押を列挙している趣旨は、相殺適状を具備させるためで

があるとすれば、期限の利益放棄に取引先の同意があった根拠としうる点であり（改591Ⅲの賠償金は特約で放棄されているとみる）、事柄は法定の相殺適状の理論の範囲で十分に説明できたものであるといわねばならない[619]。しかしながら、平成29年改正法は、民511に第2項を新設し、「差押え前の原因に基づいて〔差押後に〕生じた」自働債権による特殊な相殺を認めるに至った[620]。

[25106]　相殺充当（未稿）

[25107]　（承前）いわゆる「逆相殺」と「狙い撃ち相殺」（未稿）

あって、却って差押通知到達時説では、差押の効果が生じた後に処分（相殺）を認めようとして飛躍した法律構成を要することになり合理的な解釈ではない。預金の期限利益放棄はこのような自働債権の期限利益喪失を停止条件としており、この差押は既に消滅していた権利を客体として行われていたこととなる。銀行は期限の利益を放棄できる（民591Ⅱ・改591Ⅱ）からである。

[619]　割引手形買戻請求権による相殺についても同様の議論がなされている。石井真司「銀行取引約定書六条一項（割引手形の満期前買戻し）の効力」金法813号8頁、西尾・前掲書128頁。一部の論者は破71Ⅱ（平成16年改正前破104（4）但）の類推適用を主張している。

[620]　民法（債権法）改正検討委員会「債権法改正の基本方針」提案3．1．3．30では、ヨーロッパ契約法原則等を参酌して、相殺の遡及効廃止が提言されていた。相殺の「隠れた担保」としての作用を民法上の規整から排除することを試みるものである。商法上の交互計算制度の実務上の利用が普及している欧州の取引社会を前提にすれば、一般私法のほうからかような改革がなされることに抵抗がないことは理解できよう。しかし、日本の取引実務を見る限り、かような改正に抵抗が生じるのは自然なことかもしれない。これでは差押に対する相殺の優先を一段と説明しにくくなるからである。即ち、相殺をなし得るか否かの基準を差押効力発生時に相殺適状があったかどうかを基準として考えうる遡及規定があるからこそ、即ち受働債権が差押で処分禁止の状態になっていても、その後なされた相殺意思表示が相殺適状開始時までは遡及し発効すると定められているからこそ合理的期待が保護されるのである。提案は並行し継続的取引契約につき担保的機能を法定化するという相矛盾する提言がなされており、その一貫しない提言には疑問が呈され、遡及効の廃止は見送られたが、同時に他方で、511条が改正され、「1　差押えを受けた債権の第三債務者は、差押えの後に取得した債権による相殺をもって差押債権者に対抗することはできないが、差押え前に取得した債権による相殺をもって対抗することができる。／2　前項の規定にかかわらず、差押え後に取得した債権が差押え前の原因に基づいて生じたものであるときは、その第三債務者は、その債権による相殺をもって差押債権者に対抗することができる。ただし、第三債務者が差押え後に他人の債権を取得したときは、この限りでない。」とされるに至った（改511）。同条では、厳密には自働債権の発生に至っていない時点でも、その（相互性の要件を充足すべき）発生原因が既に存在し、ただその効力発生が停止条件のために延期されているような場面が想定できる。自働債権の発生と期限到来とが差押発効前のものと看做す特殊な規則といえる。本来ならば、相殺適状の始期が差押の効力確定後である以上は、それが差押の効力を排除するものではなく、これを認めたければ別の制度によるべきである。同条2項の制度は最早第三債務者が質権者を兼ねる質権設定か、商法交互計算と看做す趣旨か、これらに類する無名の商慣習法上の物権と考えるしかない。また質権とするなら対抗要件の具備を要求すべきであろう。相殺予約はあたかも「一種の質権設定のような効果」（高木多喜男・担保物権法〔第4版〕（有斐閣、2005年）7頁）を付与されている、と説かれてきた。もはやこれを相殺そのものとして説明することに限界が来ているようにも思われる。

第 b 款　一括清算と倒産

[25201] **総説**　約定書ひな型の差引計算に類する決済予約は、金融派生商品に関連して行われる一括清算（ネッティング）においては、前述のような担保的機能の他、BIS の定める金融機関の自己資本比率規制を通じてシステミックリスクを予防するという役割を果たしている。

[25202] **規制導入の経緯**　財務相・中央銀行総裁会議である BIS（国際決済銀行）バーゼル銀行委員会は、1988年、資本規模・資本基準に関する国際的収斂に関する最初の報告書を公表し、この中で国際金融制度の健全・安全を維持しながら競争条件を平準化するため、国際的業務を行う銀行はその「危険資産 risk asset」（その額は、銀行が有する資産のうち、信用危険 credit risk を被る相当額に risk wight 指数を乗じて算出される）による危険負担 exposure 額に対して最低自己資本比率が 8% 以上あることを求めており、日本では1993（平成 5）年「銀行法第14条の 2 に定める自己資本比率の基準を定める件」がこれを銀行に義務付けている（なお岩原・前掲金融法上330頁）。

[25203] **1994・1995年報告書**　この基準を厳格に適用すると、派生商品の保有限度を必要以上に抑制するものであるとの批判が生じる。金融機関 A が B に対して派生商品によって負の損益を負担しなければならない場合でも、B が A に対して負担する反対方向の給付義務を生じる別の契約を有している場合には対当額の範囲で exposure を打ち消しあう関係にあるから、この部分は保有していても実害がないというわけである。そこで、1994・1995年に相次いで同委員会は「一部の貸借対照表外取引に伴う信用危険の取扱」「貸借対照表外取引のための潜在的危険負担の取扱」と題する報告書を公表し、対象となる金融機関が、相手方との間で倒産時に市場価値に基く 1 個の債権を生じさせる差引計算 netting[621] を行う旨の合意があり、この取引・差引計算契約の準拠法にてらして銀行の危険負担額が差引計算尻となることの法律家の意見書を徴していること等を条件に、再

621　netting とは、イングランド法における相殺を示す用語である。しかし、ここでいう netting は厳密に言えば相殺に限らず別の性質決定が可能な取引も含められる。payment netting とは、ともに満期を迎えた対立する派生商品の給付が同時に「弁済」される過程を意思表示だけで処理するというものであり相殺そのものといってよい。obligation netting は、満期未到来の（すなわち損益未確定の）派生商品の損益を、計算実行時点の仮想的な給付額（見積額）に置き換え（更改し）た上で相殺するものであり、close out netting は、これが当事者一方の破綻をトリガーとして実行されるものをいう。

構築費用[622]を差引計算した残高を以て危険資産保有額とする（exposureを圧縮できる）ものとした[623]。

[25204] **取引約定書**　この規制の改訂を通じて、派生商品取引には統一的な約定書が用いられており、規制の変更にあわせて変遷を遂げている[624]。1988年報告書時点の取引約定書は再構築費用の算定方法を規定するものの、netting[625]には

---

[622] 西村総合法律事務所編・ファイナンス法大全上（商事法務、2002年）591-596頁。再構築とは、同一条件の同一目的の取引を再度行うことである。破綻した金融機関でないほうの相手方〔non defaulting party〕は、期限前解約によって、原資産価格の変動に伴うリスクを制御することができなくなってしまうので、別の金融機関との間で同じ満期までの残存期間における同じリスクをカバーするために、あらたにデリバティブ取引を行う必要がある。「再構築費用」とは、この代替的契約を締結するために必要な費用であり、商品の時価評価を意味する（神田秀樹＝神作裕之＝みずほFG・金融法講義（岩波書店、2013年）283頁〔福島良治〕）。

[623] その後の展開について付言しておく。2008年のリーマンショックを受けてBISバーゼル銀行委員会はバーゼルⅢと呼ばれる新たな規制を導入するべく提唱している（川本・前掲金融機関マネジメント119頁）。バーゼルⅡの規制には、金融機関のもたらすprocyclicality（景気循環増幅）またはpositive feedback loopと呼ばれる副作用が伴った。要求される自己資本比率ratioの算定にあたっては、分母dénominateurの大きさはリスクアセットの額面額にリスクウエイトを乗じて算定された。ところでリスクウエイトはデフォルト率の関数である。好況局面でデフォルト率が低下するとリスクウエイトは縮小するから分母も縮小し、あらたな自己資本比率8％相当額は従来の8％相当額よりも小さいのでその差額は剰余となり、これを新たな与信に振向けようとする方向に銀行は誘導されてしまう（バブル）。その結果不安定な状態が発生し、縮小局面に入ると今度はデフォルト率が上昇し、それがリスクウエイトを引上げて自己資本比率要求額を引上げる結果となる。今度は増資や準備金積増が必要となり、オプションを行使したり一覧性の預金を引出したり新たな融資の拒絶といった現象が引き起こされる（貸し渋り貸しはがし）。リーマンショックはその極端な表れであるというのである。そこでcounter-cyclicality（景気循環増幅の抑制措置）として、デフォルト率をそのまま利用するのではなくリスクウエイトの増減に直結しにくい方法を採る等の方策が考えられた。バーゼルⅢはこのほか、危険資産に対する自己資本比率8％という基準だけでなく、自己資本の概念をT1とT2に分類し、T1のなかでも普通株式相当部分を以て対危険資産比率4・5％、T1合計が6％の基準を満たすように要求するほか、各種資本バッファーとして引当金計上を義務付ける（みずほ証券バーゼルⅢ研究会編・詳解バーゼルⅢによる新国際金融規制（2012年、中央経済社））。

[624] 欧州では1999年以降、「ユーロマスター」またはEMAと称する新たな基準契約書が用いられ、同じ当事者間で複数のスワップ等の取引が締結されているときに、各取引毎の損益を総額相殺により決済するため同様の差引計算を定める。このほか、国際スワップ・デリバティブズ協会取引約定書ISDA Master Agreementが用いられる。

[625] 各国の相殺法制は、その方法をめぐり、裁判相殺主義、意思表示主義、自動相殺主義（自動相殺の起源といわれる勅法彙纂Codexの法文は、裁判上の相殺に限られるべき法源であったことにつき、PICHONNAZ (Pascal), La compensation, Fribourg, 2001）等多様であり、交互計算等の慣習に基く制度や、相殺要件の緩和と制限との双方をもたらす倒産法制の諸規定まで含めれば規整は実に区々である。マスター契約上のnettingが意味する差引計算の法的な中身について必ずしも国際的に統一された了解が存するわけではない。こうした事情からユニドロワは、各国の立法または政策実施当局に指針を提供すべく2013年に「クローズアウトネッティング条項の適用に関

第B章　回収　　197

言及がなく、「終了権」を定めるにとどまった。1994・1995年報告書以降の取引約定書では破綻時差引計算に関する明文の規定が詳細におかれている[626]。

[25205] **ふたつの差引計算**　　ISDA 取引約定書においては、支払差引計算 payment netting（ISDA2条 c 項 1 文）[627]と破綻時差引計算 close-out netting（ISDA6条 a 項）とが規定される[628]。2 条 c 項 1 文は、支払差引計算 payment

---

する諸原則」を公表している。

[626] ISDA の1992年版では、(a) 項で期限の利益喪失事由あるときの「終了権（right to terminate following event of default）」が定められているだけで、netting そのものを定めていなかった。2002年版では相殺の方法が第 f 項として追加されている。

[627] "If on any date amounts would otherwise be payable:-/ (i) in the same currency; and / (ii) in respect of the same Transaction, / by each party to the other, then, on such date, each party's obligation to make payment of any such amount will be automatically satisfied and discharged and, if the aggregate amount that would have been payable by one party exceeds the aggregate amount that would otherwise have been payable by the other party, replaced by an obligation upon the party by whom the larger aggregate amount would have been payable to pay to the other party the exceeds of the larger aggregate amount over the smaller aggregate amount."「本条の方法によらないならば、ある期日において、各の当事者からもう一方の当事者に対して、(i) 同一の通貨で、かつ、(ii) 同一の取引に関して、金額の支払がなされなければならないこととなる場合においては、当該期日において、当該金額に関して各の当事者の支払をなすべき債務は、当然に満足されかつ免除され、さらにまた、一方当事者が支払うべき総額が、この方法によらないならばもう一方の当事者によって支払われたであろう総額を超過する場合には、これをより大きい総額を支払うべき当事者の負担する、多い側の総額が少ない側の総額を上回る差額を他方当事者に支払う債務に置き換えるものとする」〔柴崎訳〕。原文は HARDING, Mastering the ISDA Master Agreement, 2002, Financial Times, p. 38. からの引用による（以下同じ）。

[628] 6. Early Termination / (a) Right to Terminate Following Event of Default. / If at any time an Event of Default with respect to a party (the "Defaultting Party") has occured and is then continuing, the other party (the "Non-defaulting Party") may, by not more than 20 days notice to the Defaulting Party specifying the relevant Event of Default, designate a day not earlier than the day such notice is effective as an Early Termination Date in respect of all outstanding Transactions. If, however, "Automatic Early Termination" is specified in the Schedule as applying to a party, then an Early Termination Date in respect of all outstanding Transactions will occur immediately upon the occurrence with respect to such party of an Event of Default specified in Section 5 (a) (vii) (1), (3), (5), (6) or, to the extent analogous thereto, (8) and as of the time immediately preceding the institution of the relevant proceeding or the presentation of the relevant petition upon the occcurrence with respect to such party of an Event of Default specified in Section 5 (a) (vii) (4) or, to the extent analogous thereto, (8).「第 6 条 期限前の取引終了／(a) 期限の利益喪失事由に伴う解約権／一方当事者（以下「喪失側当事者」）に関し期限の利益喪失事由が発生しかつこれが継続するときはいつでも、他方当事者（以下「非喪失側当事者」）は、20日を超えざる期間内に、喪失側当事者に対して、該当する期限の利益喪失事由を特定して通知を発することができ、かつ、当該通知が効力を発生する日よりも遡らざる日を、当事者間の他の全取引に関する期限前解約日として指定することができる。前文の規定にもかかわらず、「当然の期限前解約」が、当事者に適用されるものとして別表において指定されている場合には、当該当事者における第 5

netting[629]（その実質はまさしく相殺である）を定めるだけでなく、更改差引計算 netting by novation, obligation netting を含むとする立場とがあるともいわれる[630]。他方、破綻時差引計算では、終了権者は、終了日指定通知を行うことで、原則としてその指定日に、取引は終了する。当事者は、「マーケット・クオーテーション方式」または「損害方式」によって、損益を清算しなければならない（第e項）。ところで、このような破綻時差引計算合意の効力を管財人に対して主張できるかは、合意の当事者となるべき金融機関の倒産手続準拠法で決まるとすれば、いかに約定書を用いようとも、当該金融機関の破綻が国際的影響を与える

　条第a項第vii号（1）（3）（5）（6）〔解散、支払不能等〕もしくはこれに類似する限りにおいて（8）に定める期限の利益喪失事由の発生直後、かつ、当該当事者における、第5条第a項第vii号（4）〔倒産手続の申立〕もしくはこれに類似する限りにおいて（8）に定める期限の利益喪失事由の発生にもとづく関連手続開始もしくは申立書提出の直前の時点で、当事者間の他の全取引に関して期限前解約の効力が生じるものとする」〔柴崎訳〕。HARDING, op. cit., p. 82.

[629] 　支払差引計算は同一満期・同一通貨の債権債務についての「相殺」（ISDA 前掲書18-19頁）であり「債務の履行方法の合意」（平出＝山本・企業法概論Ⅱ（青林書院）241頁〔久保田隆〕）である。

[630] 　日本語版ユーザーズ・ガイド（ISDA・1992年版 ISDA マスター契約ユーザーズ・ガイド〔日本語版〕18頁。更改差引計算は、当事者間で対立する取引が「履行期の到来を待たずに」（平出＝山本・前掲書242頁）「直ちに置きかえられる」ものである。これは、単なる期限の利益双方的放棄なのではない。スワップでもオプションでも、派生商品は、満期が到来して初めて認識可能になる原資産価格に基づいて損益を確定する契約であるから、満期が未到来であると、ある取引について、当事者のポジションすなわちいずれが債権者であり債務者であるのかも、またその給付すべき金額が幾らであるのかも確定していない場合が殆どである。満期未到来の状態である派生商品を仮に現時点で処分するとした場合の経済的価値は理論値でしか認識できない。マーケットクオーテーション方式は複数ディーラーの見積を要するため、倒産局面では非破綻銀行が算定する損害方式が用いられる。複数の各商品を擬制的な価格の債権に置換え、その損益を総額相殺しようとするのが更改差引計算なのである。本来の満期の原資産価格が、当該一個の派生商品の自然的偶然性 aléa であるとするならば、この置換によって偶然性は仮想的なそれに置換えられる。射倖契約における偶然性 aléa は、フランス契約法にいう合意のコオズ cause であり（西原慎治・射倖契約の法理（2011年、新青出版））、それは「債務の要素」（民513）であり、その交替は更改 novation である（また、改513「給付の内容」の「重大な変更」にも該当する）。対象取引の全件につきこのような「更改」を行って損益を算出すれば、各取引ごとにいずれの当事者にどれだけの金額の債権が（債務が）存するかが確定する。あとはその総額を相殺すればよい。しかしこの操作の発効は−−停止条件付更改としてなされていたとしても−−破綻銀行の倒産手続開始の後になろう。相殺の意思表示は対象となる債権債務を特定するものでなければ許されない。損益の算定がなされて当事者間の債権債務がその金額も含めて特定し相殺適状に至るためには、未来の事象に属する仮想的な原資産価格を統計的手法で推測算定し、これに基づいて当事者の損益を確定しなければならない。この作業を行った上で相殺をする準備ができる時には、法定倒産手続の根拠法上は相殺禁止期間に入ってしまっているのが通例であろう。したがって、この更改＋相殺にあたる操作が、法定倒産手続開始よりも前の時点でなされていたものと看做す旨を法律で定めておく必要がある。昭和45年相殺判例だけで一括清算を説明するのは一種の諧謔である。

おそれが解消されていない。日本民法では相殺には遡及効があるが、更改には遡及効がない。破綻時交互計算における aléa の置換による更改は手続開始に後れることになり、相殺ができないことになる。そこで、前記報告書においては、各国の倒産法制においてこのことを明らかにしておく必要があるとされたのである。日本における「一括清算法[631]」もこのために制定された[632]。日本法では、主として法定倒産手続における相殺禁止規定の適用の問題[633]と、双務契約に関する管財人の選択権に関する規定の適用の問題とが論じられてきた。ここではこのうち後者の問題をとりあげておこう。

[25206] **管財人の選択権**　会社更生手続開始決定が下された場合には、管財人には未履行双務契約につき、当然解約ではなく、自ら履行しかつ相手に履行請求するか、または、解約するかの選択権を行使しうる（会更61Ⅰ[634]）。更生会社が取引約定書による合意の当事者であるときは、差引計算 netting に組み込まれる個

---

[631]　金融機関等が行う特定金融取引の一括清算に関する法律（平成10年法律第108号）
第3条（一括清算と破産手続等との関係）
「破産宣告又は更生手続開始の決定（以下この条において「破産宣告等」という。）がなされた者が、一括清算の約定をした基本契約書に基づき特定金融取引を行っていた金融機関等又はその相手方である場合には、当該基本契約書に基づいて行われていたすべての特定金融取引についてこれらの者が有する次の各号に掲げる法律に規定する当該各号に定める財産又は債権は、当該破産宣告等に係る一括清算事由が生じたことにより、それぞれ、当該破産宣告等がなされた者が当該約定に基づき有することとなった一の債権又はその相手方が当該約定に基づき有することとなった一の債権とする。
　一　破産法（大正11年法律第71号）　破産財団に属する財産又は破産債権
　二　会社更生法（昭和27年法律第172号）又は金融機関等の更生手続の特例等に関する法律（平成8年法律第95号）　更生手続開始の時に株式会社若しくは同法第2条第2項に規定する協同組織金融機関に属する財産又は更生債権」
[632]　もともと相殺の担保的機能を自動的相殺によって強力に認めてきた法域でも、特別な法令が定められている。例えば、フランスでは、2001年5月15日の法律（NRE 法）が通貨金融法典 L. 431-7条第2項を改正してこの効果を確認するに至った。ROUSSILLE (Myriam), La consécration de la compensation globale par la loi NRE, Revue de droit bancaire et financier, 2001, p. 311 et s.
[633]　危殆期間内に相殺適状に至った取引でも相殺を禁止される場合があり得る。新堂幸司「スワップ取引における一括清算条項の有効性」新堂幸司＝佐藤正謙・金融取引最先端（商事法務研究会、1996年）135-174頁は危殆期間内に発生したデリバティブ債権の問題については「無視してよい」（157頁）とする。この点神田秀樹「一括清算法の成立」金法1517号18頁は、明瞭に相殺禁止の対象となるということを肯定しつつ、事実上危殆期間に基本契約を締結することはあまり考えられないとする。
[634]　「双務契約について更生会社及びその相手方が更生手続開始の時において共にまだその履行を完了していないときは、管財人は、契約の解除をし、又は更生会社の債務を履行して相手方の債務の履行を請求することができる。」なお同条は破53Ⅰ・民再49Ⅰと同旨の規定である。

別のスワップ・オプション等の派生商品のなかから、管財人は職責上更生会社に利益になる取引のみを選んで履行請求し、損失が見込まれる取引は解除・原状回復請求するという所謂チェリーピッキングが行なわれ得る。これを許すと、BIS基準を満たすためのエクスポージャーを縮減する効果は得られない[635]。

[25207] **承前** 　会社更生法には、未履行双務契約以外に倒産手続開始の効果を定めた規定がある。交互計算（商529）は「一定ノ期間内ノ取引ヨリ生スル債権債務ノ総額ニ付キ相殺ヲ為シ其残額ノ支払ヲ為スヘキコトヲ約スル」合意であるが、手続開始とともに当然に終期が到来し（会更63、破59）、計算結了による更改と総額相殺が行われる。複数の派生商品を一括清算により決済しようとする差引計算合意は、交互計算に最も近似する契約類型であると考えられる[636]。したがって、一括清算法制定以前においても、このような解釈を通じてチェリーピッキングを不可能と解することはできたかもしれない。現在では一括清算法が制定されているので、このような解釈の迂路を用いる必要はないが、同じ二つの金融機関ないし取引当事者の間にある、相互に牽連性を有する派生商品取引の清算金債権は、一体として差引計算に服せしめこれを決済する意思が当事者間に存することが推定され、交互計算に準じた取扱に相応しいといえよう。

[25208] **デリバティブ取引の振替国債の譲渡"担保"**　　ISDA マスターとなら

---

[635] 満期未到来のスワップ契約を未履行双務契約であると解して会更61が適用されるものと考えればこの危惧はもっともである。しかし、満期未到来のスワップ契約は純然たる未履行契約なのであろうか。満期到来までは、当事者の双方のいずれが最終的に支払義務を負うことになるかは不明であるが、いずれの当事者もそのような内容の危険負担をし、ある種の状態給付を履行していることになる。このような類型の契約として既に知られているものには保険契約がある。保険者は保険事故が発生しない限りは保険金の支払を義務付けられていないが、条件付の支払債務を負担するという状態（危険負担）を給付すること自体を以て保険者側の義務と解されている。そうでなければ保険料は不当利得となって返還されるべきものであるが、保険契約者は保険者の危険負担給付（棚田良平「危険負担の給付性」石田満編集代表・保険法学の諸問題〔田辺康平還暦記念〕(1980年、文眞堂) 91頁以下）の対価として保険料を支払うものである。スワップはこの点、損益が確定するまで双方に確定的な履行の義務付けはなく合意時に双方が危険負担給付を確約する特殊な双務契約であるため、管財人の選択権行使の余地がない。上述のような危険負担給付は、継続的給付であるから、むしろ問題になるのは会更62Ｉであろう。

[636] 派生商品の更改差引計算を段階的交互計算と解して解決しようとする立場も主張されている。前田庸＝神田秀樹「オブリゲーション・ネッティングについて（オブリゲーション・ネッティングの意義：ネッティングおよび一括清算と英米法：わが国における法律問題）」金融法研究資料編第６号（1992年）２頁以下（時々刻々と仮想残高が算定されかつ相殺されているとみるのであろうか）。他方、平成16年改正で導入された破58Ｉは相場商品の定期取引につき手続開始決定による看做し「解除」を定め、基本契約に基づく差引計算による「損害賠償」の算定（破58Ｖ）を認める（破54Ｉを準用するとの破58Ⅲは排除される）。

んで ISDA Credit Support Annex が用いられ、相手方を譲受人として振替国債を譲渡する旨の振替口座簿上の記載が行われた場合に、この行為の性質決定が問題とされており、消費貸借＋相殺予約であると考える立場と、譲渡担保であるとする立場とがあるという。振替口座簿上の譲渡の記載は、主観的に担保の趣旨でこれを行ったとしても完全な権利移転的効力を生じてしまい、代わり金の相殺で清算するというのが取引の目的であると考えられ、前説が妥当であろうか[637]。

[25209] **ISDA マスターと三者間相殺**　ISDA マスターを用いて通貨スワップ取引を行っていた金融機関の一方（X）が破綻（民事再生）し、相手方（Y）に対して所定の「損害」方式による清算金を有するものとしてその支払を求めたところ、Y はその姉妹会社 N の X に対して有する同じく ISDA マスターに基づくデリバティブ取引による清算金債権を自働債権とし X 主張の清算金債権を受働債権として相殺したと主張。XY 間で取り交わされていた ISDA マスターのスケジュールでは、いわゆるグループ間相殺が規定され、このような相殺が可能となる趣旨が定められてはいたが、自働債権を有する N が、この規定に同意する旨を XY に向けて通知したのは民事再生法上相殺禁止の対象となる時点であった。そこで、東京高裁は、「本件相殺において相殺適状が生じた時点が債権届出期間の満了前であることによれば、本件相殺は、民再93の２Ⅰによって相殺が禁止される場合には当たらず、民再92により許容されるものと解するのが相当であり、民再85により相殺が無効となると解することもできない」[638]と判断した。ところ

---

[637]　東京高判平成22・10・27金判1360号53頁。X（東京都民銀行）は Y（リーマンブラザーズ日本証券会社）との間で ISDA マスターおよび ISDA Credit Support Annex を締結し、デリバティブ取引を行っていた。Y については米国親会社が信用保証提供者 Credit Support Provider となっていた。X は CSA に基づき20億円の国債を、（担保のためにする趣旨で）社振法の規定に従い Y の自己所有分の振替口座に振替えた。Y の米国親会社は2008年９月15日米国連邦倒産法第11章手続を申立て、マスター契約５（a）(vii)（４）の Default および Automatic Early Termination 事由に該当し、期限前終了となった。９月19日には Y 自身の民事再生手続開始決定がなされた。X は Y に対して7.5億円の取引債務を負担することとなったので、これを差入国債の総額から控除した12.5億円に相当する部分を、民再52（取戻権）に基づき譲渡担保権設定契約に基づく清算義務として返還するよう請求した。第１審東京地判平成21・11・25金判1360号58頁は、CSA を以て消費貸借と性質決定し（振替記載による権利移転的効力を理由とするものであろう）、訴えを却下した（相殺禁止という趣旨か）。控訴審も同様に判断した。担保目的の証券の所有権を完全に Y 側に移転する方式は、UK CSA の Title transfer と同様であるが、順次値洗いし、都度過剰になる部分を返還してもらわねばこのような事態において損害を被るという教訓を残した。

[638]　東京高判2014（平成26）・１・29金判1437号42頁。原判決東京地判2013（平成25）・５・30判時2198号96頁）は「本件相殺条項は、相手方が破綻した場合に備えて、「関係会社」を含めて総体的にリスクを管理及び分散すること自体に合理性があり、Y 及び N 以外の再生債権者に、本件相殺

で、三者間相殺は、第三者による弁済（民474）が可能であるからといって当然になし得るものではなく（大判昭和8・12・5民集12輯2818頁）、①連帯債務・保証・債権譲渡などの制定法上認められる一部の場合[639]か、②物上保証人のように他人の債務につき責任を負う者が援用する場合（学説）か、③三面契約による場合（大判大正6・5・19民録23輯885頁。しかもそれを相殺と呼ぶことは正確ではなくむしろ嘱託ないし指図と呼ぶべきである）、④本件でいえばYNのようなグループをなす当事者間に、例えば法人格否認の関係が認められる場合（本件はそうではなかった）、のいずれかにあたらない限り認められない（大阪高判平成3・1・31判時1389号65頁、いわゆる日通事件。その上告審最三判平成7・7・18訟務月報42巻10号2357頁、判時1570号60頁は原審を支持している）。比較法的にもこれを認めない傾向が強い[640]。グループ間相殺の制度そのものに異を唱えるものではないが、それは、担保権（cross-gurantee等）を設定する行為、本件でいえばN（自働債権の帰属主体）による（相殺適状を発生させるための処分への）同意の意思表示が、手続開始決定に先行していることを前提にした議論である。なお改469Ⅱ柱但。

による本件清算金支払債務の消滅についても受忍させることが債権者間の実質的な平等を損なうものともいえない」としており、高裁もこの判示を支持している。しかしその後、最判平成28・7・8 裁判所時報1655号4頁は、上告したXの請求を一部認容する原判決変更の判断を下し、本件の「相殺」は民再法で許容されていないとしている（柴崎・金判1527号2頁）。

639 　民436Ⅱ、民443Ⅰ、民457Ⅱ、民463Ⅰ、民468Ⅱ。なお、2017（平成29）年民法改正法において、第436条は、従前認められていた他の連帯債務者による相殺権の行使を改め、当該連帯債務者に履行拒絶権を付与する主義へ改めるとしているので、法定の三者間相殺は著しくその範囲を狭められることになる。

640 　フランス法においては、債権の確定性・請求可能性・相互性が要件であり、相互性は厳格に解されている（深谷格・相殺の構造と機能（2013年、成文堂）178頁が挙示するDEMOLOMBEからMENDEGRIS, Compensation, 1969に至る見解。2016年改正仏民1347以下でも再確認される）。倒産法制で前二者の要件については牽連性の概念で代替せしめることを認めるところ、相互性については依然として厳格に要求している（LOIR, Jur.Cla. Com., Fasc. 2372 (2013), no 49. 金融取引については通貨金融法典に特別規定があり、同様に相互性を要求する。AUCKENTHALER, Jur. Cla. Banque‐Crédit‐Bourse, Fasc.2050 (2013), nos 84, 85 et 87.）。イングランド法においても同様に解され（WOOD, Set-off and netting, derivatives, clearing systems, 2 ed., London Sweet & Maxwell, 2007, p. 93.）、British Eagle International Airlines Ltd. v. Air France [1975] 2 All ER 390, HL事件判決は、IATAの航空運賃多数当事者間ネッティングを無効とした。

第二部
手形または決済手段

第Ⅲ編　実体手形法・小切手法

序節
 第 a 款　手形・小切手の経済的機能
 第 b 款　手形法・小切手法の沿革と法源
 第 c 款　手形・小切手の有価証券的性質
第 A 章　手形・小切手上の法律関係の発生
 第 i 節　手形行為の種類と意義
 第 ii 節　手形行為の有効性
  第 a 款　手形行為の形式要件（基本手形、署名、記載事項の修正、欠缺と補充）
   第 1 項　基本手形
   第 2 項　記載事項の修正
   第 3 項　記載事項の欠缺と補充
  第 b 款　手形行為の実質要件
   第 1 項　手形行為と公序良俗、行為客体と行為目的の適法性
   第 2 項　手形行為への民法総則意思表示規定の適用
   第 3 項　手形能力
   第 4 項　法人の手形行為

第ⅲ節 他人による手形行為
  第a款 代理による手形行為の要件・効果
  第b款 無権代理による手形行為の要件・効果
  第c款 他人による手形用紙の交付と署名者の責任
第B章 手形・小切手上の権利の消滅
 第ⅰ節 支払呈示・支払
  第a款 支払呈示
  第b款 支払
 第ⅰ節bis 小切手の支払に関する特殊な制度
 第ⅱ節 消滅時効・失権・利得償還請求権
  第a款 手形・小切手上の権利の消滅時効
  第b款 失権・利得償還請求権
第B章bis 支払を担保する諸制度
 第ⅰ節 手形行為による支払の担保
  第a款 支払拒絶に拠る遡求・合同責任
  第b款 為替手形の引受・手形行為独立の原則
  第b款bis 手形（小切手）保証、小切手の支払保証、参加支払・参加引受
 第ⅱ節 手形外の法律関係による支払担保
  第a款 手形資金・利得償還請求権
  第b款 （荷為替信用状の利用）
第C章 手形・小切手上の法律関係の移転
 第ⅰ節 裏書（総説-正裏書-特殊の裏書）
 第ⅱ節 裏書以外の方法による有価証券上の法律関係の移転

序節

第a款 手形・小切手の経済的機能

[30001] **経済的機能とその法的基盤**　手形小切手の経済的機能は決済制度・信用手段としての働きである。決済制度は、現代に於いては、**振込・カード・前払式証票・信用状**など多様なものが含まれるが、最も古典的であり、これらの制度の理論的基礎を提供しているのが手形・小切手である。欧州債務法では必ず「指

図」の制度が論じられ、これらの制度の理論的基礎をなしているが、残念ながら日本の私法学では「指図」が扱われることがまれである。その代わり手形小切手の法理論が、これらの多様な決済制度の共通の理論的基盤になっている。したがって、決済を知るということは、まず手形小切手を知るということに他ならない[641]。

[30002] **有価証券・商業証券**　手形・小切手は**有価証券**（Wertpapier / papiers-valeurs）である[642]。BURUNNER の、「私権に関する証券であって、その私権の利用が証券の所持によって私法上条件づけられているもの」との定義に由来した概念である[643]。「権利の証明手段が証書に結合しているのにとどまらず、権利の存在が証書に結合したもの」である[644]。有価証券のなかでも、株券・社債券のような中長期の信用のために大量証券（Massenpapier）として発行される類型の**投資有価証券**（valeurs mobilières）とはちがって、手形・小切手は、短期の信用あるいは決済のために個別証券として発行される類型の**商業証券**（effets de commerce[645] 商501（4））の一種とされる。証券的技術は、権利という不可視なるものを具体化し、恰も動産のように占有が可能な「物」として取引の対象＝商品にする技術である。有価証券的方法の利用は、商取引の歴史とともに古い。近代的通貨制度の発展を前提とした社会においては、手形・小切手は、特に**取立**[646]・

---

[641]　文献：巻頭「頻出文献略符」の他（以下著者名を文献略符とする）、田中耕太郎・手形小切手法概説（1935年、有斐閣）、大隅光雄・新統一手形法論上（1932年、有斐閣）・同下（1933年、有斐閣）、伊澤孝平・手形法・小切手法（1949年、有斐閣）、鈴木竹雄・手形法・小切手法（1957年、有斐閣。1992年前田庸との共著による新版あり）、石井照久＝鴻常夫・手形法・小切手法（第2版1972年、勁草書房）、田中誠二＝川村正幸・手形・小切手法（新版4全訂版1988年、千倉書房）、田邊光政・最新手形法小切手法（5訂版2007年、中央経済社）、田邊宏康・手形小切手法概説（第2版2008年、成文堂）、大塚龍児＝福瀧博之＝林竤・商法Ⅲ手形・小切手（第5版2018年、有斐閣）、小塚荘一郎＝森田果・支払決済法（商事法務、第3版2018年）。

[642]　平成29年民法改正法では、第三編第一章第七節「有価証券」の規定がおかれ（第一款～第三款）、指図証券・記名式所持人払証券・その他の記名証券（改520の2-520の20）がそれぞれ規定されている。

[643]　河本一郎「有価証券制度」有価証券法研究（2000年、成文堂）10頁。

[644]　BLUNTSCHLI による表現: BOHNET (François), La théorie générale des papiers-valeurs: passé présent, futur, Bâle, 2000., no 18.　ただし、日本商法の「有価証券」の文言が示す対象が例外なく手形小切手をその典型としてきたのかはなお留保が必要であると思われる。例えば、商521の商人間留置権の客体である「物または有価証券」にいう「有価証券」とは、株式社債といったいわゆる長期の投資有価証券だけを想定していたと疑い得る沿革がある（注517）。

[645]　立法上「商証券」の語で明治23民490Ⅱ（商証券ヲ以テスル債務ノ弁済ハ其証券ニ債務ノ原因ヲ指示シタルトキハ更改ヲ成サス…）に顕れる。なお注696。為替手形 lettre de change、約束手形 billet à ordre、倉庫証券 warrant を含み、小切手 chèque を含まない。

送金[647]・信用（次項）の３つの機能を担う。

[30003] **信用証券**　　手形は信用を利用させる手段である。手形の起源は一説には公正証書形式の他地払約束手形であるといわれ（Goldschmidt）ており、**身体強制**（contrainte par corps）を伴う強力な執行力が手形をして手形たらしめていた[648]。現行手形法の権利行使も、**手形訴訟制度**の利用により迅速に債務名義を得せしめることができる、日本国内の慣行についていえば手形交換所規則による**取引停止処分**により、不渡に対する制裁が強いなど、**信用**[649]の手段としての役割は重視されてきた。商業手形[650]が独立した財貨として評価され、銀行貸出に際して

646　主として為替手形が担っている機能である。取立為替（銀行から見て買為替）とは、取立債権を有する債権者が振出人、債務者が支払人となり、受取人となった銀行が割引により権利を取得してこれを満期に取立てるという手法であり、これを起点に荷為替信用状取引の歴史的発展を基礎づけた。銀行は、遡求権保全手続（証券の呈示と拒絶証書の作成）を回避するため、割引契約において割引依頼人である振出人による買戻義務を約定している。さらに、債権は海外の買主に売り払った商品の代金であることが多く、この場合、振出人は、海上運送人が発行した船荷証券等の船積書類を占有している。そこで、銀行に取立を委ねるに際して、船積書類を担保として添付する（荷為替）。書類を買取る売主の銀行（Ａとする）は、買主の信用調査を自ら行うことはできないが、多くの場合、買主側の銀行（Ｂとする）は、買主の信用を調査した上、買主の依頼により、Ａから右書類を再割引（買取）することを約束する信用状を、Ａに対して発行している。これによりＡは安心して書類を買取ることができる。この場合、買取は信用状の条件が客観的に一致した書類のみに対してなされる（[23601]-）。

647　主として為替手形および小切手が担う機能である。送金為替（銀行から見て売為替）という。銀行が自己宛で振出人、送金依頼人が受取人となって小切手・為替手形を裏書するか、送金依頼人が銀行に資金を立てて支払人になってもらい、為替手形を振出してこれを送金先に郵送する。これによって正貨現送に伴う危険と費用（運賃・保険料）を回避できる。固定相場制の時代にはこの費用の負担が為替差損を被るよりも有利であると判断された場合にのみ正貨現送が選ばれた（いわゆる specie point）。内国為替でも多く利用されてきたが、電信送金が主流になると、小切手を利用した送金は減少した。さらにすすむと、受取人の口座への入金によって完成する内国為替である振込が、全銀システムを活用して瀕用されており、欧州ではデビットカードの利用が増加している。国際送金に関しては国際的為替協同組合である SWIFT による、データメッセージの転送を用いた振替取引が多く利用されている。

648　柴崎暁「身体強制とフランス手形法」亜法37巻２号119頁以下。

649　小売商が商品の購入代金を貨幣で支払う代わりに手形を用い、卸売商・製造工場・原材料加工業者・原材料輸入業者という順序で商品の流通する過程を手形が遡ってゆくならば、３回の現金決済が１通の約束手形によって代用され（商業信用の連鎖）、さらに輸入業者がこれを市中銀行に割り引かせ、再割引されれば、中央銀行が満期まで与信してくれるわけであるから、これらの産業企業はその恩恵を被っているといえる（商業信用の銀行信用による代位）。流通過程で決済に必要な貨幣はその他の資本の活動に投下でき、資産の活用の最適化に資する（川合一郎・前掲資本と信用（注489）他参照）。

650　商業手形とは、商取引の裏付けのある手形である。法律上の手形の種類ではなく、手形の利用方法に付された名である。これに対して、商取引の裏付けのないものを**融通手形**という。特に、資金の逼迫した企業が、銀行から融資を引き出すために商業手形を装いつつ割引かせば詐欺罪

担保として徴せられ[651]、その**自動決済力**[652]のために中央銀行による**再割引適格手形**[653]としての地位を有する。

第 b 款　手形法・小切手法の沿革と法源

[30004]　**前史-定期市手形**　手形の起源には諸説あるが、十字軍遠征の頃、十分の一税の徴税請負人が、教会に正貨を現送する費用と危険とを回避する手段として用いた信書 lettre missive がその起源といわれる[654]。次いで、定期市 foire で決済をする商人の間でこの手法が応用されるようになる（**定期市手形**）[655]。手形交

を構成する（それでも手形は無効にならないというのが日本の判例であり、不法原因 cause illicite を理由として融通手形無効説を採るフランスの判例でも、善意の第三者には対抗不能と考えられている。また、日本ではいずれも融通手形と呼ばれるが、同じくフランス法では割引契約の相手方を欺罔する意思のない、与信契約を資金関係とする手形 effets d'ouverture de crédit 等は、原因 cause が実在かつ合法のもの réele et licite であって無効ではない）。融通手形は、資金の逼迫している企業が、取引先に救済をもとめ、満期までには他の方法で支払資金を作ることを約束して約束手形を振り出させることが多いが、取引先としては不渡を出したくないあまり、約束の資金が交付されない場合でも手形を支払わざるを得ず、諸共に経営難へと引き込まれるおそれがある。そこで、あらかじめ担保として、満期が一日早い「見返り手形」を要求する場合があり、これが交付されている場合を「手形騎乗」と称する。いずれも病理的な現象である（融通手形に関しては、融通手形であることを知って手形割引に応じた者が悪意ないし害意の抗弁の対抗を受けることになるかどうかが論じられてきた→[23203]、注972）。

651　商業手形担保貸付。銀行取引では、満期のばらつきがある複数の商業手形を割引くことは煩雑であり、手形割引のように一通ごとの審査をせず、まとめて貸付をしておき、担保に取った個々の商業手形は満期の来たものから交換にまわし、取立金を返済に充当するという貸付方式をとる（→注508）。

652　手形の原因関係である売買によって仕入れられた商品が、一定の時間的間隔を経て転売されることによって現金化され、満期までには手形の支払に充当される資金ができる蓋然性が高いこと。

653　商品が売れず手形が不渡になると、銀行券が中央銀行に還流しないため、これが大規模に発生するとインフレーションの原因となる。

654　徴税請負人は、税収を原資に購入した商品の売捌を移動商に委託し、移動商が教会のある地で商品を売却する。他方、請負人は教会に信書を送り、販売の委託を受けた者がいる旨を記し、この移動商の売上から商品の代金を教会が回収するように指示したのである。

655　定期市とは、宗教暦に準拠して開催される仮設市場で、著名なものにシャンパーニュ地方の定期市がある。当時の領主によって比較的流通の自由が認められていたシャンパーニュには、欧州各地の毛織物や東方の特産品が集積され、交換されていた。年6回開かれる市（それぞれ20-30日程度）で用いられたのが定期市手形または大市手形である。東方から貴金属や香辛料を輸入した定住商は、定期市に赴く移動商に対して、商品の売捌きを委託する。このとき、定住商（振出人）は、右移動商を支払人とした、市で用いられる架空の通貨、計算貨幣単位である Scudo di mercato 建ての、市の末日を満期とする為替手形を作成し、両替商に持ち込む。両替商（受取人）はこの手形を現金で買取る（定住商は代価を回収したことになる）。買い取られた手形は別の移動商（呈示人）に託され、同じ定期市にて呈示される。現地には商品を売り捌いて代価を得ている支払人がいるので、支払は確実に行われるはずである。定期市での決済は、開設期日の最後にま

換や身体強制が導入されたのがこの時期であるという。脱法的利用（乾燥為替）も発達した[656]。

[30005] 承前-裏書の発展　裏書 endossement は、手形制度の中ではやや後れて確立された制度であるらしい。12-13世紀以降欧州で復興したローマ法の原理

とめて行われる。そこで、現代の手形交換にも類する相殺による決済（差引計算 scontration）が行われ、各支払人は交換尻だけを現金・種類物で支払うか次回に繰越する。また、不渡を防ぐために市の初日に支払人のもとに呈示をして、引受 acceptation をさせる慣行も、この時代に発達したという（これに対して、後の時代のフランス南部のリヨンの近世商慣習では引受をしない慣行が定着しており、これが後に手形法の国際的統一に影響を与えることになる）。支払・引受拒絶による遡求 recours cambiaires もこの時期に成立し、身体強制を含める強力な強制執行＝手形厳正の起源もこの時代に求められる。この時代の手形の特質は、受取人の代理人として、「呈示人」という当事者が存在していた四者取引であったこと、裏書がまだ認められていなかったことである。

656　為替取引に仮装して、当時教会法によって禁止されていた暴利貸借 usura を実行する者が現れた。当時の為替相場は、各都市によって著しく異なっていた。その差益に利息を隠蔽したのである。手形が不渡になったとき、所持人が遡求権を持つことは、当時も現在と変わりがなかったが、その行使方法として、支払人（移動商）が振出人、呈示人（別の移動商）が受取人、受取人（両替商）が呈示人、振出人（定住商）が支払人となる逆向きの為替手形（これを戻為替 re-change という）を発行する方法によるのが常であった。両替商が定住商に金銭を暴利 usure で貸付けようとするときは、これを為替取引と思わせるために、仮設人を支払人・呈示人とする手形を振出させ、買い取ったことにして記帳する。事実上利息を得たい両替商は、対価（c）を貸渡し、引換えに振出地よりも当該計算貨幣に対し振出の対価の通貨が高い相場をつけている場所を選んで支払地として記入した為替手形を受取る。手形金額は振出地の相場 r_1 で計算した計算貨幣建て（$s=c・r_1$）で表示される。この手形が不渡になったことにして戻為替を組む。戻為替の遡求金額は、計算貨幣建ての最初の手形の金額 s を、支払地の逆換算用 $1/r_2$ で計算した振出の対価の通貨での金額となる。最初の手形の対価が c であり、戻為替の金額は $c・r_1・1/r_2$ である（しかも $r_1 > r_2$）から両替商の手元には、マージン（$c・r_1/r_2 - c$）が残る。DE ROOVER (Raymond), What Is Dry Exchange? in *Business, banking and economic thougt in late medieval and early modern europe*, 1974, Chicago University Press. pp.196-197の実例では、1441年の Medici bank による取引が見られる。送金依頼人に擬せられた Venice Medici 銀行（実質的な利付貸主）は、Bruges を支払地とする手形の対価として顧客 Antonio（実質的な借主）に377ducats 17gr. の金員を交付した。手形の支払は呈示人兼支払人たる Bruges Medici 銀行の帳簿上の操作のみで行われ、仮想の不渡が記帳され、続いて Bruges Medici が Antonio 宛の戻為替（re-exchange）を振出し、Venice Medici が呈示人となる。戻為替の支払によって実質的な意味の返済（401ducats 6gr.）がなされている。最初の手形の額面は、振出の対価の377ducats 17gr. を Venice の為替相場で計算した £85 14s. 5d.gr.、戻為替の額面は、この £85 14s.5d.gr. を Bruges の為替相場で計算した401ducats 6gr. である。ここで ducat/£(livra) 相場は、Venice において低く Bruges において高いので、最初の手形の額面も遡求金額たる戻為替の額面も同一額 £85 14s.5d.gr. であるにもかかわらず、最初に Venice Medici から Antonio に交付された額より戻為替の支払金額が大きくなる。しかし商人たちはこの差額を利息でないと弁明した。後世の Giovanni Domenico Peri はその著 Il Negotiante (1707) において「為替取引から生じる利益は時の相違ではなく価格の相違に由来する」とし、加えて為替相場は変動するので利益は不確実であると強調して邪利息（usura）の嫌疑を退け（DE ROOVER, op. cit., p.198）、神学者の支持を受けたという。

が、債権譲渡および裁判上の代理を厳密に禁止していた[657]等の事情から迂回手段として発展した[658]。また、裏書に際して何を対価 valeur fournie として収受したかを明記する慣行が発生した[659]。裏書の発達は、商業信用の連鎖による決済過程省略を実現し、近世資本主義の発展に寄与した[660]。

[30006] **近代手形法の確立**　フランスの**商事王令** Ordonannce sur le commerce（1673年、SAVARY 法典）は、会社、破産、商事裁判等商事法全般に関する史上初の本格的近代的商法典であったが、手形編においても、為替契約のために用いられる為替手形を典型として詳細な規定が設けられた[661]。他方、**ドイツ関税同盟**は、諸都市間の交易を推進し、決済を円滑化するために、1847年ライプチヒに代表を集め、**普通ドイツ手形条例**（Allgemeine Deutschen Wechselordnung, 1848）を成立させる。裏書連続による資格証明力 Legitimation、手形行為独立の

---

[657] ユスティニアヌス帝期から認められた譲受人の準訴権 utilis actio は、市民法上の訴権ではなく、法務官法上の権能である。古典期では、したがって譲渡のかわりに更改 novation が用いられた。

[658] また、原初の債権者ならざる者が訴えを提起するために要求された大法官 Chancellor への納付金も取引社会に裏書を選好せしめた要因である。THALLER, Nature juridique du titre de crédit, Annales de droit commercial et industriel, français, étranger et interntional, 1906-1907. 法理論としては、被裏書人の地位は、債権譲渡による承継によるものではなく、「自己のためにする受任者 procurator in rem suam」という固有の地位であって、そのことは債権譲渡を法務官法の準訴権に制限したローマ法の原理に反しないとの説明がされた。

[659] 対価の表示を根拠として裏書人が担保責任を負うと考えられた。やがて、邪利息規制脱法抑止・破産詐欺回避のため振出・裏書の必要的記載事項として法定されるようになる。これにより、被裏書人の利益主体としての独立性は一層強く承認される結果となった。

[660] このことは現金の需要を著しく減少させ金利を低下させるものであったため、両替商は、権力に働きかけて裏書の回数制限や、白地式裏書の禁止を法定させようとしたが、16-17世紀の新興ブルジョアジーの台頭は、次第に両替商の発言力を失わせ、裏書の自由化が進んだ。木内宜彦・手形法小切手法第二版（1982年）5-7頁。

[661] 財務大臣 COLBERT は、王国内の商法を統一せしめるべく、商人出身の SAVARY（Jacques, 1622-1690）に法典起草を命じたものである。この SAVARY 法典の第5章第6章が、為替手形および為替状、ならびに為替の利息に関する規定であり、実質的に、フランス手形法の端緒である。この時代の著名な手形法の解説書として、DUPUYS DE LA SERRA（Jacques）, *L'art des lettres de change, suivant l'usage des plus célèbres places de l'Europe*. 1693. がある。この手形法は、資金 provision 制度をその際だった特徴としていた。資金とは、手続懈怠によって失効した引受なき為替手形の所持人が、満期に振出人が支払人に対して有する手形外の債権を自ら行使できる制度であり、振出人破産の場合には、所持人に優先弁済を確保する一種の法定担保物権である。かような制度が発達したのは、王令以前の時代、引受をさせること自体が振出人への不信用の表明と解されるので引受呈示を控え一覧呈示に留めるのを常とする一部法域の古い慣行が背景にある。ドイツ法系は資金制度を採らず、引受を以て支払を確保することを常とし、両主義の対立は後の法統一に課題を残した。商事王令は実質的に1807年フランス商法典に引き継がれ、政治的事情から欧州一帯に伝播する。資金の制度は、ジュネーヴ統一手形法の成立以降も、フランス商法典の規定として存続している。

原則など、近代手形法の技術の核ともいうべきメカニズムは、この立法において実現されている[662]。

[30007] 手形法・小切手法の国際的統一運動　上記のような立法成果を除けば、手形法は慣習法ないし狭い法域の制定法の形式で不統一のまま数百年もの間欧州諸国でおこなわれていた。欧州手形法統一運動は19世紀より唱導される。1870年の普仏戦争は拒絶証書作成猶予をめぐり統一の必要性を認識させ[663]、諸々の法統一構想が公表され、独伊両国政府によりハーグ会議の招集が提起された[664]。

[30008] 承前－統一条約へ　オランダ政府の招集にかかるハーグ会議は、2回（1910年、1912年）に及び[665]、模範法方式の「**統一手形規則（ハーグ規則）**」を採択

---

[662] 手形行為の無因性に立脚した手形理論もドイツ手形条例に関する注釈書を中心に形成されてきた。ところで、手形条例の理論は、紙幣説の EINERT（C.）, *Das Wechselrecht nach dem Bedürfniss des Wechselgeschäfts im neunzehnten Jahrhundert.* Imprint Leipzig: F.C.W. Vogel, 1839; LIEBE（von Friedrich）, *Die Stipulation und das einfache Versprechen : eine civilistische Abhandlung.* Braunschweig, G.C.E. Meyer, 1840; THÖL（von Heinrich）, *Das Handelsrecht*, 4. verm. und verb. Aufl., Leipzig, Fues (R. Reisland), 1878, Bd. 2. Das Wechselrecht. に源流をもつといわれている。条例以前ドイツ諸ラントには59の手形法が存在したといわれている。上記文献の論者らはいずれもラントの手形法の起草者でもある。LIEBE（von Friedrich）, *Entwurf einer Wechselordnung für das Herzogthum Braunschweig : Sämmt Motiven / Verfaßt und mit dem Vorstande des Kaufmannsvereins zu Braunschweig berathen von Friedrich Liebe.* Braunschweig : G. C.E. Meyersen, 1843; THÖL（von Heinrich）, *Entwurf einer Wechselordnung für Mecklenburg*, 1847. これら19世紀の諸家につき庄子良男・ドイツ手形法理論史上（信山社、2001年）。

[663] 戦時中、フランスでは数回法律により拒絶証書の作成を猶予する措置をとったが、各国においてこの法律の解釈が分かれたため、同じ手形上に署名した者であっても償還義務の扱いが異なり（不可抗力下における遡求権保全手続については現行手54参照）、フランス・イタリアに在住する裏書人は償還を命じられ、手形を受戻したにもかかわらず、手形厳正に例外を認めなかったドイツ・オーストリアに在住する前者に遡求できないという不合理を生じるなどした。

[664] 北欧やドイツの各法曹会、イギリス社会科学振興会等が手形法統一の方針を議決、国際法学会（Intitut de Droit internaional）も各国を代表する委員を集め調査検討の後、主としてドイツ手形条例を参考とした手形法の原則を抽出した27ヶ条からなるブレーメン規則（1878年）を採択。1885年（アントワープ）・1888年（ブリュッセル）の万国商法会議は、ベルギー手形法を参考しつつ模範法方式の統一を提案、68ヶ条からなる手形法規則案を決議した。他方、1889年パリ万国商業会議所連合会も、対価文句（当時一部の法制において振出と裏書とに必要とされていた）、隔地払の要件（為替手形の振出地と支払地とが異地に存することを要求した）、手形文句の廃止と、無記名手形・白地式裏書・利息文句の容認、手形時効を画一的に3年とすることなどを内容とした決議18ヶ条を採択している。次いで20世紀になり、1907年、ベルリン商人長老会請願によりドイツ帝国議会は万国手形統一会議の招集の交渉開始を決議。イタリアでもナポリ法曹会の提唱に基づき、下院が手形法統一会議の招集交渉開始を決議、1908年プラハで万国商業会議所連合会が手形法統一会議準備を決議、1908年春、ドイツ・イタリア両政府はオランダ政府と協議のうえ、ハーグ会議の招集を合意した。

したものの、大戦勃発により法統一事業は中断する[666]。**ジュネーヴ会議**（1930-1931年）は、**国際連盟経済財政部経済委員会**が1922年に招集を可決、数年の準備作業[667]を経て開催され、締約国が付属書記載の統一法を自国語に訳して国内法として制定する義務を負わせるいわゆる**採用強制主義**方式により手形法統一事業を成功させた[668]。

［30009］日本法における手形法・小切手法の法源　わが国では、明治政府の法律顧問ロエスレルの起草にかかる、主としてフランス法を斟酌して起草された「**為替手形約束手形条例**」（明治15年太政官布告17号）および**旧**「**商法**」（明治23年法32号、26年施行・32年破産編以外廃止）第1編第12章「手形及ヒ小切手」、次いでドイツ手形条例の強い影響が見られる**新**「**商法**」（明治32年法48号）第4編「手形」が順次用いられていた。ジュネーヴ条約に調印した日本では、商法手形編を廃止

---

[665] 31ヶ国の代表を集め、第一回会議では、ドイツ、フランス、ノルウエー、ベルギー、オランダの各国から選出された中央委員会が質問表への回答を参照し、「手形法統一条約仮案」のほか、主としてドイツ手形法に倣いつつ、英米法・フランス法も考慮した88ヶ条からなる「統一手形法仮案」を提案。第二回会議では、修正委員会を選出して「仮案」を基礎に無記名手形を不採用とする等修正を施し、抵触法の規定も含めた80ヶ条からなる「統一手形規則」を採択。

[666] イギリスは普通法の改正が不可避となることを理由として、アメリカは法律制定は州の権限に属することを理由として、統一条約への加入が不可能であるとした。然るに第一次世界大戦が勃発し、ロシア、チェコスロバキア、ポーランド、ユーゴスラビアなどの諸国ではハーグ法を基礎にした手形法改正を実施したものの、批准は無期延期となる（以上統一史は毛戸勝元・統一手形法論（大正3年）による）。

[667] 1923年より専門家委員会（Chalmars（英）、Jitta（蘭）、Lyon-Caen（仏）、Klein（墺））が準備調査を開始、次いで8名の法律専門家委員会がハーグ規則を基本に「統一手形法仮案（ジュネーヴ仮案）」を確定（1928年）。模範法主義を採る結果生じる問題を抵触法の統一によって補うという構想であった。

[668] 会議冒頭より模範法主義への批判が続出、採用強制主義を条約において宣言することになった。二つの読会の後、最終的に採択された統一手形法は、ほぼハーグ法を踏襲した規定であったが、手形行為独立の原則、白地手形に不当補充がなされた場合の所持人の保護、白地式裏書の可能、手形抗弁制限の規定の修正などは、第一読会において加えられた規定である。採用強制を嫌って批准しない国が現れることを危惧し、法分裂の著しい問題（白地手形の取扱、手形資金制度）に関しては**留保事項**（付属議定書第二）を設け、条約の成立を確保する一方、法分裂の残存する領域での準拠法を明示するよう抵触規定の統一のみを目的とする別の条約（抵触法条約）が定められることとなる。また、手形の効力を印紙の貼付にかからわしめる立法を禁ずる規則が要請され、最終的に、手形法統一条約・抵触法条約・印紙税条約の三条約が採択されるに至った。小切手法については、1931年に会議が開催され、同様に統一小切手法を議定書に含む小切手法統一条約、抵触法条約、印紙税条約の三条約が採択された。現在でもこれら6条約は有効であって、近時では東欧の一部の国家などが新規に加盟している（リトアニア等）。ジュネーヴ統一条約に英米両国は加盟していない。米国は連邦内での法統一を進め、統一商法典に「流通証券」の編をおいた。英米法系と大陸法系との統合を企図して、1988年に国連国際商取引委員会（UNCITRAL）の「国際為替手形約束手形条約」が策定されたが、発効に必要な批准国数が満たされていない。

し、条約に基づき統一手形法・統一小切手法を国内法化すべくそれぞれ「**手形法**」（昭和7年法20号）、「**小切手法**」（昭和8年法57号）を制定した[669]。

[30010] 手形・小切手に代替する諸制度　取立委任、支払指図、指図と更改など、西欧諸国の民法典・債務法典に規定される諸制度は、手形小切手の一般私法上の理論的基礎であるというだけでなく、このような民法上の諸制度を応用して形成される商事取引が決済・金銭給付過程節約の制度として機能する限りにおいて、手形小切手の代替制度であると評価し得る（信用状、T／C、銀行振込、郵便為替）[670]。特別法による制度として電子記録債権があり、手形小切手と性質が極めて近い[671]。

[30010bis]（承前）-カード取引　包括信用購入あっせん（割販2Ⅲ）という。販売業者等からの商品等の購入を可能にするカード等を利用者に交付し、利用に応じ代価を業者に立替払し購入時より2月超の期限を付与して利用者から回収する行為である。（未稿）

第c款　手形・小切手の有価証券的性質

[30011] 有価証券の概念と定義　手形・小切手は、**有価証券**とされる。有価証券の語は他の法令にも用いられる[672]が、規制目的の相違に応じて各々相対的に独

---

[669] 付属法令として、拒絶証書の作成条件を定める「拒絶証書令」（昭和8年勅令316号）および支払呈示が行われたものと看做される「手形交換所ノ指定ニ関スル件」（昭和8年司法省令38号）が定められている。さらに、手続法として、手形訴訟手続を規定する「民事訴訟法」（平成8年法109号）第5編「手形訴訟及び小切手訴訟に関する特則」、喪失証券の無効宣言のための手続を定める「公示催告手続及ビ仲裁手続ニ関スル法律〔旧民事訴訟法〕」（明治23年法29号）第7編「公示催告手続」の規定を引き継いだ「非訟事件手続法」（平成16年改正法）が用いられる。

[670] 振込に関しては第Ⅰ編第B章第ⅰ節、債権譲渡・信用状に関しては第Ⅱ編第A章第ⅱ節を、電子記録債権に関しては第Ⅴ編参照のこと。商品券・カード等については他日加筆を待ちたい。

[671] 債権法改正でも指図は検討されず、提案内容に問題が多く廃案となった「一人計算」「三角更改」にしても、一見類似するが元々指図と似て非なる概念であった。指図型の決済制度は今後も制定法上の基礎付けを持たず、詳細は理論＝学説に委ねられるという方向が維持されるように見える（「純粋指図」の概念を1942年民法典に組み入れたイタリアの経験に関する研究として、柴崎暁「主観的更改と純粋指図」池田眞＝平野裕＝西原慎編・民法（債権法）改正の論理〔タートンヌマン別冊〕（新青出版、2010年）415-461頁）。

[672] 例えば金商2Ⅰは「株券」を「有価証券」として同法の適用対象とするが、金商2Ⅱが振替株式（社振2）等原物券面の機能を代替する手段に表章される「有価証券表示権利」を「みなし有価証券」として同法を適用する。同法の目的は、企業情報の開示の制度等を整備して投資者の予測可能性を保証し、金融商品取引所の適切な運営を確保して、公正な価格形成を確保すること等にある。よって対象になる市場を流通する権利の占有の形式の如何については無差別的である。他方、刑法は私法上の有価証券ときわめて近い定義をしている。有価証券偽造罪（刑162）の適用

立した概念である。ここでは民商法における有価証券を論じる。有価証券とは私権を表章する証券で、表章される権利の利用（発生・移転・行使）に当該証券の占有がむすびつけられているものをいう[673]。

[30012] **証券の分類**　権利発生における証券の機能による分類によれば証券作成が証券上の権利発生の法律要件の一部をなすものが**設権証券**[674]、然らざるものが**証拠証券**または**非設権証券**である[675]。権利移転（流通 négociation）の方法に着目した分類としては、**名義書換 transfert** 等により移転する**記名証券 titre nominatif**（≒改520の19）、裏書により移転する**指図証券 titre à ordre**（改520の2 -12）、最初の権利者の名を記載しつつも持参人に支払われる**記名式所持人払証券**（改520の13-18、小5Ⅱ-記名式でも「又ハ持参人ニ」等の文言があれば無記名証券扱いとなる。単純な記名式小切手は裏書が可能）、証券に権利者の名が表示されず、動産同様の引渡によって移転する**無記名証券 titre au porteur**（改520の20）がある。これ

関係において「財産上の権利が証券に表示され、その表示された財産上の権利の行使につき、その証券の所持を必要とするものをい」うとされている（最判昭和32・7・25刑集11巻7号2037頁）。最判は、流通性がないものも含めて有価証券とし、平成29年改正民法もこの定義を踏襲している（指図禁止手形を含むかが問題となるが、民執122はこれを除外している）。この刑法判例にみられるように、私法において獲得された概念が、他の法領域における概念を指導するものであって、それらを理解する前提として私法上の概念を知る必要がある。

673　ある証書が有価証券にあたるかどうかは、「有価証券」の文言を含む法文即ち商518〔喪失有価証券における仮払い制度〕（→改民520の12）、商519〔有価証券の流通方法・善意取得〕（→改民520の2、3、5、13等）、商521〔商人間留置権の成立する客体〕、民執122〔有価証券が存する場合における債権に対する執行方法〕などの適用を左右する。

674　典型的には手形小切手がこれである。あるいは、貸金債権とこれを担保する抵当権とを表章する**抵当証券**も設権証券であり、登記官がこれを発行する。既存の被担保債権を法律上当然の更改によって証券的債権にする制度である。「抵当証券法は、抵当証券を設権証券とし、抵当証券上の権利は、証券外の契約関係ではなく証券の文言により発生する…抵当証券の有因証券性は、債務者（所有者）の側からする人的抗弁の限度において認められる。しかし、このような人的抗弁の制度により、証券外の権利関係が証券上の権利に影響し、権利が消滅し、あるいは減殺されることがあるからといって、証券の記載を超える権利主張が可能となるものではない」（東京地決平成3・11・18判時1401号120頁）。

675　**貨物引換証**（平成28年改正で廃止）、**船荷証券**など運送証券は運送契約によって発生した運送品引渡請求権（荷送人から引渡されたものを保管し運搬し着地で引渡すという為す債務に対応する債権）を表章するため、非設権証券である。しかし、証的方法によって移転され、所持人との間における文言性と資格証明力（免責証券性）をもつ。株券は、設権性も文言性もない。株券上の権利である株式は株券の作成ではなく組織的法律行為である株式発行行為（機関の決議、株式引受契約の締結その他法定の手続の履践）によって発生する。権利の内容は証券上の記載によって決せられることはない。しかし権利の移転と行使（株主名簿の名義書換）とにおいて証券を要し、株券の占有には資格証明力がある（免責証券）。両者はともに非設権証券である点で共通するが、文言性の有無で区別される。

らのような証券に表章された権利には債権譲渡の対抗要件に関する規定（民467、対抗要件特例法4）が適用されない。権利行使の方法に着目し分類するならば、付遅滞（商517→改520の9）・時効中断（民147Ⅱ。改民147では「時効の更新事由」）・遡求権保全（手38・手44・手46Ⅱ、小29・小39、名義書換（会施規22Ⅱ(1)）等に証券の呈示を必要とするのが**呈示証券**、履行後義務者は証券返戻を請求できるのが**受戻証券**（手39、小34Ⅰ。なお民486・487）である。

[30013] **承前-資格証明力**　呈示証券においては、証券の呈示に応じて履行すれば、別に真実の権利者が存したとしても、証券上の義務者は、この者に対する関係で免責をうける。日本民法には民480（受取証書の持参人に対する弁済。ただし平成29年改正で削除）があり、弁済者の免責の観念が認められている（**免責証券＝資格証明証券** Legitimationspapiere）。手形法は、この制度を明示的に定めるものであり、民法典に免責証券の観念のない諸国においても支払人の免責を確認することで手形支払の効果を安定化させようと配慮している[676]。呈示証券は証券喪失者の救済を必要とする（**公示催告手続**）[677]。

[30014] **承前-文言性、無因（抽象）性**　証券的法律行為の解釈に関する性質に着目した分類として**文言証券／非文言証券**[678]、証券的法律行為の出捐部分とそ

---

[676] 手40Ⅲ。なお小35は、支払人の調査義務を確認するにとどまり、免責に言及がない。これは支払人が、資金契約上の義務者ではあるが小切手関係上債務者ではないからである。支払人の責任の有無は、当座勘定契約の規定次第で決せられる。

[677] 除権決定による無効宣言の可能な証券の種類については民施57に規定されてきた。無効宣言の方法については非訟102（官報・裁判所掲示・日刊新聞紙にて、喪失証券の発見者に届出するよう催告する）、仮払制度は商518（給付物品を供託させる等の方法で手続の終了までに生じる目的物の滅失や義務者の無資力のリスクを回避する）に規定されている。これらの規則を整理し、平成29年改正法では改520の11（指図証券への公示催告手続による無効宣言の適用）、改520の12（その仮払制度の適用）、改520の18、改520の19Ⅱ、改520の20（準用規定）が定められた。なお、株券の再発行請求は会230Ⅱ（＝平成14年改正以降は公示催告ではなく会社が作成する株券喪失登録簿に基づく）の株券失効手続（会221-233）による。

[678] 法律行為の解釈とは、表示を、意欲されたそれに最も近い意味に確定する作業である。特段法令で制約を受けていない限り、裁判官は、これをすべての事情に基づいて決定することができる。しかしながら、有価証券を用いて行なわれる法律行為の場合には、証券上の表示の許す範囲内にこの裁量が羈束される。権利の内容を確定するために、証券外の事実を斟酌する必要のある証券は**非文言証券**、証券上の記載そのものから決定される証券が**文言証券**である。これをもとに、手形小切手では、その権利義務の内容が、一定金額の支払の委託ないし約束で、満期の決定方法も履行場所も証券上の表示によって決まる（**要素＝必要的記載事項・常素＝無益的記載事項・偶素＝有益的記載事項**、各々列挙法定される。例えば受取人名は約束手形の要素、指図文句は指図禁止文句のない手形小切手の常素、拒絶証書作成免除文句は偶素）。使用できる記載も**定型化**されているのが手形小切手の特徴であるが、これは、権利内容を客観化し手形小切手上の法律関係の簡

の基礎的関係との結合態様に着目した分類として**有因（要因・具象）証券／無因（不要因・抽象）証券**がある。金銭所有権の移転に代表される出捐行為[679]は、それ自体で完結した法律行為である場合（無因）とその基礎的法律関係[680]が伴わないと効力が完全でない場合（有因）がある[681]。一般私法では単純支払約束・債務承

潔化を図らんがためである。複雑な満期や支払の方法を限りなく認めると、証券を受取るべきか判断するために必要な時間は長くなる。簡易迅速な決済を実現する手形法小切手法の法目的に照らして定型化の要請は不可避である。このような制度目的から、手形小切手の場合には、証券的法律行為の解釈に関しては証券上の記載のみにしたがってその内容を決定しなければならない。新商法旧手形編435条は「手形ニ署名シタル者ハ其手形ノ文言ニ従ヒテ責任ヲ負フ」と定めてこのことを明らかにしている。この意味での文言性は、手形授受の直接の相手方に対する関係でも第三者である所持人との関係でも貫かれるといわれている。一方、貨物引換証（平成28年商法改正で廃止）・船荷証券にも（所謂）「文言性」が認められている（平成28年改正以前の商572・776）（証券の「定ムル所ニ依ル」）が、これは運送人と後続の所持人との関係でのみ適用され、また、理論上、悪意の所持人との関係では適用がないと解される。金融担保の手段として利用されるこれらの証券では、文言性は流通過程で認められれば足るからである。この意味における「文言性」は、「抗弁の制限」と同義であって直接の当事者間においては作用しない。運送証券では、証券上の権利は運送品引渡請求権であり、運送品の引受という事実が権利の前提にあり（運送品引渡義務の要因性）、設権証券性がないので、運送人が受取らなかった運送品を証券上に記載しても、それを引渡す義務は発生しない（＝空券）。一部学説はこれをも文言責任とし意思表示の効果として説明する。船荷証券の場合には、コンテナの普及により、不知約款が用いられ、特に外航船の場合には荷送人の通告（国海8）どおりの記載をしなければならず（運送契約を不締結にしない限り、この記載につき証券発行者の裁量的意思が介在する余地はない）、それが事実と異なる記載であり、運送品の引受がないのと同様の状況であっても、善意の所持人に対する関係においては（国海9）法定の限度（国海13）で賠償責任が生じることとなっている。このような文言責任の性格は運送契約の効果というより人的担保に近いものとなっている。

[679]　手形小切手は、金銭の支払（の委託または約束）を目的とする抽象的な証券である。金銭の支払、即ち金銭所有権の移転行為は、金銭に関する占有＝所有一体説の民法理論により、半ばローマ法の引渡 traditio や問答契約 stipulatio のように、純粋独立の**出捐行為**（Zuwendung）としての性格を有している。このような（準）物権行為は、causa = Rechtsgrund（法律上の原因）が伴わないと、給付保持力を失い、不当利得返還請求権を発生させるという原則に服している（民703）。この構造は、"純粋"な債務負担的効力・権利移転的効力を有する手形小切手の振出・裏書・交付にもそのまま投影することができる。

[680]　「法律上の原因」の内容は、歴史上、**弁済**（solvere）・**与信**（credere）・**恵与**（donare）の三つに収斂するものと考えられてきた。出捐者は、つねに、これによって、既存の債務を免れようとするか（solvendi causa）、相手方に向けて債権を取得しようとするか（credendi causa）、贈与の実行にかえようとするか（donandi causa）のいずれかである。solvendi causa に出でたときには既存債務の発生原因は契約・不法行為・その他法定債権のいずれであってもよく（ただし要物的金銭消費貸借の成立過程における貸渡しには、先行する債務が観念できないから、事柄は credendi causa となり、贈与契約であっても現実贈与であるようなときには donandi causa である）、多様であり得る。

[681]　具体的な目的 Zweck, but ないし理由 reason（原因 Rechtsgrund, cause, causa）が欠缺するときに、当該出捐行為の有効性が維持されたまま不当利得返還請求権が直接的に付与されるのか、それとも一旦当該出捐行為自体の有効性が喪失する結果として間接的にそれが非債弁済となるのか

認[682]が例として論じられる。日本法は手形については無因主義を採ったという[683]が、一般私法上の出捐については有因主義的に把握する立場[684]が主張され、判例にも通説を疑わせるような解決[685]が散見される。

という点である。ある出捐が「法秩序によって」（FLUME）、抽象（無因）行為 acte abstrait と定義されていれば、出捐行為自体は完成していて効力を失わないから、出捐者には不当利得返還請求権 condictio、その派生物としての不当利得の抗弁権が付与されるのである。しかし出捐が具象（有因）行為 acte concret ou causé であるとするなら、その行為の有効性自体に効力の喪失が生じることになる。効力喪失の表現のされかたは、「無効 nullité」であったり、「失効 caducité」であったりする。

[682] ドイツ法系諸国では、民法のレベルで無因債務約束・無因債務承認（独民780・781）を認め、これを実体的な抽象性を認めるものとの理解（BÄHR説）が採られ、これをもって手形行為の無因性の基礎とし、原因の欠如する場合には、不当利得の抗弁権を付与するという体系を採用していた。他方、フランス法系統の諸国においては、私法一般の原則として債務負担行為には理由ないし目的（原因 cause）が伴わなければその有効性を認めないという有因主義（2016年改正前仏民（以下旧仏民）1131）が採用されていた。この体系の下では、債務承認は、原因の証明責任の転換を以て迅速な権利実現を可能にするという訴訟法的便宜を与える限りにおいて無因というべきである（証拠法的抽象。旧仏民1132、瑞債17）。実体法的な構成としては、実在かつ合法の原因が存しなければ、債務承認は無効・失効となる。これを手形に応用すると、裏書後の所持人に対する抗弁制限に関しては有価証券の公信力や指図の観念等別の理論が必要になる。

[683] 手1・小1は為替手形・小切手振出における支払の委託を、手75は約束手形における支払約束を、手12Ⅰは手形裏書を、手26Ⅰは為替手形の引受を、それぞれ「単純」なものでなければならないと規定している。単純とは、条件を付さない、ということを意味するのであるが、それは単に方式としてそのような記載を強制するというにとどまらず、法律行為の実質において、以上述べてきたところの出捐行為の抽象性を承認する趣旨であると説明するのが日本法における通説である。手形行為は法律上の原因をなす実質関係の存否の問題から捨象・抽象されたまま、証券上の法律関係が確定的かつ有効に発生する。したがって、手形小切手は無因（抽象）証券 Abstraktpapier, titre abstrait であり、手形行為は無因（抽象）行為であり、その効果として無因（抽象）債務が発生することになる。

[684] 日本法では、一般私法である民法に、無因債務承認などの規定がなく、不当利得の抗弁権も法定されず、しかし他方において法律行為一般の原因の必要を定める規定もみられないため、法律行為、とりわけ出捐行為の有因無因のいずれが原則であるのかが判然としない。現行新民法制定当時の起草者らはフランス法系である旧民法の有因主義を維持したと考えていたようである（梅・岡松など）が、20世紀に入り、ドイツ法の学説継受（石坂など）の結果無因主義が採用されたと考えられてきた。しかし、1930年代後半から50年代頃、民法上の債務負担行為から手形行為に至るまで、実体的な有因論を示唆する学説（赤木暁、野津務、上柳克郎）が折に触れて主張され、他方、無因債務契約執行証書の執行力を否定する裁判例・学説が支配的となっていることから、有因主義が採られていると解する余地が現れているものの多数説を形成するに至ってはいない（柴崎暁・手形法理と抽象債務（新青出版、2002年）[2101] 以下）。

[685] 手形判例においては、原因関係の不法は事実抗弁と解されているため、原因関係の欠缺を被告が積極的に援用しない場合においても賭博や毒物売買を原因関係とする手形小切手につき裁判上の請求が棄却され、さらには手形小切手外の法律関係である法人と機関の利益相反関係の認定においてさえ手形小切手行為が原因関係と一体のものとして考察される（判例による手段性説の不採用）など、無因主義の帰結としては説明が難しい法が行われているように思われる。依然学説

第A章　手形・小切手上の法律関係の発生

第 i 節　手形行為の種類と意義

[31101] **手形行為**　手形（小切手）上の法律関係を発生・変動させる署名を要素とする法律要件を手形（小切手）行為（手89「手形上ノ行為」）と総称する[686]。手形（小切手）行為には**振出・裏書・保証**・為替手形の**引受**・為替手形の**参加引受**・小切手の**支払保証**の各種がある[687]。法が認める以外に手形行為の種類を設けることはできない[688]。これらは署名を要素とし、手形小切手の**券面（本紙）上**ないし**補箋**になされる点で共通する[689]。すべての契約上の意思表示がそうであるよ

の圧倒多数は無因主義を支持しているようである。ちなみに、手形理論創造説の論者の一部が支持するいわゆる二段階説の「権利移転行為有因論」にいう「有因」は、ここにいう有因説とは、まったく異なった前提に立っており、同列に論じ得ないので注意を要する。

[686]　無担保裏書・取立委任裏書を除き債務負担行為としての効果があり、旧手形編時代には債務負担の効果を伴うものを手形行為と考える債務負担行為説が支配的であった（松本・手形法43頁）。取立委任裏書は代理権授与の効果が、質入裏書には質権設定の効力があるにとどまるが、裏書（正裏書またの名を譲渡裏書）には、権利移転的効力がある。このように手形行為ごとに付与される効果が異なるので、本文のような抽象的な定義で満足すべきである（小橋・手形法25頁、木内・手形法小切手法33頁）。為替手形・小切手の振出、および正裏書に伴う、振出人・裏書人から支払人への支払委託による給付権および受取人・被裏書人への受領授権も手形行為の効果として捉えるべきであろう（詳しくは「裏書」の項を参照）。これに対して、裏書の連続によって与えられる効果（資格証明力）は、証拠法上の、証券の外形に与えられる効果であって、法律行為としての手形行為の効果として語るべきではない。

[687]　以下便宜的に、特にことわりのないかぎりはこれら手形行為・小切手行為のすべてを「手形行為」と称して扱う。

[688]　手形債務を主たる債務とする保証契約は可能であるが、それは民法の規整に服し、手形行為とは呼ばない。

[689]　振出・引受のみは補箋上にはなしえない。条約の留保事項として、手形の本体とは違った証書をもってする手形保証である、別証保証 aval par l'acte séparé が認められる。券面上被保証人の不信用の疑念を抱かせることなく主たる手形行為の直接の相手方は手形保証を受益することができる。日本はこの留保を採用しなかったため、隠れた保証の趣旨の裏書が多く利用される。裏書

うに、書面を作成し署名すること自体は、それだけでは意思表示としては不完全である。少なくともこれを相手方に向けて発信し、これが到達するものでなければひとは意思表示に拘束されない[690]。

[31102] **方式**　手形行為は、**必要的記載事項**（または**手形要件**。手1、75、小1）を記載した証券[691]の券面上に、**署名**（記名捺印を含む。手82、小67）をもって行わ

の場合には謄本への裏書が認められる。

[690]　合意と言いうるには相手方が承諾を与えることも不可欠であるが、取引通念上、承諾を発するまでもなく承諾があったものと看做される場合を「意思実現」と称する。民526Ⅱ（改527）。手形行為における承諾の意思表示が方式的に要素とされていないのは、意思実現でも説明できる。相手方が知らないうちに一定の法律効果を受益する場合は、限定されている（なお対比せよ民537-旧仏民1121・現仏民1206）。歴史上、意思表示が発信も到達もされずに拘束力を持つことはなかった。したがって、手形行為が完成するには、証券の作成に加えて、これを相手方に交付（到達させること）しなければならない（そこから手形行為を書面の交付を伴う特殊な方式を持つ法律行為として構成する交付契約説の名がある）。手形行為から証券交付の過程を除外し「相手方のない単独行為」と解する説は、民法総則の規定に「相手方」の概念が用いられる場合にそのすべての条文の適用に困難が伴う。この他、判例は、手形上の法律関係の発生原因として、意思表示を要素としない法律要件を認めている（[31601]）。流通におく意思を以って（＝外観作出への寄与という帰責事由）手形に署名がなされたが交付の済んでいない段階（意思表示があったとはいえない）における証書を、有効な手形行為の完成している手形と誤認して取得した者が保護されねばならないとの要請から、その有効な手形らしき外観を信頼した取得者に対して署名者は手形責任を負わねばならないというものである。このような効果の発生原因は、権利外観 Rechtsschein という、法律行為とは別の法律要件であると考えるべきである。

[691]　これを基本手形という。当座勘定開設銀行の交付する用紙を用いずとも私法上は有効な手形小切手である。いわゆる「私製手形」は無効ではない。この点、東京地判平成15・11・17判時1839号83頁は、事案に登場する手形が、統一用紙でなかったことを捉え、「手形制度の濫用」を論じたが、いささか混乱を招く不用意な言及ではなかったか（[12202] 参照）。いわゆる商工ローン業者が、貸付に際し主債務者及び連帯保証人に、根保証限度額を額面額として、受取人である業者自身の営業所を支払場所とした、約束手形数通（指図禁止、一覧払式、支払呈示期間を5年とする記載があり、振出日が白地となっている）を共同振出させた事案にかかわる事件である。裁判所は請求却下。その理由は2点あり、①支配人登記されている支店長は実体的には支配人ではないので裁判上の代理権がない（商25－事件当時の商38）（弁護士法違反も疑われる）、少なくとも本件では原告の支店長においてその支配権の主張立証がなかった。②原告は手形制度及び手形訴訟制度を濫用している、というものである。事例は①の問題としてのみ扱えば足り、②の点は無用無益の説示と思われた。判旨は支払呈示期間が白地の振出日の補充によって延期できることを非難するが、受取人自身において白地補充権を行使することがなぜ違法なのか説示されていない。判旨はまた、本件手形が、当座預金による決済を予定せず、振出人が手形金を受取人方に持参しないと履行遅滞となる点をとらえ「このような私製手形の支払場所及び支払呈示は手形法の予定するところでない」等とする。しかし受取人と支払人の資格兼併は明文を以て禁止されているわけではなく（手3参照）、受取人と支払担当者が地位を兼ねることもあり得るであろう。また、手形法統一会議でも、ユーゴスラビア代表が割引銀行が自行を支払場所として記入する慣習を紹介（有益的記載事項の追加のようなものを補充と呼ぶべきかはともかく）、かかる議論を前提に統一法第10条が採用されている。預金小切手が店頭呈示されるときも小切手制度の濫用ということに

ねばならない（口頭、電話、電子媒体による意思表示は不可）。各手形行為ごとの方式も法律がこれを定める。手形行為は**要式行為**である[692]。基本手形を作成して署名を加えるのが振出人であることから、振出を**基本的手形行為**といい、その他の手形行為を**付属的手形行為**と称する。

[31103]　**振出・裏書・保証**　手形行為は、その効果も法律が定めるものであって、法律が定める以外の効果を当事者が自由に合意することはできない。**振出**は、為替手形、約束手形、小切手に共通して認められる。ただし、その性質は、**支払委託証券**である為替手形・小切手の場合[693]と、**支払約束証券**である約束手形の場合とでは異なる。**裏書**もまた手形小切手共通の制度である[694]。**保証**もまた手形小切手共通の制度である。各国民法に規定されている保証（cautionnement／Bürgschaft）と区別するため、「**手形保証**」（aval）と称する[695]。

なるのであろうか。資金欠缺の小切手でさえ、民事的に無効にならないが、この趣旨と判旨は両立するのか。判旨はまた、「手形訴訟制度が，証拠制限をし，簡易・迅速に債務名義を取得させることとしているのは，手形の信用を高め流通を促進するため」であるとするが、指図禁止手形を手形訴訟制度によって取立てることを妨げる法令上の根拠はない。

692　要式行為の概念は、用いることができる式語と、立会人・証人・その他強制される締約手順の存在によって画されよう。古代に於いて人は目に見えない契りを信じることはできなかったので、すべての法律行為に儀式を要求した。近代民法でも身分行為は多く要式行為である。手形法には用いることができる式語が、古代法ほど厳格ではないにしても、法定されている（例、手11Ⅱの"「指図禁止」ノ文字又ハ之ト同一ノ意義ヲ有スル文言"）。民739における戸籍法上の婚姻届、借地借家24Ⅱの公正証書（事業用定期借地）、改465の6における口述筆記・読み聞かせによる公正証書作成（事業に係る債務の保証）等も要式行為である。また、手形行為は書面行為でもある。

693　為替手形・小切手の振出は、単純なる支払の委託（手1・小1）であると法文上規定されている。支払の委託は、指図（Anweisung, assignation）における「命令（jussum）」と考えられる。その性質が単独行為であれ、名宛人である支払人に到達しなければその効力が確定していないはずである。受取人に対する受領の授権は証券の授受のみで完成するが、支払人への意思表示は引受呈示・支払呈示がなされなければ到達していないことになる。

694　ちなみに小切手は**指図式**の他、**記名式・持参人式**を認め、指図式だけでなく記名式であっても裏書により（法律上当然の指図証券性）、持参人式の場合には交付の方法（無記名証券的流通）によって、流通が可能である。手形小切手につき法文は**指図文句**がなくとも手形・小切手はこれを裏書によって「**譲渡**スコトヲ得（transmissible）」（手11Ⅰ、小14Ⅰ－法律上当然の指図証券性）の文言を用いる。ここでの「譲渡」は、訳語として不適切である（「移転シ得ル」が適訳である。「譲渡スコトヲ得」は仏語では「cessible」であろう）。単に翻訳の問題ではなく、事柄を正しく言い表していない。というのも、小切手または引受のなされていない為替手形の上には、権利が存在しておらず、これらにいくら裏書しても譲渡される目的物が存在していないから権利の移転もおこらない。この場合には、せいぜい受領の**授権**を内容とする指図であるとか、証券上の地位を移転する行為とでもいうほかなく、あくまで便宜のために「譲渡」の文字を用いたにとどまる。所持人は、支払拒絶または引受拒絶の場合に、拒絶証書を作成させて裏書人に手形金を請求できる。これを**遡求**といい、遡求に応じた裏書人がさらなる前者に支払った金額を請求することを**再遡求**という。

[31104] **性質―商行為性**　手形小切手は**商業証券**（effets de commerce）[696]であり、手形行為は手形その他商業証券に関する行為として、**絶対的商行為**となる（商501（4）。手形割引等原因関係はその一事を以て商行為性を有するものとなるわけではない）。「商行為」の語を連結点として呼び出される商法の規定（とりわけ商行為編）はみな適用されることになるものの、商行為性を認めることに積極的な意義がある場面は、商人間留置権の成立（商521）等に限定される。代理に関する商504は手形の絶対顕名主義（[31402]）の原則によって排除される。手形（小切手）債務不履行に伴う遅延損害金の法定利率は改404により変動制となる（平成29年民法改正法に伴う関係法令整備法施行以降は、日本以外の場所で振出されまたは支払われる為替手形のみにつき年6％）[697]。商506（本人の死亡と任意代理権の残存）は、手18Ⅲがあるため少なくとも取立委任裏書については適用されず、商511（商行為債権の連帯債務の推定）は、手47（合同責任）があるので（共同振出等を除き）複数の償還債務者を相手取った請求には適用の余地がない。商行為債権の短期消滅時効は廃止となるが、**手形債権**には、**短期消滅時効**が手形法小切手法自体に規定されている（[32401]）[698]。

695　手形保証もまた手形行為であるから、一定金額の支払を約束する抽象的債務負担行為であるとする見解が多数を占めるが、わが国の最高裁はあたかも手形保証の付従性ないし有因性を認めるかのような判断を示している（[33402]）。

696　為替手形 lettre de change、約束手形 billet à ordre、および、寄託物品等に対する質権で担保されている倉庫証券 warrant が含まれる（Pierre LESCOT et René ROBLOT, Traité de droit commercial, tome 2, 17e éd., 2004, LGDJ, par Philippe DELEBECQUE et Michel GERMAIN, no 1912.）。

697　民法改正法により、民事の法定利率が3％（改404Ⅱ）となり、3年毎（改正404Ⅲ）に直近変動期におけるプライムレートの平均金利の変動に比例して増減する制度にあらたまるが、これにあわせ、関係法律整備法により商514が削除され、一般的な商事法定利率は廃止となる。

698　主たる債務者（為替手形においては引受をした支払人、約束手形においては振出人。小切手には存在しない）に対する手形債権は満期の日より**3年**、遡求義務者に対する手形債権は拒絶証書の日または無費用償還の場合には満期の日より**1年**、再遡求は遡求義務者が手形を受戻した日または訴を提起された日より**6ヶ月**をもって消滅時効が完成する。このように短期時効の定めがあるほか、所持人が裏書人らの責任を追及するためには、**遡求権保全手続（拒絶証書の作成）**を履践せねばならず、所持人側にとっても厳格な制度となっているため、その代償として、**利得償還請求権**の制度がある。

第ⅱ節　手形行為の有効性

第a款　手形行為の形式要件（基本手形・署名、記載事項の修正、欠缺と補充）
第1項　基本手形

α　基本手形の記載事項

[31201]　**必要的記載事項**（要素 *essentialia*、手形要件・小切手要件）（手1、手75、小1）　記載されていないと当該証書が手形小切手としての効力がないものとされる（手2Ⅰ）記載事項である（電子媒体による手形小切手の作成は認められない。手1、手75、小1における「証券ノ作成ニ用フル語…」の規定に基づく）。**手形文句**（手1（1）-為替手形文句、手75（1）-約束手形文句、小1（1）-小切手文句）は手形本文・小切手本文の中に含まれ、かつ、本文の言語で表示されているものをいう。為替手形・小切手の場合には、単純な一定金額の**支払委託文句**（手1（2）、小1（2））・この意思表示の名宛人である**支払人**の名称（手1（3）、小1（3）-小切手の場合には銀行でなければならない-小3）、約束手形には、単純な[699]一定金額[700]の支

699　支払約束の単純性に関しては、最判昭和32・7・12民集11巻1247頁。
700　金額の複数記載がある場合は、それらの合計をもって手形金額とする旨の記載は許されず、すべて複記となるため、その金額は同一でなければならない。文字と数字との金額に差異ある複記の場合文字の記載を、文字と文字・数字と数字による重複記載については金額の小さいほうをもって手形金額とするのが手形法小切手法の採った主義である。文字数字の金額に差異ある複記の事例に「百円手形事件」がある。最一判昭和61・7・10民集40巻5号925頁（手形百選7版78頁〔久保田光昭〕）。約束手形の金額欄には「壱百円」の記載があり、その上段に「¥1,000,000-」と記載され、100円の収入印紙が貼付されている。原審は100円の印紙を貼付した金額100円の手形は経験則上ありえない（現実の取引ではありえないとも限らないであろう---例えば補充に備えて印紙を貼付したが、結局100円しか決済すべき債務が発生しなかったような事例）としたうえ、手形の外観自体から重複記載の一方が誤記であることが明らかであるとして100万円の請求認容とした。最高裁は「壱百円」を「文字」と解すべきであるとして手6Ⅰを適用し、100円部分の請求のみを認める破棄自判・原審一部取消とした。最高裁の判旨に世情は違和感を持ったというが、むしろ原審の判旨には問題が多い。原審のいう「明らかな誤記」とは、金額幾ら以上からが誤記となるのか。そのような基準を判定し得ないからこそ手6が基準を設けているのではあるまいか。最高裁の理由は以下のとおりである。手6Ⅰは、「最も単純明快であるべき手形金額に付き重複記載がされ、これらに差異がある場合について、手形そのものが無効となることを防ぐとともに、右記載の差異に関する取扱いを法定し、もって手形取引の安全性・迅速性を確保するために設けられた強行規定であり、その趣旨は、手形上の関係については手形の性質に鑑み文字で記載された金額により形式的に割り切った画一的な処理をさせ、実質関係については手形外の関係として

払約束文句（手75（2）。約束手形の場合、支払人は振出人が兼併する）を要する。

[31202] 承前　　**満期**（手1（4）、手75（3））については、四種類の定め方がある[701]。**支払地**[702]（手1（5）、手75（4）、小1（4））は、支払場所を決定する基準である[703]だけでなく、準拠法・管轄を決定する連結点として重要な意味を持つ（手90、手92、手94、小77、小80、小81、民訴5（2）、非訟115）。**受取人**（「支払ヲ受ケ又ハ之ヲ受クル者ヲ指図スル者」）の記載（手1（6）、手75（5））は、為替手形・約束手形において、商法旧手形編では省略することが許されたが（無記名手形）、統一法は、中央銀行による発券独占との関係を配慮して受取人の記載を要求した[704]。**振出日**（手1（7）、手75（6）、小1（5））の機能は、一覧払・一覧後定期

処理させることとしたものと解するべきである」「経験則によって、算用数字により記載された100万円の明白な誤記であると目することは、手形の各所持人に対し流通中の手形について右のような判断を要求することになるが、かかる解釈は、その判定基準があいまいであるため、手形取引に要請される安全性・迅速性を害し、いたずらに一般取引界を混乱させるおそれがあるものといわなければならないからである」。なお争われていない問題であるが、このような手形割引契約が目的物に関する一部錯誤を来していることは明らかであろう。なお、手形小切手ではなく一般私法上の立法例として、フランス民法典にも、差異ある金額が複数記載された場合の片務契約の書証の解釈準則として手形法6条と同様の規定が置かれていた。

701　満期は、その日が取引日であれば「支払をなすべき日」となり、その日が休日であればこれに次ぐ第一の取引日が支払をなすべき日である（手72Ⅰ）。**確定日払**（年月日を記載する。一定の期間を表示するものは無効である（大判昭和3・6・20新聞2888号13頁）。分割払も無効である。服部榮三・手形・小切手法綱要〔第7刷〕（商事法務、1995（平成7）年）26頁。年の部分が欠けても、振出日の年を意味するものと解される限り同年の当該月日となる--大判明治37・7・5-民録10輯1022頁。暦にない日（6月31日）でも当該月の末日と解し得る--最判昭和44・3・4民集23巻586頁）。「usance 払」の商慣習を理由とする**日付後定期払**、**一覧払**（「一覧払」の他「請求次第」「呈示の日」等（服部・前掲書27頁））、支払場所における支払準備の合理化を可能にする**一覧後定期払**--手33Ⅰ。小切手は統一条約では信用証券化を禁じられた制度としたため、法律上当然に一覧払である（小28Ⅰ）。満期不記載の場合に付いては**法律による補充**があり、一覧払と看做される（手2Ⅱ、手76Ⅱ）。しかし、全銀協の統一用紙を用いた日本の内国手形のように、「支払期日　年　月　日」という空欄の書かれている場合は、この補充規定の適用を排除する趣旨と解釈される（**満期白地手形**。日本の判例による取扱。「確定日払とする」という意思までそこに表示されているというべきであるので、この空欄ある手形に、例えば「日付後一ヶ月払」等という記載を行うと変造になるのであろうか。満期白地は統一法が前提にしていない独自の取扱で、整合性に問題がある（[31221]）。なお、「（元号）××年」のみを記載し、月日を記入していないような場合には、補充できる日の範囲を限定する趣旨の白地となろう）。

702　独立の最小の行政区画名を以て記載する（大判大正13・12・5民集3巻526頁）。

703　履行地が支払地内の支払人の住所または営業所となるからである。支払場所の記載がなければ、支払地内の債務者の営業所が呈示場所になる。支払地自体が記載されていない場合には支払人の肩書地を支払地と看做す（手2Ⅲ）。

704　手形は無記名証券の形式をとることができない。小切手については「持参人にお支払下さい」の記載が認められる。仮設人名による受取人の記載は手形を無効とはしない（東京高判昭和29・10・22下民集5巻1752頁）。

払手形・小切手の呈示期間の決定基準となることである（手34・23、小28Ⅳ）[705]。日付後定期払の場合には満期を確定することにある（応当日を確定する方法、記載された「週・月」の定義について手36）。手形能力の判定などに際しては現実の行為の日が基準になり、振出日に拠るのではない[706]。記載される振出日は、実在する日でなければならない。支払期日と異なり、実在しない振出日を実在する日に読み替えることは認め難い。他方、確定日払手形の満期の日より後の日を振出日とすることはできない[707]。**振出地**（同）もまた、準拠法確定の機能を有する（手91、

[705] 振出日は、文書の成立の証拠としての性格を持つため、暦にない日の場合にはこれを無効とする（大判昭和6・5・22民集10巻262頁）。行為により生じる義務の内容を特定し表示する部分である満期に関する取扱は、これと異なり、有効とすべき解釈がとられている（注701）。

[706] 少数説は、確定日払約束手形の振出日には能力の有無、満期、呈示期間を確定する機能を持たないのであるから既に要件ではないと主張する。法が手形を要式証券としているのは手形の効力を極力客観化しようとするためのものであり、また、手形でなくとも通例私署証書は日付がなければ署名の効力もないと考えるのが一般的である（なお私文書一般の署名の効力として民訴228）。また、作成者が正式に手形として発効することを留保したいという意思に基づいて振出日を空欄にしている場合があり得ることも想像に難くない。日本の内国実務上、当座勘定規定の免責規定を盾に、振出日白地の確定日払約束手形が、手形交換所で決済されているという実態はあろう。しかしこの慣行が正当化するのは支払担当銀行が振出日欠缺の手形を支払うことへの期待であるにとどまり、未完成手形も有効であるかのような誤解に基づく期待が保護されるべきであるとは思われない（木内・手形法小切手法125-127頁、小橋・手形法195頁）。また、振出日白地の確定日払手形が、手形としては無効でも、指図式の無名単純支払委託証書ないし無名単純支払約束証書として効力を有するとの解釈も不可能ではない。万効手形文句が記載されているような場合であれば勿論のこと、仮にそのような記載がない場合も無効行為を性質決定によって転換する方法がある。短期消滅時効、遡求、法律上当然の指図証券性、裏書の当然の担保的効力など、手形法に直接根拠付けられなければ正当化できない制度の適用を受けないということになるだけである。ただ、実際上は、統一手形用紙を用いる限り不動文字で印刷されている手形文句が障害になってしまい、そのような解釈ができないということになる。

[707] 最判平成9・2・27民集51巻2号686頁（手形百選7版42頁〔笠原武朗〕）で、最高裁判所は、**満期よりも後の期日を振出日として補充された約束手形を無効とする立場を是とした**。事案では、平成3年10月24日に、訴外A会社に対して満期を「平成3年11月22日」、振出日・受取人白地の約束手形3通を振出、満期になって決済ができないとの理由から書替の趣旨でさらに後の満期を記載した新手形を交付するも、旧手形についてはAの「後で返す」との言により回収しないでいたところ、3日後の25日に、これら旧手形につきAが満期を「平成4年6月22日」と変造した上、割引のため裏書し、振出日は「平成3年11月25日」と補充されてX信用金庫が最終の所持人となっている。原審は、変造前の満期（「11月22日」）との関係で振出日（「11月25日」）が後れる関係にはあるが、この年の暦において満期直後に二日の休日を挟み、呈示期間は11月26日まであるので、権利保全は可能であるとの理由から不合理な権利関係とはいえないとしてXによる手形金請求を認容したが、最判は破棄自判によりこれを棄却したものである。学説や下級審裁判例には、確定日払手形に付いては振出日は実質的に権利内容を定義する意味を持たないので、これが暦として存在しない日のような不可能な日であっても手形行為の効力に影響しないかのように説くものもあり、学説にもこれに同調するものがあった。しかし、暦にない支払期日は、読み替え（平年の「2月29日」を「3月1日」とするなど）による解釈が許されるといっているのであっ

小79但。なお小切手資金に関する準拠法は支払地法である−小80（6））のみならず、準拠暦（手37Ⅰ）・手41Ⅳの適用可能性の決定基準となる[708]。振出地が記載されていない場合には、振出人の肩書地が振出の行なわれた地と看做される（手2Ⅳ）。**振出人の署名**（手1（8）、手75（7）、小1（6）、後述）。小切手に関しては、**支払人**（小3）・支払担当者（小8）は銀行またはこれに準ずる機関たるを要する[709]。

[31203] **有益的記載事項**（偶素 *accdentalia*）　　記載するとこれによる効力が認められるものをいう。第三者方払文句（手4、小8）[710]、拒絶証書作成不要文句（手46、小42）、小切手の線引（小37。支払委託の範囲の部分的制限）、一覧払・一覧後定期払手形の利息文句（手5）、指図禁止文句（手11Ⅱ、小14Ⅱ）等をはじめとして随所に規定される。

[31204] **無益的記載事項**　　記載をしてもしなくても手形上の法律関係に影響しないものをいう。これに該当する記載事項は、さらに二種に分類される。①それがもともと法により当然書かれているのと同様であるとされている事柄（常素

て、不可能な日そのものとして効力があるといっているのではない。ここでの問題はそれとは異なり、日付そのものがいずれも暦上存在したとしても、過去の日における作為を約束する法律行為は有効であるのか、という問題としてとらえることができる。法律行為はその内容が社会的相当・合道徳的・確定可能・実現可能なものでなければならない。過去の日においてある作為を行う約束は実現可能性のない、原始的に不能な約束である（参照、不能停止条件付法律行為の無効―民133Ⅰ―不能解除条件の無益化―民133Ⅱ）。さらに、本件手形は基準時において文言として満期後の振出日が記載されていたわけではなく、変造前の満期との関係においてこれに後れる振出日が記載されていたものと看做されるわけでもないから請求を認めることに不合理がないとの見解がある（笠原・前掲百選43頁）。ところで、手69の規定は変造前の署名者が原文言に基づいて責任を負う旨を宣言するところ、①原文言とは署名時に既に記載されていた文言をさすものであり、②一般に白地手形の補充は、その記載が署名の時点から存していたものと同様の法的意義を有するものとして扱われる。この二つの準則を併せて適用すれば、Yにとっての原文言とは、満期については「平成3年11月22日」であり、振出日については「平成3年11月25日」となるから、少なくとも振出日において過去の日に支払をなすべき不能の約束であることに違いない。

[708] 立法例として、1894年以前のフランス商法典では、振出地と支払地とが異なるものでなければ為替手形 lettre de change と呼ばれず、「支払委託証 mandat」とされ（LYON-CAEN et RENAULT, Traité de droit commercial, 2 éd, tome 4, 1893, p. 2）、商法典が手形について創設した特則は適用がないものの、一般私法上の指図（正確に言えば、引受があるまでは未完成指図 délégation inchoata）として扱われた。いうまでもなく統一法はこのような主義をとらない。

[709] 支払人の資格に違法があっても、小切手の有効性には影響がない。無口座の小切手も有効性は損なわれない。証券上の支払委託と資金契約（当座勘定契約）とが別々の法律関係であることに注意すべきである。

[710] 手形用紙に不動文字で印刷されている「支払場所」は「広義の支払場所（服部・前掲38頁）」である。より正確に言えば支払場所と支払担当者の記載を合成したものである。「支払場所　第八銀行福岡支店」の記載のうち、「第八銀行」は支払担当者であり、その「福岡支店」が支払場所である（大判昭和13・12・19民集17巻2670頁）。

naturalia）である場合である。例えば、統一手形用紙における指図文句にあたる部分の文字列も（手11Ⅰ）、裏書の支払委託文句もこれにあたる。②他方、ある記載を行ってもそれが手形の本質上記載されていないものとして扱われるべき旨を法が強行的に定めている場合の、書かれていないものとして扱われる事項である。為替手形・小切手振出人による無担保文句（手9Ⅱ、小12）、裏書に付した条件（手12Ⅰ第二文）等があげられる（ただし、一部裏書は、「無効」であり、裏書を一部に制限する文句は裏書の有害的記載事項である）[711]。なお、印紙の貼付は既述のとおり統一条約においてこれが手形行為の効力の条件としてはならないものとされているところから、これを欠く場合でも手形行為を無効とすることはない[712]。

[31205] **有害的記載事項**とは、手形小切手の性質や強行法規と抵触し、それが記載されることによって当該行為が無効となるものをいう。ただし、それが別の行為の証拠として利用可能であるかどうかは別の問題である。

　　β　署名

[31206] **署名と記名捺印**　　手形行為は署名を要素とする。署名は、形式的には必要的記載事項のひとつである。しかし単に証券上に表示されていれば足りるというものではなく、署名者の意思に基づき、自署を以てなすものたるを要する（署名鑑を流用した場合には、これが本人の意思に基くものと証明されない限り、真正の署名としての効力はないものと解されよう）。なお、**受領署名**（手39）は手形行為ではない[713]。手形法・小切手法は、署名に記名捺印を含める[714]。署名が手署を意味する

711　振出の場合には、原因関係に関する記載は、極力無益的なものと解されるべきである。これに意味を認めると「単純ナル」支払の委託（手1、小1）、「単純ナル」支払の約束（手75）という要件と抵触することになるからである。これらの支払委託・支払約束を条件付にする趣旨の記載をすると、有害的記載となって当該手形行為は無効となる。他方、一部裏書はこれを認めてしまうと権利が分属し、後続の関係に更なる規整を要するところ、統一法はこれを無用とした。なお、電子記録債権でも一部譲渡が不可能とされる一方、分割記録という制度が認められる（手形ではあらたに金額を小分けした証券を作成して書換をするしかない）。

712　ただし、印紙税8Ⅰ・同別表1により（課税物件3）、金額10万円以上の為替手形・約束手形には収入印紙を貼付すべきものとし、逋脱・不貼付は処罰される（印紙税21ないし24）。印紙は手形の作成者が貼付し、手形用紙と印紙の彩紋にかけ消印・消署をなすを要する（印紙税3Ⅰ・8Ⅱ）。金額白地の場合には金額補充者が納税義務者である（印紙税4Ⅰ）。振出白地手形の場合には、最初の署名者が納税義務者となる。服部・前掲書20頁。

713　手形上の法律関係は支払によって消滅するのであって、受領署名という方式を要さない。ただし、受領署名が記載されない手残り手形が拒絶証書作成期間内に手形法的方法で善意者に流通すると支払済みの抗弁が人的抗弁となるというだけである（その理論的基礎は消費寄託の引受を含めた留保付弁済受領ではないか）。印紙の消印としての署名や押印、拒絶証書作成免除文句に付せ

のに対し、記名捺印には個性がなく、同一の印章[715]を用いる限り誰がおこなっても同様の印影が顕出される[716]。

られた署名（手46）、境界文句（手67）に付せられた署名は、手形行為ではない。

[714] 日本の手形法（小切手法）は、署名には自署と記名捺印とを含む（手82・小67）。しかし、これは統一手形法の議定書正文には存在しない条項である。統一条約第二議定書2条は、「各締約国は、現実の署名に代えた行為者の意思表示方法を定める国内法を制定する権能を有するが、公証的方法たるを要する」としていた。これは、文盲・疾病などの理由で自署できない者が行為する場合を想定して設けられた留保事項であり—とりわけ第一次世界大戦での徴兵による負傷者が人口の少なくない割合で存在した—、そのような特別法による制度がなければ、顕名主義代理の方式による以外にないと考えられていた。この留保事項を前提にする限り、日手82は、公証的方式でなければならないかに思われる。しかし、統一法正文に付された起草委員会報告書の説明によると、署名の範疇を決定するのは「締約国の国内慣行」であるとしている。日本では明治33年の「商法中署名スヘキ場合ニ関スル法律」（現在の商32）で記名捺印の署名代用性が承認されていたから、国内慣行があるというに十分である。よって日本は記名捺印の慣行を存続させたまま、手署を念頭におく統一手形法を採用できたのである。しかるに、自筆のサインを署名としてきたヨーロッパでは、記名捺印の慣行がなく、チェックサイナーの実用化にあたって、わざわざ法律を制定しそのような機械化署名の「慣行」を承認し、署名に代用しうるとした立法例がある（例：1966年フランス）。日本ではチェック・サイナーの使用は別段欧米におけるような問題を引き起こさなかったという。事柄は、記名捺印を機械化しただけだからである。自署による署名は身体行動の個性ある痕跡であるから、他人が巧妙に模倣しても、法的にそれは同一の痕跡として評価されず、署名は捺印とは違い被偽造者は予め「手形偽造の危険」を支配できる立場にはない（署名の真否の照会に肯定を以て回答したなどの場合には別段に考え得る。JACOBI, Wecsel‐und Scheckrecht, Berlin, 1956, S. 231. 鴻常夫「署名と記名捺印」講座1巻（1964年）126頁、渋谷光義「権利外観理論に基づく被偽造者の手形責任」商法の歴史と論理（2005年）457頁以下）。

[715] 押捺される印章は、いわゆる実印（印鑑証明書の発行される登録印）である必要はなく、三文判でもよく、そこに刻印されている文字は記名上の氏名でなくともよく、古来の成句を刻印したものでもよい（大判昭和8・9・15民集12巻21号2168頁）、が拇印は駄目である（大判昭和7・11・19民集11巻2120頁）。拇印の同一性識別は、肉眼でただちに行ないうるものではなく、機械的方法によるなど、特殊な技術を要し、これを一般に認めると手形取引の円滑を害する。ただ、手形法は銀行を支払場所としない約束手形もまた有効としているのであり、その場合に使い捨てられる印章を用いた捺印がなされれば、印影の同一性を識別する手がかりはなく、まして裏書欄における記名捺印においてもなぜ拇印が不可能なのかの積極的論拠に乏しいとの批判がある。それゆえ学説には「印章に制限がない以上、拇印が否定される根拠はない」として問題を肯定するものもある。しかし、拇印は、その性質上つねに同一の形状の印影を持つものではない。捺印の角度や微妙な力の加え方によって異なる像が顕れる。印章の印影のように、文言によって行為主体の同一性を示す機能をもつものでもない。したがって、使捨て印章と比べてさえ等価ではない。以上の検討から、拇印は記名捺印の要件を満たさないというべきであろう。

[716] 記名捺印は自署捺印ではない。日本法の建前では、自署捺印方式が必要な法律行為については法がわざわざそのことをことわる主義を採っているものと思われる（民968、民訴規157等。廣濱嘉雄「記名捺印論」法学1巻11号）。ところで自署を意味する署名と異なり記名捺印は他人の手を借りてなし得る（記名捺印の代行）。しかし前述統一条約議定書の留保事項では、記名捺印を自分の手で行えない者が使用する、顕名主義代理以外の方法は、締約国の特別法が必要であり、それは公の認証を受けていなければならないのに、日本法では公証されない方法で記名捺印でき、留保事項との関係が微妙になる。統一法における署名は自署を意味し、自署ならざる表示行為は公

[31207] **署名と記名捺印の名義**　署名・記名捺印の**名義**は、戸籍上の本名、登記上の商号のほか、慣用している名称（通称・雅号・芸名）でも、自己の同一性を示し得る以上は、これを用いうる[717]。

[31208] **名板貸人の手形責任**　商14は、自己の商号（平成17年改正以前の商23。この時代の条文は商号ではなく「氏、氏名、商号」）を用いて営業をなすことを他人に許諾した商人（名板貸人）（平成17年改正以前は「許諾シタル者」）は、当該他人（名板借人）を名板貸人であると誤認して取引をした第三者に対して、名板借人の債務につき連帯して履行の責に任ずる旨を定めている。しかし単に自己の氏、氏名、商号を用いて手形行為をなすことを他人に許諾した者は、営業を許諾したわけではなく同様の責任を負わない[718]。

証的方法か代理によらねばならないところ、日本の記名捺印は国内慣行に従い署名と同一視されるにもかかわらず、事実上他人により押捺され得る。そのときこれは公証的方法でも代理でもなく自署でもなく名義人自身の表示行為とされ捺印者は伝達手段である。事実上区別は容易ではないが当該他人に裁量があれば代理である。後述「他人による手形行為」。

717　大判明治39・10・4民録12輯1203頁。木内・手形法小切手法107頁。さらにすすんで、他人の戸籍上の氏名を自己を表示するために用いて記名捺印をする場合には、名義冒用偽造と、偶然生じた他人の戸籍上の氏名と同一の氏名を用いた表示との区別は判然としない。然るに判例は、平常取引をなすにあたり他人の氏名と同一名称を自己を表示する名称として取引上使用する者が、この名で手形行為をした場合、当該手形行為者が手形上義務を負うとしてきた（大判大正10・7・13民録27輯1318頁。商人界では先代名を代替わりで続用する等の需要がある）。戦後の最判は、「他人名を取引上使用する者」であるか否かにかかわりなく自己を表示する趣旨で他人の氏名を用いるときに当該行為者が手形上義務を負うものとした（最判昭和43・12・12民集22巻13号2963頁）。判旨は、①多数回にわたって他人の氏名で手形行為をしていること、②名義を使われている側の人物が、経済的信用・実績のない者であること、という事情を前提にして問題を肯定に解しているが、①についていえば、このような事情を要求するとなると、この「多数回」のなかで、第一回目の手形振出は、どう解するのか。②についていえば、この事案では、名義借用者が手形の不渡を出して取引停止処分になり、営業を継続するために当時対人夫をしていた兄弟に名義を借りて、新しい当座勘定取引を開設したという事情が考慮されている。しかし、本人確認法施行後の預金実務において、そのような形式での当座勘定の利用は回避が望ましい行為ともなり、いかなる意味でも自由になしうる取引の常態であるとはいえない。本件は大判大正10年の規則を適用し得る限界を超えた事例であってその先例性は制限的に扱うのが穏当ともいえる。

718　最判昭和42・6・6判時487号56頁（手形百選7版26頁〔井上健一〕）は、①商23が対象にしているのは、営業のための名義使用許諾であって、たんに自己の名を用いて手形行為のみをなすことの授権を含めず、②「ある者が氏名・商号等の使用を許諾した者の名義で手形上に記名押印しても」名板借人自身の「手形行為が成立する余地はなく」、名板借人の債務負担が存在しなければ、名板貸人の連帯責任も発生しない、と判示した（②の説示は前出最判昭和43・12・12民集22巻13号2963頁で後に否定されている。商14の規定は名板借人の債務を前提にした規定であって名板貸人だけが責任を負うわけではないから、名板借人が昭和43年判決のように他人名を用いて自ら手形債務を負うことを認めた上で本条は適用され連帯債務の関係が成立する）。営業のための名義使用許諾でないような場合でもその許諾の範囲でなされる名義借人の手形行為について、手形

第 2 項　記載事項の修正

α　意思に基づく記載事項の修正

[31209]　手形の訂正　ひとたび作成され、署名・交付を経た（あるいは裏書も経た）手形の記載事項を、すべての手形当事者（すべての署名者および所持人）の同意を得て変更することを手形の訂正と称する[719]。新たな証券を作成するのではなく一部の記載事項（多くの場合は確定日払手形の満期であろう）に限り、二重線等で抹消し、訂正印を押捺せしめるという態様を採る方法が一般的である[720]。

β　意思に基づかない記載事項の修正

[31210]　変造　これに対して、署名者の同意を得ることなく（所持人の裏書続行権行使の場面・為替手形支払人による引受・為替手形支払人による記載変更等、法律上言及のある場合を除く）記載事項の変更が行われるときには、これを変造（手69）という。変造は、抹消・改竄・新たな記載の挿入いずれの方法によっても行われ得る。

[31211]　変造と署名者の責任　手69は、変造前の署名者は変造前の文言に、変造後の署名者は変造後の文言によって責任を負う旨を定めている。手形行為が署名者を拘束するのは、署名者がその署名によって被われた文書の内容を以って自らの服するべき行為の内容としているからである。このことは法律行為に一般の原則として認められるところである。ある手形署名者は、請求を受けた時点で証

の外観の信頼をした者に商23（当時）の類推適用を主張する立場も主張されているが、名板貸の責任規定は、商号制度の一準則である。商法における名板貸とは、ある商人の信用、一種の無体財産であるその商号の「顧客吸引力」の利用の許諾をさすものであり、名板貸人は、名板貸料を徴収する等対価を得、あるいは、事業提携や組織再編を見込んで許諾をしていることが少なくない。かかる利益の受益者に責任を負わせることは、単なる外観理論といったものとは種類が異なる。かく解することは平成17年改正商法が貸される名を「商号」に限定した趣旨とも一致しよう。

[719]　服部・前掲書36-37頁。なお次注の叙述は変更記録（電債26）に類推可能である。
[720]　理論的には、旧手形を一旦破棄して新手形を作成しこれに新たに手形行為をなさしめても同じことであるが、満期のみの変更の場合には、債務の要素・条件に変更を加えるものでも、給付の内容の重大な変更でもなく、更改（民513）ではないから、訂正前と訂正後とで両者の手形は法的に同一の権利と解する。旧債務が消滅するわけではないから担保権も抗弁権（取消権―民125）も消滅しない。これに対し書替項目が債務の要素に該れば更改である。振出地・支払地等準拠法の連結点の変更は要素の変更に準じて扱うべきか。手形書換について更改説をとる判例（大審院）は、書面の切替という事実を指標としているようであり、この立場をふえんすると、書面が交替しない限り項目の多寡にかかわらず訂正は更改ではない。汚損証券の交換で記載にひとつも変更がなくとも更改となるのであろうか。

券に記載された内容の義務を履行しなければならないのではなく、署名時に証券が含んでいた記載を内容とする義務を負っている[721]。ところで、手形署名者と所持人のうち一部の者の間の合意だけで、満期の記載を変更した場合に、それは合意の当事者の間だけでこれを訂正として扱うことができるであろうか[722]。このほか、変造と立証責任、受取人欄の変造に関する議論がある（→「手続手形法小切手法」）。

第3項　記載事項の欠缺と補充

α　手形法小切手法による補充

[31212] **補充規定**　手形法・小切手法には、必要的記載事項の記載を失念した場合に手形小切手が無効となることを回避するため、書かれていない一部の記載

---

[721] この点が、事後いかなる補充がされても善意の所持人に対する関係で責任を負う危険を引き受ける白地手形上の署名者とは異なる。また、裏書人が変造者で、手形金額を増額する変造を行ったときに、裏書によって移転される権利の債務者である振出人の責任はなお原文言の金額の範囲であるが、かかる債権を担保する趣旨でなされる裏書は、変造後の文言に基づいて裏書人を拘束する。このことは、裏書人の担保責任をある種の二次的な責任とみる通説の立場とは調和しにくい。

[722] Aは金融を得るためにXに対して確定日払の約束手形を交付したが、この手形には隠れた保証の趣旨でYが受取人兼第一裏書人として白地式裏書の形式で署名していた。この手形は、その後に満期までの期間をを10か月延長する旨のAX間の合意により支払期日を2本線で抹消の上、延期された支払期日を記載し、これにAがAの訂正印を捺印していた。この変更後の満期の翌日に支払場所に呈示したが支払がなかったため手形金の支払を求めてXがYを提訴している。原審は、訂正前の満期を基準とした呈示期間に呈示がされ遡求権が保全されなければYは責任を負わないと判断して請求棄却としており、X側が上告したが、最判昭和50・8・29判時793号97頁（手形百選7版40頁〔宮島司〕）は上告棄却としている。既述のとおり、手形の訂正は全手形署名者および所持人の同意を得なければ訂正とならず、同意を与えていなかった者との関係においては変造として扱われる。ところで、本件のAもまた、署名をした時点と記載の変更がなされた時点との関係でいえば、変更前の署名者であるということになるから、この記載の変更が変造にあたるとすれば、Aも変造前の文言に従って責任を負うべきものと成るかもしれない。この点、本判決は、その旨を直接に明らかにしたわけではないが、Aは満期の変更に同意を与えこれを券面上表示することで、変更後の署名者と同様に扱われることを承諾しているものと解される。他方、Yは満期の変更に同意を与えておらず、券面上の表示がどのように訂正あるいは修正されあるいは改竄されようとも、変更前の署名者として扱われ、変更前の満期を基準とする呈示期間に遡求権保全手続が採られなければ合同責任を確定的に免れる（所持人は失権する）べきものといえる（判旨に明らかである）。ちなみに本件では満期がYに無断で延期された場合であるが、満期がYに無断で繰り上げされる場合もあろう（あるいは確定日払が一覧払に変更され原文言の満期より前に支払呈示される場合など）。このときは、Xは、券面上の満期に基づきAに呈示し権利保全をしていてもその時点ではまだYは担保責任を履行する義務がなく（将来請求としても請求を認めるべきではなかろう。Yとの関係では満期前遡求になってしまうからである）、Xとしては原文言の満期に基き再度Aに呈示し権利保全手続を履践しなければならない。この場合、同じ支払人に対し・同じ手形上に・同じ支払拒絶を理由として、2回拒絶証書を作成することになる。

事項が、法の定めるところに従って記載されているものとして扱われるべき場合を定めている（手2、手76、小2）。例えば、満期の書かれていない手形は一覧払手形と看做される。

α' 要件欠缺無効手形の解釈による転換

[31213] **万効手形**　万効手形とは、「本約束手形カ法定事項ノ不記載ヲ理由トシテ無効タリシトキト雖支払ヲ約束シタル証書トシテノ効力ヲ生スル」というような一文を挿入して、必要的記載の不足を理由とする方式の瑕疵による無効の場合に、一般私法による金銭給付約束証書として有効であるとする記載のある手形をいう（手形金額が書かれていない、支払約束文句がないといったような場合にはそのような約束の成立をみることはできないであろう）[723]。理論上可能と考える。

β 人による補充

[31214] **白地手形の定義**　手形の記載事項のうち、必要的記載事項は、それが書かれていなければ、当該証券は手形としての効力を持たない（方式の瑕疵による無効。手2 I）。しかしながら、商慣習法[724]により、<u>手形行為者が所持人をして手形要件の一部を補充せしむる意思を以て</u>[725]手形要件の未完成のままこれを流通に

---

[723] かような記載は、手形法が記載事項をあえて法定のものとしている趣旨を脱法するものであって、万効手形文句は有害的記載事項であり、これを記載することにより手形が無効となるだけでなく、一般私法上の約束としても無効であるという主張がなされた（有効説として大濱信泉・手形法小切手法要義（1936（昭和11）年、巖松堂）236-237頁。失効手形の流用については否定）。手形法は、手形としての効力を認めるためには法定の記載事項を具備せよといっているだけである。手形類似の証券を作成してはならないといった意味の規範を含んでいるわけではない。手形関連の法令で特に定めた効力（手形・小切手訴訟制度、拒絶証書による遡求、手形法による短期消滅時効、利得償還請求権…等）を援用できないことは争いがないが、手形法に定義づけられない支払約束証書と、万効手形文句が書かれたたまたま手形用紙を利用した支払約束との間に本質的な違いは認められない以上、後者だけが無効の取扱を受ける合理的な理由は見出せない。万効手形文句は手形の効力との関係では無益的記載として扱えば足り、かような記載をなした者がその意思表示の内容として拘束を受けるという理解が通説である（木内・128頁。なお保証人は記載者自身でないから拘束されないとする鈴木・173頁は付従性の観点から疑問である）。

[724] 白地手形は、手形法そのものによって取扱が規定されているわけではない。手10は、あくまで、補充後の手形の取得者が、不当補充について抗弁の対抗を受けない要件を規定しているのであって、ここで直接に規定されているのは、補充後の完成手形に関する事柄である（木内・手形法小切手法301頁）。

[725] これに対して、錯誤または故意によって要件を書落としたような場合、補充に際して一旦受戻す約旨が合意される等後日所持人をして補充せしむる意思のない場合には、その証書は理論上は無効となる。しかし、錯誤による不記載が民95但（改95Ⅲ）の重過失、故意の不記載の場合には

おいた手形を白地手形といい（大橋・新統一手形法148頁）、後日補充することによって完成手形となり、補充前のそれを含めて署名者を拘束する（大判大正10・10・1民録27輯1692頁）。白地手形には、**白地手形上の権利**[726]と**白地補充権**とが表章され、白地手形を取得した所持人は白地補充権に基づいて補充を行い、証券が手形の必要的記載事項を具備するに至ると、白地手形上の権利は手形上の権利となるので、所持人はこれに基づいて署名者に対して手形金の支払を求めることができるようになる[727]。

これを一種の心裡留保と考えればそのような抗弁が認められる場合は著しく限定されよう。このような価値判断から商慣習法は、錯誤による不記載の主張を認めず、手形行為そのものの錯誤一般同様に扱うことになろう。また、判例も補充権の留保のごとき約旨は第三者に主張できないことを認める。

[726] 白地手形には一定の効果がある以上、何らかの「権利」が表章されていると説明しなければならないといわれている。そこで白地手形上の権利という概念が援用されることがある（木内・309-310頁）。とりわけ本文に後述の時効中断（更新）の問題の説明には有益かもしれない。停止条件付手形金請求権と説く立場もある。しかし、一般に停止条件付権利とは、その権利を発生させる法律行為が方式の欠缺する要式行為のように未完成なものなのではなく、当該法律行為は既に完成して、その行為の効力として確定的に生じる権利に不確定事象たる条件が付せられているものをいう。白地手形行為は無条件な権利を生じる法律行為の未完成な段階を指称する語であるから、事柄が全く違う。白地手形においては、「補充権」が「未完成手形」と一体となって取引の対象とされており、補充権の行使により手形が完成すると、完成手形の所持人は手形上の権利を行使できることから、未完成手形とともに補充権を有することが、まさに法律上保護に値する一つの法的地位を構成しているものというのであるが、補充権は「権限」であって、権利ではなく、「未完成手形」とは補充することで経済上の有用な権利へと転換するであろうけれども、そのままでは法的には無価値である以上、これを無理に何らかの「権利」として構成する必要はないと思われる。時効中断（更新）の法現象は別の説明に拠るべきであって、白地手形上の権利なる観念を用いることは必要もないし有益でもない。もともと制度上、手形時効は満期の日から起算するという原則が強行規定によって定められているので、例えば実際の振出の日（振出日ではなく）より以前の日を満期とする（既に満期の到来している）手形を振出すような場合には、権利がまだ発生していないにもかかわらずその権利の時効が進行しあるいは完成しているということも認められる。判例が本文のような時効中断（更新）を認める必要性も、消滅時効起算点に関する手形法のこのような特殊な制度に起因するものであるといえよう。

[727] 統一法10条の規定は、ハーグ規則にも、ジュネーヴ仮案にも存在せず、1930年統一会議におけるイタリア代表の発案によるものである。フランス・ベルギー・オランダ・デンマークなど濫用を危惧する反対論があったにもかかわらず、ポーランド・ドイツ・イギリスなどの支持を得て、統一法において白地手形に関連する規定をおき（10条）、締約国には10条を採用しない留保（留保に関する付属議定書3条）が与えられることになった（この経過については柴崎暁「統一手形法における白地手形規定とフランス法」商法の歴史と論理（2005年）401頁以下、渋谷光義「ジュネーヴ手形法統一会議と白地手形」亜法45巻2号95頁以下）。白地手形の概念を認めない諸国では、一定の記載事項が書かれているものであれば、無効行為の転換の法理により、被補充者は自らの行為によって責任を負う（無名指図証券上の支払委託・支払約束としての効力）。他方、これが妥当しない証券における不当補充はあたかも変造の場合と同じく取り扱うべき所、一種の共同不法行為者として、一般私法上の民事責任によって義務を負うものとして扱われる（ROBLOT

[31215] **白地手形の成立要件**　第一に、署名以外の手形要件の一部を欠くものでなければならない[728]（記載を追加しまたは訂正する授権をして交付された完成手形は白地手形ではない[729]）。手形要件を具備した有害的記載事項（振出人の支払委託ないし支払約束に付した条件など）が記入されているために手形として無効なものは、仮にその抹消権限を付与していても白地手形ではない。署名を欠くものは白地手形ではない[730]。第二に、欠缺した要件を、後に補充せしめる意思をもって、署名者が流通においていることを要する。この補充権の存在が、単なる要件欠缺の無効手形と白地手形とを区別する。

[31216] **主観説・客観説**　上記の説明（主観説）に対して、第二の要件を不要とし、将来補充されることが予定されている外観[731]のあることを以って足りると

(René), Les effets de commerce, Sirey, 1975, no 139 et s. なお柴崎・前掲論文）。また、イングランド法では白地手形法が発達していたが、印紙が貼付されているときは、印紙の金額でカバーされた手形金額以上の補充があっても超過部分の手形債務が発生しない。少なくともイングランド法では、印紙が貼付されている以上は、金額未補充の証券が流通している段階で、無制限の補充権が善意者のもとで取得されるというような法律構成はとられていない。

[728] しかし満期のように手形法の補充規定があれば一覧払と看做されるので白地手形とならないというのが手形法の態度である（日本の判例は、不動文字の「　年　月　日」の空欄をそのままにしているものを、満期白地と解する。大判昭和11・6・21新聞4011号8頁、大判大正14・12・23民集4巻761頁）。そのとき振出日が不記載であると呈示期間の終期が定まらないことになるが、振出日不記載を署名の方式の瑕疵（注730）と解さない限り関係人の不安定な状態が継続するには違いない。日本の手形法の解釈では満期の白地も振出日の白地も認められるために、補充権の行使期間の終期をめぐり、一層複雑な議論が必要になる。手形外観解釈の原則から、かかる未記載あるときは一覧払手形と看做し、手形外の合意による満期変更を授権する事実たる慣習があり、後続の所持人はその復受任者として満期を変更しているものと解するのが統一法には副う。合意違反の「補充」は変造となるところであろう。

[729] 福岡高判昭和55・12・23判時1014号130頁（手形百選7版46頁〔潘阿憲〕）は、変造とされるべき行為を白地手形の補充としているが不適切である。事案では、融通手形の振出を依頼された振出人が、チェックライターが故障していたので、統一約束手形用紙の"金額欄"の枠線の内側に何も記載せず、外側にボールペンの手書きで「¥　600,000-」として後に被融通者においてこの金額をチェックライターで打字の上使用する約旨で交付。受取人は合意に反しチェックライターで「¥2600,000-」と複記し、手書きの金額の記載には、アラビア数字の「2」を書き込んで「¥2600,000-」としXに交付した（満期と振出日も白地であって補充されたものであるが、これらについては問題とされなかった）。事件自体はXが何の対価も得ずに手形を取得した事実が立証されていたため（債務者を害することを知って手形を取得したものと看做されるべき「固有の経済的利益を有さない手形所持人」ないし「隠れた取立委任裏書の受任者」とみるべきである）請求棄却であった。

[730] 作成日付を欠く文書は署名そのものの欠缺とされ私文書無効をきたすとの一般私法が存する法域では、振出日の不記載は署名の欠缺と等価となる。そこでは、振出日の追加的記入がされた時点で本人または他人による手形行為が成立する（服部、前掲書30頁。参照、柴崎・前掲論文）。

[731] 客観的に補充が予定された外観なることがらの定義は必ずしも論者において一定でない。学説

の解釈（**客観説**）が主張されている。当事者の意思を離れて白地手形の効果を語るべきではなかろう[732]が、証券の存在を前提にしない補充も観念できず[733]、他方、何らかの証券が存する限りそれについて作成者が責任を負わないことはありえない[734]。判例は、大判大正10・10・1民録27輯1686頁（新判例マニュアル37事件）が「後日他人ヲシテ手形要件ノ全部又ハ一部ヲ補充セシムル意思ヲ以テ」振出されるものを白地手形とした。主観説を採用したものと評されているが、補充権授与合意の立証方法は自由であって、客観的に白地手形を交付したと見られる挙動をした者にはそのような補充権授与意思があったものと推定されるに違いなく、これを客観説として説明することは不可能ではない。

は、手形文句が書かれていることを最低限度の記載事項として要求しているが、手形文句は、事実上他の手形要件と切断独立して記載されるものではない。手形文句とは、手形本文（「あなたまたはあなたの指図人にこの約束手形と引換に上記金額をお支払い致します」＝指図文句（無益的記載）＋引換文句（無益的記載）＋支払約束文句（必要的記載事項）＋手形文句（必要的記載事項）が合成されている）に記載されるものであり、「約束手形」という文字だけが書面上に顕出されていても、それが約束手形文句になるかどうかはその後前後をどう補充するか如何にかかっている（さらに厳密に言えば、為替手形の趣旨で振り出しているのか約束手形の趣旨で振り出しているのかも表示しなければならない。「…上記金額をこの□□手形と引換にお支払い□□□。」と書かれていても手形文句が書かれているとはいえないのではあるまいか）。したがって、白地約束手形の場合には、金額部分を除いて支払約束文句程度は要求してもよいであろうし、手形利用の実態からいえば、統一手形用紙に不動文字で印刷されている必要的記載事項だけは要求しても構わないようにも思われる。なぜならば、それらは取引ごとに千差万別であり得ない、初めから誰でも同じように書かねばならない記載事項だからである。

732　客観説の説く場面であっても、客観的に補充が予定される外観を持つ証券の交付という挙動は黙示に補充権を与える表示と解釈する余地がある。外観作出者には、外観と結合することが客観的に期待される意思がある。外観から無媒介に権利ないし権限が生じるわけではない。客観説が署名は必要とするのも白地手形の効果が行為者意思に基礎をおくことの表れである。

733　主観説の論者であっても、何の証券の存在もなしに、白地手形を観念することは認めないであろう。補充権授与の合意だけが、諾成的に、未完成の手形用紙とは独立して成立することはなく、せいぜいそれは手形予約である。白地手形流通の基礎は、補充を予定されているらしき外観の存在にあり、商慣習法はそのような信頼を基礎に白地手形の流通性を認めている（木内・308頁）からである。白紙に署名のみのなされた紙片（例えば署名鑑のようなもの）を他人に交付して手形を作成するように授権しこの者が「補充」するとき、これは「他人による手形行為」として遇するべきである。これらの証券に濫用があれば白地手形不当補充の問題ではなく代理踰越の問題となる。本人の責任の軽重は本人の関与の度合いに比例すべきであるから法的価値判断として正当である。

734　ほぼ完成手形に近い白地手形を交付する者が補充権授与合意の不存在を抗弁することは、一般には許されない。完成手形の振出の場合に、心裡留保無効の主張は容易に認められない（民93本文）こととの比較から明らかである。署名者が補充権を留保して白地手形らしきものを作成して後の取引に備えようとしたが、他人に預けられている間に流通したようなときに補充後の証券が手形たる資格を拒否され得るとすれば、それは補充権がないからではなく、交付欠缺の事例と見るべきか（なお木内306-307頁）。

[31217] **白地手形の効果**[735]（1）**被補充性**　白地手形には被補充性があり、補充されて証券が手形要件を備えるに至れば、完成手形としてはじめから作成されていたのと同様の効果が生じる（判例）。裁判上の請求をするに際しては、口頭弁論終結時までに補充が行われていればよい（最判昭和41・6・16民集20巻5号1046頁、新判例マニュアル40事件）ので、白地手形のままでの提訴が可能であるが、補充がなければ敗訴判決が下される[736]。この補充権が存するとされた以上は、留保を以て善意の所持人に対抗できないと解されている[737]。補充者はその手裡に手形があるうちは、補充内容を後に訂正できる（名古屋高判昭59・8・27判タ541号239頁）。しかし、予めなされた合意に反した補充がなされた場合（**不当補充**）[738]には、その合意の当事者に対してはその旨を対抗できる。これに反し善意無重過失の手形取得者に対しては不当補充である旨を主張することができない（手10）。

[31218] **承前**（2）**時効中断（完成猶予・更新）**　満期の記載がある白地手形による訴えの提起は、補充後に成立する完成手形に基づく手形債権の時効中断事由とされる[739]。白地手形は補充をせずに呈示をしても不適法呈示であるから付遅滞

735　木内・手形法小切手法308-318頁。

736　このほか白地手形のままでの呈示は、不適法呈示（最判昭和33・3・7民集12巻511頁）であるため付遅滞効がなく（ただし、時効中断（更新）は可能）、遡求権保全効もない（振出日白地の確定日払手形を呈示して後日補充しても遡求権保全効はない。最判昭和41・10・13民集20巻8号1632頁、手形百選7版80頁〔田邉宏康〕）。

737　手10にいう「予メ為シタル合意」とは、補充権授与契約のことであるといわれている。補充権授与契約の内容は、所持人に対する補充権限の授与である。補充権の内容を補充権授与行為そのものによって制約することの可否は多様に議論されているが、少なくとも補充権をある手形行為者が留保する約旨は後続の所持人には対抗できないことについては、最判昭和31・7・20民集10巻8号1022頁〔手形百選7版82頁〔山田純子〕）がある（本判決は**折衷説**を採ったものと評価するむきもある。服部・前掲書43頁）。したがって補充権の範囲を限定する合意はなんらかの形で存在しうると思われるが、未補充白地手形を善意で取得した者には少なくともこの制限は対抗できないと解すべきであろう。これは手形法が明文の規定を以て定めているわけではない。手10は補充後の完成手形のみを規定し、白地手形そのものの取扱を規定するのではない。しかし、未補充白地手形の流通（補充権限の復授権）は商慣習法によって保護されている。前主が白地手形を後者に交付し補充権を復授権する際に振出人から得た補充権の内容を述べて自ら補充して手渡すのと、補充せずに補充権の内容を伝えて取得者に補充せしめたとしても径庭はない。後者の場合を前者と同一視するのがここにいう商慣習法の内容であるとするならば、さらに進んで、黙示的に適宜補充せしめるべく未補充証券を交付する場合も、補充権があるものと信頼して自ら補充した善意の取得者も同様に取扱われることになろう。判例もこの結論を支持する（最判昭和36・11・24集15巻10号2536頁、手形百選7版90頁〔清水円香〕。いわゆる補充権の善意取得）。

738　金額欄を白地とし「500万円の範囲内で補充し得る」としたにも係らず「700万円」と補充した場合には、補充範囲の上限の請求権が成立するのではなく、あくまで「700万円の手形」として全部について不当補充の抗弁を生じる。

効（手38Ⅰ・商517→改520の9）もなく、遡求権の保全も（手46Ⅱ）不可能である。これに対して判例は、時効中断（完成猶予・更新）だけはこれを認めている。これは、白地手形を呈示しての請求とはいえ、補充後の手形債権を保全するものと解されるがゆえの効果であって、白地手形そのものの効果というのとはやや異なるというべきか。問題になるのは、未発生の権利について時効が進行しているとはいえないのに時効の中断を考えることの背理である[740]。なお、平成29年民法改正法では「停止」を「完成猶予」、「中断」を「更新」と改称した上で、時効期間は、裁判上の請求を開始すると「完成猶予」（改147Ⅰ（1））となり、勝訴判決の確定時に「更新」（改147Ⅱ）される（以下同じ事柄を「完成猶予・更新」とする）。

[31219] **承前（3）既判力** 白地手形による訴えで、口頭弁論終結時までに補充がなかった結果敗訴判決があった場合には、その後補充をして証券を完成手形とし、これをもって訴えを提起しても、前の敗訴判決の既判力が及ぶ[741]。後訴の請求の趣旨は同一の白地手形を補充した完成手形上の権利としての手形金の支払であるから、訴訟物が同一になる。

[31220] **承前（4）公示催告手続の適用** 白地手形が商慣習法上の有価証券であることにかんがみて、公示催告手続の対象とすることができる[742]。

---

739 最大判昭和41・11・2民集20巻9号1674頁、手形百選7版88頁〔片木晴彦〕。
740 そもそも手形時効は手形上の権利が白地未補充であるために未発生であっても満期の日から進行してしまう（手70）。権利のないままに中断（完成猶予・更新）手続が必要なゆえんである。この取扱は時効中断（完成猶予・更新）制度の趣旨から説明すべきであるとの見解―小町谷・判例民事法昭和八年度93、またしたがって不適法呈示であってもよいという伊澤・法学3巻8号91頁、上柳・民商67巻5号157頁―が主張される。理論的基礎はともかく、ここで、白地を敢えて補充しないで訴を提起しなければならないことの正当な利益を要し、これなくして未補充のままで権利行使する者は、権利の上に眠るものではないが補充の労を惜しんだ者といえるのであって、その帰結より生じる不利益を受忍すべき地位にある（松田・私の少数意見132頁、大隅・商法の諸問題300頁）。例えば、不当補充にならないよう調査を要するとき等は、未補充のままで提訴する正当な利益がある場合に該当しよう。なお、満期白地手形の場合には、どのような補充がなされるかで時効の起算点自体が前後するため、複雑な問題を生じる。とりわけ、補充された満期が不当補充であるときには、補充後の満期を基準に時効中断（完成猶予・更新）がなされていても、手10にいう悪意・重過失ある所持人は中断（完成猶予・更新）を主張できない可能性がある。
741 最判昭和57・3・30民集36巻3号501頁、手形百選7版92頁〔牛丸與志夫〕。
742 最判昭和51・4・8民集30巻3号183頁、手形百選7版164頁〔石田清彦〕。ただし、ここでの無効宣言は、取得者による不当補充により義務を負担させられる危険を負う署名者を救済する手段として用いられる（消極的効力）のみであり、積極的効力までをも認める趣旨ではない。消極的効力の利用のみを認める趣旨であるにせよ、公示催告手続においては申立の時点でいかなる証券の無効宣言を求めているのかを特定しておかねばならないが、その証券が喪失後にどのように補充されているかは申立人が知り得ない事柄であり、喪失時までに記載されていた事項だけで証券

[31221] 補充権およびその「時効」　　上記のように、補充によって白地手形が完成し効力を生じるために、補充権授与があるものと観念される。補充権は、「形成権」の一種であると説明されている。その結果、補充権それ自体が「時効」にかかるという[743]。ところで、補充が行われて手形金の請求ができるとすればそれは補充の効果ではなく手形行為の効果である。補充権はそれ自体に権利性がなく、手形自体の時効と別に固有の消滅時効を観念することができない[744]。それゆえ判例も補充権は当該手形上の権利の消滅時効の完成まで行使できるとしてきた[745]。しかし、満期白地手形の場合には、補充がなされない限り未来永劫これを補充することができてしまう。これを不合理であるとして判例[746]は、補充権を行

を特定しなければならない等、制度として完全なわけではない。ところで、白地手形の公示催告手続は、専ら署名者が義務を負わされる危険を免れるための予防手段であって、「白地手形の無効を公権的に確定させる」ことでその証券に権利が発生することが最早あり得ないという状態を作り出しかかる白地手形によって決済しようとしていた原因債権の行使を可能にするものである（木内他・シンポジューム手形・小切手法177頁〔倉澤康一郎〕）。学説には白地手形の除権判決（今日では除権決定）にも積極的効力を認めようとするものがあり、その補充の方法として裁判上の補充や白地手形の再発行請求の可能性が論じられているが、かかる解釈を認めるためにはあまりに法令上の根拠が乏しい。

[743] ところで補充権は、解除権・取消権・予約完結権のように、その働きかける法律関係自体は完成していて、それによって与えられる権利として意思表示によって行使され、それによりその働きかける法律関係の変動を来す、という類型ものと同様に説明できない限界を持っている。補充そのものは、未完成な法律行為である白地手形行為という他人の表示行為の一部を補う行動であって、その行使はむしろ権利ではなくて権限の行使というべきものである。したがって補充権は厳密には形成権ではない。少なくともその具体的な効力構造は形成権一般とは異質であって、時効になじまないものというべきではあるまいか。補充は、機械的方法によってもなしうる。人の手による補充であっても、補充者の能力は問題にされていない。いかなる理論を採ろうとも、補充権授与の範囲に応じた何らかの補充があるならば、ひとまず手形は有効に完成手形になるであろう。他の形成権のように、意思表示擬制の方法による強制執行なども認められていない。そのようなものに権利性を認めることはおおいに問題がある。したがって、補充権には、時効も除斥期間も存在しない（「補充権が〔手形上の権利とは〕別個独立に時効によって消滅するものというべきではな〔い〕」。最判昭和45・11・11民集24巻12号1876頁）。

[744] 渋谷光義「白地手形の補充権に関する一考察-補充権の法的性質とその行使期間-」愛媛法学会雑誌32巻3＝4号237頁。

[745] 最判平成5・7・20民集47巻7号4652頁（手形百選7版86頁〔尾崎悠一〕）。それ以降補充権を行使したとしても、署名者は手形上の権利の消滅時効の完成を援用すれば足りる。しかし、時効が完成した手形を補充して完成せしめ、その支払として手形金を支払った場合には、自然債務は存在しているといえるため、これを不当利得として主張できず、そのような手形債務を更改すれば強制力のある債務となる。手形上の時効が完成した後もなお補充が可能であるとすればそのような法律関係は残存することとなるので、これを認めないこととし、手形上の時効が完成した後に補充され完成した手形についてはそのような自然債務さえ成立しないものと考えなければならない。

[746] 民商法に規定されている時効期間を参酌して、白地手形が交付された時点から20年（当時の民

使し得べき時点より5年（商522の「準用」）で消滅時効にかかるものとしている[747]。

第b款　手形行為の実質要件

第1項　手形行為と公序良俗、行為客体と行為目的の適法性

[31301] **不法な目的のための手形行為**　手形行為といえども、公序良俗に反する目的をもって行われることは許されないということになりそうであるが、手形行為の効果意思の内容にてらしてみれば、為替手形の場合には単純なる支払の委託、約束手形の場合には単純なる支払の約束であって、そのこと自体が不法性を帯びることは想定しがたい（現実的な例ではないが、法規によって使用が禁止されている通貨を以って支払われる金額を記載する場合などは、不法性を帯びる）。

[31302] **判例**　ところが、判例は、原因不法の手形行為については、あたかも手形行為の効力自体が損なわれるとの趣旨にも読める説示をしている[748]。原因不

　　法における財産権一般の時効）とするもの（大判昭和12・4・16民集16巻473頁）、10年（当時の民法における債権の消滅時効）とするもの等が主張され、最終的に、後述のように‐（商行為により生じた債権に準じ）5年説が採られるに至った。

[747] 最判昭和44・2・20民集23巻2号427頁（手形百選7版84頁〔近藤光男〕）。このことは、補充権を権利ではなく権限とした性質論からいえば、説明が困難な判旨であろう。おそらく、ここにいう「時効」とは民商法に規定された意味における時効制度のことではなく、第三者も同意したとみなされる黙示の約定または事実たる慣習により定まった補充許諾の有効期限を意味するのではあるまいか。実質関係上の既存債務の弁済期より3年であるというような社会通念の存在を認めるかの如き下級審判決例も見られる（東京高判平成14・7・4判時1796号156頁）。いずれにしてもこれは時効ではなく、したがって中断（更新）もなく、時効完成の旨を援用する抗弁権としてではなく、補充権授与合意に基づく抗弁として主張しうる事由であろう（以上木内・310-311頁、316-318頁）。前記のとおり満期白地は統一手形法が法文上認めていないと思われ（注728）、いずれにせよこの問題についての法解釈に安定感がないのはやむを得ない。なお、平成29年民法改正法に伴う関係法令整備法では商522の短期消滅時効は廃止され、債権一般の権利を行使できることを知った時から5年（かつ権利を行使できる時から10年）時効に一元化されるべきものとしている。上記判例も、これに倣った期間の時効に改まるのかは明らかでない。

[748] 木内・211頁。「製造販売…者が硼砂…を混入したアラレを販売することが食品衛生法の禁止しているものであることを知りながら、敢えてこれを製造の上、同じ販売業者である者の要請に応じて売り渡し、その取引を継続したという場合には、一般大衆の購買ルートに乗せ…公衆衛生を害するに至るであろうことはみやすき道理であるから、そのような取引は民法90条に抵触し無効のものと解するのを相当とする。…Yは前示アラレの売買取引に基づく代金支払の義務なき筋合いなれば、その代金支払のために引受けた前示為替手形金もこれを支払うの要なし」（最判昭和39・1・23民集18巻1号327頁。手形百選7版52頁〔尾崎安央〕）。「右小切手は、賭博によって右Aが負うことになった金銭給付義務の履行のために、同人〔Y〕からXに交付されたものであったというのである。してみれば、本来、XがYに対して右小切手金の支払を求めることは、公序良俗に違反するものとして許されない」…、右和解〔不渡になった小切手にもとづく債務を延期

法の抗弁を「不当利得の抗弁権」として説明すると、民708の適用の結果、抗弁権の作用が遮断され、却って不法が実現されるという矛盾をはらんでいる[749]。

第2項 手形行為への民法総則意思表示規定の適用

[31303] **問題の所在** 手形行為も意思表示を要素とする法律要件であるため、民法総則編中の意思表示に関する規定の適用があり、効果の発生は、**効果意思の実在性**（これが欠ける場合を一般に**意思欠缺**という）と効果意思形成の過程において不法が作用しないこと（これが欠ける場合を一般に**瑕疵ある意思表示**という）とに条件付けられている（ただし意思欠缺・意思表示の瑕疵の立証責任はこれを援用する者の側が負う）。手形法統一条約は手形行為の実質的有効要件を規整の対象とせず、（それが加盟国法であるかどうかとは別に）手形法または法適用通則法によって指定がされた準拠法となる一般私法の法律行為規整に委ねられる。

[31304] **渉外手形の場合** 問題が渉外的法律関係であり、法選択約款がない場合には、署名者が負担する手形金の支払が「法律行為において特徴的な給付」と解されるならば、署名者の常居所地・事業所所在地が密接関連地であると考えられ（法適8Ⅱ）、この地の法が手形行為の成立を支配する（法適8Ⅰ）。

[31305] **然らざる場合** 渉外関係が生じない場合、手形行為に一般私法上の有効要件を適用するとすれば、日本民法が適用される。平成29年民法改正法以前においては、第三者保護規定のある虚偽表示（民94Ⅱ－なお民93の心裡留保の場合は民94Ⅱを類推適用する）および詐欺（民96Ⅲ）については無効は善意の手形所持人に対抗できず、他方、錯誤（民95）、強迫（民96）の場合には第三者に無効・取消が対抗できるものとされていた[750]。

て支払う〕上の金銭支払の約束も、実質上、その金額の限度でXをして賭博による金銭給付を得させることを目的とするものであることが明らかであるから、同じく、公序良俗違反の故をもって、無効とされなければならない」（最判昭和46・4・9民集25巻3号264頁、手形百選7版178頁〔久保大作〕）。

749 無因論に立った上で、なお一般悪意の抗弁等の理論によって履行拒絶権を認めるべきとするミハエリスの見解について、上柳克郎「手形債権の無因性」法学論叢59巻5号14頁。新判例マニュアル70事件の大塚龍児解説。「不当利得の抗弁権」は権利抗弁であるところ、被告においてこの権利を援用しなければならないことになるが、前記最判昭和46年は、抗弁権が援用された事実を確認しないままに、裁判上明らかになった原因の不法について、これが所持人による手形金請求を妨げるといっている（木内・手形法小切手法211頁）。結論からいえば、原因不法の抗弁は事実抗弁であり、権利抗弁ではない（尚、スイス債務法の債務承認における原因不法の事実抗弁性について柴崎・手形法理と抽象債務第Ⅰ部A第2章）。

750 そこで、民法の規定を適用するとの前提を認めつつも、本文所掲の第三者保護の規定がない場合に権利外観理論（木内・手形法小切手法50頁）による修正を施して無効取消を対抗不能とする

[31306] **絶対的意思欠缺**　　絶対的意思欠缺による手形行為は無効である（判例・学説）[751]。意思無能力者の手形行為も同様に解するべきか（なお改3の2）。

[31307] **錯誤**　　錯誤（民95）については、従前、民法に第三者の保護規定が存在していなかったので、手形流通に配慮して民法を修正適用するとされている[752]。手形行為の特質から、錯誤無効が認められる誤認の対象である「要素」

という立場（修正適用説）（木内・手形法小切手法60-61頁）が比較的支配的であるが、手形理論そのものから民法規定との関係を語る理論もある。「手形上の法律関係は、手形行為によって手形行為者とその直接の相手方との間に成立し、さらに手形が裏書により譲渡されると、手形行為者と第三取得者との間にも成立する。手形行為者と直接の相手方の間の手形上の法律関係の成立は、民法が承認する行為の型である意思表示・法律行為によるものであって、ここでは、手形法に特別の規定（たとえば手形の方式〈手一条・七五条〉や無権代理人の責任〈手八条〉）がない限り、民法の規定がそのまま適用される。…手形法は、手形行為者が流通証券である手形に署名することによって、手形の流通に伴い第三取得者との間に手形上の法律関係を生ぜしめるべき意思を表明しているものと認めるのである。…意思表示の無効・取消に関する民法の規定も、手形行為者と直接の相手方には適用されるが、手形法によって承認された手形行為者と第三取得者との間の手形上の法律関係については適用されない」（小橋・講義45-46頁）。思うに、会51・会211のような規定がない限り民法全面適用が自然である（関俊彦・金融手形小切手法（2003年・商事法務））。民法を手形行為に適用しても、必ずしも第三者の保護に欠けるとは限らない（髙田晴仁「手形法と民法の交錯」私法63号142-144頁、2001年）。明治29年民法は商取引における第三者保護についてよく配慮された法典であり、錯誤のように（民法改正法までの間）第三者保護規定がない場合でも、表意者に重過失がある場合に無効の主張を制限する（民95但）。電子記録債権に関しては、記録請求に民法規定が一部適用を排除される趣旨の条文がある（電12）。記録請求は当事者双方が（電債5Ⅰ）電子債権記録機関に（電債6）すべきもので、電債12Ⅰにいう「相手方」の意味は必ずしも明らかではないだけでなく、強迫の場合にまで善意者保護が優先するという点には疑問がある（柴崎・クレジット研究37号184-197頁）。さらに、民法改正法（平成29年）では心裡留保無効・錯誤無効については善意の第三者を保護する規定が導入されるが（改93Ⅱ、改95Ⅳ）、詐欺取消の第三者保護規定（改96Ⅲ）が強迫に拡大されることがなかった。このことも最判昭和26年（注759）の妥当性を疑わせるに十分ではあるまいか。

751　名古屋地判平成9・7・25判タ950号220頁（相続税の原資捻出のために農地を売り払おうとした者が、税金対策に必要な書類と称して買主より欺かれて買主振出の為替手形に引受を為した事例）。判旨は、詐欺取消の可能性には言及せず、「Yの本件各手形の引受欄への署名ないし押印は、Yにおいて、それが手形であることを認識せず、かつ、本件各引受をするという認識が全くなくしてなされた疑いが極めて高いものというべきであるから、その引受行為はなかったものと評価するのが相当である」としている。

752　既述の通り民95但は表意者に一定の注意を要求し、重過失ある表意者に錯誤無効の援用を禁じている。近代諸国の民法理論として、錯誤により契約が無効であった場合に、これによって相手方に損害を与えた当事者は、賠償義務を負うとの法理（契約締結上の過失）が認められてきたが、民95但は、この法理を、無効の主張の禁止という形式で規定したものと考えられてきた。日本民法の起草過程では、ドイツ民法典第一章案が斟酌されたが、ドイツのその後の起草過程の議論では、却ってこの表意者重過失錯誤に関する規定が削除されてしまい、事柄は契約締結上の過失 culpa in contrahendo の法理に委ねられることになった。それにもかかわらず日本民法の起草らは意図的にこの但書を保存し新民法に導入した（髙田・前掲論文）。結果的に錯誤無効が主張され

(平成29年民法改正法では「法律行為の目的及び取引上の社会通念に照らして重要なもの」)も手形上の記載に関連付けられるものに限られる[753]。判例は修正適用説を採った上で「人的抗弁事由として」錯誤を主張できると解してきた[754]。理論的には事柄を無効と扱わずに**一般悪意の抗弁**の援用を認める説[755]もあるが、これとは別に**原因関係欠缺の抗弁**[756]の対抗は可能である。手形行為の場合には、手形が第三者に

る範囲は著しく狭められ、証券流通を害するとの危惧は必ずしも正当ではない。
[753] 大正10・9・20民録27輯1583頁。錯誤が手形行為自体に存する、といわれる場合—東京控判大正13・3・28新聞2256号21頁、水戸地判大正10・6・11新聞1901号—、ないし錯誤が手形行為の主要な内容自体に存する場合—最判昭和29・11・18民集8巻11号2952頁—。要素にあらざる事情に関する錯誤は「縁由の錯誤」と解される。
[754] 最判昭和54・9・6民集33巻5号630頁（新判例マニュアル05事件）は、150万円と記載するつもりで金額欄に「￥1,5000,000※」（手形客観解釈の原則からこの手形金額は1500万円となる）と誤って記載した約束手形の事例で、裏書人自身も被裏書人自身も、その時点で150万円の手形であると誤信し、その後被裏書人から悪意でその裏書を受けた者からの裏書人への遡求につき、原審が請求を棄却したもので、上告審は差戻判決である。「手形の裏書は、裏書人が手形であることを認識してその裏書人欄に署名又は記名捺印した以上、裏書として有効に成立するのであって、裏書人は、錯誤その他の事情によって手形債務負担の具体的な意思がなかった場合でも、手形の記載内容に応じた償還義務の負担を免れることはできないが、右手形債務負担の意思がないことを知って手形を取得した悪意の取得者に対する関係においては、裏書人は人的抗弁として償還義務の履行を拒むことができるものと解するのが相当であ（る）」「…前記のように、Yが金額一五〇〇万円の本件手形を金額一五〇万円の手形と誤信して裏書したものであるとすれば、Yには、本件手形金のうち一五〇万円を超える部分については手形債務負担の意思がなかつたとしても、一五〇万円以下の部分については必ずしも手形債務負担の意思がなかつたとはいえず、しかも、本来金銭債務はその性質上可分なものであるから、少なくとも裏書に伴う債務負担に関する限り、本件手形の裏書についてのYの錯誤は、本件手形金のうち一五〇万円を超える部分についてのみ存し、その余の部分については錯誤はなかつたものと解する余地があ」る（差戻）。判旨の「裏書人は、錯誤その他の事情によって手形債務負担の具体的な意思がなかった場合でも、手形の記載内容に応じた償還義務の負担を免れることはできない」の部分は適切な説示ではない。手形法は、手形債務負担の具体的な意思の存否にかかわりなく方式の履践自体に法効果を直結させる（形式行為）説を採るものではない。次に、「1500万円」との文言に「150万円の裏書意思」の可能性を認める判旨は、手形行為の文言性からは、採用しかねる理解である。「1500万円」という記載があるからといって、それが「1350万円および150万円」という記載と同義であるとの法的評価を受けることはできず、二通の約束手形を偶々一枚の紙片の上に作成したものでもない。仮に「1350万円／150万円」と書かれていたら、これは合計額を以て手形金額を示す表示とは看做されず、複記と看做されるだけである。「1500万円」の記載が可分ではない（倉澤康一郎「本件判批」法セミ403号86頁）以上、「150万円部分の裏書意思」をここに読み込むことは不可能である。なお、この事件では表意者の「真意」を知るため裁判官は証券授受の原因関係を含めて観察し、それを法的に評価しなければならない。その限りにおいて、判旨は、純粋な無因主義を貫いているとはいえない。
[755] 悪意の所持人に対して一般悪意の抗弁 exceptio sui generalis を以て履行拒絶ができるものとし（倉澤・前掲法セ83頁）、この抗弁も人的抗弁ではあるが、手17但を修正して「害意」なき悪意の所持人にも無効を主張できる（林竑「手形金額に錯誤がある裏書」別ジュリ手形百選（四版）19頁）。なお改95Ⅳ。

流通することを前提にした証券上の文言的な意思表示であることを本質とするため、共通錯誤の法理[757]は適用がない。改95は、錯誤無効を錯誤取消に改め、動機（改95Ⅱの要件を満たす「表意者が法律行為の基礎とした事情」）についてもその「認識が真実に反する」もので、「その事情が法律行為の基礎とされていることが表示されていたとき」に取消原因となる旨を定めた上で、第三者保護規定を置くので、一般悪意の抗弁説の帰結と同様になる。

[31308] **強迫**　通説は強迫取消も、文理上第三者保護が定められていない民法規定を修正して善意の所持人に対抗できないものと考えてきた。しかし強迫の場合、表意者に帰責性を想定できるのであろうか[758]。錯誤者には何らかの不注意が

---

[756] 民95但を適用して手形行為自体は有効とされるときも、1350万円部分の原因関係欠缺の抗弁の対抗を認めることはできる（当事者間には、150万円の既存債務を消滅させる（solvendi causa）意思はあるものの、それにもかかわらず1500万円の手形の授受を行うとき、当事者が1500万円の出捐によって150万円の債務を消滅させるという合意をしているとは合理的には考えにくい。超過した部分の1350万円については、これを、信託的に出捐をしておいて、後日とり返すという合意（credendi causa）がなされていると解するか、または、超過分を無償で移転しもって贈与とする意思（donandi causa）が存しているかのいずれでもなければ、その超過出捐は原因を欠くことになる）。

[757] 共通錯誤の事例を観察すると、真意と合致しない表示が契約書上に記載されているが、その記載の如何にかかわらず、双方の共通した認識どおりに効力が生じるものとの意思を当事者の行動の解釈として導こうとする下級審裁判例もあるといわれている（大阪高判昭和45・3・27判時618号43頁。川島武宜＝平井宜雄編・新版注釈民法（3）（2003年、有斐閣）393頁〔川井健〕）（なお改95Ⅲ（2）は「相手方が表意者と同一の錯誤に陥っていたとき」には錯誤取消ができないものとしている）。この理論でゆくと、主観的には裏書人と被裏書人との双方が、「1500万円」の表示を「150万円」のことであると了解していて、「150万円」の効果が生じるということになりそうであるが、手形行為の場合にはこの処理は適用できない。手形行為においては前述の手形外観解釈の原則（文言性）のため、客観的に「1500万円」としか読めない表示がある以上、それを双方の了解に基づき「150万円」の意味を持つものとして扱ってはならない。この裏書には1500万円の裏書意思がなく、かといって「150万円」の表示があったことにもならないので、裏書人の被裏書人に対する関係における責任に関して、問題は全額についての錯誤無効とすべきである。類似問題として、相手方悪意の心裡留保無効（民93但）、虚偽表示無効（民94）の場合、隠れた真意や通謀的合意の存在を証明できるとその帰結は手形行為の無効であって、この「真意」「合意」に従った手形上の権利が成立する余地はない。手形外の権利義務が別途成立することには妨げはないが、無効な手形を証拠として無名の支払約束ないし支払委託が成立すると解し得るかはなお困難と思われる（例えば、万効手形（[31213]）でさえ、手形が要件不記載等方式の瑕疵で不成立となる時に限り無名支払約束が成立すると定めている）。

[758] 日本の最初の近代商法典として明治26年日本商法を起草するにあたってROESLERが頻に参照したBRAVARD-VEYRIERES (par Charles DEMANGEAT), Traité de droit commercial, tome 3 ème, 1888, Paris, p. 255. も、振出人による詐欺dolの抗弁は人的抗弁であるが、強迫violenceの抗弁は物的抗弁であるとしていた。この立場は、ジュネーヴ統一手形法の採用の時期に至っても維持されていたようである。なお、この文献については、柴崎＝笹岡＝内田＝隅谷「ブラヴァール＝ヴェイリエールの手形法講義」流経法学10巻2号117頁以下参照。THALLER (E.) et

想定し得るのに比べて、被強迫者に注意義務違反を想定することは難しい。それゆえ民法は強迫をされた者について重過失があろうとその取消の不能をもとより規定していない[759]。改93、95、96も、無効を第三者に対抗できない旨を定める規定を追加するも、強迫についてだけはこれを除外している。債権法改正により、第三者保護規定がないことを理由とする民法適用除外説はその根拠をほぼ失ったものといってよい。しかし強迫による手形行為だけは手形判例と民法の価値判断とは今なお一致しない[760]。

第3項　手形能力

[31309] **手形能力**　手形能力に手形法が言及しているのは、手88Ⅰ第1文〔署名者の能力の本国法主義〕、手88Ⅰ第2文〔反致主義〕、手88Ⅱ〔行為地法主義による能力の拡張[761]〕であり、これらの規則は1930年の手形法抵触条約に基づく。以下、日本民法が準拠法である場合を述べる[762]。

[31310] **手形権利能力**　一般に権利能力を有する（私権を享有する）者は**手形権利能力**を有する。自然人は天賦人権（民3Ⅰ）を認められている以上この点争いないが、法人について日本民法は重大な留保を設けている。**法人の権利能力**は定款またはその他基本約款所定の目的の範囲内でしかみとめられない（民34）（**Ultra vires 理論**）ため、当該手形行為が当該法人の活動目的の範囲に含まれる限りにお

PERECEROU (J.), Traité élémentaire de droit commercial, 8 éd., 1931, no 1471; （講壇事例だとしつつも）DE JUGLART et IPPOLITO, Les effets de commerce, 3e éd., par DUPICHOT et GUEVEL, 1996, no 230, note 1.

759　強迫取消を人的抗弁化しようとする立場は、その理論的基礎を権利外観法理に求め、表意者における外観作出の帰責性（流通に置く意思を以てする署名）を要件とする。最判昭和26・10・19民集5巻11号612頁（新判例マニュアル07）は、強迫取消を「人的抗弁事由」としているが、仮にこれを物的抗弁と解した場合に、手形行為の有効性があると信頼して手形を取得した者の利益が保護されなくなる。このような第三者の損害を正当化するためには、署名者の側において当該第三者の手形の外観を信頼してよい権利を侵害してもやむを得ない程度の正当化事由が必要となる（正当化できないときには帰責性の作用が顕れる）であろう。正当化事由としては、緊急避難の観念が有用である（「精密機械を壊すぞ」と言って脅されたこの事例では、抵抗すれば機械を破壊され、振出人の企業活動が事実上不可能になる状況であったというから、事態の急迫性は争いがたい）。一般不法行為の場合であっても、民法典は正当防衛・緊急避難については一定の場合に限定はしているものの民事上の免責を定めており（民720ⅠⅡ）、この背後にある原理が手形行為の強迫を理由とする取消の場面でも妥当するといえないであろうか。

760　また、電子記録債権法における記録請求の瑕疵について第三者保護が規定されており（電債12）、そこから強迫が除外されていない。

761　なお法適4Ⅱは「すべての当事者が法を同じくする地に在った場合」に限定してではあるが、手88Ⅱと同旨である。

762　木内・手形法小切手法57頁、小橋・手形法68-71頁。

いてその効果が法人に帰属することになる[763]。法人の活動でおよそ金銭の支払・受領が不要な例とは想定困難で、金銭の授受自体は価値中立的な出捐行為であり、手形小切手はこれを実現する**手段**であるに過ぎず、実際に能力外となる事例は少ないかと思われる[764]。

[31311] **手形行為能力**　行為能力についても民法の規定によるのが原則であろう[765]。意思無能力者の手形行為は無効であり[766]（改3の2）、制限行為能力者の手形行為についても民法の一般規定がそのまま適用され、被後見人の行為で日常生活債務を除く手形行為（民9）、法定代理人の同意・営業許可なき未成年者の手形行為（民5）、保佐人・補助人の同意のない手形行為（民13、民17）は、取消が可能である[767]。能力制限ある者の取消の意思表示または追認は、その意思表示の相手方との間で行われることを要する[768]。

---

[763] 法人にこの制限が適用されると、自称代表者の責任は別として目的外行為は理論上は法人に効果が帰属しない。会社法の学説では、Ultra vires 理論を否定する立場が優勢であると思われる。判例は民34を適用するとの立場である（会社の場合、営利行為については能力を広く認め、非営利の行為については特段の事情がある場合に相当の範囲でのみこれを認める立場）。法人の権利能力はその団体としての社会的な実在性に基礎を置いて考えられ、会社の場合でも、定款所定の目的は、会社の機関または機関構成員の行動の準則にはなるものの、これにより会社の権利能力は制限されないとして、多数説に反対する学説も有力である（小橋・手形法69頁）。逆に、投信法上の投資法人や資産流動化法上の特定目的会社のように、制度の趣旨として能力制限を厳格に遵守してもらわないと当該法人利用の目的の達成が妨げられるような法人に関しては、株式会社について従来説かれてきた能力外理論批判は却って有害である。

[764] 鈴木・133頁、石井＝鴻・86頁、木内・57頁。

[765] なお、明治26年商700「商ヲ爲スコトヲ得ル各人ハ爲替義務ヲ負フコトヲ得」。立法例には、消費信用のための手形署名につき未成年者の能力制限を成年者に拡張するフランス消費法典 L.314-21条がある。

[766] 大判明治38・5・11民録11輯706頁など。

[767] 保佐人同意を要する被保佐人の行為（民13）、審判において選択された補助人同意を要する被補助人の行為（民17Ⅰ但）のうち、手形行為一般は「借財又は保証」、手形保証が「保証」、引受のある為替手形・約束手形の裏書は「重要な財産に関する権利の得喪」に該ると解される。事柄は原因関係を含め判断の上適用を決すべきであるというのが一般的であろう。他方、手形行為は行為者が一定の経済的目的を到達するための中性的な手段であるから、それ自体は法文列挙のいずれにも該当せず、同意を要しないが、原因関係に関してのみ右法文列挙が適用され、これを理由とする取消によって人的抗弁事由が生じるにとどまるとするものがある（田中耕太郎・前掲手形法小切手法概論（1935年）151頁）。手形行為をするということ自体が能力者であると偽る行為にひとしいものと評価して取消を認めない（民21）とする説もないではないが、能力制限者保護は手形流通の保護に優越するとの観点から批判が多い。小橋・手形法71頁参照。判例は、約束手形の振出が民13Ⅰ（2）にいわゆる借財に含まれるとする（大判明治34・6・8民録7輯6巻19頁、大判大正3・11・10民録20輯959頁）。

[768] 大判大正11・9・29民集1巻564頁、手形百選7版20頁〔小野寺千世〕。判旨は「手形ノ…振出ニ因ル債務負担行爲ノ相手方ハ振出人ヨリ手形ノ交付ヲ受ケタル最初ノ取得者ニシテ常ニ確定セ

第4項　法人の手形行為

[31312] **法人の機関による意思表示**　一般に法人は、その機関自身による、代表資格を示してされる署名・捺印等を以てその意思表示とする。手形行為においてもこれと同様であって、法人の手形行為は、機関が署名を行うことによってなされる。問題は、どのような表示があれば代表機関としての行為になるかという手形行為の解釈である[769]。代表機関による法人のためにする行為も、手形行為の絶対顕名主義が採られている。なお、法人の同一性は、その名称および登記簿上の本店所在地によって特定される。同一行政区画内で誤認を惹起する商号等が使

ルモノト謂フヘク従テ振出行為ノ取消シ得ヘキ場合ニ於ケル取消ノ意思表示ハ民法第百二十三條ノ規定ニ従ヒ確定セル加上ノ相手方ニ對シ之ヲ為スコトヲ要スルモノト謂フヘシ」というものである。事案は小切手振出人への遡求に対して主張された小切手行為の取消の問題であり、持参人式が一般的であり受取人が記載されていない小切手であっても、依然としてその相手方の同一性は確定したものであるとの考え方を前提にしている（受取人が記載されることを強制する現行法の手形についてはなお一層妥当するであろう）。一部の主張によると、手形の流通証券としての特質にかんがみれば、相手方以外の者に向けて取消も追認もなしうるとすることが便宜であるというが（竹田・21頁）、中間の所持人に対して取消ないし追認がなされているような場合に、最終の所持人にとって、その照会は困難でありうる。最終の所持人に対しては取消の意思表示を行い、他方受取人に対しては追認の意思表示をしていた場合には、効力をどう考えればよいのであろうか。受取人において取消・追認の意思表示を受けているかどうかさえ確認すれば、主債務者の手形行為の有効性に関する予測可能性を保証できることが望ましい。

[769] 木内・手形法小切手法67-74頁、82-88頁。顕名ありと判断される表示としては、「甲株式会社代表取締役乙」など、機関の名称を付し、法人代表である旨が読み取れることが必要である。「社長乙山太郎（甲会社代表印）」などとあれば、乙山の代表機関としての地位が表示されているといえなくもないが、「甲会社　乙山太郎（乙山印）」とされているとき、甲会社という表示が、乙山の甲会社の機関としての地位を示しているとはいいがたく、せいぜい乙山自身の「所属」、甲株式会社の従業員という社会的属性（「書道家」「無職」「年金生活者」…というのと同列）を示すに過ぎないと考えられよう。後者に該当するものと思しき事案として最判昭和47・2・10民集26巻1号17頁、手形百選7版10頁〔岩原紳作〕は、「合資会社安心荘（Y）／斉藤シズエ（A）」の署名を以て振出されている約束手形の裏書を受けた所持人XのYへの手形金請求につき、「法人および代表者個人のいずれに対しても手形金の請求をすることができ」、いずれの趣旨で署名されたかについて知っている者に対してはその旨の人的抗弁を対抗できるとし、請求認容の原審を支持した。思うに、手形行為の文言性に従えば署名が代理のためのものであるか自己のためのものであるかは文言によって確定しなければならず（手形客観解釈）、手形の絶対顕名主義の要請からこの署名は署名者の自己のためにする署名とみるべきであろう。選択的な請求を認めるとの解決は、商504にこれに類する定めがあるものの、手形行為にその適用を認めることができず、本人のためにすることを示す行為とならない。判旨のように事実が「法人のためにする旨の表示であるとも、また、代表者個人のためにする表示であるとも解し得る場合」なのであるとすれば、それは内容不確定の意思表示であって、意思表示自体が無効になってしまうと解するのがむしろ自然であろう。実質関係の詳細は不明であるが、Aが財産をYに出資して無資力となっているような事情があるなら、設立取消の訴（会832）、詐害行為取消権（民424）、強制退社（会609）、使用者責任（民715）等で解決すべき事例ではなかったか。

用差止請求の対象とされている（商12、会8、最判昭和36・9・29民集15巻2256頁）のもこのためである[770]。

[31313] **法人の代行署名の不可能**　効果帰属者である法人名を直接に主体として表示して行う方式は認められない[771]。

[31314] **組合の署名**　民法上の組合は法人格がない[772]。原則全組合員が各自業務執行権を持つが、代表組合員を定める管理方法も認められている。代表組合員が定められていても、その権限の行使により全組合員に効果が共同的に帰属する根拠は代理そのものである。従って、顕名主義により全組合員を本人として示さねばならない。判例は「Y定置網組合のため」というような記載によって全組合員のためにする手形行為であることを示すことができるとしている[773]。

[31315] **利益相反規制と手形行為**　持分会社においては、社員の自己または第三者のためにする会社との間の利益相反関係の生じる行為について**他の社員の過半数の承認**（会595）、取締役と会社との利益相反する行為について、取締役会非設置株式会社においては**株主総会の承認**（会356Ⅰ（2）（3））、取締役会設置株式会社においては**取締役会の承認**（会365）を要求している。親権者による子との利益相反する取引について**特別代理人**の選任を家庭裁判所に請求しなければならな

---

[770] しかし、振出人の署名において法人名が用いられるときに、登記簿上の本店所在地ではない場所を肩書地としてしまった事例で、このことからただちに当該法人は仮設人とされ、これにより法人の実在性が左右され、当該署名の効果帰属主体がこの法人ではなくなる、ということではない（最判昭和36・1・24民集15巻76頁）。

[771] 最判昭和41・9・13民集20巻7号1359頁、手形百選7版6頁〔福島洋尚〕。法人は身体を有さず、従って意思能力がなく、署名という行為自体をなし得ないからである。機関たる表意者が自然人である以上は自らを表示するものとして何らかの名を用いなければ、行為主体の同一性を特定することもできず、その意思表示の無効原因や表意者の能力についても論じる余地がないことになる。自然人について署名代理が可能であるのも、本人による署名が存在し得るという前提があるからである。

[772] 労働組合、消費組合、信用組合等、特別法上の組合には一定の要件のもとで法人格を認めるものが多い。ここで論じるのは法人格のない民法上の組合である。

[773] 最判昭和36・7・31民集15巻7号1982頁、手形百選7版8頁〔齋藤真紀〕。「本件手形は、組合の代表者が、その権限にもとづき、組合のために、その組合の代表者名義をもって振り出したものである以上、同組合の組合員は、手形上、各組合員の氏名が表示された場合と同様、右手形について共同振出人として、合同してその責を負うものと解するを相当とする」。民法上の組合に手形能力を認めないという前提に立った判決である（組合に手形能力を認める学説について上記評釈9頁参照。この説は組合の開設した当座勘定から引落とされるとの実態に適するとされるが、真の問題は、手形が不渡になり当座勘定が解約され、組合員を相手に権利の実行をはからねばならないときにこそ顕れることに注意したい）。手形行為以降に組合員が変動しているときに、かかる記載によって特定される組合員は誰かという問題はあるが、おそらくは手形行為時において構成員であった者と解するのが相当であろう。また、かかる手形による手形金請求訴訟の勝訴判決

い（民826）。利益相反行為ないし**自己契約・双方代理の原則禁止**（民108）は、意思の混同が生じることで代理人が自己の利益を本人のそれに優先させる危険から本人を保護するための制度である。上述の承認があるときは、「本人の許諾」があったものと看做され、民108の適用を免れる。この規制と手形行為の関係が問題である。

[31316] **承前**　まず、そもそも手形行為につきこれらの規制を適用すべきであるか。機関と法人との間の手形行為のすべての場合に適用すべきとする見解もあれば[774]、手形行為については一律適用すべきではないと解する立場もあるが[775]、原則的に適用すべきものであろう。ところで、民108違反の行為は無効または無権代理と解されてきた（なお改108）が、判例は平成17年改正以前商265（会356）違反による手形行為の効力につき、いわゆる「相対的無効説」（無効を対抗する相手方の人的範囲が相対的であるとの意）を採用している[776]。

を債務名義として執行できる財産は組合財産か、それとも組合員の個人財産にも及ぶべきか、といった問題が残るであろう。

[774]　一部学説は、利益相反関係が実質的に存在するか否かがどのような行為にも一見して判然とするのであれば、そもそもこのような承認の制度は必要がないのではないかとして、手形行為でもすべての場合に適用すると解する（宮島司・会社法〔第4版〕（弘文堂、2014年）229頁）。しかし、昭和56年改正法以降、間接取引も規制対象とされている以上、承認の必要な取引の類型化が必要である。例えば会社の事業上の債務を保証する趣旨で会社が受取人となり取締役が約束手形を振出し、会社が裏書を付する事例には、利益相反性はないものといえる。しかし、取締役の個人債務を保証する趣旨で取締役が約束手形を振出し、これに会社が保証の趣旨で裏書を行った場合、手形上の記載は同じであるが、利益相反取引であることは疑いがない。決定的なのは裏書の原因関係の如何である。人的担保の目的は、主たる債務者が債権者から与信を受けることができるという利益に類型的に条件づけられている（柴崎「手形保証の付従性・独立性・有因性」獨法62号1頁）。前者のように会社が専ら受益し不利益を受けない場合には例外的に承認を免じることもありうるのではなかろうか。

[775]　手形行為それ自体はその出捐の目的である原因を行為の要素として含まない「手段」（後述最大判昭和46年色川意見）であるから、「取引」にあたらず、これらの法条の適用が否定され（田中耕太郎・手形法小切手法概論（1935年、有斐閣）151頁）る。原因関係について承認が欠ければそのことが原因関係欠缺の人的抗弁事由となり、裏書がなされれば抗弁の制限が生じるというものである。無因論を徹底すれば、この解決が最も正当であるはずであるが、通説・判例はそのようには考えていない。

[776]　最大判昭和46・10・13民集25巻7号900頁（新判例マニュアル11事件）である。補足意見（大隅・松本）および反対意見（岩田・村上・関根・藤林・岡原・色川）があることで著名である。Y会社は取締役A受取の約束手形が白地式裏書によりXに移転。原審は、商265〔当時〕違反の瑕疵は「権利移転行為にしか及ばず」、手16Ⅱの適用によってXの請求は認められるとしたが、法廷意見は、最大判昭和43・12・25民集22巻13号3511頁（取締役の債務の会社による免責的債務引受に関する事例）において既に行われていた大連判明治42・12・2民録15輯926頁からの判例変更を追認し、原審の手形理論自体を否定した上、手形は原因債権と異なり、原因関係についての

[31317] **代表権の濫用**　包括的代表権を有する機関が横領等の目的で法人のために手形行為をした場合に、悪意の所持人に対して民93但を類推適用してその効力を否定できるというのが判例である[777]。判例の事案においては、効果帰属主体を表示する部分（顕名）が、表意者の「真意」に基づくものではないものというに等しいとして、民93但が援用されるに至ったものと思われる。ところで、法律行為の代理には「本人に効果帰属させる意思」が必要である[778]が、「本人の利益を図る意思」は、平成29年改正前民法では有効性につき考慮されない動機であるにすぎない。法律行為の結果得られた経済的成果を代理人や代表機関が私的な使

挙証責任の転換、抗弁の切断、不渡処分の危険等が伴い「いっそう厳格な支払義務となる」（利益対立の増幅。木内・手形法小切手法85頁）ので、取締役会の承認を受けることを要するとし、手形の流通性にかんがみ、会社はAに対しては承認がないことを理由に無効を主張できるが、「手形が第三者に裏書譲渡されたときは、…振出の無効を主張して手形上の責任を免れえない」とした。相対的無効という解決は権利外観理論を援用して説明されるが、「承認が必要である場合にあたる」外観は必ず存するわけではないうえ、「承認を得ているらしい外観」はそもそも存在しない。一部の実務で用いられる「取締役会承認」印は承認の適法になされたことの信頼の基礎ではない。

[777]　最判昭和44・4・3民集23巻4号737頁（手形百選7版22頁〔箱井崇史〕）。不正経理の結果生じた欠損の穴埋めのために、Y農業協同組合の参事（農協法41Ⅰが商38Ⅰ・Ⅲ〔当時。現商21Ⅲ〕を準用し包括的代表権がある。会349同様、この代表権に制限を加えても、第三者には対抗できない）であるAが、横領の犯跡隠蔽のため、資金を捻出しようと考え、偶々管理していた組合印および組合長Cの実印を冒用し、当直の日を狙って深夜に背任の共犯である金融業者Bを事務所に招き入れ、表に見張りを立たせて金庫を開扉し、B持参の手形用紙数十枚に捺印し、「Y組合長C」振出人、Bを受取人とした約束手形を振出した。これを利用して収受した割引金で利殖をはかって欠損を填補しようと企てたが失敗し、手形を取得したXがYを被告として手形金支払を求めた。最高裁は、参事の代表権が包括的であって、約束手形の振出についても権限を有することを前提に、BがAの手形振出に「事実上関与し、その振出がY以外の者の利益を図るためになされたものであることを知っていたことは原審の確定するところであるから、YはBに対しては民法九三条但書の規定を類推し、右の事実を主張、立証して手形振出人としての責を免れ得る」とした。効果帰属主体の表示は意思表示の内容にあたり、これについて表示（法人代表）と真意（自己のためにする行為）とが合致していない事例であるとの理解に立っての判示である（判決の表現自体は、効果帰属主体と利益の帰属とを混同しているように見える）。ところで本件の事実関係において、券面上の署名の名義は「Y代表組合長C」であるので、事案を他人による手形行為であると解する余地があり、「署名の代理」を代理の一種とするならば、手8の適用ないし類推適用による解決も考えられる。しかし、この事例は無権代理としての効力さえ発生することを表意者が意欲するものではない場合（冒用ないし純粋な偽造）と考えられ、被偽造者Yの責任は民715の適用により論じるべきかもしれない。ところで、表意者のAは農協法上の参事であって、もともと包括的代理権を有していた。Aが「C」名を自己を表示するものとしY代表として行為したと解するならばA自身の有効な署名であって、代表権の濫用法理が要請されるところである（なお改107）。

[778]　大判明治38・6・10民録919頁、大判大正6・7・21民録1168頁、大判大正6・7・21民録1168頁、大判大正9・10・21民録1561頁。幾代通・民法総則〔第二版〕1984年、311頁。

途で濫用し本人の利益を損なったとしてもひとまず代理行為の効力の問題とは無関係である。それにもかかわらず、判例はこの経済的目的に着目した取扱を認めてきた[779]。ただ、かかる違法へのサンクションがいかなるものかについては諸説がある[780]。法人の機関の場合には、利益相反規制の規定が完備され、代表機関の包括的代表権の内部的制限の対第三者効は否定されているから、無権代理行為という構成は適用しにくいため、多数の見解が民93但の類推適用という説明を支持するものと思われる。なお、民法改正法は、代理人がその権限内においてではあるが自己を利する目的で行為しているときに相手方がこの目的を知りまたは知りうべきものである場合には無権代理として遇する規定を新設する（改107）ため、上記のような解決が今後は明文の規定を根拠に採用される。

第ⅲ節　他人による手形行為

第a款　代理による手形行為の要件・効果

[31401] 手形行為の代理　法律行為一般に関して、代理行為が本人に効果が帰属するための要件とは、（1）代理人による瑕疵のない**意思表示**（代理行為自体の構成要素）、（2）本人のためにする表示（**顕名**）、（3）**代理権**（特別効力要件）である。手形行為といえども、これらの要件を具備しなければならない（民99）。ところで、民法の原則では、本人のためにすることを示さないで行った場合の意思表示は、自己のためにしたものと看做され（民100本文）、相手方において代理人が本人のためにする意思を有していたことを知りまたは知りうべかりし場合には

---

[779] 遊蕩の資に窮した親権者が第三者と共謀し、子の不動産を担保としてその第三者から借入をおこなったような場合には、本人効が否定されている（大判明治35・2・24民録110頁）。改108Ⅱ・会356の規制とは異なって、親権者による不動産担保設定の合意は、民108が形式的に対象としている類型に含まれておらず、特別代理人（民826Ⅰ）選任手続等の対象になるかは疑わしい（ただし最判昭和43・10・8民集22巻10号2172頁）。それゆえ、判例はこれを補おうとしてかかる取扱に至ったものと思われる。

[780] 判例の説くように、背信的意図を相手方が知りまたは知りうべかりし場合に民93但が類推適用されるとするか、信義則を根拠として本人効を否定できるとの見解が並立した（幾代・民法総則（第2版、1984年）311頁、山本敬三・民法講義Ⅰ総則（第3版、2011年）440頁）。信義則説は商事代理を想定し本人による制御が及ぶことを理由に濫用に相手方の悪意重過失ある場合のみを除くものと解するが、前説は法定代理人の場合をも含めて考えるため相手方軽過失の場合をも除くものと解してきた（臼井豊「代理権濫用法理に関する序章的考察」立法329号29頁）。なお改正法は過失か重過失かについて言及していない。

本人効が認められる（民100但）。商行為の代理人（典型的には商業使用人。「商行為の相手方の代理人」ではない）は、本人のためにする表示がなかったとしても、それが代理の趣旨で代理権の範囲で行為していればつねに代理としての効力がある（商504）。

[31402] **手形行為の絶対顕名主義**　ところが手形行為には文言性があるとされ、多数人の間を流通するという証券の性質上、効果意思の確定は客観的な基準によることが望ましいところから、民100本文の原理を徹底すべき要請がある。そこで、手形行為の場合には民100但・商504の適用を排除した[781]。これを**絶対顕名主義**という[782]。

[31403] **手形行為の代理の効果**　一般私法上の代理行為と同様である。統一手形法は、代理行為の要件効果について独自の規範を用意するものではないからである。ただし、無権代理（後述）の場合における代理人の責任については、統一手形法8条が特別の規範を設け、相手方は履行請求権と損害賠償請求権との選択権を有する（民117）のではなく、相手方の過失による不知の場合であると否とを問わず、代理人自身が、券面上なされた本人に帰属すべき意思表示の内容をそのまま自己の責任の内容として手形責任を負うことにした[783]。

[31404] **代理と代行**　手形行為については、本人の名義を直接顕出する方法による代理（署名の代理または代行方式）が認められるといわれている。例えば、Aのために代理人Bが手形行為を行うときに、通例「A代理人B」の表示を用いるが、これに代えて、「A」との名義を用いてBが手形行為を行う場合である。これもまた一種の顕名主義代理と解されている。判例は前者を「**代理**」、後者を「**代行**」（機関方式、署名の代理）と呼び、やがては無権限で行われるときは前者を「無権代理」、後者を「偽造」とし[784]、後に、後者にも無権代理に関する法規定を

781　商法旧手形編（1899-1932年）第436条「代理人カ本人ノ爲メニスルコトヲ記載セスシテ手形ニ署名シタルトキハ本人ハ手形上ノ責任ヲ負フコトナシ」
782　顕名がない第一裏書の場合、外観上効果帰属主体は署名者自身となるのであり、受取人との同一性がないことになるから、裏書不連続になってしまう。旧手形編では裏書不連続手形による手形金請求を不可能とする解釈があったため、このような規定がおかれていたものと推測されるが、現行法でも、手16Iの権利推定を利用できるためには裏書連続が必要であるのだから、絶対顕名主義の要求はなお存するものと思われる。
783　再遡求権の取得（手8第二文）を定め、裏書の権利復活説・再取得説のいずれに立っても問題がないような配慮がされている。
784　木内・手形法小切手法71頁。往時の判例は、商法旧手形編の時代から、署名代理（記名捺印の代行を含める。大判大正4・10・30民録21輯1796頁）の観念を認めて手形行為の代理の一方式であるとし（大判大正4・6・28民録21輯1076頁）、この理解は統一法導入後においても引き継がれ

250　第二部　手形または決済手段　第Ⅲ編　実体手形法・小切手法

「類推適用」することとなった[785]。

　　第ｂ款　無権代理による手形行為の要件・効果

[31501] **無権代理総説**　　手形行為における無権代理は、追認があれば遡及的な本人効（民116）が生じ[786]、本人の追認がない限り代理人の法定責任（手８）が生じ[787]（民117の適用される場合と対比せよ[788]）。また、場合により、民109以下（表

　　ているようである（大判昭和８・５・16民集12巻1164頁、大判昭和８・９・28民集12巻2362頁、最判昭和37・７・６民集16巻７号1491頁）。しかし「直接ニ本人ノ名ヲ署シ又ハ之ニ代ルベキ記名捺印ヲ以テスル手形引受ノ代理行為ガ肯定セラルルニハ、当該行為ガ本人ノ為メニスル意思ヲ以テスルガ故ニ、斯ル事情ノ認ムベキモノ無ク唯壇ニ本人ノ名義ヲ冒用シテノ引受行為ガ為サレタルニ過ギザルニ於テハ、之ハ即手形ノ偽造ニシテ無権代理行為ト云フベキモノニ非ズ」（大判昭和８・９・28新聞3620号７頁）として、代理意思のない場合を"署名代理の無権代理"とはせずに偽造と性質決定し、無権代理としての効果を否定してきた。しかし学説は、後の判例（注794）とともに外形を基準に無権代理と偽造とを分類し、署名の代理ないし代行形式の無権代理と、狭義の偽造との区別は、外形上まったく存在せず（大橋・新統一手形法163頁）、もし行為者の内心的意図という一見不明瞭な基準を求めるならば、「行為者の外部からは窺知し得ない主観的意図によって結果を左右することになり不当である」（納富義光「手形の偽造および変造」手形法の諸問題46頁）としてきた。

785　代行の場合につき、学説の一部は、代行者に対して本人が裁量を付与しているような場合は代理そのものである（**代理的代行**、服部・前掲書53頁）からその無権限の場合にはこれを無権代理として遇するべきであるが、署名者に独立した意思主体性がなく、完全に裁量を剥奪しているような場面は**使者（Bote）による表示**であるから、後者の場合の無権限署名の場合は純然たる**狭義の偽造**であって無権代理としての効果も成立しないと考える。使者を代理者と区別することは正当である。代行者でも代理人であるから、代理署名の瑕疵の有無は代行者について論じるべきであるが、使者には意思がないのでこれについて論じることはできない。他方、代行のすべての場合にこれを「行為者の署名」「本人のためにする表示」の双方を備えた代理そのものであるとする説がある（山尾時三など。木内・手形法小切手法72-73頁）。振出には「振出人ノ署名」（手１・手75）は要求されているが、それは「振出人ノ其ノ名ニ依ル署名」ではない。名義が他人の名であっても「名を顕すこと」には違いはないので署名の形式は充足され、かつその同じ署名を以て効果帰属主体の本人の名義が表示されているという（この多義的署名論への批判として木内他・シンポジューム手形・小切手法81頁〔倉澤康一郎〕）。この立場では、無権限代行は即ち無権代理そのものであり、「手形偽造ということばはたんにその形式に着目した表現であって、私法上の効果に関するかぎり無権代理行為そのもの」である（木内・手形法小切手法97頁）。

786　追認には遡及効があるが追認により第三者の権利を侵害できない（民116。木内・手形法76頁）。無権代理人が裏書人として償還受戻した手形を差押えた者は、本人が裏書を追認しても再遡求権を奪われない。

787　服部・綱要87頁。この場合、無権代理人は「本人ト同一ノ」責任を負うにとどまるため、本人の人的抗弁を援用できる。無権代理人は、自己と所持人との間における人的抗弁と、本人とされた者が当該所持人との間で有する抗弁との双方を援用できると解する法域もある（イタリア。SALAMONE e SPADA, Commentario breve al diritto delle cambilali degli assegni e di altri strumenti di credito e mezzi di pagamento, art.12, p. 33, para 4.　[da ULBANI]．日本法でも服部・前掲書87頁)。無権代理人が手８第一文に基づく義務を履行したときは手形上の権利を取得する

見代理）の適用がある[789]。表見代理についてはこれが成立する「第三者」の主観的範囲について議論がある。判例[790]は限定的に解し、学説はこれに反対して所持

（手8第二文。償還受戻に類する効果）。
[788] 手8は無権代理の本人が負うべきものと同一内容の手形上の責任を負うことを定める。沿革的には、統一法の形成過程で、イタリア法、フランス法、日本法などが手形外の責任として認めてきたそれと同様の取扱を、手形法の規整に取込んだものである（大隅・新統一手形法上166頁。現在の手形法8条の解釈としても、ある種の現物賠償と解する立場もある。SANTINI, Rivista di diritto commerciale, 1953. I. 60 ed seg.）。手8が適用されれば民117の適用は排除されよう。前者の規定する関係は手形債務であり、所持人に手形金を支払って受戻せば再遡求できるが、民117の場合同条に規定する責任を履行した者は賠償者代位をなし得るにとどまる（但し懈怠所持人からの請求には担保保存義務違反を以て対抗できよう）。消滅時効等の取扱、過失相殺の適用等の点でも異なる。民117Ⅰの相手方の選択権は手8では認められず、民117Ⅱでは相手方が代理権の欠缺について悪意（過失による不知を含む。なお改117は代理人自身が自らの無権代理につき知悉していたときには過失により権限欠缺に不知の相手方は除外されない旨を新設）の場合にはこの責任を問えない。なお、日本では手8の適用関係でも相手方が悪意の場合にはこれを適用しないとの立場が採られている（小橋・手形法・小切手法81頁）ようであるが、手形法の文理上は悪意を除外していない。また、無権代理であることを知っていても後に本人の追認を得られる蓋然性が高いと信頼していた場合を除外すべきではあるまい。また、表見代理を以て有権代理説を採らない限り、民109以下により表見代理が成立しても、手8責任が排除されるべきではない（最判昭和33・6・17民集12巻10号1532頁新判例マニュアル24事件）。締約国には、結論として表見代理有権代理説と同一の処理を採用するものもある。イタリアの判例は、表見的な本人が手形債務を否認しない場合には、手形の所持人は8条を援用して無権代理人〔falsus procurator〕に手形の支払を請求することができないとしている（SALAMONE e SPADA, Commentario, 4 ed., CEDAM 2008, art.12, p. 33, para 6. C 54/1625, 59/2709, 65/2149 〔da ULBANI〕）。
[789] 一般私法として日本民法が適用される場面では、民109以下の規定に基づき、いわゆる表見代理が成立し、本人が責任を負うことになる。表見代理が、真実の代理権授与の効果として説明されるのではない限りは、表見代理と手8責任との成立は別個独立のものとして形式的には併存することとなるが、この場合に所持人は、選択的に本人責任と手8責任のいずれかを主張し行使することができ、この後者を援用する場合には、無権代理人の側は、表見代理が成立していることを理由として自らの責任を免れることができない（最判昭和33・6・17民集12巻1533頁）。
[790] 民110の「第三者」の主観的範囲は、手形行為の直接の相手方に限る（最判昭和36・12・12民集15巻11号2756頁、手形百選7版22頁〔宍戸善一〕）。表見代理が成立しない場合にはいかに後者が「善意」であっても本人の責任は発生しない。ただし「相手方」とは記載上の相手方（「受取人」等）に限定されず、証券交付の相手方であればよいと解される。最判昭和39・9・15民集18巻7号1435頁〔手形百選7版30頁〔酒井太郎〕〕は、A（甲合資会社の代表社員）が甲のためにする振出人、受取人兼第一裏書人B（甲の山陰出張所の担当者）、所持人Xを当事者とした約束手形に関する事件で、Xを「相手方」と解し、振出についての表見代理の成立につき「第三者」は常に受取人である必要がないということの根拠として言及される。注意すべきであるのは、問題の振出は、Bの手により無権限になされた、甲の機関であるAを本人としたいわば復代行方式ないし署名の復代理による手形行為であって、（受取人兼第一裏書人欄の「B」にいかなる意味を読み込むべきかは不明であるが）Xはその手形授受の相手方であったということである（この事案では、甲からBに、送付されてきた回り手形を使って出張所の資金調達をするよう許諾があり、X方での手形割引によるこの方法が用いられてきた。そのうえでBは甲の巡回した担当者から事業拡張を命ぜられ、このための資金調達をなすべく手形振出の代理権を付与するよう依頼したが甲

人の保護をはかろうとしているようであるが理論的には困難である[791]。表見支配人に関する「相手方」にも同様の議論がある[792]。自己契約にあたる手形行為については法人機関の利益相反手形行為と類似の議論がある[793]。

社はこれを与えなかったという経緯がある。ちなみに「山陰出張所担当者」には営業の主任者たることを示す表示としての資格はない)。最判昭和45・3・26判時587号75頁では、Yの無権代理人B (振出人) が融通手形として約束手形をA会社 (受取人) を相手に振出し (その実質関係は融通合意である)、手形面上の記載としてはA会社 (第一裏書人) からX (第一被裏書人) に手形行為が行われているものの、BはAをとばしてXに直接手形を交付しているなどの事情が認められる (木内・手形法小切手法80-81頁)。このような場合には、Xが直接の相手方であるという。

[791] 学説は判例を批判し、直接の相手方が悪意で後続の善意者を権利外観法理に基き (本人の帰責事由をどう考えるかという問題はあるが) 保護すべきである (伊澤・142頁、表見代理の条件を備えたものがこれを取得することで本人がその後手形責任を負うに至る「地位」の移転とみる石井=鴻・102-103頁) としたり、複数契約説の手形理論と代理権無因論と表見代理有権代理説とを結合して (「代理権の付与がある以上、本人の手形上の責任は、手形行為の直接の相手方に対しても第三取得者に対しても生ずる。手形行為が本人・代理人間の内部関係において権限濫用となる場合、直接の相手方が悪意であれば、本人はこの相手方に対し人的抗弁を有し、第三取得者に対する関係は手形法一七条によって決せられる」小橋・手形法87頁参照、高橋三知雄・代理理論の研究247頁以下) とするものあり、二段階手形理論によるものがある (ただし、一段目の行為は相手方のない法律行為であるため、表見代理が成立する余地はいかなる場合にも存在せず、いかに手16Ⅱに拠ろうとも取得すべき客体たる権利がない)。

[792] 最判昭和59・3・29判時1135号125頁は、平成17年改正前商42Ⅱ (改正後商24・会13) の「相手方」にも前述の判例の立場を適用した。事案は「営業所所長代理」がなした、営業主のため隠れた保証趣旨の裏書に関するもので、支配人を意味する表示とは解されず、問題は民715で決せられ、事案解決には無意味な判示であった。ところで商42Ⅱの表見支配人概念は昭和13年商法改正において紛れ込んだ無用の改正であったと疑われている。通説は包括的な「裁判上裁判外の代理権を与えられ選任された者」を支配人と定義するが、それは商法の規定を適用した効果であって、定義としては不適切である。商38 (平成17年改正後商21・会11) の「支配人」の定義に関する大隅説 (名義説-商法制定当時の通説) によると、「本支店の営業主任者として選任された者」(大隅健一郎「支配人と表見支配人」田中誠古希現代商法学の諸問題 (1967年) 51-69頁)、支配人と称せられる者こそが支配人であり、包括的代理権はその法定的効果であるとみるべきであろう。支配人の名で選ばれた者が支配人であるとするなら、表見支配人の殆どの場合が支配人そのものになる。その代理権は商38によって定義され、定型的・不可制限的・包括的・無因的である。内部的制限について悪意である第三者に対して営業主は、一般悪意の抗弁 exceptio doli generaris を対抗しうるにとどまる。判例による「相手方」の狭隘な概念のために学説が危惧するような手形流通の阻害という事態は大幅に避けられる。代理無因論は、旧ドイツ商法典の商業補助者に関して説かれていた学説であり、LABANDが再構成したものである。民法解釈としては表見代理有権代理説 (高橋・前掲書191-195頁、遠田新一・代理法理論の研究 (1984 (昭和59) 年、有斐閣) 161頁以下) は批判されてきたが、商法の支配人の代理権には却って無因論が妥当する (高橋・前掲書181-184頁)。

[793] 本人の許諾なき自己契約の効果は無効ではなくて無権代理である (改108Ⅰ)。手形行為にも相手方がいるとすれば民108を適用すべきであるところ、手形行為の手段性から、同条の適用対象となる行為とは原因関係だけとなる。法人における利益相反取引と手形行為について論じたところ

[31502] **無権代理人の責任と偽造**　手形行為の代行を代理の一種とする限り、無権限代行も無権代理として扱われる。しかし、狭義の偽造者には手形上の法律効果を発生させようとする意思があるとはいえないので、不法行為責任が発生するというべきで、法律行為である代理行為とは相容れない。判例は狭義の偽造を論じる余地を失わせ、「偽造」と称する範疇に含まれるものはすべて「無権限の代行」であるとして一律に扱わせようとしてきた[794]。

[31503] **使用者責任の発生**　事業の執行につき偽造者を使用していた関係のある被偽造者は**使用者責任**（民715）を負う。署名者に法律効果の発生に向けた意思がない狭義の偽造署名の場合、事柄は不法行為であるので、所持人は使用者責任の方法で本人の責任を追及できる[795]。本人が、被用者を事業の執行につき使用し、被用者が使用者の名義による偽造の手形行為を行い、使用者が選任監督過失のなかったことを立証できなかったことを条件とする[796]。この場合の損害額は、

　と同様である（→［31315］）。乙の甲への単名貸付で甲振出の手形に甲が丙のための代理により手形保証をした場合自己契約ではないが甲丙間の利益相反関係がある（なお、改108Ⅱ）。

[794]　初期の判例は、代理意思の有無を基準として、これが存在する場合には使者ではなく署名の代理とし、それが無権限で行われている場合をあたかも無権代理として扱ってきた（大判昭和8・9・28法律新聞3620号5頁）。しかし、その後の学説・判例はそのような代理意思と無関係に（狭義の偽造であろうと）無権限の代行を無権代理と同様に扱い（本間輝雄「手形行為と表見代理」和歌山大学経済理論68号8頁以下）、狭義の偽造に手8を類推適用し（木内・手形法小切手法94-98頁。最判昭和49・6・28民集28巻5号655頁、手形百選7版36頁〔榊素寛〕。事案は、単名手形を回り手形に偽装しようとして仮設人「甲代表乙」振出、受取人兼第一裏書人有限会社A代表Yとの裏書のある手形を手形割引等のためXらに交付したという事案である。Yが回り手形を偽装すべく「甲代表乙」名を用いた場合に、真実甲のためにする意思があるとはいえないから、狭義の偽造であって、本来手8が適用されるべき事案ではない）、追認可能と解し（最判昭和41・7・1判タ198号123頁。新判例マニュアル32事件）、表見代理も成立するという（最判昭和43・12・24民集22巻13号3382頁手形百選7版28頁〔清水真希子〕。ただし、事案は「民110の類推適用」と単純化すべきでない特殊性がある。AがC信金に対して負う割引手形買戻債務の保証人であったYが、Aに実印を託しCを受取人とするYの手形が必要な場合には都度代理権を与えていたところ、これを知っているXを受取人としてAがYに無断でY印を用い、70万円の約束手形を振出し金融を得た。その後XY間でこの手形の支払に代えて金額を45万円に縮減した準消費貸借を締結していたという特殊な事情がある。Yが実印を託していた事実をどう評価すべきか、またYがXとの間では手形の「支払に代えて」するしかも金額の変更された準消費貸借が締結されたことをどう解釈すべきか。このような準消費貸借は追認としての性格を持っていると解し得る。これに同意しておいて後日Aへの代理権授与を争うことは禁反言的見地から抵抗がある）。但し狭義の偽造は遡及効ある追認の対象たり得ず、せいぜい将来に向かって手形行為を新たに行ったものと看做されるにとどまる。偽造に狭義広義を分かつべきでないとする立場からは民116も一律適用されることになるがそれでよいのか（木内・手形法小切手法90-92頁）。

[795]　木内・手形法小切手法92-94頁。上柳克郎「手形被偽造者の使用者責任」会社法・手形法論集447頁以下。

手形金額ではなく、割引対価など手形を取得するために出捐された実損額となる[797]。時効その他の扱いが異なる[798]。

第 c 款　他人による手形用紙の交付と署名者の責任

[31601]　手形行為は証券作成・署名と証券交付の過程の各過程から成る[799]が、記載を訂正させるために受戻した証券が交付を待たず再流通した事案でも手形行為が完成しているとされた[800]。証券作成・署名（記名捺印）までが終了し、交付に向けた準備として、これを他人に預けて保管させている間に手形が窃取されて流通した事例では、「**流通に置く意思を以て手形を作成しこれに署名した者**」が、善意の証券取得者に手形責任を負うものとされた[801]。その理論的基礎は講学上**権**

---

[796]　判例は「事業の執行につき」の要件に関して外形理論を採用した（最判昭和61・11・18判時1225号116頁）。

[797]　所持人が請求できる損害賠償の範囲（損害額）が所持人の行った出捐額であって手形金額そのものではなく（東京高判昭38・3・25金法339号6頁参照）、約束手形振出が偽造であるが請負代金支払のために手形が裏書されたような場合には、請負代金債権が残存する限り、所持人において損害を被ったとはいえないということにもなろう（東京地判昭和38・9・16金法356号8頁）。また、遡求権および原因債権の消滅時効が完成しているような場合であれば時効中断（更新）手続を怠った所持人自ら損害を惹起したともいえなくもないが、「敢えて右債権の消滅時効を完成せしめ、故意に本件損害を発生せしめたなどの場合は格別、単にXにおいて時効中断（更新）の措置をとる余地があったというだけをもってYの被用者の前記不法行為とXにおける前記損害の発生との間の因果関係の中断を認めるべきではない」と判示した最判昭36・6・9民集15巻6号1546頁がある。さらに、振出が偽造であっても、遡求権が残存し、遡求義務者の資力が十分であれば損害はないということもできるが、このことを斟酌して損害額を認定すべきものとの立場に立った判例がある（東京高判昭和38・3・25金法339号6頁参照）。その一方で、最判昭和45・2・26民集24巻2号109頁、裁判所時報541号1頁、判時589号75頁は、会社の被用者による偽造手形につき、受取人は偽造が行われていることを知っていたとしても、受取人から手形割引の依頼を受け、重過失なく手形が真正に振出されたものと信じて割引いた原告が、被偽造者である会社に対し、民715に基づく損害賠償請求権を取得したときは、賠償の範囲は、手形を取得するための対価として支払った出捐と手形偽造行為との間に相当因果関係が認められる限り、その出捐額であり、所持人がその前者に対し手形法上遡求権を有していても損害発生の障害とならず、遡求によって手形金の支払を受けても、損害賠償請求権がその限度で消滅することになるに過ぎない、と判示している。

[798]　遅延利息発生の起算点は満期ではなく対価の支払があった時点であり（東京高判昭和29・12・27下民集5巻12号2115頁）、消滅時効は偽造手形を割り引かされたという事実を知った時から3年となり、被害者は手形訴訟制度を利用できず、使用者側の過失相殺の援用が可能（大阪地判昭和37・4・24判時299号33頁）である。

[799]　大判昭和10・12・24民集14巻2104頁、木内・手形法小切手法51頁。

[800]　最判昭和42・2・3民集21巻1号103頁。

[801]　最判昭和46・11・16民集25巻8号1173頁、手形百選7版18頁〔洲崎博史〕。会社とその取締役個人とが約束手形用紙に受取人のみを白地としたうえで共同振出人として記名捺印し、経理事務員

利外観法理とされ、①手形行為が成立しているらしい外観の存在、②この外観を呈する証券がその取得者にもたらす手形行為成立への善意無重過失の信頼、③この外観を作出したことへの署名者の帰責性を要件とする。帰責性とは、判旨にいう「流通におく意思」のことをさす（ここにいう「意思」は客観化されており、一定の条件のもとでの主体の挙動が法的に評価された結果でしかなく、その存在は一定程度擬制的のものである）。他方、交付だけでなく、証券の作成・署名をも他人に委ねると、他人による手形行為である。手形用紙が印章もろとも窃取され、無断で記名捺印がなされ証券が流通した場合には、権利外観法理による責任は生じないが、名義人は被偽造者である。

第Ｂ章　手形・小切手上の権利の消滅

[32001]　**序説**　手形小切手上の権利の消滅は、債務の一般的消滅原因（弁済、代物弁済、相殺、更改、免除）による消滅、消滅時効の完成、遡求権保全手続の懈怠による失権との三種に大別できよう。後二者に関しては、手形法上の制度として利得償還請求権が認められている。支払は、主たる債務が存在する場合には、このうち（多くの場合には）弁済による手形上の権利の消滅をいう（しかし手形交換所で行なわれる支払の結果、更改類似の行為を介し所持人が預金債権の取得という形式で流動性を入手する場合も少なくない）。更改は手形書換［23107］で問題となる。混同は戻裏書［34303］に適用されない。典型的な免除は手残り手形の返却であり、取立充当権［23204ter］との関係で取引終結時には手形の迅速な回収が重要である。

に、訴外Ａが来社した場合にはこれを交付するよう指示し机上で管理させたところ留守中に窃取され、この書面の受取人が補充され白地式裏書で流通した。手形を占有する善意の手形取得者と称するＸが手形金請求をした。「手形の流通証券としての特質にかんがみれば、流通に置く意思で約束手形に振出人としての署名または記名捺印をした者は、たまたま右手形が盗難・紛失のため、その者の意思によらず流通におかれた場合でも、連続した裏書のある右手形の所持人に対しては、悪意または重大な過失によって同人がこれを取得したことを主張・立証しなきかぎり、振

第 i 節　支払呈示・支払（支払呈示、支払の目的・相手・方法・時期・効果）

[32101] 定義　支払という語には狭義広義の二義があり、**支払指図に応ずる支払人または支払担当者による支払**を狭義の支払といい、**遡求における償還を含めたもの**を広義の支払という[802]。狭義の支払は手形上の主債務者にとっては本旨履行を意味し、これにより全手形関係は消滅する。償還受戻（手50 I）（広義の支払）の場合には、受戻者に再遡求権を与えるので手形関係全部の消滅には至らない[803]。裏書人は自己の裏書以降の裏書を抹消することができる（手50 II）（裏書人以降の手形関係の消滅）[804]。類似する制度に**参加支払**[805]がある。

第 a 款　支払呈示

[32102] 支払呈示の意義　所持人が支払を受けるには手形を支払人またはそれが定められているときは支払担当者に呈示しなければならない（手38 I）[806]。この呈示を引受のための呈示や一覧のための呈示と区別するために**支払のための呈示**（または単に**支払呈示**）という。法は呈示に遡求権保全（手44）・付遅滞（商517→改520の9）・時効中断（完成猶予・更新）（民153→改150により催告の効果として時効完成猶予が生じ、裁判上の請求をすれば改147 I II により確定判決時から新たにその進行をはじめる（更新））の効果を結び付けている。

[32103] 呈示の時期　支払呈示期間は確定日払・日付後定期払の場合、満期、満期が休日であるときは満期に最も近い取引日（「支払をなすべき日」）およびこれに次ぐ2取引日となる[807]。一覧払手形については、振出日付から一年内に支払呈

出人としての手形責任を負う」。
802　大橋・新統一手形法上348頁。
803　木内・手形法小切手法244頁。
804　弁済者代位で取得するに至った場合には、受領者の地位を承継した者に抹消権はなく、裏書抹消または戻裏書を受領者に求めよう。受領者は担保引渡の義務を負うのだから。
805　参加支払は、所持人が満期の前後を問わず遡求権を有する一切の場合に（手59 I）なしうる、遡求を阻止する第三者による手形金の支払である（満期前遡求を阻止するために支払人以外の第三者が行なう償還義務の引受を**参加引受**という（手56 I））。遡求原因の発生と遡求権の保全手続とが必要であると解され（小橋・手形法286頁参照）、支払拒絶証書作成期間末日の翌日まで（手59 III）これをなしうる。
806　なお、強制執行の不奏効を原因とする満期前遡求の場合のように、支払拒絶が明白であるような状況であったとしても、法定の代用文書がない限り遡求権保全手続の履践は必要である。
807　なお、**請求呈示**＝付遅滞の要件としてのみ意味を持つ呈示は、時効の起算日である満期より3

示し呈示日を満期とする（手34[808]）。(内国) 小切手については振出日付を初日として10日間である（小29Ⅰ・Ⅳ[809]）。一覧後定期払では据置日数の経過日を満期とし支払をなすべき日とこれに次ぐ2取引日が呈示期間である。

[32104] **呈示者・被呈示者**　支払呈示は有効な手形（白地手形・公示催告手続により無効宣言を受けた手形では不可）の形式的資格を有する所持人[810]またはその代理人によってなされることが必要である。支払場所において、**支払人**（支払担当者がある場合には**支払担当者**）を相手として行う[811]。

[32105] **呈示場所とその探索**　支払人の営業所または住所、**第三者方払**の定めある場合にはその場所で、支払担当者の指定がある場合にはその者の営業所または住所である[812]。手形交換所における呈示も支払呈示の効力を有する（手38Ⅱ）[813]。呈示場所として何も記載されていない場合には、支払地内の支払人の営業所または住所である。呈示すべき時期に呈示すべき場所に被呈示者がいない、

年の期間内に行なえばよい。大橋・新統一手形法上354頁。

808　ただし、振出人による呈示期間の伸縮や、一定の期間の呈示禁止が可能である。「自昭和二年五月一〇日至同年六月三日」（大判昭和3・6・20新聞2888号13頁）は単一の確定日を指示していないので満期の記載としては無効である（服部・前掲書26頁）。ただし、「一覧払」とした上、支払呈示禁止期間の定めとと支払呈示期間短縮文句とを併用することで、このような呈示期間を有する一覧払手形を作成することは可能であろう。また、「二カ月据置三日前通知払」は呈示禁止期間の記載と看做されないとの裁判例がある（大判昭和6・3・13民集10巻203頁。二月の呈示禁止の一覧後三日払と解する余地はあろう。また、本件は満期の記載が無効なる故を以て手形自体を無効とするものであり、一覧払と看做すという補充規定の適用もないという。服部・前掲書28頁）。裏書人は呈示期間の短縮をなし得る。

809　また、小切手の場合には**支払委託の取消**があるまで、期限後も支払人は振出人の計算において支払うことができ－小32Ⅱ－（ただし所持人は遡求権の保全はできない）、**先日付小切手**に関しては、呈示期間は日付から10日間であるが、振出日付として記載された日より前に呈示ができる（小28Ⅱ）。他国払小切手の特例として小29ⅡⅢ）。

810　取立委任裏書・質入裏書による最終所持人を含めた裏書連続ある証券の占有者であって、引受呈示におけるように手形の単なる占有者でもよいというのではない。なお裏書不連続手形による呈示について議論がある（[41113]、木内・手形法小切手法247頁）。

811　手形交換所における呈示に際しては、支払担当者銀行の代理人である交換方に対する呈示を以て当該銀行を相手とした呈示がなされたことになる。また、支払人が既に手形の受戻を経ている場合にはあらためて呈示を要しない（小橋・手形法235頁）。

812　統一手形用紙の不動文字で印刷されている「**支払場所**」の記載は、真実支払場所であると同時に、支払担当者である法人名が書かれている。

813　交換所での呈示が可能であるときでも、記載された支払担当者の営業所での呈示を妨げない。銀行は線引小切手の店頭呈示に応じないことができる（[32306]）。呈示期間経過後の手形の呈示は、交換所呈示であると店頭呈示であるとを問わずこれを拒める。当座勘定契約上は、手形については支払呈示期間内の呈示に対してのみ支払うとされているからである（なお[32106]）。小切手の呈示には、支払委託の取消（[32304]）がされていない限り銀行は当座勘定上無期限に支払い得るが、遡求権保全には期間内呈示を要する。

または、呈示すべき場所である営業所が支払地内に存在しない場合には、営業所の探索のために所持人がとりうべき手段を講じることで呈示があったものとし、これに支払がないのであるから支払拒絶となる[814]。

[32106] **呈示期間外の呈示**　支払呈示期間経過後は支払場所の記載がある手形も支払地内における手形の主たる債務者の営業所または住所において支払われるべきであり、支払呈示（請求呈示[815]）もその場所でなすことを要する（判例）[816]。

---

[814]　拒絶証書令2Ⅰ、7Ⅱ、大判明治37・8・18民録10輯1091頁、大判大正5・10・25民録22輯1988頁、大判昭和7・2・26民集11巻218頁。訴状の送達が呈示としての効力を有するとする判例がある（大判昭和2・12・10民集6巻681頁、学説は反対、小橋・手形法235頁）。

[815]　呈示期間経過後の呈示は、遡求権保全手続としての支払呈示ではなく、付遅滞の効果のみを有する。**請求呈示**（木内・手形法小切手法246頁。訴状送達などによって代えることはできない）と称する（手形法上の制度ではなく、平成29年民法改正法に伴う関係法令整備法により廃止される商517→同改正後の民法の改520の9の定めによる）。請求呈示の目的は付遅滞であって、遡求権保全にはないから、「支払人」にではなく、「主たる債務者」に対して行なう（商517→民改520の9）。ここでは拒絶証書令が適用される問題を含まないため、営業所探索範囲に関する所持人側の負担軽減は適用されるべきでなく営業所の探索は支払地内に限定されない、という理解（小橋・手形法233頁）がある。

[816]　最大判昭和42・11・8民集21巻9号2300頁（手形百選7版136頁〔大杉謙一〕）、木内・249頁。判旨は、いつ現れるかわからない所持人を待ちつつ、消滅時効が完成するまでの長期にわたって、当座預金の資金が不稼動となることは合理的ではないという理由を挙げている。確かに、小切手や、引受のない為替手形で、手続懈怠で所持人が失権している場合には、所持人との関係で支払の義務があるわけではないから、資金の活用が保護されるべきであろうと思われる。しかし、約束手形に関しては、手続懈怠の所持人に対して振出人はなお義務を負いつづけており、履行期が到来して本来支払うべき資金を債務者が自己のために活用する利益は手形の文言性による帰結を排除してまで法的に保証できるものではない。法はそのために供託の制度を定めるのである。それでも、判旨を最大限尊重するならば銀行を支払場所とする確定日払約束手形に関する限り、第三者方払文句は、呈示期間内のみ効力を有するものとして扱うとの事実たる慣習が存在し、それが手形取引を行うすべての者において、これによる意思を有しているものと看做しうる程度の取引通念が存在していることを言おうとしているものと解するべきではなかろうか。当座勘定規定ひな型の内容（当座勘定規定ひな型第7条「（手形、小切手の支払）小切手が支払のために呈示された場合、または手形が呈示期間内に支払のため呈示された場合には、当座勘定から支払います。」）は社会的に周知されているから、支払呈示期間経過後の手形については当座勘定から支払われないことも明らかであり（仮にそれが約束手形振出人－支払担当銀行間の内部的関係であるに過ぎないとしても）、支払地の記載もこれに条件付けられて失効し、以降振出地をもって支払地とすると解することになろう（なお手2Ⅲ）。この点、昭和42年判決は支払地が「太子町」で振出人肩書地が「姫路市」（振出人の営業所が「太子町」内に存したかどうかは不明であるが）であった。法廷意見は支払地の記載がそのまま残るかのような判示をしているところから、このような場合には探索の結果営業所が存在しなければ呈示を待たずに支払拒絶＝付遅滞となろう。支払地も失効するとしても、手52Ⅲ（戻手形の金額）・民訴5（2）（管轄）との関係でこれが残存し、付遅滞との関係でのみ失効するものとみる余地があるかもしれない（手形百選7版137頁〔大杉謙一〕）。このときには支払地不記載の場合と等しく振出地が支払地となる（手76Ⅲ）と解してもよいかもしれないが、上記の事実たる慣習の趣旨がそこにまで及ぶかは一考の余地がある。

満期前遡求のためにする呈示についても、判例は、第三者方払手形であっても、所持人は支払人の営業所・住所に呈示しなければならないという[817]。

[32107] **支払呈示の効果**　証券的債権に関する通則的な制度として**付遅滞**・手形法上の制度として**遡求権保全**の効果が伴う（時効中断も生じるが、これは呈示の直接の効果とは別である[818]）。少なくとも遡求権保全に関しては裏書不連続手形による呈示等不適法呈示にはこれが認められない。白地手形による訴提起による時効の中断が不適法呈示の例外として認められるが、これとの関係において、裏書不連続の完成手形による提訴も時効中断事由となる。

　　　第ｂ款　支払

[32201] **支払の時期**　支払を為すべき日に行なう。支払人は期限の利益（民136）を放棄できない（手40 I）。所持人は満期までの手形の流通の利益（為替変動による利得の期待等）を有するためである。

[32202] **承前——満期前の支払**　所持人が同意すれば満期前の支払は可能である。この満期前の支払は専ら手形債務者の危険において行われ（手40 II）、所持人が権利者ではなかったような場合にも再度の支払を免れない。

[32203] **承前——満期後の支払**　満期後の支払（手40 III）については所持人が支払を求め得るだけでなく、支払人も支払うことで免責を受ける権利がある。所持人が受領を拒むときは受領遅滞となる[819]。

[32204] **承前——支払の猶予**　契約による猶予はその当事者間にしかその効力が及ばず、手形の訂正によって証券上の記載を変更するのでなければ、すべての手形当事者との関係での支払猶予とならない[820]。法律上または裁判上の恩恵日は許

---

[817] 最判昭和57・11・25判時1065号182頁、新判例マニュアル77事件。満期前遡求の場合は主債務者の倒産手続が開始され、当座勘定契約は既に強制解約となっているので支払場所／支払担当銀行において支払を行うべき受任者の義務は終了しており、この解決が合理的であるといえる側面はあるが、権利保全手続の厳正性を考慮すると、文言通りの呈示がなされたかにつき客観的な基準が満たされていないと、拒絶証書は作成してもらえないことになるので、期限後請求呈示に関する昭和42年判決の価値判断が妥当するとは思われない。

[818] 催告による中断であれば証券の呈示はかならずしも必要がなく（最大判昭和38・1・30民集17巻1号99頁）（改正債権法では完成猶予となる）、手形を所持しないでなされた裁判上の請求によっても時効の中断（完成猶予）が認められる（最判昭和39・11・24民集18巻9号1952頁）など、手形上の権利の時効中断（完成猶予・更新）にとって呈示が固有の要件なのではない。

[819] 木内・手形法小切手法255頁、小橋・手形法237頁。

[820] 証券上の支払呈示期間そのものが変動するわけではないから、拒絶証書の作成期間が延長されたり、期限後裏書が期限内裏書になるといった効果はない。期限後被裏書人が猶予特約を知って

されない（手74）[821]が、統一条約の留保事項[822]として、法令で一般的な支払猶予ならびに遡求権保全の猶予を行うこと（いわゆるモラトリアム）が認められている。

[32205] **支払の目的**　金銭債権の一般原則に従い、「各種の通貨」[823]によって支払をなしうる（民402Ⅰ）。外国通貨（支払地外の通貨）表示の場合で外国通貨現実支払文句（手41Ⅲ）がなければ当該通貨または満期日相場[824]で換算した邦貨（支払地の通貨）による（手41Ⅰ）[825]。手形法は第三国の通貨による支払に関する規定はおいていない。外貨建手形を内国通貨で支払うに際しては、証券上換算率の記載がない限り支払地の慣習により換算する（手41Ⅱ）。同名意価の通貨は支払地の通貨と推定される（手41Ⅳ）。

[32206] **承前—一部支払**　所持人は、一部支払の受領を拒否できない（手39Ⅱ）。受領すれば残部が支払拒絶となり、一部遡求が可能になるが所持人が受領を拒否するときは遡求権を失う。なお、当座勘定規定ひな型は、一部支払をしない旨を定めている（当9Ⅱ）。

[32207] **支払の相手方—弁済一般との比較**　支払をなすべき相手が債権者またはこれに受領の権限を授与された者であるのが通常であるが、債権一般についても、債権者が満足を得ることができるのであれば、受領したのが真実の債権者ではない第三者であっても、それが弁済として効力を生じる。受領権者の外観を呈する者に対して弁済すれば、債務者はこれにより免責される（改478）。

[32208] **承前—資格証明力＝善意免責**　手形法小切手法では、この原則をさらに強化し、満期における支払に関する限り、手形小切手の支払人は、裏書の連続

　　いたとしても同様である。当事者間だけで証券外の支払猶予をする場合においては、当該当事者間における時効の起算点は猶予期間満了日となる（最判昭和55・5・30民集34巻3号521頁、新判例マニュアル98事件、木内・234頁）。当事者間で時効は中断する（なお中田・契約法355頁）。
821　手形小切手の信頼を維持すべく統一法が定めた準則である。なお、民訴375〔少額訴訟手続における支払猶予〕。法定倒産手続の場合には、当該手形債権自体について個別に支払猶予をするわけではないので恩恵日には該当せず、また法定倒産手続の場合には多く満期前遡求が行なわれるので支払猶予の問題になりにくい。
822　手形法統一条約議定書第二〔留保関係〕22条。
823　「各種の」とは、外貨による支払も含むが、邦貨を以て支払うとの事実たる慣習が確立していれば、日本国内においては強制通用力のある日銀券〔日銀46Ⅱ〕及び補助貨幣〔通貨2Ⅲ〕により支払うこととなろう。
824　ただし手41Ⅲの記載あるときはその換算率による。
825　履行遅滞ある場合には所持人は満期の日と支払の日の相場を選択しうる。相場変動の悪用防止のためである（手41Ⅰ第二文）。外貨相場が上昇している過程で支払人に満期の相場で換算した邦貨での支払を許せば却って履行遅滞を動機づけることになるがこれは正当ではないからである。小橋・手形法238頁。

の整否を調査する義務を負うが、裏書人の署名を調査する義務を負わない[826]ものとした（手40Ⅲ、小35）。各裏書署名が実質的な有効性をもってなされていることを調査せず、偽造でないことを確認せずに支払っても、遅滞の責を免れ得る（手40Ⅲ）（**善意免責**制度）。しかし、支払人に悪意・重過失あるときはこの限りでない[827]。「悪意」とは、「たんに所持人の無権利を知っているだけではなく、さらにそれの容易にして確実な立証手段を有すること」であり、「重過失」とは、「わずかな注意義務をつくして調査しさえすれば所持人の無権利を知るだけでなく、さらにそれの容易にして確実な立証手段を有しえたはずなのに、著しい不注意のためその調査をしなかった場合」をさす[828]。判例（最判昭和44・9・12）は調査義務をこの理解よりは広く拡大して解していると評されることがある[829]が、同判決は

---

[826] 現に請求している者と連続した裏書の最後に記載された被裏書人とが同一性を有するかどうかについても調査を要さない（請求者の身元を確認しなくてよい。小橋・手形法240頁、木内・手形法小切手法255-260）。

[827] 文理上同様の表現をとっている手16Ⅱによる善意取得を阻む要素である「悪意・重過失」と比較すると範囲が狭く、「請求者が真の権利者でないことを知」り、かつ「それを証明する手段を確実に獲得することができたであろうのに、調査をしないで支払ったことをいうと解すべき」（小橋・手形法240頁）である。善意取得者が手形の取得をするかしないか任意の選択をする余地があるのに対し、支払人はいずれかの者に対しては支払をしなければならず、請求者が権利者であることを確信できずに支払を遷延するときは履行遅滞による責任の危険を負わされているからである。日本語の法文の表現では同じ「悪意」であるが、統一条約議定書の原文仏語表記によれば、手16Ⅱの「悪意」は mauvaise foi、手40Ⅲ（小35に類推）の「悪意」は fraude（むしろ「詐欺」と訳すべきであろう）となっている。なお、この種の詐欺の援用可能性を根拠に、原因関係上手形を占有する権原のない所持人による手形金請求の場合に、いわゆる後者の抗弁を認めようとする学説がある。権利者であっても振出人に対して返還すべき手形を用いて支払を求め、受領者の逃亡・倒産・財産隠匿等に協力した支払人が振出人に資金関係上の計算を帰せしめることは信義則違反ではないかというのである。

[828] 最判昭和44・9・12判時572号69頁（手形百選7版142頁〔丸山秀平〕）の上告理由。

[829] 最判昭和44・9・12判時572号69頁前掲がこれである。Yは羊毛をXから購入しその売買代金の支払のため、Xの代理人であるAに対して約束手形2通を<u>Aが持参したXの領収証と引換に</u>交付、受取人欄にはいずれもX名が記載されていたところ、その1通である本件手形についてAが「受取人名を抹消して白地にしてくれ」と要求した。Yは、「Aの代理権を信頼し、従前よりそういうこともあったので求められるま〻にこれを白地にしてAに手渡」し、Aは、ここに自分の名を書込み、銀行に取立の趣旨で裏書をし交換の方法で呈示せしめその支払を受けた。Aは、Xに対して報酬請求権を有する等を理由として手形金のXへの引渡を拒み、自己の預金として銀行に預け入れた。この呈示前の時点でXはAとのかような紛争が既に発生していたため、「<u>Aが本件手形を正当な事由なくXに交付せぬこと、右手形の受取人欄にはX名義が記載されているから、Xの裏書署名を偽造しない限り、これを処分し又は取立に廻すことはできないのであるから、A又はその他の者の取立の場合には、善処してもらいたい</u>」旨の書面を以て申入をしていた。それにもかかわらず、必要な調査もせず、供託もせずに手形を支払ったYには、手40Ⅲに定める「重大な過失」があるとし、これによって免責を受けることはできないとし、Xは未だ満足

あくまでも手形外の法律関係（売買）に基づく売主からの指図に応じた出捐として買主が支払のためにする趣旨で売主の領収書を持参した（民480）代理人に向けて行った約束手形の交付が買主を免責するか否かの問題で、典型的な手形の支払による善意免責の適否に関する事例ではなく、手40Ⅲのリーディングケースとして理解するべきではない[830]。

を受けていないのであるから、売掛代金の支払を求めるとしたのが本件である。原審（大阪高判昭和43・5・8判タ223号177頁）は請求認容、手40Ⅲにおける「重過失」につき「支払人（約束手形の振出人）が通常の調査をすれば、手形の呈示者が無権利者〔弁済受領の権限のないことを含む〕であり、かつ、その無権利者であることを立証すべき手段を確実に得たであろうのに、この調査をしないため、無権利者であることを知らずに支払をしたような場合をいうものと解すべきである」とした上で、本件では、「通常の調査をすれば、Xから右申入〔前記「通知」〕のあった後においては、Aが右白地を同人名義に補充して呈示しても、同人が権利者でないことを容易に知り得べきであり、しかもその無権利であることを証明すべき証拠方法をも確実に得ることができたものと認めるのを相当とする」とした。これに対してYは、原審のかような法解釈を、手40Ⅲにいう悪意重過失の概念が手16Ⅱの悪意重過失よりも狭い意味に解されるべきことを忘れこれとパラレルに解した誤りに基づくもの、と非難する。「重過失」とは、「わずかな注意義務をつくして調査しさえすれば所持人の無権利を知るだけでなく、さらにその容易にして確実な立証手段を有しえたはずなのに、著しい不注意のためその調査をしなかった場合でなければならない」ことになる。本件を省みれば、「申入」にはAとの内部関係に関するXの意見が示されるのみで、代理人Aを解任し既に一切無関係である旨の記載もなかった。「AがXに本件手形を手渡さないこと」を知らされたというだけでは、「YとしてはAが権利者でないことを容易に知り得たとは言えず、かつその無権利者であることを証明すべき証拠方法をも〔容易に〕確実に得ることができたものと認めることはできない」。約束手形振出人「のなす調査の権利義務には、その範囲と態様において手形の円滑迅速な取引の要請からする限界があり、手形の外観に現れない事項については、少くとも手形の詐取、盗取等明白な犯罪行為による支払差止の申入があった場合を除いては軽々しく認めることはできない」。「AとXとの内部関係にYが解決のため協力介入することは一般社会通念に徴しても軽率妥当を免れない事柄に属するのであるから、法律上の義務もない」。「約束手形の振出人は、主たる債務者として手形の絶対的支払義務を負っており、支払の拒絶によって訴訟に引き込まれると、敗訴の場合に訴訟費用と遅延利息を負担させられるほか、自分の信用をおとすことにもなり、有形無形の甚大な損害を被る危険がある（その点、手形の善意取得者の場合には、手形を取得するかしないかは譲受人の自由であるのと根本的な差異がある）」と述べて上告。最判は、手40Ⅲによれば「満期において支払をする者は、悪意または重大な過失のあるかぎり、その責を免れることができないこととなるのであるから、かような意味において、右支払をする者は実質的な調査義務を負うものといわなければならない」との解釈を示した上で、Yとしては「必要な調査をすれば、Aが右白地を同人名義に補充して呈示しても、同人が権利者でないことを容易に知りうべきであり、かつ、その無権利者であることを証明すべき証拠方法をも確実に得ることができたものと認めるのが相当」と判示している。

830　上告理由に現れた手40Ⅲの理解は説得的であり、これに比し判旨はあまりに寡言である。手40Ⅲの解釈論だけでいえば、上告理由に対して非難の余地はないように思われる。注意すべきであるが、本件は手形金のではなく売掛金債権の請求事件である。証券上の指図を受けた者の免責ではなく、証券外の指示に従い手形を交付した者の免責を争点とする。Xは自らの署名ある領収書をAに交付している。仮にAの受領権者的外観をYが信頼すべきでなかったとしても、Aが有

[32209] **支払の証拠**　支払人は、支払をなすにあたり、所持人に受取の旨を記載した手形の交付を求めることができる（**受戻証券性**。手39Ⅰ、小34Ⅰ）。一部支払の場合には一部支払の旨を手形に記載し、受取証書を交付すべきことを請求できる（手39Ⅲ、小34Ⅲ）。相殺、免除、代物弁済等支払と同視すべきときにも同様の受戻を要する[831]。

[32210] **承前―受戻を欠く支払**　証券受戻も受領の記載も欠いて支払があった手形が再度裏書等有価証券的方法で流通した場合には、拒絶証書作成期間内に害意（手17但）なくこれを取得した者との関係で支払は人的抗弁となる[832]。

する手形をAに支払った点ではYに何の懈怠もなく、手40Ⅲが典型とする、権利者と形式的資格者とが競合する場面での免責が問題なのではなかった。当時の理解では民478の原理を代理人に適用するとの判例上の理解も示されていなくはなかったものの法文は依然として「準占有者」のみを定めていたため、あるいは民478の問題でないとされたのかもしれない。しからば、事柄は民480類推または民109の解釈適用に委ねるべき問題だと思われる。次に、問題は受取人白地手形である。原審は「その補充によってAが自らを手形上の権利者とすることはできない」と断じているが、取立委任の法律関係には様々なものがあり得る。受任者自身が手形上の権利を取得してこれを交換所で取立て、自らの名義の当座勘定口座で管理することを本人が許諾し、月末に取立金を引渡す等の旨を定めることも一般には可能で、Yに不当補充を警戒する義務はない。また「申入」は、受領代理権または取立委任の撤回を明示するものではなかった以上、内部的主観的にはXに撤回の意思があったとしても（あるいはXA間の何らかの紛争の存在の可能性を伺わせるものであったとしても）、Yは民112により本人効を主張できるといえる。手40Ⅲが機能することを期待されている場面として最も深刻なのは盗難遺失手形の場合であるが、その支払を免責する程までに強力な資格証明力が、ひとたびは本人の意思に基づいて行為した代理人のその後の行動の危険を他人に転嫁しようとする場面にさえ否定されるというのであれば一層問題が多い。

831　小橋・手形法242頁、木内・手形法小切手法260-261頁。
832　福岡高判昭和61・12・25金判760号8頁、新判例マニュアル85事件。通説は権利外観理論により説明し支払は受戻を伴わずとも有効であるとするが、有力説は受戻のない（受領の記載もない）手形支払は、手形外の法律関係における金銭授受と解され、そのために人的関係に基づく抗弁となると解される。同判決は、呈示を受けた支払人が受戻せずに支払、証券が再流通、取得者が裏書人に遡求した（悪意の抗弁が認められた）例で、通説のいう署名者の帰責性が裏書人については考えにくい。思うに、受戻なき支払は、**留保付弁済**と解するべきではなかろうか。支払と称していてもこの金銭給付は手残り手形が再び流通におかれることを解除条件とした弁済原因を有する。判例が、支払済の抗弁を物的抗弁と解していたとされる先例として最判昭和33・9・11民集12巻13号1998頁（手形百選7版140頁〔野田博〕）が援引されるが、判旨は物的抗弁だとの旨を示してはいない。Aは自動車購入資金を調達するため無尽に加入し、これを落札するにあたり無尽における返掛金支払につきAの保証人となる旨YがAに承諾し印章を預けた。Aは自動車購入資金の調達まで時間がなかったため、無尽の落札を待たずに、AYを共同振出人として振出した受取人白地手形を用いた手形貸付の方法でBから借入をし、その後無尽の落札金で借入金を返済し、Bより同手形を満期の1月後に受戻した。その後、AはCに対して別件の損害賠償債務を支払うためこれを再交付し、これをXが取得した。かかる事例でXがYを被告として請求したところ、Yは支払済の抗弁を「満期後」に手形を受取ったXに対抗し得るとした。またYとの関係ではYの無権代理人Aによる署名の代理による手形行為として論じるべきであったのではな

[32211] **支払の効果**　支払により、手形上の権利はすべて消滅する（狭義の支払）[833]。適法な呈示に対して支払がない場合には、遡求（[33101] -）が可能になる。遡求による償還受戻（広義の支払）の場合には再遡求の関係が残存する。

第ⅰ節 bis　小切手の支払に関する特殊な制度

[32301] **総説**　小切手の支払は、振出人との間で資金関係たる**小切手契約（当座勘定契約）**を締結しかつその者に対して振出人が処分可能な小切手資金を有している支払人がこれを行い（小3）、当然に一覧払であり、呈示期間は振出のあった日を初日として（国内小切手は）10日（小29ⅠⅣ）であり、手形の呈示期間のような当事者による伸縮は認められない（小34条）。小切手が国外に流通する場合には特則がある（小29ⅡⅢ）。

[32302] **先日付小切手**　このような**強行法的一覧払性**を回避しようとして、将来の日付を振出日として記載する実務が行われることがある（**先日付小切手**）。小切手は信用証券ではないので、かような小切手に関しては日付前でも呈示ができ、遡求も可能であるものとした（小28Ⅱ）[834]。ただし、呈示期間・時効の計算に関しては証券上の振出日を基準とする（小29Ⅳ、小51）。

[32303] **小切手の期限後呈示**　判例は、手続懈怠による失権後の約束手形の請求呈示は支払人の営業所・住所になすべきものと解したが、小切手には請求呈示というものがない。したがって、小切手の場合には、付遅滞のための呈示場所は問題とならない。小切手上の記載に従い呈示することができ、失権後でも支払委託の取消がない限り、期限後の呈示に応じて支払人が自発的に支払った場合には、資金契約上は、振出人の計算に帰せしめることができる（なお、当7Ⅰは、小切手については呈示期間外の呈示を排除していない。また、このような場合には、過振り[835]となる場合が少なくない）。

いかと思われる。Yは手形を共同振出することに代理権を与えておらず、まして別件の損害賠償債務を支払うことを保証することに等代理権を与えていない。支払済の問題は、仮にそれが人的抗弁であると解されても、この事案での解決自体には影響がない。なお、電子記録債権法は**支払等記録**（電債24）を以て、弁済だけでなく、相殺・混同等を含めた概念とした。

833　手形交換（[12207]、木内・手形法250-252頁）を通じて行われる支払は、交換の手順が結了して手形金相当額が取立受領権限を有する持出銀行の計算に帰した時点で履行されたことになる。

834　ある振出人・所持人間において締結された日付前不呈示の特約は、学説上争いがあるもののこれを無効と解すべきではなく、その違反は損害賠償を許すものと解するべきであろう（下級審裁判例は不法行為とみて損害賠償を認めている（大阪地判昭和40・2・15判時431号47頁））。

[32304] **支払委託の取消**　小切手自体に含まれる指図の撤回を支払委託の取消という（小32。資金関係たる小切手契約の解除ではない）。小切手を紛失した場合に、呈示期間経過後に支払人が支払うことによって出捐が振出人の負担となることを妨げるべく行われる。方式はとくに法定されていない。資金契約の解除ではなく証券上の指図の撤回であるから、所持人の受領権限も消滅する[836]。支払委託取消以降に支払人が支払っても振出人の計算に帰せしめることができない[837]。支払委託の取消が呈示期間経過前に発せられたとしても、その効果は呈示期間経過後に生じる。

[32305] **預金小切手の喪失者の救済**　預金小切手[838]を用いるためには、小切手法は、顧客の振出す小切手上に支払人銀行が支払保証を行う方法を想定しているから、その喪失者の救済は支払委託の取消で十分なし得るが、日本の国内実務における預金小切手は銀行の自己宛小切手であって、顧客は振出人ではなく、支払委託の取消を行う地位にない。そこで、当座勘定契約上の「**事故届**」による救済が採られてきた[839]。

835　当座勘定口座の残高が不足し、かつ、当座貸越の合意もない場合に、自発的に銀行が支払うことを「過振り」という（[12206]。このような状態になる手形・小切手を振り出すことも「過振り」と呼ぶことがある。田邊・金融取引法大系２巻174頁。これに関する事務管理の一種という構成とその批判については木内・298頁）。

836　善意者保護を主張する説があるが、問題の場面は呈示期間経過後であって、既に生じた遡求権は証券的方法で流通せず、所持人が失権していれば資金制度の法体系でない限り所持人の保護が問題になることはない。利得償還請求権は証券上の権利ではない（[32503]）。支払委託の取消は振出人保護の制度である。

837　支払委託取消後の関係はいわゆる有効な指図の存しない場合にあたり、出捐は、二重欠缺による不当利得または直接貫徹の不当利得として返還されるべきものとなる（その場合には支払人と所持人とが利得当事者となり、支払人は振出人の当座勘定残高から引き落とすことができない）。

838　預金小切手は、預金払戻の手段として用いられたことからこの名があり日本の当座勘定取引においては支払保証口預金の帰属問題を回避するため（田邊光・最新265頁）自己宛小切手方式が採られ、顧客の当座勘定から代金を引落とす方法による。銀行は小切手振出人として遡求義務を負担するだけでなく、自己勘定の当座名義人として銀行自身が小切手を不渡にする事態は、銀行破綻という例外状況でしか生ぜず、平常その支払は相当に確実であるから、預金小切手の提供は金銭債権の本旨弁済の提供と解される（判例。注498）。

839　当座勘定の附款として、銀行は、本人であることが確認できた振出人（預金小切手であれば購入者である当座勘定の名義人）本人から届出があれば、支払人がこれを支払わないことで免責を受け、所持人との関係は申告者自身の責任において処理する旨を特約する。その結果、事故届を出せば関連する証券は支払わないとの不作為義務が銀行に課され、預金小切手の喪失者は銀行が善意支払をする危険から解放される。また、支払委託の取消の効果は呈示期間経過後までは生じないが、事故届による小切手支払の不作為の義務付けの効力の始期は約旨次第である。事故届は小切手法上別段の規定があるわけではなく、専ら、預金者が証券を喪失したという事実を当座勘定元帳保管店に対して申告すれば足る。銀行はこれ以降当該小切手の支払を喪失者の計算に帰せ

[32306] **線引**　小切手の表面に二本の平行線を引くことによって支払人は呈示が銀行または取引先によってなされている場合にしか支払い得ない（小37）。これにより身元不明の所持人に対して小切手が支払われることを回避し、小切手の静的安全を保障することができる。一般線引と特定線引とがある（手37、手38）[840]。

第ii節　消滅時効・失権・利得償還請求権

第a款　手形・小切手上の権利の消滅時効

[32401] **手形時効**　手形の主たる債務者に対する債権は満期の日から3年（手70Ⅰ[841]）である[842]。

[32402] **承前―支払猶予のある場合**　証券上の満期の変更ではなく、手形当事者の同意による支払猶予がなされている場合には当事者間においても、満期が変更されるわけではないので、学説は、手形関係上は満期を以って権利を行使しうべき時（民166）とみるべきであり時効の起算点は満期であると説く[843]が、判例は

---

[840]　しめることができない。ところで、預金小切手を喪失したために呈示ができずに失権した所持人は、公示催告手続を採らず事故届を提出していたにとどまるとき、振出人銀行に対して利得償還請求をなし得るであろうか。最判昭和34・6・9民集13巻6号664頁（手形百選7版170頁〔小塚荘一郎〕。いわゆる三和銀行事件）において、銀行側は、呈示期間内に善意取得が生じていた場合には善意取得者が利得償還請求権を行使でき、将来現れるやに知れない善意取得者からの利得償還請求に備える必要から振出人としては資金を凍結すべきであり、それまでは確定的な「利得」も振出人銀行には存しないと主張したが、判決は、かかる抗弁を容れず利得償還請求権の行使を認めた。利得償還請求権の行使要件は、手続懈怠による失権と利得の存在だけであり、その行使には証券の所持を要さず、利得償還請求権制度自体が証券と権利の結びつきを予定していないことからいえば、判旨は正当である。銀行は喪失者に支払うことで「利得」を失い、二重に請求される危惧はない。

[840]　電子記録債権法では口座間決済制度の利用が可能であり、その利用が発生記録で支払の条件とされていれば、支払を実行するにあたり、債権者の受領するための口座が特定できるため、線引と同様に受領者の特定が可能となる。

[841]　主たる債務者の保証人に対する債権・主たる債務者の無権代理人に対する債権についても同様（手8、手32Ⅰ）。

[842]　小切手法の時効（小51Ⅰ。[32404]）と異なり、手形法は「満期」を起算点に用いている関係上、一覧払手形においては、呈示期間内に支払呈示がない場合には、いつが満期かを確定できず、主たる債務者に請求する場合の時効の取扱に窮するであろう。この場合には支払呈示期間経過後と解する他になかろう（小橋・手形法141頁、大橋・新統一375頁）。ただし、満期とは、権利を行使し得べき日そのものであるとは限らない。

[843]　竹田・手形法小切手法66頁、小橋・手形法142頁。

当事者間に限り猶予の末日を起算点とする[844]。統一法は時効の中断・停止につきこれを締約国法に委ねた。[845]

[32403] **承前―満期後引受と時効**　　支払人が満期後時効期間内に引受をした場合にも満期から時効が進行するが[846]、満期から3年経過した為替手形に引受がなされると、既に時効が完成した権利が発生する[847]。

[32404] **承前―遡求権の時効**　　手形所持人の前者に対する遡求権は、拒絶証書の日付または証書作成免除証券の場合満期の日から1年（手70Ⅱ）、手形・小切手の裏書人らの再遡求権は受戻または提訴されてから6月（手70Ⅲ・小51Ⅱ）[848]、小切手の所持人の前者に対する遡求権は呈示期間経過後6月（小51Ⅰ。遡求義務者の保証人および無権代理人についても同様―小11、小27Ⅰ）である[849]。

844　最判昭和55・5・30（民集34巻3号521頁、手形百選7版152頁〔山本爲三郎〕）。ただし、この事例は単に満期の起算点性が問題となっただけではなかった。振出人会社の機関である拒絶証書作成免除で署名した隠れた保証の趣旨の裏書人Yを被告とし、同社が設計料内金支払債務を負っていた相手である請負人Xが原告となった手形金請求事件である。満期前に、Yの資金繰りがつかない見込みであったためYX間で4月の猶予を与えることとし「猶予の期間は呈示をせずとも償還に応じる」との合意がなされていた。Xの請求に対して、Yは、遡求権が時効にかかっていること、呈示期間に呈示がなかったという二点を援用した。この合意が「呈示期間を順延し当該猶予期間の結了後呈示期間が再開する」の意味に解されるとしても、これによって証券上の記載変更なしに呈示期間が変更されるとなれば、権利保全手続の厳正に反する。証券上の記載に従い権利を保全した上で猶予を合意すべきものではなかったか。

845　手形法統一条約附属書第二により、時効の中断・停止（平成29年民法改正法の用語でいえば「更新・完成猶予」）原因に関しては各国の立法に委ねることとなった。大橋・新統一818頁。附属書第二17Ⅰ「自國ノ裁判所カ審理スヘキ爲替手形上ノ権利ノ時効ノ中断又ハ停止ノ原因ヲ定ムルコトハ各締約國ノ立法ニ属ス」。統一会議では時効中断事由を提訴に限定すべきであるとの主張があったが採用されなかったという。手形法上は「法令ニ依ル禁制」を含め不可抗力が存するときは、拒絶証書の作成期間が伸長され（手54Ⅰ）、遡求通知と遅滞なき証書作成が求められ（手54ⅡⅢ）、障碍が30日を超えるときは拒絶証書なくして遡求できる（手54Ⅳ）が、時効停止に関する規定はない。締約国の民事立法例は多様である。改正債権法では時効の「完成猶予」事由が列挙され（改147-151）、完成猶予事由の終了から時効は再び進行する。本文のような支払猶予合意の効果に関して定める規定はない。ただし不可抗力が民161の「事変」に該ると解される余地はあろう（改161では障害解消後の完成猶予期間を「二週間」から「三箇月」に改める）。なお、東日本大震災（2011年）に際して全銀協により不渡報告の搭載を一部除外する措置、休止中の手形交換所に他の手形交換所を以て代替させる措置が執られたが、支払猶予令は発せられていない。

846　小橋・手形法141頁。

847　通説は、かような場合には時効利益の放棄が伴っていると解するようであるが、時効の完成した権利を生じさせる引受も当事者がそれを望む限り可能ではあろう。

848　このように権利の種類によって時効期間を異ならしめる立法主義を人的不均一主義という（大橋・新統一下651頁）。統一法の採用されるまでの諸国の立法状況はまちまちで、除斥期間主義を併用し、あるいは地域の不均一主義を加味するなど複雑な立法例が見られた。

849　小切手の場合には、強行法的に一覧払であること、遡求の形式的条件として、支払人による支

[32405] **時効の中断（更新）**　一般私法の原則[850]に従い、請求等（民147）により時効が完成猶予される[851]。完成猶予または更新の事由はそれが生じた者に対してのみ効力を有する（手71、小52）。平成29年改147以下は、「中断」の語を「更新」と改め、「停止」を「完成猶予」と改め、裁判上の請求により時効は「完成猶予」（改147Ⅰ）され、勝訴判決の確定により「更新」される（改147Ⅱ）（本書で改正前の議論を紹介する文脈では敢えて「中断」の語を用いているので注意されたい）

[32406] **再遡求権の時効中断（更新）**　遡求権者から裁判上請求された償還義務者の債務については、再遡求権の時効は受訴の日から進行するが（手70Ⅲ・小51Ⅱ）、償還義務者が自己の前者に訴訟告知をすると完成猶予され、裁判が確定したときからさらに進行を始めるものと定める（手86・小73）[852]。

[32407] **時効完成の効果**　時効完成一般と同様、もはやかかる手形小切手債務については裁判上の履行強制を求めることができなくなる（債務者が時効援用権を与えられる）[853]。

払拒絶宣言または手形交換所における不渡宣言によることもできる—小39（2）（3）—ところから、かかる起算点が用いられるのであろう。手形小切手金請求訴訟の確定した認容判決上の権利の時効は民174の2（改169）による。

850　国内法の消滅時効法が改正されても、手形法の改正のためには、条約締約国の承認が必要であると解される。とはいえ前述のとおり時効の中断・停止は締約国に委ねられた事項であり、特段の承認をまたずして改正法による更新・完成猶予の規整は手形関係にも適用される。

851　催告は、付遅滞の要件である請求とは異なる意義を持つ。相手を債務不履行という違法な状態に置くことが付遅滞の制度であるのに対して、催告のような時効の進行を妨げる制度（更新・完成猶予）は権利者が自らの権利の上に眠らないものである意思を示す制度であって、両者の機能が異なるのであるから、その要件も、必ずしも同一のものである必要はないはずである。このような観点から、最大判昭和38・1・30民集17巻1号99頁（手形百選7版154頁〔小林量〕）は、手形の呈示を伴わない催告によって手形債権の時効は中断するものと解し、さらすすんで、最判昭和39・11・24民集18巻9号1952頁（手形百選7版156頁〔山本哲生〕）は、裁判上の請求にあたって手形を所持していなくとも、また除権判決を示さずとも時効中断の効果があるとした（無論このことは口頭弁論終結時までに原告が証券の占有を回復することを要求することと抵触しない。証券の占有が回復できず、除権判決等これに代わるものも得られていない場合には原告敗訴となる—〔41105〕）。前述した白地手形による提訴が時効中断にあたるとする最判昭和41・11・2民集20巻9号1674頁（新判例マニュアル41事件）も同様の理論によって正当化されよう。学説には反対するものもある（小橋・手形法146頁、木内・235頁）。

852　例えば第二裏書人が所持人から訴を提起されているときに、既に時効が進行しているのに手形の引渡を受けなければ自分の再遡求権の保全のための提訴ができないことになってしまうので、請求に代わるものとして訴訟告知にかかる効果を付与したものである。このような制度も償還義務に特有の構造であり、合同責任という用語が用いられる所以でもある。

853　ところで、主たる債務の時効完成によってもなお、所持人は遡求権を行使し得るであろうか。遡求をするためには、所持人は遡求義務者に対して有効なる（または健全なる）手形を返還しなければならず、主たる債務者への権利の時効が完成した手形はこの意味における健全な手形でな

第ｂ款　失権・利得償還請求権

[32501] **所持人の失権**　遡求権保全手続を懈怠すると、所持人は遡求できなくなる。これを失権（déchéance）と称する。

[32502] **利得償還請求権の意義**　手形上の権利が手続の欠缺または時効により消滅した場合に、手形署名者側は義務を免れるが、手形の授受によって得られた利益はこれを保持できる。これら失権の場合には、「実際上不公平な結果となる」ため、所持人は、振出人・引受人または裏書人に対し、これらの者が受けた利益の限度において償還の請求をなしうるものとした（手85、小72）。これを利得償還請求権といい、統一法では留保事項として不統一に残された事項のひとつである。

[32503] **法的性質**　その法的性質は手形（小切手）上の権利ではなく、手形（小切手）法上の特殊な制度である。手形小切手は遡求権保全手続や時効に関しては債権者に対する面でも厳正な制度であり、代償的に手形外の救済を付与することで緩和するのがこの権利である。利得償還請求権の消滅時効は手形法小切手法によらず失権または時効完成より商522の類推適用により５年の時効に服する[854]。利得償還請求権を取得すべき所持人が、権利を取得するにあたっては証券の所持や除権判決の取得を要するものではない[855]。他方、権利の行使の時点でも証券の受戻は必要ない[856]。

く、遡求義務者は健全な受戻がないことを根拠に遡求に対してこれを拒み得ることになる（大橋・下671頁、小橋・手形法149頁）。反対説は、裏書人の償還義務は主たる手形債務に従属するものではなく、したがって方式に瑕疵のない手形を受戻せば足りる（伊澤・223頁）とする。しかしながら判例（大判昭和８・４・６民集12巻551頁）は主たる債務の時効完成を援用して裏書人は償還義務を免れることができるという。裏書人は訴訟告知による再遡求権の完成猶予（手86）ができるが、これは再遡求権の短い時効期間を考慮した制度であって、主たる債務者への債権の時効の完成猶予または更新はできないとされており（小橋・手形法144頁）、所持人が振出人に対し裁判上の請求等中断更新手続を執らないとなれば再遡求の途が断たれるからである。ただし、最判昭和57・７・15民集36巻６号1113頁（手形百選７版148頁〔伊藤靖史〕）のように、裏書人が時効利益の放棄をする等確実な履行への期待を生じさせ所持人がそのことにより主たる債務者への時効中断（更新）手続をあえて執らなかったことを奇貨として主債務の時効完成を援用することは信義則に反するのでこれを認めないとしたものがある。

854　最判昭和42・３・31民集21巻２号483頁（手形百選７版172頁〔小林俊明〕）。利得償還請求権は法定債権であるから、「商行為」を発生原因とする債権の短期時効を定める商522そのものを適用するのではなく「類推」とされた。平成29年改正以降は商522は廃止され、一般の債権時効（行使可能となった時より10年、認識時より５年—改166Ⅰ）を適用することとなろう。

855　最判昭和43・６・９民集13巻６号664頁、新判例マニュアル126事件。

[32504]**発生要件**　利得償還請求権の発生は、①手続の欠缺または時効により手形上の権利が消滅したこと、②振出人・引受人または裏書人が利益を得たことを要件とし、その効果としてこれらの者は、当該利益を所持人に返還しなければならない[857]。要件①についていえば、権利消滅の範囲は、(a) 原因関係を含めてすべての署名者への権利であるか、(b) 原因関係を含めないすべての署名者への権利であるか、(c) 利得償還請求の相手方に対する手形小切手上の権利だけでよいか、が争われている[858]。

[32505]**「利益」**　利得償還請求権の義務者における利益とは、①実質関係上得た利益であって単に手形上の義務を免れたことをさすのではではない。②積極的に財産の増加したものであれ、消極的に義務を免れたものであるとを問わない(「予定された出捐が失権により節約できたこと」が利益であるとするいわゆる節約説につき田邊宏・前掲講義223頁、大塚龍・北法31巻2号422頁)。また、③請求権者が提供した利益でなくともよい。第三者との関係で利得者が義務を免れたという場合を含む[859]。

---

[856]　東京高判昭和42・8・30高民集20巻4号352頁。また、その譲渡については有価証券的方法によるのではなく、指名債権譲渡の方法による (小橋・手形法165頁)。したがって、利得償還請求権との関係で手形小切手は記名証券でさえない (田邊宏康・有価証券と権利の結合法理 (2002年、成文堂) 25-37頁)。

[857]　ただし不当利得制度ではないので現存利益の範囲に限定されない。

[858]　最判昭和38・5・21民集17巻4号560頁 (手形百選7版168頁〔山下友信〕) は、消費貸借の担保として交付した約束手形の振出人に対する受取人による利得償還請求に関し、原因債権の消滅時効が完成してしまっていた事例で、債権者が原因債権について時効中断をしなかったことの結果を受忍すべきであったことを理由に利得償還請求を棄却した事例であり、原因関係上の救済手段があればこれによらねばならないとする理解を示した。しかし、この判旨は原因関係上の救済手段があれば必ず利得償還請求権が成立しないという意味ではないといわれている。本件のように、少なくとも「原因債権が残存する」と85条にいう「利得」が欠けることが示されているに過ぎない。要件論として一般に「原因関係上の救済手段も含めて」という限定を加えることなく、単に、「所持人が手形上失権すること」を発生原因であるとすれば足りる (小橋・手形法167頁)。この権利は時効制度や権利保全手続の厳正性の代償である。

[859]　最判昭和43・3・21民集22巻3号665頁 (手形百選7版166頁〔土田亮〕)。原審 (利得償還請求を棄却) を破毀差戻。Yが請負代金「支払のため」約束手形を振出、受取人AからXが手形割引に伴う裏書によりこれを取得したが、Yへの手形債権・Aへの遡求権双方につき時効が完成 (割引手形買戻義務も免責か=民504)。Aは割引対価を奪われる虞がなくなり請負代金債権が消滅。このためYは予定された出捐を免れるという利益を得ている。

第B章 bis　支払を担保する諸制度

第ⅰ節　手形行為による支払の担保

第a款　支払拒絶に拠る遡求・合同責任

[33101]　**総説**　　手形小切手の支払または引受が拒絶された場合、または、満期前に支払が不確実となった場合には、主たる債務者以外の手形の署名者は、所持人に対して責任（「合同責任」。[33107]）を負い、手形金の支払を担保せねばならない。所持人によるこの責任追及の手続を**遡求**という[860]。

[33102]　**遡求の当事者**　　遡求権者は、最終所持人（手43、47Ⅰ）、手形を受戻した裏書人・保証人・参加支払人（手47Ⅲ、32Ⅱ、63Ⅰ）（再遡求権者）である。遡求義務者は、為替手形小切手の振出人（手9Ⅰ、小12）・手形小切手の裏書人・手形保証人・小切手保証人・支払保証をした支払人である。遡求の条件は二つの場合にこれを分かって論じる。

[33103]　**(1) 満期前の遡求**　　**遡求の実質的条件**（手43柱書第二文）として法は次のいずれかの場合を要求する。引受の全部又は一部の拒絶[861]（手43(1)）、支

---

[860]　これに応じるべき署名者の義務を（統一法では）**遡求義務**ないし**償還義務**という（なお、「償還権」は、遡求義務者が支払をなすことによって遅滞の責を免れる権利のことをいう）。立法例を見れば、統一手形法成立前の制度としては、引受拒絶の場合には所持人が担保の提供を要求し得、支払拒絶の場合には償還を要求し得るものとする**二権主義**（日本法、ドイツ法）、いずれの場合にも償還請求を認める一権主義（英米法）、二種類の権利を所持人が選択行使し得る**選択主義**（フランス法）とが存在していた。統一手形法は英米法の一権主義を採用した。

[861]　為替手形のみの制度。不単純引受、支払人の不在・所在不明を含む。一部拒絶であれば拒絶部分について遡求できる。ただし引受禁止手形を除く。小橋・手形法273頁、279頁。引受拒絶による満期前遡求を阻止する方法として、被参加人と同じ義務を負う行為である参加引受がある。予備支払人を指定していれば、所持人は参加引受をもとめる呈示をしこれを拒絶されるのでなければ遡求できなくなる（手56-58）。

払人（引受をしたまたはしていない、約束手形のそれをも含む）の破産・支払停止（手43（2））、この者への強制執行の不奏効（手43（3））、引受禁止為替手形の場合にのみ、振出人の破産（振出人の信用で流通するものであるからである）。なお、手形金額は所持人住所地の遡求日の公定割引率により割引く（手48Ⅱ）。

[33104] **承前**　これらの遡求原因は、振出後に生じたものに限る。当初から遡求できる手形を振り出すというのは、証券上の意思表示が、第一次的には支払人をして支払わしめるものとなっていることと矛盾するように思われる[862]。

[33105] **満期前遡求の形式的条件**　1号事由の場合には、引受呈示・引受拒絶証書[863]の作成（手44Ⅳ）。2号・3号事由の場合には、破産決定書（手44Ⅵ）、支払

---

[862] なお、破産宣告（平成16年改正後「破産手続開始決定」）は振出前に生じたものでよいとする小橋・講義167頁）。ところで、条文は破産にしか言及しないが、会社更生手続開始決定・民事再生手続の開始決定もこれに準じると解するべきか。統一会議にあっても、遡求条件の定義は紛糾を招き（大橋・上411-412頁）、支払停止につき裁判所による確認を要するか否かについても一致を見ず、各国の faillite, déconfiture, bankrupcy, Konkurs がそれぞれ異なる概念であるとの指摘があり、和議を含めるかどうかも定めることができず、終に会議は各締約国に「精密ニ之ヲ規定スルノ権」を付与すべきこととした。統一手形法といえども踏み込むことができず、事実上不統一法状態におかれている論点である。日本では倒産法制の改革がたびたびおこなわれているにも関わらず、手形法の規定を明確にしておく措置は採られなかった。

[863] 手形・小切手の遡求権の保全に必要な行為をしたこととその結果（例えば支払呈示期間内に手形・小切手を呈示したこと、及びその支払が拒絶されたことなど）を証明するための公正証書（手形小切手本紙上に記入して作成する）を**拒絶証書**という。遡求権発生の要件である事実はその存否が関係人の利害を左右するにも拘らず遡求義務者の住所地外の隔地で発生することが多く証明が難しい場合もあるため、その証明は、一般原則に任せず、必ず拒絶証書によるものとされている（手44Ⅰ、小39Ⅰ）。拒絶証書の代用手段として、破産による遡求の場合には**破産決定書**の提出で足り（手44Ⅵ）、小切手の場合は、支払人の**支払拒絶宣言**又は手形交換所の**不渡宣言**よる証明も認められる（小39（2）（3））。不可抗力または法令禁制による作成不能時においては通知を条件に伸長が認められ（手54ⅠⅡⅢ、小47ⅠⅡⅢ）、これが満期より30日（小切手では15日）超継続するときは作成不要とする（手54Ⅳ、小47Ⅳ）。拒絶証書には、証明する事項に応じて**支払拒絶証書**（手44、小39Ⅰ、55Ⅱ・なお対比せよ民452・民453）・**引受拒絶証書**（手44）・**日付拒絶証書**（手25Ⅱ―一覧後定期払手形を一覧のため呈示期間内に呈示したにもかかわらず日付を記載してもらえない場合に作成する）・**第二呈示拒絶証書**（手24Ⅰ。引受呈示を受けた支払人が翌日の第二呈示を請求し―統一法はいわゆる熟慮期間（田中耕太郎・概論410頁）を付与する―これがなかった場合には所持人の懈怠となるが、第二呈示を求めた事実を証明する拒絶証書がこれである）・**参加引受拒絶証書**（手56Ⅱ―予備支払人の記載のある為替手形では、これが参加引受を拒絶した場合でなければ所持人は遡求権を行使できない―）・**参加支払拒絶証書**（手60）・引受のために送付された複本や裏書のために謄本を作成した場合の原本の返還を保持者が拒む場合に所持人が遡求するために要求される**複本返還拒絶証書**（手66Ⅱ）・**原本返還拒絶証書**（手68Ⅱ）がある（なお、商609参照）。拒絶証書の作成についての細目を定めた法令が、**拒絶証書令**（昭和8年勅令316號）である。**公証人**又は**執行官**が、手形・小切手又はその附箋（ふせん）に、裏面の記載事項に接続して法定事項を記載する。手形・小切手の義務者は、支払拒絶証書および引受拒絶証書の作成を免除することができる（**拒絶証書作成免除文句**または**無費用償還文句**）（手46、小42）。これによ

停止または強制執行不効奏を理由とする場合にはいちおう呈示をしたうえで[864]支払拒絶証書を作成せしめる（手44Ｖ）。予備支払人の記載あるときはこの者に呈示したうえで参加引受の拒絶証書を作成させなければならない（手56Ⅱ）。

[33106]（２）**満期後の遡求**　支払をなすべき日において支払のないこと（**不渡**）（手43）がその実質的条件である。支払人の不在・所在不明を含み、支払人が複数いる場合にはすべての支払人が支払わないことを要する。形式的条件は支払拒絶証書の作成（不可抗力による作成期間の伸長がある[865]）である（手44）（小切手については代用方法として**不渡宣言**等が定められている）[866]。なお予備支払人を記載した者・被参加人およびその後者への遡求権保全をするためには、参加支払拒絶証書を作成しなければならない（手60）。

[33107]**合同責任**　数人に対して全額を請求できるという点では（民432＝改436、手47Ⅱ）連帯債務と類似してはいるが、連帯の場合には負担部分が存在する（民442Ⅰ）のに対して、遡求義務者の負担部分が零である（手48・49）点で、連帯と異なる。時効の起算点も時効期間そのものも、遡求と再遡求とで異なっている（対比、民439（連帯債務における時効完成の絶対的効力事由。平成29年改正で削除））。支払人による支払には、弁済の絶対効というべき効力はある。所持人と主たる債務者と間での免除・更改・相殺等も遡求義務者が援用できる[867]。しかし、中間の裏

り所持人にとって面倒な手続が省かれるだけでなく、遡求義務者にとっても拒絶証書の作成費用の負担を免れ（手46Ⅲ第三文、小42Ⅲ参照）、あるいは支払拒絶又は引受拒絶の事実の公表を避けることのできる利益がある。振出人が免除の記載をしたときは、全署名者に対してその効力がおよぶ（手46Ⅲ第一文）が、裏書人又は保証人が記載したときは、その効力はその者以外には及ばず（手46Ⅲ第二文）、したがって後者の場合には、所持人としては拒絶証書を作成させないと、免除者以外の者に遡求できないことになる（費用の関係は、手46Ⅲ第四文）。全銀協統一用紙は一律に拒絶証書作成免除を印字しており、作成を義務づけるにはこれを抹消する必要がある。なお、拒絶証書の作成が免除されても、手形・小切手の呈示及び遡求の通知義務が免除されるわけではない（手46Ⅱ、小42Ⅱ）。なお、呈示免除文句が当事者間で有効なることについては大判大正14・11・3民集4巻665頁民集4巻665頁、新判例マニュアル79事件。

864　最判昭和57・11・25判時1065号182頁、新判例マニュアル77事件参照。

865　不可抗力による作成期間の延長は英仏法系の立法主義で、即時遡求主義はドイツ法系の方法であるが、手54はこれらを併用折衷したものである（注845、注863）。

866　所持人が約束手形の振出人が他の証券を不渡にした旨を知って、振出人と裏書人とを共同被告として満期前に将来請求として手形金の支払を請求をしており、この後満期に至っても支払呈示をしなかった事例で、裁判上の請求は遡求権保全手続の代用とならない旨が確認された。最判平成5・10・22民集47巻8号5136頁（手形百選7版138頁〔野村修也〕）。満期前遡求では破産決定書の提出で足り、呈示は不要であるが、それは将来請求ではなく、手形法上特段の手続として法定されているからこそ認められるものであって、同列に論じるべきではない。

867　受戻をしていないとしても、それら債権消滅原因自体は作用する。受戻のない手形支払とその

書人を免除するなど、所持人が遡求義務者の一名を免除しても、これを知らずに遡求に応じた後者からの再遡求には対抗できない。遡求義務者には負担部分がなく、前者は後者に遡求できない。裏書人への所持人からの請求ある場合には訴訟告知によって再遡求権の時効中断（更新）ができる（手86）。主たる債務の時効完成を償還義務者は援用できる（大判昭和8・4・6民集12巻551頁）[868]が、裏書人が「償還義務の時効利益を放棄する」等述べて所持人を信頼させ、その結果所持人が主たる債権者への時効中断を怠った等の事情がある場合にはその限りでない（最判昭和57・7・15民集36巻6号1113頁、新判例マニュアル92事件）。なお、速やかな受戻により償還金額の増大を防止せしめるため証書作成または呈示の日より4取引日内になすべき遡求通知の制度がある（手45、小41）。通知懈怠の際は賠償責任を生じる。

第ｂ款　為替手形の引受・手形行為独立の原則

第1項　為替手形の引受

[33201]　**支払委託証券の担保**　　手形小切手の支払は、為替手形であれば**引受**、小切手の場合には資金強制によって担保される。

[33201bis]　**手形と「指図」**　　ところで、為替手形の引受の構造を理解するためには、一般民事法における**指図**の制度を理解しなければならない[869]。指図

後の裏書による流通の場面とは異なる。償還受戻は期限内裏書のように流通保護を配慮するべき場面ではなく、償還義務者は主たる債務者の義務の確定的消滅を援用できる。

[868]　判例・通説は、遡求義務者はその義務の二次性を理由にこれを援用し得るという（木内・269頁）。統一法成立当時の議論でもドイツの多数説であると指摘され（大橋・下671頁）、今尚多数の学説は遡求義務者が再遡求するための「健全な手形の受戻がないこと」をとらえ一種の担保保存義務違反として事柄を処遇するようであり（木内・269頁）、大判昭和8・4・6民集12巻551頁など判例も同様とする。そもそも理論的には、遡求義務者は各別独立の行為により責任を負う者であって、主たる債務の時効完成は絶対的効力事由（cf.平成29年改正民439）ではないというべきである。ところが、再遡求権の時効を訴訟告知により中断（完成猶予）できる特例を定める手86があるので、あたかもこれにより主たる債務者への債権の消滅時効の完成を予防することができるかのように思われる。しかしながら、通説は訴訟告知による中断の特例は、再遡求権に固有の短期消滅時効による権利喪失の危険から償還義務者を保護する特殊な制度であって、満期から3年という比較的長い時効期間を保証された主たる債務者たる約束手形の振出人に対する権利をもこれにより中断（完成猶予）の対象とするものではない、と解するので、償還義務者を防衛するには主債務の時効完成を援用させる以外にない。なおこの問題に関連して、[32407] 参照。

[869]　為替手形・小切手の振出 emission, tirage の法的性質は**指図**であり（小橋・手形法265頁）、為替手形の引受は、**指図の引受**である。引受人は受取人に対して資金関係上および対価関係上の人的抗弁を対抗できない。この原理は連続的な給付過程を節約する制度である一般法上の指図の効果を応用したものである（BRETHE, RTDCiv, 1926, no 20.）。「二重無権（正しくは**二重原因欠缺**

Anweisung, délégation, delegazione は、第三者の委託によって行われる給付である。指図人による給付指示を被指図人が履行し給付関係が実現されて指図が成立する効果として、実質関係が満足される[870]。委任のように随意に解消できるものではなく、指図による授権は、指図が成立した以上は撤回不能であるとされていることが一般的であり、一個の出捐により複数の目的・原因を満足する点で独特の範疇である[871]。指図受取人は実質関係上の既存債務の無効など、目的の消滅から解放された（抽象された）権利を有する[872]。各国の民事法典に規定が置かれている[873]。

---

doppelmangel, doppio mancanza della causa）の抗弁」の対抗（最判昭和45・7・16→[41311]）も、指図に関して各国の学説・判例が認めてきた帰結を、手形裏書によって形成される法律関係に適用した結果として説明することができる。指図説に対して手形外の法律関係を手形関係の解釈に持ち込むものとの批判があるが、支払人による支払が振出人の計算に属するのは、為替手形の支払につねに伴う効果であって、当座勘定契約等手形外の法律関係に根拠があるわけではない。その効果をどう利用するかについては手形外の合意による（結論として同旨、木内・133頁）。また、指図は三当事者の意思表示から成る一個の法律行為であるのに、為替手形の振出と引受とが別個の法律行為とされていることと矛盾するという批判（CAPITANT, De la cause des obligations, 2ed. 1924）があるが、指図学説自体において見解が分かれており、一体説と分解説とが主張され、一体説を採用しているフランス法においても、未完成指図の撤回不能性を、「受取人の利益」の観点から承認しており（BADAREU-TOMSA, De la délégation imparfaite, 1914., no 154.）、他方、立法的に分解説を採用したといわれているイタリア法（CARINGELLA e DE MARZO, Manuale di dir. civ. II, 2008, p. 578〔CECAFOSSO〕）と、その帰結において径庭ない。また、裏書も指図の一種と考えられる。引受のない為替手形や小切手には権利が表章されておらず、これに裏書を行った場合には権利移転の効果もない。裏書に共通する効力は支払受領権限の二重の授権である。譲渡を裏書の本質と見ることができないゆえんである。

870 指図人（裏書では裏書人にあたる。手形用紙で被裏書人を示す用語の「指図人」は誤用で、むしろ「指図受取人」である）と指図受取人との関係（対価関係 valeur）、および、指図人と被指図人との関係（資金関係 provision）の両者を併せて実質関係 rapports fondamentaux という。指図受取人は資金関係を、被指図人は対価関係を、知り得べからずして指図が実行され、二組の実質関係が満足される。

871 出捐行為は、必ず、三種類の目的のいずれかのために行われる。既存債務があればこれを消滅させ（弁済 solvere）、将来返還を受けるべく出捐し（与信 credere）、あるいは贈与と同じ経済的効果をおさめ（恵与 donare）るという目的（Zweck, but）を実現する（またはそのような「原因（causa）」を満足させる）。

872 抗弁の制限、抗弁の切断、抗弁の不対抗、抗弁の対抗不能。指図抽象性と呼ぶこともある。

873 仏民（1804年）1275-1276、2016年改正仏民1336-1340、日旧民財（1890年）495-498、独民（1900年）783、瑞債（1911年）466-470、中華民国民法典（1930年）710-718、伊民（1942年）1271。いずれの立法例においても、共通する属性は、被指図人への給付授権と指図受取人への受領授権との結合である。フランス法系は、指図を更改の一例として規定する形式を採っている点に特徴があるが、授権の構造は変らない。また、ドイツ法系は、被指図人への授権部分だけが指図の本体であるとしており（ローマ法の jussum 説を背景に持つ）、この体系では、引受がなかったとしてもそれは未完成の指図とならないが、指図の最も重要な特徴が表れるのは、被指図人が

[33202] **引受**　　引受 acceptation は為替手形に特有の制度であり[874]、為替手形の支払人[875]が為替手形上の支払委託を引受け主たる債務者となる意思で署名する手形行為である（木内・168-171頁）。引受の効果として、引受人は引受金額を、満期における支払呈示に応じて支払う義務を負う。この義務の性質は抽象債務である。

[33203] **引受呈示**　　引受は引受禁止文句[876]の記載のない為替手形上に、引受のための呈示（引受呈示）に対してなされる。所持人または証券の占有者（例えば所持人の代理人－大橋・上272頁）が、振出時から満期まで（手21）、振出人裏書人による義務的呈示期間の指定（手22ⅠⅣ）あるときはこの期間まで、引受呈示をなしうる（満期後の引受呈示に引受拒絶があっても遡求はできない）[877]。

指図受取人に対して約諾し、これにより成立した給付関係が他の二つの実質関係から抽象される場面である。これらはいずれも、指図人が被指図人に対して、指図受取人への問答契約 stipulatio による債務負担または物の所有権移転行為 traditio を指示する制度であるローマ法の delegatio (Dig. 46.2.11, 17 (Ulpianus)) に淵源を有している（なお、柴崎・前掲書190-259頁）。日本現行民法の「指図債権」（改正債権法で「指図証券」）は、証券的債権の規定であり、同時に Anweisung を表章する裏書可能な証書とすることができるかもしれないが、指図そのものの規定ではない。日本旧民法も嘗て「嘱託」の名で規定を置いていたが、この規定は削除された。ただし、その後にも民法起草者の文献の更改の解説中に嘱託の文言があらわれるほか、大審院の判例でも嘱託らしき取引の存在が認められる（大判大正6・5・19民録23輯885頁。完全嘱託に該当する三面契約である。後代の論者らは「民法に規定のない三者間相殺」としているが、相互性のない相殺とは一種の比喩の域を出でず、事柄が相殺ではないことは判旨自体がが述べるところである）。

874　約束手形は、為替手形におけるような、支払人の引受をまつまでもなく、振出によって直ちに権利を表章する証券となる。約束手形の振出により、振出人は受取人に対する、満期（正確には支払をなすべき日）における支払呈示あり次第、一定金額を支払う単純なる約束 (promesse de payer une somme d'argent simple et pure. 単純約束) を行う。単純約束についても日本民法には規定を欠くが、2016年改正前仏民1132・独民781・瑞債17等の立法例を参考にその法的性質を考えることができる（柴崎・前掲書）。

875　一般に支払人と振出人は別人であるが、法は、為替手形に関しては振出人と支払人との兼併の可能を規定し、他方で振出人と受取人との兼併も可能としている（手3、小6）。法定の事項が形式的に記載されれば手形要件としては欠けるところはない（小橋・手形法261頁、木内・135頁）。しかし、約束手形の場合に振出人と受取人とが兼併し、為替手形において振出人と支払人と受取人とが兼併されていると、これが裏書により別人に移転するまで、証券上の法律関係は実質的に成立していない。支払人でない者がなした引受の効力については注878。

876　他地払、第三者方払または一覧後定期払手形は、支払担当者を記載し、支払を準備させまたは引受呈示を前提に満期を確定させるため、絶対的禁止はできない（手22Ⅱ）。なお一覧呈示と引受呈示との区分の実益につき田中耕・概説280頁、PERCEROU et BOUTERON, I, no 126.）。

877　一覧後定期払手形については振出日より一年内（裏書人による伸縮につき手23。伸縮の援用は当該裏書人のみがなしうる。手53Ⅲ）である。引受呈示自由の原則により引受呈示を控えても失権はないが、引受呈示義務付文句（手22Ⅳ）があるときは、支払拒絶による遡求権も含めて失権させる効果があるものと解される（手53ⅠⅡ―引受担保責任のみの要件としてこれを要求する旨

[33204] **引受の方式**　引受は、手形本紙（謄本 copie・補箋 allonge 上にはなされ得ない）に「引受」その他これと同一の意義を有する文字を記載して支払人が署名することによりなされる（手25 I 前段）[878]。引受は、振出が実質的に無効でありまたは偽造の署名によるときでも、なお有効である。民事法一般の理論では、現実におこなわれていない指図を引受けてもそれは無効であるところ、為替手形の場合には、できうる限り手形を有効なものとして扱うべく、偽造の手形に有効な引受をなし得るとの特例を設けている。これが手形行為独立の原則（[33301]）である。

[33205] **引受の単純性**　引受は単純たることを要する（手26 I）。**不単純引受**のうち、**一部引受・第三者方払文句を付加する引受**（手27 I II）は法がこれを許容する。一部引受は、残部についての引受拒絶となる[879]。上の二種類以外の不単純引受には有効性はなく、すべて引受拒絶である。しかし、満期、金種など手形の記載事項の内容に関して制限を加えている場合（**制限付引受**）には、同様に引受としての有効性はないが、支払人は、署名にしたがって**文言責任**を負うものと解されている（手26 II）。引受人としての義務を条件に係らしめる場合（**条件付引受**）は制限付引受と区別され文言責任も認められず、かような手形の交付で決済の効果をおさめることができない[880]。

の記載である場合にはこの限りでない。大橋・上282頁）。
[878] 引受文句がなくても、為替手形表面上の支払人の署名は引受と看做される（手25 I 後段。略式引受。引受文句があり手形本紙上であれば裏面であっても引受が可能であるということになる。大橋・上290頁）。支払人以外の者の引受文句ある署名は引受の効力を持たない（最判昭和44・4・15判時560号84頁、手形百選 7 版192頁〔松嶋隆弘〕）。一種の不単純引受として文言責任を認めるべきであろうか。記載された支払人と異名義による同一人による署名は、引受としての効力は否定されないが、引受拒絶事由となって遡求が可能であり（竹田省・手形法・小切手法122頁）、遡求義務者が署名者と支払人との同一性を証明すると遡求を免れる（大森・手形法小切手法講義129頁、小橋・手形法270頁）。日付は原則として不要であり、一覧後定期払・期間内に引受呈示を要する記載ある手形（手22 I IV）では、引受日付が遡求権保全の要件である（手25 II）にとどまる。また、熟慮期間（即時引受の原則に対する例外。資金の点検のための制度である。大橋・上284頁）を支払人に許す統一法の原則（手24）のため、期間内の呈示があった事実を証するために所持人がこれを求めるときは、支払人は第一の呈示の日付を記載する義務を負う。これが懈怠されるときは、所持人は日付拒絶証書で第一の呈示があった事実を証明する必要があろう。
[879] 手26 I 但・手43（1）・手51、拒絶証書令 5 II。なお、ハーグ規則では一部支払にのみ留保条項があったが、ジュネーヴ法は一部引受についても一部支払についても留保条項を設けないという方針を採用した。大橋・上297頁。
[880] 統一法の議論につき大橋・上305頁。現行法の解釈論として田中耕太郎・手形法小切手法概論（1940年）419頁。なお内・171頁。例えば、「振出人より発送の商品到着次第支払う」の記載は満期に関する制限と見れば文言責任を負わせることもあり得るかもしれないが、これを条件付引

[33206] **引受の抹消**　手形法は、支払人が手形上に引受署名をしても、その返還前にこれを抹消することで撤回できるとしている。ただし、支払人が書面で所持人・遡求義務者に引受を通知してしまっていたときは文言責任が生じる（手29）。抹消は引受拒絶となり、かつ、引受は当初より行われなかったものとして扱われる[881]。証券が返還されて引受呈示者がこれを受領するまでの一連の過程が手形行為[882]であるとすれば、返還前の撤回可能性は当然の事柄である[883]。

受と見るとまったく無効と解される可能性がある。なお。超過引受は超過部分を無効とする（小橋・手形法275頁）。

[881] 引受の抹消による撤回は、支払人が振出人から受領するはずの給付の到達が期待できなくなったような場合に行われる。所持人としても、引受拒絶にしてくれれば即時回収できるが、抹消できないがために満期を待ち支払拒絶で遡求するしか方法がないと、債権の回収が期待できなくなる結果になろう。そこで、統一会議は撤回の可能という主義を支持した。

[882] 証券上に署名が行われ、これが相手方に交付される過程のうち、いずれの部分を以て手形行為として定義すべきかは、大いに議論されてきた。署名＋交付が行われると、意思実現（民526Ⅱ、改527）によって特殊な契約（**交付契約**）が完成するというのが通説であるとされてきた。学説は、証券的権利の流通において、かくして成立した権利が第三者に取得される過程を第三者のためにする契約としてきたが、抗弁の切断の効果を説明するために**公信力ある有価証券**の観念が援用された（BRUNNER, H., Die Wertpapiere, in Endemanns Handbuch, Bd. 2, 1882）。他方、公信力の観念に代えて、**裏書人を媒介して複数の契約が直接的に成立する**との説明が行われた（手形債権はいわば原始取得される）（THOL, H., Das Handelsrecht, Bd.1, 6 Aufl. 1879. THALLER, E., De la nature juridique du titre de crédit, Ann. dr. com. 1906-07.小橋一郎・手形行為論（1964年、有信堂）もこれに近い立場から）。ROERSLER が旧商法（明治26年）第12章「手形及小切手」の起草にあたって採用した理論でもある。これに対して、手形行為を相手方のある単独行為とする発行説がある（伊澤孝平・手形法・小切手法（1949年、有斐閣）、振出・裏書を要物的単独行為、引受・保証・参加引受・支払保証をもって非要物的単独行為に分類する）。民118が単独行為につき相手方の存在を前提にしていることから、次の修正発行説と比較して整合性が高い。単独行為説でも、権利の流通の過程は直接的権利の原始取得であるとする立場がある（LACOUR, Précis de droit commercial, 1912）。相手方のない単独行為とみる理解（**修正発行説**、田中誠二・手形・小切手法詳論（1968年、勁草書房））は、裏書人が流通におく意思をもって手形の裏面に署名し被裏書人以外の者を相手方として交付した事例で、危険を冒してこれを交付した以上署名者は善意の手形取得者に対しては義務を負うとした大判昭10・12・24民集14巻2104頁、最判昭42・2・3民集21巻1号103頁が認めた説とされる。所持人が誰になるか確定していない段階では一体その権利は誰に帰属しているのかが決まらない（懸揺説）。さらに、証券の作成のみによって何らかの価値物が発生し、動産のように「物」として流通する可能性が付与され、これへの権利が取得されると法定効果として手形債権が随伴的に取得されると見る立場がある（**創造説**）。**所有権説**（SAVIGNY, F. C. von, Obligationenrecht, Bd. 2, 1853、岡野敬次郎・日本手形法（1905年、中央大学）。新商法旧手形編の起草者らの理論である）は、手形に対する強制執行が動産執行の方法によること等から、証券の債権は既に物であると解する（ただし、SAVIGNY の記述自体は、無記名証券を対象とする理論である。庄子良男・ドイツ手形法理論史上（2001年、信山社）241頁。なお長谷川雄一・手形法理の研究（1987年、成文堂）、高窪利一・現代手形・小切手法（改訂版1989年、経済法令）等がある）。所有権の成立すべき「物」は有体物であるところ、用紙の所有権と証券の所有権は別であり、手形は物として二物であるといった説明を要する等--実際上は証券所有

第2項　手形行為独立の原則

[33301] 序説　手形行為は、他の手形行為の有効性の欠缺に影響を受けないという特質を持つ。これを「**手形行為独立の原則**」（手7・小10）[884]という。為替手形の引受人は振出人からの支払委託の意思表示に対する承諾として指図を引受けるのである。ほんらいひとは存在しない指図を引受けることはできない。しかし、この原則を適用すれば、振出人の署名が偽造であったとしても、引受の有効性に影響しないことになるというのである[885]。

[33302] 独立の原則の裏書への適用　この原則が適用されるのは、債務負担の側面であって（「他ノ署名者ノ債務ハ之が為其ノ効力ヲ妨ゲラルルコトナシ」）、「権利移転の側面には適用がない」とされる。往時は、裏書の権利移転的効力についてもこの原則の適用があるかが問題にされた。わが国では、7条の文言からいえば、権利移転的効力についてこれを適用する余地もなく、考える実益もないと説かれている[886]。むしろ独立の原則が適用されるために所持人の善意を要求すべきかと

権の方に附合によって吸収されてしまうであろう――民法が認めないような所有権を前提にするなどの難点がある。同じ創造説でも**二段階理論**は、手形と知りまたは知りうべくして作成した証券上に署名することによって「自己の自己に対する手形債権」が発生するものとし、これが承継取得されると説明する（鈴木竹雄＝前田庸・手形法・小切手法（新版1992年、有斐閣））。往時の擬人説等に近い。受取人の記載に権利の帰属に関する何の意義も認めないこの立場では指図証券と無記名証券との区別がなくなってしまう。

[883]　「證券ノ返還前」（手29）は、ハーグ規則およびジュネーヴ仮案の段階では、「手形カ（支拂人ノ）手ヲ離ルル前」であり、ジュネーヴ会議の第一読会では「手形ヲ返還 remise スル以前」、第二読会で「返還 restitution」とされた経緯がある。この修正の趣旨は、証券の返還が支払人の意思に基づくものであることを表現することにあったという（大橋・上308頁）。引受を契約（交付契約）ないし相手方のある単独行為と解するならば（木内・48-49頁）、証券が返還されて引受呈示者がこれを受領するまでの一連の過程が手形行為であるから、返還前の撤回可能性は当然の事柄である。相手方への到達を要さない単独行為とする説では、署名が行われたことをもって手形行為は完了するので、かような撤回権を定める条項は、他人の権利を消滅させる形成権を付与する創設規定ということになる。

[884]　ハーグ規則7・ジュネーヴ仮案7は、無能力の手形署名があっても他の署名の効力を害さないと規定したが、偽造の署名ある場合にも同様の結果が、ハーグ規則68・ジュネーヴ仮案68において定められていた。1930年会議でスカンディナヴィア諸国から、この両者を併合する趣旨の提案があり、独、伊、仏をはじめとする諸国の支持を得た（大橋・上173頁）。

[885]　手形保証は主たる手形行為の存在に付従する人的担保であるため、手7の適用がもともとなく、これとは別に手32に「手形保証の独立性」を規定した。多数の説は同条を手7の確認規定とし、主債務者の署名が偽造でも手形保証を有効と解するかのようであるが、手32は主たる行為が方式の瑕疵を除く事由で無効であっても手形保証は有効であるという趣旨の規定であり、偽造は方式の瑕疵の最たるものであるから手形保証人は、主たる債務の偽造を自らの手形保証の無原因として主張することになろう（柴崎「手形保証の付従性・独立性・有因性」獨協法学62号1頁）。

[886]　フランス法では、手7の存在は、善意取得制度と結びつけて説明され、裏書偽造の場合にこそ

の議論がなされる[887]。

第 b 款 bis 手形（小切手）保証、小切手の支払保証、参加支払・参加引受

[33401] 手形（小切手）保証　手形（小切手）保証は、手形本紙または補箋に、「保証」の文字を記載して被保証人を示し保証人が署名することで行われる手形行為による人的担保である。手形表面になされた単なる署名は保証と看做され（略式保証）、被保証人が明示されざるときは振出人を被保証人とするものと看做

適用されると考えられている。1935年の委任立法で統一手形法の導入が行われるまで、破毀院審理部は、次のような構成を支持していた。すなわち、連続する裏書のうち偽造された部分は、私文書として真正に成立していないのであるから裏書連続が破壊され、それゆえ、所持人は資格証明力を援用できない、と（柴崎「手形善意取得制度の基礎」山形大学法政論叢6号）。統一法導入以降は手7の適用により、裏書に偽造が存在していても外形上裏書の連続がある適法の所持人（手16）が資格証明力を援用できかつ「手形ノ占有ヲ失ヒタル者」がいるときには所持人が前主による裏書偽造の事実につき悪意重過失なき限り引受人に手形金を請求できる（善意取得 acquisition *a non domino*）。なお、河本一郎・約束手形法入門（初版1964年、有斐閣双書）が、商265違反の裏書があっても、約束手形振出人が所持人に対して負う義務を害しないという場面を援用しながら独立の原則を語っている。

[887] Aは売掛金債権の支払のために、Bを受取人として約束手形一通を振出し、これをCがBの手中より窃取、Bから自己に対する裏書を偽造して、割引のために自己の名を以てこの手形をDに裏書した。Dは、Bの裏書が偽造であることについて手16Ⅱにいう悪意であったが、満期において支払場所に呈示したところ支払がなかったため、Cに遡求した。（1）DのCに対する手形金請求は認められるか。（2）Bは盗難に遭ったことを理由として右手形につき公示催告手続をおこない「除権決定」（平成16年以前は「除権判決」）を得た。DはCに対して手形金を請求し得るか。多数の学説は、独立の原則は手形流通の安全をはかるという目的に出でたものであるから善意の所持人の保護にならないような場面でまでその特例を認める必要はなく、悪意重過失の所持人Dにおいては、本来被窃取者であるBに返還しなければならないような手形を用いて請求する利益は、Cに対してであれ、これを有しないと考える。所説は「主たる債務者への権利を取得するはずがないことを自覚すべき者が、その担保権であるに過ぎない従たる遡求義務者への権利を取得できるのは不自然である」、裏書人の担保責任は「二次的」なものであるから、一次的な権利を有さない者が行使する地位にないとする。反対説は少なくとも（1）の場合手形行為は厳正かつ単純なる書面的行為であって、その効果の発生は他の行為の効果に付従する余地がないから、悪意重過失のある所持人DもまたAやBに対する権利行使ができないという不利益を甘受すれば足り、Cに対する請求をも阻まれるいわれはない、とするものである（小橋・手形法29-34頁）。後説を以て是としたい。流通保護が手7の目的ならば、指図禁止手形や証書後・期限後の裏書には独立の原則が適用されないということになるはずであるがそのような規定はない。最高裁は、Aが作成した、実在しない代表取締役名義による会社のためにする振出署名（仮設人署名）のある約束手形一通に、隠れた保証の趣旨で裏書をした者（Y）への、（Aからの直接の交付の相手方である）Xからの請求を認容した原審を支持し、「Yは本件手形の真正な裏書人であるというのであるから、Xが所論のように本件手形振出人の代表者名義が真実に反することを知っていたとしても、Yの裏書人としての手形上の責任は何ら消長を来さない」（最判昭和33・3・20民集12巻4号583頁、手形百選7版94頁〔伊沢和平〕）とした。本件では公示催告手続は執られておらず、最高裁は上記後説を採用した。

される。**隠れた保証の趣旨の裏書**[888]と区別すべく「公然の手形保証」と呼ばれる。

[33402] **効力**　手形保証人は主たる手形債務者と同一の義務を負う（付従性。手32 I）が、方式の瑕疵を除いて主たる債務に無効原因があっても保証は有効である（独立性。手32 II）[889]。通説は手32 I の「同一ノ責任」とは、実質的同一を意味せず、主債務の形式を借用した債務との意味であり主たる行為の実質的有効性の欠缺を保証人は対抗できない（手32 II）と説く。確かに、主たる債務が存在していない場合であっても手形保証人が独立して義務を負うという場合があり得ないわけではない。しかしながら、それは通説が想定しているような、機械的に無因の債務負担行為であるというわけではない。手形保証は手形債務負担であると同時に人的担保であって、損害担保契約（民449）と同様の構造を有する。即ち、これらは、主たる債務に対する付従性があるとはいえないものの、その債務負担自体にとって担保としてのはたらきをなすもの、すなわち「債務負担の経済的機能」の存否にその効力が付従する[890]。

---

[888]　正裏書の形式により、担保的効力（手15）を利用して人的担保としてこれを利用しようとするものであり、統一法で認められた**別証保証**（aval par l'acte séparé. 手形本紙とは別の証書の上に手形法上の手形保証を行うという制度であり、その採否は締約国の留保により決まるものとされた。手形本紙上に保証が表示されることによる手形の信用力が減少することを回避しようとする技術であるが、手形本紙上の保証と異なり、手形とともに流通しないので、別証保証の場合には直接の相手方に対する関係でしか義務を負うことがなく、その点を除いてはすべて本紙上の保証と同一の効力を有するものである）と同じく券面上の表示から人的担保が付されていることを判り難くすることで手形の流通力を確保できるところから利用されている。複数の裏書人が同一の支払人の同一の債権者に対する関係で裏書人としての償還義務を負う形式を採ることもある。AがBから手形貸付を受けるにあたり、AがYを受取人として振出した約束手形上にYおよびXが隠れた保証の趣旨でそれぞれ第一裏書人・第二裏書人として署名しBにこれを交付するが如き方法である。所持人Bが支払呈示したが不渡となりXに遡求し、Xは手形金を支払って手形を受戻し、Yに再遡求したという場合、YおよびXがAのためにする一種の共同保証人として署名した趣旨でそのことにつきBとの間でも合意ある場合には、Yは共同保証人として負担すべき負担部分を超えたXからの請求についてはこれを人的抗弁として対抗し得るものとされている（最判昭和57・9・7民集36巻8号1607頁、手形百選7版134頁〔中東正文〕）。ここでは遡求の制度が有する「合同責任性」が問題となる。民事共同保証人と異なり、裏書人には「上下関係」（XはYに再遡求できるが、YがBから受け戻していたらXには再遡求できない）があり、再遡求金額は最終所持人からの遡求に応じた手形金額全額であるところ（Xにおける負担部分ゼロ）、他方で民事共同保証人は平分の（XYともに二分の一を以てその負担部分とする）分割債務関係である（なお貸金債権の民事保証成立の推定につき注461）。

[889]　方式の瑕疵の最たるものが偽造であるから、手7で認める独立性よりも、手32の規定する独立性のほうが範囲は狭い。

[890]　最判昭和45・3・31民集24巻3号182頁（手形百選7版128頁〔仮屋広郷〕）は、主たる手形債務者Aが実質関係上負担することのあるべき請負契約不履行に基づく損害賠償義務を担保すべく注

[33403] **支払保証**　支払保証[891]は英米法上の visa に倣った、呈示期間経過前の呈示に対する権利保全手続を条件として支払義務を負担する支払人の小切手行為である（小53）。日本の当座勘定規定では支払保証をしないことが約されており、銀行の自己宛小切手の発行で代用する[892]。

第 ii 節　手形外の法律関係による支払担保

第 a 款　手形資金・利得償還請求権

[33404] **手形資金**　為替手形の振出人が満期において支払人に対して有する手形外の権利が、所持人に一種の先取特権として帰属するものとして遇する制度である。統一法成立前より、手形資金制度を採用しない諸国（ドイツ、日本他）とこれを採用する諸国（フランス、ベルギー他）が存し、さらに後者のなかには二種の立法主義が存在した。フランス法主義は、満期における為替手形振出人の支払人に対する手形外の取引関係による債権を「資金」とし、裏書によって法律上当然に移転するものとする制度で、振出人破産の場合には破産財団に属さない。ベル

文主 X に差入れた約束手形に振出人のためにする手形保証人 Y が署名し、請負の履行が完了して、損害賠償債務が不発生に確定したにもかかわらず、受取人 X が言を左右にして手形を返還せず、手形保証人 Y に手形金支払を請求したという事例に関するものである。裁判所は、損害賠償義務不発生という事情（原因債権の未発生）を手形保証人が援用することを許した。学説の多くはいわゆる「後者の抗弁」の事例である昭和43年の最高裁判決を類推して問題を「権利濫用」の事例と考えるようであるが本件の解決は手形保証の担保としての機能が後発的に喪失したことの帰結である（附従性説）（昭和43年は、もともと振出人と受取人の間に取引関係があった事例であり、振出人が所持人との間で支払って免責を受ける利益があるのに対して、本件では手形保証人が振出人から回収（手32Ⅲ）できるとはいえ本来必要のなかった給付を強いることになってしまう）。なお鈴木＝前田・新版370頁は、「手形保証・引受には権利移転行為が伴わない」とする（これらの署名をした上で相手方に証券を返還した場合に、債務負担行為で成立した権利は相手方に移転されず署名者の手中に留まり、後に証券取得者がいても善意取得も作用しないことにならないであろうか）。手形保証は、民449の能力制限者債務を担保する独立の債務、身元保証、フランス法の「請合」（port-fort）等と同じく、被担保債権に対する付従性（民448）を持つわけではないが「担保」という機能を喪失すればその効力を失う。このような類型の担保にとって、かかる「機能」は、「原因 cause」（債権者が主たる債務者に対して提供する信用への考慮 considération。柴崎暁「手形保証の独立性・付従性・有因性」獨協法学62号）となっており、それが欠缺するときには、直接に当該約諾者自身の義務に係る抗弁となるであろう。同じ附従性なき人的担保であっても、求償を資金関係とする請求払無因保証・スタンドバイ信用状とは構造が違う。

891　木内・手形法小切手法142頁。
892　預金小切手については［23108］（注498）、［32305］。

ギー法主義は、為替手形振出人の支払人に対する手形外の取引関係に基づいて送付された動産（商品）を「資金」とし、満期において支払がない場合にこの商品を処分した売得金を以って手形の支払に充当せしめる権利を与えるものである[893]。資金未受領の支払人が呈示に引受をせず「一覧あり（vu）」と記載し満期前遡求をさせずに振出人の名誉を維持する一部法域の慣習を前提にした制度であった。統一手形法は振出地法を準拠法としている（手91。小切手では支払地法。小80（6））。手形資金制度を利用しない諸国でも、小切手資金の強制は採用された。小切手は資金契約なしに振出すと過料の対象となる（小71）。しかし日本法は旧商法を除き手形資金を採用していない。利得償還請求権とは部分的に機能が重なる[894]。

第ｂ款　荷為替信用状の利用[895]

第Ｃ章　手形・小切手上の法律関係の移転

第ｉ節　裏書（総説-正裏書-特殊の裏書）

[34101]　総説-法律上当然の指図証券性　　裏書とは指図関係の新たな形成を効果意思とする手形行為である[896]。支払権限および受領権限の授権行為を本質とす

893　手形資金制度について柴崎・手形法理と抽象債務［2411］-［2414］参照。
894　木内・手形法小切手法239頁。利得償還請求権については［32502］以下参照。
895　信用状の利用について［23601］以下参照。
896　その本質を**債権譲渡**として説明する文献は少なくない--実際、民法の証券的債権ないし有価証券の規定も、それを債権譲渡の制度の一種として条文を配列している--。手11にも「譲渡スコトヲ得」とある。しかし、この表現にもかかわらず、裏書の構造は為替手形の振出にも擬され（POTHIER）、支払人に支払を、被裏書人に受領をそれぞれ授権することを本質とするものといえるであろう。また、そこで生じる権利移転行為はむしろ更改に近い（ROESLER）。「譲渡スコトヲ得」の語は、統一条約における正文では cessibile ではなく transmissible となっている。引受のされていない為替手形の場合には、その裏書には債権移転の効果（手14）は伴わない。では

るものであって、債権譲渡ではない[897]。裏書によって移転することができる証券のことを**指図証券**と称する。手形文句の効果としてひとたび為替手形ないし約束手形としての性質決定を受けると、これを排除する明示の表示がない限り、**裏書可能な証券と看做される**。このような手形の性質を「法律上当然の指図証券性」（手11）という。統一法以前、一部の法域では、指図文句が省略されていても、裏書可能性が認められてきた（遅くとも18世紀のドイツ。LEVY-BRUHL, p. 108）。それを法律制度に高めたものがこれである[898]。裏書をすることができることの根拠は、もともとは証券作成者の意思、即ち指図文句〔clause à ordre〕（「…殿または其の指図人に〔à...ou son ordre〕」）の記載の効果であった。裏書の本質を被裏書人への受領権限の授与に見るとすれば、指図文句とは、復授権の続行を許す証券作成者の意思を示す文言というべきで、これを含む証券が指図証券である。裏書を受けた者を被裏書人といい、被裏書人は新しい裏書を続行することができる。時代を遡れば裏書に回数制限が存在した法域もあったようであるが、現行法の下では、理論上は裏書の回数は無限である。指図禁止文句（次項）のない手形を無

債務負担が本質かといえば、担保的効力も反対の文言で除去できる（手15）。いかなる場合の裏書にも共通した効果は**資格授与**（手16）である。それゆえ、手形裏書についていえば、これを債権譲渡の一方法であると定義することは正確ではない。

[897] 例えば、為替手形にして引受なきもの、および小切手は証券上に権利を表章しない。かような場合には、譲渡されるべき手形金・小切手金債権が存在しないことになる。しかし、これらにも裏書可能性＝指図証券性は妥当する。このような証券によって支払を受けることのできる権限を裏書によって授与する行為は「復指図」の過程と解され、（一部の法域で生じる手形資金の移転を除けば）譲渡ではない（但し指図禁止未引受為替手形の譲渡にも民467の対抗要件の履践を要する）。なお、統一法正文は「通常ノ譲渡 cession ordinaire」の文言を用いているが、これは一般私法（民法）上の債権譲渡をさし、その取扱が各国の立法によって異なることから一般的な名辞が用いられている。

[898] 統一法の成立前、フランス、アメリカの立法は指図文句を書かなければ、裏書による流通は認められなかった（有益的記載事項としての指図文句。大橋・新統一上190頁）。小切手については、記名式・指図式（小5Ⅰ（1）、いずれも裏書により移転し得る―小14Ⅰ）のほか、持参人払式（小5Ⅰ（3）、小5Ⅱ―看做し持参人払式たる記名持参人払、小5Ⅲ―看做し持参人払式たる受取人白地）が認められている（無記名証券性＝交付のみで譲渡できる）。持参人払式小切手に裏書をすると裏書人が遡求に際して合同責任を負う（小20）。この裏書には小切手を指図式に転換する効果はなく、裏書された以降も小切手は交付によって移転できる。旧手形編で認められていた無記名手形は、統一法においては廃止されたが、統一法は、被裏書人の名を記載しない無記名裏書（白地式裏書―手13Ⅱ）を認め、振出人が受取人資格を兼併する自己受手形として、第一裏書に白地式裏書を用いるならば、交付譲渡（手14Ⅱ（3））が可能となり、実質的に無記名手形の廃止の意味はない（大橋・新統一191頁。貴金属や通貨と引換に、ラウンドナンバーの一覧払式無記名式約束手形を大量に発行することが、中央銀行の発券独占と抵触するとの考え方があったために、導入されたとも推測される）。

方式の意思表示によって譲渡することができるという理解があるが、これは不可能なものと解する（石井＝鴻・42頁）[899]。

[34102] **指図禁止文句**　手形の訴訟法的な厳正のもたらす利益を利用しつつ抗弁制限と遡求金額の増大とを回避する等のため、手形の法律上当然の指図証券性を排除する文句が認められる（手11Ⅱ、小14Ⅱ、これを記載したものが指図禁止手形、裏書禁止手形、禁転手形）[900]。

[34103] **指図禁止手形の譲渡・行使**　指図禁止手形は、「民法（明治二十九年法律第八十九号）第三編第一章第四節ノ規定ニ依ル債権ノ譲渡ニ関スル方式ニ従ヒ且其ノ効力ヲ以テノミ之ヲ譲渡スコトヲ得」る（手11Ⅱ、小14）[901]。指図禁止手形の譲渡の方式として、証券の引渡を要するが問われるというが、意思表示および対抗要件通知で足りる。しかし権利の行使には証券を要する。指図禁止手形といえども、手38・手39の不適用が明言されているわけではない[902]。また、指図禁止

---

[899]　最判昭和49・2・28民集28巻1号121頁、手形百選7版98頁〔小出篤〕。事案では約束手形に裏書が付せられ一旦は金融機関に割引されたが、満期前に買戻請求権が行使され、受取人名も被裏書人名も抹消しないで手形が割引依頼人に返戻され逐次の交付譲渡で再流通した。最高裁は指図禁止文句のない手形が指名債権譲渡の方法によって譲渡されたものとした。結論からいえば、指図禁止文句のない手形の裏書以外の方法による譲渡を認めるべきではない。事件当時の民法の指図債権の裏書でさえ権利移転の対抗要件、改520の2では成立要件であり、まして手形法による法定的な権利移転行為の成立要件である裏書の条文が強行規定でないはずはない。手形債権について指名債権譲渡の方法が履践され、通知・承諾がなされていても、これに抵触してなされた手形の裏書を受けた者が権利者となると考えるべきである。さらに、一部の論者は意思表示による譲渡を認めた上で、手形証券の引渡を要すると考えるものもあるようであるが、それは法律上認められていない対抗要件の種類を私人が創出することになるが、そのような合意は無効である。思うに、事例は、被裏書人欄の抹消という「裏書の訂正」を授権してなされた手14Ⅱの方法による手形法的交付譲渡になり得る場面と解するべきであろう。本件では抹消に至らなかったが被裏書人欄が現実に抹消されさえすれば、裏書連続との関係でいえば、白地式裏書と看做され（最判昭和61・7・18民集40巻5号977頁、手形百選7版110頁〔田澤元章〕）、交付譲渡の方法による権利移転が可能になる。電子記録債権の場合、「電子記録債権の譲渡は、譲渡記録をしなければ、その効力を生じない」（電債17）とされており、譲渡記録以外の無方式の合意によってその権利を移転することはできないことが一層明瞭に定められている。

[900]　どのような記載をすれば指図禁止の記載として認められるかは、法文に例示された「指図禁止」「裏書禁止」のほか、それに類する記載も取引社会ごとの慣例にしたがって決定されよう。受取人名に後続する「限り」の記載を以って指図禁止の表示と解する判例がある（最判昭和56・10・1金判637号3頁、新判例マニュアル48事件）。

[901]　「民法（明治二十九年法律第八十九号）第三編第一章第四節ノ規定ニ依ル債権ノ譲渡」の文言は、平成29年民法改正法に伴う関係法令整備法で新設された文言であり、原始規定は**指名債権ノ譲渡**」とされていたものである。本書では、これを示す講学上の概念として「指名債権」の語を用いる。

[902]　譲受人は権利を取得した効果として証券の引渡を請求できる。譲渡の要件ではなく効果の問題

になると強制執行の方法が異なるほか、取立委任裏書を付することの可能性について議論がある[903]。

第 a 款　正裏書

[34201]　裏書の方式-裏書の位置、裏書文句、日付　裏書は、手形本紙、補箋[904]、謄本[905]のうえになされうる。裏書文句は不要である[906]。一般には裏面になされる[907]。裏書一般に日付は不要である[908]。

である（cf.民執148。竹田・99頁、小橋・手形法4頁）。しかしながら、証券喪失の場合に公示催告手続が利用できるものとされていない（民施57）ので、証券喪失者はあらゆる方法で権利を立証することができるとされてきた。指図禁止手形の裏書には担保的効力がなく、少なくとも指図禁止約束手形に限っては遡求が想定されないので支払呈示は不要で、商517（改520の9）は適用されず付遅滞にも呈示が必要なく、受戻についても証書が存在している場合に限り返還請求を認めるものにとどまり（民487）、別に受領証書を作成すれば足り（民486）、譲渡においても証券の引渡はこれが譲渡人の手裡に存する場合に限って請求できる。準占有者たることの要素はなによりも譲渡人からの通知であって、証書の占有が決定的なわけではないからである。以上から、指図禁止手形は呈示証券性・受戻証券性がないとされてきた（服部・前掲書216頁）。この考え方は妥当ではない（石井＝鴻・217頁。以下の通り債権法改正以降はなお一層である）。指図禁止為替手形により振出人に遡求するためには権利保全手続を履践しなければならないため、記名証券に関する改520の19Ⅱは、改520の11を準用し、公示催告制度が適用されるとしている。指図禁止約束手形の場合でも、一覧払・一覧後定期払であるときには、満期の確定に呈示を要する。改520の19は指図禁止手形を典型に記名証券を定義し（往時の記名証券の典型例は商307等）、公示催告手続の利用は当然に可能となる。支払呈示・一覧呈示は除権決定を以てなし、拒絶証書も決定正本上に作成すべきことになろう。また、裁判上手形金の支払を請求するにあたっては、口頭弁論終結時点までに除権決定を得ないと敗訴するということになる。

903　指図禁止手形に対する強制執行は、指図禁止文句のない手形が動産執行の方法によるものとされているのと異なり、債権執行の方法による（民執122Ⅰ、民執143-161）。指図禁止手形の公然の取立委任裏書は可能とされている（田中耕・341頁、伊澤・394頁、石井＝鴻・217頁、田中誠・詳論413頁）が理論的にはこれを否定するのが正しい（大橋・新統一上190頁、鈴木・268頁）。指図禁止手形に正裏書をしても、それは指名債権譲渡の意思表示の証拠方法として資格づけられ、当然ながら担保的効力も権利移転的効力もない。前説によると債務者は譲渡通知後譲渡人から取立委任を受けた被裏書人に弁済して譲受人との関係で免責されよう。

904　裏書人のための手形保証も補箋になしうる。手31Ⅰ。

905　謄本上の裏書の可能（手67Ⅲ）。引受と比較せよ。また、小切手には謄本の制度がない。

906　統一手形用紙の裏面の裏書欄には、支払委託文句が記載されている。現行法では無益的記載というほかにはないが、沿革上はこれが裏書に本質的な意味を持つ記載であった。裏書人の支払委託の意思表示は、裏書という新たな指図 Anweisung / délégation の法律上当然の内容になっているからである。裏書の担保的効力は無担保文句によって排除され、取立委任裏書には権利移転的効力がなく、不連続の裏書には法律上の権利推定の効果も与えられない。これらの裏書にも共通して認められる属性により裏書を定義づけるならば指図による支払委託とみる以外にないのではないか。

907　手形表面になされる場合には、記名式裏書たる必要がある（手13Ⅱ）。手形上になされた署名は、支払人のものであれば引受と看做され、振出人のものであれば振出である。相手方が書かれ

[34202] **当事者など**　　裏書人たり得る者は、第一裏書については受取人（持参人払式小切手の場合には当該持参人）、以下の裏書人については直前の被裏書人ないし手形の占有者である[909]。被裏書人が既に手形署名者となっている場合でも有効である（手11Ⅲ、戻裏書）[910]。被裏書人の名を記載しない場合（白地式裏書）、後続の所持人は、被裏書人欄を自己の名で補充して裏書を続行するか、そのまま何も補充せずに裏書を続行するか、そのまま補充も裏書もしないで証券の交付によって手形を他人に移転することができる（手14）[911]。

[34203] **裏書の単純性**　　裏書は単純たることを要する（手12Ⅰ）。単純であるということは、無条件であるということである[912]。

ていない単なる署名は保証と看做され、その位置によっては共同振出人による振出署名となる。共同振出ないし手形保証と看做されることを防ぐ必要から被裏書人の記載が必要となる。

908　当該裏書がいつ行われたかが問題になる場面（手20など）は、実際に裏書がいつなされたかについて証明しなければならないから、証券上日付の記載があったとすれば、少なくともそのような証拠として意味を持ちうる。

909　従って、裏書の連続を破壊するような場合であっても、その裏書自体の実質的効力そのものに影響を与えるものではない。

910　ただし、小切手の支払人への戻裏書は領収の署名と看做される（小15Ⅴ）。小切手の支払人の裏書は無効である。小切手は信用証券ではなく純粋に支払手段であって、所持人が支払を受けた以上は、その目的が達成されたと考えられるからである（小15Ⅲ）。支払人が複数の営業所を有する場合で、そのうちの一を支払人としている場合には、他の営業所は支払資金の存在を確認できないが、支払呈示に応じて支払はしなければならないから、この場合にのみ所持人から裏書を受け、遡求権を発生させておく必要がある。この場合、通常の裏書の効力が生じるが、支払人は裏書を続行することはできない（小15Ⅴ但）。

911　被裏書人が書かれていても裏書に「持参人払」の記載が付記される場合（持参人式裏書）には白地式裏書と同一の効力が生じるものとされる（手12Ⅲ）。ジュネーヴ会議まではこのような取扱を認めることに異を唱える立場が優勢であり、ハーグ統一規則では持参人式裏書は無効であるとの説が採られていた。白地手形の承認を推進するイタリア代表の主張から手12Ⅲが挿入された。しかし、持参人払（所持人式）文句が書かれ、被裏書人名の記載されている裏書が、現実に白地式裏書と看做されてしまうわけではない。白地式裏書ではその被裏書人欄の補充が可能であるが、持参人式裏書はその被裏書人欄に補充をなしうるものではない。ここに、持参人払文句を抹消して、被裏書人の名を記載することができると解し、その場合の抹消は手69の変造に該当しないと解する立場がある（大橋・新統一218頁）。このような補充を認めるべきではなかろう（木内・148頁）。法文自体の表現が「白地式裏書と看做す」ではなく「同一の効力を有す」とあるところからも後者の理解が採用されるべきである。

912　統一法以前、日本、ドイツ、イタリアなど、明文の規定を持たなかった法においては、条件付裏書は全部無効と解されていた（大橋・新統一上213頁）。法律によって許可された変則のみが有益な記載として認められる。無担保文句（手15Ⅰ）、裏書禁止文句（手15Ⅱ）、引受呈示命令（手22Ⅳ）、呈示期間短縮文句（手23Ⅲ・手34Ⅰ）、拒絶証書作成不要文句（手46）などが有益な記載である。取立委任文句（手18）、質入文句（手19）を記載することもできるが、これにより特殊の裏書となる。取立委任文句または質入文句の付せられたものを除いたものを「譲渡裏書」または「正裏書」という。裏書の本質は譲渡ではないので正裏書の表現を採用する。

[34204] **不単純裏書の扱い**　一部裏書や条件付裏書を「不単純裏書」と総称する[913]。一部裏書は無効である（手12Ⅱ）[914]。条件付裏書の場合は、当該条件の記載が無益的記載として扱われる（手12Ⅰ第二文）[915]。

[34205] **裏書と担保の随伴移転**　権利移転としての裏書は、手形上の権利のみを被裏書人に移転する（手14）にとどまり、その担保をも移転する効果が生じるわけではないのが、理論的には、原則である。（後述）。

[34206] **裏書の抹消（消極的裏書）**　裏書人は遡求に応じて償還受戻することで手形上の権利ないし地位を復活する[916]が、このとき当該裏書を全部抹消し得る（手50）。遡求だけでなく、割引手形の買戻請求に際して（遡求ではなく合意に基づき）裏書を撤回することもあり得る。被裏書人欄のみの抹消があるときは、裏書の連続との関係では記名式裏書を白地式裏書に変ずるものと看做される[917]。

[34207] **裏書の効果**　裏書には**権利移転的効力**（手14）[918]・**担保的効力**（手15）

---

[913]　大橋・新統一上213-215頁。

[914]　一部裏書の無効についていえば、これは、締約各国（日独仏伊）が従来認めてきた帰結を承認した結果となった。一部裏書を許容すると、裏書人の手元に残った残部の金額が支払われ得ることになるが、そのような取扱は、手形金額が一定でなければならないという要請と抵触するとの理由からであると説かれる（大橋・新統一上214頁）。金銭債権は、可分債権であるが、手形債権は証券を通じて流通するから、一部引受拒絶による遡求の場合など法定の特殊な場合を除き分属できないとの原則がとられている。

[915]　手形外の合意の証拠方法として、条件の記載とみられる記載を利用することはありえよう。一定の要件の下（担保の趣旨で差しいれた手形について被担保債権が完済されている場合）での証券の返還を合意したりすることがありえたとしても、いずれにしてもそれは手形外の合意の証拠であるにすぎず、手形上の法律関係になるという意味ではない。同条項は、ハーグ規則を踏襲したにとどまり、ジュネーヴ会議では議論がない。

[916]　小橋・手形法214頁。

[917]　最判昭和61・7・18民集40巻5号977頁、新判例マニュアル60事件。

[918]　「手形ヨリ生ズル一切ノ権利ヲ移転ス」（手14）の意味するところとして、手形上の権利を担保する担保権が随伴移転するかが問われてきた。前述〔34103〕にあるとおり、裏書の本質は債権承継＝債権譲渡ではない（旧商法手形偏に関して、リョースレル・商法草案（司法省）下巻310・311丁。ROESLER (Carl Friedrich Hermann), Entwurf eines Handels-Gesetzbuches für Japan mit Commentar（復刻版1996年、新青出版）, Bd. 2, 1884, S. 606.）ため、裏書の単純性の帰結として、担保権の随伴移転は生じないのが原則（大判大正13・5・15商判集841頁）である。学説も同様である。小橋・手形法210頁、LESCOT et ROBLOT, Les effets de commerce, 1953, tome 1. そのため立法例のなかには、1876年のハンガリー手形法のように「裏書」（8-15条）とは別に、「譲渡」の節を設け、証券もしくは謄本または補箋に記載する方法による権利承継を規定しているものがある（16条）。フランス手形法の資金債権制度は特殊な効果を定める例外的制度である（木内・150頁。ただし、PUTMANN (Emanuel), Droit des affaires, 4, Moyens de paiement et de crédit, "Themis droit privé", 1995, PUF, no 64.のように、統一法14条を専ら手形資金の移転の根拠としてのみとらえる立場もある）。このほかフランスでは営業財産売買契約を原因関係とする約束手形の所持人に売買代金先取特権を与える特別法（1909年）、指図式執行謄本に関する法律（1976年）が

([33101]-[33107])・**資格授与的効力**（手16）（[41110]-[41119]）が伴う。

第 b 款　特殊な裏書

[34301] **取立委任裏書**　裏書に「取立のため」「代理のため」「回収のため」その他単なる委任を示す文言を付して行うものを取立委任裏書という（手18Ⅰ）[919]。被裏書人は、手形より生じる一切の権利を行使する（手形の呈示をなして引受・支払を求める、拒絶証書を作成させて遡求する、訴を提起する等）ための代理権を与えられる[920]。ただし、権利移転的効力はなく[921]、担保的効力もない。行使できる手形上の権利はあくまで他人のものであるから、権利の処分（和解、免除）はできず、譲渡裏書を続行しても、取立委任裏書となる（手18Ⅰ但）[922][923]。

導入される等した。日本においては「抵当証券法」が知られる。さらに日本の判例は後に変更されて随伴移転が認められるようになっている（最判昭和45・4・21民集24巻4号283頁、手形百選7版100頁〔本多正樹〕）。それは当事者の意思にも合致するということを理由としているようである（なお参照、民518）。

[919] 裏書人の承諾の下取立委任文句を抹消することで、これを正裏書に転換することができる。抹消の時点で権利移転的効力が発生する。最判昭和60・3・26判時1156号143頁（手形百選7版114頁〔伊藤壽英〕）。

[920] この代理権は本人の死亡によっても能力制限の審判によっても消滅せず（手18Ⅲ、cf.民111、653、商506）、取立が完了すると受任者は代わり金をそれぞれ相続人および後見人等に引き渡すこととなろう。裁判上の代理権が行使されるときは、いわゆる**任意的訴訟担当**の一例として論じられる。なお、電子記録債権法にはこれに類する制度が存在しない。

[921] 手形債務者は取立委任裏書の被裏書人からの請求に対して裏書人への抗弁を以て対抗し得、被裏書人との関係に基づく抗弁を対抗できない（手18Ⅱ）。

[922] 取立委任裏書人の取立委任裏書は、復代理人の選任である。民104と違って本人の許諾を必要としない。取立受任者の地位の譲渡とみる説―田中耕太郎・概説374頁―も主張されるが、本文に説く通り復代理人説（旧代理人は離脱しない。cf.民105）によって十分に説明しうるであろう。最初の取立受任者は、その権限を依然失うものではないが、証券の占有が回復されないと形式的資格がないので権利行使が事実上できないというだけであり、結果としては譲渡説と変わらない。

[923] 取立の目的を以って正裏書がなされることがあるが、これを「**隠れた取立委任裏書**」と称する（手形法上の取立委任裏書は「**公然の取立委任裏書**」と呼び区別する）。銀行が手形交換所に顧客である所持人の委託を受けて交換に持ち出すときに、実際には「隠れた取立委任裏書」を用いていることが多い。この種の実務は、形式が簡便なこと、場合によって手形割引（期限前に証券を現金化できるという利点がある。取立における代わり金は取立完了後でないと処分可能な当座勘定残高とならないが、割引対価は直ちに授受される）に切り替えることを迅速に行いうる等の実益が伴うとされてきた（富山・手形法小切手法講座第3巻247頁）。しかし、正裏書には人的抗弁の切断が生じ、当該裏書がなされた目的を超えた効力を生じてしまう。**信託裏書説**は、この場合正裏書そのものの効力が生じると解したうえ、被裏書人は裏書人に対して取立のためにのみ権利を行使すべき債権の拘束を受けるにとどまる（委任を原因関係とする譲渡裏書）とする（田中耕・380頁、大橋・新統一221頁、伊澤・400頁、竹田・前掲書114頁、鈴木・270頁、石井＝鴻247頁、田中誠・詳論560頁、大森・講義116頁。大判大正14・7・2民集4巻388頁、大判昭和9・

[34302] **質入裏書**　　裏書に「担保のため」「質入のため」その他質権の設定を示す文言を付した裏書が質入裏書（手19Ⅰ）である。「隠れた質入裏書」と区別するため特に「公然の質入裏書」と呼ぶ。質権者である所持人は、占有型担保としての質権の帰結として、手形より生じる一切の権利を行使できる[924]ものであるが、取立委任裏書が代理権授与を本質とするのに対して、質権者には固有の利益主体としての地位がある[925]。

2・13民集13巻133頁、最判昭和31・2・7民集10巻2号27頁）。真実の信託 trust とは異なり、あくまでも、手形上の権利は被裏書人に移転し、被裏書人はそれをもっぱら本人＝裏書人のために行使する権能を有するという原因関係による債権的拘束のついた信託行為である。この「信託」は公示されず、被裏書人の責任財産から独立するものではない（なお、当初隠れた取立委任裏書を虚偽表示としていたドイツの判例において、やがて手形所有権留保の特約付の正裏書の場合を除き虚偽表示であるとの性質決定は否定され、ただそれが人的抗弁切断の利益を引きだそうとしてなされた場合にのみ、exceptio doli が認められるようになった経緯については、四宮和夫・信託の研究（1965年、有斐閣）97-98頁）。これに対して、**資格授与説**によると、この正裏書は権利を移転せず権利行使のための授権をなすのみと解する。裏書人は破産取戻権を有し、後の取得者は善意取得で保護される（大隅健一郎・新版手形法小切手法講義（1989年、有斐閣）113頁、大判昭和9・11・10法学4巻501頁）。手形行為は、その記載の方式によって性質決定をしなければならない（文言性）から、正裏書の方式による手形行為が権利移転的効力のない取立委任裏書類似の行為と解釈される余地はなく、取立委任意思が行為者の真意であったとするならば、それは心裡留保など意思欠缺の手形行為ということになる。信託裏書説を以て是とする。債権的拘束が付せられても裏書が譲渡裏書であることは妨げられない以上、民93・94の対象としている場合ではない。ここでは人的抗弁は手17に定めるとおり切断されるところ、学説・判例は手形についての利益主体性が裏書人に残っていることに鑑み抗弁対抗を認める（いわゆる**固有の経済的利益を有さない所持人**）。竹中・115頁、鈴木・271頁、田中誠・562頁、石井＝鴻・250頁、大森・116頁。詐害行為裏書による転得者からの取立委任の例、最判昭和54・4・6民集33巻3号329頁、手形百選7版112頁〔藤田友敬〕）。固有の経済的利益がない被裏書人は、敗訴のリスクを認識して低廉な対価で手形を購入していることが多く、裏書人と通謀する等の事情が立証に至らずとも、手17但の害意に該るものと推認されよう。また、裏書の主たる目的が被裏書人をして訴訟行為をなさしめることにある場合には、信託法10条違反（**訴訟信託**）による無効の裏書になる（前出最判昭和44・3・27民集23巻3号601頁、手形百選7版120頁〔北村雅史〕）（なお弁73）。

924　被担保債権より客体債権の履行期が先に到来する場合質権者は供託請求権を有する。民366は質入裏書には不適用とする説が多いが疑問である。被担保債権額超過額は、他人のための受領となるので設定者に超過額を引渡し、残った代わり金は被担保債権の弁済期まで供託する必要があると説かれる（小橋・手形法222頁）。法文は明示しないが、質入裏書にも担保的効力がある（大橋上・232頁など。反対、伊澤・405頁）。

925　譲渡裏書を続行してもそれが取立委任裏書となる点は取立委任裏書の場合と同様であるが（手19Ⅰ但）、質入裏書自体には人的抗弁の制限の効果が伴う（手19Ⅱ）。所持人は、資格授与的効力を享受するが、あくまで質権者としての権利推定を受けるというに留まる。質権には被担保債権に対する付従性があるので、被担保債権が完済された場合には、質権が消滅する。なお、隠れた質入裏書も正裏書の方式と効力を以て行われる裏書で、担保の目的の範囲でのみ所持人は権利を行使するとの債権的拘束がかけられているものであるが、ここにこの種の付随従性を認めることは難しいが、権利濫用の抗弁の対抗を認めた事例がある（[41312]）。

以上のように、裏書の方式と効果そのものが正裏書とは異なるものが認められているだけでなく、同じ種類の裏書でも、それが行われる相手方および時期に従って別段の取扱を受ける場合がある。

[34303] **戻裏書**　　裏書は、引受人、支払人、振出人その他手形債務者となった者を被裏書人としても行うことができ、このような場合を戻裏書という（[34202]）[926]。この被裏書人がさらに裏書を続行することができる（手11Ⅲ）。戻裏書が行われた場合には、所持人は自分の後者であると同時に前者である者に遡求することはできないと解されている。すなわち、再遡求されれば結局自らにおいて支払わねばならないからである[927]。

[34304] **期限後裏書**　　拒絶証書作成期間経過後または拒絶証書後の正裏書をいう。満期後裏書はなお通常の正裏書として効力を持つ。拒絶証書作成または拒絶証書作成期間経過後の手形については人的抗弁の切断を伴う有価証券的流通方法を想定していないため、「指名債権譲渡（平成29年民法改正に伴う関係法令整備法によ

---

[926] 民520〔混同〕は適用がない。戻裏書で混同が生じるとすると、一旦主たる債務者の義務は消滅していたことになる。約束手形の振出人が戻裏書で取得した手形に裏書をした場合、呈示懈怠の所持人が振出人にまで請求できなくなるとすればそれは合理的ではなかろう。

[927] 人的抗弁の対抗を受けていた所持人が手形を害意のない者に裏書し戻裏書で手形を再取得した場合、人的抗弁を再び対抗される。償還受戻の場合と同様、人的抗弁を対抗される当事者としての地位に復するからである。最判昭和40・4・9民集19巻3号647頁（手形百選7版56頁〔黒沼悦郎〕）。ただし、償還受戻者以降の裏書は抹消され（手50Ⅱ）て署名者が完全に免責される。他方戻裏書による再取得者より再取得前に後者だった裏書人らへの遡求は禁じられてはいないが、償還受戻の類推なのか、最判昭和36・11・24時302号28頁等は、これら裏書人が当該再取得者に対する実質関係において隠れた保証人となっている等の事情ある場合のみにこれを限定して認める（大塚＝福瀧＝林・149頁）。また、人的抗弁対抗の関係においては、最判昭和37・5・1民集16巻5号1013頁（手形百選7版58頁〔行澤一人〕）のように、ひとたび手17による人的抗弁の切断が生じた権利を有する所持人から手形を取得した者は、当該（前者と手形署名者との間の）人的抗弁の存在について知悉している場合にも、人的抗弁が対抗されることはないとの原則（「シェルター・ルール」）が確立した判例であるが、一部学説は、上記最判昭和40年がこの原則を否定し、悪意の抗弁を含め人的抗弁は人に属する旨（「属人性」）を示したものとしたうえで、これを適用した結果であると説明する。しかしながら、手17但は、「債務者ヲ害スルコトヲ知リテ」手形を取得したことを同条但書適用の要件としているのであって、「前者が人的抗弁の対抗を受けるものであることを知って」とは書いていない。悪意の抗弁は、裏書人と被裏書人とが通謀し、対抗されるおそれのある抗弁を裏書によって回避し不正な利得を引出すという操作へのサンクションとして規定された（ハーグ規則およびジュネーヴ会議の原案における「詐欺的通謀」を修正したものがジュネーヴ成案の「害意」である）。利得当事者の地位は属人的であるが、抗弁を切断する効果と因果関係にない悪意は問題とならない。昭和40年の事案は、約手振出人が受取人D（磯貝金属精錬株式会社）に対して人的抗弁事由を有し、Dから裏書を受けた悪意のE（株式会社磯貝合金所）がこれを善意のF銀行に割引かせたが買戻のため戻裏書を受けた事例でDEの利益共同性があるとみれば解決は正当である。

る改正後は「民法第三編第一章第四節ノ規定ニ依ル債権ノ譲渡」)」の「効果」を伴うにとどまるとされる（統一法の正文では「通常ノ譲渡（cession ordinaire)」)[928]。要するに抗弁切断が生じないという趣旨である[929]。しかしそのことは期限後裏書の被裏書人がつねに債務者を害することを知って手形を取得したと看做すということと等価ではない[930]。善意取得制度（[41115] − [41119]）は、期限後裏書による取得者には適用がない[931]。

第ⅱ節　裏書以外の方法による有価証券上の法律関係の移転

[34401] **法律の効果による承継**　手形上の権利は、**相続・合併**といった**包括承継**[932]による他、転付命令や**弁済者代位**によっても移転する[933]。指図禁止文句のな

---

[928] 「指名債権譲渡」は、条約の統一法の正文において cession ordinaire（通常の譲渡）とあり、実質的には日本法において指名債権譲渡に相当する制度と理解されていたので手形法を制定する段階でこのような文言となった。ちなみに、日本代表はジュネーブ会議において、(「cession ordinaire の効果しか有さない」との表現ではなく「抗弁が切断されない」趣旨を示す文言にするよう求めた。当時の日本民法では「譲渡」のなかに「指図債権譲渡」が含まれてしまい、この原案では区別ができない旨を説明したが、理解されずに却下された（柴崎・前掲書318-322頁）。裏書は「譲渡」の下位区分ではなく、むしろ「指図」に近い類型の行為であるとの理解が普遍的であり、日本民法はむしろ特異な立法であったことに起因するエピソードとして興味深い。改正債権法では証券的債権の移転は債権譲渡ではない別の法概念に整理されるので、手形法の規定も「民法第三編第一章第四節ノ規定ニ依ル債権ノ譲渡」に改正される。

[929] 統一法導入以前のフランス法では、この問題に法文がなく、裏書がその日付によって性質を変えることがない（1882年英手形法30条も同旨）とされてきたが、一部学説は反対に解した。裏書によって満期までは手形所有権が移転されるのに対して、満期後に移転されるものは債権であるにとどまり、したがって抗弁制限が伴わないという（商事王命に関し SAVARY, Pareres, 36, 75; 商法典について PARDESSUS, Cours de dr. com., I, nos 351 et 352.等）。ベルギーの判例はこの反対説の解決を採り、1872年白手形法26（「右規定ニ拘ラズ裏書ガ満期後ナルトキハ支払人ハ満期到来時支払人ニ属スル手形所有者ニ対スル諸抗弁ヲ対抗シ得ベシ」）は満期後裏書が抗弁制限を生じない旨を定め、蘭・西・葡・伊等の商法典でも同旨が規定された。ドイツ法は支払拒絶証書後の裏書は譲渡でしかないとしていた（なお洪手形法16。以上 LYON-CAEN et RENAULT, Traité de droit commercial, 1901, no 135.およびその note 2)。満期を基準として扱いが変わるという諸国が多かったのは、拒絶証書作成期間が「満期の日」に限られていたからであろうが、統一法では「満期およびこれに次ぐ２取引日」とされたため、作成期間後または証書後の裏書につき抗弁制限効を奪うこととした。ただし、この特殊な譲渡の方式は裏書を以て足る。

[930] 手形交換所における依頼返却（手残り手形の過誤呈示等の場合に呈示を撤回してもらう手続）のための付箋（**不渡付箋**）が貼付されている手形になされた裏書でさえ、期限内裏書としての扱いを妨げない（最判昭和55・12・18民集34巻７号942頁、手形百選７版122頁〔若林泰伸〕）。

[931] 大判大正15・７・22民集５巻647頁。担保的効力も伴わないと解されている。

[932] 裏書不連続手形による請求については、[41113]〔41114〕。

[933] 木内・144頁。手形割引に際して買戻義務を連帯保証した者が弁済した場合には、一旦銀行の手

い手形を無方式の意思表示によって譲渡することができないことについては前述した（[34101]）。

元で裏書により抗弁制限の効果を生じた手形が弁済者代位を実質関係とした裏書抹消の効果として復帰承継されるところから、買戻した連帯保証人は人的抗弁の対抗を受けることがないはずである。しかしながら、少なからざる場合に、この連帯保証人は割引依頼人である企業の役職者・役員・株主等であることが多く、主債務者との間に利益一体性がある（注976）。

第Ⅳ編　手続手形法・小切手法

第A章　手形金請求訴訟・小切手金請求訴訟
　第ⅰ節　通常の判決手続における手形金・小切手金請求訴訟
　　第a款　総説、変造と立証責任
　　第b款　裏書の連続の要件と効果、裏書不連続手形による請求　善意取得
　第ⅱ節　手形訴訟・小切手訴訟
　第ⅲ節　手形抗弁制限の法理とその例外
第B章　その他の手続と手形・小切手
　第ⅰ節　公示催告手続
　第ⅱ節　倒産・執行と手形・小切手
第C章　抵触手形法・小切手法

第A章　手形金請求訴訟・小切手金請求訴訟

第ⅰ節　通常の判決手続における手形金・小切手金請求訴訟

第a款　総説、変造と立証責任

[41101] **訴状の記載事項**　給付訴訟における請求一般についていいうることであるが、**訴訟物**を特定できるようにするため、原告は、**訴状**（民訴133Ⅰ）に、「**請求の趣旨**」（民訴133Ⅱ（2））として**債権の目的物**（「金○○円の支払を求める」）

を、「請求の原因」（民訴133Ⅱ（2））として当該債権の**発生原因**（cause efficiente. 売買、貸借、事務管理、不法行為…）およびそれがある場合には**債権債務関係の帰属の原因**（譲渡、相続、裏書、更改、債務引受…）を掲げなければならない。無効原因があること（**権利減却原因**）などは、被告において**証明責任**（真偽不明の心証 non liquet に至ったときに敗訴する不利益の受忍）を負ういわゆる**訴訟上の抗弁**である。請求の趣旨とともに請求原因を申し立てる必要があるのは、同一の目的物を対象とする給付判決を求める訴は、別の債権発生原因に基づくことができるかぎり複数可能だからである（AB 間において金1,500万円の貸金の支払を求める訴と、金1,500万円の売買代金を求める訴とは別の訴訟物による請求になる）。

[41102] **手形金請求訴訟の場合への適用**　この原則を通常の判決手続による手形金請求訴訟[934]に適用すると（以下、約束手形の場合を念頭におく）、手形金債権が発生する根拠たる請求原因事実は、「何月何日に、AがBを受取人とする額面1,500万円の約束手形1通を振出した」こと（目的物および発生原因たる手形の記載事項、番号等による識別を伴う）および「原告は現在この手形を占有していること」（後述）を訴状に記載すべきことになる[935]。

[41103] **譲受人・承継人による請求における主要事実**　ところで、上記では「それがある場合には」として権利帰属原因をも記載せよとしているが、同じ発生原因に基づく訴でも、債権が譲渡され、相続の対象となり、債権者の交替による更改が行われる等の事情があると思われるときには、原告被告の間にはもともと直接の関係はないので、請求できるかどうかは自明ではない。指名債権譲渡が

---

[934] 手形金の支払を求める判決手続上の訴訟を「手形金請求訴訟」という。手形訴訟（民訴350以下）による場合にかぎられない。なお小切手金を請求する場合には小切手金請求訴訟となるが以下では手形金請求訴訟と総称する。

[935] 原告受取人Bが振出人Aを被告として手形金を請求する場合であれば、目的物および発生原因のみをもって訴が特定できるから、訴状は、次のような記載になる。「被告Aは、約束手形1通（金額1,000万円、満期平成16年8月31日、支払地東京都○○区、支払場所株式会社○○銀行○○支店、振出地東京都○○区、振出日平成16年7月1日、受取人B）を振り出した。／原告は上記手形を所持している。／原告は、上記手形を満期に支払場所に呈示した。よって、原告は、被告Aに対し、金1,000万円とこれに対する満期の日である平成16年8月31日から支払済まで年6分の割合による利息の支払を求める」（伊藤滋夫編・民事要件事実講座第2巻（青林書院、2005年）264頁を参考としつつ著者が作成したが、完全な出典どおりの記載例ではない）。なお、坂井芳雄（司法研修所編）約束手形金請求訴訟における要件事実とその立証【改定版】（平成5年、法曹会）4頁の例では、「金額1000万円、満期平成3年8月10日、支払地東京都中央区、振出地東京都千代田区、振出日平成3年6月1日、受取人乙、振出人甲とする約束手形（第1号）につき、原告はその手形上の権利者であり、被告甲はこれと同一内容の手形債務につき手形振出人としての義務者である。よって、原告は被告甲に対し、金1,000万円の支払を求める。」

行われている場合には、原告丁は、債務者甲に対する請求において、一番目の債権者乙が二番目の債権者丙に債権を譲渡した事実、丙が原告である丁に債権を譲渡した事実[936]、及び、民467の対抗要件の具備のいずれもが主張立証しなければならない主要事実[937]であって、これが訴訟当事者の弁論にあらわれなければ、裁判所はこれについて裁判をすることができない（弁論主義）。

[41104] **手16Ⅰ（小19）の存在意義**　　上記乙丙間の譲渡のように、原告が直接関与したのではない事実は、原告においてこれを調査し主張することが必ずしも容易ではない。ところで、手形は有価証券的方法によって転々流通する権利であるから、権利移転の過程を逐一申し立てることを強制するならば、却って手形による請求は困難が伴うことにもなりかねない。手形が流通すればする程立証の失敗による敗訴の危険は大きくなる。そこで、法（手16Ⅰ・小19）は特に所持人の地位を強化すべく、裏書連続ある証券の占有をもって、債権の移転の事実の主張をすることなく請求を基礎付け得ることにしたのである（資格授与的効力）。またこれにより、訴状における記載は著しく簡潔になる[938]。

[41105] **原告による証券の占有**　　手形金請求訴訟では、一般に、「口頭弁論終結時において、原告が手形を占有していること」を要件事実の一としている。裏書連続の要件とは別に、手39Ⅰの受戻請求権に鑑みれば、被告が強制執行を受けた場合、原告は支払と引換に手形を債務者に引渡しうる状態にあることを要することとなる[939]。それゆえ口頭弁論終結時において証券占有を要するのである[940]。

936　しかし債権譲渡はその原因をなす債権契約の主張立証のみで足りるのか、抽象的な債権譲渡契約を観念したうえでのこの物権行為と原因契約との双方を併せて主張立証すべきであるのかは争いがある。倉田卓次監修・要件事実の証明責任・債権総論（1986年、西神田編集室）350-351頁。

937　権利関係の発生・変更・消滅を直接に基礎付ける事実。伊藤眞・民事訴訟法補訂版（2000年、有斐閣）256頁以下。

938　所持人戊の振出人甲に対する請求を手16Ⅰの方法で基礎づけるとき、訴状は次のような記載になる。「被告甲は、約束手形1通（金額1,000万円、満期平成16年8月31日、支払地東京都○○区、支払場所株式会社○○銀行○○支店、振出地東京都○○区、振出日平成16年7月1日、受取人乙）を振り出した。／上記手形の裏面には、第1裏書人乙（第1被裏書人丙）、第2裏書人丙（第2被裏書人白地）との記載がある。／原告は上記手形を所持している。／原告は、上記手形を満期に支払場所に呈示した。よって、原告は、被告Aに対し、金1,000万円とこれに対する満期の日である平成16年8月31日から支払済みまで年6分の割合による利息の支払を求める」（同じく伊藤滋夫編・前掲書264頁を参考とした）。なお、坂井・前掲書9頁は、裏書連続の主張は次のように記載されるという。「原告（戊）は、甲振出、乙受取、乙より丙へ、丙より丁へ、丁より戊へと順次裏書記載ある約束手形を所持している」。

939　なお、手形金・小切手金請求訴訟の認容判決は必要的に仮執行宣言を付することになっている。民訴259Ⅱ。

公示催告の場合[941]と、既に受戻済である場合[942]には例外とする。

[41106] 変造と立証責任—総説　変造とは、形式上有効に成立した手形義務の内容を無権限で変更する行為である。偽造が主体の同一性を偽るのに対して、変造は債務内容を偽る行為である。旧文言を抹消して新たに書き加える方法もあれば、旧文言に抹消線を引いてその上に模造した署名者の署名・訂正印を加えるがごとき方法もあろう。

[41107] 変造ある証券の署名の取扱　手69（小50）は、変造された手形につき、変造前の署名者は変造前の文言（原文言）に基づいて義務を負い、変造後の署名者は変造後の文言（現文言）に基づいて義務を負う[943]。変造が二回行われて

940　坂井・前掲書78-81頁。

941　手形が喪失され、喪失者による公示催告の申立があった場合には、この要件事実は、除権判決（平成16年以降「除権決定」）による無効宣言の効果の及ぶ事柄であり、除権判決言渡後は、所持人は単なる紙片を占有する者というに等しい。このことは除権判決には手形喪失者に証券占有を法律的意味において回復させる効果があることの反面、不可避の帰結である（「裁判上の請求において、債権者が口頭弁論終結の時までに手形の所持を回復するかもしくはこれに代わるべき除権判決を得なければその請求を棄却すべきものと解せられている」最判昭39・11・24民集18巻9号1952頁）。

942　最判昭和41・4・22民集20巻4号734頁は、口頭弁論終結時における手形の占有なくして手形金請求を認容した事例である。隠れた保証趣旨の裏書人乙を間にはさんで金銭消費貸借の貸主である約束手形所持人丙と借主である振出人甲との間で、手形書換のため、丙が旧手形を甲に返戻し、次いで新手形に甲が署名し、これを乙方に預け、隠れた保証の趣旨の裏書をつけてもらおうとしていたところ、乙の妻がこれを破棄したため、丙は新たな手形を入手できず、旧手形は甲方において既に返戻された時点で破棄されていたという事例であり、わざわざ除権判決を得ていないことを理由に振出人が手形金の支払を拒むならば、それは、いかにも「信義誠実の原則ことに禁反言の法理に基づきその主張は許されざるものと解すべき」（山田作之助裁判官の意見）であろう。書換の効力は所持人において新手形の占有を開始した時点より生じることになろうところ、所持人は手形の占有を開始しておらず、書換の効力が発生する前の段階すなわち旧手形債権が消滅していない時点で証券が債務者方に寄託され、物理的に毀滅という経過を辿ったのである。従ってこの事実は、支払に先んじて支払人が受戻を得たものと事実を解するならばそのような場合には手形の占有を要しないということになるのであろう。（「手形が何等かの理由で既に債務者の占有に帰している場合は、債権者の手形の占有は要件とならない」。坂井・前掲書同所）。

943　手形行為は署名の時点においてその署名に覆われた証券上の記載を内容として行われる意思表示であるから、一旦これが成立した以上、その後証券上の記載がどうなっていようと意思表示の内容は署名の時点で決定されるという原理から考えれば当然の帰結である。手形上の権利変動は署名者の意思に基く限り有効で、当然ながら他人による券面の改竄や毀滅には権利を変動させる効果はない。公示催告制度などもこのことを踏まえて作られた制度である。立法例や統一法の解釈でも少数説には、原文言が判読しうるものである限り旧文言によらしめる主義（大橋・新統一下644頁—おそらく現行法の理解では内容不確定の表示として無効となるのではなかろうか）であるとか、変造ある場合の署名者の責任につき、「要部」に該当しない事項については変造によって従来の債務者の義務の内容を変更するとの主義もあるが、現行法を前提にする限り、被変造者の

いる場合で、二回の変造の間の署名者は、一回目の変造がなされた後の状態の記載に基づいて義務を負う。

[41108] **「変造の立証責任」という概念は存在しない**　変造は、それ自体がひとつの法律要件でなのではない。したがって、それ自体について立証責任を論じることはありえない[944]。変造のある手形でも、手形金請求訴訟における要証事実は、変造のない手形について述べたところと変わりがなく、被告の手形行為の成立について原告がその証明を負担する[945]。

[41109] **変造の主張は証拠弁論である**　手形が他の法律行為と異なり証券的行為であることから、手形金請求訴訟の審理には必ず手形証券またはこれに代わる除権決定の提出が伴う。手形が変造であることの主張は「抗弁」ではなく、「当該証券は原告の申し立てる法律関係の証拠として用いることができない」旨の**証拠弁論**である[946]。勿論、変造であることの主張の必要性はあるが、これを立証責

　帰責性がないような場合にもこれを認めることには無理があろう（被変造者に帰責性のある場合とは、例えば鉛筆による金額の記載等が考えられる。木内・193頁）。沿革をみると、ハーグ統一規則では、「偽造及び変造」の標題のもと、偽造と変造とを同一の項目に規定していた。大橋・新統一下639頁は、いずれも「手形行為独立の原則」の制度であるから同一個所で規定すべきだと説く。権利保全に関する記載が変造されると遡求関係での不均衡が顕著となる。

944　一部の文献には、「変造の立証責任は変造が認定されることで自己に有利な法律効果を享受する被告において負担する」とするものがあるが、ここにいう「立証責任」の用語法は適切ではない。法律要件に関する立証責任とは別の問題を扱っているとの留保を付ける必要がある。変造は要件事実ではないから、それについて「立証責任」を語ること自体が誤っている。「変造手形の原文言の立証責任」を問題にすることはできるが、それは変造が認定された場合に立証責任が転換されるということを意味しない（この問題について坂井・裁判手形法180-190頁）。

945　最判昭和42・3・14民集21巻2号349頁（手形百選7版44頁〔垣内秀介〕）「約束手形の支払期日（満期）が変造された場合においては、その振出人は原文言（変造前の文言）にしたがって責を負うに止まるのであるから（手77Ⅰ(7)、手69)、手形所持人は原文言を主張、立証した上、これにしたがって手形上の請求をするほかはないのであり、もしこれを証明することができないときは、その不利益は手形所持人にこれを帰せしめなければならない」。ただし、この分析に立っても、原文言について熟知している被告の側には具体的陳述義務が生じると考えることができ（松本博之・証明責任の分配〔新版〕(1996年）190頁)、「現実には、現文言の手形が提出されている以上、被告側で原文言も含めて変造について主張立証を尽くすのが通常」（垣内・前掲手形百選45頁）であり、被告側が原文言を主張すれば（先行自白)、原告側は予備的に原文言に基づく責任を主張するであろう等とされている（垣内・前掲手形百選同所)。

946　金額15万円の手形が金額150万円の手形に変造されているとき、被告は、金額15万円の記載のある手形に署名した覚えならばあるが、金額150万円の記載のある手形は知らない、と主張するであろう。民訴228Ⅳは、私文書の署名の真正が証明されると、その署名をもっておおわれた文書の記載内容の全体の成立の真正が「推定」されるとしている（いわゆる形式的証拠力)。かかる上記の主張はこの意味での「推定」を破るために必要な反証である。文書の真正のような法定証拠法則による「推定」は、立証責任の配分を前提にした推定を覆すための反対事実の証明——被告の側

任の問題と混同してはならない。

第 b 款　裏書の連続の要件と効果、裏書不連続手形による請求　善意取得

[41110] 裏書の連続―総説　　裏書の連続とは、被告である約束手形振出人から原告である最終の所持人（最終の被裏書人とは限らない）に至るまで、裏書の記載が文言上連続していること[947]である。抹消された裏書は裏書の連続との関係では、書かれざるものと看做される（手16Ⅰ3文）[948]。手16Ⅰ（小19）により、裏書連続ある証券の最終の占有者には資格証明力 Legitimation が認められる。資格証明力とは、平穏・公然の動産占有が当該占有者における当該動産所有権を推定させるのと同様の効力で、特に有価証券制度について用いられる用語である。推定は、一般には事実の推定であるが、これは事実を対象とする推定ではなく、「権利の推定」である。権利は直接には証明できないものであるから、それが推定されるといい得るためには、法令上の根拠が必要になる。資格証明力を援用する者への弁済により債務者は責を免れる。

において積極的な要件事実を証明するのであるならば「抗弁」としての――ではなく、単に真偽不詳の心証に持ち込めば良い「反証」で覆る。そのためには、被告としては、上記のような主張をする必要性が存在しているということでは争いはなかろう（商法学者の一部が「被告に立証責任がある」としているのはまさにこのことをさす）。このとき、あくまでも原告においてこの手形に基づいて請求をしたければ、訴を変更して「被告は金額15万円の手形を振出した。ゆえに15万円を請求する」とするのでなけば、全額請求棄却となる。

[947] 有効性・効果帰属要件の具備等裏書の実質とは無関係に判断される。受取人と第一裏書人とが、第一被裏書人と第二裏書人とが…、記載それ自体から同一のものと判断し得ることをいい、「A社」が受取人「A社代表甲」が第一裏書人であれば連続している。「甲」が受取人で「A社代表甲」が第一裏書人であるとすると、これは代表機関としての署名ではなく「帰属を示す肩書」のついた自己のための署名として解しうる限り連続していることになる（受取人「愛媛無尽会社岡支店長」、第一裏書人「岡善恵」とが連続していると判断した最判昭和30・9・30民集9巻10号1513頁〔手形百選7版102頁〔川口恭弘〕〕。仮設人の名義が介在することや、能力制限者の裏書、偽造の裏書があることも、裏書の連続の判断との関係では問題にならない（木内・154頁）。しかし、外形上、同一性のないものについては、実質的に同一人格を表示するものであっても裏書の連続は認められない。第一被裏書人「榎本和照」と第二裏書人「榎本浜次郎」との連続はないとする大判昭和15・9・26民集19巻20号1729頁。ただし、別名を用いた裏書の権利移転的効力および担保的効力には何ら影響しない。右の例でいえば「榎本和照」への請求をする原告は、「被告が榎本浜次郎の名義で裏書署名した」事実を主張立証すれば足り、被告が「この名義が通称と異なる」と抗弁したことを理由として請求を棄却されることはない。

[948] 裏書の連続が専ら外形から判断されることから、当然のこととして、抹消者が権限を伴って抹消したか否かは問題ではない（最判昭和36・11・10民集15巻10号2466頁）。被裏書人欄だけを抹消した場合には、全部抹消と同視されるという学説もあったが、判例によれば、この場合には白地式裏書となるものと解される（最判昭和61・7・18民集40巻5号977頁）。

[41111] **資格授与的効力と実質的「授権」**　　裏書連続による権利推定ないし資格証明力は、裏書の「資格授与的効力」とも呼ばれるが、これは、個々の裏書に含まれた授権 Ermächtung とは区別され、裏書連続ある証券占有という全体として一個の状況に付与された法定の制度である。一つでも裏書連続が破壊されている箇所があれば、それだけでこの効力は否定されてしまうのが原則である[949]。これに対して、裏書による授権とは、実体法上の法律関係のことである。例えば、小切手の振出人が一旦小切手上の支払の授権をした以上、銀行は支払った小切手金額を当座勘定から引き落とすことができる。このことは、授権の効果として説明でき、裏書にもこれと同様の法律関係が伴うものと考えられる。しかし、授権の効力が実質において存在しないような場合においても裏書連続が与える資格授与的効力は生じる。この点で両者は区別されねばならない。

[41112] **裏書連続を利用しない請求**　　手16Ⅰによる証明方法は、権利者の便宜のために設けられた制度で、その援用は弁論主義の原則に従い、権利者の随意である[950]。①裏書連続がある手形であっても、手16Ⅰ所定の方法によらずして、所持人において、指名債権譲渡の場合と同様に、実質的権利移転の過程を逐次主張立証し請求することは妨げない。②裏書連続のない手形であっても、同様に、実

---

[949]　現行法の理解としてはいずれかの裏書が偽造であることを証明してさえ覆らない推定である。しかし往時、19世紀のフランスの判例は、偽造裏書が存在すると裏書の連続が破壊されると解していたようである（柴崎暁「手形善意取得法理の基礎」山形大学法政論叢6号45頁。善意取得制度も定かでなく、取得者の善意が裏書の偽造を治癒するものではなかった）。

[950]　そこで、原告が裏書連続を援用していないと解されるべき申立とはどのようなものを指すのか。請求原因の申立のなかで、「原告CはAからB、BからCと裏書連続のある手形を所持している」ではなく、「受取人Aは、Bに第一裏書によって本件手形を移転し、Bは第二裏書によってCに本件手形を移転しているから、原告Cは権利者である」としている場合である。民事裁判実務では、「判決釈明」という技術を用いてこれを裏書連続による権利推定の主張として取り扱うことがなされうることが指摘され（坂井・前掲書10頁）、判例もまた「原告が、連続した裏書の記載のある手形を所持し、その手形に基づき手形金の請求をしている場合には、当然に、同法16条1項の適用の主張があるものと解するのが相当である」として、このような実務上の取扱を承認している（最大判昭和45・6・24民集24巻6号712頁、手形百選7版106頁〔山下徹哉〕）。ちなみに、判決釈明とは――弁論上、当然主張があって然るべき要件事実であるのにその主張が遺脱しており、その主張を裏付ける証拠も十分出揃っていて、弁論を再開してこの欠缺を指摘しさえすれば当事者がその点を主張することが当然に予測され、この点に関する限り相手方に別段の新しい防御方法があるとは考えられないようなケースでは、弁論再開の労をとることを省略し、判決書の事実摘示の部にその遺脱した主張があたかも弁論で主張されたかのように記載し、理由の部でその事実を証拠により認定する。この取扱は、民事訴訟を貫く弁論主義に違反して事実を認定しているから違法な判決である。しかしこの点について控訴申立があっても、当事者は控訴審で第一審事実摘示と同様の主張をすると考えられるから、控訴審で取消されるおそれもない。訴訟経済に合致する。そのためこの方法が認められてきた。

質的権利移転の過程を逐次主張立証し請求することは妨げない[951]。

[41113] **裏書不連続手形による請求**　裏書不連続手形による請求は可能である（最判昭和31・2・7民集10巻2号27頁）。この場合には、原告としては裏書連続の認められる個所までの権利推定を利用しつつ、それ以降の当事者における権利の実質的移転の過程を証明して請求ができるという解釈がとられている（坂井・前掲書104-105頁）[952]。

[41114] **裏書連続と受取人欄の変造**　受取人の記載は、手形行為により生じる権利の内容を決定する（最初の受領権限を有し、証券上に手形債権が成立している場合には最初の債権者を決定する）記載事項として意味を持つものであるから、その無権限でなされる変更は、ひとまず手69のいう「変造」に該当するといえるであろう。しかし、裏書の連続は既に述べているように専ら外形によって判断されるべきであるから、変造が加えられていようとも、それはあくまで裏書連続ある手形であって、所持人は依然として「適法ノ所持人」である[953]。

---

[951]　日本手形法における裏書連続の意味に統一手形法がもたらした重要な変更点はこのような可能性が認められていることである。商法旧手形編464は「裏書アル為替手形ノ所持人ハ其裏書ガ連続スルニ非ザレバ其権利ヲ行フコトヲ得ズ但署名ノミヲ以テ為シタル裏書アルトキハ次ノ裏書人ハ其裏書ニ因リテ為替手形ヲ取得シタルモノト看做ス」と規定し、「裏書連続の原則」と呼ばれていたが、その趣旨は権利行使の要件としての裏書の連続であって、証明方法の便宜の創設という意味しかない現在の手形法にいう裏書の連続とは意義が異なるのである。統一法成立直前の各国の立法例では、支払の個所でこれを規定するものが多かった（独手形条例36、伊商287。大橋・新統一210頁）。裏書不連続手形による請求が可能であることについては最判昭和31・2・7民集10巻2号27頁（手形百選7版108頁〔山部俊文〕）。

[952]　中断した箇所以降の裏書連続の権利推定力をも利用し得るとする理解を「架橋説」と呼ぶ。破壊されている橋梁を修繕すれば目的地まで到達できるということの比喩であるが、前述の通り、裏書の連続は個々の裏書が有効に行なわれたという事実を推定するわけではない。勿論歴史的には、裏書の外形上の連続する場合に、所持人が実質的に権利移転を受けている蓋然性が高いという経験則が手16Ⅰの制度の基礎にあると思われるが、立法の基礎になった経験則と、その立法の適用の帰結とは区別を要する。破壊された橋梁の手前で馬を降り谷を渡らねばならない。

[953]　判例（最判昭和49・12・24民集28巻10号2140頁、手形百選7版104頁〔前田雅弘〕）は、受取人Aの手中より手形が盗まれ、はじめに記載されていた受取人Aの名が改ざんされて別人Bが受取人となり、以降の裏書が連続している証券となって流通した事例において、「右規定〔手69のこと〕は、手形の文言が権限のない者によりほしいままに変更されても一旦有効に成立した手形債務の内容に影響を及ぼさない法理を明らかにしたものであるにすぎず、手形面上、原文言の記載が依然として現実に残存しているものとみなす趣旨ではないから、右規定のゆえをもって、振出人に対する関係において裏書の連続を主張しえないと解することは相当でない」とした。原告が16Ⅰの方法で権利を主張していても、被告Yの側において受取人欄の変造を主張し、形式的推定力を覆した場合には、原告Xとしては原文言を証明しなければならない。Xは、原文言には「A」と書かれていたことを積極的に証明しつつ、現在所持している手形には受取人「B」と書いてあることに基づいて権利の推定を援用することになる。一見矛盾した主張のようにも思われる

[41115] **権利推定の帰結＝善意取得**　裏書連続ある手形を占有する原告は、被告によりその悪意・重過失による占有開始（手16Ⅱ但）（例えば窃取・拾得をした本人であるとか、そのことを知りながら購入した者であること等）が証明されないかぎり請求が認容される。手16Ⅰの方法で原告が権利推定を援用する場合にはこの原理が適用される。

[41116] **承前**　ところで、この原理が適用される場面は、「事由ノ何タルヲ問ハズ為替手形ノ占有ヲ失ヒタル者アル場合」（手16Ⅱ本文）とされている。民法は動産の即時取得の場合には占有開始者の主観的態様だけでなく、占有喪失者側の喪失事由で区別を設け、占有委託物の場合にのみ即時取得が生じることとしているが、手形法では証券の流通に一層配慮して、盗難遺失の場合にも流通を保護することとしたものである[954]。その効果として「手形ヲ返還スル義務ヲ負フコトナシ」というのは、反面において所持人には権利取得が生じるということを意味する（善意取得）[955]。

[41117] **「正権原」は必要か？**　所持人は、手形法的方法で権利の移転を受けているものでなければならないが、善意取得の効果を取得する者において取得行為が存在することを「正権原 juste titre」と呼ぶことがある。手形善意取得に

　　が、Yの債務内容は当該証券の原文言で、裏書連続は判決基準時における記載で決まり、ここに矛盾はない。第一裏書欄の偽造によって裏書連続がつくりだされた場合には手69は登場する余地はなく、これと同様であろう。他方、裏書の連続はあくまで権利証明の方法であって、例えば先の例で盗取者または盗難の事実について悪意重過失で盗取者ないし同様に悪意の者から手形を取得した者が原告であるような場面では、実質的無権利を根拠にYは支払を拒むことができるのであることに注意しなければならない。

[954]　手形法の場合には、「意思に基づく占有の手放し désaisissement volontaire」が行われた場合（証券の裏書・交付による手形授受（取立委任や質入をも含め）があること）だけではなくて、「意思に基づかない事由による占有の喪失 dépossession involontaire」が起こっている場合（盗難、紛失-拾得）であっても、裏書連続ある手形の所持人は、手形を返還しなくてよい、とされている。民192の動産即時取得の制度の場合には、意思に基づく交付、すなわち占有寄託物についてのみ追及不能が認められるが、占有離脱物、即ち盗品窃取・遺失物拾得の場合には2年間の時効に服する追及権が認められている。これに対して、有価証券は動産よりも一層の流通を予定されているため、占有を喪失した側の事由を問題としないこととしたのである（金銭は所有権が占有に付従するので、さらに追及が不可能である）。ただ、他方において喪失者の権利保護を考える必要がある。占有委託者の場合であれば、「汝の手に求めよ」の法諺が妥当するかもしれないが、盗難喪失の証券の場合には、公示催告制度を利用させる主義（独伊）と、保証人を立てて仮払を認める主義（仏英）が認められる。いずれの主義が適用されるかは支払地法による（手94－抵触条約に由来する条文）。

[955]　この規定は、独手形条例74に起源を持つといわれ、ハーグ統一規則15を経由してジュネーヴ統一法に定められた。ドイツ系統以外の法域では、かかる効果は明瞭ではなかった。

とって「正権原」は独立した要件と考えるべきであろうか？偽造裏書の場合にも手形善意取得が認められることは、旧手形編以来の定説であり（岡野・65-66頁）、このことを尊重する限りは、取得行為の有効性のみならず、実在性も要求されていないということになろう。即ち、あくまでも取得者の認識において（善意の一要素として）取得行為が存在することを以て足りるのであって、「正権原」は独立した要件と考えてはならない[956]。

[41118] **権利者からの無効な行為による取得の場合**　　一部学説は善意取得の適用範囲を、裏書人の無権利の場合だけでなく、権利者からの無効な裏書による取得の場合に拡張すべく主張するが、難儀である[957]。判例はあたかも無権代理裏書

---

[956] 動産に関する議論を参照することが解を与える。旧民証144は、動産の「即時時効」（即時取得）について「正権原 juste titre」を要求する条文であった。被継受規定の仏民2279（2008年以降2276）も、先占による所有権取得のような場合には適用されず、取引の安全を保護する趣旨で規定されたことに主眼がおかれて正権原が講学上要件となったのを法文化したものである（同条の起源はゲルマンにおける無訴権の反映ではなく、近代的取引安全を考慮した18世紀パリ＝シャトレ裁判所の判例である。金山直樹・時効理論展開の軌跡（1996年、信山社）227頁。同様の思想が採用された趣旨はコンセイユデタにおける審議の BIGOT DE PREAMENEU の説明に明らかである）。したがってひとまず正権原とは「取引行為」と同視することができる。ところで、「この物は自分のものである」と偽って他人の物を売り渡す行為と、「私は○○である」と偽って、本物の○○が所有する物を売り渡す行為とでは、その有効性が欠けることの理由が違う。前者は無権利者・無権限者からの取得であり、後者は、行為者の同一性の欠缺が理由で行為が効力を持たない場合である（一般には売買契約は売主の同一性は重要な要素と考えられないので事実上無効になりにくい。これに比べ手形裏書の場合には裏書人の同一性がなければ偽造になることに注意）。即時取得制度が対象とするのは前者の場合のみと考えられてきたため、日本の民192についても、学説は「取引行為がそれ自体として有効なこと」を要件に掲げている。しかし民192が成るにおいて「正権原」の文言が削除されている経緯は無視できない。仏民をめぐる19世紀の議論、とりわけ LAURENT らの学説によれば、外形上存在しているが譲渡人の同一性が欠けるために有効性を持たない譲渡行為は仮想権原 titre putatif と呼ばれ、動産占有を善意で開始した者については、有効性が妨げられる理由が譲渡人の無権利なのか同一性欠缺なのかは問題ではなく、自ら結んだ行為に権利取得の効果がないことについて認識があるかどうかが問題であって、いずれの場合でも前主の権利者・処分権者らしき外観を信頼した取得者は保護されるべきであるから、仏民2279をこれに適用すべきであるとされていた。法典調査会における民法審議でもこの説が考慮され「正権原」を削除したのである（富井政章・民法原論第二巻（1914年）685頁）。しかも同時にその一方で、明治29年民法は、取引行為に因らない場合を意図的に排除している（民195など）のである（柴崎暁「動産即時取得における正権原」山形大学法政論叢7号1頁）。この理を手形裏書にあてはめれば、偽造裏書による善意取得を認めることが正当であるといえよう。

[957] 想定されている場面には「手形ノ占有ヲ失ヒタル者」がいないからである。この学説は、動産即時取得が古代ゲルマン法の「手は手を守る Hand wahre hand」（「汝の手に求めよ」ともいう）の原理に由来するのに対し手形善意取得制度は取引の安全を目的としていて違う沿革に基づく制度であるから要件も異なる、と説明する（田邊光政・最新手形小切手法〔四訂版〕(2000年、中央経済社) 134頁）。論者は、"立法の進化は権利者からの取得行為の無効を覆うところまで認めてい

第A章　手形金請求訴訟・小切手金請求訴訟　305

による取得者の場合について、この立場に近い考え方を示して、所持人が手16Ⅱで保護されるとしているかにも思われる[958]。

[41119] **悪意・重過失**　所持人が取得する時点でどのような主観的態様にあると悪意とされるか。①自らの詐欺・強迫によって裏書人に署名させた被裏書人、②喪失証券を拾得した者・証券を窃取した者、③それらの者から事情を知ってこれを購入した者らのいずれもが悪意である。これらの事情に付いて重過失により不知であれば、これは重過失とすべきである[959]。裏書人の行為能力制限について

る" とするが、①動産即時取得は前述のようにゲルマン法起源ではなく、もともと取引安全を考慮した近代的制度である。②取引安全の要請から動産即時取得に比べて手形法で拡大がはかられたのは占有喪失側の事由の範囲にとどまるのであることは、ジュネーヴ統一法の文理上も明らかである。③ここでの所持人は、手形行為との関係において第三者ではなく、行為の有効性に関して点検・調査をなし得べき立場にある（日本法では取消権の行使に裁判所が関与しないとはいえ、被裏書人は自身が当事者である裏書行為の有効性の欠缺については、民法が保護＝改93Ⅰ本文、改95Ⅲ、改96Ⅱ＝しない限りその危険を受忍すべき立場にあり、裏書の連続もこれを補わない。他方、無権代理人の裏書はその有効性自体は損なわれておらず（後述）、処分権の欠缺を補う制度で補完されることができる）。④手形法統一会議においては無権代理人からの取得を裏書連続で保護すべきだとのドイツ代表の提案が却下された経緯があり（柴崎・前掲山法6号67頁）、勿論解釈として取得行為の瑕疵が善意取得で保護されないといわれる（その経緯が無権代理人からの善意取得を認めない根拠なのかは疑問であるが）。

[958] 「A会社名古屋出張所所長B」を自称するCが、金融の斡旋をすることを持ち掛けてYに手形を振出（受取人は「A会社」）させ、同じく「A会社名古屋出張所所長B」の名義で裏書を行い、これが転々流通して所持人Xの手中に至った事案である。この同じ事案につき、最判昭和35・1・12民集14巻1号1頁〔手形百選7版48頁〔森田果〕〕・昭和36・11・24民集15巻10号2519頁が知られており、判旨はあたかも無権代理人からの裏書による善意取得が可能であるかのように説くが、Yによる手形の振出自体が相手方の同一性の錯誤ないし詐欺取消と解される余地がある（改正債権法に従い善意の第三者に対抗できない取消）他、Cの同一性に関するYの錯誤を要素の錯誤と見ず、あるいは表意者の重過失等によりかような錯誤の主張が妨げられるとした場合には権利の成立を認めざるを得ないが、次に受取人が誰であるのかが問題となる。この場合、真実の受取人は「A」ではなく、Cを表示する仮設人名としての「A」の名をCの要望に応じYが記入したと解する余地があり、そのような手形行為の成立を認めるならば何ら事柄は無権利者による処分にはならない。事柄としてAがCの行為に基いてその与り知らぬ裡に権利の取得をしているとは考えられない以上CがAの権利を無断で処分した事例であると解することは難しい。判旨は事案の解決には無用の法解釈を示したに過ぎず、典型的に善意取得の適用を論じるべき事例ではなかったと解する余地が残っている（少なくとも典型的な単純な権限踰越事例とは異質である）。本件はおくとして、無権代理人による裏書の場合、それはいわゆる無効ではなく、効果帰属要件を欠くのみで、本人の追認が可能である。仮に手16Ⅱを適用するとしても無権代理人の本人が「占有を失った者」である。ここで手16Ⅱに補われるのは署名者の処分権の欠缺であって署名の有効性ではない。取得行為の瑕疵一般を手16Ⅱが治癒するわけではない。

[959] 最判昭和52・6・20判時873号97頁（手形百選50頁〔土橋正〕）は、Y代表取締役Aが取引先に交付するために受取人白地の約束手形を作成し事務所内の机に入れておいたところ、訴外Bがこれを持出してXに交付した事例である。その数日前、XはBからY代表取締役A振出名義の小

は、善意取得の対象ではない。裏書人に同一性が欠缺することについては、無権利者からの処分であるからいわゆる仮想権原による善意取得にあたることは既に述べたとおりである。裏書人が本人を詐称している事実を知っていれば悪意である（重過失で不知の場合も同様に扱う）。

第ⅱ節　手形訴訟・小切手訴訟

[41201]　**手形訴訟・小切手訴訟**　　民訴350以下参照。反訴の禁止（民訴351）、証拠制限（民訴352）[960]、通常手続への移行（民訴353）、控訴の禁止（民訴365）、異議（民訴357）について規整され、迅速な債務名義の取得を可能にしている。

第ⅲ節　手形抗弁制限の法理とその例外

[41301]　**権利と抗弁**　　「権利は、法規に合致した意思の発動である行為が適法なものとして是認される地位である。権利の行使は、その意思の実現である。権利の行使が、対立する他人の意思により妨げられたとき、権利者がその他人の意思を屈服せしめて自己の意思を貫こうとするのが、請求である。請求に対し、相手方がこれを阻止しようとするのが、抗弁である」（小橋・手形法119頁）。訴訟法において「抗弁」と呼ばれるのは、このように定義された請求を阻止しうる事由である。権利の発生原因である法律要件（法律行為）の無効原因、法律効果の後発的消滅原因（解除条件成就、契約解除、権利の存続期間が満了）等は、**被告が、権利障害事由ないし滅却事由として訴訟上の抗弁として主張し得る**。そして、「手形上の請求を受けた者がその請求者に対して提出する抗弁」のことを「手形抗弁」と総称する（小橋・手形法120頁）。

切手を受取ったが、調査してみると、それはBが無断でAの事務所内に立ち入り代表者の印章を小切手用紙に押捺して作成した偽造小切手であり、支払人として記載された銀行との間にY社は当座勘定取引を有していなかったという経緯があった。従ってXとしてはBからY代表取締役A振出名義の受取人白地約束手形を受取るにあたっては、振出署名やBの証券占有の適法性について調査すべきであるとしてXによる請求を認めなかった事例である。本件の事柄は善意取得の問題ではなく、流通に置く意思で署名された手形用紙に基づく署名者の権利外観法理に基づく責任の成否であるから、本判決が直ちに手16Ⅱの解釈の根拠となるものではないが、かかる判断を善意取得に類推適用することはできよう。

[960]　これにより、人的抗弁の成立の立証が困難になるので原告勝訴判決を得やすい。手形金請求訴訟の勝訴判決には必要的に仮執行宣言が付せられるので債務名義性がある。

[41302] **訴訟法上の「抗弁」と「否認」** ところで「手形抗弁」という表現によって示される事柄には、ここにいう訴訟上の抗弁のほかに、訴訟上は否認あるいは証拠弁論として現れるにすぎない事情までもが雑多に含まれている。「偽造の抗弁」「手形要件欠缺の抗弁」「無権代理の抗弁」は「抗弁」ではなく**「否認」**である。偽造がなかったこと（署名の真正）、手形要件の充足、代理権の存在は、原告において証明責任を負担する事実だからである。他方「裏書連続欠缺の抗弁」は、原告の援用する裏書連続による法律上の権利推定を破りうるものの、そのことが証明されることだけで手形上の権利の行使が拒まれてしまうわけではなく、「手形変造の抗弁」も証拠として提出された変造後の文言ある手形に被告が署名した事実はないという主張であって、文書の真正性に関して真偽不明 non liquet になれば別方法で立証を要することになるだけで「抗弁」ではなく**「証拠弁論」**である（坂井・裁判手形法再増補48-49頁）。

[41303] **手形抗弁制限の法理** このようにして、被告が手形抗弁を主張し得るときには、原告が誰であれ変わらずこれを主張できるはずである。問題になっている権利障害事由・滅却事由は当該手形行為に固有のものだからである。例えば、指名債権譲渡の場合には、原則として抗弁も含めて法律関係が承継される。しかしながら、既述の通り、手形の場合、もともと実体的に抽象性が具備されている指図のような制度を組み合わせた仕組みを採用している。例えば為替手形の引受人の義務は民事における被指図人の約諾であり、資金関係・対価関係と言った実質関係から抽象されて成立する。裏書によって成立する三角関係にも指図が含まれている。したがって、実質関係に相当する権利障害事由・滅却事由はもともと実体的にいえば、当該実質関係の当事者間において（振出人が引受人に、受取人が振出人に、被裏書人が裏書人に、各請求する場面）しか主張し得ないものであって、指図それ自体の成立が妨げられている場合や被指図人の約諾に権利障害事由・滅却事由がある場合以外は、抗弁として主張できない。しかしこのような説明は一般民事法の規整を異にする締約国の共通の理解ではないから、その帰結だけを直接に統一法の内容とするほかにはない。

[41304] **（承前）** そこで、手17は、一定の事由を「人的関係ニ基ヅク抗弁」とし、為替手形の引受人が、直接には彼の基本関係上の当事者ではない受取人との関係において、あるいは、裏書を経た手形の裏書人以前の署名者が被裏書人との関係において、実質関係上の故障を意味するこの類型に属する抗弁については、実体的に、これを以て手形金の支払を拒む事由となし得ないものとしている[961]。

308　第二部　手形または決済手段　第Ⅳ編　手続手形法・小切手法

[41305] 人的抗弁と物的抗弁　手17が定めるように、手形署名者が所持人に対する直接的関係を有するのでなければ主張できないものを人的抗弁とし、それに属さないものを物的抗弁と呼ぶ。物的抗弁は何人に対しても署名者がこれを援用し主張することができるものをいう。人的抗弁・物的抗弁の区別に関する法の規定は手形法小切手法を見るだけでは明らかではないが、民472[962]が区別の手掛かりを与える。物的抗弁に含まれるものは、①**証券の記載**に基づく事由、②消滅時効、除権決定、権利保全手続の懈怠等**法律上の制度に関するもの**、③行為能力制限、意思能力（2017（平成29）年民法改正による民3の2）の欠如、偽造変造無権代理等**法律行為の効果帰属が否定されるべき一般的事由**、の三類型が挙げられる[963]。

---

[961]　手17では、為替手形の引受人-受取人の場面が定められているが、規定の置かれている場所は奇妙にも裏書の効果としての規定になっている（小橋・手形法121頁においては、民法上の指図や、指図禁止為替手形の引受人と受取人との関係においても、裏書とは無関係でありながら、抗弁制限が認められ、その解決が手17と関連づけられるとする。約束手形に関する限りは抗弁制限は裏書の効果であるとしかいいようがない。木内・手形抗弁の理論（1995年）248頁）。なお統一手形法を採用した外国法のなかには、手17の抗弁切断の効果は、裏書連続ある手形の所持人にしか享受されないとするものもある（例：フランス法。DELEBECQUE (Philippe), Juris-Classeur Commercial, Lettre de change - Endossement, Fasc. 420, no 103.）が、この立場はわが国では採用されていない。人的抗弁が無害意の所持人に対抗されない現象を、手形抗弁制限（抗弁洗浄 purge des exceptions、抗弁不抗弁 inopposabilité des exceptions、抗弁切断 Unterbrechung der Einwendungen など）という。

[962]　改520の6「指図証券の債務者は、その証券に記載した事項及びその証券の性質から当然に生ずる結果を除き、その証券の譲渡前の債権者に対抗することができた事由をもって善意の譲受人に対抗することができない。」により踏襲された。

[963]　木内・206-207頁。なお、ここでも先程述べたように訴訟上の「抗弁」に含まれないものも列挙されていることに注意。また、この他手形抗弁の分類には、すべての署名者が援用できる全部的抗弁と然らざる局部的抗弁（山尾時三・新手形法論（1935年）34-35頁）、民法に基づくもの商法に基づくもの（岡野敬次郎・日本手形法（1908年）138-139頁）等があるが、近時の議論で重要なのは、**交付欠缺の抗弁、商**265**（会**356**）違反の手形行為であること**等、元来物的抗弁の範疇に含まれていたものが権利外観理論の適用の結果として抗弁制限のごとき帰結が与えられる場合があることである。「**有効性の抗弁**」と称する。手形関係の効力を直接に妨げるものが物的抗弁、手形外の法律関係に影響を与えるものが人的抗弁で、対抗できるかどうかという帰結の如何とは無関係であるという説も存する（長谷川雄一・手形抗弁の研究（1984年）49頁）が、この立場からは有効性の抗弁は依然として物的抗弁である。また、民法総則の意思表示規定の適用にかかわる学説如何であるが、**手形行為の無効・取消**については、民法を適用すべきものと考え、これを原則としては物的抗弁とみるべきであると考える。しかしながら、判例は手形行為の無効・取消を権利外観法理のたすけをかりて人的抗弁化しているといわれることがある。民94と民96の詐欺取消にかかる部分については第三者保護規定が置かれており、民93但については民94Ⅱの類推適用、民95については但書に定める重過失として遇することで、第三者に対抗可能な事由としては強迫が残るのみである。平成29年民法改正法によれば、強迫取消・能力制限取消・絶対的意思欠缺以

[41306] **人的抗弁の類型**　　人的抗弁に含まれるものは、①実質関係に基づく抗弁（対価関係または資金関係の原始的欠缺・不法・消滅）、②証券上の記載と異なる特約に基づく事由（例えば、証券に記載されない支払期日猶予の合意）、③証券上に記載されない債務消滅原因一般（例えば支払済の抗弁）である[964]（①と③は**権利滅却事由**として訴訟上の「抗弁」に属する。②はその内容如何で区々であろうが、猶予合意のごときものは延期的抗弁という特殊な類型となる）。①のものは、手形の抽象証券性による帰結、すなわち、指図における被指図人の約諾の実質関係からの抽象に相当する原理のために生じる帰結であり文言証券であっても船荷証券などの要因証券には認められない帰結である[965]。②については、逆に、文言証券であれば存する帰結であるから、要因証券にも見られる。③は判例が認めるものである。

[41307] **直接当事者間における抗弁対抗**　　通説は、実質関係に基づく人的抗弁が対抗できる直接の当事者間（例えば、約束手形の授受の原因である売買契約が解除されており、その代金支払のための手形は本来ならば受戻されるはずであるが、これが呈示されている場合など）における対抗の原理的基礎は「**不当利得の抗弁**」であると解する[966]。このようなドイツ法的な構成は、日本では通説の地位を守ってきたが、

外については一律に善意の第三者の保護の規定が導入されているので、民法規定を適用することにより手形の流通が甚だしく損なわれる憂いはない。ただ、精密にいうなれば、手17の適用される場面と、これら民法の第三者保護規定とでは、所持人の保護される主観的要件に微妙な違いが生じる（手17は「害意」、民法は「善意・無過失」）。

964　裏書欄に「領収」の付記ある支払人に向けた最終所持人の署名があるとき、形式上戻裏書ではあるが、支払の証拠であり支払済は物的抗弁となる。

965　金銭の給付を内容とする証券に関しては、出捐とその目的 Zweck との関連付けが給付保持力を提供する。実質関係とりわけ対価関係（原因関係）上の合意は、手形行為者の目指す目的の実現の客観的基礎を提供する。手形の授受はその形式からいって、観念上は手形行為とは別段の合意（「手形の利用方法に関する取決め」）によって当該手形に当該出捐の目的を結合させることがなければ、給付保持力を生じさせ得ない。

966　通説の理解では、原因契約の解消は約束手形の振出人と受取人との間における約諾の無効原因ではない。この約諾は初めから原因契約を要素として含まない特殊な法律行為だからである。独民780-781の**債務承認・債務約束**の制度は、この意味における**抽象的債務負担行為**の一般法的基礎であるといわれている（ただし、賭博債務・成約保証付婚姻媒介に基づく債務承認の無効を定める規定から、不完全抽象債務（FLUME）とされている）。そして、原因関係の欠缺する関係に立っている約束手形の振出人が受取人からの請求を受けて支払ったとしても、直ちにその給付が法律上の原因（民703）を欠くこととなる。不当利得としてこれは直ちに返還されなければならない。このような関係にある約諾の当事者間において、債務承認は給付不当利得との関係において給付と看做されており（BGB§812（2）:或債務関係の存否に関する契約によって発生した承認もまた之を給付と看做す）、新たな不当利得返還訴訟を循環的に生じる法律関係が訴訟における審理の対象となっているときは、この債務の履行請求に対して、不当利得返還請求権を取得することになるであろう側の当事者である被告債務者は、「不当利得の抗弁権 Einrede der

比較法的に見れば必ずしも多数派ではない[967]。不法原因の抗弁も不当利得の抗弁権と構成するとこれは**権利抗弁**となるところ、裁判所の解決はこれを**事実抗弁**として構成している[968]。

[41308] 実質関係上の既存債権（原因債権）の消滅時効完成　　原因債権の消滅

> Ungerechtfertigte Bereicherung」を有することとなりこれが援用されるべきであり、日本法においても同様に解するものといえるであろう（木内・209-210頁）。なお、そもそも無因的に成立した手形債務が不当利得とならずに給付保持力を持つのかについていえば、かかる不当利得の発動を阻止する合意が手形授受の当事者間に存するがゆえである。近時これに「交付の合意 Begebungsabrede」の名を与えてその性質を探求する試みとして菊池和彦「交付の合意と融通手形の抗弁」私法58号235頁。

[967] イタリア法、ベルギー法はこのような理解に調和的であるが、フランス法、スイス法、あるいは英米法においては必ずしも共通のものではない。契約の拘束力の基礎が方式ではなく意思に求められる近代においては、方式を廃棄する代償として、すべての合意に原因 cause を要するとした（2016年改正前仏民1131、旧民財304。なお明治29年民法でも錯誤の規定等において内容上受け継がれたものと起草者は見ていた）。しかしそのことは、**原因不記載証書** billet non causé の存在を否定するものではなかった。2016年改正前仏民1132は原因不記載証書を明文化し、原因の実在性・合法性の立証責任のみを転換した（**証拠法的抽象性** abstraction probante。なお民588に関し、更改型**準消費貸借執行証書**における既存債務の欠缺の証明責任を被告に転換する日本の判例（大判大正9・5・18民録26輯823頁、最判昭和43・2・16民集22巻2号217頁。柴崎暁・手形法理と抽象債務［2107］-［2109］参照）があり、近い機能を営む）。現在原因不記載証書は一個の法律要件として説明されていて（SIMLER）、債務発生原因なのである（設権性）。他方、「訴訟理由づけドグマ」が支配していたドイツでは、同時に、cautio indiscreta の使用を禁止したユ帝ローマ法がそのまま継受され、原告が訴因をその causa のレヴェルに至るまで主張し申立ねばならない。この条件のもとで原因不記載証書を許容するには、「原因を要素に含まない約諾」を特別に法律で認める以外になかった（von BÄHR の「発明」）。日本の法律行為の体系がどちらの主義を採用したのかに付いてはなお議論の余地がある。睡道文藝・日本民法要論第一巻（1920（大正9）年、弘文堂書房）370頁以下は、出捐行為がその有効性に「法律上ノ原因」を必要とするか否かを基準に有因行為と無因行為とに分類されることを示し（論者によっては法律行為一般について要因・不要因という分類を挙げて身分行為は不要因行為であるとするものもあるが、ここでは行為が出捐であることを前提に論じる）、無因行為は法律上の根拠を要するものとした上で、単純に「金千圓ヲ支払ウコトヲ約スル」ことは無効であると断じる。この立場では不当利得の要件である「法律上ノ原因」と出捐行為の基礎にある原因との区別がない。しかし現代においては、不当利得における「法律上の原因」は、必ずしも出捐行為の場合にだけ用いられるものではなく、他方、「法律行為の原因（cause）」はさらに複雑な機能を担わされてきたので、区別は必要である。しかしながら、問題を出捐行為に限定する限り、出捐行為自体と目的意思との分離の把握としては概ねにおいて正しいものと思われる。

[968] 弁論から不法原因が明らかでも、権利抗弁であると被告がそれを援用しない限り裁判官は認容判決を下さなければならない（処分権主義）。また不法原因の場面では、不当利得返還請求権が不法原因給付の法理（民708）によって阻止されてしまう。援用があったとしても、この点がなお争い得る。論者は一般悪意の抗弁を以て問題を解決しようとする。他方、有因主義の場合、原因の原始的欠缺であれば無効原因として遇することもできるが、目的に関する合意が条件付であったり事後的に消失するときに、手形行為自体の効力がこれに連動するものと解する根拠づけが難しい。失効 caducité の一般的観念は日本私法においては認められていない。

時効の完成は、人的抗弁事由にならないと解する。しかし判例は逆に解している[969]。この解釈では、原因債権が存続する限り、これについても時効中断（更新）の手続をとっておかなければ、手形金請求債権を行使しても時効完成を援用されることとなるので、判例は、手形債権による訴提起が原因債権の時効を中断すると解している[970]。

[41309] **原因契約不履行の抗弁**　原因契約の不履行も、理論的にいえばそれだけで人的抗弁事由を提供するものではない[971]。

以上要するに、原因関係に基づく抗弁は、手形債務負担という出捐にとって「法律上の原因」にあたる合意の効力が解消されると抗弁となる[972]。

---

[969] 最判昭和43・12・12判時545号78頁。この判断を敷衍すると、次々と疑問が生じるであろう。原因債権の時効が完成したあとに手形を振出すとその手形ははじめから原因関係に基づく抗弁を対抗されることになるのか。また、手形の先行使（呈示）を義務付ける約旨のもと債務の支払のために授受されたとき、手形がまだ呈示されていないのに、原因債権の時効が既に進行しているといえるのであろうか。

[970] 最判昭和62・10・16民集41巻7号1497頁（手形百選7版158頁〔得津晶〕）。なお、同判決の島谷六郎裁判官の意見は、原因債権の時効完成は手形の人的抗弁事由とならない旨を示したものである。

[971] ただし、原因関係である請負契約が、請負人の倒産によって履行不能になった事例において、解除を待たずして悪意の抗弁の成立を認めた裁判例もある（最判昭和48・3・22判時702号101頁）。請負は請負人の履行の品質が当該請負人の属性に依存することも多く、満期日までに発生した請負人の倒産を黙示の解除条件として契約が締結されていたと解することがあり得るのではあるまいか。

[972] 人的抗弁の分類として、例えば、服部・前掲書100-101頁は、幾つかの類型を列挙している。原因関係に基づく抗弁が何故に人的抗弁となるのかといえば、それは法律上の原因なくして行われた債務負担給付が当事者間に不当利得返還債権を生じさせ、これが人的な関係であるということに基づいている（「不当利得の抗弁権」）。しかしながら真正に不当利得の抗弁と呼びうる類型は、上述のように、原因関係の無効・取消・解除（大判大正8・11・26民録25輯2117頁、錯誤の事例。大判大正8・8・8新聞1613号19頁、解除の事例）、条件の成就等に伴う失効等に限られる。原因関係の不法（大判昭和10・11・28刑集14巻1246頁、賭博の事例）、手形を回収しないままに生じた支払済の抗弁（大判大正15・10・13新聞2653号7頁）についていえば、不当利得で説明してしまうと不法原因給付や非債弁済を理由に抗弁が抑止されないだろうか。前者については不当利得の抗弁権が権利抗弁であるということとの関係で問題となる。後者についていえば、手形を受戻さないで支払う者には常に留保付弁済をなす意思があるものと解した上で、同じ所持人が二度目の受領を試みるときは弁済そのものを対抗されると見るべきではなかろうか（善意の第三所持人からの請求がある場合には、留保の作用によってこの手形は未だ支払われていないものとなり、一度目に支払われた手形金は返還されなければならない）。次に、対価不交付の抗弁（大判明治39・11・13民集12輯1451頁）は原因関係上の契約不履行の状態があるというだけで、そのあと解除できる可能性はあるというにとどまる（しかしながら、倒産等の事情で反対給付の履行が客観的に不能になった場面で、解除したも同様の場面であると評価される事例は存在し得るかもしれない）。融通手形であるとの抗弁（大判昭和2・4・21新聞2833号17頁）についていえば、融通合意

[41310] **悪意の抗弁**　抗弁制限の原則は、所持人が、満期における抗弁の対抗の確実性[973]を知りながらことさらに当該手形を取得することによって、署名者から引き出すことができなかった不当な支払による利得を得ようとする場合には例外を認める。特に裏書人と通謀してこのような利益を得ようとするならば、それは禁圧されねばならない。手17但は抗弁不対抗は、所持人が「債務者ヲ害スルコトヲ知リテ」手形を取得した場合はこの限りでないとしている[974]。このように、

の約旨からいえば一般に満期前日までに支払資金として被融通者が融通者の口座に入金する等の条件が満たされれば却って手形を支払わない根拠がなく、資金が未交付であれば対価不交付と同様に論じることができるというにとどまる。手形債務を負担しない特約に基づく抗弁（「見せ手形」の抗弁。大判昭和5・10・8新聞3198号12頁。最判昭和25・2・10民集4巻2号232頁・手形百選7版16頁〔森田章〕の事例は詐欺取消との二重効を考えることもできよう）についていえば、手形行為をしておきながら手形債務を負担しないという旨を合意するということは、意思欠缺を来しているのであって、心裡留保ないし虚偽表示にあたるとみるべきであるから、これは手形行為自体の無効・取消原因がある場合として遇すればよく、第三者の保護は心裡留保の場合でも民94Ⅱ類推適用（改正債権法の下では民93自体に第三者保護の規定が新設される）による。民法規定の適用につき判例にいう「人的抗弁」とは、このような第三者保護規定適用の効果を述べただけのことである。なお、服部・前掲書同所は、最後に**交付欠缺の抗弁**を人的抗弁に分類するが、多数学説はむしろこれを人的抗弁と呼び得ない特殊な類型と分類しているようである（「有効性の抗弁」）。そこに意思表示は存在せず、「流通におく意思で手形を作成し」たことに伴う責任として手形責任を観念するものだからである。

[973]　いわゆる河本フォーミュラ。

[974]　但書の「債務者ヲ害スルコトヲ知リテ手形ヲ取得シタルトキハ此ノ限ニ在ラズ à moins que le porteur. en acquérant la lettre. n'ait agi sciemment au détriment du débiteur.」の表現は、ハーグ規則の詐欺的通謀説と、ジュネーヴ仮案の悪意（単純了知）説との折衷的表現であると考えられている（大橋・新統一上265-266頁）。ハーグ規則16では最後の部分が、「ただし権利の移転が詐欺的通謀によって行われたのでないかぎり à moins que la transmission n'ait eu lieu à la suite d'une entente frauduleuse」とされていた（英米法の立場）。証券の流通に最大限に配慮し、手形債務者側がほとんど立証することが難しい「詐欺的通謀」の立証を要求するものであった。抗弁の対抗を封殺し、いわば「藁人形」「影武者」を差し挟むことによって、手形流通なかりせば引出し得なかった利得を得ようとする術策が行われているような場合に限定したのである。他方で、当時の多くの締約国、日独仏に至るまで大陸法側の各国が「悪意」の概念について「抗弁事由の存在を知っていること」（単純了知説）を採っていて、いわば英米法側に譲歩して統一法の成案に至った。議場修正が行われた著名な条項である。統一会議議事録、Comptes rendus, p. 291-294によれば、両者の立場の最も違いが際立たされる場面が次のような例で説明されている。「為替手形の振出人Aが引受人兼支払人Bとの間で売買契約を締結しており、Bに商品を送付したが、Aの過失による品違いであった。Bが債務不履行を理由とする解除権を行使すれば、売買代金債務は遡及的に（第三者の利益存する限りにおいて将来に向けてのみ）存在しなくなるから、AがBに手形金を請求しても原因関係の欠缺を理由として人的抗弁を対抗されるところ、Bにおいて解除をするのではなく、Aが注文どおりの商品を再送付し追完がなされて解除に至らない場合もあるであろう。Aによる不履行の事実を知るのみでそれ以上Aと関与していない受取人Cとしては、Bが高い確実性をもって解除をすることを予期しているならば別段、再度の商品発送もありうることが十分予想できるような場合にまで、Cを悪意者として手形金の請求の道を断つべきではない」

抗弁事由を**単純了知**しているだけでは足らず、しかし**詐欺的通謀**までも立証する必要[975]はない。裏書により一度抗弁切断が生じた者から更に取得した後者には最早悪意の抗弁は成立しない[976]。また、被融通者自身による融通者に対する請求を否定する根拠となる「融通手形の抗弁」（その根拠は融通合意そのもの効果であると考えられる[977]）について悪意の抗弁は成立しないが、「**融通契約違反の抗弁**」に関

というものである。

[975] ハーグ規則に採用された原則では、他人を介在させることで抗弁の対抗を回避する行為、即ち、裏書人被裏書人間に詐欺的通謀が存することの立証を要した。法統一前のフランス法でも、「隠れた取立委任裏書」の立証があれば抗弁の対抗が認められていた（注206）。このような術策が用いられる場面においては、一般に被裏書人は対価なく手形を占有している場合が多く、英米法のように約因対価の欠缺することの立証を以てこれに代え得る法域も存した。固有の経済的利益のない所持人への抗弁は日本法も認める（注923）。

[976] 約束手形振出人Ａと受取人Ｂ間の人的抗弁についてＣが無害意で当該約束手形を裏書で取得し、そのＣから裏書を受けたＤにおいてＡがＢとの原因契約を解除する高い確実性を認識していたとする。Ｄから請求を受けた場合に、Ａは手17但により悪意の抗弁を対抗できるか。一部学説（**属人性説**）は、対抗できると解する。しかし、規定の沿革にてらしてかように解することは難しい（なお木内・220-221頁）。悪意の抗弁は、自ら取立をすれば抗弁を対抗されるはずの所持人が殊更に裏書を用いて、被裏書人を傀儡とし、以て自らに対して債務者が主張できた抗弁権を失わせる術策を抑止する趣旨で導入されている。ところが、この事例ではＣがもともとＡから抗弁の対抗を受けずに主張し得る状態にある権利を後者に移転しただけであるから、第三者が手形を取得したせいで支払人が損害を被るわけではない。手17但の起草趣旨からいえばＤの請求を禁圧する必要がない（注927）。Ａの損害惹起とＤによる手形取得との間には因果関係がない。では、ＡがＢからの依頼で融通手形を振出し、Ｂがこれにより金融を得るに際して無害意の銀行Ｃから求められて手形割引契約上のＢの**連帯保証人**となったＤが**手形買戻**をし、その際裏書を得ているというような場合、ＤによるＡへの請求に際して同様に解するべきか。Ｄも、Ｂのために手形の代わり金相当額を払わされた「他人」であって、独立の利益主体としての地位を持つとすればこれも同様に解するべきであろう。ただし、ＤがＢの「**事実上の主宰者**」であった場合には違ってくる。ＢＤ間では利害の対立がなく**利益共同性**があるときには、Ｂ＝Ｄとおいて、Ｂ自身による買戻とみなし、直接当事者間における人的抗弁の対抗を認めるべきであろう。最判昭和52・9・22判時869号97頁（手形百選7版70頁〔菊地雄介〕）の事案は請負契約の合意解除を以て原因関係欠缺の抗弁とする同様の事例である。Ｂ社はＤの自宅を本店所在地とするＤのワンマン会社であるなどＢとＤとが「密接に経済的利益を共通に」する関係にあった。Ｄは連帯保証人として手形買戻義務を履行し、Ｃがこの買戻が履行された直後に手形に無担保裏書を付しＤを被裏書人としこれをＤに交付したものである。判旨はＣのＤへの裏書を、ＣからＢに対する「戻裏書（[34303]）と同一に評価」すると判示した。

[977] 融通手形を用いた手形割引で融資を得ることは直ちには金融機関に対する詐欺罪を構成するとはいえないという考え方が相当に根強い。商業手形でないことを告知する義務が依頼人にあるとはいえず、「かけ引き」の一部であるという考え方は取引社会において一般的であるといわれてきた。またしたがって、融通者被融通者の間においても、その通謀虚偽表示に似た性格にもかかわらず、手形行為自体は有効に成立しているとの考え方が主張されてきた。ところで、河本一郎「融通手形の法律関係」手形法における悪意の抗弁（2016（平成28）年、成文堂。初出1965年）所収272-276頁が紹介するドイツ連邦裁判所の判例は、融通手形、とりわけ連鎖倒産を惹起する危険

する悪意の抗弁は考えることができる[978]。

[41311] **二重原因欠缺の抗弁**　指図が実現しようとしている目的は資金関係及び対価関係の二つであるから、そのうちのいずれか一つが欠けることがあっても、なお指図の効力を維持することで、欠缺していない側の実質関係の当事者ならびにその利害関係人の利益の実現に資する。そのことが、給付の無限の巻戻しを抑止する（決済の最終性）。しかし、資金関係及び対価関係の双方が同時に欠缺する場合にまでその要請は働かない[979]。

の高い「書合手形」が組織的あっせんを通じて大量に用いられた事案に関連して、公序良俗違反（BGB§138）を理由としてこれを私法的に無効なものと考えている。フランス法においても、伝統的に融通手形は「不法のコオズ」を理由として無効とされてきた。直ちに日本法においてこのような考え方をそのまま適用できるわけではないが、処罰の拡大による禁圧ではない方法で融通手形を追放すべきであるとの示唆は傾聴に値する。

[978] AB間に商取引関係がない場合には、この手形を「融通手形」と呼び、BがAに手形金を請求しても支払を拒み得る（融通手形の抗弁）。融通手形であることを知って手形を割引くと、害意ある所持人となってしまい、また世上そのような場合は少なくないので、融通手形による金融は成り立たなくなるというのである。そこで判例学説は「融通手形の抗弁」を「**生来的人的抗弁**」と説明してきた（融通者は第三者には融通手形たることを以て抗弁しない旨を被融通者との間で合意し、ゆえに第三取得者は融通手形である旨を知っていても悪意の抗弁を対抗されない（判例）。最判昭和34・7・14民集13巻7号978頁、手形百選7版54頁〔高橋英治〕）。しかし、融通手形と総称される取引の中にも、①不呈示を特約する「**見せ手形**」（虚偽表示ないし心裡留保によ無効の主張も考えられよう。なお参考：旧商（明治26年）702「手形ノ要件ヲ外觀ノ爲メニノミ記入シタル手形ハ其情ヲ知リタル者ノ爲メニハ之ヲ手形ト看做サス」）から、②満期前に融通者＝振出人の当座勘定に被融通者が決済資金を入金する約旨のもと用いられる**与信契約を資金とする手形**、さらには③融通者自身が**人的担保**の義務者として手形に署名する場合まで様々あり得る。従って人的抗弁の内容も各取引において区々であり、割引方が何の確実性を認識して手形を取得したかによっては悪意の抗弁の成立の可能性が排除できない（最判昭和42・4・27民集21巻3号782頁（手形百選7版68頁〔川島いづみ〕）は「融通手形の抗弁」が存在するときにも悪意の抗弁の成立の可能性があり得るとした）。例えば②の類型のものにつき、Bによる入金が不確実であると予期しつつ手形を取得するならば、Cの害意を基礎付けることができる。これをより正確に呼称するならば「融通契約違反の抗弁」というべきであろう（木内・221-225頁）。

[979] 木内・226-227頁。判例も同様の帰結を認める（最判昭和45・7・16民集24巻7号1077頁、手形百選7版72頁〔菊池和彦〕）。Y振出・A裏書・Bが所持人である約束手形の振出・裏書の実質関係は、B→A、A→Yの順次の掃除機の販売委託契約であり、それぞれが合意解除されており、Xが期限後裏書に拠りBからこれを取得し手形金をYに請求しているものである。不当利得の抗弁権構成を採る立場からは、「不当利得債権を不当利得するもの」「利得循環の延長」といった観念で説明することがある。指図学説として論じられてきた二重原因欠缺の典型事例である。三者不当利得の学説史を見ると、このような場合を「直接貫徹請求権」と位置付けて直接的抗弁とする説があり、この立場では指図人が破産した場合においても、被指図人が指図受取人に対する利得取戻を優先的に行えることになる。しかし指図人の指図受取人に対する不当利得返還債権は既に指図人の債権者の一般担保になっており、被指図人は指図人に対する無担保の不当利得債権者であるに過ぎないのであるからかかる解決は債権者間の平等を害することになる。このことは、したがって、不当利得が抗弁として主張される場合にも同様であるから、被指図人は、自らが指

[41312] **後者の抗弁**　　隠れた質入裏書の被担保債権が、他の担保の処分により債権者が満足を得るという経緯で消滅した後に、振出人に対して所持人が手残り手形を使って請求した事案である最大判昭和43・12・25民集22巻13号3548頁（手形百選7版74頁〔三原園子〕）をめぐって争われ、結果的に裁判所は「権利濫用の抗弁」の名においてこれを認めたが、指図理論ないし三者不当利得の理論においてこのようなものは認められない[980]。

　図人に対して有し得べき不当利得債権が指図人の負債に占める割合に応じて指図人が指図受取人に有し得べき不当利得債権額を按分した額を以て二重原因欠缺の抗弁の対抗を認められるべきである。

[980]　一部の有力説（いわゆる二段階説）は、裏書の原因関係（対価関係）が欠缺すると、動産物権変動において民法が採っているといわれる自動的な所有権の復帰の理論がここでも妥当して所持人が無権利者となることの帰結としてかような抗弁が認められるという。しかし手形は動産ではない（手11、明治29年民86Ⅲ）。他方、確かに実質関係上は所持人は権利を取得すべき地位にないものであるといえるかもしれない。いずれにしても手形金は不当利得として裏書人に返還しなければならないからである。昭和43年の事実関係をみると、裏書の原因をなす実質関係は、隠れた質入裏書であるとみるべき事情があり、その被担保債権が完済したことから、質入の付従性として本来は所持人が権利を失うべきところであるが、手形上の権利関係の帰属を変更するためには、あらためて手形を消極的裏書または戻裏書により受戻すべきものである。ところで本件は融通手形で、裏書人は振出人に資金を提供できていない。実質関係が振出人受取人間および裏書人被裏書人間の双方において欠缺することとなり、前記二重原因欠缺の理論が適用されるものと考えるのが合理的である。少数説ながら、ディマンドギャランティー（スタンドバイ信用状・請求払無因保証）をめぐる議論を想起させるような「支払人所持人の詐欺的通謀による受取人への加害」を問題とする議論がある。支払人は支払期日に手形を支払わないと遅延賠償を生じることとなるから、裏書連続を調査する義務があるも署名の真偽を調査せずに、適法の所持人への支払によって免責を受けることができる（手40Ⅲ）のが原則である。しかし、振出人が所持人に支払ったことを理由に受取人に求償できる約旨のもと、裏書の実質関係の欠缺を熟知しつつ、手形を支払った外形を整えて手形を受戻し、求償金を受取人から取立てた上でその半額を所持人に引渡していたらどうか。無権利者への支払で免責を受くには支払人に善意を要する（手40Ⅲ）が、その類推で前者に返還すべき不当利得を受領者に生じる支払で免責を受くにも同様であるという（**後者の抗弁**。木内・227-231頁）。後者間の不当利得の回収が事実上不可能であるとき（例えば所持人が政府で主権免除特権を主張できる場合）等、特殊な理由で不当利得債権の成立そのものを回避しなければならない特段の事情がある場合には、国際取引における請求払ギャランティーのように「明白なる濫用の抗弁」を認めるという主張はあり得なくもなかろう。しかし論者は必ずしもそのような文脈に限定してこの説を説くわけではない。もう一点これらの学説への批判として留意しなければならないのは、所持人Ｃが支払人Ａから後者の抗弁の対抗を受けて証券を毀滅した場合である。前者である裏書人Ｂが受戻を得られるべきところこれを果たせなくなり、自らの更なる前者Ａに実質関係上の請求をしようとするときに、証券受戻を主張されて履行請求の道が断たれる。そこでＢに公示催告申立が認められれば問題はないが、Ｂは「最終の所持人」に該当しない（木内他・シンポジューム手形・小切手法273頁）。

第B章　その他の手続と手形・小切手

第ⅰ節　公示催告手続

第ⅱ節　倒産・執行と手形・小切手（未稿）

第ⅰ節　公示催告手続

[42101]　**総説**　喪失証券所持人の救済制度は支払地法による（手94）。日本法に準拠することになる場合には、非訟事件手続法上の有価証券無効宣言のための公示催告手続が適用される。有価証券制度は、権利と媒体との結合によりその流通や行使を容易化するものである反面、盗難・遺失の場合には、善意取得制度が存在するため、所持人が権利を失う危険を負うことになる。喪失者は所持人を探し善意取得を争い返還を求め、義務者は弁済金を供託すべきであろう。しかし証券が行方不明であるときにその資金を長期に不稼働とすることは合理的ではない。そこで有価証券制度を用いている法域ではそれぞれ喪失証券における権利行使の方法を定めている。日本の公示催告制度はその一種である[981]。

981　制度は明治23年の民事訴訟法において規定され、以降同じ規定が大正15年民事訴訟法にひきつがれたが、平成10年民訴法改正で同法の判決手続部分が廃止、新民事訴訟法が制定され、公示催告の規定を含めた一部の規定のみが残された民訴法は法令名変更で「公示催告及ビ仲裁手続ニ関スル法律」（さらにその後の改正で「公示催告手続ニ関スル法律」）とされ、平成16年11月26日の「民事関係手続の改善のための民事訴訟法等の一部を改正する法律」により、「公示催告手続ニ関スル法律」は、非訟事件手続法に編入され現代語化されて現在に至っている。平成16年改正最大の改正点として、従来の「除権判決」では判決手続であるため口頭弁論として公示催告期日が開

第B章　その他の手続と手形・小切手　317

[42102]　**手続対象証券・申立権者・申立事由**　手続は、**盗取・紛失されまたは滅失した**[982]**有価証券**で法令の規定により無効とすることができるもの（非訟114）を対象とする。ここにいう法令とは民施57（改520の11）であり、指図証券・記名式所持人払証券・無記名証券を含める[983]。**申立権者は最終の所持人**またはその有価証券により権利を主張することができる者である[984]（非訟114）。

[42103]　**管轄・申立・審査**　**支払地の簡易裁判所**が管轄する（非訟115は「義務履行地」としたうえで手形小切手については「支払地」とする）。支払地白地手形（「義務履行地が表示されていないとき」）は義務負担者（支払人）の普通裁判籍を管轄する簡易裁判所となる（非訟115）。申立は申立書を提出してなし（非訟43Ⅰ）[985] [986]、「有価証券の**謄本**」または「有価証券を**特定するために必要な事項**」[987]を明らかにす

かれ、申立人の出頭が必要であったが、これを改め、「除権決定」として（非訟118Ⅰ）、公示催告期日の手続を省略した。しかし、有価証券の無効宣言の効果そのものは変更されたわけではない。形成的作用を持つ特殊な類型の非訟事件の裁判といえる。さらに規定は平成23年新非訟事件手続法に移行した。なお商518（改520の9）は公示催告手続を前提に、担保提供を条件に喪失者への仮払を認める制度である。

982　意思に基く占有の喪失についてはこれを含めない（以下本節は大幅に島田充子「公示催告手続の改正後の運用について」判タ1169号28頁に拠る）。

983　白地手形所持人および署名後流通前証券の署名者からの申立については、無効宣言に積極的効力を認めることはできないが、消極的効力を得せしめることはでき、そのために公示催告制度の利用を認めるというのが判例である（署名後流通前証券の署名者からの申立について最判昭和47・4・6民集26巻3号455頁、手形百選7版160頁〔出口正義〕）。なお、株券については平成13年改正により、公示催告手続を適用せず、株券喪失登録簿の作成による株券失効制度を以って喪失者の救済を図ることとなった。また、平成29年債権法の「その他の記名証券」にも公示催告制度の利用が認められる（改520の19Ⅱ）。従来講学上記名証券とは名義書換を権利移転行為の成立要件とする証券を意味していたが、同条の証券は債権譲渡の方式（民467）と効力により譲渡・質入の目的となし得るとされ（改520の19Ⅰ）、その適用は主に指図禁止手形（手11Ⅱ。一覧払手形の満期の確定や遡求権保全の関係において喪失証券の占有に代わるものが必要となる）を想定したものと思われる。他方社債券不発行社債の社債原簿上の名義の記載は対発行会社・対第三者両面において「対抗要件」（会688Ⅰ）ではあるが、社債券を発行するとそれは無記名証券として扱われ（会687）、名義の記載は発行会社に対する関係において権利行使の要件となるにとどまり（会688Ⅱ）、証券喪失においては再発行のため公示催告が可能であることが特別の規定（会699）で認められ、改520の19の適用証券ではない。

984　あくまで形式的資格者であって、実質的権利の存否とは関係がない。証券の受寄者は形式的資格者でなく、申立権はない。白地手形の振出人の申立権は明文化されない。

985　裁判所は弁護士以外でも訴訟能力を有する者による代理を許可できる（非訟22Ⅰ）（ただし、申立の代理は、司法書士法3Ⅱの簡裁代理関係業務に含まれない）。非弁代理人による申立の許可は取消し得る（非訟22Ⅱ）。

986　申立書（非訟43）には申立人（当事者及び法定代理人）・申立の趣旨・申立原因を記載する。対象有価証券は申立の趣旨の中で特定され、記号・番号・記載事項を記入する。申立原因としては、申立人の申立権者たること、有価証券の盗難・紛失・滅失の事実とその状況を記載する。

る（非訟116）とともに、証券の盗難・紛失・滅失等**申立理由の疎明**[988]を要する（非訟50、116）。裁判所は、審査の後、申立の要件を欠くとされる場合には申立却下の決定をする（非訟56）。これに不服な場合には即時抗告ができる（非訟66）。

[42104] **公示催告**　申立が適法で理由ありと認められるときは公示催告手続開始決定がなされ、公示催告決定（非訟101）に基づき公示催告がなされる。公示催告には申立人・**権利を争う旨の申述の終期**の指定、**申述および有価証券提出の催告**、申述をしないと無効宣言が行われる旨（**失権戒告**）を表示する（非訟117Ⅰ）。申述期間は、従前最低6月（平成16年改正直前の公示783）とされていたが平成16年改正で官報記載日より申述終期まで最低2月となっている（非訟103）。**公示催告の公告**は裁判所の掲示板に掲示し、官報に掲載する。相当と認めるときは裁判所は日刊新聞等に掲載を命じることができる（非訟102ⅠⅡ）[989]。

[42105] **権利の申述・審問期日**　申立は疎明に終始する手続であるから喪失の申立が真実である保証はなく、他方、手形の取得者が公示催告を知りまたは知り得べきであったとの事実だけでは、公示催告期間中の善意取得の可能性は排除できない。手続開始後申立の不適法が明らかになった手続は止むべきである。所持人が有価証券を提出して権利を争う旨を申述[990]し、申立人が、申立に係る証券と申述に係る証券との間の同一性を認めるときは、有価証券の所在不明という公示催告手続の要件が欠けることになるので、裁判所は、申立人による取下げを促すか、**公示催告手続終了決定**を行う（非訟104）。申立人が同一性を争うときは、裁判所は審問期日および審理終結日を定めて攻撃防御をつくさせる（非訟105）[991]。

---

[987]　法定の必要的・任意的記載事項の他に証券番号のような手形法小切手法上の効力とは無関係な記載も必要となる。

[988]　疎明のため、申立人または証券保管者が作成した陳述書・上申書、盗難届・警察署長作成のその受理証明書・消防署の罹災証明等を提出する。

[989]　従前特に証券の無効宣言のための公示催告については、新聞紙に「三回」掲載（公示782Ⅰ）し、管轄地内にそれがある場合には取引所にても掲示を義務付けていた（公示782Ⅱ）。「新聞紙」の規定は昭和17年の戦時民特法3が、「裁判所カ官報及新聞紙ヲ以テ為スヘキ公告ハ官報ノミヲ以テ之ヲ為ス」とし、昭和20年同法廃止に際し同法3の部分だけが、戦時民特法廃止法律（昭和20）附則2項によって「当分の間」その効力を維持するものとされた（斎藤他・前掲注解民訴315頁〔西村＝窪田〕）。この取扱は平成16年改正で失効したことになるのかもしれない。現行法でも裁判所が相当と認めれば官報だけでなく日刊新聞紙への掲載を命じることはできるが、回数に関する規定も、取引所に関する規定もない。

[990]　ただし申述人が真の権利者であることの証明は必要ない（島田・前掲ジュリ30頁）。

[991]　権利を争う申述には、申立人が真実の最終の所持人ではないとの申述等がありうる（金子修編・逐条解説非訟事件手続法（2015年、商事法務）373頁）。申述者による善意取得の成否等実体的問題は別訴手形返還請求訴訟等判決手続で争われるが、申立の不適法が明らかでない等のた

［42106］**除権決定**（非訟118、106）　申述の終期までにこれがないか申立の不適法が明白でなかった場合には除権決定を行ない、その主文で申立にかかる**有価証券を無効と宣言する**（非訟118Ⅰ）。決定の重要な旨趣は官報に掲載される（非訟107）。申立人は除権決定によって有価証券による権利を主張できるものとなる（非訟118Ⅱ）（いわゆる**積極的効力**）。法令上公示催告申立ができない場合、公告の違法、公示催告期間の不遵守、権利を争う申述があったのにこれを無視して除権決定がされた場合、民訴法上の再審事由あるときなど、決定が違法に取得された場合には**除権決定取消しの申立**が認められる（非訟108）[992]。

［42107］**除権決定の効果**　除権決定は有価証券を将来に向って無効にする形成効のある裁判である。無効宣言により、所持人は証券を占有していない者と等しい法的状態におかれる。この「無効」は法律行為の無効ではなく、証書としての効力の喪失であるから、この時点以降は当該証券の善意取得も不可能になる（いわゆる**消極的効力**）。他方、公示催告申立人は履行義務者に対して有価証券による権利を主張することができる（非訟118Ⅱ）[993]。一方で善意取得者には無効証券の占有者でしかないことを理由に、他方で申立人には実質的無権利を理由に、支払を拒むことを認められるとすれば、支払人は誰にも支払わなくてよいことになる。従って、除権決定は公示催告期間中に申述しなかった所持人の権利は除斥されると解すべきである[994]。善意取得者がいたとしても権利行使の要件を欠く[995]。

　　め公示催告手続が終了決定に至らざる場合は不適法な申立による除権決定の取得を避くべく、公示催告管轄裁判所は別訴裁判が確定するまで公示催告手続を中止するか、または、当該別訴裁判において申立人側が敗訴した場合に無効宣言が失効する除権決定（留保決定）を行わねばならない（非訟106Ⅲ）。第二章手続に制限決定はない（非訟117Ⅱは非訟106Ⅱに言及しない）。
[992]　除権決定は、事後的にその効力を争うことができる。除権決定の効力により、権利・利益を害される利害関係人は、申立人を相手方として、除権決定の取消を申立てることができる。取消の申立人は、除権決定を知った日より30日の不変期間内にこれを申立てなければならず、除権決定告知日から5年経過後は、これをなしえない（非訟110ⅠⅡ）。
[993]　**積極的効力**。除権判決〔当時〕は「当該手形を無効とし、除権判決申立人に当該手形を所持するのと同一の地位を回復させる」（最判昭和29・2・19民集8巻2号523頁）。
[994]　「善意取得者は除権判決〔決定〕」までの間に「自己の所持する手形に就き公示催告あることを知り得べき地位にあるものなるが故に、自己の権利を保全せんと欲せば」権利を争う申述を為すべきでこれをしない「限りは除権判決によりて除斥せられ、公示催告申立人が其手形の権利者となるものと解するを至当とす」。竹田「喪失せられたる手形の除権判決」商法の理論と解釈（1959年）696頁。小橋・商法論集Ⅳ328-338頁。大塚龍児「有価証券の除権判決について」北法31巻3＝4号Ⅱ部1443-1478頁、1461頁。小橋「最判平成13・1・25判批」法時リマ2002上105-108頁。これに対し、除権判決は専ら将来に向かって申立の対象となっている法律状態を変更するにとどまり、裁判の対象は専ら形式的資格であって、権利の帰属如何ではない。言渡前の事実とその帰結としての権利の帰属は変更されない（斎藤＝小室＝西村＝林屋・注解民事訴訟法（二版、1996年）

第ⅱ節　倒産・執行と手形・小切手

（未稿）

320頁〔西村＝窪田〕、公告を見ない者の善意取得を認めておきながら権利を争う申述がないことのみを以て善意取得者から権利を奪うべきでない（上柳「株券の除権判決」商法の判例三版49頁）との批判がある。しかし前者の批判についていえば、善意取得者は形式的資格を回復した申立人に対する事務管理または不当利得に基づく手形の代わり金の引渡請求権をなお有するのであって（木内・186頁）、申立人に権利行使させることが善意取得者の権利を完全に損なうということではなく、このような権利行使を認めなければ却って支払人に不当利得が生じる。除権決定を得た申立人には、法定的な取立受任者としての地位が当然に付与されるかのように解するほかにないのではなかろうか。また、後者の批判についていえば、この批判をする論者は、公示催告の公知性が欠けていることを挙げるが、それは制度の本来の運用の姿ではなく、前述の戦時民特法の規定が放置された結果であって、公示催告制度そのものへの批判にはなっていない。

995　善意取得者は証券の占有のないままで実質的権利の帰属を主張立証しさえすれば手形金の支払を請求できると解するのが判例（最判平成13・1・25民集55巻1号1頁、手形百選7版162頁〔榛川泰史〕）である（田邊光政「最判平成13・1・25判批」判評513号44頁）が、原告に形式的資格がないままで請求を認容するわけにはゆかないとの批判から、種々説明されてきた。善意取得者が支払人に請求するには、除権判決正本の引渡を受けてこれを呈示して請求できるというが（木内・同所に引用の STRANZ, Wechselgesetz, 14 Aufl., 1952; BAUMBACH / HEFERMEHL, Wechselgesetz und Scheckgesetz, 13 Aufl., 1981. 高田晴仁「最判平成13・1・25判批」平成13年重判109頁）、判決正本の占有は証券占有と同視することはできない。善意取得者が除権判決取得者を相手に権利が帰属する旨の確認訴訟を提起するという見解（前田庸・手形法・小切手法（2000年）533頁）では、手形金請求訴訟と確認訴訟とが固有必要的共同訴訟の関係となり、権利帰属の問題は手形金請求訴訟中で判断されて確認訴訟は訴の利益を欠き、他方原告は形式的資格の欠缺を自認するので結局敗訴することになる（松本博之「手形の善意取得とその後の除権判決」金法1620号11-14頁）。結局判例に反して本文のように解するべきであろう。最判昭和47・4・6民集26巻3号455頁は、約束手形振出人が流通におく意思をもって手形に署名したのちこれを窃取され公示催告手続を申立てた事実のもと善意取得したとする所持人による振出人への手形金支払請求を棄却した原審を破棄差戻した。除権判決（当時）の確定前に喪失手形を悪意重過失なく取得した者の権利までも消滅させるものではない等とする同判決は、申立人が消極的効力の取得のみを目的とする除権判決の効果を述べたもので、積極的効力をも目的とする申立の事例である最判平成13年の基礎とすることができない（なお、小橋一郎・商法論集Ⅳ（1985年）336頁）。

第C章　抵触手形法・小切手法

[43101]　**概説**　　手形法・小切手法を統一する六つの条約のうち、二つのものが抵触法条約である。日本法で議定書に含まれる正文を国内法化するにあたり、手88以下・小76以下となった。

[43102]　**手形能力**　　手形義務者の行為能力は、その本国法によって決定され、その法がさらに第三国法を指定する場合（再致 Weiterweisung, re-référence）にはこれによる（手88Ⅰ・小76Ⅰ）。再致までは認め「再再致」（本国法が第三国法ではなく法廷地法を指定している場合）を認めないことによって、法指定の無限の循環を防止する趣旨である（大橋・861頁、Comptes-Rendus, p. 347.）。準拠法により行為能力がないものとされた場合でも、行為地法が行為能力を認めるときには、行為地（署名地）法により（手88Ⅱ・小76Ⅱ）、極力手形の有効性に障害をもたらさないよう配慮されている。これは通則法でも一般的な場面に拡大されている。

[43103]　**手形行為の方式**　　行為地（署名地）法による（手89Ⅰ・小78Ⅰ）。ただし、当該署名が行為地法により方式の瑕疵を理由とする無効となる場合であっても、後行行為が効力を妨げられないことを定める（手89Ⅱ・小78Ⅱ）。手形行為独立原則（手7）の帰結であるといわれる。ただし、外国でなされる日本人の行為に限り、他の日本人に対する関係で効力を有するためには、同時にその方式が日本法に準拠するものでなければならない（1項の行為地法主義と重畳的に適用される）（手89Ⅲ・小78Ⅲ）。

[43104]　**その他**　　小切手の支払人たる要件は支払地法（小77）、主債務者の債務負担の効果は支払地法（手90Ⅰ・小79）、遡求義務者については署名地法、遡求権行使期間は振出地法（手90Ⅱ・小79）により、小切手の満期の種類（小80(1)）・呈示期間（小80(2)）、引受・支払保証・確認・査証等の可否（小80(3)）、一部支払の可否・受諾義務（小80(4)）、線引の可否（小80(5)）、支払委託の取消の可否（小80(7)）、資金債権の帰属は振出地法（手91-小切手については支払地法-小80(6)）、為替手形の金額制限引受の可否・一部支払の可否・受諾義

務の可否は支払地法（手92）、拒絶証書の方式・作成期間等権利保全の方式は、方式を履践すべき地の法により（手93、小81）、証券喪失者の救済手続は支払地法による（手94、小80（8））。

第Ⅴ編　電子記録債権

第A章　電子記録債権制度の概要
第B章　電子記録の種類と効果

第A章　電子記録債権制度の概要

[51001]　**概要**　　電子記録債権法（2007（平成19）年）により、記録媒体を用いて権利を流通させる技術が導入され、手形割引と同様に**電子記録債権**の譲渡による金融が可能となった。手形小切手の経済的代替手段として設計された制度である以上、おおよそは手形法小切手法を模倣するものであって、同法自体に解決が定められない限りは、手形小切手に関して論じられてきた解決に準拠することとなろう。電子記録債権とは、「その発生又は譲渡についてこの法律の規定による電子記録を要件とする金銭債権」（電債2Ⅰ）である。その発生・譲渡・一定の事由による消滅については、**要式性**が法定されており、**電子債権記録機関**[996]が調製する、磁気ディスク等による**記録原簿**（電債2Ⅲ）上の**債権記録**（電債2Ⅳ）[997]部分に記録請求に基づきなされる**発生記録**（電債15）を発生原因とする「その発生又は譲渡についてこの法律の規定による電子記録を要件とする金銭債権」（電債2Ⅰ）である[998]。有価証券ないし流通証券上の権利と異なり、口座間送金決済を利

---

[996]　主務大臣の指定（電債51Ⅰ）を受け、資本金5億円以上（電債53）の株式会社たることを要する（電債2Ⅱ）。秘密保持義務を負い（電債55）、兼業は禁止される（電債57）。

[997]　「債権記録」は記録原簿上の表示部分そのものに付せられた名称であって、債権の変動をもたらす媒体上の法律行為を意味するものではない。

[998]　一定金額の支払約束。支払期日、債権者・債務者の住所・名称（氏名）、債権者債務者いずれか

用する特約をしない限り、債権者の営業所において弁済すべき**持参債務**である[999]。発生記録の任意事項も法定されている[1000]。電子債権記録機関の監督・検査・業務改善命令・指定取消等について規定している（電債67-85）。

[51002] **原簿上の記録の方式**　　法定の場合・確定判決に基く場合を除き、記録権利者・記録義務者[1001]双方の（電債5ⅠⅡ）かつ要式の「**記録請求**」（電債6）が必要である[1002]。これを受けて記録原簿上の債権記録部分に記録を表示させる具

が複数であるときに債権債務の可分不可分の別を記録する。

999　発生記録にあたり、記録請求をする者は、電子記録機関から銀行に提供される情報に基き実行される支払期日における送金を予約する**口座間送金決済**（電債62）を利用する旨を合意できる。この場合には、譲渡記録により債権者が交替する場合でも、譲渡記録をせずに口座情報の変更記録により受領方法を変える場合でも、関係人の合意により指定された受取口座が開設された金融機関の元帳保管店が債務の履行場所となる。これを利用して支払う旨を定めないことも法的には可能である。その場合には、民商法――民484・商516Ⅰ――の原則に従い、持参債務となる。萩本修＝仁科秀隆編著・逐条解説電子記録債権法（2014年、商事法務）127頁。

1000　発生記録の任意事項として、譲渡記録禁止約款・保証記録禁止約款・質権設定記録禁止約款・分割記録禁止約款・譲渡記録回数制限（電債16Ⅱ（12）（15））――譲渡記録禁止以外については電子債権記録機関による禁止が可能――が存するときは、抵触記録は禁止（電債18Ⅳ他）。善意取得・人的抗弁制限を特約（電債16Ⅱ（8,10））で排除できる（電債19Ⅱ（1）・20Ⅱ（1））。

1001　この用語法は、あたかも約束手形の振出人・受取人というのと同様に、電子記録債権を発生させる法律行為の主体を表現しようとしているが、電子記録により直接に「利益（または不利益）を受ける者」である。「記録を義務付けられる者」「記録を請求する権利のある者」の意味でなく、必ずしも「記録に拠り義務を負う者」「記録に拠り権利を取得する者」でもない。電子記録について記録義務者と記録権利者の二者が必ずいなければならないかのように定義されているが、分割記録については、単独行為でなし得るので、この定義から漏れることになる。ところで、記録請求が行われても、電子記録がなされなければ各々の行為は効力を生じることはない。法令上記録の履践をなしうるのは電子債権記録機関のみであるところ、電子債権記録機関に直接電子記録の作成事務の履行を民事的に強制することは想定されていないから、かかる義務の遵守は監督制度の実効性に期することとなる。他方、当然ながら電子記録債権の発生や移転に利害関係を有する当事者間において電子記録の成立を停止条件とする約定がなされ、これにより法律関係が変動することは妨げない。発生記録の場合には、一方当事者が支払義務を負い、相手方が権利を取得することにはなるが、譲渡記録の場合には、権利が移転するにとどまる。勿論、譲渡人は権利を喪失する者、譲受人は権利を取得する者ではあるが、新たに譲受人に対して義務を負うことになるのは原債務者である被譲人である。この最後の者は記録請求の当事者ではない。

1002　ただし、これは一個の債権記録につき記録請求をなすべき者が複数いるというだけであって、双方の間に合意を要求してはいない。会社設立登記の場面における複数の発起人の意思表示のように、同内容の意思表示が同じ方向に向かって複数発せられることにより法律要件となるというものである（電債19Ⅱ（3）には譲渡人が「譲受人に対する意思表示」をすると定めるが、整合性がない）。単一の債権記録に関する複数の意思表示が成立していなければ記録請求としての効力もない。また、法文は、「電子記録の請求は、請求者の氏名又は名称及び住所その他の電子記録の請求に必要な情報として政令で定めるものを電子債権記録機関に提供してしなければならない」（電債6）としている。これは不動産登記における「申請情報」（不登4）の用語に着想したものであるかに思われるが、不動産登記が既に存在する権利義務を公示する手段であるのに対して、

体的作業は、記録機関が担当するが、当該電子記録が法律行為としての資格がある場合においてその構成要素である媒体上の意思表示の主体は当該電子記録の記録請求をなした者たちである[1003]。過誤記録は無効である[1004]。

第B章　電子記録の種類と効果

[52001] **原簿上の記録の種類と性質**　電子記録には、**発生記録**（電債15)[1005]の

> 電子記録債権の記録はそれ自体が権利義務の変動のための法律要件となっている。ここで「情報」と呼ばれるものには主体が発生を意欲する法律効果の表示が含まれる。この表示は事実を表現する文言ではなく、意思行為の内容であり、情報一般をさすものではない。

1003　始関＝高橋「電子記録債権法の概説」金法1810号62頁。記録機関の業務規程によって一部の種類の記録をなし得ないことを定め得る（電債7Ⅱ）が、これを除き、記録機関は私人の請求に基き遅滞なく電子記録を行う（電債7Ⅰ。記録機関は私人の口座開設を拒絶できない─記録機関業務の公共性─電債60・61)。ところで、例えば指定を解消された電子債権記録機関から記録を承継した電子債権記録機関の業務規程では不可能のはずの記録が行われることとなる場合、そのような「記録機関変更記録」（電債47の2以下。平成28年改正で新設）は「することができない」（電債47の3Ⅱ)。指定解消後は関係人の権利行使の期待の一部は法的に保証されない。

1004　記録機関は、記録請求と異なる記録の訂正義務（電債10)、および、過誤記録を誤信した者への賠償責任を負う（電債11。また、偽造・無権代理の電子記録についての賠償責任─電債14)。記録請求と電子記録とが食い違っていれば、電子記録が媒体上の法律行為の資格を兼ねる場合には、債務負担行為・権利移転行為そのものの不存在というべき場面である。「訂正」によって当事者の記録請求と合致する電子記録が行われればその時点で法律効果が発生するものといえるであろう。なお複数申請主義の採用は、不合致などの場面での問題を招く。不合致の場合には記録請求が無効となると考えられ、記録機関はただちに記録を抹消すべきであろう。そこで実際上は、電子債権記録機関とは別に、「記録請求代行者」を介して、電子記録義務者・電子記録権利者の表示内容に不合致が生じることを避けて双方代理的に電子債権記録機関への記録請求をなさしめる仕組みを採用する場合もあるようである。この代理人に「請求代行者」との名を与え、電子債権記録機関の完全親会社である金融機関がその地位を受任する仕組みを設計する例として、三菱東京UFJ銀行＝日本電子債権機構・電子記録債権の活用（2010年、きんざい）47頁。

1005　発生記録は、金額・支払期日（業務規程によって記載不能とされている場合を除き、分割払の場合には各支払期日。先日付・一覧払も不可か)・債権者・債務者（債権者債務者が複数いる場合には債権の可分・不可分・負担部分持分の表示）をその必要的記録事項とする（電債16Ⅰ)。記録番号と記録年月日は記載されておらずとも発生記録による債権の発生に妨げがない（電債16Ⅲ）非必要的記載である。支払方法の定め（電債16Ⅱ（1)。口座間送金決済（電債62）など)、期限の利益喪失事由（電債16Ⅱ（5)。手43第二文の満期前遡求と趣旨の近い制度であるが、拒絶証書の制度がなく、流通期間の終期（電債20Ⅱ（2))が繰り上がるのか不明である)、債権者又は債

ほか・**分割記録**（電債43）[1006]、**保証記録**（電債31）[1007]、**譲渡記録**（電債17）、**質権設定記録**（電債37）[1008][1009]、**支払等記録**（電債24）がある（取立委任裏書に相当する取立を授権する電子記録＝記録請求は存在しない）。法に列挙されない種類の債権変動行為を電子記録の形式で行うことを合意しても効力がなく（**電子記録法定主義**）[1010]、電子記録媒体の形式によらない債務負担をしても同法は適用がなく、電子記録予

務者が個人事業者である旨（電債16Ⅱ（9））、抗弁切断の効果を排除する特約（電債16Ⅱ（10））等は有益的記載である。

[1006] 分割記録の性質は特殊で、"単独行為"として記録請求が可能であるという。譲渡記録を行う前に、分割記録を利用することによって、結果的に「一部譲渡」が可能になり、「一部質入」（質権設定記録）も可能となる。保証記録の場合は分割なしに範囲を限定でき（電債32Ⅱ（1））、特別求償権を債権の一部につき取得する結果にはなる。約束手形であれば分割するためには更改の性質を有する手形書替をしなければならなかった。三菱東京UFJ銀行系の電子債権記録機関では、業務規程で分割記録に制限を設け、譲渡記録と同時にでなければ分割記録をなし得ないものとした（三菱東京UFJ銀行他編・前掲書9頁）。一部差押で差押られない部分の分割ができる（民執規150の10Ⅴ（4））。萩本＝仁科・317頁）。

[1007] 裏書の担保的効力および手形保証の制度と同様に、一種の合同責任（譲渡人が被譲債務者の電子記録保証人を兼ねるときには、その後者からの請求がある場合には遡求に類似の関係が成立する）を生じる債務負担行為が電子記録保証である。保証であることを示したうえ（電債32Ⅰ）主たる債務者を特定し（電債32Ⅰ（3））てこれを行うが、金額を制限でき（電債32Ⅱ（1））、個人事業者文句（電債32Ⅱ（5））、人的抗弁制限排除約款（電債32Ⅱ（6））も有益的記録事項である。電子記録保証は主たる債務の実質的無効――主債務発生記録が偽造の記録請求による場合を含めるかは明らかではない――にもかかわらず有効とされる（電債33Ⅰ）。これは手形保証の独立性に対応する取扱であるが、電子記録保証が担保としての意義を失ったような場合には、その無効を主張することも許されよう（手形保証に関する最判昭和45年）。また、電子記録保証人は弁済をすると手形の償還受戻に伴う再遡求権に類する特別求償権（電債35）を取得する。

[1008] 手形の公然の質入裏書（手19）に相当するのが質権設定記録である。質権設定記録による質権に民法が準用（電債36）され留置権の効力（民296-300）、物上代位（民304）、優先弁済効（民342）、被担保債権の範囲（民346）、転質（民348）、流質禁止（民349）抵当権の順位の変更（民374）、のほか、根抵当の変動等（民398の2-10）、元本確定事由等（民398の19、398の20（ⅠⅢを除く）等）、根抵当消滅請求権（民398の22）等が準用される。質権設定記録は、発生記録に質権設定記録禁止・制限文句がないことを条件としてなされ（電債37Ⅴ）、被担保債権特定事項・質権者の氏名等を記録するが、有益的記録事項として利息等の定め・被担保債権の条件等（電債37Ⅱ）が認められる。根質権の場合には債権の範囲・極度額・根質権者の氏名等を必要的記録とし、元本確定期日等も記録できるものとした（電債37ⅢⅣ）。質入には、善意取得及び抗弁の切断が伴う（電債38）。電子記録債権質権者が民366の取立権を有する（萩本＝仁科・前掲書202頁）というが電子記録債権は指名債権ではない。準用規定を欠く以上根拠は明瞭ではない。手19の類推適用か、電債38の勿論解釈により、取立権を認めることになろう（注599）。

[1009] 以上5種の電子記録には法律行為としての資格がある。支払等（相殺等債務消滅行為および混同を含めた概念）記録（電債24）は、手形における受領記録・証券受戻に類する債務消滅の証明方法である。

[1010] 強制執行の方法も法定され（電債49、民執規150の9ないし150の16）、差押命令（民執規150の10）、電子記録債権譲渡命令（民執規150の14）が認められている。

約のみでは債権は発生しない（債務負担行為としての性格がある電子記録の**設権性**）[1011]。電子記録債権の内容は、（記録請求に合致する限りにおける）債権記録の記載により定まる（電債9）[1012]。文言性はすべての電子記録に共通して認められる性質である。記録請求に不合致の電子記録につき電子債権記録機関は不実記録賠償責任を負う（電債11、注1004）。電子記録名義人（電債2Ⅵ）は、電子記録に係る電子記録債権の権利者と推定される（電債9。**資格証明力**）。推定を援用しうる名義人に要求されるのは記録の連続ではなく記録の名義そのものである。記録原簿の資格証明力を有する名義人に支払がなされた場合に債務者は免責を受けることができる（電債21）[1013]。また、記録請求者の属性に応じ債務者の保護を優先する制度を設ける[1014]。不実記録の訂正とは別に変更記録の制度がある[1015]。

1011　なお、記録機関は業務規程で一定の記載を排除できるが、規程違反の記載は一律に無効とされる。どのような規定が可能かは法令の認める限り業務規程の定め次第である。

1012　文言性。例えば記録されていない期限の利益喪失事由は、これを援用できない。正確に言えば記録請求の文言性というべきであって、法文の表現は誤解を招く。記録機関の誤記により記録請求と債権記録とが齟齬をきたしているとき、誤表記のほうに文言性を認めるべきではないことは明らかであろう。

1013　本人に帰責性がない無権代理・偽造による記録請求がなされた場合は記録機関が賠償責任を負う（電債14本文）。懈怠なきことの証明（電債14但）があれば免責が認められる。偽造譲渡記録による名義人に債務者が善意で支払をして免責され、不正受領者の倒産により被偽造者が代り金を取戻せなくなった場合には、懈怠のなかったことを証明できなかった電子債権記録機関はこれを賠償しなければならならない。

1014　譲渡記録に伴う抗弁制限効を排除する制度（電債16Ⅱ(10)）。この他、非事業者自然人の場合を除き（電債12Ⅱ）、意思欠缺・意思表示の瑕疵ある記録請求については、無効を防ぐため第三者保護規定を設けている（電債12）。この規定は、当然ながら、電子記録が法律行為としての資格を有するものであるときには、民法総則の法律行為に関する通則的な規定が適用されることを前提にしているのである。個人事業者である旨の記録のない自然人の記録請求には民法規定が修正なく適用され（電債12Ⅱ）るが、民法が適用される場合であっても、心裡留保・虚偽表示・錯誤取消・詐欺取消の場合には第三者保護規定があり、非事業者自然人の特例の結果、強迫取消の場合には記録請求の無効取消が取得者保護に優先する。消費者契約法の適用の成否については記録請求を契約と解し得るかによろう（不明である）。能力制限取消については特段規定がない。非個人事業者である自然人による譲渡記録の記録請求が無効であるとき、その後続の譲渡記録による譲受人は善意無重過失であっても電債19により権利を取得することができない。

1015　手形について認められた「訂正」に該るものが変更記録（電債26）である。内容次第では更改となる場合もあろう。手形の記載事項の訂正が当事者全員の同意を要するものであることは当然であるが、電子記録債権においても同様である（電29。ただし、権利内容に影響を与えない事項はこの限りでない）。変更をなしうる記録事項の種類に制限はない（電27参照）。相続・合併に伴う債権者の地位の承継、商号変更等は記録変更を必要としない（始関他・金法1814号22頁）。しかし、その後の処分の便宜等を考慮し、相続・合併であればその承継人が単独で債権者名義の変更を要求できる（電29Ⅱ）。また、弁済者代位による取得者（例えば割引手形買戻請求権の連帯保証人のように金融機関に対して電子記録債権を担保に借入をした者の連帯保証人が弁済をした場合

[52002] **時効、支払等記録** 電子記録債権には3年の短期時効が規定され[1016]、支払に際しては債権特定事項、金額、支払の日、弁済者、弁済者代位の趣旨等を支払等記録（電債24）として記録する[1017]。

[52003] **権利の移転** 記録原簿上の債権の「譲渡」は、民法の指名債権譲渡ではなく、法所定の特殊な方式による権利移転行為である。譲渡記録は対抗要件ではなく、法定の方式を満たして行われる権利移転の法律要件そのものである（電債17。**要式性**）。電子記録債権は民467の方法で譲渡できない（電債2、17）。必要的記録事項は、譲渡文句（電債18Ⅰ（1））、譲受人の氏名（名称）・住所（電債18Ⅰ（3））[1018]・電子記録の年月日（電債18Ⅰ（4））である[1019]。「譲渡人が個人事業者で

など）については、これが有する主たる債務者への求償権を譲渡し、弁済者代位で取得した電子記録債権の随伴移転を生じるという場合において、支払等記録における「支払等をした者」を変更することができる（電28）。なお、電子記録債権制度には、公然の取立委任裏書に相当する媒体的法律行為の規定がない。しかし、記録原簿上の名義人が支払先口座の変更を請求し、これを他人の口座に変更するならば、結果的に他人に受領させることで債務者が免責される。ただし、かかる他人が、電子記録債権名義人から裁判上裁判外の代理権を授与された者となるわけではない。裁判上の請求にあたっては依然として名義人が原告とならざるを得ず、勝訴判決は債務者から名義人への支払を義務付ける。他人に権利行使を授権するには、隠れた取立委任の趣旨による譲渡記録によるべきであろうか。

1016　電債23。原始規定は起算点に言及がなく後（平成29年関係法令整備法）に追加された。

1017　一般に受取証書交付義務（民486）は債権者が負担するので、記録機関への支払等記録に関する電債25Ⅰ（1）にいう「電子記録義務者」は支払を受領した債権者を意味する。手形法の場合、同じ証券上の署名といっても、受取署名（手39）、拒絶証書作成免除文句に付せられた署名（手46）、印紙の消印としての署名のように、手形上の法律関係の変動を直接に意欲するのではなく、法律関係の変動をもたらす事実ないし意思表示の証明手段として要求されるにとどまるものもあるが、同様に「支払等記録」（電債24）のように法律行為としての資格がない電子記録は意思表示を要素としない。

1018　譲渡人（電18Ⅰ（2））〔の名〕については、すべての譲渡記録にとって必要的なのではなく、譲渡人が相続人で相続を原因とする変更記録を経ずに譲渡を行う場合に限られている。それ以外の場合になぜ譲渡人の表示を必要としないかといえば、「発生記録における債権者又は直近の譲渡記録における譲受人であ」って、既に電子記録債権原簿上に表示されているからである（始関他・金法1811号51頁）。しかし、このことは、記録請求にあたり、表意者の同一性確認のプロセスを免除するものではない。

1019　任意的記録事項は電債18Ⅱ各号に定める。電債18Ⅱ（1）の支払先口座は、発生記録において不変更の特約が記録されていない限り、譲受人が金融機関に有している当座勘定をはじめとする支払先口座として新たな銀行口座を指定することができる。口座不変更特約がある場合には、電子記録債権の譲渡にもかかわらず、被譲人債務者は、記録されている支払先口座への入金を行うことで債務の本旨履行をなしたものとなる。よって口座不変更特約のある電子記録債権が譲渡される場合には、支払によって成立した預金債権は、譲受人ではなく口座名義人に属することとなるため、譲渡人の他の債権者または譲渡人の法定倒産手続における管財人らに、その債権が自らに帰属することを主張できるようにするためには、速やかに代わり金の引渡を受けるか、譲受人譲渡人間で支払時に成立する預金に譲受人を受益者とした信託を設定する等予防措置を採るしか

ある旨」[1020]も任意事項である。譲受人の資格には特に限定はない。譲受人は資格証明力 Legitimation を援用できる[1021]。手11Ⅲと同様、混同規定を排除する規定が設けられている（電債22）。

[52004] **人的抗弁の切断とその排除約款**　債務者は、譲渡人に対する人的関係に基く抗弁をもって、譲受人に対抗することができない（電債20Ⅰ本文）。ただし、取得時において譲受人が債務者を害することを知って取得した場合にはこの限りでない（電債20Ⅰ但）[1022]。人的抗弁制限排除約款（電債16Ⅱ（10））が存するときには抗弁切断則の適用はない（電債20Ⅱ（1））。支払期日後譲渡の譲受人（電債20Ⅱ（2））も同様である。個人事業者文句なく自然人を債務者として発生記録が行われている電子記録債権に関する譲渡（電債20Ⅱ（3））も同様である。

[52005] **その他**　強制執行等の電子記録に関し必要な事項は、政令委任された（電債49）。

なかろう。

1020　発生記録において事業者文句（電債16Ⅱ（9））を付さない個人被譲人が、第三譲受人との関係において人的抗弁の対抗の利益を有する（電債20Ⅱ（3））のに対して、譲渡記録において個人譲渡人が事業者文句（電債18Ⅱ（2））を付さないことで、譲渡人は後続譲受人による善意取得を防ぐ（電債19Ⅱ（3））ことができる。なお裏書禁止裏書に相当する特約は、保証記録の記録事項として可能となる（電債32Ⅱ（6）（7））。電子記録債権においては、担保的効力が当然には伴わないので、これを伴うものとするには電子記録保証（電債32）を行う必要がある。

1021　電債9Ⅱ「電子記録名義人は、電子記録に係る電子記録債権についての権利を適法に有するものと推定する」。この「推定」は、事実の推定ではなく、「権利の推定」（電債19Ⅰ本文は「権利を取得する」と表現する）であって、手16Ⅰと同様の趣旨であり、これを覆すためには手16Ⅱ但のように取得者の悪意・重過失の立証によらねばならない（電債19Ⅰ但）。同一の債権につき、原債権者BからCへの譲渡記録と、Bから別人Dへの譲渡記録とが順序過誤に拠り二重に受理された場合にはどうなるか。民法の債権譲渡の原理から言えば、Dへの譲渡は無権利者からの譲受として遇されるが、譲渡記録の請求により電子記録債権の譲受人として原簿上に記録された者（電債9Ⅱ）は、権利推定を受ける。訂正義務（電債10）の履行されるまではDも権利者として扱われなければならない。第二譲渡記録の譲受人が電債19Ⅰにいう悪意者であるかどうかが問題になりそうであるが、Dが、記録原簿を自由に閲覧できることを前提にしなければ、Dは善意者としてしか遇されようがない。この問題は、電子債権記録機関の過誤（電債10）の帰結であり、順序から考えると、Dへの譲渡のほうが過誤の記録ということになろう。したがって、BからDへの譲渡記録による形式的資格も、過誤記録の効果でしかないため、Dは権利推定を主張できないことになる。解決は電子債権記録機関による損害賠償（電債11）による外になさそうである。

1022　電債20は本文・但書双方ともに、あきらかに手17の複製であり、このことから、手17について展開されてきた手形抗弁理論の殆どが適用可能であると思われる。また、人的抗弁・物的抗弁の区別についてはその区別を定める唯一の私法規定である民472（改520の6）がそのまま妥当しよう。このような観察から、電子記録債権の譲渡記録は、抗弁制限排除約款の伴わない限り、手形小切手等指図証券の裏書と同じ性質を有するものというべきであり、譲渡 cession というよりも承継 succession を本質としない移転、すなわち指図に近いというべきであろう。

＊なお、電子記録債権の普及状況について付言すれば、全銀協の「でんさい」だけで発生記録請求総額は2017年で14兆9128億円（全銀協決済統計年報）、手形交換高の４％未満である。ちなみに手形交換高は、2017年は374兆余円（全銀協・手形・小切手機能の電子化に関する検討会報告書、平成30年）(1970年前後とほぼ同水準）で、過去最高は不動産バブル崩壊直前1990年の4797兆余円であった。

事項索引

〔あ〕

RTGS（同時グロス決済）………… 注221
ISDAマスター契約書→取引約定書（派生商品取引のための）
悪意・重過失（手形・小切手の善意取得と）……………………………… [41119]
悪意の抗弁……………………………… [41310]
射倖契約………………………………… 注363
射倖契約（としての終身定期金）… 注372
イスラム金融………………………… [21308]
一部裏書……………………………… [34204]
一部支払……………………………… [32206]
一括支払システム…………………… [23501]
一括清算……………………………… [25201]
一括清算（差引計算）……………… [25205]
一括清算法……………………………… 注631
一方的商行為…………………………… 注52
依頼返却………………………………… 注126
受取人………………………………… [31202]
受取人欄の変造……………………… [41114]
受戻証券………………… [30012], [32209]
裏書…………………………………… [34101]
裏書人たり得る者…………………… [34202]
裏書の効果…………………………… [34207]
裏書の単純性………………………… [34203]
裏書の抹消…………………………… [34206]
裏書の連続…………………………… [41110]
裏書の連続を利用しない請求……… [41112]
裏書不連続手形による請求………… [41113]
営業的商行為………………………… [00201]
奥書…………………………………… [21505]
オプション…………………………… 注368

〔か〕

階級法…………………………………… 注9
外国為替証拠金取引…………………… 注379
隠れた譲渡禁止特約……… 注539, 注548
隠れた取立委任裏書………………… 注923
隠れた保証の趣旨の裏書………… [33401]
貸金業（の銀行取引性）………… [00304]
貸金業法（平成18年）…………… [21306]
瑕疵担保（一括支払システムにおける）………………………………… [23501]
過小資本（銀行の）…………………… 注79
仮想通貨………………………………… 注68
株券…………………………………… 注675
過振り………………………………… [12206]
貨幣…………………………………… [00203]
仮登記担保法………………………… [24206]
為替…………………………………… [13201]
為替通知→振込通知
為替手形約束手形条例（明治15年）
………………………………………… [30009]
管轄（公示催告の）………………… [42103]
間接金融……………………………… [00101]
間接証券……………………………… [00101]
乾燥為替……………………………… 注656
機関方式→代行方式
企業法説………………………………… 注5
期限後裏書…………………………… [34304]
危険負担の圧縮……………………… [25203]
偽造者の責任（手形行為の）……… [31502]
基本業務……………………………… [00302]
基本権的利息債権の随伴性→預金債権の差押の効果
基本的手形行為……………………… [31102]
記名式持参人払証券………………… [30012]
記名証券……………………………… [30012]
記名捺印と署名（手形行為における）
………………………………………… [31206]
客観説→出捐者（説）
狭義の偽造（手形行為の）………… 注785
強制通用………………………………… 注57
強制通用………………………………… 注59
共通担保……………………………… [21406]

事項索引

協同組織金融機関……………………[00301]
共同の取引拒絶（取引停止処分と）・注129
強迫（手形行為の取消原因としての）
　…………………………………………[31308]
業務範囲の弾力化………………………注38
拒絶証書…………………………………注863
拒絶証書作成不要文句……………[31203]
拒絶証書の作成免除……………………注863
拒絶証書の代用手段……………………注863
拒絶証書令………………………………注863
記録原簿……………………………[51001]
記録請求……………………………[51002]
銀行間決済…………………………[13204]
銀行関連業務………………………[00302]
銀行券………………………………[00204]
銀行自治法………………………………注50
銀行条例……………………………[00104]
銀行取引……………………………[00201]
銀行取引約定書ひな型……………[20103]
銀行の一般的義務…………………[00303]
銀行法（1927年）………………[00104bis]
銀行法（1982年）…………………[00105]
銀行役員の責任…………………………注80
銀行融資の原則………………………注385
金銭…………………………………[00202]
金銭価値所有権（いわゆる）………注236
金銭債権…………………………………注58
金銭質…………………………………注544
金融機関……………………………[00301]
金融検査に関する基本方針……………注80
金融検査マニュアル……………………注80
金融検査マニュアル…………………注561
金融仲介機関………………………[00101]
金利スワップ…………………………注365
偶然性（射倖契約における）………注363
組合の手形行為……………………[31314]
組戻し…………………………………注230
グループ規制………………………[00105]
原因関係に基づく抗弁………………注972
原因関係を欠く振込…………[13207]以下
原因関係を欠く振込（と詐欺罪）・[13208]
原因関係を欠く振込（と被仕向銀行への不

当利得返還請求）…………………[13209]
原因契約不履行の抗弁……………[41309]
原因債権の消滅時効完成の抗弁…[41308]
原因不記載証書………………………注967
厳格一致（信用状における）……[23602]
原告による証券の占有……………[41105]
健全経営の義務→銀行の一般的義務
権利外観法理………………………[31601]
権利抗弁……………………………[41307]
権利の申述（公示催告の）………[42105]
コヴェナンツ、財務制限条項→誓約事項
公共工事前渡金返還保証制度……[13307]
交互計算……………………[12301]以下
交互計算（の沿革）………………[12304]
交互計算（の定義・性質）
　……………………………[12305],[12306]
交互計算（の項目除去）…………[12305]
交互計算（の消極的効力）………[12307]
交互計算（不可分の原則）………[12308]
交互計算（と差押）………………[12309]
交互計算（の積極的効力）………[12310]
交互計算（計算書承認の異議権喪失効）
　…………………………………………[12311]
公示催告手続………………………[30013]
公示催告手続（有価証券喪失者の）
　…………………………………………[42101]
公示催告手続終了決定……………[42105]
公示催告の公告……………………[42104]
公示催告の取下……………………[42105]
後者の抗弁…………………………[41312]
公序良俗（と手形行為）…………[31301]
合同責任……………………………[33107]
交付契約………………………………注882
交付欠缺の抗弁………………注963,注972
小切手契約…………………………[32301]
小切手法（昭和8年）………………[30009]
国際決済銀行バーゼル銀行委員会・[25202]
国立銀行条例……………………注14,注16
古典的交互計算……………………[12303]
誤振込………………（→原因関係を欠く振込）
コミットメントライン→特定融資枠契約
固有の経済的利益を有さない手形所持人

事項索引 333

……………………………………注923
固有の商………………………………注5
コルレス契約……………………………注218

〔さ〕

債権管理回収に関する特別措置法……注74
債権記録……………………………[51001]
再請求権時効の完成猶予・更新……[32406]
先日付小切手………………………[32302]
錯誤(手形行為の)…………………[31307]
差押禁止債権の範囲の変更→差押禁止債権を原因関係とする預金
差押禁止債権を原因関係とする預金
……………………………………[14205]
指図(振込の本質としての)………[13206]
指図(為替手形の引受と)…………[33202]
指図(délégation)………………注231
指図禁止文句………………………[31203]
指図禁止文句………………………[34102]
指図証券……………………………[30012]
差引計算……………………………[25101]
Savary 法典………………………注10
参加支払……………………………[32101]
参加引受……………………………注805
三者間「相殺」(と一括清算)……[25209]
JSLA リボリビング・ファシリティ・クレジット約定書(における融資予約)・注409
シェルター・ルール…………………注976
資格授与説…………………………注923
資格授与的効力……………………[41104]
資格証明証券→免責証券
敷金…………………………………注546
資金決済に関する法律………………注74
自己契約(としての入金記帳)……注229
事故届………………………………[32305]
資産流動化(の性質決定)…………[21611]
資産流動化計画……………………[21609]
資産流動化法………………………[21606]
事実抗弁……………………………[41307]
使者による表示(手形行為の)……注785
市場法………………………………注6
質入裏書……………………………[34302]

質権設定記録………………………[52001]
質屋営業(の銀行取引性)…………[00304]
執行契約……………………………[21604]
支店順位方式→差押における差押申立書の記載
自動継続定期預金(と消滅時効)・[14305]
自動決済力…………………………[23202]
支払(手形・小切手の)……………[32101]
支払委託証券………………………[31103]
支払委託の取消……………………[32304]
支払委託文句………………………[31201]
支払準備(寄託性の結果としての)…注86
支払済の抗弁………………………注972
支払担当者…………………………[32104]
支払地………………………………[31202]
支払呈示……………………………[32102]
支払呈示期間………………………[32103]
支払呈示の効果……………………[32107]
支払呈示の効果(付遅滞効)………[32107]
支払呈示の効果(遡求権保全効)…[32107]
支払等記録………注832,[52001],[52002]
支払に代えてする手形授受………[23106]
支払人………………………………[31201]
支払のためにする手形授受………[23108]
支払の目的…………………………[32205]
支払の猶予…………………………[32204]
支払場所……………………………注812
支払保証……………………………[32305]
支払保証……………………………[33403]
支払約束証券………………………[31103]
支払約束文句………………………[31201]
支分権的利息債権の独立性→預金債権の差押の効果
指名債権質…………………………[23403]
指名債権譲渡担保…………………[23401]
出捐(とその原因)…………………[23104]
出捐行為……………………………注679
出捐行為の原因……………………注680
出捐者(説)…………………………[13302]
出捐者(説)を否定する判例………[13306]
受領権者としての外観を有する者→準占有者への弁済

334 事項索引

準消費寄託（振込により成立する）
……………………………………[13206]
準消費貸借執行証書…………注419, 注967
準占有者への弁済………………[14401]
準占有者への弁済（と通帳機械払システム）……………………………注354
商慣習法…………………………………注5
商業銀行主義……………………………注15
商業証券…………………………………注62
商業証券…………………………[30002]
商業手形担保貸付……………………注508
消極担保…………………………[21601]
消極的裏書→裏書の抹消
条件付裏書………………………[34204]
条件付引受………………………[33205]
条件不一致（信用状における）…[23605]
証拠証券…………………………[30012]
証拠法的抽象性……………………注967
商事王令（1673年、仏）………[30005]
使用者責任（手形行為の偽造における）
……………………………………[31503]
証書貸付・手形貸付……………[21102]
譲渡・質入の禁止（預金契約における）
……………………………………[14101]
譲渡記録…………………………[52001]
譲渡禁止特約違反の譲渡の有効性（平成29年改正債権法における）………[14101]
譲渡禁止特約違反の譲渡の有効性（預貯金債権の特例）……………………[14101]
譲渡禁止特約による相殺回収の機会の確保
……………………………………[14102]
譲渡性預金………………………………注89
譲渡性預金……………………………注273
譲渡登記…………………………[23402]
消費寄託（としての預金契約）…[11102]
消費者契約法……………………[00303]
消費貸借の予約…………………[21201]
商法（の歴史的発展）…………[00103]
商法（1890年）…………………………注18
商法（1893年）…………………………注24
商法（明治26年）………………[30009]
商法（明治32年）………………[30009]

情報提供義務→銀行の一般的義務
除権決定…………………………[42106]
除権決定取消の申立……………[42106]
除兼決定の消極的効力…………[42107]
除権決定の積極的効力…………[42106]
所持人の失権……………………[32501]
署名（手形行為・小切手行為の方式としての）……………………………[31102]
署名の代理→代行方式
署名の名義（手形行為における）・[31207]
書面でする消費貸借（平成29年改正民法の）……………………………注415
白地式裏書………………………[34202]
白地手形…………………………[31214]〜
白地手形と既判力………………[31219]
白地手形の権利…………………[31214]
白地手形の効果…………………[31217]
白地手形の公示催告手続………[31220]
白地手形の定義…………………[31216]
白地補充権………………………[31214]
シンジケートローン……………[21106]
身体強制…………………………[30003]
信託裏書説………………………………注923
信託受託者が預金者である場合…[13307]
人的抗弁…………………………[41306]
人的抗弁の切断とその排除（電子記録債権における）……………………[52004]
信用開設契約（明治26年商法の）…注416
信用状……………………………[23601]
信用状統一規則（UCP）………[23603]
信用補完措置（資産流動化における）
……………………………………注484
請求呈示……………………注807, 注815
請求払無因保証………………………注557
正権原（手形・小切手の善意取得における）……………………………[41117]
制限付引受………………………[33205]
誓約事項…………………………[24103]
生来の人的抗弁…………………………注978
責任財産限定特約………………[21602]
責任財産限定特約（と判決主文）・[21605]
責任なき債務……………………[21603]

設権証券……………………………[30012]
絶対顕名主義（手形行為の）……[31402]
絶対的意思欠缺（手形行為の）…[31306]
善意取得（手形・小切手の）……[41115]
善意免責……………………………[32208]
全銀システム………………………[13205]
線引…………………………………[32306]
送金（内国為替としての）………[13203]
相殺と差押……[25103]，[25104]，[25105]
遡求…………………………………[33101]
訴求額交付委任……………………[21507]
遡求の立法主義……………………注860
属人性説……………………………[41310]
訴状（手形金請求訴訟における）・[41101]
訴訟信託……………………………注923
損害担保契約（民449）…………[33402]
損害方式（一括清算における）…[25205]

〔た〕

対価不交付の抗弁…………………注972
代行方式（による手形行為）……[31404]
第三者異議の訴（と原因関係を欠く振込）
　………………………………………[13207]
第三者方払文句……………………[31203]
代表権の濫用による手形行為……[31317]
代理（手形行為の）………………[31401]
代理受領……………………………[21502]
代理受領における抵触弁済………[21505]
代理的代行（手形行為の）………注785
諾成的消費貸借……………………[21201]
為決時点決済（ネット決済）……注221
段階的交互計算……………………[12303]
担保解除請求権……………………[21404]
担保権の私的実行
　……………[24202]、[24203]、[24205]
担保差入請求権……………………[21403]
担保の随伴移転（裏書による）…[34205]
チェック・トランケーション………注121
チェリーピッキング………………[25206]
抽象証券→無因証券
抽象的債務負担行為………………注966
中途解約（定期預金の）…………[14304]

直接金融……………………………[00101]
貯蓄預金……………………………注89
沈黙交換……………………………注6
通貨スワップ………………………注367
通知預金……………………………注89
通知預金……………………………[14302]
積立定期預金………………………注89
定期市手形……………………[30004]，注65
定期積金……………………………注89
定期預金（の種類）………………[14302]
定型約款……………………………注49
提携ローン…………………………[21105]
呈示期間外の呈示…………………[32106]
呈示期間外の呈示（小切手の場合）
　………………………………………[32303]
呈示証券……………………………[30012]
呈示場所……………………………[32105]
訂正（手形・小切手の）…………[31209]
抵当権消滅手続……………………注597
抵当権妨害（いわゆる）…………注588
抵当証券……………………………注674
手形権利能力・小切手権利能力…[31310]
手形行為……………………………[31101]
手形行為独立の原則………………[33301]
手形行為能力・小切手行為能力…[31311]
手形行為の方式の準拠法…………[43103]
手形交換……………………………[12207]
手形交換所…………………………注119
手形抗弁（と訴訟上の抗弁）……[41302]
手形抗弁（と訴訟上の否認）……[41302]
手形抗弁（と証拠弁論）…………[41302]
手形抗弁制限の法理………………[41303]
手形債務と既存債務………………[23105]
手形資金……………………………[33404]
手形時効……………………………[32401]
手形時効の完成猶予・更新………[32405]
手形訴訟・小切手訴訟……………[41201]
手形その他商業証券に関する行為…[31104]
手形能力・小切手能力……………[31309]
手形の書替…………………………[23107]
手形法（昭和7年）………………[30009]
手形保証・小切手保証……………[33401]

336　事項索引

手形文句……………………………[31201]
手形有効解釈の原則………………[31202]
手形理論………………………………注882
手形割引……………………………[23102]
手形割引の法的性質………………[23205]
デリバティブ→派生商品
点検義務（信用状における）……[23605]
電子記録債権の持参債務性………[51001]
電子記録債権の譲渡………………[52003]
電子記録債権法……………………[51001]
電子記録の設権性…………………[52001]
電子記録の要式性…………………[51001]
電子記録法定主義…………………[52001]
電子記録名義人の資格証明力……[52001]
電子債権記録機関…………………[51001]
店頭呈示……………………………注813
店内振込・他店振込………………注217
統一手形規則（1910年、1912年、ハーグ）
………………………………………[30008]
統一手形法（1930年、ジュネーヴ）
……………………………[30008],注668
当座勘定（規定ひな型）……………注104
当座勘定（の法的性質）…………[12203]
当座勘定（の免責条項）…………[12205]
倒産隔離（資産流動化における）・[21611]
動産債権対抗要件特例法……………注267
動産債権対抗要件特例法…………[23402]
投資信託受益権（の差押）………[14206]
投資信託受益権（の差押）………[14206]
投資有価証券………………………[30002]
当然喪失・請求喪失（期限の利益の）
………………………………………[24102]
導入預金……………………………注250
特定融資枠契約……………………[21104]
独立性（手形保証・小切手保証の）
………………………………………[33402]
独立抽象性（信用状における）…[23604]
取立委任裏書………………………[34301]
取引停止処分………………………[12208]
取引約定書（派生商品取引のための）
………………………………………[25204]

〔な〕

内国為替取扱規則…………………[13205]
内国為替取扱規則……………………注218
荷為替手形……………………………注510
二重原因欠缺の抗弁………………[41311]
日銀ネット…………………………[13204]
日本銀行条例………………………[00104]
日本銀行法………………………[00104bis]
入金記帳………………………[13205],[]
任意的訴訟担当………………………注920
ネッティング→一括清算
納税準備預金…………………………注89

〔は〕

配当要求………………………………注239
派生商品（の定義）………………[15001]
派生商品（の類型）………………[15002]
派生商品（と賭博罪）……………[15005]
発生記録……………………………[51001]
犯罪による収益移転の防止に関する法律
………………………………………[00303]
犯罪利用口座に係る資金による被害回復分
配金…………………………………[13211]
引受呈示……………………………[33203]
引受の単純性………………………[33205]
引受の方式…………………………[33204]
引受の抹消…………………………[33206]
必要的記載事項（手形・小切手の）
………………………………………[31201]
秘密保持義務→銀行の一般的義務
非設権証券→証拠証券
附従性（手形保証・小切手保証の）
………………………………………[33402]
付随業務……………………………[00302]
付属的手形行為……………………[31102]
不単純引受（法が許容する）……[33205]
普通ドイツ手形条例………………[30005]
物的抗弁……………………………[41305]
不当補充……………………………[31217]
不当利得の抗弁……………………[41307]
船荷証券………………………………注675

不要因証券→無因証券
振込……………………………[13205]
振込(の法的性質)……………[13206]
振込通知………………………[13205],
振込通知………[13202],[13205],注233
振込取次契約……………………注222
振出地……………………………[31202]
不渡………………………………[12208]
不渡異議申立……………………注128
分割貸付・限度貸付・極度貸付……[21103]
分割記録…………………………[52001]
別証保証…………………………注888
変額保険(提携ローンと)………注396
変造(手形・小切手の)………[31210]
変造と立証責任…………………[41106]
法人の機関による手形行為………[31312]
法定通用……………………………注59
補充規定(手形法・小切手法上の)
……………………………………[31212]
保証記録…………………………[52001]
補填(てん)請求権……………[14408]
本源的証券………………………[00101]
本人確認法→犯罪による収益移転の防止に関する法律
本人のためにすることを示さない代理
……………………………………[13305]

〔ま〕

前払式証票………………………注232
満期………………………………[31202]
満期(確定日払)…………………注701
満期(日付後定期払)……………注701
満期(一覧払)……………………注701
満期(一覧後定期払)……………注701
満期後の支払……………………[32203]
満期後の遡求……………………[33106]
満期白地手形……………………注701
満期前の支払……………………[32202]
満期前の遡求……………………[33102]
万効手形…………………………[31213]
見せ手形の抗弁…………………注972
民法の商化…………………………注5

無因証券…………………………[30014]
無益的記載事項(手形・小切手の)
……………………………………[31204]
無記名式定期預金………[13303],注252
無記名証券………………………[30012]
無権代理(による手形行為)……[31501]
名板貸人の手形責任……………[31208]
免責証券…………………………[30013]
申立権者(公示催告の)…………[42102]
申立理由の疎明(公示催告の)……[42104]
戻裏書………………[34202],[34303]
文言証券…………………………[30014]
文言責任(制限付引受における)…[33205]

〔や〕

有益的記載事項(手形・小切手の)
……………………………………[31203]
優越的地位の濫用………………[00303]
有害的記載事項(手形・小切手の)
……………………………………[31205]
有価証券…………………………[30002]
有価証券……………………………注62
有価証券…………………………[30002]
有効性の抗弁……………………注963
融資実行請求権(の差押)………[21204]
融資予約…………………………[21201]
融通契約違反の抗弁……………[41310]
融通手形…………………………[23203]
融通手形の抗弁…………………注972
優先劣後構造(資産流動化における)
……………………………………注484
要式性(手形行為・小切手行為の)
……………………………………[31102]
預金契約…………………[11101]以下
預金契約(の告知)………………[14301]
預金契約(の強制解約)…………[14303]
預金契約(の使者を用いた告知)……注347
預金小切手………………………[32305]
預金債権(の消滅時効)…………[14305]
預金債権(の取立債務性)………[14309]
預金債権の差押(における差押申立書の記載)
……………………………………[14203]

338　事項索引

預金債権の差押（の効果）………[14204]
預金債権の相続……………………[14201]
預金者の「判定」…………………[13301]
預金者保護法………………………[14408]
預金通貨……………………………注67
預金の受入（金銭による）………[13101]
預金の受入（盗取金銭による）…[13102]
預金の受入（証券による）………[13103]
預金の受入（証券による--と隠れた取立委任裏書）………………………………注206
預金の受入（証券による--と譲渡説）
　………………………………………注207
預金の受入（証券による--と準消費寄託）
　………………………………………注209
預金の受入（他店券による）……[13104]
預金払戻（における便宜扱）……[14309]
預金保険……………………………[11202]
預金保険（の損害保険性）………[11202]
預金保険（における資金援助方式）…注93
預金保険（における保険金支払方式）注93

〔ら〕

利益相反と手形行為………………[31315]
利息制限法…………………………[21304]
利得償還請求権……………………[32502]
流質契約……………………………注599
流通に置く意思で手形に署名した者の責任
　………………………………………[31601]
流動性補完措置（資産流動化における）
　………………………………………注484
留保事項（手形法統一条約における）
　………………………………………注668
利率（を変更する形成権）………[21302]
利率（の上限）……………………[21303]
枠契約（預金契約における）……[11104]
枠契約（融資契約における）……………
割付方式→差押における差押申立書の記載
割引審査中の手形……………[23204bis]
割引手形買戻請求権………………[23206]
割引適格手形………………………[23202]

判例索引

大審院判例

大判明治31・2・8民録4輯2号11頁……………………………………………………[25104]
大判明治34・6・8民録7輯6巻19頁………………………………………………………注767
大判明治35・2・24民録110頁………………………………………………………………注779
大判明治37・7・5民録10輯1022頁………………………………………………………注701
大判明治37・8・18民録10輯1091頁………………………………………………………注814
大判明治38・5・8民録11輯777頁…………………………………………………………注585
大判明治38・5・11民録11輯706頁…………………………………………………………注766
大判明治38・6・10民録919頁………………………………………………………………注778
大判明治39・10・4民録12輯1203頁………………………………………………………注717
大判明治39・11・13民集12輯1451頁………………………………………………………注972
大連判明治42・12・2民録15輯926頁………………………………………………………注776
大判明治42・12・20民録15輯997頁…………………………………………………………注148
大判明治45・7・8民録18輯691頁…………………………………………………………注488
大判大正3・11・10民録20輯959頁…………………………………………………………注767
大判大正4・4・1民録21輯422頁……………………………………………………………注297
大判大正4・6・28民録21輯1076頁…………………………………………………………注784
大判大正4・10・30民録21輯1796頁…………………………………………………………注784
大決大正4・12・14民録21輯2106頁…………………………………………………………注584
大判大正5・6・2判例体系7巻869頁………………………………………………………注320
大判大正5・10・25民録22輯1988頁…………………………………………………………注814
大判大正6・5・19民録23輯885頁……………………………………………[25209],注231,注873
大判大正6・7・21民録1168頁………………………………………………………………注778
大判大正7・10・29民録24輯2079頁……………………………………………………注490,注498
大判大正8・7・9民録25輯1373頁…………………………………………………………注488
大判大正8・8・8新聞1613号19頁…………………………………………………………注972
大判大正8・11・26民録25輯2117頁…………………………………………………………注972
大判大正9・1・28民録26輯79頁……………………………………………………………注148
大判大正9・5・18民録26輯823頁……………………………………………………………注967
大判大正9・9・25民録26輯1389頁…………………………………………………………注488
大判大正9・10・21民録1561頁………………………………………………………………注778
大判大正9・11・27民録26輯1797頁…………………………………………………………注319
大判大正10・7・13民録27輯1318頁…………………………………………………………注717
大判大正10・9・20民録27輯1583頁…………………………………………………………注753
大判大正10・10・1民録27輯1686頁…………………………………………………[31214],[31216]
大判大正11・3・11民集15巻320頁…………………………………………………………[12309]
大連判大正11・9・23民集1巻525頁…………………………………………………………注587
大判大正11・9・29民集1巻564頁……………………………………………………………注767

大判大正12・11・20新聞2226号4頁……………………………………注198
大判大正13・12・5民集3巻526頁……………………………………注702
大連判大正13・12・24民集3巻555頁…………………………………注488
大判大正14・7・2民集4巻388頁………………………………………注923
大判大正14・11・3民集4巻665頁……………………………………注863
大判大正14・12・23民集4巻761頁……………………………………注728
大判大正15・7・12民集5巻616頁……………………………………注546
大判大正15・7・22民集5巻647頁……………………………………注931
大判大正15・10・13新聞2653号7頁…………………………………注972
大判大正元・10・8刑録18輯1231頁…………………………………注240
大判大正元・10・11民録18輯832頁…………………………………注580
大判昭和2・4・21新聞2833号17頁……………………………………注972
大判昭和2・6・22民集6巻408頁………………………………………注340
大判昭和2・7・7民集6巻380頁………………………………………注466
大判昭和2・12・10民集6巻681頁……………………………………注814
大判昭和3・6・20新聞2888号13頁…………………………注701，注808
大判昭和5・10・8新聞3198号12頁……………………………………注972
大判昭和6・3・13民集10巻203頁……………………………………注808
大判昭和6・5・22民集10巻262頁……………………………………注705
大判昭和6・7・20民集10巻8号561頁…………………………………注106
大判昭和6・8・7民集10巻783頁………………………………………注297
大判昭和7・2・26民集11巻218頁……………………………………注814
大判昭和7・6・29裁判例6巻民200頁…………………………………注488
大判昭和7・7・29法学2巻242頁………………………………………注135
大判昭和7・9・14新聞3463号7頁……………………………………注488
大判昭和7・11・19民集11巻2120頁…………………………………注715
大判昭和8・4・6民集12巻551頁………………………[33107]，注853，注868
大判昭和8・5・16民集12巻1164頁……………………………………注784
大判昭和8・5・30民集12巻1381頁……………………………………注613
大判昭和8・9・15民集12巻21号2168頁………………………………注715
大判昭和8・9・28新聞3620号7頁……………………………………注784
大判昭和8・9・28民集12巻2362頁……………………………………注784
大判昭和8・12・5民集12輯2818頁…………………………………[25209]
大判昭和9・2・13民集13巻133頁……………………………………注923
大判昭和9・3・29民集13巻328頁……………………………………注297
大判昭和9・5・25民集13巻829頁……………………………………注227
大判昭和9・8・2刑集13巻880頁………………………………………注573
大判昭和9・9・15民集13巻21号1839頁………………………………注315
大判昭和9・11・10法学4巻501頁……………………………………注923
大判昭和10・3・12民集14巻482頁……………………………………注246
最判昭和10・7・6新聞3868号14頁……………………………………注746
大判昭和10・11・28刑集14巻1246頁…………………………………注972

判例索引　*341*

大判昭和10・12・24民集14巻2104頁……………………………………注799, 注882
大決昭和11・3・17民集15巻483頁…………………………………………注585
大判昭和11・6・21新聞4011号8頁…………………………………………注728
大判昭和11・10・1民集15巻1881頁…………………………………………[21307]
大判昭和12・2・9民集16巻23頁……………………………………………注585
大判昭和12・4・16民集16巻473頁…………………………………………注746
大判昭和13・10・12民集17巻2115頁………………………………………注488
大判昭和13・11・19法律新聞4349号10頁…………………………………注503
大判昭和13・12・17民集17巻2663頁………………………………………注274
大判昭和13・12・19民集17巻2670頁………………………………………注710
大判昭和15・3・13民集19巻544頁…………………………………………注565
大判昭和15・9・26民集19巻20号1729頁…………………………………注947
大判昭和17・6・11法学12巻241頁…………………………………………注488
大判昭和20・11・22判例総覧民事編1巻15頁………………………………注488

最高裁判例

最判昭和23・10・14民集2巻11号376頁……………………………………注500
最判昭和25・2・10民集4巻2号232頁………………………………………注972
最判昭和26・5・8刑集5巻6号1004頁………………………………………注370
最判昭和29・2・19民集8巻2号523頁………………………………………注993
最判昭和29・4・8民集8巻4号819頁…………………………………………注280
最判昭和29・11・18民集8巻11号2952頁……………………………………注753
最判昭和30・9・27民集9巻1444頁……………………………………………注81
最判昭和30・9・30民集9巻10号1513頁……………………………………注947
最判昭和31・2・7民集10巻2号27頁…………………………………注214, 注923, 注951
最判昭和31・7・20民集10巻8号1022頁……………………………………注737
最判昭和32・7・12民集11巻1247頁…………………………………………注699
最判昭和32・7・19民集11巻7号1297頁…………………………………注126, 注614
最判昭和32・7・25刑集11巻7号2037頁……………………………………注672
最判昭和32・12・19民集11巻13号2278頁………………………注252, 注253, 注254
最判昭和33・3・7民集12巻511頁……………………………………………注736
最判昭和33・6・3民集12巻9号1287頁………………………………………注503
最判昭和33・6・6民集12巻1373頁……………………………………………注426
最判昭和33・6・17民集12巻10号1532頁…………………………………注788, 注789
最判昭和33・9・11民集12巻13号1998頁……………………………………注832
最判昭和34・6・9民集13巻6号664頁…………………………………………注839
最判昭和34・7・14民集13巻7号978頁………………………………………注978
最判昭和35・1・12民集14巻1号1頁…………………………………………注958
最判昭和35・2・11民集14巻2号184頁………………………………………注497
最判昭和35・12・15民集14巻14号3060頁…………………………………注488
最判昭和36・1・24民集15巻76頁……………………………………………注770
最判昭和36・6・9民集15巻6号1546頁………………………………………注797

最判昭和36・7・31民集15巻7号1982頁……………………………………注773
最判昭和36・9・29民集15巻2256頁……………………………………[31312]
最判昭和36・11・10民集15巻10号2466頁………………………………注948
最判昭和36・11・24民集15巻10号2536頁………………………………注737
最判昭和36・11・24民集15巻10号2519頁………………………………注958
最判昭和36・12・12民集15巻11号2756頁………………………………注790
最判昭和37・3・2民集16巻3号423頁……………………………………注103
最判昭和37・5・1民集16巻5号1013頁……………………………………注927
最判昭和37・7・6民集16巻7号1491頁……………………………………注784
最判昭和37・8・21民集16巻9号1809頁…………………………………注341
最判昭和37・9・21民集16巻9号2041頁…………………………注335,注498
最大判昭和38・1・30民集17巻1号99頁…………………………注818,注851
最判昭和38・5・21民集17巻4号560頁……………………………………注858
最判昭和39・1・23民集18巻1号327頁……………………………………注748
最判昭和39・1・24判時365号26頁…………………………………………注201
最判昭和39・9・15民集18巻7号1435頁…………………………………注790
最大判昭和39・11・18民集18巻9号1868頁……………………………注438
最判昭和39・11・24民集18巻9号1952頁……………………注818,注851,注941
最判昭和39・12・23民集18巻10号2217頁……………………………[25104]
最判昭和40・4・9民集19巻3号647頁……………………………………注927
最判昭和40・5・7手研96号45頁……………………………………………注337
最判昭和40・7・8民集19巻5号1170頁……………………………………注582
最判昭和40・8・24判時421号40頁…………………………………………注503
最判昭和40・11・2民集19巻8号1927頁…………………………………注530
最判昭和41・4・22民集20巻4号734頁……………………………………注942
最判昭和41・7・1判タ198号123頁…………………………………………注794
最判昭和41・9・13民集20巻7号1359頁…………………………………注771
最判昭和41・10・4民集20巻8号1565頁………………………注314,注341
最判昭和41・10・13民集20巻8号1632頁………………………………注736
最大判昭和41・11・2民集20巻9号1674頁……………………注739,注851
最判昭和41・12・23民集20巻10号2211頁………………………………注94
最判昭和42・2・3民集21巻1号103頁……………………………注800,注882
最判昭和42・3・14民集21巻2号349頁……………………………………注945
最判昭和42・3・31民集21巻2号483頁……………………………………注854
最判昭和42・4・20民集21巻3号697頁……………………………………注780
最判昭和42・4・27民集21巻3号782頁……………………………………注978
最判昭和42・6・6判時487号56頁……………………………………………注718
最判昭和42・6・23民集21巻6号1492頁…………………………………注565
最大判昭和42・11・8民集21巻9号2300頁……………………………注816
最判昭和42・12・21民集21巻10号2613頁………………………………注341
最判昭和43・2・9民集22巻2号108頁………………………………………注585
最判昭和43・2・16民集22巻2号226頁……………………………………注587

判例索引　*343*

最判昭和43・2・16民集22巻2号217頁　　　　　　　　　　　　　　　　注967
最判昭和43・3・7民集22巻3号509頁　　　　　　　　　　　　　　　　注488
最判昭和43・3・21民集22巻3号665頁　　　　　　　　　　　　　　　　注859
最判昭和43・6・9民集13巻6号664頁　　　　　　　　　　　　　　　　注855
最判昭和43・10・8民集22巻10号2172頁　　　　　　　　　　　　　　　注779
最大判昭和43・11・13民集22巻12号2526頁　　　　　　　　　　　　　　注438
最判昭和43・12・5民集22巻13号2876頁　　　　　　　　　　　　　　　注219
最判昭和43・12・12民集22巻13号2963頁　　　　　　　　　　　　注717, 注718
最判昭和43・12・12判時545号78頁　　　　　　　　　　　　　　　　　注969
最判昭和43・12・24民集22巻13号3382頁　　　　　　　　　　　　　　　注794
最大判昭和43・12・25民集22巻13号3548頁　　　　　　　　　　[41312], 注599
最大判昭和43・12・25民集22巻13号3511頁　　　　　　　　　　[41312], 注776
最判昭和44・2・20民集23巻2号427頁　　　　　　　　　　　　　　　　注747
最判昭和44・3・4民集23巻586頁　　　　　　　　　　　　　　　　　　注701
最判昭和44・3・27民集23巻3号601頁　　　　　　　　　　　　　注206, 注923
最判昭和44・4・3民集23巻4号737頁　　　　　　　　　　　　　　　　注777
最判昭和44・4・15判時560号84頁　　　　　　　　　　　　　　　　　注878
最判昭和44・9・12判時572号69頁　　　　　　　　　　　　　　注828, 注829
最判昭和45・2・26民集24巻2号109頁　　　　　　　　　　　　　　　　注797
最判昭和45・3・26刑集24巻3号55頁　　　　　　　　　　　　　　　　注242
最判昭和45・3・26判時587号75頁　　　　　　　　　　　　　　　　　注790
最判昭和45・3・31民集24巻3号182頁　　　　　　　　　　　　　　　　注890
最判昭和45・4・10民集24巻4号240頁　　　　　　　　　　　　　注176, 注297
最判昭和45・6・18民集24巻6号527頁　　　　　　　　　　　　　　　　注128
最大判昭和45・6・24民集24巻6号587頁　　　　　　　　　　　　　　[25104]
最大判昭和45・6・24民集24巻6号712頁　　　　　　　　　　　　　　　注950
最判昭和45・7・16民集24巻7号1077頁　　　　　　　　　　　　　注869, 注979
最大判昭和45・10・21民集24巻11号1560頁　　　　　　　　　　　　　　注440
最判昭和45・10・23金法602号54頁　　　　　　　　　　　　　　　　　注128
最大判昭和45・11・11民集24巻12号1876頁　　　　　　　　　　　　　　注743
最判昭和46・3・25民集25巻2号208頁　　　　　　　　　　　　　　　　注488
最判昭和46・4・9民集25巻3号264頁　　　　　　　　　　　　　　　　注748
最判昭和46・5・20判時628号24頁　　　　　　　　　　　　　　　　　注488
最判昭和46・6・10民集25巻4号492頁　　　　　　　　　　　　　　　　注117
最判昭和46・6・29判時640号81頁　　　　　　　　　　　　　　　　　注530
最判昭和46・7・1判時644号85頁　　　　　　　　　　　　　　　　　注210
最判昭和46・7・1金法622号27頁　　　　　　　　　　　　　　　　　注213
最大判昭和46・10・13民集25巻7号900頁　　　　　　　　　　　　注117, 注776
最判昭和46・11・16民集25巻8号1173頁　　　　　　　　　　　　　　　注801
最決昭和46・12・10判時650号99頁　　　　　　　　　　　　　　注381, 注382
最判昭和47・2・10民集26巻1号17頁　　　　　　　　　　　　　　　　注769
最判昭和47・4・6民集26巻3号455頁　　　　　　　　　　　　　注983, 注995

最判昭和48・2・2民集27巻1号80頁……………………………………注546
最判昭和48・3・1裁判集民事108号275頁…………………………………注453
最判昭和48・3・27民集27巻2号376頁………………………注254,注348,注609
最判昭和48・4・12金判373号6頁……………………………………注528,注529
最判昭和48・7・19民集27巻7号832頁……………………………………注274
最判昭和48・12・11判時731号32頁…………………………………………注335
最判昭和49・2・28民集28巻1号121頁……………………………………注899
最判昭和49・6・28民集28巻5号655頁……………………………………注794
最判昭和49・7・19民集27巻7号823頁…………………………………[14101]
最判昭和49・9・26民集28巻6号1243頁……………………………………注204
最判昭和49・10・24民集28巻7号1504頁……………………………………注500
最判昭和49・12・24民集28巻10号2140頁…………………………………注953
最判昭和50・6・27判時785号100頁…………………………………………注81
最判昭和50・7・15民集29巻6号1029頁……………………………………注612
最判昭和50・8・29判時793号97頁…………………………………………注722
最判昭和50・9・25民集29巻8号1287頁……………………………………注503
最判昭和51・2・26金法784号33頁…………………………………………注259
最判昭和51・4・8民集30巻3号183頁………………………………………注742
最判昭和51・11・25民集30巻10号939頁……………………………………注531
最判昭和52・6・20民集31巻4号449頁…………………………………[21307]
最判昭和52・6・20判時873号97頁…………………………………………注959
最判昭和52・8・9金法836号29頁…………………………………………注255
最判昭和52・9・22判時869号97頁…………………………………………注976
最判昭和53・5・1金判550号9頁……………………………………………注348
最判昭和53・12・22民集32巻9号1768頁……………………………………注546
最判昭和54・4・6民集33巻3号329頁……………………………注206,注923
最判昭和54・9・6民集33巻5号630頁………………………………………注754
最判昭和54・10・12判時946号105頁…………………………………………注495
最判昭和55・5・30民集34巻3号521頁……………………………注820,注844
最判昭和55・12・18民集34巻7号942頁……………………………注126,注930
最判昭和56・10・1金判637号3頁……………………………………………注900
最判昭和57・3・30民集36巻3号501頁………………………………………注741
最判昭和57・7・15民集36巻6号1113頁…………………………[33107],注853
最判昭和57・9・7民集36巻8号1607頁………………………………………注888
最判昭和57・11・25判時1065号182頁………………………………注817,注864
最判昭和59・2・23民集38巻3号445頁………………………………………注348
最判昭和59・3・29判時1135号125頁…………………………………………注792
最判昭和59・3・30金法1058号41頁…………………………………………注256
最判昭和60・3・26判時1156号143頁…………………………………………注919
最判昭和61・7・10民集40巻5号925頁………………………………………注700
最判昭和61・7・18民集40巻5号977頁……………………………注899,注917,注948
最判昭和61・11・20判時1219号63頁…………………………………………注467

最判昭和62・10・16民集41巻7号1497頁 …………………………………………………… 注970
最判昭和63・10・18民集42巻8号575頁 ……………………………………………………… 注519
最判平成1・6・5民集43巻6号355頁 ………………………………………………………… 注598
最判平成1・10・27民集43巻9号1070頁 ……………………………………………………… 注598
最判平成2・1・22民集44巻1号332頁 ………………………………………………………… 注439
最判平成2・9・27民集44巻6号1007頁 ………………………………………………………… 注461
最判平成3・9・3民集45巻7号1121頁 ………………………………………………………… 注455
最判平成4・2・14金法1255号6頁 ……………………………………………………………… 注454
最判平成4・11・6判時1454号85頁 …………………………………………………………… 注540
最判平成5・7・20民集47巻7号4652頁 ………………………………………………………… 注745
最判平成5・10・22民集47巻8号5136頁 ……………………………………………………… 注866
最判平成5・12・17民集47巻10号5508頁 ……………………………………………………… 注587
最判平成6・6・7金法1422号32頁 ……………………………………………………………… 注348
最判平成7・6・23民集49巻6号1737頁 ………………………………………………………… 注454
最判平成7・7・18訟務月報42巻10号2357頁 ………………………………………………… [25209]
最判平成8・4・26民集50巻5号1267頁 ……………………………………………… 注234,注224
最判平成9・2・27民集51巻2号686頁 ………………………………………………………… 注707
最判平成9・6・5民集51巻5号2053頁 ………………………………………………………… 注269
最判平成10・7・14民集52巻5号1261頁 ……………………………………………………… 注520
最判平成11・1・29民集53巻1号151頁 ………………………………………………………… 注543
最判平成13・1・25民集55巻1号1頁 …………………………………………………………… 注995
最判平成13・3・12刑集55巻2号97頁 ………………………………………………………… 注216
最判平成13・11・27金法1640号37頁 ………………………………………………………… 注550
最判平成14・1・17判タ1084号134頁 ………………………………………………………… [13307]
最判平成15・2・21民集57巻2号95頁 ………………………………………………………… [13306]
最判平成15・2・21金判1165号13頁 …………………………………………………………… 注315
最決平成15・3・12刑集57巻3号322頁 ………………………………………………………… 注241
最判平成15・4・8民集57巻4号377頁 ……………………………………………… 注354,注361
最判平成15・6・12民集57巻6号563頁 ……………………………………………………… [13306]
最判平成15・12・19民集57巻11号2292頁 …………………………………………………… 注550
最判平成16・2・20金判1188号2頁 …………………………………………………………… 注439
最判平成18・1・13民集60巻1号1頁 ………………………………………………… 注439,注568
最判平成18・9・11金判1266号34頁 …………………………………………………………… 注477
最判平成18・12・14金判1262号 ……………………………………………………………… 注298
最判平成18・12・21判時1961号62頁 ………………………………………………………… 注547
最判平成18・12・21民集60巻10号3964頁(同日異事件) …………………………………… 注547
最判平成19・2・15民集61巻1号243頁 ……………………………………………… 注543,注550
最判平成19・4・24民集61巻3号1073頁 ……………………………………………………… [14307]
最判平成20・1・28判時1997号143頁 ……………………………………………… 注80,注118
最判平成20・6・10金判1298号22頁 …………………………………………………………… 注440
最判平成20・10・10民集62巻9号2361頁 …………………………………………… 注100,注245
最判平成21・1・22民集63巻1号228頁 ………………………………………………………… 注92

最判平成21・3・27民集63巻3号449頁……………………………………………[14101]
最判平成21・11・9刑集63巻9号1117頁…………………………………………注446
最判平成23・4・22民集65巻3号1405頁……………………………………………注76
最判平成23・10・25民集65巻7号3114頁…………………………………………注397
最判平成23・12・15民集65巻9号3511頁…………………………………………注521
最判平成24・11・27金判1963号88頁………………………………………………注407
最判平成25・3・7金法1973号94頁…………………………………………………注76
最判平成26・2・25裁判所時報1598号2頁………………………………………注284
最判平成26・12・12裁判所時報1618号1頁………………………………………注284
最判平成28・7・8民集70巻6号1611頁、裁判所時報1655号4頁………………注638
最大決平成28・12・19裁判所時報1666号1頁……………………………………[14201]

下級審裁判例

東京地判大正8・10・8判例評論9巻商法105頁…………………………………注346
水戸地判大正10・6・11新聞1901号…………………………………………………注753
東京控判大正13・3・28新聞2256号21頁…………………………………………注753
東京地判大正13・11・13新聞2339号19頁…………………………………………注346
大阪地判昭和25・4・22下民集1巻4号598頁……………………………………注210
東京地判昭和25・10・24下民集1巻10号1684頁…………………………………注252
東京地判昭和27・6・12下民集3巻6号807頁……………………………………注251
東京地判昭和27・6・12下民集3巻6号814頁……………………………………注252
大阪地判昭和27・10・30判タ25号61頁……………………………………………注207
東京高判昭和27・12・4下民集3巻12号1721頁…………………………………注129
東京高判昭和28・8・22下民集4巻8号1185頁…………………………………注252
東京高判昭和29・5・1下民集5巻5号600頁……………………………………注252
東京高判昭和29・5・1高民集7巻9号633頁…………………………注254,注346
東京高判昭和29・9・17高民集7巻9号678頁……………………………………注219
東京高判昭和29・10・22下民集5巻1752頁………………………………………注704
東京高判昭和29・12・27下民集5巻12号2115頁…………………………………注798
新潟地決昭和30・1・22下民集6巻1号93頁……………………………………注423
青森地判昭和32・11・28下民集8巻11号2211頁…………………………………注200
京都地判昭和32・12・11下民集8巻12号2302頁……………………………注529,注564
大阪地判昭和34・2・23下民集10巻2号373頁……………………………………注210
東京高判昭和34・9・29高民集12巻8号401頁……………………………………注207
新潟地判昭和34・11・26下民集10巻11号2496頁…………………………………注348
大阪地判昭和37・2・28高民集15巻5号309頁…………………………注529,注564
大阪地判昭和37・4・24判時299号33頁……………………………………………注798
東京高判昭和37・9・20下民集13巻9号1912頁…………………………注392,注503
東京地判昭和38・2・26金判337号3頁……………………………………………注535
東京高判昭和38・3・25金法339号6頁……………………………………………注797
東京高判昭和38・4・16下民集14巻4号719頁……………………………………注348
大阪地判昭和38・4・26下民集14巻4号851頁……………………………………注348

判例索引

東京地判昭和38・9・16金法356号8頁	注797
大阪地判昭和40・2・15判時431号47頁	注834
仙台高判昭和40・8・30高民集18巻5号402頁	注215
大阪高判昭和41・4・18判時463号54頁	注533
東京高判昭和42・8・30高民集20巻4号352頁	注856
大阪高判昭和43・4・26金法515号28頁	注128
大阪高判昭和43・5・8判タ223号177頁	注829
東京地判昭和43・6・28金判119号15頁	注128
東京地判昭和43・9・6金法525号24頁	注533
東京地判昭和43・12・21下民集19巻11・12号821頁	注215
大阪高判昭和45・3・27判時618号43頁	注757
東京地判昭和45・5・26下民集21巻5・06号711頁	注331
東京地判昭和45・11・6金判236号15頁	注128
東京高判昭和46・9・30下民集22巻9-10号987頁	注274
神戸地判昭和47・9・26判時681号17頁	注347
東京地判昭和47・10・19研修337号69頁	注240
大阪高判昭和48・11・26金判410号17頁	注333
大阪地判昭和49・1・24金判425号11頁	注129
東京地判昭和49・8・8金法749号36頁	注105
東京高判昭和49・9・10金判429号18頁	注337
東京高判昭和50・10・6金判491号25頁	注332
名古屋高判昭和51・1・28金判503号32頁	注237
福岡高判昭和51・9・8判時852号106頁	注129
札幌高判昭和51・11・11判タ347号300頁	注240
名古屋高判昭和53・2・27金判550号42頁	注282
大阪高判昭和54・9・5判時953号118頁	注536
福岡高判昭和55・12・23判時1014号130頁	注729
東京地判昭和57・9・27金判663号35頁	注129
東京高判昭和58・11・17公取審決集30巻161頁	注129
名古屋高判昭和59・8・27判タ541号239頁	[31217]
福岡高判昭和61・12・25金判760号8頁	注832
東京高判昭和63・12・21判時1307号114頁	注284
大阪高判平成2・6・12判時1369号105頁	注348
大阪高判平成3・1・31判時1389号65頁	[25209]
東京高判平成3・3・14判例時報1387号62頁	注399
東京地決平成3・11・18判時1401号120頁	注674
大阪地判平成4・6・25金法1357号62頁	注75
東京地判平成7・3・17金法1422号38頁	注277
東京地判平成7・3・28判時1557号104頁	注483
名古屋地判平成8・12・18金判1035号11頁	注129
東京高判平成9・5・28判タ982号166頁	注196
名古屋地判平成9・7・25判タ950号220頁	注751

東京地判平成10・3・31判タ1013号167頁……………………………………注500
東京地判平成10・5・6金判1544号77頁………………………………………注539
東京地判平成12・10・25判タ1083号268頁…………………………………注294
東京地判平成13・3・13金法1626号142頁……………………………………注539
大阪高判平成14・1・31裁判所ウエブサイト…………………………………注177
東京地判平成14・2・27金判1197号45頁……………………………………注396
東京地判平成14・4・25金判1163号8頁………………………………………注350
東京高判平成14・7・4判時1796号156頁……………………………………注747
大阪地判平成14・9・9金判1163号8頁………………………………………注350
東京高判平成14・12・17金判1165号43頁……………………………………注352
名古屋高判平成15・1・21金判1163号8頁…………………………………注350
東京地判平成15・2・28金判1178号53頁……………………………………注353
大阪高判平成15・3・26金判1183号42頁……………………………………注398
東京地判平成15・5・28金判1190号54頁……………………………………注295
東京地判平成15・6・25金法1176号29頁……………………………………注350
東京高判平成15・7・23金判1176号13頁……………………………………注350
横浜地判平成15・9・26金判1176号3頁………………………………………注350
東京地判平成15・11・17判時1839号83頁……………………………………注691
東京地判平成15・12・3金判1181号12頁……………………………………注351
大阪高判平成16・2・6判時1851号120頁……………………………………注539
東京高判平成16・2・25金判1197号45頁……………………………………注396
東京地判平成16・3・29金判1192号15頁……………………………………注298
千葉地判平成16・7・22金判1198号5頁………………………………………注325
大阪地判平成16・7・23金判1207号34頁……………………………………注350
青森地判平成16・8・10金判1206号53頁………………………………………[13306]
福岡地判平成16・8・30金判1207号17頁……………………………………注350
名古屋地判平成16・9・17金判1206号47頁…………………………………注351
東京高判平成17・1・19金判1209号4頁………………………………………[14307]
名古屋高判平成17・3・17金判1214号19頁…………………………………注243
東京地判平成17・4・22判例体系28101060……………………………………注379
東京地判平成17・4・27金判1228号45頁……………………………………注112
東京高判平成17・4・28金判1224号43頁……………………………………注298
福岡地判平成17・6・3判タ1216号198頁………………………………………注353
東京地判平成17・6・13金判1219号36頁…………………………………注550，注551
東京地判平成17・9・26金判1226号8頁………………………………………注244
大阪地判平成18・4・11判タ1220号204頁……………………………………注352
東京高決平成18・4・27金法1779号91頁……………………………………注288
大阪地判平成18・5・30金判1262号38頁……………………………………注482
東京地判平成18・6・7判タ1249号102頁……………………………………注78
東京高決平成18・6・19金法1782号47頁……………………………………注288
東京高判平成19・1・30判タ1252号252頁……………………………………注447
仙台地判平成19・9・5判タ1273号240頁……………………………………注380

東京地判平成19・10・5金法1826号56頁 …………………………………………………… 注246
東京地判平成20・6・27金法1861号59頁 …………………………………………………… 注314
東京高判平成20・9・11金法1877号37頁 …………………………………………………… 注538
東京高判平成21・9・9金判1325号28頁 ……………………………………………………… 注522
東京地判平成21・11・25金判1360号58頁 …………………………………………………… 注637
東京地判平成22・9・30判時2097号77頁 …………………………………………………… 注481
大阪高判平成22・10・12金判1358号31頁 …………………………………………………… 注76
東京地判平成24・6・15判時2166号73頁 …………………………………………………… 注265
東京地判平成24・9・13判時2167号46頁 …………………………………………………… 注247
東京高判平成24・9・26金判1438号20頁 …………………………………………… [23605]
東京地判平成24・10・5判タ1389号208頁 ………………………………………………… 注247
東京地判平成25・5・30判時2198号96頁 …………………………………………………… 注638
広島高判平成25・11・27金判1432号8頁 …………………………………………………… 注295
東京高判平成26・1・29金判1437号42頁 …………………………………………………… 注638
東京高判平成26・4・24金判1451号8頁 ……………………………………………………… 注485
東京地判平成27・3・26判時2271号121頁 …………………………………………………… 注385

公正取引委員会審決
勧告審決平成17・12・26審決集52巻436頁 ………………………………………………… 注77

Thank you PyeongChang!

著者紹介

柴崎　暁 Satoru Shibazaki

早稲田大学商学学術院教授・比較法研究所兼任研究所員

博士（法学）（2004年、早稲田大学）、日本私法学会等会員

山形大学講師（1994年）・助教授（1996年）・獨協大学助教授（2003年）・早稲田大学助教授（2004年）、2008年より現職。Univ. Strasbourg III（1996年）、Univ. du Luxembourg（2012年）等で在外研究。

主著・手形法理と抽象債務（2002年、新青出版）

金融法提要

2019年7月20日　初版第1刷発行

著　者　柴　崎　　　暁
発行者　阿　部　成　一

〒162-0041 東京都新宿区早稲田鶴巻町514
発行所　株式会社　成　文　堂
電話 03(3203)9201(代)　　FAX 03(3203)9206
http://www.seibundoh.co.jp

製版・印刷・製本　藤原印刷　　　　　　　検印省略

© 2019 Satoru Shibazaki Printed in Japan
☆乱丁・落丁本はおとりかえいたします☆
ISBN978-4-7923-2738-5　C3032

定価（本体3800円＋税）